KB181504

PAU BRASIL 08

Favela: Four Decades of Living on the Edge
in Rio De Janeiro | Janice E. Perlman

빠우-브라질 총서 **08**

파벨라 : 리우데자네이루 주변 지역의 삶에 대한 40년간의 기록

1판1쇄 | 2022년 11월 28일

지은이 | 재니스 펄만
옮긴이 | 김희순

펴낸이 | 안중철, 정민용
편 집 | 심정용, 윤상훈, 이진실, 최미정

펴낸 곳 | 후마니타스(주)
등록 | 2002년 2월 19일 제2002-000481호
주소 | 서울 마포구 신촌로14안길 17(노고산동) 2층
전화 | 편집_02.739.9929/9930 영업_02.722.9960 팩스_0505.333.9960

블로그 | blog.naver.com/humabook
트위터, 페이스북, 인스타그램 | humanitasbook
이메일 | humanitasbooks@gmail.com

인쇄 | 천일_031.955.8083 제본 | 일진_031.908.1407

값 39,000원

ISBN 978-89-6437-423-8 04300
    978-89-6437-239-5 (세트)

빠우-브라질 총서 08

파벨라

: 리우데자네이루 주변 지역의 삶에 대한
40년간의 기록

재니스 펄만 지음 | 김희순 옮김

후마니타스

| 일러두기 |

1. 한글 전용을 원칙으로 했고, 포르투갈어의 우리말 표기는 기존의 국립국어원의 포르투갈어 한글 표기 규정을 존중하면서, 포르투갈과 브라질 원어의 발음을 따랐다. 그러나 관행적으로 굳어진 표기는 그대로 사용했으며, 처음 나온 곳이나 필요한 경우 원어를 병기했다.
2. 단행본·정기간행물에는 겹낫표(『 』)를, 논문에는 큰따옴표(" ")를, 공연·영화·가사명에는 가랑이표(《 》)를 사용했다.
3. 독자의 이해를 돕기 위한 옮긴이의 첨언은 ● 표기와 함께 본문 아래에 넣었다.

전 세계의 파벨라에 거주하는 수십억 명에게,

그리고 배려하는 마음과 인내심을 가르쳐 주신 우리 부모님께

"천국이 여기에 있다, 지옥도 여기에 있다, 광기도 여기에 있으며 열정도 여기에 있다." 프랑시스 이미Francis Hime의 리우데자네이루 서웅세바스치어웅 교향곡에서 작사를 맡은 제랄두 까르네이루 Geraldo Carneiro와 빠울루 세사르Paulo César는 리우데자네이루에 대해 이렇게 노래하고 있다. 그러나 이미의 작품에 나타난 리우데자네이루의 불량주택지구-파벨라에 대한 묘사는 아주 미미한 시작일 뿐이다.

이 책『파벨라』에서 재니스 펄만 교수는 리우데자네이루 파벨라 주민들이 겪고 있는 광기, 열정, 천국, 지옥에 대한 그녀의 경험, 통찰, 연구 결과를 담고 있다.

이 책은 저자의 저명한 저서인『소외계층에 관한 신화』*The Myth of*

*Marginality*의 뒤를 잇는 수작으로 저자의 날카로운 통찰력과 유려한 문장력이 빛나고 있다. 『파벨라』는 40여 년간의 네 세대에 관한 연구를 담고 있다. 이 책은 첫 연구인 『소외계층에 관한 신화』에서 만났던 수백 명의 파벨라 주민들의 삶과 운명을 추적했으며, 그들의 삶을 (대부분 촌락에 있던) 부모 세대와 자녀 세대, 그리고 손자 세대의 삶과 비교했다.

펄만의 연구는 매우 상세하면서도 명료한 분석을 제시하고 있다. 저자는 파벨라 주민들이 살아 내는 날마다의 치열한 삶을 그려 내고 있으며, 폭력적이고도 적대적인 상황에서도 개개인 및 공동의 권리와 존엄성을 공고히 하려는 노력과 그 방법에 대해 자세히 다루고 있다. 2천여 명에 대한 인터뷰 자료와 인류학자로서의 통찰력을 통해 파벨라에서의 삶에 대한 호기심이나 두려움에 대한 일반화를 시도했고, 그곳에서 나타나는 삶의 성공과 좌절에 대해서도 연구했다. 사회적 이동성과 불평등을 개인에서 가족, 마을, 도시 수준에 이르기까지 다양하게 다루는 과정에서 저자의 뛰어난 관찰과 분석력이 돋보인다.

이러한 과정을 통해 펄만은 생명력과 창의력이 절망 및 파괴와 공존하는 격동의 사회를 다각도로 그려 내고 있다.

30여 년 전, 파벨라 주민들이 가장 두려워한 것은 철거였다. 그들은 생활 터전에서 쫓겨나 직장과 마을로부터 멀리 떨어진 공공주택으로 실려 갈까봐 두려워했다. 오늘날에는 자신의 목숨을 부지할 수 있을지를 염려한다. 마약상 때문에 벌어지는 폭력 사태나 경찰의 공습이 있을 때 언제 어디서 날아올지 모르는 유탄에 사망하게 될지 아무도 모르기 때문이다.

마약상들이 영역권 다툼을 하고 민병대가 주민들을 갈취하기 위해 무기를 사용하며 경찰들이 무자비하게 마을로 들어오면서 파벨라의 살상 폭력의 정도는 용인할 수 없는 정도까지 이르렀다. 이런 상황에서 가장 취약한 계층은 청년 및 유소년 계층으로, 이들은 쉽사리 마약거래에 연루되고 살인사건의 주요 피해자가 된다.

리우데자네이루의 빈곤 지역에 관한 저자의 주요 저서가 출간되었던 1976년 당시 브라질은 독재정권하에 있었다. 브라질은 1964년부터 1985년까지 군부독재를 겪었다. 브라질의 민주주의가 회복된 지 20여 년이 지났지만 민주주의의 약속은 아직 지켜지지 않고 있다. 법치보다는 부패와 면책이 만연하고 있다. 이러한 정치권의 실패는 사람들의 마음에 깊은 불신의 골을 새겼고, 이러한 불신은 정부, 경찰, 정치인 등 사실상 정치권 전반을 향해 있다.

민주주의란 정부의 통치나 제도에 한정된 것이 아니다. 민주주의란 인권에 대한 보호와 권리의 평등에 대한 약속이다. 민주주의는 모든 이에게 동등한 기회를 약속하고 마을의 현재와 미래에 영향을 미칠 결정들의 방향을 제시한다.

민주주의가 그 시민들의 삶이 존중받는 것이 될지, 무시되는 것이 될지 혹은 냉소에 가득찬 것이 될지, 정치 시스템에 대한 반감을 갖게 될 것인지에 대한 중요한 방향성을 결정하게 될지의 여부에 따라 과거 우리가 그나마 최선의 방식이라 생각했던 권위주의적 민중주의의 부활을 준비해야 할지도 모른다. 지식과 권력을 가진 시민들이야말로 이러한 위험성에 대한 가장 효과적인 대비책이 될 것이다.

펄만은 이러한 측면에 대해 매우 중요한 이야기를 했다. 저자는 빈곤층과 그들의 마을이야말로 능력과 잠재력을 보유하고 있다고 보았다. 나아가 언론에 의해 형성된 파벨라와 그 주민들에 대한 이미지는 폭력, 빈곤, 실업, 마약중독, 부패, 미혼모, 해체된 가정, 부족한 공공서비스 등 일련의 단점들에 기인해서만 이루어진 것이라고 지적했다. 물론 파벨라에는 많은 것이 부족하고 많은 것이 필요하지만 그것만이 전부는 아니다. 파벨라의 주민들은 저마다의 문제를 갖고 있지만 그들 자체가 문제인 것은 아니라는 것이다.

펄만의 연구는 일반적인 편견과는 다른 시각에서 출발했다. 저자는 이러한 단점들 그 너머에서 개인과 마을이 지닌, 그러나 인지하기는 매우 어려운 핵심 가치를 이해하기 위해 노력하며 이를 발견해 내고 있다. 즉, 저자는 모든 사람은 자신만의 능력과 잠재력을 지니고 있으며, 모든 마을은 신뢰, 결속, 호혜 등의 자원을 지니고 있다는 것이 관점을 갖고 있다.

이러한 방식으로 파벨라에 대한 관점의 변화가 이루어진다면 공공정책에 대한 접근도 다른 방식으로 이루어질 수 있을 것이다. 책임감에 중점을 둔 정책은 파벨라 주민에 대해 원조를 제공하는 방향으로 전개되어 의존성을 증대시키게 되지만, 주민들을 인적 자산으로 인식하고 그들에게 투자하는 방향의 정책은, 개인들에게는 지속 가능한 과정이 될 것이며 집단적으로 권력을 부여하는 방식으로 진행될 것이다.

나아가 저자의 저서에는 브라질 시민사회의 형성과 발전에 대한 통찰과 폭력과, 범죄가 만연하는 시민사회의 위험성에 대한 깊은 통찰이 담겨 있다. 이 책의 넓은 연구 범위와 다양한 연구 주제들로 인해 리우데자네이루와 브라질 외의 지역에 대해서도 시사하는 바가 크다.

역사가 주는 생생한 교훈 및 다채로운 사람들과 사회의 다양한 사례들로, 이 책은 학자, 시민사회의 지도자들, 정책입안자들, 그리고 도시개발과 정책의 변화에 대해 관심이 있는 모든 이들에게 필독서가 될 것이다.

전 브라질 대통령
페르낭두 엥히끼 까르도주

이 책은 장소에 관한 것이 아니다. 어떤 의미에서 본다면 실제로
이 책은 파벨라에 관한 것이 아니다. 이 책은 파벨라 — 무단 점유
지에 들어선 주거지, 빈민촌, 또는 "서민들의 주거 공동체" — 라 일
컬어지는 어떤 장소와 공간을 형성해 온 사람들에 관한 것이다. 이
책은 네 세대에 걸쳐 파벨라에서 살았던 사람들 또는 그들의 가족
에 관한 것이다. 또한 이 책은 생존과 번영 사이의 가파른 절벽 위
에서 외줄을 타고 있는 사람들에 관한 것이다. 이 책은 열악한 환경
에 굴하지 않으려 했던 그들의 투쟁과 고난, 그리고 성공에 관한 것
이다. 이 책은 자신들이 인간으로서의 권리를 지니고 있음을 주장
하는 가난한 사람들의 연대기로, 존엄성을 지닌 인간으로서 존중받
고 인정받기를 원하는, 자신들을 젠치gente[인간]로 여겨 달라는 이

들의 투쟁의 기록이다.

여기에 기록된 이야기들은 내가 40년 이상 알아 온 사람들과, 그들의 부모님, 자녀, 손자에 관한 것이다. 이들 가운데 몇몇은 내게 가족과도 같은 사람들이다. 이들 가운데 상당수는 친한 친구들이기도 하지만, 그저 얼굴만 아는 이들도 있다. 이 책에는 그들이 겪은 시련과 그들이 일군 성취에 관한 증언이 담겨 있다. 나는 이 책을 완성하기 위해 1968년부터 2008년까지 2,500명에 가까운 사람들과 인터뷰를 했다. 그들의 이야기는 리우데자네이루의 비공식부문(무단 점유 주거지나 무허가 주택지구 등)에서 생활하고 있는 300만 명(또는 그 이상)의 경험을 반영하고 있다. 또한 이들의 이야기는 라틴아메리카, 아시아, 아프리카에 거주하는 10억 이상의 도시빈민의 이야기이기도 하다.

이 책에서 다루는 삶의 여정들은 20세기 전반에 걸쳐 있으며, 21세기에도 지속된 것이다. 인터뷰 대상자 가운데 가장 나이가 많은 이는 1903년에 태어난 분으로, 내가 처음 이 연구를 시작할 당시에 이미 65세 ― 인터뷰 연령 상한선 ― 였다. 연구를 시작할 당시 가장 어린 이는 당시 16세 ― 인터뷰 연령 하한선 ― 였다. 조사 대상자 또는 인터뷰 대상자는 가구주에 한정하지 않았는데, 이는 파벨라에서의 다양한 삶에 관심이 있었기 때문이다.

내가 브라질과 인연을 맺게 된 건 우연이었다. 나는 브라질, 더구나 리우데자네이루와는 혈연적으로나 문화적으로 아무런 관련이 없었고, 이촌향도민들이 집을 짓고 마을을 이룬 파벨라와도 아무런 연관이 없었다.

상세한 이야기를 듣지는 못했지만, 나의 선조들은 20세기 초반 러시아, 폴란드, 루마니아에서 10대의 어린 나이에 뉴욕시로 이주해 와서 그들의 새로운 삶을 개척했다고 한다. 지금 되돌아보면, 우리 선조들의 이야기를 듣고 자랐기에, 낯설고 전혀 새로운 땅에서 새로운 삶을 시작할 용기를 낸 파벨라의 이주민들에게 공감대를 느끼고 존경심을 갖게 되었던 것 같다.

열다섯 살 무렵, 멕시코 와하카에서 실시된 여름 방학 프로그램에 참여할 기회가 있었는데, 당시 그 지역의 언어, 고고학적 전통, 문화적 전통 등에 흠뻑 빠져들었다.[1] 그 프로그램에 같이 참여했던 학생 가운데 다수가 나중에 인류학을 전공했다. 나는 페루 비코스 Vicos에서 혁신적인 연구를 진행하고 있던 알란 홈버그Alan Holmberg 교수[2]와 함께 연구하고 싶어서 코넬대학교에 지원했다. 코넬대학교 1학년 시절에는 라틴아메리카 공연 투어의 학생 오디션에 참가했다. 공연은 〈블랙크룩〉The Black Crook(1866년 초연된 최초의 뮤지컬)에서부터 〈오클라호마〉Oklahoma(1943년), 〈웨스트사이드 스토리〉West Side Story(1957년) 등과 〈피우렐로!〉Fiorello!(1959년)에 이르기까지 여러 노래로 엮은 뮤지컬 공연이었다. 그 투어는 냉전시대에 케네디 정권이 실시한 라틴아메리카 원조 프로그램의 일부로, 미국극장협회American National Theater Association의 후원을 받았다. 공연의 취지는 공산주의의 위협에 맞서 라틴아메리카 지역과 미국 간의 연대를 공고히 하는 것으로, 이를 위해 학생들을 문화 외교관으로 활용한다는 것이다. 공연에 참가한 18명의 학생들 가운데 라틴아메리카 자체에 관심이 있는 사람은 나뿐이었다. 대부분은 경력란에 한

줄 넣기 위해 지원한 연극과 학생들이었다. 우리가 방문한 지역 중 브라질은 정치적으로 가장 중요한 국가였기에 우리 공연단은 12주의 일정 중 6주 동안이나 브라질 전역의 대학들을 방문하고 공연을 했다. 나는 브라질을 사랑하게 됐다. 공연이 끝난 저녁이면 대부분의 공연단원은 다음날의 고운 피부를 위해 쉬러 들어갔지만 나는 밤새도록 학생들과 이야기를 나눴다.

1962년 여름, 브라질에서 대규모 정치적 소요가 일어났다. 당시 주요 이슈는 자본주의와 공산주의의 실패를 극복하기 위한 새로운 시스템을 어떻게 고안할 수 있을까 하는 것이었다. 당시 대통령이었던 자니우 꾸아드루스Jânio Quadros가 1961년 8월 25일 갑자기 사임하면서 브라질은 이런 도전에 직면하게 되었다.* 당시 그는 유럽으로 망명했지만, 국민들이 자신의 의회 복귀와 권력에의 회귀를 바라며 시위를 벌이리라 기대했다고 한다. 그러나 남겨진 국민들은 사랑하는 국부가 그들을 버렸다는 사실에 분개해 거리로 쏟아져 나왔다. 정치 엘리트들은 좌파 부통령인 주어웅 굴라르뜨João Goulart

---

* 자니우 꾸아드루스(1917~1992)는 브라질의 22대 대통령이다. 노동당 출신으로 1961년 1월 31일부터 약 6개월간 집권했다. 외교적으로는 세계적인 냉전의 구도를 벗어난 제3의 길을 가고자 했고 경제적으로는 보수적 안정화를 추구했다. 노동당 출신이지만 보수주의자들의 지지를 얻어 대통령직에 올랐으나 불분명한 노선으로 인해 양쪽 모두의 지지를 잃었다. 결국 취임 6개월 만에 사임해 망명했고 당시 부통령이던 주어웅 굴라르뜨가 대통령에 취임했다. 굴라르뜨는 토지개혁과 산업 국유화 정책을 강하게 추진하며 보수층과 대립했고, 취임 초기부터 그를 반대하던 군부와도 사이가 좋은 관계를 유지하지 못했다. 경제 상황까지 악화되면서 브라질의 정치적 혼란은 더욱 가중되었고 결국 1964년 까스텔루 부랑쿠 장군이 쿠데타를 일으켜서 차기 대통령으로 선출되었다. 이후 20년간 브라질은 군부 독재를 다시 겪게 되었다.

가 대통령이 되는 것을 막기 위해 대통령제(1946년 이래로 자리 잡은)에서 내각제로의 개헌을 위한 국민투표를 제안했고, 이에 따라 브라질은 헌정 위기를 맞았다.

브라질에서는 우리가 방문했던 거의 모든 지역에서 토지개혁 및 세제 개혁과 같은 구조개혁에 관한 토론이 벌어지고 있었다. 프랑시스꾸 줄리어웅Francisco Julião이라는 사람이 북서부 지역에서 토지에 관한 농민들의 권리를 주장하는 농민 연합을 성공적으로 조직했다. 뻬르낭부꾸Pernambuco 주의 주지사인 미구에우 아라이스Miguel Arraes는 주의 농민들에게 최저임금 이상을 지급하도록 명령했다. 헤시피Recife 주와 올링다Olinda 주의 대주교인 동 엘데르 까메라 Dom Helder Camera는 해방신학을 설교했다. 빠울루 프레이리Paulo Freire가 쓴 『억압받는 자들을 위한 교육학』— 의식 고양을 통해 인간 존엄이라는 근본적 권리를 가르치는 성인 교육법 — 은 '서로가 서로를 가르치는' 운동으로 성장했다. 리오넬 브리졸라Leonel Brizola는 남부 공업 지역에서 노동조합을 조직화했다. 또한 전국의 학생들이 봉기해 정부 구성의 3분의 1을 연방 대학 대표에게 할당할 것을 요구했다.

당시 브라질은 격동의 시기를 보내고 있었다. 시대는 사람들로 하여금 그들의 다양한 에너지와 아이디어, 재능 등을 민중povo(특히 가난한 시골 농민들을 가리킨다)을 위한 통합적이고 정의로운 사회를 건설하는 데 바치도록 요구했다. 모든 이가 변화를 만들어 낼 수 있다는 당시의 분위기로 말미암아 나는 민중들에 대한 강렬한 호기심이 생겼다. 그들은 누구이며, 그들은 어떻게 살고 있으며, 그들이 원하는 변화란 무엇일까?

이듬해 여름 내가 바이아Bahia 주의 작은 어촌인 아렝베삐Arembepe 에서 살고 있을 때, 내게 기회가 왔다.³ 요즘은 주도인 사우바도르 Salvador에서 아렝베삐까지 차로 두 시간 정도면 갈 수 있지만, 당시 에는 하루 종일 걸렸다. 당시 그곳에 갈 수 있는 유일한 방법은 북 쪽으로 향하는 버스를 타고 해안을 따라 도로 끝까지 간 다음, 거기 서 노인이나 소년이 끄는 당나귀를 타고 비포장도로를 지나 석호까 지 이르는 오솔길을 따라가서, 또다시 노인이나 소년이 건네주는 배로 타는 것뿐이었다. 거기서 좀 더 걸으면 아렝베삐에 도착했다.⁴

마을은 야자 잎으로 지붕을 엮은 몇 십 채의 흙벽돌집으로 이루 어졌는데, 대부분 어업을 생업으로 삼았다. 마을에는 전기도 없고 상수도도 없었으며 우편서비스도 제공되지 않아 외부와의 교류가 거의 없었다. 1년에 한 번씩 신부님이 방문해 결혼식, 세례식, 견진 성사, 장례식 등을 몰아서 행했으며, 가끔씩 장돌뱅이가 들러 옷감 이나 등유 램프, 성냥, 소금이나 어업에 필요한 물건들을 팔았다. 몇몇 동네 소년들이 해군에서 복무한 후 돌아와 그들의 모험에 대 해 이야기하기도 했다.

내가 그 이전 해에 만났던 도시의 대학생들이 상상했던 것과는 달리, 마을 사람들은 고통받고 있지 않았고 분노하고 있지도 않았 다. 그들은 개혁과 관련된 사건에 대해서는 거의 모르고 있었다. 1888년 노예제가 폐지된 이후 그들의 선조가 살아왔던 방식과 매 우 비슷하게, 그리고 바깥세상에서 그들을 형상화했던 수많은 담론 들과는 아무런 상관없이 살고 있었다. 실제로 누가 대통령인지, 심지어 그해가 몇 년도인지도 모른 채 살고 있었다. 마을 사람들이 알고 있는 유일한 해는 뻬드루 알바레스 까브랄Pedro Alvares Cabral이 브라질을 발견한 1500년도 정도였다. 그해는 모든 사람이 학교에서 암기했던 유일한 것이었다.

아렝베삐는 매우 고립되어 있어서 주민들은 다른 언어를 들어본 적이 없었다. 마을 사람들은 "재니스, 넌 마치 앵무새처럼 말하는구나"라거나, "네 살배기 우리 아들이 너보다 말을 더 잘해"라며 내가 혹시 말하기가 늦되지 않는지를 물었다. 내가 살고 있는 곳에서는 다른 언어를 사용한다는 설명은 그들로서는 믿을 수 없는 것이었다. "무슨 말이야? 개는 멍멍, 고양이는 야옹야옹하고 사람들은 우리처럼 이야기하는 거야."

마을은 일종의 원시공동체처럼 느슨하게 조직되어 있어서 정치 지도자가 없었으며, 고깃배가 하루 일을 끝내고 돌아오면 그날의 수확물을 다함께 나눠 가졌다. 운영되고 있는 유일한 기관이라고는 방 하나로 이루어진 정신없는 학교 하나 정도였다. 다양한 연령대의 아이들이 모두 한 방에서 놀고, 재잘거리고, 수업을 듣고, 돌아다녔다. 내가 살던 집의 주인이었던 학교 선생님은 겨우 문맹을 면한 수준이었다. 그녀는 자리에 앉아 자신의 아이에게 젖을 물리다가, 이따금 다른 아이들에게 관심을 기울이곤 했다. 아마도 그 학교에서 글을 깨우치는 사람은 아무도 없었을 것이다. 그날의 수업 내용은 음절에 관한 것이었는데, 아이들은 각각의 글자의 음가를 발음하는 법을 배운 후 한 음절씩 읽는 것을 배웠다. 그러나 한 단어를 모두 읽는 데 성공한 학생은 한 명도 없었으며, 그 단어가 익숙

한 어떤 것을 나타내는 것임을 알아차리는 학생도 없었다.[5]

내가 아렘베삐를 방문한 것은 젊은이들이 어떠한 방식으로 세계관 및 가치관, 포부를 형성하는지를 조사하기 위해서였다. 당시 이루어진 연구들에 의하면, 이러한 멘탈맵과 동기들이 가난이 대물림되는 데 결정적인 역할을 했다. '근대화 이론'에 따르면, 이런 태도는 왜 일부 국가 및 사람들은 지속적으로 빈곤하고, 왜 다른 국가및 사람들은 계속해서 번영하고 풍요로운지에 대한 결정적인 이유가 된다.

내가 도착한 그해에는 모든 것이 변했다. 가브리엘 가르시아 마르끼스Gabriel Garcia Márquez의 소설 『백년의 고독』에 나오는 가상의 마을에 처음 얼음이 등장한 마법 같은 순간처럼, 트랜지스터라디오가 그 마을에 도착했다. 마을 너머의 일을 직접 듣는 것은 마을 사람 대부분에게 그때가 처음이었다. 라디오의 등장으로 외부의 뉴스와 소식이 마을에 직접 울려 퍼졌으며, 라디오를 통해 들려온 음악과 뉴스로 인해 마을 사람들의 삶은 더욱 다양해졌다. 좋은 것일 수도 나쁜 것 일수도 있지만, 새로운 지평이 열리면서 '밝은 불빛, 대도시'가 마을 사람들을 부르게 되었다.

젊은이들은 이제 조상들 마냥 밭을 갈거나 물고기나 잡으면서 그들의 인생을 보내다 매혹적인 물의 여신인 예만자Yemanja의 품에서 생을 마감하는 것만으로는 만족하지 못하게 되었다. 그들은 미지의 세계의 짜릿함에 이끌렸고, 무언가가 벌어지고 있는 그곳에 가고 싶었다. 당시 도시가 마을 젊은이들에게 미쳤던 매력적인 흡인력을 나도 느낄 수 있었으며, 문맹에 아무런 경험도 없는 그들이 희망에 가득 차 도시에 도착했을 때 어떠한 일이 벌어질지도 궁금했다. 그 시기는 거대한 변화의 물결의 시작된 시기였으며, 이는 내 삶의 전환점이 된 때이기도 했다. 사람들이 더 넓은 지평을 알게 되면서 농촌에서 도시로 대규모 이주가 일어났다. 이는 브라질뿐만 아니라 아시아, 아프리카, 라틴아메리카 전역에서 발생한 현상이었다.

몇 년 후, 나는 박사학위논문을 준비하기 위해 바이아를 비롯한 브라질의 촌락 지역에서 대도시인 리우데자네이루로의 이주 물결을 추적했다.[6] 사람들이 도시에 도착한 후 어디로 가는지를 밝히기 위해, 북동부 지역에서 새로운 이주자들을 실어 오는 트럭에 대해 조사했다. 그 트럭들은 무개차로, 밝은 색깔로 칠하고 양옆에는 치장도 했지만 먼지와 진흙이 묻어 있었다. 사람들은 그 트럭을 앵무새 횟대라고 불렀는데, 트럭의 짐칸의 바깥 둘레와 안쪽에 설치된 나무판자 위에 사람들이 빼곡히 앉았기 때문이다. 신참자들 가운데 어떤 이들은 먼저 도착한 친지나 마을 사람들을 만나기도 했다. 나머지 사람들은 거처를 마련할 때까지 임시 숙소에 머물렀다. 대부분의 사람들이 리우데자네이루까지 오는 경비를 마련하기 위해 가진 것을 모두 팔아 버려, 집을 구할 돈이 없었다. 주거 문제에 대해 그들이 가진 거의 유일한 해결책은 공터나 가파른 언덕길, 또는 수해에 취약한 습지에 판잣집을 지어 정착하는 것이었다. 따라서 조그만 마을이었던 파벨라는 뚜렷한 개성을 지닌 대규모 공동체로 성장했다.

내가 초기에 연구 주제로 삼았던, 신참 이주민들에게 '도시 경험이 미친 충격'은 중요하지 않은 주제로 밝혀졌다. 실제로 사람들은

그림 1_어부들이 사베이루(평저선)과 장가다(뗏목)를 타고 고기잡이를 나갔다. 1967년 2월 아렝베삐에서 찍은 사진이다. 처음 연구를 시작할 때 이 지역에 살았는데, 4년 후 다시 방문했다.

빠르게, 그리고 영악하게 도시에 적응했고, 자신들이 직면한 문제들에 창의적인 방식으로 대처해 나갔다. 진짜 문제는 도시가 그들에게 적응하지 못했다는 것이다. 나폴레옹전쟁 시기 리우데자네이루에는 포르투갈 왕가가 머무르고 있었고, 1889년 브라질이 공화국이 되었을 때 리우데자네이루는 국가의 수도가 되었다. 리우데자네이루는 엘리트들의 거점이었으며, 브라질의 대토지소유주들과 산업자본가들이 도시 생활을 향유하던 곳이었다. 리우데자네이루의 가로망은 오스망이 설계한 파리의 가로망을 본떠서 설계되었으며 건물들은 우아했다. 파벨라가 성장함에 따라 도시경관상으로도 두드러지기 시작했으며 공중보건의 면에서도 위험한 지역으로 인

그림 2_마을의 중심부에 위치한 주택들. 야자나무 잎으로 엮었던 지붕은 기와지붕으로 바뀌었고 진흙을 발랐던 외벽은 치장 벽토를 발랐다.

식되기 시작했다. 파벨라는 이제 도시민들에게 위협적인 존재가 되었다. 유입되는 이주자들은, 설사 그들이 파벨라에서 태어났다 하더라도, 위험한 침입자로 간주되었다.

나는 처음부터 파벨라가 경관상으로 훨씬 흥미롭고, 인간적으로도 중산층 거주지보다 훨씬 다정한 곳이라는 것을 깨달았다. 그 마을들은 높은 밀도, 저층의 건축물, 바람이나 시야를 확보하기 위해 다양한 모양을 지닌 특징적인 건축물의 외관, 시원함을 위해 심은 나무 및 밭 등의 면에서 '뉴어버니즘'New Urbanism의 선구자라 볼 수 있다. 건축 자재들은 요즘 말로 "재활용품"이라 불리는 건축 현장의 폐기물이나 폐품이었다. 사람들은 자신의 집을 직접 디자인해 손수 지었으며, 직접 거주했다. 그리고 건물들은 직각이 아니라 언덕의 자연스러운 곡선을 따라 지어졌다.

시정부가 수도와 전기 제공을 거부했다. 이에 주민들은 전기선을 따다 썼다. 그러나 공중보건의 악화는 어쩔 수 없었다. 따라서 파벨라 주민들은 집과 가족들이 청결한 점에 대해 자부심을 갖게 되었다. 청소, 요리, 세탁에 필요한 모든 생활용수를 아래쪽 길에 있는, 수압도 매우 약한 공동 수도에서 길어 와야 했지만, 주민들은 매우 청결했다. 여자들과 아이들은 몇 시간을 기다려서 5갤론짜리 석유통에 물을 받아 언덕을 올라갔는데, 똬리를 이용해 물통을 머리에 이기도 하고, 지게에 물을 길러 나르기도 했다.

이주민들은 '밥풀떼기들' — 그들이 살던 고향에서 가장 가난한 이들 — 이 아니라, 그들이 살던 고향에서 가장 '알짜배기' — 가장 멀리 내다보고, 능력이 있으며, 용감한 — 같은 이들이었다. 그들은 자신들이 갖지 못했던 기회를 자녀들에게 열어 주기 위해 남들이 매우 꺼리는 직종에서 긴 시간을 기꺼이 일하는 의지와 동기를 지닌 사람들이었다. 다른 이들의 눈에 그들은 부자들에 맞서 언제든 봉기를 일으킬 준비가 된 떠돌이 민중으로 보였지만, 그들에게는 시골에 남은 이들보다 훨씬 잘해 나가고 있다는 자부심이 있었다.

1968~69년 파벨라에 거주하며 연구를 수행한 기간은 내 생에서 가장 따듯하고 행복한 순간 중의 하나였다. 그 이전에도 이후에도, 그리고 어떤 공동체에서도 그렇게 환영받고 그렇게 안전하다고 느낀 적이 없었다. 나는 늘 환대를 받았다. 사람들은 마을의 이웃을 대하듯 나를 살뜰히 돌봐 주었다. 제인 제이콥스의 말을 빌리자면,

그림 3_1968년 까따꿍바의 파벨라. 오늘날 "뉴어버니즘"에서 선호하는 저층의 고밀도 도시주택 경관을 잘 보여주고 있다.

거기에는 항상 "거리에 많은 눈들"[7]이 있었다. 또한 생존 기술로서 유머를 사용하고 해결책을 생각해 내는 거주민들의 요령에 나는 감탄하곤 했다.[8]

　사람들은 인터뷰에 응하는 것을 좋아했다. 누군가가 그들의 인생사에 가치를 부여하고, 그들의 이야기를 실제로 기록하는 것은 처음 있는 일이었다. 나는 그들의 치열함과 승리를 목격했고, 그들의 의견과 사상을 가치 있게 여겼다.[9] 무작위 추출 표본에 속하지 못한 이들 가운데 많은 이가 "재니스, 우리 집에는 언제 올 거야? 너 지난주에는 우리 옆집에서 오후 내내 있었다며? 그리고 우리 사위가 그러는데 내 차례였을 때 너 후벵뚜지ACJuventude AC(유소년 스포츠

클럽)에 갔었다더라"라고 묻곤 했다. 그런 이유로 인해 결국 나는 짧은 가짜 질문들을 만들어야 했다.

내가 어리고 여성이며 외국인이라는 이유로 공공정책이나 연구 범위에서 어느 정도 무시를 당했을 수도 있지만, 내가 별로 중요한 사람으로 비춰지지 않았던 바로 그 사실 때문에 내 연구에 필요한 정부 문서나 항공사진을 얻을 수 있었다. 하지만 외부인이라는 이유로 인해 인터뷰 과정은 훨씬 더 자연스러웠다. 만일 브라질 학생이 했다면 거들먹거리거나, 불손하거나 혹은 의심스럽게 들렸을 법한 질문들도 내가 그들을 이해하고 배우고자 하는 외국인 학생이었기에 무리 없이 받아들여졌다.

내가 모은 대부분의 인터뷰 자료들은 브라질에서 가장 탄압이 심했던 군사독재 시절에 이루어진 것이었다. 당시 대학에서는 사회과학 과목들이 금지되었고 대학도서관에 있던 붉은색 표지의 책들은 수거되어 불태워졌다. 반정부 인사들로 지목된 사람들은 투옥되고 고문을 당했으며, 살해되거나 추방되었다. 내가 현장조사를 하고 있는 동안에는, 외국인 연구자가 자료를 국외로 반출하는 것을 금하는 법안이 통과되기도 했다.

1969년 말, 나의 인터뷰 대상자 가운데 군부와 연줄이 있는 이를 통해 내가 "체제 전복을 꾀하는 국제 공작원"으로 의심받고 있다는 사실을 알게 되었다. 군부 경찰에게는 파벨라에서 사는 것을 스스로 선택한다는 사실이, 더구나 외국인이 그렇게 한다는 것이 전혀 이해가 되지 않았다. 다행스럽게도, 그 무렵에는 인터뷰를 대부분 마쳤고, 질문지와 생애 매트릭스들을 확인했으며, 코딩은 물론 다른 사람에게 맡긴 교차 점검도 끝난 시점이었다. 우리는 급히 코딩된 질문지들을 리우데자네이루 시내에 있는 IBM 사무실로 가져가 디지타이징하고 작은 테이프에 저장해 금속 용기에 담았고, 이를 여성 화장품 용기라고 해서 통관시켰다. 친구 사이가 된 미국 영사관의 의사는 질문지 원본과 펀치 카드를 외교 행낭을 통해 MIT에 있는 내 사무실로 보낼 수 있게 해주었다. 영사관의 외교 행낭은 브라질 당국으로부터 보안 심사를 받지 않았기 때문이다. 나는 되도록 가장 빠른 비행기를 타고 브라질을 떠났다. 내가 떠나고 얼마 지나지 않아 군부 경찰이 들이닥쳐서 체제 전복 의도의 증거를 찾는다는 구실로 내가 살던 판잣집을 뒤집어엎고 마룻바닥을 죄다 뜯어내고 가구를 부쉈다고 한다.

1973년 내가 다시 리우데자네이루로 돌아가려 할 때, 사람들은 새로운 번호의 여권을 새로 발급받으라고 조언했다. 또한 입국심사가 지연될 경우를 대비해 나를 데려가 줄 중요한 인물이 공항에 마중 나오도록 해야 한다고 했다. 나는 무사히 브라질에 입국했지만, 브라질 국립주택은행Banco Nacional de Habitação, BNH의 은행장인 루벤스 바스 다 꼬스따Rubens Vaz da Costa의 허가서 없이는 파벨라에 들어갈 수 없었다. 그 덕분에 리우데자네이루에서 어떤 일이 일어나고 있는지를 조사할 수 있었고 다른 여덟 개 대도시 지역의 파벨라 정책에 대해서도 연구할 수 있었다. 그 무렵, 내가 거주했던 세 개의 파벨라 가운데 한 마을이 정부가 후원하는 파벨라 소거 프로그램에 의해 강제로 철거되었으며, 주민들은 꽁중뚜conjuntos라 불리는 먼 외곽의 공공주택으로 쫓겨 갔다.

연구의 결과는 1976년 발행된 『소외계층에 관한 신화: 리우데자네이루의 도시빈민층과 정치학』The Myth of Marginality: Urban Poverty and Politics in Rio de Janeiro의 기초가 되었다.[10] 그 책은 당시 도시빈민을 "주변적인" 존재라거나, 체제에 부적절한 존재로 보는 것이 아니라, 비록 왜곡된 경향이 다소 있지만, 체제에 잘 융합된 사람들로 인식하는, 소위 패러다임의 전환을 이끌어 냈다. 파벨라 거주민들은 그들의 노동과 국가에 대한 충성심, 문화적 다양성을 통해 도시에 기여했으며, 스스로 공동체를 건설했고, 도시의 나머지 지역을 건설하는 데 기여하는 한편, 허용하는 한에서 투표에도 참여했으나, 그들은 배제되었고 착취당했으며 폄훼되었다.

나는 여러 가족들과 계속해서 연락을 주고받았는데, 특히 내가 한집에 같이 살던 가족들과 그러했다. 우리는 친밀한 관계를 발전시켜 나갔으며, 서로의 삶에 어떤 일들이 일어나는지 늘 관심을 가졌다. 나는 매 10년마다 연구를 업데이트시키고 싶었지만, 1980년대와 1990년대에는 공동체 발전 연구의 주제들이 거시경제학적 관점의 빈곤 및 불평등의 이슈에서 멀어져 있었다. 그 당시 정책입안자들이나 재원 제공자들 사이에서는 "구조조정"으로 알려진 철저한 공공부문의 긴축정책을 통해 시장이 충분한 경제적 성장을 하게되면 그 성과가 빈곤층까지 다다를 것이라는, 즉 신자유주의적인 사상이 지배적이었다. 재원을 제공하는 쪽에서는 거시경제적인 개혁과 '정당한 가격을 받는 것'에 초점을 맞추었다. 그러나 이 같은 개혁을 통해 도시 빈곤과 사람들의 고통이 줄어들기는커녕 오히려 증가했으며, 불평등의 심화로 인해 국가의 인적자원의 성장 및 발전이 저해될 뿐만 아니라 경제성장에까지도 악영향이 미친다는 점이 명확해지자, 재원 제공자들도 도시 빈곤의 역동성 및 빈곤이 세대 간에 전이되는 과정에 관심을 갖기 시작했다. 이런 경향이 나타나고 나서야, 이 긴 시간이 걸리는 연구에 대한 지원을 얻는 데 성공할 수 있었다.[11]

1999년, 드디어 후속 연구의 실현 가능성을 결정하는 사전 연구를 시작할 수 있었다. 세계은행 연구 분과에서 재원을 받아 선행 연구를 시작한 지 30년 만의 일이었다.[12] 이 연구는 리우데자네이루 연방대학도시계획및연구센터Instituto de Pesquisa e Planejamento Urbano e Regional의 브라질인 연구자 두 명의 도움을 받아 이루어졌다.[13]

사전조사의 초기 단계에서는 놀라울 정도로 결과가 좋았는데, 그간 파벨라 공동체의 주민들이 서로 간에 매우 긴밀한 관계를 유지하고 있었기 때문이다. 이로 인해 후속 연구에 대한 재원도 얻을 수 있었다. 재원은 팅커재단Tinker Foundation의 지원뿐 아니라, 풀브라이트연구지원제도, 세계은행, 영국국제개발부British Department for International Development, DFID, 독일신용펀드Dutch Trust Fund, 리우데자네이루 시장실 등에서도 지원을 받았다. 집필 기간에는 포드재단과 구겐하임연구어워드Guggenheim Fellowship Award로부터 지원을 받았다.

1968~69년 파벨라에 거주할 당시, 엘리트들뿐만 아니라, 택시기사, 심지어 좌파 사상을 지닌 학생들조차도 이런 거주지가 위험하다고 했지만, 나는 안전하고 보호받고 있다고 느꼈다. 마을 사람들은 가난했지만 도시 서비스의 개선을 요구하는 데 적극적이었으

며, 열심히 일했고, 삶을 즐겼으며, 희망을 갖고 있었다. 그들은 서로를 돌봐 주었으며, 그들의 일상은 평온했고 유쾌한 리듬이 있었다. 1999년 다시 파벨라를 찾았을 때, 물리적 환경이나 주택의 상황은 상당히 개선되어 있었다. 그러나 희망이 있던 자리에 이제는 두려움과 불확실성만이 있었다. 사람들은 마약상들 간의 싸움에서 잘못 날아온 총알에 맞아 죽지나 않을까, 또는 아이가 학교에 갔다가 살아 돌아오지 못하는 것은 아닐까, 또는 집 베란다에서 놀던 아기가 유탄에 맞아 죽는 것은 아닐까 노심초사하고 있었다. 그들은 그 어느 때보다도 소외되어 있다고 느끼고 있었으며, 태어날 때부터 당연히 부여되는 인간으로서의 존엄성도 그들에게는 멀게 느껴졌다.

리우데자네이루의 파벨라에 대한 첫 연구에서와 마찬가지로, 현실은 개념적 틀로는 설명하기가 어려운 것이었다. 따라서 이번에도 연구를 위해서 힘겹게 고안한 방법론적 가설들을 통해서만 연구를 진행할 수 있었다. 다시 연구를 시작한 나의 의도는 도시빈민의 삶의 성쇠들 간의 상관성을 살펴보고, 그들이 살았던 변화의 맥락을 연구하고자 하는 것이었다. 나는 거시적인 정치, 경제 및 시대의 변천에 따른 공간적 변화와 내가 인터뷰했던 개인들의 일상생활의 변화 사이의 인과관계를 밝혀 보고자 했다. 이를 위해서 앞서 인터뷰했던 모든 사람의 거주지, 직업, 교육, 가족사 등의 변화를 연도별로 조사했다.

연구에서는 (가능하다면 연령별로 구분되는) 생애주기에서의 개인적·정치적 단계 혹은 각 시기별 역사적 사건 간의 상호 연관성을 밝히고자 했다. 또한 브라질 전문가에게 20세기 및 21세기의 특정 지역의 의미 있는 변화들에 대해 자문을 구했는데, 특히 이러한 역사적 사건들이 인터뷰 대상자들의 삶과 연관을 갖는지를 주목해서 봐달라고 했다. 이러한 과정에서 얻게 되는 지식이 정책이나 현실에 반영되기를 바라기 때문이다.

브라질 전문가에게 상세한 연대기에 대한 자문을 구했으며, 20세기 및 21세기 초반 특정 지역의 기점이 되는 변화에 대해서도 자문을 구했다.

그러나 아무리 자료를 들여다봐도 독재에서 민주주의로의 변화라던가 경제 호황기에서 인플레이션, 스태그플레이션, 그리고 상대적인 안정 상태로의 진화 과정, 또한 빈곤층에 부정적인 공공정책에서 호의적인 정책으로의 변화 같은 거시적인 수준의 변화와 파벨라 사람들의 삶의 성쇠 간의 연관성을 밝혀낼 수는 없었다. 내가 알아낸 것은, 상황이 더욱 복잡해졌다는 것이며, 단순한 결론이나 해결책을 도출할 수 없다는 것이었다.

이 책에서는 도시빈민 지구의 경관 변화를 살펴보고 그들의 지난한 삶의 현실을 살펴보고자 한다. 또한 지속적으로 재생산되고 있는 사회적 불평등이, 세계경제에서 빠르게 성장하는 부유한 국가로 인식되는 브라질을 약화시킬 것인지 또는 강화시킬 것인지를 살펴보고자 한다. 내가 만났던 사람들의 끈기와 낙관적인 생각이 어떤 지표가 된다면, 아마도 변화의 여지가 있을 것이며, 만약 과거의 일이 어떤 가이드가 된다면 우려스럽기도 하다. 내가 진심으로 바라는 바는, 여기에 적힌 것들을 통해 소외당한 이들의 목소리를 듣게 되고, 이를 통해 이들에 대한 정책이나 관행이 재고(나아가, 변화)되기를 바란다. 또한 누군가가 나의 연구가 중단된 그 시점에서 다시 연구를 시작하기를 희망한다.

나는 왜 파벨라를 사랑하는가

2004년 7월 7일, 잘 알려진 NGO 단체인 IBASE는 파벨라 철거의 새로운 위협에 맞서 "파벨라도 도시이다: 철거에 반대한다"Favela É Cidade: Não a Remoção라는 제목의 심포지엄을 조직했다. 당시 주측으로부터 새로운 파벨라 철거 계획에 대해 언급해 달라는 요청을 받았다. 이 주제가 오랜 기간 사장된 것이라고 생각하고 있었지만, 정책입안자들이 파벨라 지역을 부동산투기 및 자본축적 지역으로 (때때로 환경보호라는 명분으로) 바라봄에 따라, 파벨라 철거 문제가 종종 부각되곤 했다. 발표자와 청중들은 리우데자네이루 전 지역에서 온 파벨라 주민과 지도자들, 주택 및 도시개발과 관련된 도시 및 주정부와 연방정부의 대표자들, 학자들, 언론, 거대 은행 및 소액금융 서비스업과 관련된 재단 등 매우 다양했다.

나는 1960년대 말과 현재는 상황이 매우 다르다는 내용의 발표를 준비했으며, 1969년 내가 목격했던 쁘라이아두삔뚜Praia do Pinto의 철거 장면을 담은 발표 자료를 통해 현재와 1960년대를 비교해 보여 주었다. 그러나 내가 발표를 시작하자마자 내 입에서는 다른 말들이 튀어 나왔다. 내가 예전에 파벨라에 살았을 때 어떤 것을 느껐는지, 그리고 오늘날 같은 장소에서 얼마나 두려움을 느끼는지를 이야기했다. 그러나 일단 주민들의 집 안으로 들어가면, 모든 것이 예전과 똑같다는 점도 이야기했다.

어떤 사람들은 내가 발표한 것을 기록했으며, 나중에 내 얘기를 인용해도 되는지를 물어보았다. 나는 내가 정확히 어떤 이야기를 했는지 기억할 수 없지만, 다음과 같은 이야기를 한 것 같다.

파벨라는 삶이며, 파벨라는 사랑입니다.
파벨라는 자유이고, 우정이며, 페이조아다feijoada* 입니다.
파벨라 사람들은 불굴의 의지를 가진 이들입니다.
파벨라에는 웃음과 눈물, 삶과 죽음이 매우 가까이 있습니다.
파벨라는 기대치 못했던 것을 기대하게 되는 곳이고, 즉흥적인 것이 규범이 되는 곳입니다.
파벨라의 모든 이가 고통받고, 가난하고, 수동적인 것은 아닙니다.
파벨라 사람들은 전쟁과 같은 삶을 삽니다.
파벨라 사람들은 일하고자 하며 공부하고자 합니다.
파벨라 사람들은 다른 이들로부터 사람으로 인정받고자 노력합니다.
다른 이들에게 파벨라의 사람들은 보이지 않거나 대수롭지 않은 사람들입니다.

---

* 검은 콩과 고기를 함께 끓인 브라질 요리로, 과거 브라질 노예들이 주로 먹었다.

그럼에도, 오늘날에도 여전히 파벨라는 자유로운 공간과 다양성 및 일탈의 여지를 남겨 놓고 있다. 그들은 표면까지 떠올라 희망을 간직하는 저항적인 행동의 작은 씨앗, 즉 불복종을 기꺼이 받아들인다. 파벨라는 도시의 어두운 면이 아니다. 오히려 도시가 파벨라의 어두운 면이다. 그들에게 어려움과 슬픔이 있지만, 그들에게는 리우데자네이루의 많은 고급 아파트들에는 존재하지 않는 생명력이 있다. 여러 면에서, 부자들은 그들의 도시에 포함시키기를 꺼리는 이들로부터 자신들을 보호하기 위해 스스로를 가두고 있으며, 도시의 유쾌함으로부터 스스로 벽을 쌓고 있다. 파벨라를 철거하던 혹은 파벨라를 따라하든 간에 파벨라 바깥의 사람들은 파벨라 사람들이 자신들의 마음이 깃든, 나름의 삶의 방식을 표현하고 있다는 점을 알아채지 못한다. 파벨라 사람들은 깊은 뿌리를 지니고 있으며, 뾰족한 가시와 향기로운 꽃도 지니고 있다.

서론

저녁 무렵, 꼬빠까바나Copacabana, 이빠네마Ipanema, 레브론Leblon 해안을 따라 구불구불하게 난 길을 따라 나트륨 등불이 으스스하고 누런빛을 비추고 있다. 이 지역은 '즐거움과 태양'을 찾는 이들에게 유명한 남아메리카의 골드코스트, 리우데자네이루이다. 뚜렷한 흑백 패턴의 타일이 넓은 인도를 사이에 두고 차도와 드넓은 꼬빠까바나 해변이 펼쳐져 있다. 해변에는 대서양의 파도가 넘실거리면서 '시다지 마라빌료자'cidade maravilhosa[경이로운 도시라는 의미로 리우데자네이루의 별명] 리우데자네이루의 판타지를 녹여 내고 있다.

꼬빠까바나 해변의 바다 너머 아뜰란띠까 거리의 꼬빠까바나 펠리스는 우아한 장관을 연출하고 있다(〈그림 1〉). 꼬빠까바나 펠리스의 흰색 외관은 가로등 불빛을 받아 카라멜 색조를 띤다. 가로등 불

그림 1_웅장한 꼬빠까바나 팰리스 호텔. 1923년 개관한 이 호텔은 프랑스 건축가인 조셉 지하(Joseph Gire)가 설계했다. 브라질 독립 100주년을 기념해 에삐따시우 뻬소아(Epitácio Pessoa) 대통령이 의뢰했다.

빛을 받아 택시, 제복을 입은 호텔 문지기와 사환, 관광객, 까리우까 스cariocas(리우데자네이루의 주민들을 이렇게 부른다), 몰레끼스moleques (거리의 부랑아) 등의 움직임이 더욱 강조되었고, 호텔 역시 더욱 장엄해 보인다.

　2008년 9월 30일의 상쾌한 저녁, 나는 꼬빠까바나에서 모퉁이를 돌아 루아상따사따파Rua Santa Satisfa에 있는 상따사띠스파서웅 Santa Satisfação 카페에서, 한 번도 만난 적이 없는 빠뜨리샤를 만나 저녁을 먹기로 했다.

　빠뜨리샤는 그 동네에 살고 있었고, 그 카페의 단골이었다. 우연히도, 나도 그 가게를 잘 알고 있었는데, 내가 리우데자네이루에 있는 동안 화요일과 목요일에 다녔던 요가 학원에서 모퉁이만 돌면 되는 곳이었기 때문이다. 빠뜨리샤가 먼저 와 나를 기다리고 있었다. 우리는 서로를 첫눈에 알아보았다.

빠뜨리샤는 1968년, 내가 처음 이 연구를 시작할 때부터 알고 지내는 친구인 조제 마누엘 지 시우바José Manoel de Silva의 손녀이다. 조제는 제 까부Zé Cabo라 불리기도 한다. 나는 노바브라질리아Nova Brasília에 살 때 조제 내외와 한집에 살았다. 조제는 초기 정착민 가운데 한 명으로, 노바브라질리아에서 가장 존경받는 마을 지도자였다. 그는 주요 간선도로인 아베니다이따오까Avenida Itaóca 인근 가장 좋은 자리에 집을 지었다. 집에 꽤 많은 투자를 해, 건물은 3층이나 되었고, 빨래를 하고 여가를 즐길 수 있는 옥상도 있었다.

빠뜨리샤의 이야기:
노바브라질리아에서부터 꼬빠까바나까지

나와 빠뜨리샤가 저녁을 먹으며 서로를 알아 가고 있는 사이에, 꼬빠까바나 언덕의 파벨라에서 불빛이 반짝이기 시작했다. 빠뜨리샤는 내가 할아버지의 건강이 나빠졌다는 소식을 전하려 전화한 게 아니라는 걸 알고는 14년 전 할머니가 돌아가신 후 할아버지 집에 한 번도 간 적이 없다는 이야기를 했다. 그녀는 "[그 뒤로] 할아버지를 만난 적이 없어요. 하지만 할아버지는 여전히 내 생일을 기억하고 계시죠. 제 생일마다 카드를 보내 주는 사람은 할아버지밖에 없어요. 할아버지는 절대 잊어버리지 않으시죠. 할아버지는 그런 일에 너무 철저하시기 때문에 …… 저는 지금 꼬빠까바나에 살아요. 그곳과는 완전히 다른 세상이죠. 전 아마 절대 노바브라질리아에 돌아갈 일은 없을 거예요.

그림 2_꼬빠까바나의 도로변에 위치한 카페에서 만난 빠뜨리샤 (2008년 9월 30일).

거긴 지금 너무 위험해요"라고 이야기했다.

"빠띠"라는 이름을 쓰는 빠뜨리샤는 자신감과 능숙함이 풍기는 잘 차려입은 전문직 여성이다. 그녀는 내가 그녀의 할아버지 집에 살던 때로부터 9년이나 지난 1977년에 태어났다. 그녀의 말에 따르면, 15살의 나이에 은행에 인턴으로 입사한 이래 한 번도 일을 쉰 적이 없다고 한다. "전 일하고 싶었어요. 밤에는 공부를 해서 경영학과 통신기술 학위를 땄어요. 브라질 최대의 이동통신 회사인 Oi에서 새 직장 생활을 시작했어요. 다섯 명의 부하 직원이 있고, 송장 작성 정보시스템의 책임자를 맡고 있죠. 예전에 다니던 은행에서는 제가 더 이상 승진할 수 있는 여지가 없었던 것 같아요."

앙그라 두스 레이스Angra dos Reis의 컴퓨터학과 교수인 오빠 마리우Mario와 빠뜨리샤는 제 까부의 손자들 가운데 가장 성공한 이들이다. 제 까부의 장남이자 빠뜨리샤의 아버지인 반델레이Wanderley는 그들이 어릴 때 아이들과 아내 곁을 떠났다. 반델레이는 브라질

국립주택은행BNH의 운전기사로 든든한 직장이 있었다. 봉급도 꽤 되었고 복리후생도 좋았지만, 아이들을 잘 돌보지 않았고 아이들을 보러 오는 일 역시 거의 없었다. 남매의 어머니와 할머니가 아이들을 길렀다. 그들의 엄청난 희생 덕에 남매는 사립학교를 다녔고, 결국 대학을 나와 전문직을 가질 수 있었다.

남매의 어머니는 초등학교도 마치지 못한 가정주부였다. 그녀는 돈벌이를 위해 생일 케이크를 만들었다. 그들은 파벨라가 아니라 교외의 저소득층 주거지인 마두레이라Madureira에 살았다. 빠띠의 어머니가 노바브라질리아에서 살지 않겠다고 했기 때문에, 반델레이가 처가에 들어가 살았다. 아이가 태어난 후 부부는 빠시엔시아Paciência에 있는 더 큰 집으로 이사했고, 그 집에는 아직도 빠띠의 어머니가 살고 있다(〈그림 4〉).

빠띠의 삼촌이자 제 까부의 차남인 바니Waney는 빠띠와 마리우에게는 아버지 같은 분이었다. 그는 2007년 심장질환으로 사망했다. 그가 좀 더 좋은 치료를 받았다면, 죽음은 피할 수 있었을 것이다.

빠띠는 현재 남자 친구와 살고 있는데, 그는 인사관리부의 좋은 자리에 있으며, 임금도 꽤 높다. 그녀는 말하기를,

우리는 지금 세를 살고 있지만, 조만간 이 근처에 아파트를 사려고 해요. 지금 사는 데서 좀 더 올라간 동네에요. 우리는 아이를 갖지 않을 거예요. 현재의 우리가 있기까지 정말 힘들었어요. 그래서 우리는 인생을 즐기고 싶어요. 죽을 때까지 일하고 싶지는 않아요.

우리 할아버지 집은 노바브라질리아에서 제일 좋은 데 있었는데, 할아

버지가 살아 계실 때 집을 팔아서 손자들에게 돈을 나눠 주셨어요. 할아버지는 남은 돈으로 다시 시작하셨는데요, 노바브라질리아에서 접근성이 떨어지고 더 위험한 지역에 새 집을 지으셨어요. 이사 가신 후로 동네 마약상들이 떠나라고 괴롭히기도 하고 길거리나 집 앞에서 폭력 사건이 끊이질 않는대요. …… 할아버지는 항상 마을을 개선시키고 아이들을 돌보는 일만 생각하셨어요. 할아버지는 잘되지 않으셨어요. 지금 할아버지는 아무것도 가진 게 없으세요. 나는 할아버지의 건강이 걱정돼요. 할아버지께 필요한 게 있으시면 전화하시라고 얘기했어요. 하지만 할아버지는 전화를 안 하실 것 같아요. 할아버지는 도움을 청하는 걸 좋아하시지 않거든요. …… 할아버지는 굉장히 독립적인 분이에요.

빠띠는 우리가 먹은 저녁 값을 내겠다고 했고, 내가 아파트로 돌아올 때 택시로 나를 바라다 주며 그 비용도 냈다. 빠띠는 내가 곤경에 처하지 않도록 돌봐 주었다. 우리 이야기는 자정이 다 되어서야 끝이 났는데, 빠띠는 그 시간에 나 혼자 숙소로 돌아가는 건 위험하다고 생각했다. 그녀의 이런 걱정은 손님이자 할아버지의 친구인 나에 대한 그녀의 관대함과 그녀의 마음속에 내재된 폭력에 대한 두려움이 압축된 것이었다. 이런 폭력은 그녀의 현재 생활과 할아버지의 삶 간의 간극을 넓히고 있는 원인이었다. 그녀가 제 까부를 그녀의 꼬빠까바나의 아파트로 초대하거나, 그에게 약혼자를 소개시키지 않은 것은 그녀의 마음속 어딘가에 그녀가 주변부의 삶으로부터 안전한 거리에 있다고 생각하고 있지 않음을 나타낸다.

2009년 1월 5일, 빠뜨리샤가 내게 이메일을 보냈는데, 이스따시우지사대학교Universidade Estácio de Sá의 내부 시스템 회계감사를 시작하게 되었다고 알려 왔다. 그 대학은 대기업처럼 운영되는 사립대학이다. 그 작업이 학생시절 졸업 논문 주제였기 때문에, 그녀는 매우 설레고 있었다. 여건이 되면, 2009년 말경에 아파트를 살 계획이라고도 했다.

노바브라질리아는 꼬빠까바나에서 자동차로 45분 거리에 있지만, 빠뜨리샤가 그만큼의 거리를 나가는 데에는 세 세대가 걸렸다. 1969년 내가 인터뷰했던 모든 이들의 손자들이 빠뜨리샤처럼 파벨라를 빠져나온 것은 아니다. 그녀의 성공은 오히려 예외적인 것이다. 현재 그들의 손자 세대는 절반 이상이 직업이 없고, 3분의 1 이상이 여전히 파벨라에 살고 있다(꽁중뚜에 거주하는 이들까지 포함하면 절반 이상이다).

사브리나의 이야기:
까따꿍바에서 꽁중뚜로, 다시 림부Limbo로

사브리나의 조부모도 제 까부와 마찬가지로 리우데자네이루로 이주했다. 부모가 파벨라에서 태어난 아이들은 조건이 훨씬 좋은 편이었지만, 사브리나는 그리 운이 좋지 못했다. 그녀의 아버지인 니우똥Nilton은 1943년 까따꿍바Catacumba라는 파벨라에서 태어났다. 까따꿍바는 라고아호드리구프레이따스Lagoa Rodrigo Freitas 호수가 내려다보이는 언덕에 위치해 있는데, 꼬빠까바나에서 걸어갈 수 있는 거리이다. 니우똥이 매우 똑똑했기에 부모들은 그를 예수회 사립학교에 보냈다. 이는 초기 이주민들 사이에서는 드문 일이었다. 내가 니우똥을 만나 내가 하고 있는 일에 대해 설명했을 때, 그는 이내 연구의 가치를 이해하고 도움을 주었다. 그는 실직 상태였기 때문에, 나와 같이 일할 시간이 있었다. 그는 나보다 늘 한 발자국 정도 앞서 걷곤 했다. 그는 내가 사는 집주인인 마르가리다 Margarida 씨 가족과 친한 친구였으며, 그들은 내가 무엇을 관찰하는지를 이해하고 나를 도와주었으며, 동네잔치에 데려가기도 하고, 빠끼따Paquetá 섬으로 주말여행을 갈 때 데려가기도 했다.

니우똥과 그의 아내인 네우사Neusa는 1970년 까따꿍바가 철거되기 전에 만났다. 여느 까따꿍바 주민들처럼 끼뚱구Quitungo와 구아뽀레Guaporé의 공공주택 단지에 자그마한 아파트를 하나 계약했다. 이 두 지역은 언덕 하나를 사이에 두고 떨어져 있었다. 공공주택 단지는 땅값이 싸고 환경이 좋지 않은 지역에 수십 개의 5층짜리 계단식 건물이 들어선 것이었다. 니우똥과 네우사는 구아뽀레로 이주했다. 그들이 도착했을 때, 건물의 벽도 채 마감이 되지 않았고, 화장실 문을 포함한 대부분의 문도 달려 있지 않았다. 바닥은 그냥 콘크리트였고, 열쇠 하나로 모든 집의 문을 다 열 수 있었다.

니우똥은 파벨라를 떠나자마자, 예전에 몇 번이나 떨어졌던 헌병에 합격했다. 네우사는 주중에는 봉제 공장에서 일하고, 주말과 저녁에는 집에서 삯바느질을 했다. 8년 후에 그들은 아이를 가질 여유가 생겼다. 1978년 사브리나가 태어났으며, 둘째 딸 사멜라는 5년 후에 태어났다. 방 하나짜리 아파트가 좁게 느껴질 무렵, 니우똥은 아파트를 팔아 아파트와 강 사이의 땅을 사 집을 지었다. 그는 제법 넓은 2층짜리 건물을 지었는데, 옥상도 쓸 수 있었다. 얼마 지나지 않아 친척들이 이웃에 집을 지었다. 마침내 그들은 차량 세 대를 주차할 수 있는 주차장과 철문을 갖춘, 가족들만의 안전한 복합 주거지를 건설했다. 니우똥과 네우사는 자녀들에게 가능한 모든 것을 해주고 싶어서 아이를 두 명만 가지기로 했다. 1993년 내가 다시 방문했을 때, 사브리나는 열다섯 살이었다. 그들은 사브리나의 생일 선물로 컴퓨터를 사주었다. 우리는 같이 사브리나의 방으로 올라갔는데, 그들은 내게 수제 레이스가 덮인 사브리나의 화장대를 보여 주며 뿌듯해 하기도 했다. 나는 그 방에서 사브리나가 남자애들과 메시지를 주고받지 못하도록 인터넷 연결을 금지했다는 이야기를 니우똥에게 들으며, 과거와 미래가 어떻게 충돌하는지를 생각했던 기억이 난다. 이는 아렝베뻬와 아브랑치스의 부모들이 그들의 자녀가 글을 읽고 쓰는 것을 배우지 않았으면 했던 바로 그 이유이다. 나는 2008년 사브리나와 마지막으로 이야기를 나눴다. 그녀는 서른 살이었으며, 결혼은 했지만 아이는 없었고, 직업도 갖지 않았다. 그녀는 열심히 일자리를 찾고 있었고 면접을 보려 했지만, 마치 덫에 걸린 것 같은 느낌을 받았다. 6년 전 사브리나는 브라질 3대 사립대학 가운데 하나인 이스따시우지사대학교에서 공부를 시작했다. 우연히도 이 대학은 빠띠가 내부 시스템 회계감사로 있는 대학이다.

사브리나는 변호사가 되고 싶었다. 그녀는 공부를 잘했다. 그러나 2학년 때 수업을 마치고 집으로 가는 버스를 타러 달려가다 발을 헛디뎌 발목이 골절되었다. 의료보험이 없었던 사브리나는 공공 병원에 갔다. 두 달 동안이나 다리에 깁스를 하고, 몇 달 더 목발을 하고 다녔지만, 제대로 치료가 되지 않았다. 결국 부모님이 사브리나를 민간 의사에게 데려갔고, 수술이 잘못되어 앞으로 합병증이 있을 것이라는 얘기를 들었다. 그녀는 버스를 타고 내릴 수 없었고, 학교에 갈 수 있는 방법이 없었기 때문에 휴학을 해야 했다.

민간 병원의 비싼 진료비 때문에 가족이 가진 저금을 거의 다 탕진해야 했다. 사브리나는 가정 경제를 돕기 위해 텔레마케팅 회사에서 근무를 시작했다. 회사가 사브리나를 정규직으로 채용하지 않았기에 최저임금보다 낮은 임금을 받았고, 노동법에 규정된 혜택이나 보장을 받을 수 없었다. 그녀는 하루 10시간에서 12시간가량, 일주일에 6일을 근무했다. 이에 그녀와 직원들이 그들의 권리를 요구하자 회사는 불법적인 대우를 감수하기 싫으면 떠나도 좋다고 했다.

계속해서 이어폰을 사용하던 사브리나는 3년 후 한쪽 귀가 멀었다. 3년의 근무 기간 중 2년이나 올해의 판매자로 뽑혔지만 그녀는 해고당했다.

사브리나가 야간대학에 다닐 때 만난 남자 친구는 브라질의 주요 은행 중 하나인 우니방꾸Unibanco에 근무한다. 그는 사브리나가 우니방꾸의 전자뱅킹 부서에서 임시직을 얻을 수 있도록 도와주었다. 은행은 정규직 임금을 주지 않기 위해 그녀를 1년 이하로만 고용하고 다른 사람을 채용했다.

남자 친구의 연이은 구애 끝에, 그들은 2004년 결혼했다. 부부는 아파트를 살 여력이 되지 않았기 때문에 구아뽀레 근처에 있는 작은 아파트를 임대했다. 돈을 더 벌기 위해서 사브리나의 남편은 걸어 다니는 샌드위치 광고판 아르바이트를 하고 있다.

사브리나는 "남편이 일을 두 개나 하기 때문에 남편을 볼 시간이 없어요. 집에 혼자 있으면 무서워요. 그 동네는 안전하지 못해서 남편이 집에 없을 때는 부모님 집에 가 있어요. 우리 엄마도 집에 혼자 계시면 무서워하시기 때문에 엄마한테도 잘됐죠. 아빠는 은퇴하셔서 사설 야간 경비 일을 하고 계세요. 하지만 그 경비 임금으로는 부족하기 때문에 돌아다니면서 물건을 파세요. 그래서 집에 잘 안 계시죠"라고 했다.

촉망받는 법조인을 꿈꿨던 사브리나의 꿈은 발목만큼이나 허약해 쉽게 부서져 버렸다. 그녀의 가족은 파벨라에서 벗어났고, 공공주택에서도 이사해 나갔으며, 그녀 역시 합법적인 도시에서 적법하게 임차한 아파트에서 살고 있다. 그러나 변호사가 되고자 했던 꿈은 우연한 사고로 산산이 부서져 버렸다.

이 두 가족의 이야기는 앞으로 이 책에서 다룰 주제들을 선정한 이유를 잘 설명해 준다. 가족 모두 브라질 내륙지방에서 리우데자네이루로 이주해 왔고, 이 연구의 기간 동안 브라질은 농업이 우세한 국가에서 도시화가 탁월하게 진행된 국가로 변화했다. 두 가족 모두 세대를 내려오며 교육 수준이 향상되었고 생활수준이 높아졌으며, 직업 면에서도 주요한 역할을 하게 되었음을 보여 준다. 그리고 두 가족 모두 여러 세대에 걸쳐 '젠치(인간)가 되기' 위한 노력, 즉 보이지 않는 존재에서 보이는 존재가 되기 위한, 또는 별 볼일 없는 사람에서 존중받는 사람이 되기 위한 부단한 노력을 보여 준다. 대학 교육을 받은 사브리나는 이 연구 대상 자녀 계층에서 상위 8퍼센트에 들었음에도 불구하고[1] 젠치로서 존중받지 못했고, 빠뜨리샤와 같은 극히 소수의 경우들도 자신의 위치를 지키기 위해 절박하게 노력을 하고 있다.

이 두 짧은 이야기는 지난 40년간 내가 연구했던 지역과 그 사람들의 처참한 변화를 단적으로 보여 준다. 1980년대 중반 이후 파벨라에 마약 및 무기 밀매상들이 침투하자, 파벨라 내의 살인사건 발생률이 급등했고, 도시 전체가 공포에 휩싸였다. 마약상들은 자신들의 거래를 유지하고 보호하기 위해 경쟁적으로 최신 무기들을 구매했는데, 경찰이 사용하는 장비를 훨씬 압도하는 것이었다. 이 같은 사실은 제 아저씨가 집 주변과 집 앞 도로에서 일어나는 폭력으로 노바브라질리아에서 이사 나오게 된 이야기에서 잘 나타나며, 빠뜨리샤가 저녁을 먹고 나서 나의 숙소까지 택시로 바래다주겠다고 한 것도 이런 이유에서였다. 또한 구아뽀레에 사는 니우똥이 가족들을 보호하기 위해 자기 집을 쇠문으로 걸어 잠근 것도 이런 맥락이며, 사브리나가 아파트에 혼자 남아 있는 것이 무서운 것도 바로 이런 이유에서다. 폭력의 위협성은 파벨라의 언덕을 내려가 꼬빠까바나와 이빠네마와 같은 고급 주택가의 일상생활에도 침투했다. 모든 사람이 밤거리를 걷는 것을 불안해하며, 차에 타고 있을 때도 정지 신호등에 섰을 때 강도를 당할 위험이 높기 때문에 밤 10시부터 아침 6시까지는 빨간불에도 차가 지나가는 것이 합법화되었을 정도이다.

첫 연구 참여자들의 자녀 및 손자들과 이야기를 나누다 보니 몇 가지 특징을 발견할 수 있었다. 학력이 높은 청년 세대는 정치에 대해 매우 냉소적이었고, 세계적으로 표준화된 생활수준으로 말미암아 사람들의 '욕구'와 욕망, 그리고 일상생활에서의 기대치가 변화했으며, 직업은 자신의 미래를 결정하는 가장 중요한 요소라고 생각하게 되었다.

시간, 공간, 그리고 변화

이 책의 시간적 범위는 인류 역사상 가장 많은 양의 인구가 이동한 시기, 즉 도시화된 세계로 변화한 시기와 거의 일치한다. 100년 전에는 전 세계 인구의 10퍼센트만이 도시에 살고 있었다. 현재 전 세계의 도시화율은 50퍼센트를 넘어섰으며 2050년에는 75퍼센트에 이를 것으로 예상된다. 실질적으로 도시의 이 같은 성장은 주로 세계의 남반구(아시아, 아프리카, 라틴아메리카)에서 일어나고 있으며, 이주민의 대다수가 제 까부가 살았던 노바브라질리아나 니우똥이 살았던 까따꿍바 같은 판자촌이나 무단 거주지, 즉 '비공식적인 거주지'로 몰려든다.

이런 마을들은 대부분 주거지로는 적절하지 않은 곳에, 불안정하게 조성되었기 때문에 '공식적인 도시'의 규정이나 규격, 용도지구제 등과 전혀 맞지 않지만, 도시의 경제, 사회, 정치의 필수 불가결한 일부분이다. 또한 이런 동네는 부패한 관료 체계 및 시대착오적인 허가 제도로 인해 많은 지역에서, 그리고 여러 이유로 인해 많은 도시에서, 예외가 아닌 일반적인 현상이 되어 가고 있다.

수십 년간 지방정부 및 주정부, 중앙정부가 정책적으로 개입하고, 국제 원조기구와 비영리조직, 그리고 커뮤니티 기반 조직들도 나섰지만, 도시 전체의 성장보다 비공식 거주지의 성장이 훨씬 더 빠르게 이루어졌다. 기존의 공동체보다 빠르게 성장한 새로운 공동체들은 업그레이드되고 도시 서비스 조직망에 연결되었다.[2]

수십 억 명의 도시빈민들에게 그들이 사는 도시의 시민으로서의 온전한 권리를 박탈하는 것은 도시로부터 귀중한 인적자원과 문제 해결 능력을 박탈하는 것이며, 나아가 상당한 규모의 생산자이자 소비자, 그리고 도시사회의 구성원을 박탈하는 것이다. 또한 남반구 도시민 열 명 중 네 명에 해당하는 빈민층을 배제하는 것은 모든 도시 및 대도시 구역의 경계를 훨씬 넘어서까지 개인의 안전 및 환경의 지속성 면에서 부정적인 영향을 미칠 것이다. 폭력의 확산은 극심한 빈부격차와 깊은 관계가 있으며, 계약 사회를 온전히 유지하는 데 필수적인 신뢰와 공동체의식을 해치고 있다.

도시 빈곤층을 주거의 극한 지역, 늪지대, 쓰레기매립장, 묘지, 바위투성이 언덕, 버려진 공장이나 사무실 빌딩 등으로 내모는 것은 이미 긴장 상태에 있는 도시생태계의 훼손을 가중시키는 것이다. 급증하는 저소득계층을 수용하기 위한, 또는 여전히 늘어나고 있는 이촌향도민들을 위한 대책을 마련하지 않으면, 환경적으로 매우 중요한 지역, 예를 들어, 강바닥이라던가, 분수계, 삼림 보존 지역, 해안의 간석지 등으로까지 주거지가 침투하게 된다. 그렇게 대규모의 인구가 집을 지을 장소가 모자라고, 도시의 상하수도 시설

그림 3_모든 제3세계 도시에는 선진국 도시경관이 존재하고 모든 선진국 도시에는 제3세계 도시경관이 존재한다 (사진은 1990년 스테판 하워닉이 합성한 것).

등을 이용하지 못하게 되면, 인간의 거주로 말미암은 하천 및 해안의 오염은 피할 수 없게 된다.

생활 설비 및 첨단 시설이 모두 갖춰진 '글로벌 도시'가 되는 과정에서 투자의 유치, 기업의 입지, 정보화사회로의 진입 등이 이루어졌지만, 빈곤은 그 자체로 범죄시되었고 사회적 불평등은 감춰졌다. 그러나 이런 도시들의 미래는 도시의 가장 취약한 부분을 얼마나 통제할 수 있느냐, 그리고 그 범위가 어느 정도에 이르느냐에 달려 있다. 교육 수준이 높은 인재풀, 안전한 식수, 안정적인 전기 공급, 오픈스페이스 등은 투자 시 고려해야 할 사안이다. 그러나 집으로 돌아오는 길에 살해당할 수 있다거나, 누군가의 아이가 하굣길에 강도를 만날 수도 있다는 두려움은 전혀 다른 차원의 심각한 문제이다.

남반구 도시들이 겪고 있는 이러한 문제들은 북반구의 세계화된 도시들에서도 나타난다. 〈그림 3〉의 콜라주에서 보이는 것처럼, 세계 모든 주요 도시들 내부에는 유아사망률이 높고, 영양상태가 나쁘며, 실업률이 높고, 노숙자들이 거주하며, 전염병이 도는, '제3세계'의 도시와 같은 지역이 존재하고 있다. 그리고 모든 제3세계도시들에도 금융기관들이 집중되어 있고, 첨단 시설을 갖추고 있으며, 하이패션을 선도하는 고품격 문화 지역이 있다. 이 두 세계가 상호 간의 교류를 통해 다양하고 역동적이며 공존하는 도시가 되고, 나아가 모든 이가 속하는 도시가 되는 것이 바로 도시의 문제이다.

리우데자네이루 빈민들의 배제에 관한 문제를 이야기하는 것은 도시빈민의 역동성을 이해하는 데 도움을 주는 한편, 도시의 번영을 이해하는 데에도 도움을 준다. 많은 연구들이 이러한 주제를 다뤄 왔으며, 수많은 훌륭한 책들이 출간되었지만, '모두를 위한 자유와 정의'를 갖춘 포용적인 도시는 어떻게 건설할 수 있을 것인가라는 미스터리는 여전히 풀리지 않은 채 남아 있다.

이 책은 리우데자네이루라는 거대한 자석에 이끌리듯 몰려들어, 도시의 엘리트들이 비워 놓은 자투리 공간에 그들의 집을 짓고 산, 수백 명의 사람들을 40년간 추적한 결과이다. 1968년 리우데자네이루의 파벨라에서 내가 처음 인터뷰를 했던 이 사람들의 인생 역정을 추적함으로써, 특정 시대의 단편적인 묘사를 넘어, 시간과 공간을 가로지르는, 변화의 궤적들을 이어보고 싶었다. 또한 최초 응답자들의 자녀 및 손자들과의 인터뷰를 통해 빈곤의 대물림에 대한 해답을 찾고 싶었다. 그리고 지금 현재 이 지역에 거주하는 주민들에 대한 조사를 통해, 이 공간들이 어떻게 변화했고, 그들과 도시 나머지 공간들 사이의 간극이 좁혀졌는지 혹은 더 넓어졌는지 살펴보았다.

초기의 연구

1968~69년에 이루어진 최초의 연구에서 내가 선택한 세 개의 파벨라는, 리우데자네이루의 빈곤층이 주로 거주하는 세 지역에 위치하고 있었다. 첫 번째는 부유층이 거주하는 남부 지구의 가파른 언덕에 위치한 파벨라인 까따꿍바이고, 두 번째는 북부 공업지대의 언덕배기에 위치한 노바브라질리아이며, 세 번째는 리우데자네이루의 북쪽 경계 너머에 따로 떨어져 위치한 위성도시인 두끼지까시아스Duque de Caxias로, 바이샤다플루미넨세Baixada Fluminense로 알려진 늪지대에 위치하고 있다. 이들 세 파벨라와 다섯 개의 로찌아멩뚜스loteamentos를 연구 지역으로 삼았는데, 로찌아멩뚜스는 도시 서비스가 제대로 제공되지 않는 지역이다(〈그림 4〉에서는 세 파벨라 지역의 위치 및 상대적인 입지가 나타나 있다).

리우데자네이루가 중심부에서 외곽으로 확장됨에 따라, 각각의 파벨라도 다른 시기에 형성되었다. 까따꿍바에는 주로 1940년대에 정착이 이루어졌고(일부 주택은 1930년대부터 들어서 있었다), 노바브

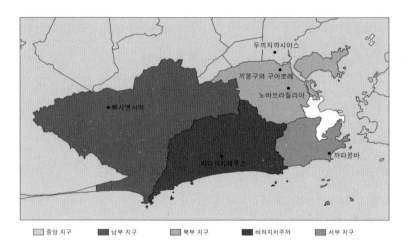

그림 4_리우데자네이루의 도시계획 구역과 연구 지역(Instituto Perreira Passos, 2008).

라질리아는 1950년대에 주로 형성되었으며, 까시아스는 1960년대
에 형성되었다. 파벨라의 인구밀도는 생성 연대 및 도심으로의 접
근성과 반비례했다. 내가 연구를 진행할 당시, 까따꿍바는 1제곱킬
로미터당 인구가 11만 명에 달했고(까따꿍바의 파벨라 면적은 겨우 1제
곱킬로미터 정도였다), 노바브라질리아는 1제곱킬로미터당 3만4천 명,
까시아스는 1제곱킬로미터당 1,400명으로, 외곽으로 갈수록 인구
밀도가 급격히 감소했다. 까시아스의 행정구역municipality 전체는
442제곱킬로미터에 달했지만, 인구는 겨우 60만 명 정도였다.

　오늘날 리우데자네이루의 인구밀도가 1제곱킬로미터당 4,700명
인 데 비해, 리우데자네이루의 파벨라의 인구밀도는 이보다 열 배
가까이 높은 1제곱킬로미터당 31,700명에 달한다. 이는 노바브라질
리아의 1968년 인구밀도와 비슷한 수준이다.[3]

그림 5_1968년 까따꿍바의 파벨라. 나는 당시 이 집에서 마르가리다와 두 자녀, 그녀의 남동생과 함께 살았다.

나는 6개월 동안 각각의 지역에서 거주했다. 까따꿍바에서는 한 판잣집에 살았는데, 집주인 마르가리다는 꼬빠까바나에서 가사 도우미로 일하고 있었고, 두 자녀 및 남동생과 함께 살고 있었다(〈그림 5〉). 1973년 내가 다시 방문했을 때, 그들은 끼뚱구라는 정부 주택 공급 프로젝트의 아파트로 이사한 후였다(〈그림 6〉).

나는 브라질시정연구원 Brazilian Institute of Municipal Administration과 제뚤리우바르가스재단Getúlio Vargas Foundation에서 조사방법론을 강의했는데, 수강 학생들 가운데 현장조사요원들을 선발해 훈련시켰다. 우리는 750명에 대한 인터뷰를 실시했다. 16~65세 주민 가운데 각 지역에서 200명씩을 무작위로 추출했으며, 커뮤니티 기반 조직에서 지도자의 역할을 맡고 있거나 다른 이들에게 조언을 주는 오피니언리더의 역할을 하고 있는 주민대표 격의 50명을 선정했다.[4]

이 책에서는 무작위로 추출된 주민들과 지도자 격인 주민들의 이야기를 다룰 것이다. 이는 일반적인 주민들과 소위 "파벨라 엘리트"

들 간의 삶의 궤적을 비교
하기 위해서다. 파벨라 엘리
트들은 주로 남성으로, 나이
가 지긋하고, 피부색은 밝은
편이며, 교육 수준이 높고,
소득이 높은 경향이 있다.[5]

두 집단의 조사를 위해
우리는 정교한 조사 기법을
사용했다. 이는 각 개인의

그림 6_1973년 끼뚱구의 꽁중뚜에서 마르가리다와 남편을 다시 만난 사진. 마르가리다는 까따꿍바가 철거되기 3년 전 이곳으로 이주했다. 마르가리다가 손에 쥐고 있는 것은 내가 찍어준 그녀의 가족사진이다.

출생부터 인터뷰 시기까지의 주거지, 직업, 교육, 가족력 상의 변화
를 연 단위의 인생력 매트릭스로 구성하는 방법이다.[6] 나는 이 결과
를 수십 개의 개방형 인터뷰 및 커뮤니티의 역사를 재구성하는 맥
락적 인터뷰와 결합했으며, 기존의 인구조사 자료, 지도, 문서, 출
판물 등과도 결합했다.[7]

소외계층에 관한 신화

당시 조사를 통해 얻은 내용은 『소외계층에 관한 신화: 리우데자
네이루의 도시빈민층과 정치학』(1976)의 핵심 주제가 되었다.[8] 이
책은 도시 빈곤계층 및 그들의 부정형적인 주거 양식에 대한 일반
적인 시각을 비판하고 있다.[9] 발전에 관한 기존의 연구들에서는 이
촌향도민들이 현대 도시의 생활에 제대로 적응하지 못했다고 보고

있으며, 따라서 그들의 빈곤은 자신들의 책임이고 공식부문의 직업 및 주택 시장에 편입하지 못한 것 역시 이촌향도민들의 책임으로 보는 경향이 있다. 불량주택지구는 아름다운 도시의 치명적인 질병과도 같은 존재이자, 범죄 및 폭력, 매춘, 가족해체, 사회적 무질서의 온상으로 여겨진다. 우파들은 빈곤층의 어려운 상황과 그들을 둘러싼 풍요로운 도시민들 간의 격차로 인해 불량주택지구에서 분노의 혁명이 일어나지 않을까 우려하지만, 좌파들은 그러한 혁명이 일어나기를 내심 기대하고 있다.[10] 도시민들은 전반적으로 불량주택지구의 주민들을 도시공동체의 일원으로 보기보다는 '타자'로 인식하고 있으며, 이런 시각은 사회과학자들에 의해 정당화되고 정부의 파벨라 철거 정책을 정당화하는 데 이용된다. 따라서 소외계층 Marginality이란 용어는 단순히 빈곤한 사람들을 가리키는 용어에서 물질적이고도 이데올로기적인 용어로 진화했다.

1960년대 중반부터 조제 눈José Nun, 아니발 끼하노Anibal Quijano, 마누엘 까스뗄스Manuel Castells, 플로레스땅 페르낭지스Florestan Fernandes, 페르낭두 엥히끼 까르도주Fernando Enrique Cardoso 등과 같은 비중 있는 작가들이 이런 사회적 통념에 도전했다. 리우데자네이루, 사우바도르, 상파울루, 산티아고, 부에노스아이레스, 리마, 보고타, 멕시코시티, 몬테레이 등의 라틴아메리카 도시에 관한 경험적 연구를 통해 빈곤계층에 관한 기존의 관념을 타파하고, 도시 빈민들에 관한 잘못된 편견을 불식시키는 데 일조했다. 윌리엄 만진William Mangin과 로버트 모스Robert Morse는 각각 이 주제에 관해 1960년대 중반 및 1970년대 초반에 발행된 글들을 비평하는 리뷰

논문을 썼다. 내 연구와 마찬가지로, 이들의 연구에서는 학계 및 공공정책의 담론에서 피해자들을 책망하기 위한 수단으로 소외계층 marginality*이라는 개념이 어떻게 이용되었는지를 보여 주었다. 우리는 '슬럼 지구'에서 거주하는 이들의 태도와 행동에 논리와 당위성이 있으며, 불량주택지구에 거주하는 주민들에게도 강인함과 다양한 자산이 있음을 보여 주었다. 이러한 강인함과 자산은 일반적으로 라틴아메리카의 빈곤계층에게는 결핍되어 있다고 인식되어 왔고, 이러한 결핍은 심지어 그들의 고질적인 병이라 여겨지기도 했다.

내 연구는 파벨라 거주민들이 사회에 '주변적인' 존재가 아니라, 사회 안에 강력하게, 비록 그것이 비대칭적인 방식이긴 해도, 통합되어 있음을 밝혀냈다. 그러나 그들이 비록 불공정한 방식이지만 한계적인 상황과 밀접한 관련을 갖고 있음도 밝히고 있다. 그들은 많은 것을 주고 매우 적은 부분을 받는다. 그들은 도시 생활의 주변부에 있거나 도시의 기능과 무관한 존재들이 아니다. 그러나 폐쇄적인 사회체계에 의해 적극적으로 배제되고, 착취받으며, '주변화'되고 있다. 나는 파벨라 철거 정책을 정당화하기 위해 활용된 부정적인 선입견은 진실이 아니라는 것을 보여 줌으로써, 파벨라 거주민들이 토지소유권을 인정받아 열심히 사는 노동자계급의 커뮤니티로 성장하고, 나아가 도시의 나머지 지역과 통합되기를 바란다.

● marginality는 일반적으로 주변부, 주변성 등으로 번역하지만, 펄만의 연구에서는 빈곤층을 경제적 의미의 'poverty'의 개념을 넘어선 소외된 계층이라는 의미도 포함해 marginality로 표현하고 있다.

늘 그래 왔던 것처럼 거주민들은 토지소유권을 받지 못했다(대대적인 철거 사업은 1970년대 말 중단되었지만 말이다). 파벨라 지구와 그 인구는 도시의 여타 지역에 비해 빠른 속도로 성장하고 있으며, 1980년대 중반 마약거래 및 그로 인한 폭력이 시작된 이후 파벨라에 대한 오명은 (그리고 그들과의 접촉에 대한 두려움도) 빠른 속도로 성장하고 있다.

한편, 좋은 의도로 시행된 다양한 빈곤 퇴치 정책과 프로그램들은 결과적으로 실망스러웠고, 그 결과 도시정부를 비롯해 주정부, 연방정부 및 국제기구들은 무엇을 해야 할지 모르게 되었다. 슬럼 지역의 상황은 개선되었지만, 새로운 슬럼들이 성장하고 있었고, 그러한 추세를 추적하는 것은 의미 없는 것이었다.

30년의 시간이 지난 뒤에 동일한 사람들을 대상으로,[11] 그들에게 무슨 일이 일어났으며 왜 그러했는지를 다시 연구하는 것은 즐거운 일이었다. 가난이란 정적인 상태가 아니며, 세대에 걸친 도시 빈곤의 역동성에 대해서는 알려진 바가 거의 없다. 도시의 판자촌에 대한 시계열적인 연구가 소수나마 있지만, 같은 동네를 대상으로 하고 동일한 개인들을 대상으로 하지는 않았다. 왜냐하면 그들의 바뀐 주소를 추적하는 데 실패했기 때문이다.[12] 브라질의 인구센서스국 — 브라질지리통계청Instituto Brasileiro de Geografia e Estatistica, IBGE — 은 10년마다 전국가계표본센서스Pesquisa Nacional por Amostra de Domicilios를 실시하고 있다. 이 자료가 여러 방면에서 유용하지만, 매년 새롭게 선정된 표본집단을 대상으로 하고 있어, 동일한 사람들을 시계열적으로 추적하는 것이 불가능하며, 그들의 자손들에게 어떤 일이

일어났는지를 설명하는 것은 더욱 어렵다.[13]

어떠한 상황, 태도, 행동, 행운이 빈곤층에 대한 배제와 인간성 말살을 극복하는 데 영향을 미쳤는지는 동일한 사람들 및 그들의 자녀, 손자들을 대상으로 하는 패널 연구를 통해서만 가능하다.

30년 후의 회귀: 후속 연구

1999년, 첫 연구에 참여했던 이들을 30년 만에 다시 찾을 수 있는지를 확인해 보기 위해, 나는 리우데자네이루로 향했다. 긍정적인 결과를 얻었고, 2000년 조사팀을 꾸렸다. 첫 연구에 참여했던 750명 가운데 가능한 많은 사람의 주소를 찾기 위한 모든 노력을 다했다.

지가가 가장 높았던 까따꿍바는 1970년 철거되었으며, 그 주민들은 꽁중뚜(정부가 건설한 공공주택)로 이주했다. 노바브라질리아는 꽁쁠렉수두알레머웅Complexo do Alemão의 일부가 되었다. 꽁쁠렉수두알레머웅은 11개의 파벨라가 합쳐진 거대한 지역으로, 마약 관련 폭력 사건의 발생 빈도가 높기로 유명하며, 정부의 사회 프로그램이 제대로 운영되지 않고 사회기반시설에 대한 투자 역시 부족해, 개인들의 안전이 보장되지 않는 지역이다. 까시아스의 파벨라들은 나의 모든 연구 지역들 중 가장 빈곤한 지역으로 남아 있다. 첫 연구의 응답자들 중 도시 서비스가 제공되지 않는 구역의 땅을 구입하거나 임대한 사람들이 결국 가장 잘살고 있다. 그다음은 까

그림 7_"다시 만나요!"라고 제목이 붙은 포스터에는 "예전에 이 연구에 참여하셨거나 참여하신 분을 아신다면 연락 주세요. 우리가 여러분 마을의 역사를 복원할 수 있게 도와주세요"라고 씌어 있다.

따꿍바에서 성장해, 그곳에서 자신들이 발전시킨 네트워크나 인간관계의 이익을 보며 사는 사람들이다.

사람들을 찾는 건 정말 힘든 일이었다. 30년이나 지나서 어떤 사람을 찾는다는 것 자체가 힘이 들지만, 파벨라에는 주소지가 없는데다, 첫 연구 당시 인터뷰에 응한 사람들의 개인정보를 보호하기 위해 익명으로 처리했기에 더 힘들었다. 게다가 1980년대 말 이후 급격히 상승한 범죄율로 말미암아, 파벨라에 들어갈 때 안전이 심각한 문제로 떠올랐다. 마을을 방문하기로 계획했지만, 마약상들끼리, 또는 경찰과 마약상들 사이에 '전쟁'이 벌어지고 있어, 그곳을 방문하는 것이 너무 위험하다는 이야기를 종종 듣곤 했다.

우리는 여러 가지 다른 방법을 사용하며 2년간 연구를 지속했다. 파벨라에 들어가도 좋다는 보장을 받은 후, 우리는 1968년 연구에 참여했던 사람들을 만나고 싶다는 포스터를 다채로운 색깔로 크게 만들어 붙였다. 당시 인터뷰를 했던 사람들이 나를 알아볼까 하는 마음에 포스터에 당시의 내 얼굴을 크게 넣었고, 당시 연구에 참여했던 많은 사람에게 나눠 주었던 내 책(브라질 출판본)의 표지를 여러 학생들에게 나눠 주었다.

다행히도, 내가 연구를 재개하기 위해서 리우데자네이루로 돌아왔다는 신문 기사 덕분에, 브라질의 유명한 텔레비전 쇼인 팡따스치꾸Fantástico에서 인터뷰를 해갔다. 덕분에 나는 수많은 시청자들에게 이야기할 기회를 얻었고, 이를 통해 그들 가운데 혹시 우리의 첫 번째 연구에 참여한 적이 있거나 또는 그런 사람을 알고 있는 사람이 있으면, 우리에게 연락을 달라고 이야기했다. 그 일이 있고 나서 어느 일요일 오후, 우리 연구팀은 선거철에나 사용하는 큰 스피커를 단 밴을 빌려서 각각의 마을로 갔다. 밴을 타고 마을을 돌아다니며, 그날 오후에 바베큐 파티가 있다고 알리며 첫 번째 연구에 참여했던 사람들을 찾을 수 있도록 도움을 요청했다.

그러한 각고의 노력 끝에, 내가 파벨라에서 머물렀던 집들의 가족들과 연락이 닿기 시작했고, [내가 브라질을 떠난 후에도] 몇 년간 연락을 유지해 왔던 친구들과도 다시 연락이 되기 시작했다. 그들이나, 그들의 친구들, 이웃들, 또는 자녀들은 우리가 인터뷰했던 이들을 찾는 일에 관심을 가져 주었으며, 나는 그들을 훈련시켜서 내 연구에 참여토록 했다.

개인들을 찾는 과정에서 가장 먼저 했던 것은 집의 위치를 찾는 일이었다. 파벨라의 집들은 대부분 주소가 없었기 때문에, 그것은 매우 복잡한 일이었다. 일부 주소가 남아 있다고 해도, 시간이 지나면서 주소 체계가 여러 번 바뀌었다. 일단 집을 찾게 되면, 우리가 찾는 그 가족이 그 집에 계속 살고 있어서 그들을 만나게 될 확률은 반반 정도였다. 가족들이 이미 이사를 가버린 경우에는, 그들이 어디로 갔는지 아는 사람이 있는지 또는 그들의 친지나 친구에게 어떻게 하면 연락을 할 수 있는지를 수소문했다. 우리는 동네 사람들이 많이 모이는 장소나 동네 가게, 술집, 지역 조직체, 복음주의교회, 떼헤이루스terreiros(깡동블레나 마꿍바 같은 아프리카계 브라질인들의 종교 행사를 위한 곳)나 축구 경기에도 갔다.

우리는 '긍정 오류'라는 문제에 부딪혔다. 실제로 첫 연구에 참여하지는 않았으나 참여자와 이름이 같고, 일반적인 지역에 살고 있으며, 자신이 그 연구에 참여하지 않았는지조차 기억 못하는 사람들이 있었다. 이런 오류를 피하기 위해 우리는 1968년 그들이 직접 쓴 질문지를 가지고 당시 인터뷰를 했던 750명의 짤막한 프로필을 작성했다. 각 프로필에서는 인터뷰한 사람의 이름, 집의 위치, 출생지, 당시 가족들의 이름 등이 적혀 있었다. 현장 요원들은 현장에 나가면서 이 프로필을 가지고 갔다.

우리는 간신히 750명의 연구 참여자들 중 41퍼센트 정도를 찾을 수 있었다. 30년이나 지난 시점인데다 작업 여건도 매우 열악했기 때문에 우리는 5퍼센트 이상만 찾게 된다면 성공이라고 생각하고 있었는데, 의외로 좋은 결과였다. 우리가 찾은 이들 가운데 절반 정도가 30년 전 살던 그곳에 아직도 거주하고 있었다. 즉, 노바브라질리아, 까시아스, 혹은 까따꿍바에서 그들의 파벨라 커뮤니티가 철거되면서 보상으로 받은, 그 땅의 바로 그 아파트에서 살고 있었다.

사람들을 찾기 가장 어려웠던 곳은 까시아스의 한동네로, 그곳 주민들은 도시 서비스 혜택을 요구하거나 철거에 저항하기 위해 동원될 필요가 없었기에 좀 더 개인적이고 고립되어 있었다. 까따꿍바는 뿌리가 뽑힌(철거를 당한) 곳이었지만, 주민들 간의 유대 관계가 가장 강해 가장 많은 참여자를 찾을 수 있었다.

첫 연구에 참여했던 사람들을 찾기 위해서 나는 리우데자네이루 주 전체를 여행했으며, 주어웅·뻬소아(빠라이바 주), 나따우(히우그랑지두노르치 주), 브라질리아, 벨루오리종치(미나스제라이스 주), 뽀르뚜알레그리(히우그랑지두술 주), 상파울루 등지도 여행했다. 그들은 일자리를 찾아 또는 폭력을 피해 다른 지역으로 이주했으나 원래 살던 동네로 돌아오거나 배우자가 있는 곳으로 돌아왔다. 두 가족을 제외하고는, 그들은 연구 대상자들 가운데 가장 빈곤한 가족들이었다.

세대 간 연구에 대한 변

첫 연구에 참여했던 이들과의 인터뷰를 통해 1969년과 2001년 그들의 태도, 행동, 지식, 생활수준을 비교하고자 했지만, 그 과정에서 어려운 문제들이 발생했다. 인터뷰 간의 간격이 32년이나 되기 때문에, 우리가 발견한 그들의 변화가 삶의 주기별 단계의 이동에 의해 나타난 것인지(많은 사람이 더 이상 일을 하지 않고 연금으로 생활하고 있었다), 아니면 사회·정치·경제적 환경의 변화에 의한 것인지, 또는 파벨라 거주자들이 거대한 도시 조직에 다른 의미로 통합되어서인지 구분하기가 어려웠다. 이 문제는 첫 연구 당시 인터뷰를 한 이들의 나이(평균연령 36세)와 비슷한 연령대의 자녀들(평균연령 40세)을 관찰함으로써 해결할 수 있었다.

다음 세대에 대한 인터뷰 결과는 실망스러웠다. 자녀들의 삶이 어떤 면에서는 그들의 부모의 삶보다는 나았으나 많은 이들의 경우 훨씬 더 나빴고, 그들의 부모가 그렇게 많은 희생을 치르며 품었던 기대치에는 못 미치는 삶들이었다. 희망 없는 결말로 끝나는 우울한 글을 쓰고 싶지 않았기에, 리우데자네이루 및 브라질 사회의 심각한 불평등으로 말미암아, 또한 이주자, 빈곤층, 파벨라 거주, 어두운 피부색 등등과 같은 다양한 종류의 낙인으로 인해, 사회적 계층 상승이 이루어지기까지는 두 세대 이상이 걸릴 수 있을 가능성을 고려했다. 이런 생각으로 나는 첫 연구에서 인터뷰를 했던 이들의 손자 세대에 대한 인터뷰를 하기로 했다. 2001년 현재, 그들의 평균연령은 24세였으며, 나는 그들이야말로 그들의 조부 세대가 지녔던 희망을 이루어 주었기를 바랐다. 9장에서 세 세대를 모두 관찰한 결과를 다루고 있다.

세 세대에 관한 인터뷰는 2001~2002년까지 이루어졌다. 그러나 나는 여전히 내가 찾은 사람들이 첫 연구 참여자의 절반 이하(41퍼센트)이기 때문에, 그들의 삶의 변화에 대한 관찰 결과가 잘못 나온 것이 아닌가 하는 의구심을 가지고 있다. 내 연구 결과가 가장 성공한 사람들로, 또는 가장 실패한 이들로 왜곡되었을 가능성도 있다. 예를 들어, 성공한 이들은 대부분 마을을 떠났으며, 내가 찾은 이들은 삶이 어려워서 그곳을 떠나지 못한 이들일 가능성도 있다. 또는 그와 반대로, 가장 빈곤한 계층이야말로 파벨라에도 머무르지 못하고 거리나 다리 및 혹은 상점의 문간에서 살고 있어서(리우데자네이루에서는 해가 진 이후에 흔한 광경이다) 내가 찾은 이들은 그나마 성공한 이들일 수도 있다.

연구 대상이 된 세 커뮤니티에 속한 모든 사람에게 어떠한 변화가 일어났는지를 살펴봄으로써, 나는 이런 불확실성을 언급하고 싶었다. 우리가 우연히 찾아낸 가족들의 흥망성쇠를 추적하기보다는 1969년에서 2003년까지 시간의 경과에 따른 동일한 장소 내의 전체적인 변화를 비교하고 싶었다. 전공이 조사 방법론인 리우데자네이루대학교의 사회학 교수의 도움으로, 1969년 연구 대상 커뮤니티에서에서 새로운 무작위 샘플을 추출할 수 있었다. 이제는 철거된 까따꿍바를 대신해, 그곳 가까이에 위치한 끼뚱구와 구아뽀레에서 샘플을 추출했는데, 이곳은 까따꿍바 주민 대부분이 이주해 간 곳들이다. 노바브라질리아는 위아래로 확장되었으나 여전히 같은 위치에 있다. 까시아스에 위치한 세 개 파벨라의 다섯 개 마을도 같은 위치에 있지만, 파벨라의 범위는 예전보다 훨씬 더 넓어져 있었다. 이들 세 거주지의 규모가 증가했기 때문에 무작위표본의 크기를 200개에서 400개로 늘렸으며, 커뮤니티 기반 조직의 숫자가 감소한 점을 반영해 마을 지도자표본의 규모는 50개에서 25개로 줄였다. 그 이외에는 내가 1968~1969년에 사용한 과정을 따라서 16세부터 65세 사이의 남녀 표본을 수집했다.

이처럼 장소에 기반한 연구 방법이 다세대에 걸친 연구 결과의 신뢰도를 높여 주기에, 나는 연구 결과가 관찰자의 시각의 영향을 받은 것이 아닌, 현실을 최대한 반영한 것이라고 확신한다.[14]

2004~2005년 사이에 세계은행에 교환교수 자격으로 있으면서

자료를 분석하고 다양한 그룹의 전문가들에게 자문을 구했으며, 그들의 의견을 연구에 반영했다. 비록 커뮤니티와 가족들에 대한 연구이지만, 나는 항상 왜, 그리고 어떻게 사람들이 다른 이들보다 더 성공할 수 있을까에 대한 답을 찾고 있었다. 여러 자료를 합치고 통계적 분석 기법을 사용함으로써 부모의 교육 수준이 매우 중요하다는 것과 같은 몇몇 힌트를 얻을 수 있었다. 그러나 매우 복잡한 주제를 이해하는 데 필요한 예리한 통찰은 얻을 수 없었다.

어떤 이들이 다른 이들보다 성공하는지를 이해하기 위해서 우리는 1969년 연구의 인터뷰 대상자들 중 가장 성공한 이와 가장 형편이 어려운 이에 대해 깊이 있고 개방적인 인터뷰를 하기로 했다. 2005년, 젊은 까리우까 출신의 인류학자와 함께 이 인터뷰를 했다. 우리는 인터뷰를 녹음하고 기록했으며, 이를 통해 질문지에서 나타나지 않았던 패턴들이 혹 나타나지 않을까 살펴보았다. 물론 행운도 따랐겠지만, 거주지역의 위치, 네트워크, 가족들의 가치관, 개인적 격차 등이 그들의 사회적 상향 이동이나 하향 이동에 영향을 미치고 있었다.

연구의 마지막 부분은 2007~2008년도에 이루어졌는데, 이 시기는 내가 이미 이 책의 원고 집필을 시작한 이후이다. 민족지적 데이터 및 통계적 데이터를 분석하고 여러 장을 집필하는 도중에도 나는 리우데자네이루를 방문해 이 책의 주인공들을 추적했으며, 정책입안자들과 NGO 지도자들을 만나 그들의 의견과, 그들이 커뮤니티에 관여하는 방식에 대한 인터뷰를 했다. 현재 또는 미래의 상황들 중 어떠한 것들이 빈곤과 배제의 영속화를 막는 데 도움이 되는지에 대해 관심이 있었다. 또한 연구를 진행하면서 브라질의 동료 학자들이 도시 빈곤층의 삶의 변화에 대해 어떻게 생각하고 있는지에 대해 의견을 묻곤 했다.

2008년 9월 말경 이 책이 거의 완성되었을 때쯤, 나는 리우데자네이루 지자체에 새로이 개설된 공공 행정 학교에서 파벨라 지역 및 정책에 대한 전문가로서 강좌를 맡아 달라는 제의를 받았다. 그 강좌는 무료로 개설되었으며 참가자들은 정책입안자, 행정가, 계획가, 활동가, 학자 등 여러 분야에서 선정되었다. 한 주간의 집중적인 코스를 진행하면서, 이 책의 중심적인 생각을 검토하고 그에 대한 의견을 들어볼 수 있었다. 그 과정을 통해 서로가 배울 수 있는 좋은 계기가 되었다. 뉴욕으로 돌아오기 전에, 나는 한 주를 더 머물면서 내가 가장 잘 아는 가족들의 손자 세대들을 만나서 내가 집에 돌아간 이후에도 서로 연락을 주고받자는 약속을 받았다.

이 책은 크게 네 개 부분으로 구성된다. 첫 번째 두 개의 장에서는 이 책의 틀에 대해서 이야기한다. 1장에서는 파벨라의 역사, 초기 파벨라의 철거에 관한 이야기, 도시의 비공식성의 변화 과정 등에 대해 다루면서 과연 어떤 시민이 '도시에 대한 권리'를 갖는가라는 문제를 제기했다. 2장에서는 전 세계 인구의 도시화 과정에 대해 살펴보았다. 이 장은 깔때기와 같은 구조를 갖는데, 소위 남반구의 급속한 도시화 과정부터 시작해 아시아 및 아프리카의 도시화 과정과 라틴아메리카 도시화 과정의 차이에 대해 이야기하고, 나아가 라틴아메리카의 도시화 과정 중 브라질의 도시화에 대해, 그리고 마지막으로 브라질 내에서의 리우데자네이루의 도시화 과정에 대해 다루었다. 모든 도시들, 그리고 모든 불량주택지구들이 각각의 역사와 문화·정치·경제적 특성을 지니고 있지만, 이 연구를 통해 발견된 점들은 불량주택지구에 관해 기존의 방향과는 다른, 새로운 생각을 하도록 한다.

이 책의 두 번째 부분은 세 커뮤니티의 이야기로 이루어져 있는데, 각각의 커뮤니티의 초기 정착민들에 관해 소개한다. 이들은 알려지지 않은 역사를 지닌, 기록되지 않은 영역에 대한 가이드 역할을 하게 된다. 3장에서는 까따꿈바의 초기 정착 과정에 대해 다룬다. 언덕배기에 위치한 까따꿈바는 도시에서 가장 입지가 좋은 곳에 위치한 커뮤니티 중의 하나로 꼽힌다. 이 장에서는 까따꿈바가 어떻게 발달했고, 그 주민들이 도시 서비스를 요구하며 어떠한 활동을 했는지, 그리고 1970년에 있었던 먼 지역으로의 '재이주' 과정에서 그 주민들이 어떻게 강제로 이주해야 했는지를 다루었다. 4장에서 다룬 노바브라질리아는 까따꿈바와는 대조적으로 도시 북부의 공업지구에 위치한 커뮤니티이다. 이 장에서는 노바브라질리아가 연속되는 여러 개의 커뮤니티로 구성된, 살인율이 매우 높기로 악명 높은 거대한 불량주택지구의 일부가 된 과정을 살펴보았다. 5장에서는 두끼지까시아스에 대해 다루었다. 이 커뮤니티는 리우데자네이루의 북쪽에 위치한 바이샤다풀루미넨세 자치구에 위치하고 있는데, 첫 번째 연구 이후 지역의 경제 및 인구가 폭발적으로 성장한 지역이다. 연구 지역인 세 파벨라와 다섯 군데의 로찌아멩뚜스는 각각의 역사를 지니고 있었다. 파벨라들은 마약 갱단, 주민들을 착취하는 민병대, 부패한 경찰들로 둘러싸여 있었고, 로찌아맹뚜스들은 주변의 노동자 거주지구로 통합되어 가고 있었다. 이세 개의 장에서는 개인에게 기회를 줄 수도 있고 제한이 될 수도 있다는 점에서 장소가 얼마나 중요한 요소인지에 대해 다루었다.

이 책의 세 번째 부분은 이미 이 연구의 사전 테스트에서 나타났던 주요 주제를 다루었다. 6장에서는 소외계층marginality이 어떻게 신화에서 현실로 변화하는지에 대해 다루었다. 그리고 개념으로서의 '소외계층'이 어떻게 변화하는지를 추적했으며 파벨라 내에서마약 갱단 세력의 성장으로 인해 소외계층과 범죄가 어떻게 결합되어 나타나는지를 다루었다. 7장에서는 40여 년간 일어난 가장 비극적인 변화, 즉 파벨라 내에서의 마약 및 무기 거래의 증가와 조직화된 마약상들이나 무장 자경단에 의한 파벨라의 점거에 대해 이야기하고자 한다. 이러한 새로운 질서(혹은 무질서) 및 정부 무능력 혹은비자발성으로 인해 신뢰가 깨어지고, 커뮤니티의 단결이 어려워졌으며, 이동의 자유 또한 보장할 수 없게 되고, 사회적 자본마저 부식되었다. 이는 결국 파벨라에서의 개인의 안전과 공공의 안위를보장할 수 없게 만들었다. 8장에서는 지리적·사회경제적 이동성에대한 복잡한 문제들에 대해 다루고자 한다. 나는 이 연구에서 다룬사람들의 인생에서 어떠한 면이 더 나아지고 혹은 어떠한 면이 더악화되었는지를 연구했으며, 그들 자신이 인식하고 있는 성공과,여러 다양한 방식으로 측정되는 성공의 개념을 대조해 보고 싶었다. 9장에서는 민주주의에 대해 도시빈민들이 느끼고 있는 실망감에 대해 이야기했다. 이 장에서는 파벨라 사람들이 아직은 유사 시민의 상태로 남아 있으며, 1985년 이후 민주주의로 회귀한 브라질의 상황을 제대로 누리지 못하고 있음을 보여 줄 것이다. 특히 일상에서 목격하는 부정 및 부패로 인해 생겨난 (특히 가장 젊고 가장 많은 교육을 받은 세대에서의) 냉소주의, 그리고 정치참여에 관한 신념과 실천 간의 단절에 대해 다루었다.

이 책의 마지막 부분에서는 2, 3장에서 세계화의 맥락에서 다룬 내용에 대한 논쟁들을 다루었고 이 연구의 결과에 대한 이론적·정책적 함의에 대해 정리했다. 10장에서는 이 연구에 참여한 이들이 세계화와 자신들의 삶과의 관계를 어떻게 인지하고 있는지를 통해 빈곤과 불평등, 그리고 세계화 간의 관계에 대해 다루었다. 11장에서는 철거에서 환경개선에 이르는 파벨라에 관한 여러 정책을 다루고, 이러한 반전을 이끌어 낸 이상적인 변화뿐 아니라 학습곡선, 실용적 변화 등까지도 다루었다. 이 장에서는 특히, 주택정책으로의 변화가 단기적으로는 엄청난 손실을 가져오지만, 장기적으로는 합법화 및 개선의 발판이 된다는 의견에 대해 반론을 제기하고자 한다. 대규모의 개선 프로젝트인 파벨라–바히우Favela-Barrio의 경우처럼 기술이나 건축 분야의 인프라보다는 사람들에게 적절하게 투자가 이루어진다면 훨씬 더 나은 결과를 나타낼 것이라는 의견에 대한 반론이다. 주도면밀하게 조사된 공공정책을 통해서는 모든 문제가 잘 해결될 수 있다면, '그렇다면 무엇을 할 것인가?' 12장에서는 빈곤이 개인의 인성을 부정하는 데 어떠한 기여를 했는지, 그리고 도시빈민들이 사람이라면 당연히 받는 존중과 존엄성을 지닌 '사람'이 되기 위해 어떠한 몸부림을 쳤는지에 관한 근본적인 문제에 대해 다루었다.

그림 8. 멋진 도시로 오신 것을 환영합니다! 한 파벨라의 지도자가 지난 수십 년간 이루어진 새로운 발전에 대해 자랑스럽게 보여 주고 있다. 쭉 뻗은 그의 팔의 범위가 우연히도 꼬르꼬바두 산과 거의 비슷하다(2005년 촬영).

내가 이 책을 위해 인터뷰를 한 사람들은 비록 많은 난관에 부딪히고 있지만 미래에 대한 희망으로 가득 차 있다. 그들의 낙관적인 생각은 전염성이 강하다. 향후 5년간 브라질이나 리우데자네이루에서의 삶이 더 나아지리라고 생각하는 사람들은 거의 없지만, 그들 대부분은 자신들의 커뮤니티가 더 나아질 것이라 생각하고 있으며, 거의 모든 이들이 그들 자신의 삶 또한 더욱 좋아질 것이라고 기대하고 있다. 〈그림 8〉은 비지가우 파벨라의 커뮤니티 지도자의 사진인데, 그의 모습에서 그와 그의 커뮤니티가 이미 이룬 것에 대한 자부심이 드러난다. 그는 또한 더욱 좋은 결과가 있을 것이라고 낙관적인 기대를 하고 있다.

얕은 토양에 내린 깊은 뿌리

브라질 북동쪽 지역의 까누두스Canudos라는 언덕에는, 가시 달린 잎과 열매가 열리는 관목이 돌투성이의 토양 위에서 산다. 이것이 파벨라 관목으로, 초록색 깃털을 가진 조그마한 일링거마코 앵무새의 먹이가 된다. 이 강인한 관목은 브라질 사람들이 리우데자네이루나 상파울루, 그리고 다른 브라질 도시의 언덕이나 저지대를 따라 짓는 불량주택지구를 부르는 이름의 기원이 되었다. 그 이름의 기원처럼, 파벨라는 매우 척박한 지역에서도 살아남았고, 많은 이들이 이곳에서 생계를 유지했다. 그들의 이야기를 하기 앞서 그와 관련된 짧은 역사를 먼저 이야기해야 한다.

1888년 5월 13일, 브라질 왕실은 300년에 걸쳐 지속되었던 노예제도를 폐지하는 황금법Golden Law에 서명했다. 이 법으로 인해 수천 명의 해방 노예들이 직업도 없고 가진 것도 없이 브라질 북동부 지역의 내륙 오지를 떠돌게 되었다. 1870년대 말, 그리고 1880년대 말에 닥친 한발로 인해 내륙지역에서만 50만 명이 사망했다. 지주들은 가뭄이 든 땅에 물을 대어 주고 돈을 벌거나, 가난하고 힘없는 사람들을 착취해 돈을 벌었다.

1889년 무혈 군사쿠데타를 통해 브라질의 황제인 동 뻬드루 2세가 물러나고, 지주 엘리트 계층의 비호를 받는 공화정이 탄생했다. 당시의 혼란 속에서 안또니우 빈센치 멘데스 마시에우Antonio Vincente Mendes Maciel가 등장했는데, 그는 이후 안또니우 꽁셸레이루Antônio Conselheiro라고 불렸다. 바이아 지역 목장주의 아들인 안또니우 꽁셸레이루는 순회 설교사가 되었는데, 브라질의 오지 지역을 돌아다니며 신의 위대함, 원죄, 속죄의 약속 등에 대해 설교했다.

몇 년간 순회 설교를 한 후, 설교사는 파벨라 산 아래의 까누두스에 정착해 그곳에 천년왕국의 전초기지를 세웠다. 까누두스의 토양은 비옥했고, 지하로부터 물이 솟구쳐 나오는 피압정과 바사바리스 강에서 용수를 공급받았다. 수천 명의 사람들이 그를 따랐는데, 대부분 토지 없는 농민들, 해방 노예, 불만을 품은 노동자, 그리고 원주민들이었다. 까누두스에는 화폐가 없었고, 술도 없었으며, 최소한의 죄악만 금지되었지만, 번영을 구가했다. 자연스럽게 까누두스의 성공에 대해 시기하는 사람들이 생겨났다.

노동력 부족으로 어려움을 겪고 있던 대규모 농장주들fazendeiros은 예전에 그들을 위해 일하던 노동자들이 까누두스에서 자급자족하는 것을 보고 불만을 가졌다. 공화정 정부 역시 안또니우 꽁셸레이루가 왕정에 대한 충성을 설교하는 점이 마땅치 않았다. 가톨릭 교회 또한 안또니우 꽁셀례이루가 사제들이 죄가 많다고 비난하며 그들이 빈자들의 어려움을 모른 체 한다고 매도하는 점에 불만이 있었다. 폭력적인 사태가 벌어지는 것은 단지 시간문제였다.

1897년 가을, 커뮤니티를 붕괴시키고자 하는 시도가 수차례 감행되었으나 실패로 끝났다. 이에 중앙정부에서 수천 명의 병사를 까누두스에 보냈다. 이로 인해 대부분 남성인 1만5천 명에 이르는 주민들이 사망했다. 정부군은 생존한 남성 주민들을 추격하고, 여성들은 강간한 후 바이아 주의 주도인 사우바도르에 있는 사창가로 팔아넘겼다. 안또니우 꽁셀례이루는 투옥 중 이질로 사망했다. 그의 시신은 부관참시를 당했는데, 잘린 머리는 사우바도르 거리에 장대에 매달아 두었다.

까누두스 전쟁에 참여했던 군사들은 전투가 끝난 후 리우데자네이루로 이동해 군이 약속했던 토지 하사를 기대하며, 노예들과 행상들이 이미 점거하고 있던 언덕배기에 텐트를 치고 기다렸다. 그 언덕은 훗날 모후다쁘로비뎬시아Morro da Providência라 불리게 되었는데 그곳에 있던 사람들은 텐트 대신 오두막을 짓기 시작했다. 그해에, 많은 사람이 함께 거주하던 낡은 공동주택들(까베사지쁘르꾸Cabeça de Porco, 돼지의 머리라는 의미)이 철거되면서, 1천여 명의 사람들이 모후다쁘로비뎬시아로 몰려들어 퇴역군인들과 함께 살게 되었다. 그 땅의 원 소유주는 철거민들이 정부에서 제공한 목재로 판잣집을 지을 수 있도록 허가해 주었다. 그러나 좀 더 영구적인 소재는 허락하지 않았다.[1]

그림 1.1_까따꿍바의 파벨라가 철거되고 38년이 지난 라고아호드리구프레이따스의 경관(2008년 촬영).

어떤 이들은 당시의 퇴역 군인들이 파벨라 산의 이름을 따서 그 언덕을 파벨라라 불렀다고 하며, 어떤 이들은 까누두스에서 자라는 관목이 파벨라 관목처럼 생겼다고 한다. 어찌 되었든 사람들은 그들의 거주지를 '파벨라'라고 불렀다.

〈그림 1.1〉은 예전에 까따꿍바의 파벨라가 있던 지역인 라고아호드리구프레이따스의 사진이다. 이 마을은 언덕을 따라 펼쳐져 있어 주민들은 홍수, 가뭄, 거센 바람 등을 견뎌야 했다. 마을은 1970년 정부의 정책에 따라 철거되었다.

애초부터 원하지 않았던 지역

파벨라가 존재하기 시작한 이후부터 지금까지, '공식적인' 도시 부문은 파벨라의 존재를 부정해 왔으며, 정부는 끊임없이 파벨라를 없애겠다고 위협했다. 사람들이 정부 및 시장의 통제를 벗어난 곳에서 집과 마을을 짓기 시작한 순간부터, 소위 특권을 지닌 도시의 입장에서는 그들의 존재가 위험한 것으로 비쳐졌다. 이주민들에 의해 처음으로 모후다쁘로비덴시아가 점유되었고, 이내 철거 포고문이 붙었다. 철거까지 그들에게 주어진 시간은 열흘이었다. 1800년대 말 이후부터, 도시의 '곪은 상처'와 같은 지역을 없애 버리고자 하는 노력은 끊임없이 이어졌다. 파벨라를 없앨 수 있는 법령을 제정하고, 건물에 대한 규정을 제정했으며, 소개 명령을 공지하고, 군사력까지 동원하는 한편, 한밤중에 마을에 불을 놓기도 했다.

1890~1906년 사이 리우데자네이루에서는 저소득계층을 위한 주택이 심각하게 부족했다. 1888년 노예제가 폐지되자 플랜테이션에서 풀려난 노예들이 수도인 리우데자네이루로 대규모로 이주했다. 1889년 공화국이 형성되면서 리우데자네이루가 수도로 지정되었다. 20세기 초반 연방 수도인 리우데자네이루의 시장을 역임했던 페레이라 빠쑤스Pereira Passos는 리우데자네이루를 '열대의 파리'로 만들고자 했다. 그는 오스만의 파리 도시계획에 깊은 감명을 받았다. 파리의 도시계획은 거대한 대로를 중심으로 기념 건축물들이 건설되고 정원이 어우러진 것이었다. 이 같은 도시계획을 실행하기 위해, 빈민들이 주거하고 있던 '보기 흉한' 파벨라, 공동주택cortiços,

작은 아파트casas de cómodos, 피난처albergues 등을 철거해야 했다. 그의 초기 도시재개발 계획에 의해서 다수의 파벨라와 1,691개의 공동주택, 그리고 수천 채의 건물들이 허물어졌다.[2] 그러나 모후다 파벨라 언덕에는 100여 개의 판잣집이 남아 있었다. 1907년, 연방정부의 공중보건부 국장이었던 오스발도 끄루스Osvaldo Cruz가 모후다 쁘로비덴시아 소거 사업을 착수, 주민들에게 10일의 유예기간을 주고 철거 명령을 내렸다. 그러나 그의 명령은 별 소용이 없었다. 1920년대 초반까지 판잣집의 규모는 8배로 증가해 약 839채가 되었으며, 1933년에는 1,500채의 판잣집에 약 1만여 명이 거주했다.

1920년대에서야 '파벨라'라는 단어가 불량주택 주거지, 판자촌, 모든 형태의 변칙적인 거주지, 또는 센서스 및 도시계획 문서에서의 '비정상적인 집적 지구'에 대한 포괄적인 명칭이 되었다. 초기에 파벨라에 대해 가졌던 인식이 지속된 탓에, 정부 및 대중에게 파벨라는 200만에 이르는 도시 주민의 안녕에 위협이 되는 존재로 여겨졌다. 파벨라에 대한 첫 번째 법적 정의는 1930년대 이루어졌는데, 당시 정부는 파벨라를 '일탈' 지구로 정의했다. 1937년 '건축법'에서는 새로운 파벨라의 건축을 금지하고 기존 파벨라의 확장도 금지했으며, 파벨라의 건축에서 영구적인 소재를 사용하는 것 역시 금지했다. 따라서 초기부터 불량주택지구는 곤경에 처했다. 즉, 도시계획가들은 그들의 자조 주택지구를 매우 끔찍한 것으로 여겼으며, 그 상태를 개선해 양호한 주거환경으로 만들 수 있는 그 어떤 노력도 하지 않았다. 그들은 불량주택지구를 없애 버리고 싶었으나, 그에 대한 어떤 대안도 내놓지 못했다.[3]

제2차 세계대전 이후 리우데자네이루로 향하는 이촌향도민의 규모는 폭발적으로 증가했으며, 악명 높은 건축법에도 불구하고 기존의 파벨라 인구가 증가한 것은 물론이고, 도시의 공지라면 어느 곳에서건 파벨라가 새롭게 생겨났다. 초기의 파벨라들은 언덕의 아래쪽 및 만과 연안 지역에서 발달했으나, 이런 좋은 위치의 파벨라가모두 채워지자, 신참자들은 언덕을 올라가거나 또는 바닷가에서 멀리 떨어진 곳, 그리고 도심에서 먼 곳에 새로운 파벨라들을 건설했다. 1964년 4월 1일에 일어난 군사쿠데타 이후 독재정권이 들어섰으며, 이로 인해 리우데자네이루를 비롯한 브라질 대부분의 대도시들이 시장을 선출할 수 없게 되었다. '국가의 안위'를 위해 매우 중요하게 생각되는 직위들은 브라질리아의 연방정부에서 임명했다.

군사독재 기간 동안, 파벨라의 주민위원회에서는 물, 전기, 도로포장, 계단, 가로등 등과 같은 사회기반시설 및 그들이 거주하는 곳에 머물 수 있는 권리 등을 리우데자네이루의 시장 및 시의원회에 끊임없이 요구했다. 이런 다양한 요구사항들을 다루기 위해 도시정부는 각각의 파벨라가 주민협의회를 만들도록 했다. 이는 마을을 대표하는 유일한 단체를 만들기 위해서였다. 주민들은 직접 지도자를 선출하고 임원들을 임명했다. 주민협의회는 중요한 역할을 많이 수행했다. 그들은 함께 모여서 연합체를 구성했는데, 그 첫 번째가 구아나바라파벨라협의회연맹Federation of the Favela Association of Guanabara, FAFEG이었으며, 1975년 리우데자네이루 주와 리우데자네이루 시가 통합된 이후에는 '리우데자네이루 주거주자 협의회 연맹'Federation of Residents' Association of the State of Rio de Janeiro, FAMERJ

그림 1.2_호싱냐 파벨라의 어지러운 고층화 현상. 호싱냐는 리우데자네이루에서도 가장 입지가 좋고 유명한 파벨라이다.

을 구성했다. 1980년대 중반까지 이들 연맹은 상당한 자치권을 행사했으며, 시의회vereadores 후보에 대해 적정한 협상력을 가졌다. 그러나 마약 갱단의 두목이 그 자리를 차지한 이후에는 그러지 못했다.

파벨라의 성장을 막고자 하는 모든 노력에도 불구하고, 새로운 파벨라가 생성되고 기존의 파벨라는 성장했다. 이로써 1950년부터 2000년까지 리우데자네이루의 파벨라는 도시의 그 어느 부분보다 빠르게 성장했다. 새로운 파벨라가 형성되는 것 이외에도, 기존의 파벨라들에도 지속적으로 신참자들이 유입되고 가족 규모의 성장에 따른 증축이 이루어지면서, 파벨라는 수직적으로나 수평적으로 성장했다. 〈그림 1.2〉에서 나타나는 바와 같이 수직적 상승이 급격히 이루어졌는데, 이는 남부 지구 파벨라에 대한 수요가 특히 높았

그림 1.3_사진의 왼쪽은 보따포구에 있는 상따마르따 파벨라. 오른쪽에 위치한 숲 및 아래쪽에 있는 멋진 시가지와는 장벽으로 분리되어 있다. 뒤편으로 슈가로프 산이 보인다.

음을 의미하며, 또한 파벨라 지역이 용도지구제나 건축 규정의 영향을 받지 않았음을 나타낸다.

파벨라들은 수평적으로도 확장했는데, 언덕을 따라 점진적으로 확대되고 삼림 지역으로도 침투했다. 도시계획과에서 해마다 촬영한 항공사진을 통해 그들의 확장 경향을 살펴볼 수 있다. 파벨라의 확장을 막기 위해 정부에서 시행한 가장 마지막 정책은 2009년 당시 리우데자네이루의 시장이었던 에두아르두 빠이스Eduardo Paes가 상따마르따Santa Marta 파벨라를 시작으로, 파벨라 주변으로 콘트리트 장벽을 쌓기 시작한 것이다(〈그림 1.3〉).

장벽의 건설 목적은 표면적으로는 파벨라의 성장을 제한함으로써 자연환경을 보호하고, 마약상들의 활동을 제한함으로써 파벨라 지역을 '안정화'시키는 것이었다. 그러나 주민들과의 인터뷰에 따르면, 그 장벽들은 2014년에 개최될 월드컵과 2016년에 개최될 하계올림픽을 대비해 파벨라를 감추기 위해 세워진 것이라고 한다. 주민들은 장벽 때문에 감옥에 갇힌 느낌이며, 모욕을 당한 것처럼 느껴진다고 했다. 장벽들은 매우 흉한 모습으로, 초록의 숲 사이에 알록달록한 색으로 자리 잡은 마을과도 매우 이질적인 느낌을 주었다. 상따마르따를 시작으로 80개의 파벨라에 장벽이 건설되었다.

'파벨라'라는 이름에 담긴 의미

'파벨라'라는 단어는 매우 부정적인 의미를 지니고 있어서 현재 대부분의 사람들은 모후mooro(언덕), 꼬무니다지 뽀뿔라르communidade popular(사람이 많은 동네), 또는 그냥 꼬무니다지communidade(동네)라고 부른다. 파벨라 주민을 가리키는 파벨라두favelado라는 단어는 경멸적이고 모욕적으로 여겨진다. 파벨라 및 파벨라 거주자에 대한 정의는 아직 논의할 부분이 많다. 웹스터 사전에서는 "파벨라"를 "브라질 도시 외곽에 위치한 날림으로 지은 판자촌"이라고 표현하고 있다. 이 정의는 두 가지 면에서 잘못되었다. 먼저 브라질 도시의 파벨라 대다수는 나무나 초벽으로 만든 "날림으로 지은 판자촌"에서 벗어난 지 오래되었고, 벽돌로 지은 복층 건물들로 구성되었다. 두 번째, 파벨라가 반드시 도시의 외곽에 위치하는 것은 아니다. 많은 파벨라들이 언덕에, 감조 습지에, 쓰레기 더미 위에 또는 도시 한가운데의 좋지 않은 땅에 조성되었다. 이러한 모호함과 차이로 인해 파벨라를 정의하거나, 대중이 갖고 있는 파벨라에 대한 이미지를 규정하기 어렵다. 리우데자네이루의 도시 조직 내에서 수십 년간 파벨라가 물리적으로 공고해짐에 따라, '공식적인' 도시와 '비공식적인' 도시 간의 관습적인 구분들은 모두 애매해지기 시작했다.[4] 비록 파벨라는 지속적으로 '배제의 공간'이라는 오명을 지니고 있었지만 말이다.[5]

정규적인 또는 공식적인 주거지에 대한 반대 의미로서의 비정규적인 또는 비공식적인 주거지에 대한 전통적인 정의는 계속해서 약화되었다. 이는 빈자의 도시와 부자의 도시가 구분되지 않는다는 것을 의미하는 것은 아니다. 그러나 더 이상 도시 공간을(제니르 벵뚜라Zuenir Ventura의 『갈라진 도시』*A Ciudade Partida*라는 책에서 언급한 것처럼)[6] 공식적인 부분과 비공식적인 부분으로 구분하는 것이 어렵다는 것이다. '이중도시'라는 개념은 정확하지 않을 뿐만 아니라, 유용하지도 않다. 내가 보기에는 두 측면의 도시가 언제나 상호의존적이며 혼재되어 있다. 오늘날 두 부분 간의 선을 긋는 것은 매우 모호할 뿐만 아니라, 오히려 큰 오류일 수도 있다.

파벨라는 더 이상 (최초의 거주자들이 언덕이나 숲의 공유지를 침입한 점에서 기인한) 불법성으로만 정의할 수는 없다. 그들의 법적 지위는 불확실하지만, 대부분의 사람들이 실질적인 토지소유권을 지니고 있다.[7] 이제는 더 이상 도시 서비스가 부재하다는 것으로 파벨라를 정의할 수도 없다. 대부분의 파벨라에 물, 하수도, 전기가 공급되기 때문이다. 앞서 설명한 바처럼 파벨라는 더 이상 불안정한 건축자재로 정의하기도 어렵다. 또한 파벨라는 더 이상 공짜로 살 수 있는 공간으로 정의할 수도 없다. 그 안에서도 임대 및 매매에 관한 부동산시장이 형성되어 있으며, 입지가 좋은 파벨라의 가격은 합법적인 거주지역과 맞먹는다.[8]

마지막으로 들어봄직한 파벨라의 정의는 비참한 또는 만성적인 빈자들의 공동체라는 것이다. 그러나 이마저도 잘못된 것이다. 파벨라에 거주하는 모든 사람이 가난한 것은 아니며, 모든 도시빈민이 파벨라에 거주하는 것도 아니다.[9] 오늘날, 리우데자네이루에 있는 파벨라들 사이에는 1960년대나 1970년대보다 더 확연한 빈부 격차가 존재한다.[10] 아마도 파벨라와 그 이외 지역에 놓인 가장 오래된 경계는 파벨라에 거주하는 사람들과 파벨라에 관한 뿌리 깊은 낙인일 것이다.

10년간에 걸친 대규모의 파벨라–바이후Favela-Bairro 개선 프로그램이 144개의 파벨라와 24개의 로찌아멩뚜스에서 시행되었다.[11] 이 사업의 목표는 파벨라를 주변 지역과 융합하는 것이었다. 이를 위해 파벨라 입구에 광장을 조성하고 골목길을 따라 감시초소를 설치했으며 주요 내부 도로를 포장하고 진흙투성이의 언덕길을 콘크리트 계단으로 대체했다. 또한 오염된 개천과 하천은 바닥을 준설했으며, 집집마다 수도, 하수도, 전기설비를 했다. 그러나 어디서부터 아스팔트 포장길(공식적인 도시)이 끝나고 모후(파벨라)가 시작되는지는 의심의 여지 없이 뚜렷했다.[12] 파벨라라는 단어를 정의하기는 어려웠으나, 문화적으로는 무엇을 의미하는지 매우 분명했다.[13] 위에서 내려다보나 거리에서 보나 각각의 지역은 시각적으로 뚜렷

그림 1.4_비공식 도시인 모후와 공식 도시인 아스파우뚜. 모후는 곡선으로 아스파우뚜는 직선으로 이루어졌다 (리우데자네이루 시 자료).

이 구분되었다. 공식적인 도시의 가로망은 직선 모양이었으며, 파벨라는 곡선이었다. 그 차이는 〈그림 1.4〉에서 잘 나타난다.

정착 역사가 오래고, 비교적 잘 정착되었으며, 위치가 좋은 파벨라들은 상하수도나 전기 같은 공공서비스가 공급되지 않는 경우가 많았다. 기존의 거주지에 사회기반시설들이 새로이 건설되었는데,

땅의 모양을 따라 위쪽 거리나 안쪽 거리에서부터 서서히 연결되었다. 그 크기에 따라 파벨라에는 수백 채 또는 수천 채의 개인 건축물들이 있는데, 이제 막 짓기 시작한 것도 있고, 한창 건축 중인 것도 있으며, 이미 다 지어진 것들도 있다. 건축이 다 된 건축물들은 대부분 지형을 따라 커다란 붉은벽돌로 지어진 2층에서 5층 정도의 건물들로, 평평한 옥상에는 위성 텔레비전 안테나와 함께 그 용도가 의심스러운 쇠막대가 박혀 있곤 하는데, 종종 이미 녹이 슬어 있다. 쇠막대는 다음 층을 올리기 위해 미리 박아 놓은 일종의 지지대이다. 그리고 옥상에서 연을 날리는 아이들을 종종 볼 수 있는데, 단순히 재미로 날리기도 하지만 파벨라의 마약상들에게 신호를 보내는 것이기도 하다.

도시의 서부 지역에 새로이 형성된 비정형의 파벨라들은 정의하기가 쉽다. 서부 지역에 처음 건설된 건물들 가운데 벽돌로 된 구조물들도 있지만, 많은 사람이 건축의 초기 단계인 바하구(오두막)에서 거주하고 있으며, 서부 지역의 수많은 파벨라 및 로찌아멩뚜스들은 도시 서비스가 매우 부족한 실정이다. 만조 때는 오두막들이 일부 물에 잠기기도 하고, 골목길은 진흙 개천으로 변하는 바람에, 그 위에 걸을 수 있도록 판자를 놓아두었다.

역사가 비교적 오래된 남부 지역의 경우, 파벨라들이 언덕 위의 푸르고 울창한 치주까Tijuca 숲으로 침범해 들어가고 있다. 치주까 숲에서는 바다와 호수의 멋진 경관이 내려다보이고, 유명한 뻬드라지가베아Pedra de Gavea 산과 도이스이르멍스Dois Irmãos 언덕이 보일 뿐만 아니라, 꼬르꼬바두 언덕 위로 두 팔을 벌리고 서있는 예수상까지 보인다. 이 파벨라들은 유리와 쇠, 그리고 대리석으로 지어진 공식부문의 도시들을 내려다보고 있다. 공식부문의 건물들은 비공식부문의 거주자들이 건설노동자로 참여한 건축물이기도 하다. 부자 중에서도 가장 부유한 사람만이, 그리고 빈곤한 중에서도 가장 빈곤한 사람만이 주택에 거주한다. 나머지 대부분은 아파트에 거주한다. 대규모 공장지대와 아파트가 밀집해 있으며, 노동자 계층이 주로 거주하는 북부 지역에는 제각각의 모양을 한 파벨라 건물들과 바나나 및 과일나무들이 언덕의 집들 사이로 두드러져 보인다. 무장한 경비원들이 파벨라 입구에 서있으면 경관상으로도 눈에 잘 띄었다. 무장한 경비원들이 있다는 것은 마약 갱단이 이 지역을 지배하고 있음을 나타내는데, 경비원들은 마을을 출입하는 사람들을 철저히 통제한다.

아이러니하게도 파벨라와 리우데자네이루의 가장 부유한 지역 사이에는 유사한 점이 두 가지 있다. 먼저 파벨라와 부촌의 주민들은 아파트가 아닌 단독주택에 거주한다. 둘째, 파벨라와 부유층의 콘도미니엄 지구에만 출입문이 있고, 이를 무장한 경비가 지키고 있다. 어느 소년이 내게 파벨라에 "들어가기 위해서는 허가가 필요하다"는 얘기를 했을 때, 이 같은 사실이 떠올랐다. 떼레자 까우데이라Teresa Caldeira의 책의 제목처럼 '벽에 갇힌 도시'[14]에서 누가 누구를 막고 있는 것인지, 그리고 경비원이 지키는 문 뒤에 갇힌 사람은 도대체 누구인지 알 수 없다. 자까레지뉴Jacarezinho의 파벨라 주변에 감시 카메라를 설치하고 장벽을 설치해 '감히' '게이티드 커뮤니티'gated community(부유층들만의 분리된 거주지역을 일컬음)를 만들고

자 했을 때 큰 논란이 일었다.[15]

그러나 모든 비공식적인 거주지들에 파벨라처럼 출입문이 설치되거나, 그곳을 경비원이 지키고 있는 것은 아니다. 최근 들어 리우데자네이루에서 가장 빠르게 성장하고 있는 비공식적인 거주지 형태인 로찌아멩뚜스는 도시 외곽의 공지에 형성된 마을로, 작은 구역들로 이루어져 있으며 일반적으로 도로나 도시 서비스가 갖춰져 있지 않고, 도시기반시설이 잘 갖춰져 있지 않은 지역이다. 로찌아멩뚜스들은 서부 지구에 주로 입지하고 있는데, 서부 지구는 주거지의 밀도가 높지 않고 대규모의 파젠다fazenda(대농장)가 주로 위치해 농업이나 목축이 주로 이루어지고 있었기 때문이다. 이런 토지들은 경비가 허술해서 불법점유가 종종 일어나곤 했다. 이러한 불법점유 중 작은 규모의 마을을 로찌아멩뚜스 이굴라리스loteamentos irregulares(비공식 지구), 좀 더 규모가 큰 경우에는 로찌아멩뚜스 끌란제스치누스loteamentos clandestinos(불법 지구)라 했다. 규모가 큰 로찌아멩뚜스들은 일반적으로 투기 성향의 개발업자들이 주도해 토지를 점유하고 마을을 건설했는데, 정부가 새로운 로찌아멩뚜스에 도시 서비스를 제공하든지 또는 그들을 방치하든 간에, 개발업자들은 주택들을 팔고 사라지곤 했다. 정부는 주민들의 소유권을 종종 무시하곤 했지만, 그렇지 않은 경우에도 주민들을 이주시켜야 할지 또는 토지에 대한 보상을 한 후 주민들에게 도시 서비스를 제공해야 할지 딜레마에 빠졌다. 후자는 예산이 많이 소비되는 일이었다. 사람들은 중간에 끼어서 그들이 가진 돈을 몽땅 가짜 소유권에 날리곤 했다. 일부 로찌아멩뚜스들은 정부나 합법적인 토지소유자들

그림 1.5_서부 지구의 로찌아멩뚜스를 찍은 항공 영상. 주거지역의 패턴과 설정 구역의 원 경계를 넘어서 확장된 시가지가 보인다.

이 개발해 완벽하게 합법적인 거주지역이기도 했다. 이런 로찌아멩뚜스의 주택들은 가격이 낮았으며, 도시 서비스는 잘 갖춰져 있지 않았다. 그럼에도 우리가 연구했던 까시아스의 사례에서처럼, 그들은 종종 마을로서 기능해 근린 지구로 성장했다.

로찌아멩뚜스들은 외관상으로 파벨라와 확연히 구별된다. 먼저 로찌아멩뚜스는 파벨라와 달리 주택들이 들어서기 전에 토지가 구획되고 도로가 건설된다. 〈그림 1.5〉에서처럼, 격자형 패턴으로 토지 구획이 이루어져 있다. 로찌아멩뚜스가 비공식적이라든가 불법적이라는 것은 경관상으로 주택들이 마구 지어져서가 아니라 대부분의 로찌아멩뚜스들이 큰 건물들의 뒤편이나 풀밭 등지에 불법적으로 토지를 점유하고 있기 때문이다. 로찌아멩뚜스들은 주로 서부지구에서 규모나 숫자 면에서 빠르게 증가하고 있다.

일반적으로 로찌아멩뚜스는 파벨라와 비슷한 개념으로 사용하며, 통계상으로도 동일하게 분류된다. 이로 인해 도시에서 나타나는 다양한 종류의 저소득계층 주거지를 구분하기가 어려워진다. 마찬가지로 정부가 파벨라 이주민을 위해 건설한 정착촌인 꽁중뚜도 파벨라와 구분이 어렵다.

엄밀하게 말해 꽁중뚜는 '비공식' 주거지의 범주에 속하지는 않는다. 꽁중뚜는 정부가 소유한 토지 위에 정부가 건설한 공식적인 아파트 단지이다. 꽁중뚜는 아스파우뚜도 아니고 모후도 아닌, 불법과 합법의 중간 위치에 있다. 자금 조달은 25년 만기로 주민들이 매달 매입금을 모두 상환하는 방식이었다. 그러나 35년도 더 지난 현재까지도 주택은 공식적인 소유권이나 임대권이 주어지지 않은 채 대부분 비공식적인 소유 상태에 있다.

꽁중뚜는 여러 가지 이유로 인해 파벨라와 혼동되곤 한다. 꽁중뚜에는 격자형 가로망이 없고, 그곳 주민들의 소득은 대부분 매우 낮으며, 경찰의 치안 서비스가 제공되지 않아 마약상들 간의 세력

1969년의 시다지지제우스(Cidade de Deus).

그림 1.6, 그림 1.7_⟨그림 1.6⟩은 철거된 파벨라 주민들을 위해 건설된 꿈중뚜를 하늘에서 바라본 모습으로, 여러 종류의 주택들이 보인다. 소득이 가장 낮은 가구들은 사진 아래쪽에 보이는 병영처럼 생긴 건물에 배치되었는데, 한 가구당 방 하나씩을 받았다. 중간 소득의 가구들은 중간에 보이는 작은 박스 같은 '핵심' 주택들을 배정받았다. 그리고 ⟨그림 1.6⟩ 사진의 위편과 ⟨그림 1.7⟩에 보이는 5층짜리 아파트 건물에는 소득이 가장 높은 가구들이 배정되었다.

다툼이 자주 일어난다. 이 때문에 대중들에게는 꽁중뚜가 파벨라와 별반 다르지 않게 보이며, 도시 통계 작성 시에도 파벨라로 분류된다. 이로 인해 꽁중뚜는 비공식적인 주거지로 간주되는 것이다. 파벨라로 유명한 시다지지제우스Ciudade de Deus도 초기에 건설된 꽁중뚜 가운데 하나이다. 〈그림 1.6〉과 〈그림 1.7〉은 1969년에 찍은 것으로, 사진에서 잘 드러나듯이, 이 지역은 도시계획을 통해 조성되었다. 그러나 영화에서 나오는 것처럼 일반 대중들도 이 지역을 파벨라라 부르고 있다. 영화 〈신의 도시〉Ciudade de Deus; City Of God가 촬영되었던 시다지아우따Cidade Alta의 경우처럼 다른 꽁중뚜들도 파벨라로 불린다.

심지어 소득수준이 좀 더 높은 가정을 위해 민간 자본과 합작으로 건설된 다른 꽁중뚜들도 빠드리미구에우Padre Miguel가 1973년 촬영한 사진(〈그림 1.8〉)에 보이는 것처럼 황량하게(고립되어) 보인다. 그러나 시다지지제우스나 시다지아우따와 달리 대부분의 다른 꽁중뚜들은 현재까지 잘 정비가 되어 왔으며, 오늘날에는 파벨라로 간주되지 않는다. 우리가 제3장에서 인터뷰를 하게 될 축구팀 코치 치우 소우자Tio Souza[16]는 1970년 까따꿍바가 철거될 당시 그곳을 떠나 꽁중뚜로 이주했는데, 그가 사는 지역은 현재 거주하기 좋은 곳으로 알려져 있다.

다른 형태의 비공식 주거지들에도 리우데자네이루의 도시빈민들이 수용되어 왔으나 오늘날 그 지역들은 비교적 적은 인구만을 수용하고 있다. 이런 형태의 주거지 중에는 꼬르치수cortiços(한 개의 주택을 나눠 여러 세대가 거주하는 형태), 까베사지뽀르꾸(공동주택), 빌라

그림 1.8 1973년 도시의 북쪽 끝에 새로이 건설된 꽁중뚜 빠드리미구에우(Padre Miguel). 도심에 위치한 파벨라의 활력에 익숙해져 있던 사람들에게 이 꽁중뚜는 "세상의 끝"(o fim do mundo)이라고 인식되었다.

vilas(좁은 통로를 두고 양쪽으로 빽빽이 들어선 원룸 아파트들로, 노동자들이 주로 거주하는 아파트) 등이 있다.

2008년 현재, 리우데자네이루 전체 인구의 37퍼센트 정도가 비공식부문 주거지에 거주하고 있다. 나머지 인구가 거주하고 있는 공식부문의 주거지는 바이후bairros라 불리는 합법적인 주거지로, 저소득계층의 주거지부터 고소득계층의 주거지까지 포함된다. 라고아 Lagoa, 레블론Leblon, 이빠네마Ipanema, 자르징보따니꾸Jardim Botánico 등의 부유층이 거주하는 바이후들과 치주까, 이라자Irajá, 상곤살루 São Gonçalo 등 인구밀도가 높은 바이후들 사이에서 나타나는 인적 개발지수의 차이는 벨기에와 부르키나파소 사이에서 나타나는 차이만큼이나 크다. 현대적이고 화려한 외관의 고층아파트 건물들이 해변을 따라 연이어 들어서 있다. 이 지역의 부유한 주민들을 위해 거대한 쇼핑몰과 문화센터가 들어섰다. 그뿐만 아니라 이들은 대규모의 저렴한 노동력도 필요로 했기에, 부유층 주거지 곳곳에 파벨라와 로찌아멩뚜스들이 빠른 속도로 들어섰다.

　나는 내 동료들 가운데 라틴아메리카 출신 또는 스페인어를 하는 이들이 단순히 '근린 주거지'를 의미하는 "바이후"라는 단어를 사용하는 데 어려움을 겪는 것을 보고 당혹스러웠던 경험이 있다. 나는 나중에야 "바이후"의 철자 및 발음이 여타 라틴아메리카 지역에서 "불량주택 주거지"를 일컫는 데 사용하는 스페인어 단어인 바리우barrio 혹은 바리아다barriada와 비슷한 것이 문제라는 것을 깨달았다. 파벨라를 품위 있게 부를 때 '커뮤니티'라던가 '대중 커뮤니티'라고 부르는 것처럼 '바리우'나 '바리아다' — '바리우'와 마찬가지로 단순히 '근린 지구'를 일컫는 용어 — 도 판자촌을 우아하게 부르기 위해 사용되는지가 궁금하다. 리마에 사는 내 친구에 의하면, 사람들이 (공유지 등을) 침범한 불량주택지구를 예전에 경멸적으로 부르던 용어 대신 뿌에블로스호베네스pueblos jovenes(젊은 도시)라 부르기 시작한 이후로 확실히 다른 차이가 생겼다고 한다.

치명적인 용어
: 파벨라는 슬럼과 동의어가 아니다

　어떠한 위상이나 상황을 일컫거나 부정하는 단어는 매우 중요한 영향을 미친다. 파벨라 거주민을 일컫는 '파벨라두'라는 단어는 너무나 경멸적인 의미를 지니게 되어서 더 이상 사용하지 않고 있으며, 공식적인 계획 용어에서는 '열악한 주거지'라는 용어 대신 '특별 관심 지역'으로 대체했다. 이러한 관점에서, 나는 파벨라나 다른 불량주택지구를 '슬럼'이라고 부르는 것에 대해 반대한다.[17]

파벨라와 '슬럼' 모두 가난을 범죄시하고 있는 도시의 배제된 영역이지만, 이 둘은 매우 다른 맥락에서 존재하며 그 기능 또한 매우 다르다. 그들은 아예 다른 세계이다.[18] 이미 수치스러운 오명으로 전락한 '슬럼'이라는 단어는 유엔과 세계은행이 공동으로 발족한 프로그램인 도시연대Cities Alliance('슬럼 없는 도시'를 위해 만들어진 프로그램)[19]와 유엔 새천년개발목표Millenium Development Goals에서도 사용되고 있다. 새천년개발목표의 7항 Ⅱ조에서는 "2020년까지는 최소한 1억 명의 슬럼 거주자들의 삶을 확연히 개선시킨다"고 했다.[20] 이 경우 '슬럼'이라는 단어는 "안전한 물과 위생시설이 제공되지 않으며 기타 사회기반시설이 부족하고, 주택의 질이 열악하며 인구가 과밀하고, 거주민의 상태가 불안정한 지역"이라고 정의하고 있으며, 이는 결국 환경 상의 결핍이 심한 지역을 의미한다.[21] 도시에서 빈곤을 없애는 것도 전혀 현실적이지 못한 것이지만, 그 시기에는 또 다른 1억4천만 명의 사람들이 불량주택지구에 거주하고 있을 것이라고 유엔이 예견한 것을 고려하면, 1억 명의 '슬럼 거주자'들의 생활환경을 2020년까지 개선한다는 것은 비현실적인 것이다.

비공식 주택에 '슬럼'이라는 용어를 적용하는 것은, 개인의 도덕성이 계급에 따라 결정되던 시기로 회귀하는 것이나 마찬가지이다. 영국의 역사학자인 호스킨스Hoskins에 의하면 슬럼이라는 용어가 처음 등장한 것은 1820년대로, '젖은 진흙탕'을 의미하는 고대 방언인 'slump'에서 유래했다고 한다. 독일 남부와 덴마크, 스웨덴 등에서는 'slam'이라는 단어가 '진흙'을 의미하며, 배수가 불량한 지역의 거리나 토지의 형편없는 상태를 가리킨다.[22]

옥스퍼드 영어 사전에서 'slum'이라는 단어의 첫 번째 의미는 불결하고 인구가 과잉된 도시 지구를 일컫는 말로, 주로 빈곤층이 거주하는 지역이라고 되어 있으며, 두 번째 의미는 인간의 거주에 적합하지 않은 가옥이나 건물이라고 되어 있다. 그러나 이 단어에 대한 감정 섞인 사용의 예는, 1832년 뉴욕 시에 창궐한 콜레라에 대해 다룬 『뉴욕타임스』의 기사에서 잘 나타난다. 저명한 사회적 지도자가 그의 딸에게 보내는 편지 형식으로 된 글에서는 "하층민들만이 사는 이 지역에서는 부적절하고 방탕하며 추잡한 사람들이 더러운 주거지에서 돼지처럼 우글대며 살고 있다. …… (슬럼은) 도시의 쓰레기장이다"라고 표현했다.[23] 이 지역을 방문한 소설가 찰스 디킨스는 "슬럼은 전염된다. …… 여기서는 모든 것이 혐오스럽고, 힘없이 늘어져 있으며, 썩어 있다"라고 묘사했다.

19세기에는 이와 같이 도시빈민을 동물(돼지), 쓰레기(더러운, 오물 같은, 썩은), 부도덕한 행동(부적절한, 방탕한)과 관련시켰을 뿐만 아니라, 도시의 암적인 존재로 여겼다. 이는 20세기 후반 파벨라에 대한 인식 및 언급과도 정확히 일치한다. 그러나 21세기 선진 세계의 도시에서도 거대한 저임금 주택지구나 노후되고 방치된 주택들이 위치한 지역을 슬럼이라고 부르는 경향이 있다. 여기까지는 비슷하다. 그러나 파벨라에는 빈 땅이 없다. 모든 공간이 이용되고 있으며, 대부분의 가구가 방 한두 개쯤은 놀이방, 가게, 목공소 등에 세를 주고 있다. 리우데자네이루의 파벨라는 한 장소에 집중되어 입지하는 것이 아니라 도시 전체에 퍼져서 입지하는 경향이 있으며, 파벨라 거주민들은 슬럼 거주민에 비해서 빈곤의 공간으로부터 탈출할 수 있는 기회가 훨씬 더 많았다. 마약거래상들이 파벨라에 들어오기 이전에는 더욱 그랬다.

유럽과 미국에서 '슬럼'을 사회에서 뒤처진 이들의 마지막 정착지(절망의 슬럼)라고 일컫는 것이 너무 과장된 표현인 것과 마찬가지로,[24] 파벨라 또한 많은 이들이 더 나은 상황으로 나아가기 위해 거치는 곳이다. 나중에 다루겠지만, 이런 과정이 이 지역의 폭력으로 인해 다소 복잡해지긴 했으나, 내가 처음 연구에서 인터뷰를 했던 이들 가운데 3분의 1이 더 이상 파벨라에 거주하지 않는다. 미국 및 유럽의 게토에서도 이렇게 높은 수준의 이주율이 나타나는 것 같지는 않다.

미국의 게토가 도시에 새로이 도착한 빈곤층에게 제공했던 것과 같은 기능을 파벨라 역시 일부 제공한다. 비록 생활환경은 열악하지만, 파벨라 역시 도시에서 살아갈 수 있는 기반을 제공하며, 열심히 일한다면 언젠가 가족들이 더 나은 곳으로 이사해 나갈 수 있다는 기대감을 주는 곳이다. 산업화된 도시에서 나타나는 노후화된 (때로는 버려진) 지역(뉴욕의 게토나 파리의 외곽 지대, 런던의 주택단지처럼) 및 그곳에서 행해지는 거대 규모의 저소득계층 주거 프로젝트와 (저개발국에서 주로 나타나는) 주민들이 스스로 주택을 건설하고 개선해 나아가는 과정이 파벨라 내에 혼재되어 있다. 이러한 혼재의 상태는 파벨라 거주민과 주택 모두에게 바람직하지 않다. 거대 규모의 프로젝트와 스스로 개선해 나가는 과정 모두 빈곤하고 배제된 공간이라는 점에서는 공통점이 있으나, 각각이 처한 문제 및 가능성, 그리고 전후 사정이 매우 다르기 때문이다. 모순되게도 MDG target II의 주요 장벽 중의 하나는 바람직하지 못한 공간에서 살고 있다는 오명이며, 슬럼이라는 용어는 이를 더욱 강조한다.

이에 대한 논쟁에서 어떤 이는 '슬럼'을 반항의 단어라고 했다. 자주 언급되는 경우가 1980년대 초반 인도의 뭄바이에서 시작된 민중들의 훌륭한 네트워크로, 이는 전 세계 여러 도시로 퍼져 나갔다. 이는 국제빈곤지구거주자연합Slum/Shack Dwellers International, SDI 이라 불린다. 일부에서는 이름에 '슬럼'을 넣었다는 것은 이 용어가 경멸적인 의미를 지니지 않음을 의미한다고도 하지만, 그렇게 보기는 힘들다. 데이비드 새터쓰웨잇David Satterthwaite이 지적한 바와 같이, 이들 특정 "슬럼 거주자들은 협상을 통해 특정한 권리를 획득하고 있다. …… 즉, 그들은 정부로 하여금 자신들의 거주지를 '공인된 슬럼'으로 공식적으로 인정하게 함으로써, 기본적인 사회기반시설 및 서비스를 제공하도록 유도하고 있으며, 공식적 인정은 또한 주택이 철거될 경우 정부가 그들에게 새집을 마련해 주도록 하는 일종의 보호장치로서 확실하게 작용하게 한다"는 것이다.[25]

브라질에서는 슬럼이라고 공인되는 것이 어떠한 이점도 없으며, 랩이나 펑크, 힙합 음악 등에서 '게토'라는 용어가 저항 정신을 담은 단어로 사용되는 것과는 달리 '파벨라'라는 단어에는 그 어떤 자부심도 함의되어 있지 않다.

그림 1.9_북부 지구에 발달한 파벨라인 자까레지뉴는 규모가 매우 커서 그 자체로 하나의 행정구역을 형성했다 (2007년 촬영).

파벨라인 자까레지뉴는 북부 지구의 복합적인 파벨라로 독자적인 센서스 구역을 이룰 만큼 거대한데, 인적개발지수가 빈곤 지구 가운데 가장 높은 편에 속한다. 〈그림 1.9〉를 보면, 생기 넘치는 모습이 마치 그림 밖으로 그들이 뛰쳐나올 것 같다. 건축, 재건축, 확장, 개선, 상업화, 근린 사업, 가톨릭교와 함께 신봉되는 깡동블레ᵉ 등을 통해 번창하는 부동산시장은 그곳의 일상생활을 잘 나타낸다.

● 노예무역을 통해 브라질에 유입된 흑인 노예들이 믿던 브라질 고유의 종교.

도시정부에서는 지역의 환경개선을 위해 막대한 자금을 투자하고 있으며, 독일의 바우하우스 학교에서는 커뮤니티센터를 위해 중앙 광장을 세우는 안에 대해 검토하고 있다. 주요 문제는 주민들의 무기력함이나 수동적인 태도가 아니라, 주민들의 의지와 상관없이 마약상, 민병대, 경찰들 간에 이루어지는 공모이다.

파벨라에 매료되다

1968년 내가 처음 리우데자네이루의 파벨라에 거주할 당시, 브라질에 살지 않는 이들은 파벨라가 무엇인지 알 수도 없었다. 오늘날, '파벨라'는 전 세계에서 통용되는 공식 용어 가운데 하나가 되었다. 2008년 4월 4일 현재, 인터넷 상에서 '파벨라'라는 단어를 검색한 누적 횟수가 250만 번에 달했으며, 이들 커뮤니티의 실상뿐만 아니라, 다양한 이야기들이 떠돌고 있다. 자료의 상당량이 마약, 위험, 죽음 등을 다루고 있지만, 음식, 패션, 펑크 등의 주제도 다루고 있다. 영화, 텔레비전 프로그램, MTV의 노래들, 그리고 신문 기사 등이 "매력적인 파벨라"라고 하는 현상을 부채질하고 있다.

오늘날 파벨라는 모든 저소득계층의 거주지 가운데 학자 및 사회과학자들이 가장 많이 연구한 지역이다. 브라질 출신의 작가가 쓴 『파벨라에 대한 고찰』*Pensando as Favelas*[26]이라는 책에서는 파벨라를 주제로 다룬 도서들 중 가장 중요한 668권을 추려서 소개하고 있는데, 대부분이 1980년부터 2000년 사이에 출간된 것들이다. 지난 9

년간 출간물의 규모는 가파르게 증가했다. 검색엔진인 〈구글 학술 검색〉Google Scholar으로 검색하면 1만2천 편 이상의 논문이 검색되는데, 그중에는 파벨라를 주제로 한 박사학위논문 및 석사학위논문이 상당수 포함되어 있다. 파벨라에 관한 이 같은 관심의 증가에 대해 어떤 학자는 "사회과학자들이 스스로 '파벨라'와 '도시', 그리고 법의 영역 밖에 있는 불량주택지구와 법적 영역에 속하는 대도시의 정치적 권력기관 및 문화적 자본 간의 중재자로서 최전선에서 역할을 수행하고 있다"고 평했다.[27]

이런 학술 연구 가운데 90퍼센트 이상이 리우데자네이루의 파벨라 중 매우 소수에 한정되어 이루어진 것으로 생각된다. 아마도 대부분이 리우데자네이루에서 가장 지가가 높은 남부 지구에 근접해서 위치한 파벨라들을 대상으로 했을 것이다. 그곳은 생활수준이 양호하고, 전망도 매우 좋으며 해변, 식당가, 인터넷을 비롯한 문화 시설에 대한 접근성이 높아 학생, 학자, 관광객이 주로 찾는 파벨라들이다.

주민들의 생활이 생생하게 느껴지는 파벨라가 훨씬 더 매력적임은 말할 필요도 없다. 그러나 관광객들이 경찰과 갱단들 간의 전쟁이 한창인, 소위 "가자 지구"라 불리는 북부 지구의 파벨라나, 소위 가자스트립Gaza Strip이라 불리는 북쪽의 파벨라, 늪을 간척해 모기가 들끓는 뻴루미넨셰 저지의 파벨라, 또는 거리도 먼데다 민병대들이 장악하고 있는 서부 지구의 파벨라들을 방문한다는 것은 상상조차 하기 힘들다. 그러나 자까레지뉴, 쭈이쭈찌Tuitutí, 아까리Acarí 등의 북부 지구 파벨라를 다룬 연구들도 몇 편 발간되었으며, 서부

지구의 리우다스뻬드라스Rio das Pedras에 관한 연구도 최소한 한 편 이상 이루어졌다.[28]

내가 박사학위를 마칠 무렵인 1985년경에는 브라질의 정부는 선거를 통해 구성되었고, 유권자의 3분의 1가량이 거주하고 있던 지역을 배제시킬 수 없었기에 파벨라를 없애 버리고자 하는 사회적 분위기는 분명 사라졌다. 그럼에도 그들을 제거하거나 또는 '억누르고자'하는 노력은 계속되어 2009년 9월 무렵에는 몇 개의 파벨라가 장벽으로 둘러싸였다. 그때부터 환경적 위험과 공공의 안전을 이유로 그들을 제거하자는 안이 제시되어 왔다. 그러나 파벨라 가시덤불이 가뭄, 홍수, 화재를 견뎌 낸 것처럼, 파벨라도 계속해서 존재하고 있다.

도시화되는 세계

21세기에는 도시의 성장이 발전을 이끄는 가장 강력한 동인이 될 것이다. …… 향후 30년간 아프리카와 아시아 도시들의 규모는 두 배 이상 증가할 것이고, 이는 도시인구가 17억 명 정도 증가할 것임을 의미한다. 즉, 현재 중국과 미국의 인구를 합한 것보다 더 큰 인구의 증가가 이루어질 것이다.

_2007년 6월 27일, UN 세계 인구 보고서 중에서

사실상, 향후 이루어질 세계 인구의 증가는 도시인구의 성장에 의한 것일 것이고, 아마도 대부분이 (아시아, 아프리카, 라틴아메리카를 비롯한) '남반구'의 도시에서 이루어질 것이며, 또한 이 같은 증가의 대부분이 브라질 사람들이 파벨라라 부르는 판자촌이나 불량주택

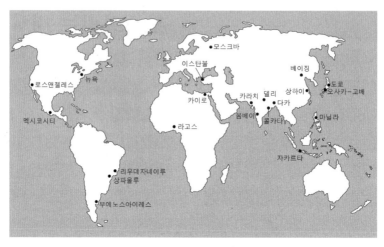

그림 2.1_인구 규모가 1천만 명 이상인 세계의 메가시티들.

지구 등의 비공식적인 주거지에서 이루어질 것이다.[1]

촌락이 지배적인 세계로부터 도시가 지배적인 세계로 변화할 것이라던 예상(원래는 2000년경에 이루어질 것이라고 예상했던)은 이제 현실이 되었고, 이런 현실은 우리에게 가장 근본적인 패러다임, 즉 도시의 조건에 관한 패러다임뿐만 아니라, 인간의 조건에 대해 다시 생각해 봐야 할 필요성을 제기하고 있다. 전 세계의 정책입안자들과 원조 기관들이 경제적으로 낙후된 지역에 대해 갖는 것과 똑같은 정도의 관심을, 농민에서 도시의 빈민이 되는 이들에게도 갖게 될지는 아직 확실치 않다.

세계 인구는 지난 반세기 동안 (25억4천만 명에서 66억7천만 명으로) 두 배 증가했으며 인구 증가의 대부분은 도시에서 이루어졌다. 19세기 초반, 전 세계 인구의 5퍼센트만이 도시지역에 거주했으며 20

세기 초반만 해도, 그 비율은 13퍼센트에 머물렀으나, 오늘날 도시에 거주하는 인구 비율은 50퍼센트에 이르고, 2050년경에는 75퍼센트에 달할 것으로 예상된다.[2] 즉, 전 세계의 도시에서는 1950년 이후 매달 뉴욕 시 정도의 인구가 증가해 왔다. 이는 도시 거주자가 매일 12만 명씩 증가했음을 의미한다.

1950년부터 2050년까지 100년의 기간 동안 인구는 3.5배 정도 증가할 것으로 예상되지만 도시인구는 8.5배 정도 증가할 것으로 예상되며, 실제로 대부분의 인구 증가는 남반구의 비공식 주거지에서 일어날 것으로 예상된다.

두려움과 실패

소위 도시인구의 폭발이라 불린 현상은 정치적·사회적·경제적·도덕적 안정에 대한 위협으로 여겨져 왔으며, 끔찍한 결과가 예상되고 있다. 최근 『포브스』에 실린 기사에서는 이 문제를 다음과 같이 다루었다.

1798년 영국의 경제학자인 맬서스는 '인구 증가 속도가 식량 증가 속도를 앞지르게 될 것이며, 이로 인해 대기근이 일어날 것이라고 예언했다. 이후 인구학적 비관론 등과 같은 …… 디스토피아적인 시나리오에는 '맬서스식의 악몽'이라는 표현을 하곤 했다. 이러한 예견들은 …… 대부분 과하게 비관적이라고 판명되었다. …… 그러나 우리는 아직도 도시에 관한 비관적인 예상으로부터 자유롭지 못하다. 제3세계에서 나타나고 있는 광범위한 메가시티들의 성장에 관련해 맬서스의 예견이 결국에는 모두 옳은 것이라는 우울한 가능성이 제시되고 있다.[3]

도시의 성장에 대해 대부분의 국가는 주민들을 토지에 묶어 놓거나, 계획된 마을로 그들을 재인도하거나, 또는 대도시의 성장을 막는 방식으로 대처해 왔다.[4] 지난 50여 년간 메가시티로의 인구 이주를 저지하고자 시행된 전략들로는, ① 도시와 촌락 간의 생활수준 격차를 줄이기 위해 촌락을 개발하거나, ② 이주하는 인구를 신도시나 신수도, 또는 소도시로 우회시키거나, ③ 도시 경계 내에 새로운 주거지나 상업 시설의 건설을 금지하거나, ④ (모스코바의 예처럼) 아파트의 건축을 제한하거나, ⑤ (남아프리카공화국의 아파르트헤이트 정책처럼) 도시에 거주하지 않는 이들이 도시에 진입할 때는 여권이나 신분증의 제시를 요구하거나, ⑥ (중국의 경우처럼) 식량 배급제를 실시하거나, ⑦ (쿠바의 예에서처럼) 이주의 자유를 제한하는 정책을 실시했다.

그러나 전체적으로나 혹은 부분적으로 이 같은 노력들은 대부분 실패했으며, 일부 정책들은 역효과를 낳았다. 도시와 촌락 간의 생활수준을 비슷하게 유지한다면 이촌향도민이 줄어들 것이라는 가정하에 세워진 촌락 개발 정책들은 오히려 반대 효과를 낳았다. 촌락 지역의 도로, 전기, 산업화, 교육 등에 더 많은 투자를 할수록 이촌향도 현상은 더욱 뚜렷해졌다. 이런 현상은 도로 사정, 교육, 고용 경험 등과 건강상태가 개선됨에 따라 주민들이 촌락에서 벗어나

표 2.1 | 세계 인구와 도시인구

단위: 10억 명, %

연도	인구	도시인구	도시인구의 변화율	도시인구증가율	도시화율
1950	2.54	0.74	–	–	29
1975	4.08	1.52	0.78	105	37
2000	6.09	2.84	1.32	87	47
2025	8.01	4.85	2.01	71	57
2050	9.19	6.40	1.82	40	67

기가 더욱 쉬워졌고, '촌락민들을 농업에 묶어 두는 것이' 더욱 어려워졌기 때문이다(이는 촌락의 발전이 촌락에서의 삶의 질을 개선하는 데 소용이 없었다는 것이 아니라, 이촌향도 현상을 저지하는 전략으로서는 실패했다는 것을 의미한다). 개발도상국에서는 도시 거주민이 누리는 근린 환경과 기회를 촌락 거주민들도 비슷하게 누릴 수 있게 되기까지 수십 년이 걸린다. 따라서 개발도상국에서 최근 유럽과 미국에서 나타나기 시작한 역도시화 현상, 즉 인구가 대도시에서 이주해 나가기 시작하는 현상이 일어나기까지도 오랜 기간이 걸릴 것이다.

대도시로 향하는 인구를 분산시키기 위해 계획 신도시나 소도시들을 건설했는데, 이 도시들은 산업지구 및 거주지를 갖춘 '성장축'으로서 조성되었다. 이런 '성장축'들은 고도로 산업화된 일부 국가들에서는 성공을 거두었으나, 남반구에서는 별 효과를 나타내지 못했다. 일찍이 인도네시아에서 시도되었던 재정주화 프로그램의 경우와 같이, 사회기반시설을 갖추는 데 많은 비용이 들었으나, 기존의 도시에 비해 경쟁력이 없었다. '성장축' 도시들은 대도시에서 경제활동을 할 때 비용을 낮춰 주는 요소인 임계 인구 규모, 규모의 경제, 지역 공급 네트워크와 소비자층 등을 갖추지 못했다.

　브라질리아와 같은 새로운 수도로도 주민들이 이주했으나, 기존의 대도시로의 이주 경향을 바꾸거나 그 규모를 감소시킬 정도로 충분한 규모의 이주는 아니었다. 그리고 (인도의 경우처럼) 대부분의 도시 폐쇄 정책들은 여러 가지 문제를 낳았다. 이주민들이 낮에 집을 짓기 어려운 경우에는 밤에 집을 지었고, 합법적인 주택에서 살기 어려운 경우에는 토지를 약탈했으며, 거주 허가증(프로피스카пр описка)을 받지 못하면 친척과 함께 살았다(이로 인해 꽤 여러 해 동안 모스크바의 인구가 과소 추정되었다). 중국의 경우 쌀 배급을 받을 수 없으면 다른 가족들에게 얻거나 도시의 거대한 '유랑민'의 일부가 되었다.

　무력을 사용해 정책을 수행하는, 지휘통제 사회에서만 주민들이 도시로 이주하는 것을 제한할 수 있었으며, 그런 '성공'은 일정 기간만 유지될 수 있었다. 남아프리카공화국에서는 아파르트헤이트의 종결로 이런 통제가 막을 내렸다. 쿠바에서 아바나의 구시가지가 재생되고 관광 수입이 증가함에 따라 반도시적인 이데올로기가 완화되었는데, 이는 그간 이촌향도 경향을 약화시킨 주요 원인이었다.

　남반구 전역에서, 사람들은 이주를 통해 반대 의사를 표시했다. 이그나츠 작스Ignacy Sachs가 지적하듯이, 사람들은 '도시라는 복권'에 자신의 운을 시험해 보려 했는데, 이는 촌락에 계속 머무는 것보다 훨씬 더 나아 보였다. 사실, 도시로 이주해 온 사람들은, 가장 궁핍하고 희망이 없는 이들이 아니라 촌락에서 가장 뛰어나고 똑똑한 이들로, 자신들의 삶을 변화시키고자 하는 용기와 통찰력이 있는 사람들이었다. 또한 그들은 비록 도시의 불량주택지구에 거주할지라도, 촌락에 남은 이들보다 훨씬 더 나은 삶을 살았다. 도시에서의 삶은 매우 힘들었지만, 자신들이 떠나온 촌락에서 누군가의 소작농으로 살 때보다는 훨씬 더 많은 가능성을 그들의 자녀들이 도시에서는 누리게 될 것이라 확신했다.

이런 이주민 가운데 일부는 기근, 가혹한 통치, 고통스런 상황 등으로 인해 토지로부터 '유출'되었고, 어떤 이들은 도시가 주는 기회를 쫓아 '유입'되었다. 어떤 경우든 빈곤층을 위한 주택 공급과 사회서비스를 감소시키면 이촌향도 현상이 누그러질 것이라는 의견은 옳지 않은 것임이 증명되었다. 실업률이 치솟고, 불량주택지구가 도시 외곽으로 밀려나고, 폭력이 일상적인 현상이 될지라도 사람들은 계속해서 도시로 이주한다. 왜냐하면 촌락에 남는 것은 더 안 좋은 상황이기 때문이다. 그들은 '무임승차자'가 되고자 하는 것이 아니라, 스스로 자신의 운명을 결정하는 자유로운 주체가 되고자 했다.

최근 몇 년 전부터서야 주요 국제 개발 기구들이 도시성장 및 메가시티가 직면한 현실을 받아들이기 시작했다. 이촌향도 현상은 저절로 사그라지지 않을 것이며, 상당한 규모의 역도시화 현상 또한 일어나지 않을 것이다. 최근 발간된 UN 보고서에서는 "인구 유입을 막음으로써 도시의 성장을 억제하고자 하는 것은 헛된 일이다. 그러한 일은 일어나지 않는다"라고 결론 내렸다.[5]

남반구의 도시성장

이 시대를 특징짓는 가장 주요한 변화를 꼽으라면 아마도 전 세계적으로 일어난 이촌향도 현상을 들 수 있을 것이며, 그다음으로는 도시성장의 축이 북반구에서 남반구로 이동한 점을 들 수 있을 것이다. 세계 주요 도시들의 입지가 고도로 산업화된 국가들로 구성된 북반구에서 개발도상국들로 구성된 남반구로 완전히 전환되었다. 1950년대까지만 해도 세계 10대 도시 가운데 세 곳, 즉 상하이, 부에노스아이레스, 콜카타만이 남반구에 속했다. 1990년경에는 세계 10대 도시 가운데 도쿄, 뉴욕, 로스앤젤레스의 세 개 도시만이 북반구에 속했다. 런던, 파리, 모스크바 등은 급속하게 인구가 증가한 멕시코시티, 상파울루, 뭄바이 등의 도시에 의해 순위가 밀렸으며, 이들은 2000년경 세계 5대 도시에 이름을 올렸다. 자카르타, 라고스 같은 아시아 및 아프리카의 도시들도 세계 주요 도시 순위에 랭크되었다.[6]

오늘날, 세계 도시인구의 4분의 3 정도가 개발도상국에 거주하고 있다. 〈그림 2.2〉에서는 2000년 현재, 인구 규모가 1천만 명 이상인 21개 메가시티들의 1950년, 1990년, 2000년의 인구 규모를 나타내고 있다.

개발도상국가군의 도시성장 속도는 약 2.7퍼센트로, 약 0.6퍼센트 정도인 선진국 도시의 성장 속도를 앞지르고 있다. 한편, 최빈국들의 도시성장 속도는 4.1퍼센트에 달한다. 21세기 중반 무렵, 개발도상국가군의 도시인구는 20억 명에서 40억 명으로 두 배가 될 것이다.

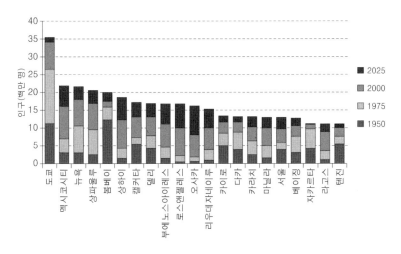

그림 2.2_2008년 21개 메가시티의 인구 규모별 순위.
주: 2025년은 예상 인구이다.
출처: UN-Habitat, State of the World's Cities 2008/2009; United Nations World Urbanization Projects, 2007.

빈곤의 도시화

역사적인 이 시기의 세 번째로 중요한 전환은 공식적인 도시에서 비공식적인 도시로의 변환이다.[7] 이제 엘리트 중심의 도시들이 대중 기반의 도시가 되어 가고 있다. 그러나 이 같은 전반적인 경향에도 불구하고, 모든 국제 원조 자금들의 대부분은 계속해서 촌락 지역에 배정되고 있다. 개발도상국에 살고 있는 도시 빈곤층 및 인류 그 자체의 미래는 빈곤의 역동성에 대한 명확한 이해 및 빈곤층을 도시 및 세계 인구와 통합시키고자 하는 새로운 접근법에 달려 있다.

남반구의 도시에서는 도시 자체보다 비공식 주거지의 성장이 더욱 빠른 속도로 이루어지고 있다. 2007년 현재, 세계 도시인구의 30퍼센트에 달하는 10억 명가량의 인구가 불량주택지구에 거주하고 있으며, 판자촌에 거주하는 이들 가운데 90퍼센트가 개발도상국에 거주하고 있다. UN에서는 향후 30년 이내에 불량주택지구에 거주하는 인구 규모가 20억 명에 달할 것으로 예견했는데, 이는 세계 인구의 3분의 1에 달하는 것이다. 남반구에서는 도시인구 4명 가운데 1명이 비공식 주거지에 거주하고 있으며, 이는 세계 인구의 7명 가운데 1명에 해당하는 것이다. 또한 최빈국 인구의 5분의 4가 비공식 주거지에 거주하고 있다.[8]

비록 슬럼은 산업혁명 이후 계속 존재했지만, 최근까지는 빈곤 및 그로 인한 고통은 촌락 지역에서 훨씬 심각했다. 오늘날, 빈곤은 급속히 도시적인 현상이 되고 있으며, 이런 경향은 쉽게 변화될 것 같지 않다.

라틴아메리카의 현황

라틴아메리카는 남반구에서 도시화율이 가장 높은 지역이다. 라틴아메리카 인구의 78퍼센트가 도시에 거주하고 있으며, 이는 81퍼센트의 도시화율을 나타내는 북아메리카 다음으로 높은 것이다. 라틴아메리카의 도시성장률은 북아메리카와 유럽의 도시성장률을 앞질렀다. 1950년에는 라틴아메리카 인구의 41퍼센트 미만이 도시에 거주했다. 북아메리카 지역에서는 60년에 걸쳐 나타난 도시

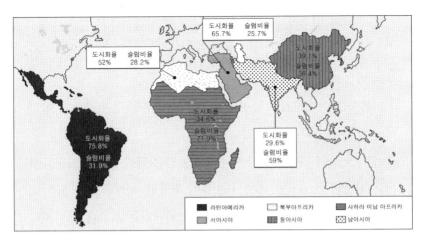

그림 2.3_남반구를 나타낸 지도.
지역별 도시화율 및 비공식부문의 주택(슬럼 비율)에 거주하는 인구의 비율이 표기되어 있다.

사회로의 완전한 전환이 라틴아메리카에서는 30년밖에 걸리지 않았다.[9] 이후 도시화의 물결은 아시아 및 아프리카에서도 일어나서, 현재 아시아는 40퍼센트, 아프리카는 38퍼센트의 도시화율을 나타내고 있다.[10] 그러나 라틴아메리카의 도시들은 향후 지속적으로 성장할 것으로 예상되며, 2050년경에는 도시화율이 89퍼센트에 이를 것으로 전망된다. 다시 말해, 라틴아메리카의 도시성장률은 감소하고 있지만, 도시의 규모 자체는 계속해서 성장할 것이다.[11]

라틴아메리카에서는 도시인구의 32퍼센트 정도가 불량주택지구에서 거주하고 있으며, 이로 인해 라틴아메리카에서 비공식 주거지에 거주하는 인구 비율은 선진국에 비해 5배나 높다. 13억4천만 명에 이르는 라틴아메리카의 판자촌 거주자들이 맞닥뜨리고 있는 문제는, 아시아의 5억8,100만 명, 사하라 이남 아프리카의 1억9,900만

명의 판자촌 거주자들이 직면하는 문제와 비슷하다.[12] 〈그림 2.3〉
의 지도는 개발도상국의 도시화율과 함께 판자촌에서 거주하는 인
구의 비율을 나타내고 있다.

비록 라틴아메리카가 남반구 전체의 절대적인 빈곤 수준과 비교
해서는 부유한 편이지만, 편중된 부의 분배로 말미암아 불평등 수
준이 가장 높게 나타난다.[13] 세계에서 가장 소득이 높은 국가군들에
서는 최상위 20퍼센트 계층의 소득이 최하위 20퍼센트 계층의 소
득보다 6배 정도 많다. 반면 라틴아메리카에서는 최상위 20퍼센트
계층은 최하위 계층에 비해 12배나 더 많은 소득을 올린다.[14]

브라질의 현황

오랜 기간 '잠자는 거인'이라 불리던 브라질은 현재 깨어나고 있
으며, 세계 초강대국 대열에 진입하고 있다.[15] 2009년 브라질의 인
구는 1억9,870만 명으로, 전 세계에서 다섯 번째로 인구가 많은 국
가였으며, 세계에서 가장 도시화율이 높은 국가 가운데 하나이다.
브라질의 도시화율은 85퍼센트 이상으로, 향후 20년 내에는 90퍼
센트 이상의 브라질 국민이 도시에서 살게 될 것으로 예상된다(이는
미국의 예상 도시화율 86.8퍼센트를 앞서는 것이다). 도시인구의 약 3분
의 1가량이 파벨라를 비롯한 다양한 형태의 비공식 주거지에 거주
하고 있으며, 도시 빈곤은 브라질 사회가 맞게 될 가장 중요한 사회
적·경제적·정치적 문제 가운데 하나가 될 것이다.

브라질의 사회사업가인 히까르주 네비스Ricardo Neves는 "브라질 만큼 큰 영토를 가진 나라 가운데, 단 두 세대 만에 촌락 중심의 국가에서 도시화된 국가가 된 경우는 브라질밖에 없다"라고 말했다.[16] 내 연구 기간에 해당하는 약 40년 동안 브라질의 도시들은 1억800만 명에 이르는 새로운 거주자들을 수용했으며, 이들은 대부분 빈곤층이었다. 제2차 세계대전 이전에는 브라질 국민의 15퍼센트만이 도시에 거주했다. 1975년 도시 거주인구 비율은 62퍼센트로 증가했으며, 20세기 말에는 81퍼센트에 육박했다. 내가 파벨라에 관한 첫 번째 연구를 마쳤을 무렵 브라질 인구 5명 가운데 3명이 촌락을 떠나 도시로 이주했으며, 대부분의 경우 대도시로 이주했다. 이들은 내가 지난 40년간 추적했던 사람들과 비슷한 사람들로, 처음 도시에 도착했을 당시 다른 대안이 없어 결국 불량주택지구에 정착했던 사람들이다.

일반적인 인식과 달리, 브라질에서 나타나는 빈곤은 촌락의 빈곤이 주를 이루지 않는다. 즉, 빈곤층의 4분의 3(78퍼센트) 정도가 촌락이 아닌 도시에 거주하고 있다. 브라질의 빈곤층 비율은 1인당 국민소득이 브라질의 3분의 1밖에 되지 않는 네팔 및 방글라데시와 비슷하게 나타난다. 어떻게 그럴 수 있을까?

브라질의 경제 규모는 세계 10위에 이른다. 브라질의 2009년 국내 총생산GDP은 1조9,900만 달러에 이르렀으며, 세계적인 경제위기도 잘 견뎌 내며 성장해 왔다. 2007년, 브라질 경제는 5.3퍼센트 성장했으며, 2008년에는 6.3퍼센트 성장했다. 2009년 리우데자네이루 주 연안 해저에서 새로운 원유가 발견되면서 브라질은 세계 7위의 산

유국이 되었다. 즉, 만일 부의 분배가 균등하게 이루어진다면, 도시와 촌락의 빈곤을 해소하고도 남을 만큼 충분한 부를 지니고 있다.

그러나 브라질의 경제적 불평등지수는 세계에서 가장 높은 수준이며, 이 정도의 국토를 가진 국가들 가운데 경제적 불평등지수가 가장 높다. 라틴아메리카의 아이티, 파라과이, 아프리카의 시에라리온, 나미비아, 보츠와나와 같은 일부 소규모 국가들 역시 경제적 불균등의 정도가 심하지만, 이들은 경제적으로나 정치적으로 브라질과 같은 수준에 있는 국가들이 아니다.[17] 그러나 상황이 개선되고 있다는 징후들이 있다. 지난 5~6년간 브라질의 경제적 불평등지수는 감소했다. 이는 보우사 파밀리아Bolsa Família라고 하는 조건부 현찰 지급 프로그램Conditional Cash Transfer Program으로, 일정 조건에 해당하는 빈곤 가구에게 자녀들의 교육 및 보건에 사용한다는 조건으로 수당을 지급하는 프로그램이다. 이에 대해서는 11장에서 다루도록 하겠다.

브라질의 빈곤 및 불균등 전문가인 소냐 호차Sônia Rocha는 브라질 인구 하위 50퍼센트의 1인당 소득은 2004년 14퍼센트 증가했으며, 이는 국가 평균보다 4배나 많이 증가한 것으로, 증가세가 계속되고 있다고 했다. 호차의 연구에서는 1990년 브라질의 상위 20퍼센트의 소득이 하위 20퍼센트의 소득보다 30배나 더 많았으나, 2007년에는 그 비율이 20배로 감소했다고 했다. 이는 대단한 일도 아니고 자랑할 만한 일도 아니지만 분명 상황이 개선되고 있음을 보여 준다. 그러나 상위 10퍼센트의 인구가 전체 소득의 절반 정도를 벌어들이고 있으며, 이 중 85퍼센트를 상위 5퍼센트 계층이 벌

어들이고 있다.[18]

이렇듯 부가 불균등하게 분배되어 있으며, 매우 부유한 계층과 매우 빈곤한 계층이 공존함으로써 브라질 도시들은 매우 대조적인 경관을 나타낸다. 리우데자네이루는 이러한 역동적인 관계가 한 지역 내에서 어떻게 작용하고 있는지를 관찰하는 데 매우 이상적인 실험의 장이다.

리우데자네이루의 예

1502년 1월, 포르투갈 항해사들이 구아나바라 만의 입구를 강의 하구로 잘못 알고 리우데자네이루(1월의 강)이라 명명했다. 이로부터 261년이 지난 1763년, 리우데자네이루는 당시 수도였던 사우바도르다바이아Salvador da Bahia를 제치고 브라질 식민지의 새로운 수도가 되었다. 1822년 브라질이 독립을 하고 1889년 공화국을 선포한 이후에도 리우데자네이루는 계속해서 국가의 수도로 기능했다. 1960년 주셀리누 쿠비스쉭크Juscelino Kubitschek가 수도를 국토의 중앙부에 위치한 브라질리아로 이전해 내륙지역을 발전시키고 인구를 재배치하고자 했다(당시 인구의 95퍼센트가 해안으로부터 8킬로미터 이내에 거주하고 있었다). 과거 연방 수도에 속했던 구역은 구아나바라 주로 이전되었고, 리우데자네이루는 구아나바라 주의 주도가 되었다. 더욱 크고, 더욱 빈곤하고, 더욱 촌스러운 리우데자네이루 주의 수도는 만의 반대편에 위치한 니떼로이Niterói였다. 1975년 3월

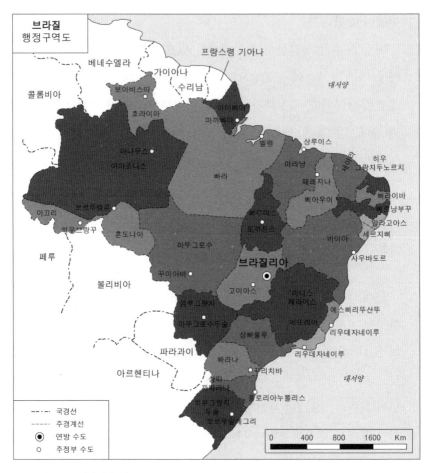

그림 2.4A_브라질(행정구역도).

현재까지도 지속되고 있는 강한 반대에도 불구하고 구아나바라 주
와 리우데자네이루 주는 통합해 새로운 주인 리우데자네이루 주가
되었으며, 수도를 리우데자네이루로 정했다.

　최근 리우데자네이루 주의 인구는 1,560만 명에 이른다. 리우데

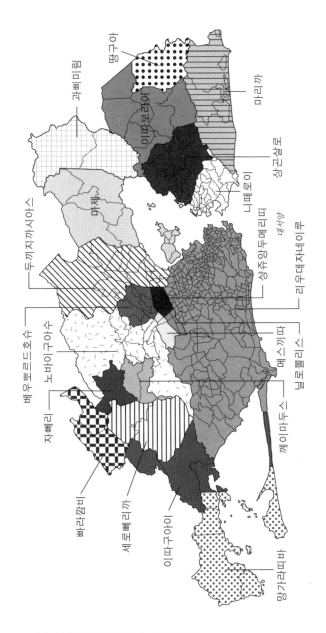

그림 2.4B_리우데자네이루 주 내의 리우데자네이루 시.

자네이루의 대도시 구역에는 주 인구의 75퍼센트가 집중되어 있으며, 그중 600만 명이 시 경계 내에 거주하고 있다. 이로써 리우데자네이루는 라틴아메리카의 4개 메가시티 가운데 세 번째로 인구 규모가 큰 도시이며(멕시코시티 및 상파울루보다 인구 규모가 작고 부에노스아이레스보다는 크다), 세계 19개 메가시티 가운데 열네 번째로 인구 규모가 크다.

대부분의 라틴아메리카 국가들이 수위도시primate city 현상(즉, 인구가 가장 많은 도시의 인구 규모가 두 번째인 도시의 인구보다 두 배 이상 많은 현상)을 나타내는 것과는 달리, 브라질에는 9개의 대도시 구역이 있다.

9개 대도시 구역 중 리우데자네이루는 브라질의 인구 경향을 가장 잘 반영하는 도시이다. 리우데자네이루의 인구는 1950년대 42퍼센트, 1960년대 29퍼센트나 성장하며 제2차 세계대전 이후 급속한 도시성장을 이끌었다. 이후 1970년대부터 현재까지 인구성장률은 완만하게 감소하고 있다. 〈표 2.2〉에서 보는 바와 같이 리우데자네이루의 인구는 19세기 후반 295만 명에서 1,080만 명으로 거의 네 배나 증가했다. 그러나 이는 성장률 면에서는 브라질의 대도시 구역 가운데 가장 낮은 것이었다.

리우데자네이루는 탈산업화 현상으로 인해 심각한 일자리 감소를 겪었으며, 국가의 수도가 브라질리아로 이전하면서 수도와 관련된 직업들이 함께 이주해 나갔고, 기업 및 상업, 문화, 지성의 중심지 또한 상파울루로 옮겨 갔다. 게다가 1980년대 중반 이후 폭력에 대한 공포로 관광산업마저 쇠퇴했다.

표 2.2 | 1950년과 2000년의 브라질의 대도시 구역의 인구와 2007년 추정치

	1950년 인구 (천 명)	2000년 인구 (천 명)	증가율 (1950~2000)	2007년 추정치 (천 명)	예상 증가율 (2000~2007)
상파울루	2,334	17,099	7.33	19,226	1.12
리우데자네이루	2,950	10,803	3.66	11,381	1.05
벨루오리종치	412	4,659	11.31	4,925	1.06
뽀루뚜알레그리	488	3,505	7.18	3,897	1.11
헤시피	661	3,230	4.89	3,655	1.13
사우바도르	403	2,968	7.36	3,599	1.21
포르딸레자	264	2,875	10.89	3,437	1.20
브라질리아	36	2,746	76.28	3,508	1.28
꾸리치바	158	2,494	15.78	3,125	1.25

주: 도시 순위는 2000년 인구 기준임.

특히 도시 빈곤층의 실업률이 증가했다. 포장 음식이 발달하고, 세탁기, 식기세척기 등이 보급되며, 세탁소가 증가하자 입주 또는 전업 가사 도우미에 대한 수요가 급격히 감소했다. 게다가 새로운 노동법에서는 가내 고용자들에게 최저임금을 보장하고 노동 관련 혜택을 모두 지급하도록 하고 있어, 이들에 대한 수요는 더욱 감소했다. 예전에는 한 가정에 1주일 내내 머무르며, 종종 아이들을 데리고 입주해 근처의 학교에 아이들을 보냈던 여성 노동자들이 이제는 1주일에 하루나 이틀 정도만 한 가정을 위해 일하게 되었기 때문에 생계를 꾸리기 위해서는 서너 개의 일자리를 추가로 더 알아봐야 했다. 마찬가지로 도시의 북부 지구, 남부 지구의 중심지 조성이 마무리되면서 건설노동직의 규모도 급감했다.

그러나 리우데자네이루는 여전히 브라질의 주요 경제 중심지로, 1인당 GDP가 상파울루에 이어 두 번째로 높다. 리우데자네이루의

도시 빈곤층의 상위계층으로의 이동성은 심각한 소득불평등, 고용 잠재력의 감소, 그리고 경제성장 속도의 둔화로 말미암아 제한되고 있다. 발레리아 뻬루Valéria Pero가 측정한 바에 의하면, 리우데자네이루는 브라질의 모든 대도시 구역 가운데 사회이동이 가장 낮은 도시였다.[19]

리우데자네이루의 파벨라

리우데자네이루의 파벨라 인구 규모는 브라질 도시 가운데 가장 커서, 모든 도시의 파벨라 인구의 5분의 1을 수용하고 있다. 〈표 2.3〉에서는 리우데자네이루와 다른 주요 도시들을 비교하고 있다.

상파울루는 브라질 도시 가운데 유일하게 인구 규모가 리우데자네이루보다 크지만, 파벨라 인구 규모는 훨씬 더 작고 파벨라에 거주하는 인구 비율 역시 더 낮다(리우데자네이루는 19퍼센트인 데 비해 상파울루는 9퍼센트 정도이다).[20] 리우데자네이루보다 파벨라 거주인구 비율이 높은 도시는 벨렝두빠하Belém do Pará로, 35퍼센트에 이른다. 리우데자네이루의 경우, 로찌아멩뚜스와 꽁중뚜를 파벨라로 간주할 경우 그 비율은 37퍼센트에 달한다.

30년간에 걸친 공공정책에도 불구하고, 리우데자네이루의 파벨라 숫자와 파벨라 거주인구 규모는 계속해서 증가했다. 리우데자네이루에서는 초기에는 파벨라를 철거하는 정책을 실시했으나, 이후 파벨라의 생활환경을 개선해 주변의 마을들과 통합시키는 정책으

표 2.3 | 브라질 주요 도시의 파벨라 현황

	파벨라 거주인구	도시인구 규모	파벨라 인구의 비율	총 가구 수
리우데자네이루	1,092,476	5,857,904	18.7	308,581
상파울루	909,628	10,434,252	8.7	229,155
벨루오리종치	268,847	2,238,526	12.0	67,441
사우바도르	238,342	2,443,107	9.8	61,322
뽀루뚜알레그리	145,242	1,587,315	9.2	37,752
꾸리치바	143,353	1,360,590	10.5	37,665
헤시피	134,790	1,422,905	9.5	34,674
포르딸레자	353,925	2,141,402	16.5	83,203
벨렝두빠하	448,723	1,280,614	35.0	100,069

주: 리우데자네이루에는 1천 개 이상의 파벨라가 발달해 있고 브라질의 모든 도시 중 파벨라 인구 규모가
  가장 크다.
출처: IBGE(2000); IPP(2008~2009).

로 전환했다.

〈그림 2.5〉의 네 개의 지도에서는 1940년, 1960년, 1990년, 2008년 리우데자네이루 시가지에서 파벨라의 분포를 보여 준다. 이들 지도들은 항공사진을 바탕으로 제작한 것인데, 파벨라들이 작은 점들로부터 시작해 큰 얼룩으로 성장하는 것을 보여 준다. 파벨라들은 이웃한 언덕을 넘어 서로 맞닿게 되며, 여러 개의 파벨라 마을들로 이루어진 연속적이고도 거대한 집합체 또는 꽁쁠렉수com-plexos를 이루게 된다. 이들 꽁쁠렉수 가운데 하나는 그 크기가 브라질의 대도시만큼 크다. 가장 규모가 큰 호싱냐Rocinha, 자까레지뉴, 꽁쁠렉수두알레머웅, 꽁쁠렉수두마레Complexo do Maré 등은 여러 파벨라가 합체된 것으로 각각 인구 규모가 50만 명이 넘는다.

네 개 사진에서 나타나는 시대별 변화는 파벨라가 외곽으로 확산되는 현상이다. 즉, 1940년대에는 남부 지구에서부터 1960년대에

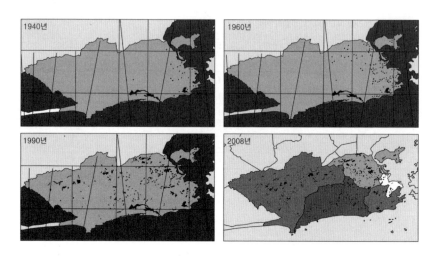

그림 2.5_리우데자네이루 파벨라의 수와 규모의 성장(1940년, 1960년, 1990년, 2008년)
출처: Pro-Urb의 도시계획 및 연구부에서 제작, 시정부의 문서에서 재인용.

는 북부 지구로, 다시 1990년에는 서부 지구로 확산되는 것을 볼
수 있는데, 이는 도시의 성장 및 일자리의 입지를 따라 파벨라가 함
께 확산되었기 때문이다.

2008년 지도 아래쪽에는 1990년 이후 대규모로 성장한 파벨라
를 볼 수 있으며, 이와 함께 로찌아멩뚜스들이 부정형적이고도 불
법적으로 확산되는 것을 볼 수 있다. 이 지도들은 지형도로, 파벨라
는 언덕배기에, 로찌아멩뚜스는 평평한 지형에 위치하고 있으며,
특히 서부 지구에 집중되어 있음을 나타낸다.

파벨라의 성장 속도는 1970년대를 제외하고는 늘 리우데자네이
루의 일반적인 인구성장 속도를 앞질렀다. 1970년부터 1973년까
지 10만 명 이상의 파벨라 거주민이 쫓겨나고 62개의 파벨라가 철
거되었다.[21] 〈표 2.4〉에서 나타나는 것처럼, 파벨라의 성장 속도가

표 2.4 | 리우데자네이루 시의 성장보다 더 빠른 파벨라의 성장

연도	파벨라 인구 (a)	리우데자네이루 시의 총인구 (b)	a÷b (%)	10년간 파벨라의 성장률	10년간 리우데자네이루 시의 성장률
1950	169,305	2,337,451	7.24	-	-
1950~1960	337,412	3,307,163	10.20	99.3	41.5
1960~1970	563,970	4,251,918	13.26	67.1	28.6
1970~1980	628,170	5,093,232	12.33	11.4	19.8
1980~1990	882,483	5,480,778	16.10	40.5	7.6
1990~2000	1,092,958	5,857,879	18.66	23.9	6.9

주: 2000~2005년 사이 파벨라의 인구성장률은 파벨라가 아닌 지역보다 여섯 배나 높았다.
출처: IBGE(2000); IPP(2008~2009).

가장 높게 나타난 것은 제2차 세계대전 직후로, 당시 도시로의 유입민 규모가 급증했다. 1960년대 나의 첫 번째 연구가 시작된 무렵에도 그런 현상이 지속되고 있었다. 1980년부터 1990년까지 리우데자네이루의 전반적인 인구성장률은 20퍼센트에서 8퍼센트로 감소했으며 파벨라의 인구성장률은 11퍼센트에서 40퍼센트로 증가했다. 1990년대, 도시의 전반적인 인구성장률은 7퍼센트 정도로 낮아졌으나 파벨라 인구는 24퍼센트 정도 성장했다.

20세기 후반기를 살펴보면, 리우데자네이루 인구는 연평균 2.5퍼센트씩 성장했으나 리우데자네이루의 파벨라 인구는 6.5퍼센트씩 성장했다. 즉, 파벨라의 인구성장률은 도시 전체 인구성장률보다 2.5배 이상 높았다. 그러나 파벨라의 성장도 도시성장의 일부라는 사실을 고려한다면 이러한 비교의 의미가 좀 경감된다. 완전한 차이를 관찰하기 위해서는 파벨라와 파벨라가 아닌 지역을 비교해야 한다. 1990년대 파벨라의 인구성장률은 2.4퍼센트였지만, 파벨

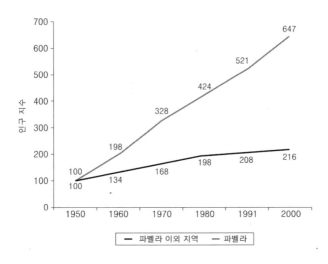

그림 2.6_리우데자네이루의 파벨라와 파벨라 이외 지역의 성장률(1960~2000년).
주: 1950년 인구 지수=100
출처: Instituto Pereira Pasos-Rio de Janeiro(2008~2009)

라가 아닌 지역의 인구성장률은 0.38퍼센트에 그쳤다.

〈그림 2.6〉은 지난 50년간 파벨라와 파벨라가 아닌 지역에서 이루어진 인구성장을 비교함으로써, 이런 차이를 시각적으로 보여 준다. 이 그래프에서는 1950년 이후 두 그룹 간의 차이가 잘 나타나고 있는데, 특히 1990년대 파벨라에서는 인구성장이 활발히 이루어진 반면 도시의 나머지 지역에서는 인구성장이 거의 이루어지지 않았다.

파벨라의 이런 성장률은 도시 공간 전반에 걸쳐 균질하게 나타나지 않았다. 파벨라는 도시가 처음 시작된 곳에서 성장하기 시작했고, 도시의 공간적 성장과 함께 (고도가) 높은 쪽으로, 시 외곽으로 함께 성장했다. 1장에서 다룬 바와 같이, 모후다쁘로비덴시아와 같

표 2.5

단위: %

구역	1950	1960	1970	1980	1991	2000
남부 지구와 중심부(부유한 구 시가지)	58	42	34	29	24	20
북부 지구(노동자 및 저소득계층 지구)	38	54	60	58	54	50
남서지구(신흥 부촌 및 중상류층 거주 지구)	–	–	1	4	8	13
서부 지구 및 도시 외곽(신흥 빈민지구)	4	4	5	9	13	16
합계	100	100	100	100	100	100

출처: Instituto Pereira Pasos-Rio de Janeiro(2008~2009).

은 초기 거주지들은 도심부에 위치했다. 이후 도시의 거주지가 남부 지구(까따꿍바 지역)로 확대되어 가자 파벨라도 함께 남부 지구로 확대되었으며, 이어 북부 지구(노바브라질리아 지역)와 바이샤다폴루미넨세(빌라오뻬라리아와 다른 까시아스 파벨라들이 입지)의 산업화가 진행됨에 따라 파벨라도 이 지역으로 확산되었다. 1980년대부터 리우데자네이루에서 새로운 부촌들이 해안가를 따라 확대되어 바하지치주까Barra de Tijuca(토지이용 및 건축 스타일이 마이애미와 비슷해 '리틀 마이애미'로 불리기도 함) 지역까지 이르렀다. 이런 시가지의 확장으로 서부 지구에서 건설, 관리 인력 및 가사 서비스에 대한 수요가 대규모로 발생했다. 그 결과 〈표 2.5〉에서 보는 바와 같이 1980년대 서부 지구의 파벨라 인구가 증가하기 시작했으며, 여러 개의 불법적이고도 부정형적인 로찌아멩뚜스들도 새로이 건설되었다. 브라질의 북동부 지역에서 매우 많은 이주민들이 몰려들었기 때문에 빠라이바 주에서 자까레빠구아Jacarepaguá의 시다지지제우스Cidade de Deus까지 직행버스 운행 사업이 발달하기도 했다. 시다지지제우스는 서부 지구 전체에서 가장 접근성이 좋은 지점이다. 서부 지구의 파벨라에는 처음부터 상처를 안고 시작했다는 분위기가 오늘날에도 잔존하고 있으며, 이는 1960년대 내가 거주했던 파벨라에서도 비슷한 분위기가 감돌고 있었다.

예를 들어, 1980년부터 1992년까지 서부 지구에서는 109개의 새로운 파벨라가 생성되었으며, 남부 지구에서는 단 한 개, 북부 지구에서는 세 개의 파벨라가 새로이 생겨났다. 남부 지구의 파벨라 인구증가율은 21퍼센트에 달했고, 북부 지구는 14퍼센트 정도였는데, 이는 파벨라가 성숙 단계에 들어섰기 때문이다. 당시 두 지구에서는 기존 파벨라 내에서 주택이 복층화하고 인구밀도가 증가했으며 생활 편의시설이 갖춰졌다. 그러나 이와 대조적으로 서부 지구에서는 새로운 거주지가 비지적 확산을 했다.[22] 리우데자네이루의 인구밀도는 1제곱킬로미터당 4천700명 정도이나, 파벨라의 인구밀도는 몇 배 이상 높아서 1제곱킬로미터당 31,700명에 이르며, 남부 지구에 위치한 파벨라 중에는 인구밀도가 1제곱킬로미터당 10만 명을 넘는 경우(까따꿍바가 가장 번성했던 시기의 인구밀도)도 있었다.

빈곤의 지리학(빈곤의 분포)

〈그림 2.7〉에서는 각 가정의 수입 평균을 보여 주고 있는데, 이는 행정구역별로 나타나는 불평등의 경관을 보여 주고 있다. 파벨라 거주 가구와 이외 지역 거주 가구 간 월간 수입의 불균등한 분포는 대도시 내 파벨라의 위치를 이해하는 데 매우 중요한 자료이다.

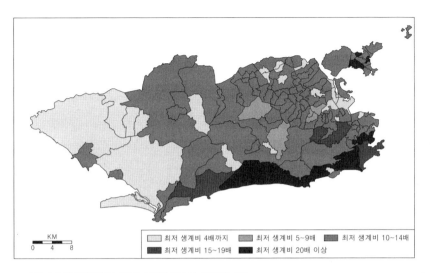

그림 2.7_리우데자네이루 센서스 구역별 빈곤 및 불평등의 분포.
주: 최저생계비를 기준으로 가구별 소득을 측정해 입력함.
출처: Instituto Pereira Pasos-Rio de Janeiro

표 2.6 | 구역별 파벨라 및 파벨라 이외 지역의 월 단위 소득 비교

도시 구역	파벨라	파벨라 이외 지역	전체 평균	차이(%)
남부 지구	437	2,476	2,173	566.6
북부 지구	361	1,284	1,179	355.7
근교 지역	382	880	694	230.4
원교 지역	363	728	655	200.6
자까레빠구아	391	896	806	229.2
서부 지구	368	564	542	153.3

주: 2000년 센서스 자료를 바탕으로 발레리아 뻬루가 정리.

수입의 차이는 지역별로 다르게 나타난다. 남부 지구에서는 파벨라 지역과 그 이외 지역 간의 수입의 차이가 가장 두드러져서, 두 지역 간의 비는 5.6배에 이른다. 반면 도시 내에서도 가장 빈곤한 지역인 서부 지구에서는 파벨라 이외 지역의 평균수입은 파벨라 지역 평균 수입의 1.5배 정도밖에 되지 않는다(〈표 2.6〉 참조).

이런 지역 간 차이를 바탕으로 세 지역을 선정해 비교했다.

정의 및 자료: 보류

이 장에서 앞서 제시한 자료 및 수치들이 비교적 공식적인 출처에서 가져온 것이며 그들이 나타내는 경향들이 사실들이지만, 실제로 나타나는 현상은 조금 다르다. 불량주택지구에 거주하는 인구의 규모는 발표하는 곳마다 조금씩 다르며, 때로는 그 차이가 매우 크다. 예를 들어, 2005년 리우데자네이루의 파벨라 인구추정의 경우 추정한 곳마다 그 규모가 다를 뿐만 아니라, 100만 명에서 400만 명으로 추정치 차이가 너무 크게 나타났다. 어떻게 그렇게 큰 차이가 나는 것일까?

첫 번째 이유는 파벨라에 대한 정의가 기관이나 연구마다 다르기 때문이다. 예를 들어, 브라질의 통계 기관인 '브라질지리통계청'IBGE에서는 "파벨라란 공공용지나 사유지에 입지한 50채 이상의 가옥으로 구성된 거주지로, 필수적인 공공서비스를 제공받지 못하며 무질서하게 구성된 것이 특징이다"라고 정의했다.[23]

이런 형태의 정의는 여러 면에서 문제가 있다. ① 다른 파벨라에 가까이에, 혹은 두 개의 꽁중뚜 사이에 위치하거나 매우 멀리 떨어져 위치한 까닭에 행정 당국에서 알아차리지 못하고 있는 '50채 이상의 판자촌'이 매우 많다(예를 들어, 구아뽀레와 끼뚱구 사이에 위치한 삐끼리Piquiri의 경우 당국에서 이 마을의 발생을 알아차리기도 이전에 이미 매우 큰 규모로 성장했다). ② '공공용지나 사유지에 입지'했다는 것은 의미가 없는 것으로, 모든 주택은 공공용지나 사유지에 입지하고 있으며, 이런 정의가 그 토지가 합법적으로 또는 불법적으로 점유되었는지 여부를 가리키는 것은 아니다. ③ '무질서하게 구성'되었다는 것은 일부 파벨라에만 적용되는 특징이다. 본 연구에서 사례 지역으로 다루고 있는 까시아스가 속한 도시 중심부의 파벨라들의 경우, 노동자 주택의 전형이라 할 수 있는 연립주택들이 주를 이루며, 공공서비스가 제공된다. 연립주택들은 좁은 골목을 따라 양쪽으로 건설되어 있는데, 하수도가 골목 한가운데를 흐른다. ④ '필수적인 공공서비스를 제공받지 못한다'는 항목에 관해서는, 누구라도 리우데자네이루의 파벨라를 방문해 본 사람들이라면 대부분의 오래된 파벨라들에서는 공공서비스가 완전하게 제공되고 있음을 알 수 있다. 파벨라-바이후 도시 정비 프로그램이나 주민들의 노력에 의해 파벨라에도 공공서비스가 갖춰졌기 때문이다.

인구추정을 신뢰할 수 없는 두 번째 이유는, 비공식 주택 가운데 일부가 아스파우뚜나 모후, 또는 파벨라의 일부로 간주되지 않고 있는 점이다. 한 예로, 최근 급격히 증가하고 있는 로찌아멩뚜스 끌란제스치누loteamentos clandestinos(불법적인 혹은 반법률적인 구획)의 경우, 언덕배기의 땅에 더 이상 주택을 지을 여지가 없어지자 도시 주변 지역의 초지 및 농지에 형성되고 있다. 이 경우 사기성이 농후한 '개발업자'들이 빈곤한 이들에게 사회 기반 서비스가 전혀 갖춰지지 않은 토지들을 판매하고, 빈곤한 가족들은 아무런 시설도 갖춰지지 않은 그곳에 입주하게 된다. 현재 이러한 로찌아멩뚜스들이 얼마나, 어느 곳에 지어졌으며 얼마나 많은 가구 및 인구가 각각의 로찌아멩뚜스에 거주하고 있는지에 대한 신빙성 있는 자료가 전혀 없다.

꽁중뚜conjuntos habitacionais(서민주택이나 사회주택으로 불림)도 그런 예이다. 꽁중뚜에서는 인구밀도가 높고, 음울하며, 누군가가 자금을 유용한 탓에 날림으로 지어진, 비슷비슷한 모양의 승강기도 없는 5층짜리 건물들이, 정부의 무관심 탓에 허술하게 관리되고 있다. 꽁중뚜의 건물들은 합법적이지만 주민들은 대부분 빈곤하며, 생활환경은 열악하다. 꽁중뚜는 아스파우뚜도 아니고 모후도 아닌, 공식적인 도시와 비공식적인 도시 사이에 존재하고 있다. 꽁중뚜의 강력범죄 발생률은 파벨라만큼 높으며, 경찰뿐만 아니라 센서스 집계원들조차도 그곳에 들어갈 때는 망설이게 된다.

꽁중뚜의 아파트 중에는 대가족이 거주하거나 여러 가족이 함께 거주하는 경우들이 종종 있다. 그들은 방이 모자라 돌아가면서 잠을 자야 하기도 한다. 어떤 이들은 세를 놓고 있다. 많은 아파트들이 신고조차 하지 않은 채 여러 차례에 걸쳐 매매되고, 입주자가 집을 팔 수 없거나 더 이상 머물 수 없는 상황이 되면 버려지기도 한다. 블로꾸blocos(아파트 건물) 가운데 일부는 매매율이 매우 높고, 소위 '인구 유동률'이 높다. 인구 유동률이 높은 이유로는, 법망이나 경쟁 관계에 있는 마약상들을 피해 숨느라 한동안 사라졌다가 다시 나타나기를 되풀이하는 사람들이 많은 점도 큰 비중을 차지한다. 이로 인해 이 지역에서 신뢰할 만한 인구 규모를 측정하는 일이 매우 어렵다.

정의에 관한 이 같은 어려움 이외에도, 파벨라 인구 및 가구수를 집계하기 어려운 이유들은 다음과 같다.

- 경계의 문제: 해당 파벨라가 어디부터 시작해 어디에서 끝나는가? 각각의 단지는 몇 개의 파벨라로 구분되는가? 기존의 파벨라가 확장된 것과 새로운 파벨라는 무엇이 다른가?
- 가구: 출입구를 공유하는 하나의 가옥 내에서도 위층, 아래층, 혹은 별채, 세입자용 공간 등으로 나뉜 경우에는 어떻게 집계하는 것이 적절한가?
- 가로명 및 건물 호수: 이런 것들은 대부분 존재하지 않으며, 이를 구성하고자 하는 시도들은 마약거래상들에 의해 지속적인 방해를 받곤 했다. 가로명 및 건물 호수가 없어야 경찰이 그들을 찾기가 어렵기 때문이다.
- 물리적 어려움: 아주 높은 곳이나 매우 먼 곳은 매우 위험하기 때문에 방문하기가 어렵다. 따라서 센서스 조사원들은 이런 지역을 기피하는 경향이 있다.

이런 문제들은 늘 있었다. 지난 20년간 상황을 복잡하게 만든 것은 상호 간의 두려움이었다.

- 센서스 조사원들은 정부 요원들처럼 보여서 의심의 눈초리를 받았고, 주민들은 잘 협조하지 않았다.

- 마을에 들어가기 위해서는 대부분의 경우 지역 주민대표가 필요했으며, 그 지역을 지배하고 있는 마약 조직의 허가도 필요했다.
- 협조 및 소통은 제대로 이루어지지 않았으며, 마약 조직원들 중에는 조사요원들을 보호하라는 명령을 전달받지 못하는 이들도 있었고, 전달받아도 이를 지키지 않는 이들도 있었다.
- 인터뷰 실시자들은 우연히 보까boca(마약 판매 지점)에 가게 되거나 총격전에 휘말리지 않을까 두려워한다.
- 파벨라 주민들은 대부분 '마약상의 통제하에 남아 있기를' 바랐다. 그들이 그 동네에서 숨어 있던지, '마약거래'를 하던지, 애인을 두던지, 첩살림을 하던지 간에 말이다.

이렇듯 수많은 어려움으로 인해 모든 수치들을 어느 정도의 회의론적 입장에서 고려해야 한다. 아마도 가장 신뢰할 만한 데이터는 꽁쁠렉수두마레와 같은 커뮤니티에서 나온 것이다. 이곳에는 파벨라 관측소Observatorio das Favelas가 위치해, 계획 및 프로그램 개발 도구의 일환으로 완벽한 가구 통계를 지역 주민들이 자치적으로 실시하고 있다.[24]

가장 자주 사용되는 통계는 유엔 해비타트의 통계로, 이는 2000년 브라질지리통계청에서 실시한 센서스에 근거한 것이다. 이 자료에 따르면, 리우데자네이루 인구의 19퍼센트가 파벨라에 거주하고 있으며, 12퍼센트가 꽁중뚜에, 6퍼센트가 로찌아멩뚜스에 거주하고 있어 도시인구의 37퍼센트가 비공식적인 거주지에서 살고 있다. 우리도 이 자료를 대략의 추정치로 사용할 수 있으나, 앞서 서술한 이유로 인해 이 자료를 사용하지 않기로 한다.

다음 장들에서는 단순한 통계수치만으로는 표현되지 않았던, 그리고 일반화의 과정에서 누락되었던 생생하고도 복잡한 주민들의 삶, 마을, 그리고 그들의 여정을 밝혀내고자 한다.

까따꿍바
: 파벨라의 과거

이 장과 다음의 두 장에서는 이 책에서 다루고 있는 세 지역에 관한 이야기를 할 것이다. 이 세 파벨라가 리우데자네이루의 다양한 파벨라들을 모두 대표한다고 할 수는 없지만, 처음 파벨라 연구를 시작할 당시 존재했던 파벨라들 가운데 입지, 주거 패턴, 역사 등이 최대한 서로 다른 세 개의 파벨라를 선택했다. 이 마을들을 통해 주민들이 주거 환경을 개선해 나아가는 과정, 정부 정책으로부터 부당한 대우를 받을 수밖에 없었던 사연, 자신들의 일상의 삶과 마을을 창조적으로 재탄생시켰던 과정을 살펴볼 수 있었다.

연구 대상으로 삼은 세 개의 마을 중 까따꿍바는 다시 방문하기가 가장 어려운 파벨라였다. 초기 연구 당시 1만 명 이상이 바글거리며 살아가는 활기찬 마을이었던 까따꿍바에는 길 양쪽으로 상가

그림 3.1_1968년 까따꿍바의 경관. 라고아호드리구프레이따스 호수 위로 변화한 마을 경관이 보인다.

들이 활기차게 운영되고 수십 개의 협의회와 조직이 있었으나, 그 러한 것들은 이제 더는 마을에 존재하고 있지 않았다(〈그림 3.1〉 및 〈그림 3.2〉 참조). 1970년에 2,200채의 가옥이 철거되었으며, 거주 민들은 도시의 여러 지역으로 쫓겨 갔다. 예전에 이 지역이 파벨라 일 때 살던 주민들은 더는 남아 있지 않다.

까따꿍바 주민의 80퍼센트는 구아뽀레의 꽁중뚜와 끼뚱구의 꽁 중뚜로 이주하게 되었다. 나는 내가 한때 살았던 집의 주인인 마르 가리다와 계속 연락을 하고 있었기에, 이곳에서부터 후속 연구를 시작했다. 마르가리다와 가족들은 끼뚱구에 있는 방 하나짜리 아파 트에 살고 있었다. 마르가리다는 나를 만나는 것에 대해 조심스러

그림 3.2_2008년 예전에 까따꿍바가 있던 자리. 고가의 아파트와 도시공원이 보인다.

위했다. 상황이 좀 긴박했기 때문이다. 마약상들이 끼뚱구를 지배하고 있었으며, 거주민 이외의 사람들이 그 지역에 출입하는 것을 계속해서 감시하고 있었다. 그들은 외부인들이 경찰의 요원이나 반대파의 스파이가 아닐까 의심했다. 마르가리다는 나를 만나고 싶어 했지만, 그녀와 내가 만나는 장면을 누군가가 보게 되는 것은 아닐까 매우 두려워했다. 게다가 그녀는 건강이 매우 좋지 않아 아파트에서 나와서 누군가를 만나는 것이 어려웠다.

운이 좋게도 나는 믿을 만한 사람이 있었다. 이 후속 연구를 시작하기 몇 년 전, 내 친구이자 예전 까따꿍바의 지도자였던 자꼬비Jacobi를 우연히 찾았다. 어느 저녁, 옛 영국대사관 자리에 있는 화려한

구아나바라 궁전에서 열린 공식 연회에서 기적같이 그를 만났다. 그
날은 1992년 유엔환경계획United Nations Environment Programme, UNEP
창립 20주년을 기념하는 유엔환경개발회의가 열리고 있었다. 주지
사, 장관, 시장들이 전 세계에서 온 기업가, 유명 인사, 운동가들과
연회장 및 베란다 등에서 어울리고 있었다. 밴드는 보사노바, 삼바,
유명 클래식 음악들을 연주하고 있었고, 턱시도를 입은 검은색 피
부의 남자들이 손님들과는 눈도 마주치지 않은 채 은쟁반에 받친
칵테일과 핑거푸드를 접대하고 있었다. 그리고 진행을 방해하지 않
는 조심스러운 사진사들이 사진을 찍고 있었다.

연회가 끝나 갈 무렵, 나는 적대적 관계에 있던 리우데자네이루
주지사 리오넬 브리졸라와 시장 마르셀루 알렝까르Marcelo Alencar
사이에서 사진을 찍고 있었다. 그때 사진사가 다가와서 내게 까따
꿍바의 파벨라에 살던 그 재니스가 맞는지를 물어왔다. 좀 더 찬찬
히 살펴본 후에야 나는 그가 20년 전 만났던 자꼬비였음을 알아차
렸다. 우리가 처음 만났을 때, 그는 프리랜서 사진작가였고, 이제는
리우데자네이루 시의 공식 사진사가 되어 있었다. 우리는 그 이후
로 계속해서 연락을 주고받았고, 그는 내가 1999년 후속 연구를 시
작했을 때 가장 먼저 찾았던 사람이었다.

까따꿍바의 파벨라는 가파른 언덕이 연이어 있는 에삐따시우삐
소아 대로Avenida Epitácio Pessoa를 따라 위치하고 있었다. 이 대로는
담수호인 라고아호드리구프레이따스를 빙 둘러싸고 있었다. 까따
꿍바는 꼬빠까바나, 이빠네마, 라고아에서 걸어서 갈 수 있는 거리
에 있었고, 도심부 및 항구 지역으로의 접근성도 높았다. 이 도로는

남부 지구와 북부 지구를 연결하는 주요 도로였으며, 1967년 개통된 히보우사스Rebouças 터널을 통해 다른 지역으로도 연결되었다. 까따꿈바는 입지가 매우 좋고 전망이 훌륭해서 지가가 매우 높아졌으며, 이로 인해 철거 대상인 파벨라 가운데 늘 우선순위로 꼽혔다.

이 지역의 역사를 살펴보면, 1800년대 말, 라고아호드리구프레이따스 남작 부인이 까따꿈바 별장Chácara das Catacumba이라 알려진 땅을 연방정부 회사로부터 임대했으며, 임종 시 은혜롭게도 자신의 하인들에게 물려주었다. 1925년 임대 기간이 종료됨에 따라, 연방정부 회사에서는 이 땅에 대한 권리를 다시 주장하며 주민들을 내쫓았고, 토지를 분할해 판매하려 했다. 인접한 토지의 소유주들은 이 같은 토지분할을 막기 위해 즉시 소유권을 주장하며 소송을 시작했다. 계속되는 복잡한 소유권 분쟁으로 말미암아 언덕배기는 점차 공지가 되었고, 이는 정착할 곳을 찾던 새로운 이주민들에게 이상적인 거주지가 되었다. 소유권 문제는 1970년 연방정부가 공원 조성을 위해 주정부에 그 권리를 양도할 때까지 해결되지 못했다.

제2차 세계대전의 영향력이 북부 아프리카 지역 및 유럽, 아시아에 휘몰아치고 있던 1940년대 초반, 촌락으로부터 주민들이 이주해 왔다. 특히 인접한 주인 미나스제라이스에서 많은 이주민들이 일자리와 식량, 살 곳을 찾아 리우데자네이루로 몰려들었다. 그들은 라고아호드리구프레이따스 위쪽에 위치한 언덕들에 가건물들을 지었으며, 이는 훗날 까따꿈바라고 알려진 파벨라가 되었다.

이 마을의 초기 정착자 가운데 한 명인 치우 소우자가 내게 말하기를, 토지의 불법점유를 막기 위해 정부에서 고용한 경비원이 날마다 이 지역을 순찰하는 바람에, 이주민들은 밤에 오두막을 지었다고 한다.

리우데자네이루 주의 뻬뜨로뽈리스Petrópolis의 농업 지역인 빌라지상조제두히우쁘레리뚜Vila de São José do Rio Preto 출신인 치우 소우자는 1947년 까따꿍바에 도착했다. 그의 부모님은 모두 문맹이었고, 그들의 여섯 자녀 가운데 치우 소우자와 그의 형만이 읽고 쓰는 법을 배웠다. 그의 아버지는 그가 열 살 때 돌아가셨고, 그로부터 6년 후 어머니도 돌아가셨다. 열여섯 살에 고아가 된 치우 소우자는 그와 그의 아버지가 일했던 파젠다를 떠나 리우데자네이루로 가는 기차에 올랐다. 그의 형들은 공사 현장에서 작업 중 사망했고 그는 혼자 까따꿍바에 자리를 잡았다. 그가 기억하는 바에 따르면, 파벨라는 상당히 빠른 속도로 성장하고 있었지만, 여전히 많은 땅이 공지로 남아 있어 새로운 판잣집을 지을 수 있었다.

그의 회상에 따르면, 당시 그 지역을 담당하던 경비원들이 파벨라에 거주하는 여자 친구를 사귀면서 집을 짓는 데 도움을 주기도 했다고 한다. 일단 최소한의 모양을 갖춘 건물이 자리를 잡으면, 즉시 가족들이 이 건물에 들어와 거주했다. 법에 따르면, 가족이 이주하려면 '거주할 주거지를 먼저 마련해야' 했다. 따라서 리우데자네이루 시의 공무원들은 이주민들이 언덕배기에 발을 들이기 이전에 이들을 돌려보내야만 해고, 이를 위해 버스나 기차역에 상주하며 이들에게 되돌아가는 기차표나 버스표를 나눠 주곤 했다. 하지만 이 법으로 말미암아 [가족이 언덕배기의 가건물에 일단 모여 살게 되면] 이주민들을 쉽사리 내쫓지 못했다.

그림 3.3_까따꿍바 마을 앞의 호숫가에서 세탁을 하고 있다(1968년 촬영).

1952년 까따꿍바에 두 번째 거대한 이주 물결이 들이닥쳤다. 이 시기 대부분의 이주민들은 브라질 북동부 지역의 가뭄으로 인해 이주한 사람들이었다. 바이아와 리우데자네이루를 연결하는 도로가 건설됨에 따라 많은 이들이 이주할 수 있었다. 아마도 도로가 건설되지 않았다면 그들이 그렇게 쉽게 이주할 수는 없었을 것이다. 까따꿍바에는 상수도 및 전기 시설이 갖춰지지 않았지만 일자리는 매우 많았다. 까따꿍바의 입지가 매우 좋아서 가정에서의 일자리나 건설업 등의 일자리를 얻을 기회가 많았고, 잡일도 넘쳐 났다.

1954년 도시 공공 업무과에서 몇 개의 상수도와 공동 세면기를 까따꿍바에 설치했다. 이는 비꾸 지 아구아bico de água라는 생활용수 보급 프로그램의 일부로, 당시의 일시적이고 온정주의적인 정책을 상징하는 것이었다. 덕분에 파벨라에 거주하는 여성들에게는 생활이 훨씬 더 편리해졌다. 아침저녁으로 매일 5갤런짜리 네모진 양철 물통에 물을 채우기 위해 여자들이 긴 줄을 서서 기다리던 것을 나는 기억한다. 또한 수도꼭지에서 나오는 물은 끊어지진 않았지만, 너무나도 느리게 흘렀던 것도 기억이 난다. 종종 어린 소녀들이 지게 끝에 두 개의 양철 물통을 매달고 구불구불한 골목길을 따라 언덕 높은 곳에 있는 그들의 집까지 올라가던 것도 기억이 난다. 〈그림 3.3〉은 까따꿍바 주민들이 돈을 벌기 위해 근처에 사는 부잣집의 빨래를 하면서도 아이들을 보고 있는 장면이다.

자꼬비의 이야기

자꼬비 씨는 1933년 4월 2일 까따꿍바에서 태어났다. 위로 형 두 명에 여동생 두 명이 있다. 그의 아버지인 일리아스Elias 씨는 1920년대 후반 다마스커스에서 브라질로 이민을 왔다. 엘리아스 씨는 의류, 신발, 재봉 재료를 판매하는 상인으로 돈놀이도 했다. 남부 지구가 개발되기 이전에는 주거 및 상업 활동이 항구 및 구도심 지역에 집중되어 있었기에, 일리아스 씨는 꼬빠까바나와 이빠네마에 땅을 샀다.

그는 해변가의 모래사장 대신 언덕 높은 곳에 있는 모후지까따꿍바에 자신의 집을 짓고 싶었다. 바다와 호수가 내려다보여 전망이 좋으며, 시원한 바다 바람이 부는 탁 트인 공간이 그의 맘에 들었다. 그는 이빠네마의 땅을 팔고 까따꿍바에 넓은 필지를 구입했다. 이빠네마는 현재 평당 지가가 세계에서 가장 비싼 지역 가운데 하나이다.

1930년대 당시 까따꿍바는 파벨라가 아니었다. 일리아스 씨는 그곳을 소유한 네 명의 지주 가운데 한 사람이었다. 그는 채소를 재배해서 염소, 칠면조, 닭 등과 교환했으며, 그의 아들들을 말에 태우거나 걸려서 꼬빠까바나, 이빠네마, 우마이따Humaitá의 새로운 상업지구에 데려가곤 했다.

당시 리우데자네이루는 연방정부의 수도였기에 해야 할 일도, 제공해야 하는 서비스도 매우 많았다. 자꼬비 씨가 회상하듯이, "촌락 지역에서는 아무것도 없어서 사람들은 도시로 오기 시작했다. …… 나이 든 사람들만이 시골에 남았다." 까따꿍바의 초기 이주민들은 언덕 꼭대기에 자신들의 집을 지었고, 이후 주요 도로들을 향해 점점 언덕 아래쪽으로 집들이 들어섰다. 이는 이후에 나타났던 현상과는 반대였다.

자꼬비 씨의 어머니인 하이문다Raimunda 여사는 리우데자네이루 주와 인접한 미나스제라이스 주의 발렌시아 출신이다. 1940년대 초반 까따꿍바에서 결핵이 돌았을 때 결핵에 걸린 사람들은 매 여섯 시간마다 꼬빠까바나의 병원에 가서 주사를 맞아야 했고, 주사를 맞는 중간에는 누워서 쉬어야만 했다. 그러나 꼬빠까바나에는 쉴 곳이 없었기에 마을 사람들은 매번 까따꿍바의 언덕을 올라오곤 했다. 하이문다는 병든 이웃들이 병원을 오가느라 지치는 것을 보고 직접 주사를 놓는 법을 배워 필요한 모든 이들에게 무료로 접종했다.

그림 3.4A_
리우데자네이루
시정부의 사무실에서
만난 자꼬비 씨
(2005년 촬영).

그림 3.4B_
자까레빠구아의 자택
뒷마당에서 인터뷰를
하고 있는 자꼬비 씨
(2005년 촬영).

자꼬비의 아버지는 제2차 세계대전 동안 재산을 모두 잃었다. 1939년, 그를 유태인이라 생각한 정부는 집에 있던 그를 체포해 도심에 있는 감옥에 투옥했다.[1] 자꼬비의 말에 따르면, '희망의 기사'로 알려진 브라질공산당 대표이자 유명 인사였던 루이스 까를루스 프레스치스Luis Carlos Prestes의 아내인 올가도 그의 아버지와 비슷하게 '실종'되었다고 한다. 그녀는 아마 수용소에 갇히거나 살해되었을 것이다.[2] 1942년 제뚤리우 바르가스Getúlio Vargas 대통령이 미국과 함께 연합군에 참전하면서 자꼬비 씨의 아버지도 풀려났다. 그 무렵 일리아스 씨는 이빠네마의 가게를 비롯해 지난 20년간 열심히 일해 모은 재산을 모두 잃었다. 다행히도 가족이 살던 집은 남아 있었는데, 당시 영리한 정치인이 자신을 찍어 주면 마을의 철거를 막아 주겠노라고 약속을 했기 때문이었다.

자꼬비 씨의 어머니는 세탁 일을 했고 어린 자꼬비에게 결핵 주사 놓는 법을 가르쳐 주었다. 그는 책 읽기를 좋아했고 학업을 지속하고 싶었지만, 가족에게는 돈이 필요했다. 열네 살에 학교를 그만두고 라디오 수리공 일을 시작했다. 자꼬비 씨의 말에 따르면, 항상 직장에서도 휴지통에서 신문이나 잡지를 주워 읽었으며 읽을 수 있는 모든 것을 읽어 댔다. 특히 사진집에 매료되었다.

카메라를 사기로 결심한 그는 카메라 살 돈을 마련하기 위해 이웃 사람들에게 집에 있는 사진들을 빌려 달라고 했다. 그 사진들을 띠라덴치스 광장에 있는 화가들에게 가지고 가서 사진 속의 인물들이 좋은 옷을 입고, 부유하며, 행복한 것처럼 보이게 그려 달라고 했다. 자꼬비 씨는 사진 속의 주인공들에게 초상화를 팔아서 카메라를 사기에 충분한 돈을 마련했다. 그는 자기 집에 암실을 차리고 자신이 찍은 사진을 팔아 보려고 했다. 그러나 그의 회상에 의하면 "그건 어렵고, 별로 이윤이 남지 않는 일이었다."

그 시절, 하지우 나시오나우Rádio Nacional(국립방송국)라는 잡지에서 한 사람이 자꼬비 씨의 작품을 칭찬하며 그를 고용했고, 그의 사진들을 잡지에 실었다. 어떤 사진들은 표지에 실리기도 했다. 자꼬비 씨의 사진이 자연스럽고 꾸미지 않은 모습들이었기에 사람들은 그의 사진을 좋아했다. 그는 매력적이고 재능이 있었으며 총명했다. 사진을 찍으며 만난 음악가들은 그의 친구가 되었으며 가끔 파벨라에 와서 무료로 공연을 하기도 했다.

까따꿍바의 번영의 시작

1960년대 초반이 되자 도로변부터 가파른 언덕 꼭대기까지 까따꿍바에는 집들이 빽빽이 들어섰다. 새로이 도착한 이들은 자꼬비 씨의 아버지가 소유한 땅 주변에 집을 지었으나 땅의 경계를 넘어서지는 않았다. 외부인들의 시선에는 별반 다르게 보이지 않겠지만, 이 지역은 고도로 조직화되어 있고 여덟 개의 지역으로 나뉘어 있었다. 각각의 지역은 마리냥Marinhão이나 까페글로부Café Globo와 같은 이름을 가지고 있었고, 지역별로 고유한 특성 및 개성을 지니고 있었다.

당시 생활용수는 주요 도로를 따라 설치된 수도꼭지에서 얻을 수 있었고 전기는 전기선에서 도둑 전기를 끌어다 썼다. 파벨라는 도시의 일부로 간주되지 않았기 때문에 시 당국에서 쓰레기수거를 하지 않았다.

마을 형성 초기에 나타났던 정주 패턴과는 반대의 패턴이 나타났으며, 고도에 따른 새로운 사회적 계층이 나타났다. 고도가 가장 낮은 지역, 에삐따시우뻬소아 대로를 따라 위치한 주택들의 상태가 가장 양호했다. 그 주택들은 영구적인 건축 재료로 지어졌고, 언덕 꼭대기 지역에는 미치지 않는 도시 기반 서비스들이 공급되었다. 언덕 꼭대기에 위치한 주택들은 석유램프를 사용했고, 이로 인해 나무로 만든 집들에서 자주 화재가 발생하곤 했다. 그보다 좀 더 아래 지역에 거주하는 사람들은 불법적으로 전선을 따오는 바람에, 이로 인한 사고가 발생하곤 했다.

지도자 가운데 몇몇이 전기위원회Comissão de Luz를 구성해, 도로를 따라 세워진 주 전기선에서 지선을 빼서 이를 다시 각 가구로 설치하는 일을 했다. 거주민들은 매달 일정한 금액을 전기세로 납부했는데, 그들이 부담하는 전기세는 부유한 이웃들이 미터기를 이용해서 내는 것보다 훨씬 비쌌다. 몇 년 후, '라이트'라는 민간 전기회사가 파벨라가 매우 유망한 시장임을 깨닫고 파벨라 주민들에게 전기를 제공했다. 이로 인해 라이트 사는 이윤이 30퍼센트나 증가했다.

물리적 환경은 좋지 않았지만 사회적 조직이나 커뮤니티 활동이 활발했고 주민들 간의 친분도 매우 좋았다. 알리안사FCAliança FC 같은 축구 리그가 있었으며, 활발하게 운영되던 유소년 체육 클럽 후벵뚜지ACJuventude AC에서는 댄스 동아리 및 여러 사회 활동도

그림 3.5_2002년 연구 참여자들을 위한 축하 및 경품 추첨 행사 때. 내 왼편에 치우 소우자, 그리고 오른편에 엥리우 그랑지.

조직했다. 친구 사이였던 엥리우 그랑지Hélio Grande 씨와 치우 소우자 씨가 후벵뚜지AC를 운영했으며, 2008년 현재도 각각의 마을에 소년 및 소녀 축구 리그를 구성해 활발히 운영하고 있다.

호수 바로 건너편에 위치한 쁘라이아두삥뚜Praia do Pinto 파벨라에는 삼바 학교도 있어서 많은 까따꿍바 주민들이 이용하고 있다. 주민들은 이곳에서 매년 카니발을 위한 노래, 춤, 의상 등을 만들고 있다. 사람들은 또한 1월 6일에 열리는 '제왕절'Day of Kings 축제의 퍼레이드에도 참여하며 주말에는 빠끼따 섬까지 야유회를 가기도 한다. 파벨라 거주민 외에도 많은 사람이 깡동블레, 움반다, 마꿍바 등의 아프로 브라질리언 종교의식에 참여했다. 복음주의교회는 마을마다 성전이 있었다. 마을에서 가장 번화한 건물은 아셈블리아지제우스Assembléia de Deus로, 하얀색 띠에 파란색을 새로 칠한 건물이었다.

유명세를 타기 시작한 까따꿍바

1961년 『라이프』*Life* 지는 사진작가인 고든 팍스Gordon Parks를 보내 '라틴아메리카의 위기' 시리즈의 일부로 까따꿍바에 관한 포토 에세이를 찍도록 했다. 본래 편집자의 생각은 팍스가 여러 국가의 비슷한 마을들을 찍어 오는 것이었다. 그러나 팍스는 좀 더 깊이 있는 취재를 하자고 주장했고, 리우데자네이루의 파벨라에 관한 에세이를 직접 제안했다. 당시 리우데자네이루에는 205개의 파벨라가 있었으며 이곳에는 약 70만 명의 사람들이 거주하고 있었다.

팍스는 에디터에게 다음과 같이 자신의 주장을 밝혔다.

몇 년 전 리우데자네이루 여행 당시 나는 가장 악명 높은 파벨라에서 최악의 빈곤을 목격했다. 사랑스러운 도시인 리우데자네이루에서 마치 종기처럼 곪고 있는 추악한 슬럼들을 절대 잊지 못한다. 나는 우리의 풍요로운 땅 바로 남쪽에서 벌어지고 있는 이런 비극에 대해 조사하고 싶다.

『라이프』가 이 시리즈에서 의도한 바는 라틴아메리카에서의 공산주의의 위협을 알리는 것이었다. 지난 40년 동안 라틴아메리카의 인구 규모는 두 배로 증가했으며, 도시는 마치 불만과 폭동의 전장처럼 보였다. 이 시기 미국의 케네디 대통령이 '진보를 위한 동맹'Alliance for Progress을 발의해 미국국제개발처US Agency for International Development, USAID를 통해 기금을 제공했다. 이 기금을 통해 리우데자네

그림 3.6_1968년 까따꿍바. 언덕 거의 꼭대기(중앙에서 약간 왼쪽으로)에 페인트도 칠하지 않은 창문 하나짜리 판잣집이 마르가리다의 집이다.

이루에서 이루어진 첫 번째 프로젝트는 저소득계층을 위한 세 개의 주택사업이었다. '빌라케네디'Vila Kennedy, '빌라알리안사'Vila Aliança, '빌라이스뻬랑사'Vila Esperança라는 명명된 이 프로젝트들은 새로운 마을들을 건설해 철거된 파벨라의 주민들은 수용했다. 당시 파벨라는 공산주의의 온상으로 여겨졌기 때문이다.

팍스는 까따꿍바에 도착해서 세상에 알려지지 않은 이야기들을 발굴했고, 그 과정에서 플라비우Flávio라는 이름의 영리하고 활기찬 소년을 만났다. 그 소년은 마을의 모든 사람을 알고 지내고, 마을에서 일어나는 모든 일을 알고 있는 것 같았다. 소년은 천식으로 고생하고 있었고 거의 굶다시피 하며 지내고 있었지만 가족의 생계를 돕기 위해 오랜 시간 일을 하고 있었다. 이후 팍스는 소년의 이야기를 '플라비우'라는 이름의 책으로 출간했다. 그는 소년을 처음 만났던 그 순간을 다음과 같이 묘사했다.

파벨라에는 안개가 자욱 끼어 있었다. …… 우리의 출발지로부터, 멀리 호숫가까지 …… 꼬르도바 산자락에 구름이 걸려 있었고 …… 햇빛이 구름 사이로 반짝이고 있었다. 그리고는 갑자기 콘크리트로 만든 거대한 예수상이 멀리서 나타났고, 그의 거대한 팔은 계곡 위로 쭉 뻗어 있었다. 예수상은 까따꿍바의 언덕을 등지고 있었다. 마치 그가 나의 마음을 읽은 것처럼, (플라비우는) "아빠가 그러는데 예수님은 여기 파벨라에는 등을 돌리셨대요"라고 말했다.[3]

『라이프』는 플라비우의 이야기를 1961년 6월 16일자에 실었다.

그 기사의 영향력이 너무나 강해서, 독자들이 플라비우와 그의 가족, 그리고 파벨라를 도와주라며 잡지사에 돈을 보내기 시작했다. 자발적인 기부들이 넘쳐 나자, 『라이프』에서는 플라비우의 이름을 딴 기금을 만들었다.[4] 자꼬비의 말에 의하면, 당시 까따꿍바의 환경을 완전히 개선할 수 있을 정도의 충분한 돈이 모였지만, 주민위원회의 대표였던 오까Oca와 그의 수하인 갈루Galo는 겨우 시멘트 계단만을 지었다고 한다. 나머지 기부금은 사라져 버렸다.

파벨라에 대해 먼저 알리지 못한 것을 부끄럽게 생각한 브라질 언론들은 팍스의 취재를 의미 있는 작업이라며 추켜세웠다. 브라질판 『라이프』라 할 수 있는 『만치띠』Manchete에서는 까따꿍바에 관한 포토 에세이를 연재하기 시작했으며, 자꼬비 씨가 파벨라의 사진을 찍기로 계약했다. 이는 예전에 『헤비스따 두 하지우』Revista do Rádio의 프리랜서 사진작가였던 자꼬비 씨가 파벨라에 거주한다는 사실이 알려지면서 해고되었던 사건과는 참으로 대조되는 일이었다.

이번에는 자꼬비 씨가 그의 작품으로 상도 받았다. 다른 곳으로 이주하기에 충분한 상금을 받았지만, 자꼬비 씨는 "나의 어머니, 나의 뿌리, 나의 근거지를 떠날 수는 없었다"고 말했다. 그 이후 리우데자네이루의 가장 큰 신문사인 『조르나우 두 브라지우』Jornal do Brasil가 잠시 그를 고용하기도 했다.

플라비우 프로젝트의 리우데자네이루 시 코디네이터가 『라이프』에 보낸 편지는 칭찬 일색이었다.

여러분이 리우데자네이루에 오셔서 프로젝트에 참여한 주민과 아이들

그림 3.7_에삐따시우뻬소아 길을 따라 들어선 상점(까따꿍바, 1968년).

이 행복해하고 신나하는 모습을 보셨어야 해요. …… 파벨라에는 벌써 열두 개의 주요 도로가 건설되었고, 작은 도로 하나는 영구히 사용할 수 있는 콘크리트 계단(강조체는 저자가 표기)으로 포장되었답니다. 파벨라 주민들은 일요일에나 휴일에도 나와서 자발적으로 일을 하고 있어요.『라이프』의 독자들이 보내 주신 돈은 작업에 필요한 모든 재료 및 도구들을 구입하는 데 사용되었습니다. …… 우리는 마을회관도 짓고, 1주일에 두 번씩 400명 정도의 사람들이 모이는 자조 모임도 만들었습니다. …… 평화봉사단의 단장이신 사전트 슈라이버Sargent Shriver 씨가 까따꿍바를 방문하셨습니다.[5]

나는 1968년 평화봉사단에 뽑혔지만, 그로부터 겨우 7년 전에 이런 행사가 까따꿍바에서 열렸는지 전혀 몰랐다. 내가 그 지역에 사는 동안 인터뷰를 한 수백 명의 사람들 중에 아무도 그 일에 대해 언급한 적이 없다. 나는 2005년 자꼬비 씨와 이야기를 나누다가 그가 그 일에 대해 이야기를 해서야 그런 일이 있었음을 알았다. 팍스는 2006년 93세의 나이로 사망했으며, 그 이야기도 세상에 알려졌다. 그 두 사람은 공통점이 참 많았다.

왜 까따꿍바인가?

나는 까따꿍바가 철거되던 바로 그해에 그곳에 거주했다. 내가 남부 지구의 여러 파벨라 가운데 까따꿍바를 고른 것은 우연한 일이었다. 나는 처음 시작할 지점과 살 곳이 필요했다. 이를 위해 거주민들과의 연결고리를 만들어야 했다. 내가 세를 들어 살던 고메스 까르네이루 거리Rua Gomes Carneiro(까따꿍바와 이빠네마 사이의 아르뽀아도르Arpoador에 위치함)에 있던 가구 딸린 아파트에는, 입주 가정부인 마르가 아주머니와 그녀의 두 딸인 베띠Beti, 지우베르뚜Gilberto가 살았다. 그들은 주중에는 아파트에 머물렀지만 주말에는 마르가의 두 아이와 동생이 살고 있는 까따꿍바의 집으로 돌아갔다. 그녀의 남편은 몇 년 전 아스피린 한 알을 사러 아랫동네의 약국에 간 이후 돌아오지 않았다. 우리는 동갑이었고, 그녀는 나에게 많은 것을 가르쳐 주었다. 어느 토요일 오후에 그녀가 나를 그녀의 집에 초대해 페이조아다를 대접해 주었을 때 정말 기뻤다. 페이조아다는 검정콩에다 돼지고기나 육포 등을 넣는 전통적인 브라질 음식이다.

마르가는 내게 자신의 가족과 친구들을 소개시켜 주며, 내가 미국에서 온 학생으로 바이아 주에서 산 적도 있고, 내륙 지역의 사람들이 리우데자네이루에 이주해서 살게 되면서 그들에게 어떤 일이 일어나는지를 조사하는 데 관심이 있다고 설명했다. 대부분의 사람들이 이주민과 관련이 있었기 때문에 그녀의 설명은 매우 중요했다. 결국 나는 까따꿍바 마을의 일부가 되어 그녀가 살던 판잣집에 살게 되었다(〈그림 3.6〉 참조).

1968년 내가 인터뷰할 사람들의 무작위표본을 구상하고 있었을 때, 까따꿍바에는 약 2천 개의 판잣집이 있었고 1만 명 정도가 거주하고 있었다. 그러나 드러나지 않는 거주자들이 꽤 많았기 때문에 정확한 집계는 어려웠다. 경사가 급했기 때문에 항공사진도 쓸모가 없었으며, 주택의 수를 셀 수 있는 유일한 방법은 호수의 한가운데까지 배를 타고 나가서 사진을 연속적으로 찍은 후, 사진을 합쳐 각각의 건물을 세는 방법뿐이었다. 그 이후에 우리와 함께 작업을 한 두 명의 건축가가 사진을 통해 만든 지도를 들고 각 골목길을 걸으며 혹시라도 숨어 있던 집을 발견하면 추가하는 방식으로 목록을 완성했다.[6]

쁘라이아두뻥뚜: 예고된 철거

까따꿍바에 살고 있던 1969년 어느 날 아침, 나는 연기 냄새에

그림 3.8_화재 다음날 아침. 파란색 헬멧을 쓴 헌병들이 주민들을 화물트럭에 싣고 있다. 주민들은 불이 난 집을 빠져나오면서 손에 잡히는 대로 들고 나온 가재도구와 같이 트럭에 실리고 있다(쁘라이아두뻥뚜, 1969년).

잠을 깨었다. 나는 내방에 하나뿐이던 창문을 통해 검은 연기가 호수를 가로질러 불어오는 것은 보았다. 뭐가 그렇게도 격렬하게 타고 있는지 상상도 할 수 없었다. 나는 옷을 입고 카메라를 숨기는 데 쓰던 허접한 가방에 카메라를 넣은 뒤, 화재가 난 호숫가로 달려 갔다. 남부 지구에 건설된 최초의 파벨라인 쁘라이아두뻥뚜가 화재로 사라지고 있었다. 소방차는 한 대도 오지 않았고, 아이들은 엄마를 찾아 울고 있었으며, 나이 든 사람들은 서로를 의지한 채 화염에서 탈출하기 위해 애를 쓰고 있었다. 남자들은 다시 연기 속으로 들어가 중요한 소지품들을 가져 오기도 했다(나는 이웃 여자가 막 10년 할부를 끝냈다는 냉장고 한 대를 세 명의 남자가 끌고 나오는 것을 바라보던 기억이 난다).

그림 3.9_화재로 부모를 잃은 소녀가 어린 남동생을 안고 있다(쁘라이아두뻥뚜, 1969년).

헬멧을 쓰고, 권총과 곤봉까지 든 채로 전투 복장을 완벽하게 갖춘 헌병들이, 불길에서 구해 낸 것을 들고 얼떨떨해 있던 사람들을 쓰레기차에 타게 했다. 사람들은 울부짖었으며 길 아랫동네에 살던 사람들이 모두 나와서 그 광경을 바라보고 있었다. 한 여자가 말하기를, 자기가 소방서에 전화를 했지만, 소방서에서는 출동하지 말라는 명령을 받았다는 말만을 했다고 한다. 그 잔해에서 남은 것은 단 두 가지, 한가운데 서있던 오래되고 뒤틀린, 나뭇잎도 모두 떨어져 버린 나무 한 그루와 도로변에 서있던 빨간색의 정지 표지판뿐이었다.

쁘라이아두뻥뚜는 남부 지구의 핵심 지역이라 할 수 있는 레브롱 Leblon 지역에 위치했으며, 라고아의 매우 좋은 평지 위에 들어서 있었다. 그 마을은 매우 예쁘고 나무가 줄지어 심어진 이층 주택들로 둘러싸여 있었다. 시 당국 및 부동산투기꾼들은 그 토지를 원했으며, 주변에 살던 주민들은 모두 자신들의 동네 한가운데에 빈민들이 사는 것을 원하지 않았다.

그러나 쁘라이아두뻥뚜의 거주민들은 저항했다. 그들은 조직을 만들었다. 원래 철거가 이루어지기로 한 날, 헌병 대대와 트럭들이

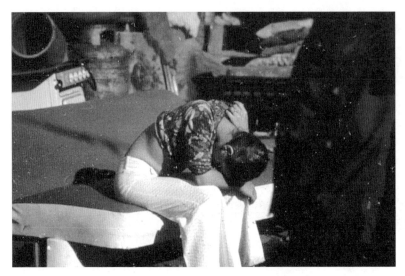

그림 3.10_모든 것을 잃고 깊은 절망에 빠진 주민들.

도착했을 때, 수천 명의 주민들이 파벨라 입구에 서있었다. 어린이들을 맨 앞줄에 세우고, 어린아이를 업은 여자들이 그 뒤에, 그리고 모든 여성들과 노인들이 바로 그 뒤에 섰으며, 남자들이 맨 뒤에 서 있었다. 군인들은 이런 상황에 대한 준비가 되어 있지 않았다. 군인들은 확성기에 대고 명령을 크게 읽은 후 사람들에게 30분 내에 집을 비운 후 짐을 들고 트럭에 오르라고 말했다. 아무도 움직이지 않았다. 정적만이 감돌았다. 주민들은 자리를 떠나지 않았다. 타는 듯한 더위 속에서 이런 대치는 몇 시간 동안 지속되었다. 마침내 군인들이 떠나갔다.

그것은 얻은 것이 없는 승리였다. 지역 주민들의 말에 의하면, 그 날 밤 경찰들이 다시 돌아와 파벨라에 불을 질렀으며, 거주민들을 바퀴벌레처럼 태워 버렸다.

한 주민은 그날의 일을 다음과 같이 기억하고 있다.

1969년, 쁘라이아두뻥뚜를 불태웠을 때, 그들은 우리를 도시의 여러 지역으로 흩어 놓았어요. 일부는 노바홀란다Nova Holanda의 빠르끼쁘롤레따리아Parque Ploretária에 던져졌지요. 하지만 우리는 그곳에 속하지 못했지요. …… 우리는 쁘라이아두뻥뚜에서보다 훨씬 더 열악한 환경에서 살았어요.

파벨라가 사라진 자리에 곧 고층의 아파트 건물이 올라갔다. 이 건물들은 군인들을 위한 아파트로, 셀바 지 뻬드라Selva de Pedra(돌로 된 정글이라는 의미)라고 알려졌다. 가장 높은 건물이래야 3층 정도이고 집집마다 앞마당에 꽃이 핀 정원이 있던 그 동네에서 그 건물들은 흉물스럽게도 높이 솟아 있었다.

그런 공격은 다음 해에 까따꿍바에서 일어났던 일의 전조였다. 내가 까따꿍바를 떠난 지 1년도 되지 않아 까따꿍바의 모든 집들과 함께 그 '영구적인 콘크리트 계단'도 불도저로 밀어 버리고 말았다.

저항으로부터 선거 협상까지

까따꿍바의 주민들은 끊임없는 철거 위협 속에 살고 있었다. 1969년, SOMAC라 불리우는 까따꿍바 주민회의의 회장이었던 바우지비누Waldevino 씨는 철거를 반대하고 그 대안으로 파벨라를 도시화하는 대안을 내놓는 캠페인을 시작했다. 바우지비누의 계획은 그 자리에 몇 개의 고층 건물을 짓는 것이었다. 그는 주민들 중 숙련된 건축업자, 전기공, 배관공 등이 건물을 짓는 것을 제안했다. 그의 생각은 건물의 일부에는 까따꿍바의 주민들이 입주하고 나머지는 세를 놓아 수입을 올리자는 것이었다. 그가 자신의 계획을 『오 글로부』O Globo라는 신문에까지 알려서 기사도 났지만, 아무도 그의 계획을 진지하게 받아들이지 않았다.

유명 건축가인 세르지우 베르나르데스Sergio Bernardes가 까따꿍바의 모든 가족들이 거주할 수 있는 건물의 설계도를 제공하겠다고 제안했다. 그가 제안한 계획안에 따르면 건물들은 바로 그 자리에 각각의 독립된 가옥들로 건축되며, 도시 서비스를 모두 갖추게 된다. 그는 1층에 작은 정원을 갖춘 필로티 방식 건축물을 계획했다. 거주 공간은 필로티의 2층에 위치하고, 필로티의 각 가정은 플랫폼 위에 자신의 집을 직접 지어야 하며 기둥들에는 전기관, 수도관, 하수도관 등이 설치되도록 계획했다. 즉, 기존의 주거 패턴에 도시 서비스 라인을 새로 장착하지 않아도 되어, 환경개선 비용을 낮출 수 있도록 계획되었다. 또한 버섯의 모자처럼 플랫폼을 땅 위로 받쳐주고 있는 기둥들로 인해 홍수의 위험에서 벗어날 수 있었을 것이다. 그러나 그 어느 것도 실현되지 않았다.

실제로 마을은 철거 정책에 대항할 만한 아무런 힘도 없었다. 연방정부가 급히 조성한 계획CHISAM에 따르면, 1976년까지 모든 파벨라가 철거되어야 했다. 까따꿍바처럼 입지가 좋은 곳에 위치하고 있던 파벨라들이 우선 대상이 되었다. 주정부는 까따꿍바 내에 자경단을 조직해 가구들을 대상으로 센서스를 실시하고, 누구도 그 안으로 이주해 들어가지 못하도록 했다. 이는 외부인이 파벨라 안으로 이주해 들어가 꽁중뚜 아파트의 입주 대상이 되는 것을 막기 위한 것이었다.

저항이 소용없다는 것이 명백해지자, 주민들은 자신들이 어디로 보내질지를 협상하고자 했으며, 이왕이면 원래 살던 집과 가까운 곳을 선호했다. 그러나 그들의 생각은 반영되지 않았다. 주민들은 신고한 가족 소득, 가족 수에 따라 주택을 배당받았고, 마을의 지도자들은 서로 다른 지역의 주택을 배정 받았다.

치우 소우자는 당시의 상황을 다음과 같이 설명했다. "철거에 대한 저항은 더 이상 선택할 수 있는 사안이 아니었어요. 주민회의는 너무 약해서 정부에 대항해 싸울 수 없었죠. 우리에겐 아무런 선택권도 없었어요. 우리는 철거 이전에 쫓겨나거나 아니면 마을에 최선을 다해 현재의 상황을 풀어가야 했어요." 폭력적인 상황이 진정되자, 그는 바우지비누를 비롯한 마을 지도자들과 함께 주민들의 이주를 도왔다.

76세인 이사벨라는 철거 당시의 상황을 이렇게 기억하고 있다. "만약 까따꿍바를 떠난다면 난 아마 미쳐 버릴 거라고 생각했어요. 만약 우리가 적극적으로 대항했다면, 아마 그 사람들은 우릴 공산주의자라고 했을 거예요. 나는 그 말이 무슨 의미인지도 모르지만 그게 무척 나쁜 말이라는 것은 알아요. 만약 내가 협조하지 않았다면 그 사람들이 나와 우리 애들을 죽였을 거예요."[7]

까따꿍바의 종말

1970년 10월 10일 이른 아침, 차가운 비가 내리고 있었다. 헌병들과 몇 대의 커다란 쓰레기차가 까따꿍바 입구에 도착해 모든 사람과 모든 물건을 제거했다. 주민들은 그 어떤 것으로도 그들을 멈추게 할 수 없었다. 결국 저항은 소용없는 짓이었던 것이다.

자꼬비 씨의 말에 따르면, 브라질에서 발생한 군사쿠데타는 까따꿍바에 최후의 일격이 되었다. 독재정권하의 강력한 군대는 홍수나 화재도 해내지 못한 일, 즉 마을의 완전한 파괴를 이루어 냈다. 1958년의 화재, 1968년의 대홍수, 1968년의 대형 화재 이후에도 까따꿍바의 주민들은 포기하지 않고 서로를 보듬으며 그들의 보금자리를 재건했다. 그러나 이번에는 재건이 이루어지지 않았다.

까따꿍바의 주민들은 마을이 철거되던 그날을 생애 최악의 날로 꼽았다. 까따꿍바에서 나고 자랐으며 그곳에서 자녀들도 기르고 있던 마르가리다는 당시의 상황에 대해 내게 이렇게 말했다.

우리는 24시간 내에 우리가 가진 것을 챙겨서 언덕배기를 내려가라는 공지를 받았어. …… 우리가 어디로 갈지에 대해서는 아무도 말해 주지 않았지. 나는 베띠와 질베르뚜를 돌보고, 그나마 우리가 가진 것들을 지키려 최선을 다했지. 헌데 장대 같은 비가 내려서 우리 매트리스가 다 젖고 말았어. 그 매트리스 값을 달마다 꼬박꼬박 1년이나 부었는데 말이야, 그 매트리스가 다 젖어서 못쓰게 되더라고 …….

그녀는 말을 이어갔다.

새벽녘이 될 때까지 우리는 모두 컴컴한 와중에 줄을 서서 빗속에서 떨면서 기다렸어. 마침내 '거지 수거 차'(쓰레기수거 트럭을 냉소적으로 표현한 것)가 도착해서 우리를 태우고 비에 푹 젖은 우리 짐들도 실었지.

네 아이를 둔 홀어머니였던 실비아는 "나는 내 아이들 앞에서 창피를 당했어요. 우리가 요구한 건 단지 우리를 사람으로 취급해 달라는 것뿐이었는데 말이죠"라고 했다. 어떤 가족들은 버스로 서너 시간 걸리는 거리로 뿔뿔이 흩어지게 되었다. 가족 중 일부는 저 멀리 북쪽으로, 일부는 황량한 서쪽으로 실려 갔다.

자꼬비의 말이 옳았다. 1970년부터 1973년 사이 1만 명이 넘는 까따꿍바 주민을 비롯해 61개의 여타 파벨라에 거주하던 10만2천 명 이상의 사람들이 강제로 이주하게 된 데에는 강력한 공권력을 바탕으로 주택정책을 실시했던 독재 정부의 의지가 있었다. 모든 도시의 시장들 및 주지사들이 중앙정부에 의해 임명이 되었고, 언론은 엄격하게 통제되었으며, 반대는 금지되었기 때문에, 정부의 결정은 아무런 해명도 없이 내려질 수 있었다. 1964년에 설립된 BNHBanco Nacional de Habitação(국립주택은행)와 주립 공공주택 기관인 COHABS가 오랜 기간 숙원 사업이었던 파벨라의 철거를 위한 제도적인 틀을 제공했다. 이 기관들의 목표는 '남부 지구에서 인간 쓰레기를 제거하는 것'이었다.

그림 3.11_끼뚱구의 꽁중뚜(1973년). 건설된 지 겨우 3년밖에 되지 않았는데도 주거 구역은 폐허처럼 변했고 녹지 공간이었다고 추측되는 공간은 쓰레기처리장으로 변해 있다.

리우데자네이루의 파벨라 철거를 조직화한 국가기관인 CHISAM Coordenação de Habitação de Interêsse Social da Area Metropolitana do Grande Rio (리우데자네이루 대도시 구역 사회적 주택 조합)은 1973년 발간된 『파벨라 철거 및 관련 꽁중뚜에 관한 보고서』*Favelas Removidas e Respectivos Conjuntos*에서 2,207채의 주택이 철거되었고 그곳에 거주하던 1,420가구는 인접한 구아쁘레와 끼뚱구의 꽁중뚜로, 350가구는 시다지지제우스로, 87가구는 빌라케네디로 보냈으며, 아파트 생활을 영위하기에는 너무 빈곤한 350가구는 멀리 떨어진 빠시엥시아(서문의 지도 참조)라고 하는 지역의 선별 지구로 보냈다고 한다. 수십 가구 정도는 노바홀란다, 브라스지삐나Bras de Pina 같은 지역으로 보내졌는데, 이들은 CHISAM 보고서에는 표기되지도 않았다.

꽁중뚜로 보내진 가족들은 공사가 마무리되지도 않은 아파트에 도착했다. 바닥은 콘크리트인 채였고, 수도는 나오지 않았으며, 실내에는 문도 달려 있지 않았고, 하나의 열쇠로 모든 집의 현관문을 열 수 있었다. 선별 지구로 보내진 가족들은 방 하나짜리 목조주택이 일렬로 쭉 이어진 곳에서 살아야 했다. 그 주위에는 아무것도 없었다. 그 주변에서는 일자리를 구할 수 없었을 뿐만 아니라, [멀리 떨어져 있는] 학교에도 병원에도 갈 수 없었고, 심지어 일하러 갈 수도 없었다. 그곳에 남은 것은 빠시엥시아(인내)라는 그 지역의 지명처럼 썩어 문드러져 가는 인내심밖에 없었다.

2001년 말경, 나는 각각의 마을에서 온 사람들이 한데 모여 그들의 역사를 집단적으로 재구성할 수 있는 일련의 모임을 만들었다. 나는 단기참여진단Rapid Participatory Diagnosis, DRP이라는 방법을 사

그림 3.12_빠시엥시아의 임시 숙소(1973년). 갈 곳 없는 가족들은 방 하나씩을 배정받았다.

용했는데, 서로의 이야기를 들으면서, 각자가 잊고 있었을지 모르는 상세한 부분들을 함께 기억해 내는 방법이다. 여러 사람들이 이 모임에서 철거가 그들에게 어떻게 다가왔는지 이야기했다. 어떤 이는 다음과 같이 회상했다.

우리는 충격에 빠졌어요. 우리는 소유하고 있던 모든 것을 잃었죠. 꽁중뚜는 까따꿍바의 파벨라보다 훨씬 더 열악했어요. 일자리뿐만 아니라 우리가 알고 있는 모든 것에서 멀리 떨어진 작은 공간에 모여 살게 되었죠. 가게 주인들은 상점을 다시 차릴 수 있는 어떤 공간도 제공받지 못했고, 우리 중 많은 이가 도시로 갈 버스비조차 없었어요. 모든 것이 슬프고 절망적이었으며 보기 싫었어요.

그림 3.13_빠시엥시아의 새로운 임시 숙소(1973년). 꽁중뚜 아파트의 월세를 낼 여력이 없는 가족들을 모두 수용하기 위해 수백 개의 상자곽 같은 건물들을 지었다.

　자꼬비 씨의 가족은 토지와 주택을 소유하고 있었기 때문에, 그들의 기억은 다른 사람들과는 당연히 다를 것으로 보였다. 앞서 이야기한 것처럼, 자꼬비 씨는 당시 조르나우 두 브라지우 사이에서 일하고 있었으며, 철거가 있기 3개월 전부터 '브라질의 불가사의'라는 선전물에 사용될 사진을 찍기 위해 취재 여행을 가 있었다. 그는 가족들이 끼뚱구로 이주한 직후 여행에서 돌아왔다. 그의 아버지는 소유권과 관련된 모든 서류를 준비해서 관계자에게 보여 주었으나, 그들은 그냥 그 서류들을 무시했다. 그들은 아무런 보상도 하지 않았고, 다른 사람들과 마찬가지로 자꼬비 씨네 가족을 쓰레기차에 실었으며 끼뚱구에 내려놓았다. 자꼬비 씨는 그날에 대해 다음과 같이 이야기했다.

정말 끔찍한 일이었어요. 정부에서는 까따꿍바 사람들을 한 장소에 함께 이주시켜야 했는데, 그렇게 하지 않았어요. 소위 '재조정'이라는 과정을 통해 주민들을 소득 기준으로 떨어뜨려 놓았죠. 그들이 가족이건, 친구이건, 연인 사이이건, 이웃지간이건 그런 건 전혀 고려하지 않았어요. 정부에서는 주거비를 감당할 수 있는 사람들은 신축 지역인 구아뽀레나 끼뚱구에 데려다 놓았어요. 주거비를 감당할 능력이 안 되는 사람들은 노바홀란다의 파벨라나 시다지지제우스 같이 시에서 옛날에 지은 마을에 데려다 놨죠. 사람들은 집세가 많이 나올까 봐 수입을 축소해서 신고했어요, 왜냐하면 집세가 사람들의 소득에 비례해서 매겨졌거든요. 그래서 애가 예닐곱 명이 넘는 집이 방 하나짜리 아파트를 배정받은 경우도 있어요. 주민회의 지도자들은 각각의 지역으로 분산해서 이주시켰죠, 마을 사람들이 동요하거나 저항하는 것을 막기 위해서요.

첫 번째 연구를 끝내고 내가 리우데자네이루로 다시 돌아왔을 때는 1973년이었다. 그때 나는 버스를 세 시간 반이나 타고 빠시엥시아에 갔다. 빠시엥시아가 어떤 상황인지 보고 싶었다. 버스를 타고 가는 동안 수백 에이커의 벌판을 지났는데, 아무도 살지 않고, 어떠한 상업적 간판도 없었다. 도착했을 때 내가 본 것은 다양한 종류의 빚에 갇힌 이들의, 출구 없는 막다른 골목이었다. 나는 마을 어귀에 서있던 여성과 나눈 이야기를 절대 잊지 못한다. 그녀는 내게 몸을 돌려 묻기를, "세상의 끝은 어디일까요? …… 그 사람들은 결국 우리를 어디에 내던져 버릴까요?"

정말로, 그곳은 세상의 끝처럼 보였다.

선별 지구에는 철거된 파벨라의 사람들뿐만 아니라 꽁중뚜에서 다달이 내는 돈을 내지 못해 보내지는 사람들로 인해 인구가 금세 불어났다. 1973년 내가 방문했을 때도 수백 개의 선별 지구가 새로 건설 중이었다. 골판지 모양의 금속 지붕이 있는, 붉은벽돌로 된 박스 같은 집들이 타는 듯한 태양 아래, 마른 먼지 속에서 줄지어 서 있었다.

철거 이후

까따꿍바의 철거 직후, 인간이 존재했다는 모든 증거는 철저하게 지워졌으며, 그 지역에는 높은 철책선이 빙 둘러쳐졌다. 그리고 금발에 푸른 눈을 가진 모델이 선전하는 미국 상품들의 거대한 광고판들이 철책선 밖으로 내걸렸다. 철책선을 따라 걸린 광고판 너머에는 잡초, 풀, 포도덩굴 등이 마을이 있던 언덕 너머로 자라났다. 사람들은 내게, 왜 사용하지도 않을 땅에서 파벨라 사람들이 쫓겨났는지를 물었다. 한편 정신이 나간 주민 한 명이 이주를 거부한 채 언덕에 숨었고, 그 뒤 숲속에서 몇 년 동안 살다가 사라졌다는 소문도 들려왔다.

그곳에 여전히 몇 가구가 숨어 살고 있다는 말도 들렸다.

철거 책임자였던 네그랑 지 리마Negrão de Lima 주지사는 그 지역을 자신의 업적을 기리기 위한 기념물로 만들 계획이었다. 야외 조각 공원인 빠르끼지까따꿍바Parque de Catacumba에는 전망이 멋진 언덕 위까지 오솔길도 조성되었다. 히보우사스 터널 근처의 언덕에는 한 채에 수백만 달러씩 하는 호화로운 아파트들이 들어섰다.

1976년에 발행된 내 책에서 그려진 꽁중뚜의 부정적인 모습은 1973년 방문 때 조사한 것이다. 주민들은 이주로 인해 집뿐 아니라 자신들의 두 손으로 직접 지은 마을도 잃었고, 자신들의 정체성까지도 잃었다고 했다. 마르가리다는 다음과 같이 이야기했다.

> 우리는 매일 울었어요. 가족과 친구들이 어디로 갔는지조차도 몰랐죠. 많은 이들이 병에 걸렸어요. 어떤 이들은 알코올중독이 되기도 했죠. 나이 드신 분들 중에는 돌아가신 분들도 있었어요. 돌아가신 이유가 스트레스나 고혈압 때문이라고들 했지만, 내 생각에는 상심이 너무 크셔서 돌아가신 것 같아요. …… 우리는 더 이상 한동네 사람일 수가 없었어요, 그러질 못했죠, 다른 파벨라에서도 사람들이 왔거든요, 서로 알지도 못했고, 서로를 믿지 못했죠. …… 우리는 우리의 정체성을 잃어버렸어요. 우리 마을 안에서의 우리를 잃어버렸죠. 우린 더 이상 아무도 아니었어요.

30년간 어떠한 변화가 일어났을까. 2001년부터 2009년까지 내가 실시한 인터뷰에서는 철거에 관한 여러 가지 시각이 드러난다. 내가 만약 철거 이후 30년이 아닌 3년 만에 내 연구를 끝냈더라면, 오랜 기간이 지난 후의 결과를 아마도 놓쳤을 것이다.

2001년, 우리 조사팀은 예전에 까따꿍바에 거주하던 사람들을 다시 모아서 마을의 역사를 함께 재구성하는 과정을 진행했다. 총 85명의 주민이 참여했다. 사람들은 끊임없이 이야기를 꺼내고 다른 이들의 기억을 보완하면서 파벨라의 철거 이전과 이후의 일련의 사건들을 재구성했다. 우리는 도시 서비스 및 사회기반시설, 폭력 및 마약상의 등장과 확대 과정, 여가 활동, 학교 및 보육시설 등 다양한 주제들에 대해 이야기했으며, 앞으로 자신들의 마을이 어떠했으면 좋겠다는 바람까지도 이야기했다.

주민 대부분이 2001년에 필요하다고 한 것과 40년 전 까따꿍바에서 필요하다고 했던 것들이 너무 유사해서 깜짝 놀랐다. 당시 골든 팍스는 플라비우에 관한 기사에서 다음과 같이 이야기했다.

1961년 현재, 까따꿍바 주민들이 가장 필요로 한다고 밝힌 것은, 먼저 주민들이 만나고 자치 활동을 할 수 있는 주민센터, 보육시설, 아이들을 위한 학교, 병원, 문맹자를 위한 수업, 직업교육, 마약상과 범죄를 통제할 경찰서 등이다.[8]

30년도 훨씬 더 지나서, 까따꿍바에 거주하던 이들과 그들의 자손들을 자리에서, 그들이 가장 필요로 한다고 밝힌 것들은 다음과 같다. 먼저 문화센터, 주민자치회, 보육시설, 어린이 및 청소년을 위한 더 나은 학교, 종일 학교 운영 및 사회 프로그램, 대학 입학시험 준비 프로그램, 병원, 스포츠, 여가 및 문화생활을 위한 장소, 상품의 생산 및 판매를 위한 협동조합, 정보기술 및 다른 전문 기술을 가르치는 수업, 노년층을 위한 지원 등이었다.

긴 시간이 지나도 주민들이 비슷한 것을 원한다는 사실은, 흥미롭지만 서글픈 일이었다. 두 기간 간의 차이가 있다면, 1961년도에는 노년층에 관한 이야기가 없었다는 점이다. 왜냐하면 당시에는 노인이 될 때까지 파벨라에서 오랜 기간 살았던 사람들이 거의 없었기 때문이다. 게다가 당시에는 초등학교를 마친 주민도 드물었기에, 대학에 가는 것은 꿈도 못 꿨다. 아마도 가장 현격한 차이점은 경찰에 대한 주민들의 태도 변화일 것이다. 2001년 주민들은 경찰에 대해 보호를 해주는 사람들이라기보다는 공격하는 사람들로 인식하고 있었다.[9]

까따꿈바에서 쫓겨난 이들: 슬픔인가 혹은 감사인가?

리우데자네이루에서는 모든 것이 분명하지 않다. 변화도 철거 이후의 모든 이들에게 더 나쁜 것만도 아니었다. 철거의 영향은 개인별로 매우 다르게 나타났다. 당시의 상실감으로부터 결코 회복하지 못했다고 말하는 사람이 있는가 하면, 철거가 그들의 인생에서 일어난 최선의 일이었다며, 더 일찍 파벨라를 떠났어야 했다고 하는 이들도 있다.

잃어버린 집에 대한 슬픔

남부 지구로 쫓겨난 이들은 철거 때문에 직장에서 몇 킬로나 멀어졌다. 끼뚱구와 구아뽀레의 주민들은 예전에는 걸어서 출근하던 직장까지, 이제는 공공 교통수단을 이용해야 했다. 그들의 구매 습관, 여가 활동, 사회적 관계 등이 갑자기 변했으며, 많은 부분이 예전으로 돌이킬 수 없었다.

스스로 선택한 이주가 아니었다는 사실은 사람들의 상실감을 더욱 증폭시키고 그들을 괴롭혔다. 현실적으로도 그들은 이제 지방세와 각종 공과금을 내야 한다는 사실을 깨달았다. 비록 그 금액이 적었지만, 주택대출 상환금도 내야 했다. 파벨라에 살던 이들의 생활비가 더 늘어났다. 까따꿍바에서 좋은 집을 가지고 있던 사람들은 당장 그들의 생활환경이 나빠졌다는 걸 절감했다.

시모네Simone는 라우라 라나Laura Lana의 딸이다. 라우라 라나는 초기 연구에서 무작위표본으로 인터뷰 대상이 되었는데, 철거 후 구아뽀레로 이주해야 했다. 라우라 라나는 구아뽀레에서 30년 가까이 살다가 1998년에 사망했다. 시모네는 이주로 인해 어머니의 삶이 단절되었음을 강조했다. 라우라 라나는 평생을 까따꿍바에서 살 것이라 생각했다. 따라서 철거는 라우라 라나의 안정감과 평안함을 파괴한 불가항력적이고도 이해할 수 없는 사건이었다. 철거로 인한 당혹감과 상심은 라우라 라나에게는 죽음과 맞먹는 것이었다. 라우라 라나는 까따꿍바를 이상적인 장소로 회상하며, 까따꿍바가 그녀의 가족들에게 그리고 그녀의 사회적 삶에 제공했던 수많은 경이로운 기회들로 말미암아 가난마저도 잊을 수 있었다고 말했다.

초기 인터뷰 대상자였던 끌라우디우노르Claudionor의 아내인 도나 앙또니아Dona Antônia 역시 끼뚱구로 이주하면서 라우라 라나와 비슷한 상처를 입었다. 도나 앙또니아의 가족들은 까따꿍바에 집을 소유하고 있었다. 그 집은 바닥에 타일이 깔리고 수도와 전기가 설치된, 단층의 멋진 벽돌집이었다. "우리는 우리 동네를 좋아했지요"라고 그녀는 말했다. "우리 집은 가게, 여가시설, 병원, 대중교통 등 모든 것에 아주 가까웠고, 좋은 학교가 근처에 있었어요. 라고아의 학교에는 연극, 양재, 요리 등의 수업이 있었지요. 그리고 여자들끼리 만든 협동조합에서 물건들을 만들어 내다 팔았어요. 하지만 끼뚱구에는 그런 것들이 하나도 없었어요."

도나 앙또니아는 내가 한 번도 들어보지 못한 단어를 사용해 이런 부정적인 측면을 정리했다. 그녀는 끼뚱구와 구아뽀레와 같은 꽁중뚜에서는 사람들이 'desmazelo'의 상태에서 산다고 했다. 이단어는 "게으른, 무관심한, 엉망진창인" 등의 의미를 지니고 있다.

새로운 출발에 대해 감사하는 이들

내 친구인 자이르Jair는 까따꿍바 출신으로, 구아뽀레에서 사는 것이 행복하다고 한다. 그는 "어떤 사람들은 다달이 내야 하는 관리비나 전기세 때문에 그 동네로 이주하고 싶어 하지 않았어요"라고 말했다. 그는 구아뽀레의 시설에 만족하고 있다. "사람들은 여기 수부르비우subúrbios(교외 지역을 의미하며 특히 교외의 저소득계층 지역을 의미함)에서는 할 수 있는 것이 아무것도 없다고 불만이에요. 하지만 여가 생활을 즐기기에는 더 없이 좋죠. 빌라다뻬냐Vila da Penha에는 라이브음악, 술집, 식당 등이 있고 마두레이라Madureira와 까시아스에서는 쇼핑도 할 수 있어요. 남부 지구에서 유일하게 좋았던 점은 해변이에요. 하지만 수부르비우에는 젊은이들이 더 많고 남부 지구에는 노인네들이 더 많죠"라고 했다.

수부르비우는 훨씬 더 조용하고, 도시 어느 지역으로든 접근성이 좋고
학군이 훨씬 좋아서 아이들을 교육시키기도 좋아요. …… 폭력 사태나
마약거래 문제는 남부 지구나 수부르비우나 별반 다르지 않아요.

구아뽀레의 또 다른 거주민인 조르지는 꽁중뚜의 건물들이 다른
지역보다 더 좋기도 하고, 더 나쁘기도 하지만 기본적으로는 파벨
라가 개선되고 있다고 했다. "사회기반시설이 더 잘 갖춰져 있다는
것은 우리 거주민들을 더 존중한다는 것을 의미해요." 조르지는 전
기가 공급되고 도로가 포장된 것이 가장 만족스럽고, 빵집, 약국 등
의 편의시설과 학교가 있는 점도 만족스럽다고 덧붙였다. 그곳에는
이미 의사, 교회, 지역 상점, 그리고 유선전화도 갖춰져 있었다.

주소지를 갖는 것이야말로 가장 큰 개선점이었다. 사람들은 예전
에 쓰던 이니셜이나 숫자 대신 거리와 건물들에 이름과 번호를 붙
였다. 주민들은 책임감이라는 것을 느끼게 됐다. 서류와 영수증을
받는 것이 자랑스러웠다. 전기, 수도, 집세 등을 내면서, 자신들이
어엿한 시민이 되었다고 느꼈다. 인터뷰를 하거나 방문했을 때, 고
지서를 보여 주는 사람들도 많았다. 어떤 이들은 자신들은 어느 곳
에서든 행복해질 수 있으며 "인생이란 우리가 만들어 가는 것"이라
며 다소 철학적인 자세를 보여 주기도 했다.

꽁세이서웅Conceição은 이웃들이 모두 같은 꽁중뚜로 이주했기에
까따꿍바에서 형성된 끈끈한 인간관계를 잃지 않았다고 했다. 그녀

의 아이들은 모두 까따꿍바 출신과 결혼했고, 그들의 '마을'을 계속해서 유지할 수 있었다. 그것은 모든 이들에게 의미가 있는 일이었다.

꽁중뚜의 가장 큰 장점은 파벨라보다는 좀 더 합법적이라는 점이었다. 따라서 아스파우뚜로 이주하는 것이 파벨라보다는 꽁중뚜에서 훨씬 더 유리했다. 꽁중뚜 주민들은 상하수도, 전기, 쓰레기수거 서비스 등 표준화된 도시 서비스를 모두 제공받았다. 그러나 어떤 면에서 그들이 더 원했던 것은 파벨라에 산다는 오명에서 벗어나는 것이었다.

시간이 지나면서 사람들은 새로운 환경에 적응해 나갔다. 새로운 주거지 근처에서 일자리를 구했고, 새로운 친구들을 사귀었으며, 사회적 관계를 맺기 시작했다. 축구클럽인 알리안사FC도 1972년 꽁중뚜에서 다시 창립되었다. 새로운 마을에서 주민단체를 구성하고자 하는 시도가 여러 번 있었고, 그 결과는 경우별로 달랐다. 그러나 주민회의는 까따꿍바에서처럼 활발하게 운영되지는 못했다.

좀 더 거리를 두고 살펴보면, 사람들은 강제 이주로 말미암아 잃은 것도 있지만 새롭게 얻은 것도 있었다. 어떤 면에서, 파벨라에 살던 사람들은 그들 사이에의 결속력은 상실했지만, 도시의 다른 부분들과 좀 더 융합할 수 있게(그들이 덜 고립적이고, 덜 배타적이게) 되었다. 그러나 사람들은 여전히 빈민 지역에 산다는 오명에 시달렸다. 앞 장에서 이야기했듯, 꽁중뚜는 종종 파벨라로 분류되었으며, 도시의 공식부문이 아닌, 그냥 좀 덜 열악한 지역으로 간주되곤 했다.

까따꿍바에 살던 사람들이 대부분 자랑스레 얘기하는 한 일화는 많은 점을 시사한다. 그들이 모두 까따꿍바에 살고 있는 동안 라고

아 호수에 살던 물고기가 떼죽음을 당한 적이 있었다. 그때 외부 사람들은 이를 까따꿍바 주민들 탓으로 돌렸다. 사람들은 까따꿍바 주민들이 쓰레기와 생활하수를 호수에 버려서 물고기가 죽었다고 생각했다. 이후 환경문제를 근거로 철거에 찬성하는 주장들이 활발히 제기되었다. 철거가 일어난 지 40년이 지나서야 그들은 누명을 벗었다. 라고아 호수의 물고기들은 주기적으로 죽음으로써 개체수를 일정하게 유지했던 것이다.

변한 것들과 변하지 않을 것들

정부는 아무런 관심도 보이지 않았지만, 파벨라와 마찬가지로 꽁중뚜도 시간이 지나면서 점차 개선되었다. 교통 관련 상황이 개선되면서 꽁중뚜 주민들은 더 먼 곳까지 일자리를 구할 수 있었고, 통근 시간이 줄어듦으로써 근무 가능 시간도 늘어났다. 1974년 3월 4일 리우데자네이루-니떼로이 다리의 준공, 1992년 리냐베르멜냐 Linha Vermelha 고속도로의 개통, 1997년 리냐아마렐라Linha Amarela 고속도로의 개통, 1979년 지하철의 개통으로, 도시 전역에 대한 노동자들의 접근성이 높아졌다.[10]

1984년 브리졸라 주지사 정부는 꽁중뚜에 약간의 환경개선사업을 실시했으며, 2001년 가로찌뉴 주지사 정부는 선거를 앞두고 일부 건물에 페인트칠을 다시 해주었다.

1992년 꽁중뚜 옆 언덕배기의 숲에 이주민들이 침입해 새로운 판자촌이 건설되어, 빌라삐끼리라는 마을이 생겼다. 예전에 까따꿍 바에 거주했고, 현재는 끼뚱구에 살고 있는 빠울루 세르끼이라Paulo Cerqueira의 말에 따르면 그 자신이 판자촌이 만들어질 때 매우 중요한 역할을 했다고 한다. 그렇게 그 지역에는 새로운 파벨라가 형성되었다. 어떤 사람들은 자신의 아파트를 팔고 판자촌으로 들어가기도 했다. 그곳에는 가족 전체가 살기에 더 충분한 공간이 있었고 더 많은 자유가 있었으며, 집세를 내지 않아도 되었기 때문이다.

마르가의 이야기

까따꿍바가 철거된 후 2002년까지 마르가는 줄곧 방 하나짜리 아파트에서 살았다. 그녀는 남편 제라우두Geraldo(그의 별명은 '삥구' Pingo이다)와 세 딸 엘리아나, 엘리산젤라, 비비아니, 그리고 아들 바그너와 함께 편안한 가정을 꾸렸다(〈그림 3.17〉 참조).

그들이 그곳에 거주한 지 32년이나 된 2002년에 그녀는 황급히 마을을 떠날 수밖에 없었다. 당시 열여덟 살이던 바그너가 그의 여자 친구에 관심이 있던 지역 갱단원으로부터 살해 위협을 받았기 때문이다. 그로 인해 가족 전체가 위험해졌다: 가족을 공격하는 건 마약상들의 흔한 복수 방식이었다. 마르가와 가족들은 북부 지구에 위치한 삐냐의 노동자 거주지구인 이라자Irajá에 빈 아파트를 구했다. 마르가의 딸이 세를 놓는다는 광고를 신문에 실었고, 그들은 살해 위협을 받은 지 이틀 만에, 동이 트기 전 어둠을 틈타 떠났다.

1999년에 내가 2차 연구를 다시 시작한 것은 행운이라 할 수 있다. 당시만 해도 마르가와 가족들이 까따꿍바에서 이주한 이후 30년 동안 같은 곳에서 계속해서 살고 있었기 때문이다. 만약 2차 연구를 3년 후에 시작했다면, 그녀를 만나지 못했을 것이다. 새 아파트에서의 첫해는 고립되다시피 했기 때문에, 무척 불행했다고 마르가는 회상했다. 그녀는 집 근처에 있는 복음교회에 갈 때만 외출을 했고, 친구와 이웃들을 무척이나 그리워했다. 특히 옆집에 살던 레지나를 그리워했는데, 정식 간호사였던 그녀는 정말 좋은 친구였다.

마르가는 고혈압이 있어서 걷는 것도 힘들고, 눈 밑에 다크서클도 드리웠지만 아직도 손자들을 키우고 온 가족을 위해 요리를 했다. 마르가는 까따꿍바를 떠나던 해에 남편 뻥구를 만나 결혼했다. 그는 슈퍼마켓 지배인으로 꽤 괜찮은 직업을 가졌고, 아침 6시에 문을 열고 저녁 9시에 문을 닫는 슈퍼마켓에 매일 같이 출근했다. 버스로 한 시간 거리를 출퇴근했으며, 2주에 한 번씩 쉬었다. 퇴근해서는 너무 피곤해 저녁을 먹을 수도 없을 때가 종종 있어서, 그는 씻고 그냥 잠자리에 들곤 했다. 그의 삶이 성공한 것일지라도, 가혹한 것이었다.

처음 만났을 때 네 살이었던 마르가의 딸 베치는 지난 몇 년간 이빠네마에서 노부인을 돌보는 일을 하고 있었는데, 최근 그 노부인이 사망해서 다른 일을 찾느라 애를 먹고 있었다. 그녀는 고등학교를 졸업했고 재봉사 경력도 있지만 어떤 일이든 가리지 않고 할 용의가 있었다. 그러나 일자리를 구하지 못했다. 나로서는 베치를 도울 방법이 없었다. 그녀는 나아가 마흔세 살이나 되었고, 학교를 중

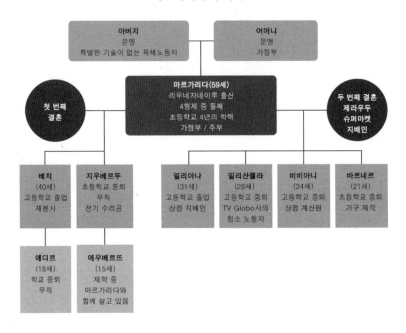

마르가리다의 가족

아버지
문맹
특별한 기술이 없는 육체노동자

어머니
문맹
가정부

첫 번째
결혼

마르가리다(59세)
리우데자네이루 출신
4형제 중 둘째
초등학교 4년의 학력
가정부 / 주부

두 번째 결혼
제라우두
슈퍼마켓
지배인

베치
(40세)
고등학교 졸업
재봉사

지우베르뚜
초등학교 중퇴
무직
전기 수리공

일리아나
(31세)
고등학교 졸업
상점 지배인

일리산젤라
(28세)
고등학교 중퇴
TV Globo사의
청소 노동자

비비아니
(24세)
고등학교 중퇴
상점 계산원

바르네르
(21세)
초등학교 중퇴
가구 제작

에디르
(18세)
학교 중퇴
무직

에우베르뜨
(15세)
재학 중
마르가리다와
함께 살고 있음

그림 3.14_마르가리다의 가계도

퇴하고 놀고 있는 스물한 살 먹은 아들이 있다. 두 모자는 마르가가
살던 곳에서 멀지 않은 끼뚱구의 아파트에 살고 있다. 마르가의 아
들인 지우베르뚜는 베치보다 두 살 어린데, 다니던 가구 공장이 문
을 닫은 이후로 일자리를 찾지 못하고 있었다. 그의 아내는 아들을
남겨둔 채 집을 나가 버렸고, 이후 아무런 소식도 듣지 못했다. 지
우베르뚜는 여전히 가전제품 고치는 일을 구하고 있지만 그 일로는
아들을 키우며 생활을 하기 어려웠기 때문에 그의 아들 엘베르뜨는
마르가와 함께 살고 있다.

이라자의 아파트는 방이 두 개이고, 꽁중뚜의 아파트와 비교해 매우 비싸다(마르가가 살았던 꽁중뚜의 아파트는 집값을 이미 다 갚았지만, 폭력 사태 때문에 아무도 사려 하지 않았고, 세를 들려 하지도 않았다). 집세는 끊임없이 골칫거리였다. 딸 셋이 모두 그곳에 살면서 도왔는데, 첫째와 둘째 딸은 생활비를 벌고 막내는 집안일을 도왔다. 그러나 그 가족이 이사를 하면서까지 얻고자 했던 안전은 그곳에서도 보장되지 않았다. 앞다투어 영역을 넓히던 마약상들은 이라자까지 세력을 확장했다. 내가 만약 1980년대에 이 연구를 진행했다면, 이 가족의 상황은 매우 좋다고 관찰했을 것이다. 그러나 사회 하층계급에 속한 이들에게는 빈곤이 미치는 영향력은 너무나 강해서, 매우 미미한 사건이 일상생활의 큰 변화로 이어지기도 한다. 따라서 그들의 삶은 관찰하는 시점에 따라 매우 달라진다.

〈그림 3.14〉의 마르가 가족의 가계도를 보면 지난 네 세대 동안의 성공과 실패를 관찰할 수 있다.

까따꿍바의 삶은 지속된다.

2001년 내가 자꼬비 씨 및 몇몇 예전 거주민들과 함께 까따꿍바의 네그랑지리마 공원을 방문했을 때, 까따꿍바라는 지명이 (지하 무덤을 뜻하는 'catacombs'로 불리우며) 삐딱한 농담으로 변질되었다는 것을 알고 매우 놀랐다. 언덕배기에 자라난 나뭇잎들 사이로 사람들이 살던 집들의 잔해가 보였다. 그 집들은 나의 지인들이 살던 집

그림 3.15_까따꿍바 공원(2001년). 무성하게 수풀이 우거진 버려진 집터가 이곳에 남은 마을 주민들의 유일한 흔적이다.

이며, 나를 반갑게 맞아 주던 집이고, 내게 훌륭한 음식을 대접해 주던 집들이었다(〈그림 3.15〉). 자꼬비 씨는 예전 그의 집 앞마당에 서있던 나무를 가리켰다. 망고 나무였는데, 그 나무에서 열린 망고를 해마다 온 동네 사람들이 나눠 먹었다. 그 집을 비롯한 몇몇 집 터에는 회색 벽돌들만이 남아 있었고 풀숲이 우거졌다.

방문객들이 멋진 경관을 감상할 수 있도록 만든 산책로인 뜨릴료를 따라 언덕 꼭대기까지 걸어 올라갔다. 이 길은 친환경적인 오솔길로 재조성되어 있었다. 오솔길을 따라서 일련의 큰 안내판들을 세워 놓았는데, 안내판에는 이 지역의 지질사에 대한 내용을 비롯해 지역에 사는 동물, 새, 나무, 식물 등에 대한 설명이 있었다. 그

그림 3.16_이 안내판은 예전에 이곳에 까따꿍바의 파벨라가 있었다는 것을 알려 주고 있다. 까따꿍바에 대한 사진과 설명, 그리고 저자가 쓴 『소외계층에 관한 신화』 표지가 함께 실려 있다.

러나 이 지역에 50여 년간 살았던 사람들이나 그들의 마을이었던 까따꿍바에 대해서는 한마디도 써있지 않았다. 놀랍게도, 꼭대기까지 올라가자 맨 마지막 안내판에 내가 쓴 파벨라에 관한 책인 『소외계층에 관한 신화』의 브라질판 표지가 커다랗게 실려 있었고, 내가 찍었던 어린이 스포츠클럽과 내 책의 몇몇 문구들도 실려 있었다.

그림같이 멋진 언덕 위에 세워진 조각작품들은 마치 묘비석처럼 보였다. 이 도시의 어느 마을보다도 더 끈끈한 유대감을 지닌 1만 명의 사람들이 가족을 이루고, 생계를 꾸리고, 마을을 만들어 가던 곳에, 이제 아무도 돌보지 않는 것 같은 대리석 조각상들이 외롭게 서있었다. 나는 그 후 그곳에 여러 번 들렀지만, 경비원 이외에 누군가가 그곳에 있는 것을 본 적이 없다.

까따꿍바의 이야기에도 역시 몇몇의 긍정적인 점들과 많은 부정적인 면들이 있다. 그러나 자꼬비 씨가 사진과 까따꿍바에서 깨달은 것처럼, 부정적인 것도 미래에는 긍정적인 이미지로 변화될 수 있는 것이다.

그림 3.17_소파에 마르가리다와 자녀인 베치, 지우베르뚜가 앉아 있고, 앞에 앉은 이는 베치의 아들이다(끼뚱구, 2001년).

후기

2008년 10월 까따꿍바를 마지막으로 방문했을 때, 끼뚱구와 구 아뽀레에는 약 4만6천 명의 사람들이 거주하고 있었고, 그 주변에 두 개의 새로운 파벨라가 조성되어 있었다. 앞서 언급한 삐끼리와 강을 따라 조성된 망게이리냐Mangueirinha였다.

각각 40채의 아파트로 이루어진 아파트 블록 43개로 구성된 끼뚱구에서는 공간을 나누거나 옥탑방을 구성하는 등의 방법으로 최소한 250개의 가구가 더 만들어졌다. 그리고 가장 일반적인 방법은 바깥으로 확장을 해서 공간을 만드는 뿌사지뉴puxadinhos였다.

현재 끼뚱구의 주민회의 회장을 맡고 있는 이는 1970년 주민들이 까따꿍바에서 철거하고, 동의서에 사인을 하고, 그리고 아파트가 지어지던 당시에는 매우 어렸다. 당시 그의 별명은 네넴Nenem(아기)이었다고 한다. 그의 말에 따르면, 만일 그때 주민들에게 충분한 보상을 했다면 약 3,500끄루자두(당시의 브라질 화폐단위) 정도를 지급했어야 한다고 한다. 그러나 까따꿍바뿐 아니라 다른 어느 파벨라에서도 그런 큰돈을 상상조차 해본 적도 없다. 오히려 그들은 426끄루자두를 25년에 걸쳐 정부에 상환해야 했다. 현재도 까따꿍바에 살고 있는 원거주민들은 모두 자기 집을 가지고 있으며, 많은 이들이 자신의 아파트를 세놓고 있는데, 월세가 150달러 정도 된다. 오늘날 아파트 한 채를 구입하려면 그 가격이 평균 13,500달러 정도다. 주민회의는 버려진 빵 공장에서 열리고 있다. 빵 공장이 2004년 도산하고, 그 이후 그 건물은 훼손되었다. 포르투갈 출신의 전 주인이 주민회의에 건물을 기부하는 데 동의했기에 그 건물은 '마을 주민의 공간'으로 전환될 수 있었다. 4년 후, 네넴은 결국 이 건물에 대한 법적인 허가를 받아서 세금이 면제되는 '공공시설'로 전환했다. 또한 까브라우Cabral 주지사가 '기술 교육 지원 기금' 프로그램을 통해 컴퓨터 20대와 6명의 교사를 제공해 주었다. 축구장도 보수가 되었으며 갱단들도 일시적으로나마 퇴출되었고, 민병대 또한 들어오지 않음으로써 좀 더 살기 좋은 동네가 되었다.

노바브라질리아
: 파벨라에서부터 꽁쁠렉수까지

제 까부를 찾아서

1999년 7월, 뉴욕을 떠나 리우데자네이루에 도착한 지 바로 몇 시간 만에 나는 제 까부Zé Cabo를 만날 수 있다는 희망을 갖고 노바 브라질리아로 향하는 버스에 몸을 실었다. 내가 리우데자네이루를 다시 방문한 목적은 30년 전 나의 첫 번째 연구에 참여했던 사람들을 찾을 수 있을지 여부를 테스트하는 것이었다. 나는 제 까부를 찾는 일부터 시작했다. 왜냐하면 나는 그를 잘 알고 있었고, 그는 파벨라에서도 유명한 사람이었기 때문이다. 그가 아직도 그곳에 살고 있기를, 내가 그의 가족들과 함께 머물던 바로 그 집에 살고 있기를 바랐다.

그림 4.1_노바브라질리아 거리(1973년).

그림 4.2_노바브라질리아 거리(2003년).

파벨라로 들어가는 주요 출입구인 '이따오까Itaóca 거리' 정류장
에서 내렸다. 길을 건넌 후 파벨라에서 가장 큰 길인 후아노바브라
질리아Rua Nova Brasília를 걸어 올라갔다. 지난번 내가 이곳을 다녀
간 이후, 새로 포장되고 더 넓어진 도로를 따라 새로이 들어선 현대
적인 상점들을 감탄하며 바라보았다.

이따오까 거리는 북부 지구의 여러 마을들을 잇는 주요 직통로였
다. 이따오까 거리 양쪽으로는 공장, 빈 창고, 자동차 정비소, 허름
한 공공주택, 낡은 사무실 건물 등이 줄지어 있었고, 철제 대문이
굳게 닫힌 높은 콘크리트 벽들도 서있다. 이 벽 안으로는 불법적인
사업체가 들어서 있는 경우가 많다. 몇몇 버려진 공장들에는 전기

선, 수도관, 창문, 문짝 등의 흔적도 사라진 채 골격만 남아 있었다. 지붕이 사라진 채 벽만 남아 있는 건물들도 있고, 어떤 건물은 아예 무너져서 돌무더기만 남아 있기도 했다.[1]

예전에 공장이 서있던 빈 건물 가운데 일부에는 사람이 살고 있는 경우도 있다. 그들은 두꺼운 상자, 옷가지, 임시변통으로 나무로 만든 칸막이 등으로 주거 공간을 나름 나눠서 살고 있다. 전기나 수도가 없기 때문에, 이 불법점유자들은 길 건너에서 물을 길어다 사용하고 석유램프를 이용해 불을 밝히고 있다. 사람들은 그들이 거기 있는지 잘 알아차리지 못했다. 그들이 그렇게 지내는 이유는, 근처의 파벨라에 있는 자신들의 집보다 이런 건물들이 훨씬 더 안전하기 때문이다. 낮이나 주중에 마약거래가 뜸해지면 그 사람들은 원래 자기 집으로 돌아가 할 일을 해놓는다.

노바브라질리아는 하무스Ramos 마을과 본수세수bonsucesso 마을 사이의 경계 지역에 위치하고 있다. 파벨라 입구는 물건을 사고파는 사람들로 활기가 있었다. 후아노바브라질리아 쪽으로 가다 보면 좌판과 행상들이 시멘트 벽 앞에 쭉 펼쳐져 있고, 상인들이 골목길에도 장사하는 이들이 자리를 잡고 있는 광경을 쉽게 볼 수 있다. 이들 때문에 행인들은 버스, 트럭, 택시, 자동차, 오토바이 등과 뒤엉켜서 길을 걷게 된다. 대나무 막대기에 매달린 넓은 휘장 아래에 솜사탕, 코코넛 음료, 조각 케이크, 긴 사탕 수숫대로 즉석에서 만드는 달콤한 주스 등의 간식거리와 구아바, 망고, 바나나, 라임 같은 신선한 채소들, 고기나 닭고기, 채소 등을 채운 엠빠나다 튀김 등을 팔고 있고, 커다란 코코넛 무더기가 쌓여 있으며, 장난감과 전자제품 등도 빼곡히 놓여 있다.

이 거리에서도 가장 소란스럽고도 가장 활기찬 곳은 후아노바브라질리아로 들어가는 깔때기 모양의 입구로, 가판대가 양쪽 길을 따라 쭉 이어지며 쇼핑객들을 맞고 있다. 노바브라질리아에는 자갈이 깔린 길 양쪽에 잘 갖춰진 상점들이 쭉 늘어서 있으며, 이 길은 언덕을 지나 쁘라사두떼르수Praça do Terço라 불리는 넓고 평평하고 탁 트인 곳까지 이어진다. 상점에서 내놓은 상품들이 거리에 쌓여 있기도 했다. 상점들에는 유리로 된 쇼윈도와 세련된 계산대가 있고, 가게 주인들은 바로 위층에 있는 집에 거주한다. 약국도 몇 개 있고, 빵집도 두 개나 있으며, 가금류를 파는 가게, 가구점 등이 있으며, 신발, 옷, 전자제품 등을 파는 잡화점들도 여러 개 있다. 언덕 근처 오른편에 어린아이용부터 어른 사이즈의 드레스, 치마, 블라우스 등을 파는 도나 히따Dona Rita의 옷가게가 있다. 도나 히따는 노바브라질리아에 사는 나의 오랜 친구이자 선생님이다. 그녀는 트럭으로 상파울루에서 옷들을 사다가 손이나 재봉틀로 자신만의 디자인을 가미해 판다. 그녀의 가게는 유명해서 노바브라질리아 전역에서 손님들이 찾아오며, 마약상들 간의 전쟁이 있지 않는 한 늘 열려 있다.

나는 내가 제 까부의 집 위치를 기억한다고 생각했다. 그 집은 노바브라질리아의 입구에서 멀지 않았으며 주민 회관을 지나서 노란색과 흰색 띠가 그려진, 파란색의 오순절 교회 건물 전에, 오른편에 있었다. 그 집 현관은 진한 갈색 무늬의 도자기 타일로 덮여 있었고, 출입구는 쇠로 된 장식이 달린 철문이었다. 그러나 그 집은 더 이상 그 자리에 있지 않았다. 대신 그 자리에는 닭과 계란을 파는 상점이 들어서 있었다. 나는 점원에게 제 까부에 대해 물어보았다. 닭 울음소리 때문에 내 목소리는 거의 들리지도 않았고, 점원은 내게 손짓 발짓으로 위층에 올라가 보라고 했다. 예전엔 침실이던 위층의 방들은 식당으로 변했고, 꽃무늬 테이블보가 씌워진 예닐곱 개 정도의 탁자가 놓여 있었다. 나는 앉아서 카페징요café zinho(진하고 단맛이 나는 브라질식 커피)와 미스뚜껜치misto quente(토스트)를 주문했다. 이 음식들은 어디서 먹든 먹을 만했다. 나는 제 까부와 그의 가족이 어디로 이사 갔는지를 물었다. 가게 주인은 어디에 있는지 모르거나 말을 안 해주려는 것 같았다. 그 집은 제 까부가 떠난 후 최소한 한 번 이상 주인이 바뀌었다.

약간은 실망스러운 마음으로, 나는 쁘라사두떼르수를 향해 자갈 포장길을 걸어갔다. 길을 걸으면서 주변 점원들에게 혹시 제 까부가 어디 사는지 아느냐고 물었다. 그중 한 명이 머리를 끄덕이더니 언덕을 뛰어올라가서 한 친구의 손을 잡고 왔다. "제가 사는 곳을 이 사람이 알아요!" 내가 돌아왔다는 이야기가 금세 퍼져 나갔다. 곧, 도나 히따가 그녀의 옷가게에서 나와, 마치 우리가 몇 분 전에도 봤던 것처럼 이야기했다. "재니스, 왔구나! 들어와. 잘 지내지? 오랜만이네. 엄마는 어떻게 지내셔? 요 귀여운 애기 옷들 좀 봐, 내가 지금 만들고 있어. 물 마실래, 아님 커피 마실래? 그래, 제 까부는 잘 지내, 요 며칠 전에 여기 지나가는 거 봤어."

그러나 아무도 나를 제 까부의 집에 데려다주겠다고 하지 않는 점이 이상했다. 나는 그를 보러 갈 수 있는지를 사람들에게 물어보았다. 도나 히따를 비롯해, 무슨 일인지 보러 온 다른 사람들은 제까부가 어디 사는 지 아는 것 같았지만, 내가 그를 만나는 것을 만류했다. "너무 멀고 …… 걸어가기엔 너무 위험해요. 거기 안 가고 싶을 거야." 우리가 밖으로 나와 도나 히따의 가게 앞에 서있을 때, 예전에 제랑 이웃집에 살던 사람이 마침 옆 가게인 약국에서 나오고 있었다. "이리 와 봐요." 도나 히따가 그를 불렀다. "이 사람이 제 까부랑 이웃에 살아요. 이 사람이 집에 가서 제 까부한테 당신이 여기 왔다고 말해 줄 거예요. 그럼 제 까부가 당신을 보러 올 거예요." 나는 직접 찾아가고 싶었지만 그건 안 될 것 같았다.

몇 년 전, 파벨라의 위험성에 대한 이야기가 끊임없이 나왔었지만, 나는 그런 이야기들이 빈곤한 사람들을 범죄자 및 갱단과 동일시하는 편견 때문이라고 여겼다. 이제 나는 그 위험을 절감하고 있다. 다행스럽게도 제 까부가 도착했고, 내가 자신을 보러 왔다는 사실에 감동을 했지만, 나를 집으로 데려가려 하지 않았다. "우리 어디 가서 이야기하는 건 어때요?"라고 그가 말했다. 결국 그는 마지못해 나를 집에 데려갔는데, 마침 그날이 일주일이 시작할 즈음의 이른 아침이라 가능한 것이었다. 아직 마약상들이 자고 있을 시간인데다, 마약은 금요일에 도착하기로 되어 있었기 때문이다.

마을을 가로지르는 골목길을 따라가는 가장 빠른 길 대신, 이따오까 거리를 따라 800미터 정도 가다 좌회전해서 가파른 포장도로에 들어선 후 그의 집에 도착했다. 전기회사 복장을 한 직원 두 명이 그의 집까지 가는 도로를 따라 서있는 가로등의 전구를 갈고 있었다. 몇 년 전만 해도, 파벨라에서는 이런 민원은 절대 처리되지 않았다. 가로등 전구 교체에 대해 그에게 물었지만, 그의 표정은 자랑스럽다기보다는 슬프고 지쳐 보였다. 전날 밤 어두운 거리에서 '작업'을 하기 위해, 누군가 일부러 그 전구들을 총으로 쐈다고 했다. 이런 일들이 밤마다 일어난다고 했다.

한편, 거리는 별반 이상해 보이지 않았다. 거리는 사람들로 가득했다. 남자들은 식당에서 맥주를 마시고 있었고, 아이들은 흰색 반팔 셔츠에 파란색 주름치마나 교복 바지를 입고 있었다. 경비들이 아셈블레이아지제우스Assembléia de Deus(하나님의 성회) 교회 앞을 쓸고 있었으며, 여자들은 식료품을, 남자들은 시멘트 포대를 든 채 거리를 따라 올라가고 있었다. 여자들이 층계참에 앉아 머리를 하거나 손톱을 손질하면서 지나가는 사람들을 쳐다보고 있었다. 제 까부의 움직임을 빼고는 내가 지난번 그들을 방문했을 때와 거의 모든 것이 같아 보였기에 나는 제 까부의 행동을 이해하지 못했다.

그러나 제 까부의 집에 가까이 가면서 내가 틀렸음을 알아차렸다. 그 집에는 제 까부와 그의 아내 아델리나가 원래 살았던 집의 아름다운 현관 대신, 총알 자국이 있는 쇠로 된 차고 문이 달려 있었다. 게다가 문신도 있고 무섭게 생긴 젊은이 몇몇이 윗도리를 벗어젖힌 채, 헐렁한 반바지를 입고 제 까부의 집 대문에 기대어 서거나 앉아서 본드 냄새를 맡거나 마리화나를 피우고 있었다. 그들은 겨우 우리가 들어갈 수 있을 만큼만 비켜섰고, 우리 때문에 짜증이 난 표정이 역력했다. 일단 안으로 들어서자 제 까부는 나를 차고 위의 방으로 데려갔다. 그 방에는 주민회의의 모든 기록을 보관한 캐비닛이 놓여 있었다. 방문을 닫은 후, 그는 창문 반대편 벽에 난 총알 자국을 보여 주었다. 지붕 위의 물탱크에도 땜질을 한 자국이 선명했다. 그는 현재 주민회의 대표에게 출입 허가를 받기 전까지는 이 마을에 다시 찾아오지 말라고 당부했다. 제 까부는 굳이 그렇게 이야기하지 않았지만 주민회의 현 대표는 가장 힘이 센 마약상들이 임명한 사람이었다. 그는 이러한 부분에서 나를 도울 수 없다는 점에 대해 사과했고, 허가를 얻지 못하면 연구를 수행하기 어려울 것이라고 주의를 주었다.

과거의 모습

내가 처음 노바브라질리아에서 지냈을 때는 폭력 사태가 큰 문제가 되지 않았다. 주요 관심사는 이곳을 살 만한 곳으로 만드는 것과 철거를 피하는 것, 또한 지역정부에 기본적인 도시 서비스를 제공해 달라고 압력을 가하는 일이었다. 판잣집들은 처음에는 나뭇가지를 격자로 엮은 후 진흙을 발라서 지었다. 이 지역 사람들은 이를 이스뚜끼estuque라고 불렀다. 상황이 개선되자 주민들은 나무로 다시 집을 지었다. 이후에 아우베나리아alvenaría라고 하는 벽돌을 사용했는데, 주민들이 직접 벽에 회반죽을 바르고 페인트칠을 했다. 노바브라질리아는 리우데자네이루에서 가장 잘 조직된 마을이었다. 그곳에서는 상점들이 번성했고, 대부분의 일자리가 가까운 곳에 위치하고 있었으며, 마을 주민들의 소속감이 매우 강했다. 외곽에 위치해 지가가 비교적 낮았던 탓에, 주민들은 당장의 철거 위협

그림 4.3_쁘라사두떼르수 위에서 바라본 노바브라질리아의 경관(1969년).

을 느끼지는 않았고, 자신들이 살던 주택에 투자하는 데 주저하지
않았다. 그러나 몇 년 후에야 내가 알게 된 사실은, 당시 두 개 이상
의 정부가 노바브라질리아를 철거 대상으로 고려하고 있었다. 노바
브라질리아는 1960년대 초반 인류학자인 앤서니 리즈Anthony Leeds
와 제자들이 (혹은 평화 봉사단의 자원봉사자들이) 작업을 했던 파벨라
가운데 하나이다. 당시 파벨라 연구를 처음 시작하고 있던 나도 북
부 지구 파벨라의 사례 지역으로 노바브라질리아를 고려하고 있었
다.

　당시 이 마을의 인구는 1만2천 명에서 1만4천 명 정도였으며, 주
택들이 들어선 지역은 약 40만 제곱미터 정도였다. 이는 까따꿍바
지역의 4배가 넘는 것이었으나 인구는 까따꿍바에 비해 2천 명 내

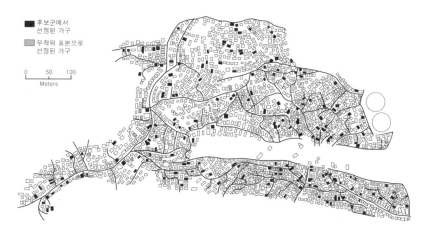

그림 4.4. 항공도를 바탕으로 그린 노바브라질리아의 표본 가구 지도(1968년). 검은색이 무작위표본으로 선정된 가구이고 회색이 후보군으로 선정된 가구이다.

지 4천 명 정도가 더 거주하고 있었다. 인구밀도가 낮은 탓에 나무를 심어 그늘을 만들고, 꽃나무를 심을 수 있었으며, 망고 나무, 바나나 나무 등을 비롯한 온갖 종류의 과일나무를 심을 수 있었다. 많은 가정에서 닭을 길렀으며, 한두 마리의 염소를 기르기도 했고, 돼지를 길러 새끼를 치는 집도 있었다.

〈그림 4.3〉에서는 1969년 당시의 공간 활용을 볼 수 있다. 비포장 골목길이 쁘라사두떼르수에서부터 언덕을 따라 뻗어 있으며, 다양한 재로로 지은 건물들이 보이고, 주변 지역의 공업지구도 보인다.

1969년 첫 번째 연구 당시 우리 연구진은 인터뷰 대상자들을 무작위로 추출하기 위해 항공사진을 이용해 각각의 골목길과 주거지들을 지도화했는데, 〈그림 4.4〉에서 나타나는 바와 같이 가장 발전한 지역부터 가장 낙후한 지역의 순으로 세 개의 범주로 나누었다.

04. 노바브라질리아: 파벨라에서부터 꽁쁠렉수까지 **199**

모든 주택에 번호를 매긴 후 난수표를 이용해 표본을 추출했다. 이후 가구 내에서 인터뷰할 사람을 선정하기 위해 주기표를 사용했다.[2] 검은색으로 찍힌 집들은 초기에 선정된 200가구이며, 회색으로 된 집은 대체가 필요한 경우를 대비해 선정해 놓은 후보군이다. 흰색으로 보이는 부분은 터피 공장의 부지로 당시 비어 있었다. 오른쪽 윗부분에 보이는 두 개의 물탱크는 제 까부가 현재 살고 있는 집에서 그리 멀지 않다.

쁘라사두떼르수는 노바브라질라에서 유일하게 평평한 공터다. 따라서 마을 사람들이 이곳에서 자연스럽게 모이곤 했다. 첫 번째 연구를 진행할 당시 포장도 되어 있지 않았던 그곳에서 마을 사람들은 축구를 하거나 마을 댄스파티를 했으며, 전통적인 축제인 서웅주어웅São João을 기념하는 파티가 열리기도 했다. 또한 주민들이 일을 마치고, 학교를 파하고, 혹은 장을 보러 갔다 오는 길에 시원한 음료수나 수제 케이크, 사탕 등을 사 먹던 곳이기도 하다. 동네 주민 대부분이 큰 길에서부터 집까지 가는 도중에 이곳을 꼭 거쳐야 했다.

레비 씨는 제 까부와 함께 최초의 주민회의를 구성한 사람 중 한 명으로, 쁘라사두떼르수에 집이 있었다. 그의 집은 후아노바브라질리아가 끝나는 곳 바로 왼쪽에 있었다. 그는 집 베란다 아래 처마 밑에서 새를 키웠는데, 그 새는 꽃나무와 관목들 사이에서 노래를 하곤 했다. 새들의 노래가 쁘라사 주변에 울려 퍼지곤 했다. 레비 씨는 몇 년 전 산업재해를 당해 장애연금을 받고 있었다. 덕분에 시간이 여유로웠던 그는 주민회의에서 봉사하기로 했다. 그의 아내는

그림 4.5_오른쪽이 제 까부의 딸인 반델리나이다(쁘라사두떼르수, 1969년).

주변 지역의 어린이를 대상으로 보육시설을 운영해, 아이들의 엄마
가 아이 걱정 없이 일하러 갈 수 있도록 했다.

1973년까지, 공공사업의 일환으로, 쁘라사의 바닥이 포장되었
고, 한쪽 구석에 골판지 모양의 금속 지붕이 덮인 쓰레기 집하장이
설치되었다. 그곳에는 네 개의 커다란 쓰레기통이 비치되었다. 〈그
림 4.5〉는 1969년의 쁘라사두떼르수의 모습이다. 맨 오른쪽에 있
는 소녀는 제 까부의 딸인 반델리나Wandelina다. 그녀의 별명은 '살
이 있는 전깃줄'이었다(〈그림 4.6〉). 사진 왼쪽으로 수제 케이크와
사탕을 파는 손수레가 보인다. 사진에서 보이는 쁘라사는 아직 포

그림 4.6_제 까부와 반델리나, 바니가 새로이 개조하고 있는 바니의 차 옆에 섰다. 새로 지은 바니의 아파트 건물이 뒤로 보인다(2004년).

장이 안 되어 있으며, 많은 집들이 가건물 형태를 띠고 있으나, 전기선이 설치되어 있다. 먼 훗날, 이곳은 마을에서 가장 위험한 장소가 되었다.

역사의 재구성

1999년 다시 방문했을 때, 나는 세 가지 보완적인 방법을 이용해 노바브라질리아의 역사를 재구성하고자 했다. 첫 번째 방법은 이 지역에 관한 기록물과 신문자료를 조사하고 보관하고 있는 도시 사학자를 만나는 것이었다. 두 번째 방법은 지역에 관해 생생한 기억을 하고 있는 사람을 만나 몇 시간 동안 마을의 과거에 대해 이야기하며 인터뷰를 하는 방법이다. 마지막으로, 나는 단기참여진단DRP도 사용했는데, 2001년 12월에 각 마을별로 한나절 정도의 모임을 진행했다.

제 까부의 이야기에 의하면, 노바브라질리아가 세워진 땅은 원래 마누엘 다 베이가Manuel da Veiga라는 포르투갈 상인 집 안의 소유였다고 한다. 그가 1942년 이 토지를 매각하자, 토지의 대부분이 '상업고용인은퇴연금기금'Instituto de Aposentadorías e Pensões dos Comerciários으로 넘어갔으며, 그중 작은 필지가 페르낭두 떼이셰이라Fernando Teixeira라는 포르투갈인에게 팔렸다. 당시 판잣집 몇 채가 드문드문 들어선 것을 제외하고는 토지가 거의 비어 있었다. 1950년대에는 가구업체에서 나오는 폐기물 소각장이 있어서 '두꺼비 구멍'Buraco do Saco이라고 불렸다. 연금기금은 이곳을 소 방목지로 이용하기도 했다.

처음에는 연금기금의 고용인들이 이 지역에 살기 시작했고, 이후 근처에 위치한 공장의 노동자들도 몰려들었는데, 그중에는 가구 공장에 다니는 이들도 있었다. 제 까부는 정착지가 조성되고 1년 후인 1956년 이곳에 처음 들어왔다. 사람들은 그 첫 번째 정착지를 이따오까라고 불렀다.

1956년 이곳에 상수도가 처음으로 설치되었다. 상수도의 설치는 획기적인 전환점이었다. 상수도는 그 어떤 사회기반시설보다도 여성들의 시간을 절약해 주었고 노동을 줄여 주었다. 제임스 울펀슨James Wolfensohn이 세계은행 총재로 재임하던 시절, 나는 그와 함께 파벨라를 방문했다. 우리는 자신의 집 앞을 쓸고 있던 중년 여성과 이야기를 나누기 위해 멈춰 섰다. 우리를 안내하던 지자체 관계자가 울펀슨을 그녀와 같은 이들에게 수도를 설치해 주는 책임을 맡고 있는 분이라고 소개하자, 그녀는 고마움에 울음을 터뜨렸다. 그녀의 말에 따르면, 그녀의 삶이 완전히 바뀌었다고 했다. 그리고 자신의 집 안에서 수도꼭지를 틀자 물이 흘러나오던 그 순간에 느꼈던 그 환희를, 절대 잊지 못할 것이라고 했다. 그녀는 울펀슨에게 계속해서 감사하다고 했다.

1957년 대부분 북동부 출신인 많은 사람이 이따오까에 정착했고, 인구 규모도 2천 명을 넘어섰다. 그러나 여전히 사탕수수를 비롯한 다른 작물들을 재배할 수 있는 충분한 땅이 있었다고 사람들은 기억한다. 2년 후 마을 사람들은 투표를 통해 마을의 이름을 이따오까에서 노바브라질리아로 바꾸었다. 당시 국토 중앙부에 새로 세워진 수도를 기리는 의미였다. 아마도 토지에 대한 소유권을 지니고 있던 '상업고용인은퇴연금기금'이 이곳에서 불법으로 토지를 점유하고 있던 주민들로부터 토지를 재탈환하기 위한 법적 조치를 취하기 시작한 것이 그 무렵부터인 것 같다. 제 까부가 이끌던 주민 대표들은, 지역공동체를 동원하고, 자신들에게 유리한 언론보도를 이끌어 내며, 당국의 법적 조치를 막을 수 있을 만큼 충분한 저항을 일으키는 데 성공했다. 1961년 철거 움직임이 본격화되자 대표들은 버스를 대절해 주민들을 이끌고 정부 청사 앞으로 몰려가 시위를 했으며, 결국 연금기금이 협상에 나서도록 했다. 협상 내용은 5년 내에 주민들이 자신들의 상태를 합법화하지 못하면 철거를 단행하기로 한 것이었다.

그로부터 5년이 지난 후, 협상은 무시되었고 동네를 철거하고자 하는 또 다른 조치는 취해지지 않았다. 군사독재 기간 중 1973년과 1976년에 노바브라질리아는 CHISAM(리우데자네이루에 있는 파벨라를 철거하기 위해 만들어진 국가기구)이 작성한 철거 목록에 올랐으나, 우선순위에 올라 있지는 않았다. 노바브라질리아가 북부 지구에 위치하고 있었고, 지가가 낮은 공업지구의 한가운데 들어서 있어, 주민들이 공식적인 소유권을 보유하지 못하고 있었음에도 불구하고, 철거가 진행되지 않았다.[3]

철거에 대한 반대 움직임은 결국 1961년 7월 공식적인 주민회의의 창설로 이어졌다. 제 까부가 이끄는 주민회의는 마을에 도시 서비스를 제공해 줄 것을 강력하게 요청했고, 몇몇 지역 정치인들의 도움을 받는 데 성공했다. 그 당시를 기억하는 사람들의 증언에 의하면, 사람들은 정치인들의 도움에 고마움을 느꼈으나 그들이 주민들을 다룰 때 하대하는 것은 좋아하지 않았다. 한 여성은 "단지 가난하다는 이유로 그들은 우리를 우둔한 어린애처럼 생각했고, 그들은 마치 현명하고 친절한 어른인 것처럼 굴었지요"라고 말했다.

마을은 매우 빠르게 성장했다. 1967년 주민회의가 실시한 조사에 의하면 마을에 거주하는 주민은 8,899명이었다. 주민회의는 확성기를 설치해서 마을의 공지 사항을 알리고 음악도 틀었다. 이는 1960년대 말 미국 자본으로 정부가 조직한 Bem-Doc이라는 프로그램의 도움을 받아 이루어졌는데, 빈곤한 마을의 생활 여건을 개선하는 프로그램이었다. 주민들은 '노동 제공형 가옥 소유 제도'가 제공되기를 기대했다. 이는 재개발 사업에 주민들의 노동력을 고용하는 정책이다.

마을의 생활 여건도 개선되었다. 1961년 주민들이 조직해 운영한 '전기위원회'Light Commission가 주요 도로에 있는 전기선에서 전기를 따서 도로 가까이에 위치한 400여 가구에 전기를 공급했다. 1962년 정부의 수도 회사가 노바브라질리아 대로변의 가옥들에 수도 공급을 시작했다. 그로부터 2년 후 아우보라다Alvorada 지역 언덕 꼭대기에 거대한 물탱크들이 설치되었다. 물탱크 설치와 후속 개선 사업은 주민회의가 다룬 핵심 사안 가운데 하나였다. 1960년대 말, 수도, 전기, 상수도 서비스가 일부 파벨라 지역에 공급되었으며, 1980년대 초반 리오넬 브리졸라 주지사 재임기에는 상하수도 망이 설치되기도 했다. 오늘날에도 모든 가옥이 이런 서비스를 제공받는 것은 아니어서, 파벨라의 고지대에 있는 작은 골목을 따라 위치한 가옥들은 이런 서비스를 공급받지 못하고 있다.

1982년에서야 도시 서비스 공급자들은 파벨라 주민들이 무책임한 범법자들이 아니라 소중한 고객임을 깨달았다. 이 같은 인식의 전환을 가장 먼저 주도한 공급자는 리우데자네이루에 전기를 공급하던 캐나다-브라질 전기회사였다. 전기회사가 파벨라 가정에도 도시의 다른 지역과 마찬가지로 사용량에 기초한 요금으로 전기를 제공하자, 주민들은 더 낮은 요금으로 전기를 이용할 수 있게 되었고, 회사 입장에서는 백만 명에 가까운 새로운 고객을 확보하게 되었으며, 불법적으로 전기를 따서 파벨라에 공급하던 전기위원회(전기위원회는 독점적인 지위를 이용해 매우 비싼 요금을 받고 있었다)는 더 이상 필요치 않게 되었다.

1970년대에는 아우보라다 지역과 잉페르누베르지Inferno Verde 지역에서 인구가 급증했다. 잉페르누베르지는 원래 대규모 쓰레기 매립장으로, 도시에서도 가장 가난한 지역으로 알려졌다. 노바브라질리아가 점점 커지면서 아우보라다, 잉페르누베르지, 파젠디냐 Fazendinha와 경계가 없어졌으며, 주민들은 마을의 생활환경을 개선하기 시작했다. 주민들은 모두 자기 동네가 다른 동네에 비해 좋다고 했다. 자기 동네는 조용하고 평화롭지만 다른 동네는 정말 위험하다는 것이다.

1980년대 초반 도시가 북쪽으로 성장함에 따라 이 지역의 토지 수요도 증가하고 지가도 상승했고, 경쟁력이 약한 지역산업체들이 다른 지역으로 이전해 나갔다. 환경규제도 강화되었기 때문에 산업체들이 도시 내에 계속 입지해 있으려면 관련 부분에 상당한 투자를 해야 했다. 라틴아메리카에서 가장 큰 섬유 제조업체인 노바아메리까떼시두스Nova América Tecidos는 이전하지 않고 계속해서 이 지역에서 공장을 가동하고자 했으나, 결국 1980년대 말 이전해 나갔다. 공장이 떠난 자리에는 쇼핑몰이 들어섰다. 하나둘씩 공장들이 문을 닫았다. 맥주 공장도 지금은 비어 있다. 가구 공장도, 제지 공장도, 그리고 플라스틱 공장도 원래 있던 자리에서 떠나 다른 곳으로 옮겨 갔다.

가장 마지막에 떠나간 것은 코카콜라 공장으로, 대기업이었기 때문에 1997년까지 원래 위치를 지킬 수 있었다. 대부분의 산업체에는 지역 주민들이 고용되어 있었기 때문에, 공장들이 떠나자 이 지역의 실업률은 급속히 치솟았다. 더 이상 공장에서 작업을 하고, 트럭을 몰고, 건물 청소를 하고, 경비를 서고, 식당 일을 할 수 없었다. 공장폐쇄의 영향은 기술직 남성 노동자 및 그 가정뿐만 아니라 회사와 그 직원들에게 물품과 서비스를 제공하던 모든 이들에게까지 미쳤다.[4]

이 지역에서 산업체들의 이전이 시작되면서 마약거래도 시작되었다. 1980년대 중반까지만 해도 산업체의 이전과 마약거래는 적은 규모였지만, 상황은 이내 나빠졌다. 노바브라질리아는 1997~2007년에는 그리 크게 성장하지 않았다. 노바브라질리아는 이제 포화상태가 되어 신입들이 들어올 수 있는 여지가 거의 없다. 이 지역에는 내로라할 만한 생활환경개선 사업이 없었지만, 1999년 내가 다시 연구를 했을 때에는 수도, 전기, 하수도와 같은 기본적인 생활시설이 거의 보급되어 있었다. 쓰레기수거 서비스는 마을 조직을 통해서 제공되고 있었고, 우편배달 서비스는 주민회의가 약간의 수수료를 받고 제공하고 있었다. 우편 시스템에서 인식되는 거리명과 번지수를 갖기에는 아직 요원했지만, 우편배달 서비스가 전혀 없는 것보다는 훨씬 나은 상황이었다. 예전에는 모든 우편물이 주민회의에 비치되어 있었다.

마을의 상업 활동은 매우 활발하다. 술집은 몇 백 개 정도 되는 것 같았고, 슈퍼마켓, 식당, 약국, 빵집, 안경점, 신문 가판대, 미용실 등을 비롯해 온갖 종류의 가게가 성업 중이다. 근처의 북부 지구 쇼핑몰은 바하지치주까의 쇼핑몰보다 매출이 더 많다고 한다.

반면, 여가 및 레크리에이션 활동은 드문 편이다. 겨우 유지해 나가고 있는 두 개의 축구장과 간간이 열리는 펑크 볼 파티 정도뿐이다. 안전했던 시절과는 달리 여가 및 레크리에이션 활동은 이제 거의 즐기지 않는다고 한다. 종교시설로는 네 개의 가톨릭교회, 몇 개의 개신교회, 수십 개의 오순절 복음주의교회가 있고, 깡동블레 사원도 몇 개 있다. 오순절 복음주의교회가 마을에서 가장 많은데, 골목마다 있는 아주 작은 교회부터 가옥들보다 높이 솟은 큰 교회까지 다양하다. 오순절 교회는 주별, 혹은 일별로 기도회를 열기 때문에 거리를 걷다 보면 찬송가 소리를 자주 들을 수 있다. 신문에서 그 교회들을 정말 많이 다루었는데, 주로 그들이 얼마나 많은 젊은 이들을 마약거래에서 구해 냈는지에 관한 이야기들이었다. 한편, 오순절 교회가 성장하는 것은 스스로 종교가 없다고 하는 이들이 늘어나고 있다는 방증이다. 가톨릭신자 수가 급격히 줄어들면서 오순절 교회가 빠르게 성장하고 있다. 즉, 오순절의 신도 수가 늘어나는 것은 더 이상 종교를 갖지 않는 사람들이 나타나면서 일어나는 현상이지만, 사람들은 이 사실에 대해 주목하지 않는다.

교육은 사회적 계층 이동을 위해 가장 중요한 부분이지만, 노바브라질리아의 교육은 실망스러운 수준이다. 파벨라 내에 그리고 그 인근에 있는 학교 수는 1960년대보다 늘어났지만, 교육의 질은 더 낮아졌다. 선생님들이 교실에 들어가기를 두려워하며 일주일에 몇 번만 출근하는 실정이다. 교육제도가 바뀌면서 유급 제도가 없어졌기 때문에, 학생들은 새로운 교과과정을 배우는 데 필요한 학업 수준을 갖추지 않아도 다음 학년으로 진급할 수 있다. 학생들이 좌절을 겪고, 학교를 그만두는 게 하등 이상할 게 없다. 노바브라질리아

에는 몇 개의 유치원이 있고, 주정부에서 운영하는 초등학교 및 중
학교가 2000년에 세워졌으며, 대학 입학시험을 준비하는 과정이
있는 학교도 있다. "학생들은 배우는 척하고, 교사들은 가르치는 척
하고, 정부는 그들에게 돈을 쓰는 척한다"는 주민들의 비아냥거리
는 말은, 빈곤계층을 대상으로 하는 교육사업의 현실을 잘 반영하
고 있다.

꽁쁠렉수두알레머웅

노바브라질리아는 다른 여러 파벨라들과 마찬가지로 대로변에서
시작해 언덕까지 확장된 유형인데, 다른 방향에서 성장해 오던 파
벨라들과 그 경계선이 붙어 버렸다. 노바브라질리아는 오늘날 여러
파벨라가 연속되어 형성된 꽁쁠렉수두알레머웅이라는 거대한 파벨
라 연합체의 일부가 되었다.[5] 꽁쁠렉수두알레머웅의 인구는 30만
명에 이르며, 면적은 3제곱킬로미터 정도이고, 파이샤지가자까리
우까faixa de Gaza carioca(리우데네이루의 가자 지구)라고도 불린다. 2007
년 현재, 거주민의 3분의 1 정도가 최저임금인 월 200달러에 미치
지 못하는 소득을 올리고 있다.

꽁쁠렉수두알레머웅은 모후두알레머웅Morro de Alemão; the Hill of
the German에 위치한 열두 개의 파벨라 가운데 하나이다. 이 지역이
왜 이런 이름을 얻게 되었는지에 대해서는 여러 가지 설이 있다. 제1
차 세계대전 이전 레오나르드 칵즈마르키빅트Leonard Kaczmarkiewicz

라는 사람이 이 지역의 토지를 매입했는데, 폴란드 출신인 그를 독일 출신이라고 잘못 알았으며, 이후 이 지역을 독일인의 언덕Hill of the German이라고 불렀다는 것이 하나의 설이다. 또 하나의 설은 제2차 세계대전 이후 브라질 사회에서 "독일"German이라는 단어가 "적" 혹은 "반역자"와 비슷한 의미로 통용되었고, 이때 이 지역을 모후두알레머웅이라고 부르게 되었다고 한다. 즉, 1920년대 초반부터 이 지역의 상황이 매우 좋지 않았기 때문에 전후에 모후두알레머웅이라고 불리게 되었다고 한다.

원래 이 지역에서는 농사를 짓고 가축을 길렀는데, 바나나와 망고 나무가 자라고 염소와 닭들이 돌아다녔다. 20세기 들어 산업화가 시작되면서 이 지역에도 공장들이 들어섰다. 제일 먼저 가죽 무두질 공장이 들어왔다. 촌락에서 온 이주민들이 무두질 공장에 취직하면서 공장 근처에 집을 지었다. 1950년대 초반, 땅 주인은 토지를 구역별로 나눠서 팔았다. 군사독재 기간에는 언덕의 다른 편으로 새로운 파벨라들이 성장하기 시작했으며 파벨라의 인구도 1980년대까지 꾸준히 증가하다가 이후 안정세를 나타냈다.

오늘날 꽁쁠렉수두알레머웅은 크기가 매우 커서 자체적으로 하나의 행정구역을 구성한다. 호싱냐, 자까레지뉴, 꽁쁠렉수두마레 등도 크기가 커서 자체적인 행정구역을 구성하고 있다. 노바브라질리아는 꽁쁠렉수두알레머웅 거주민의 4분의 1 정도가 거주하는 가장 큰 파벨라이다.

꽁쁠렉수두알레머웅은 리우데자네이루에서도 가장 범죄율이 높은 지역이면서도 가장 방치되고 있는 지역이다. 몇몇 사람들은, 10

년 전에 있었던 일(당시 시장이 이곳에서 연설을 했는데, 지역 주민들이 야유를 보냈던 일로 발생한)로 인한 악감정으로 말미암아 정부의 지원의 턱없이 부족해졌다고 한다. 다른 이들은 이 지역이 주요 마약상인 꼬망두 베르멜류Commando Vermelho의 본거지이기 때문에 그렇다고 한다. 꼬망두 베르멜류는 정부군보다 훨씬 더 잘 조직되어 있고 자금도 훨씬 더 풍부하며 무기도 더 잘 갖추고 있다. 그들은 정부군과의 전투에서 기관총, 수류탄, 대공화기 등을 사용하는 한편 정부군을 부정한 방법으로 매수하기도 한다.

2007년 6월 27일, 꽁쁠렉수두알레머웅은 역사상 가장 큰 규모의 마약 세력 소탕 작전에 참여한 1,350명의 민병대, 헌병, 보안대원들에게 포위되어 있었다.[6] 맹렬한 공격이 있기 바로 직전, 헌병대는 주차장에 모여 서로 농담을 주고받고 담배를 피우며 끼리끼리 모여 있었다. 그들이 몰고 온 차량에는 해골에 칼이 꽂혀 있는 로고가 박힌 검은색 무장 차량인 까베리랑caveirão도 있었다. 그 해골 문양은 BOPEBatalhao de Operaões Especiais(경찰특공대)의 상징이다. 마약 밀매상을 돕거나 방조하는 지역 주민들을 감시하기 위해 헬리콥터도 동원되었다.

BOPE와 헌병대가 마약상 두목을 잡기 위해 합동 작전을 펼쳤지만 결국 성공하지 못했고, '도시 청소 작전'이라는 좀 더 공격적인 작전을 실시하고 있었다. 이는 앞으로 다가올 판 아메리카 축구 대회와 꼬빠까바나의 라이브 에이드Live Aid 공연을 대비하기 위한 것이었다.

그날 하루 동안 꽁쁠렉수두알레머웅에서만 최소한 22명이 사살되고, 11명이 부상을 당했다. 이후 경찰 병력이 파벨라를 장악한 60일 동안 46명이 사살되었으며, 84명이 부상을 당했다. 주민들의 말에 의하면 사망자 가운데 범죄와 연관된 사람은 9명밖에 되지 않는다고 했다. 그러나 정부는 사망자 가운데 무고한 사람은 한 명도 없다고 발표했고, 이에 주민들은 분통을 터뜨렸다. 경찰 조사 결과 사망자들은 범죄와 전혀 관련이 없었고, 이에 주민들은 더욱 두려워졌다. 사망자 가운데 상당수가 어린 10대 청소년이었다. 가족들의 증언에 따르면, 그 아이들은 마약거래와 아무런 연관이 없었다.

경찰들이 마을에 진입하자 모든 상가와 예배당, 주민센터는 물론이고, 여덟 개에 달하는 이 지역의 학교 역시 문을 닫아 주민들은 이차적인 피해를 보았다. 학교가 문을 닫음으로써 4,600명에 달하는 어린이들이 수업을 받지 못했다. UNICEF가 작성한 보고서에 따르면, 교사들이 학교에 남아 있지 않았기 때문에, 교육을 받고자 하는 아이들은 다른 학교로 전학 가서 4부제 수업 중 한 부를 들었다고 한다. 4부제 수업 중 한 부의 수업은 하루 2시간밖에 되지 않았다.[7]

마을 사람들은 경찰을 신뢰하지 않았다. BBC 보도에 따르면, 주민들은 경찰이 다가오면 총소리를 내서 마약상들에게 알렸다. 마약상에서 일하는 아이들은 마약 배달을 할 때나 경찰이 공격해 들어올 때 총소리로 마을 사람들이나 마약상들에게 알렸다.

주라니 꾸스또지우Jurany Cudtódio는 79세의 여성으로, 노바브라질리아에서 50년간 살았다. 젊은 시절 지역 활동에 매우 적극적으로 참여했으며, 대가족을 이루었다. 지금은 자기 집 꼭대기 층에 거주하면서 나머지 층들은 모두 세를 놓고 있다. 주라니는 노바브라질리아에 속한 파벨라들이 폭력의 온상이 된 것은 브리졸라 정부의 실책 때문이라고 했다.[8] 그녀의 의견은 다음과 같다.

브리졸라 주지사는 우리가 하나의 단일한 지구로 통합되면 상수도를 비롯한 다양한 도시 서비스를 제공받는 데 훨씬 더 도움이 된다고 얘기했어요. 그런데 어떤 일이 일어났는지 알아요? 도시 서비스는 나아진 게 없어요. 그 대신 우리 마을에는 더 많은 죽음이 발생했죠. 파벨라에는 여러 갱단이 있기 때문에, 갱단들 간의 세력 다툼은 더 심해졌죠. 그 이후로 노바브라질리아에 대해 정부는 아예 관심을 갖지 않았어요. 반면 주변에 있는 파벨라들은 정부가 나서서 생활개선 프로그램도 실시하고 투자도 해줬죠.

마약거래와 그 결과

기본적인 생활 서비스가 갖춰지고 철거에 맞선 투쟁에서 승리를 거두자, 대부분의 파벨라에서 주민회의의 역할과 존재감이 감소했다. 게다가 공식적으로 주민회의 대표 자리를 차지하고자 압력을 넣던 마약상들이 결정타를 날렸다. 베치뉴Betihno는 1970년대에 지역 지도자로서 비공식적으로 활동하다, 1980년대 초반에 주민회의의 의장으로 처음 취임했다. 그는 주민회의에서 독자적으로 선출된 마지막 지도자였다. 이후 그가 재선에 나섰을 때, 마약 두목이 그에게 경고하기를, 만약 그가 당선된다면 마약상들의 명령에 따라야 하며, 만약 그가 당선되지 못한다면 마을을 떠나야 할 것이라고 했다. 인기에도 불구하고, 그는 선거에서 패배했다. 사람들은 그 선거가 부정선거였다고 말한다. 하지만 그와 가족들은 마을에 남아 있기를 희망했다. 그 마을에서 가족을 이루고 집을 직접 지으며 수십 년을 살았기 때문이다.

마약상들은 누가 그 마을을 지배하고 있는지를 사람들에게 알리기 위해, 그리고 하나의 선례를 남기기 위해, 베치뉴를 암흑가 스타일로 처형했다. 인터뷰를 한 사람들의 증언에 따르면, 이 사건을 계기로 폭력의 시대가 시작되었다고 한다. 경쟁하는 범죄 집단 사이에서 발생하는 주기적인 살인은, 이제 이 마을에서 일상적인 일이 되었으며, 폭력이 난무하는 시대가 되자, 사람들은 지역 지도자와 마을에 대한 존중과 존경심을 잃었다. 이는 주민회의가 더 이상 독립적으로 지속될 수 없는 주요한 이유가 되었다.

존경받는 탐사보도 기자였던 팀 로뻬스Tim Lopes가 감금, 고문을 당하다 살해된 곳도 바로 꽁쁠렉수두알레머웅의 한 파벨라인 그루따Grota였다.[9] 그의 죽음은 수백 명의 파벨라 주민들이 시가전에서 사망한 사건들보다 훨씬 많은 언론의 주목을 받았다.

단기참여진단DRP을 통해 노바브라질리아의 역사를 재구성하기 위한 마을 회의가 열린 날, 나는 하마터면 위험한 상황에 처할 뻔했다. 그날은 2001년 12월의 어느 일요일 아침이었다. 평소와 달리 하늘은 푸르고 맑았으며 밝은 햇빛으로 인해 가게 앞, 가옥, 집들의 색깔이 아주 선명하게 두드러졌다. 거리의 풍경은 친근하고 푸근한 느낌을 주었다. 회의는 10시 30분 마을회관에서 열릴 예정이었다. 그날 그 시간을 택한 것은 대부분의 사람들이 일을 나가지 않고 집에 있는 시간이었기 때문이기도 하지만, 마약상들이 신나는 토요일 밤을 지내고 나서 깊은 잠에 빠져 있을 시간이기 때문에 안전할 것이라고 예상했다.

리우자네이루식 시간 약속이 그러하듯 오전 11시까지 아무도 나타나지 않았다. 우리 팀이 점심을 준비하고 좌석 배치를 하는 동안 나는 거리로 나가 보았다. 몇 십 년 전 내가 사진을 찍었던 바로 그 자리에서 사진을 찍고 싶었다. 노바브라질리아 대로를 걸어 올라가 쁘라사두떼르수로 향하면서 길가의 반짝반짝 빛나는 새로운 상점들과 울긋불긋한 가옥들의 사진을 찍고 있었다. 광장에서 사진을 몇 장 더 찍고 〈그림 4.5〉에서와 똑같은 지점에서 똑같은 구도로 사진을 한 장 찍으려던 참이었다.

야외 바에서 맥주를 마시고 있던 몇몇 남자들이 광장 너머로 나를 지켜보고 있었는데 나는 그들의 사진도 찍었다. 그들은 웃어 보였고, 사진 찍는 것을 개의치 않는 것처럼 보였다.

나는 회의 참석자들이 모두 도착하기 전에 마을회관에 가려고 서둘러서 언덕을 내려왔다. 그런데 순간 한 그룹의 위협적인 청년들에게 둘러싸였다. 셔츠도 입지 않고 헐렁한 반바지만을 입고 있던 청년들은 총을 들고 내 길을 막아서서 내가 무엇을 하고 있었는지를 물었다. 나는 그들에게 몇 십 년 전에 이 동네에 산 적이 있고, 그때 찍은 사진과 비교하기 위해서 사진을 찍었을 뿐이며, 그 사진은 내가 쓰고 있는 책에 넣기 위한 것이라고 설명을 했다. 그러나 그 설명만으로는 내가 그들의 사진을 신문에 내려는 언론인이 아니라는 확신을 주지 못했다. 그들은 더욱 공격적인 태도를 취했다. 다행스럽게도 회의에 참석하기 위해 거리를 내려가던 옛 시절 주민 가운데 몇몇이 나를 발견했고, 마을회관에 있던 주민들이 나를 찾기 위해 올라 왔다. 그들이 젊은이들을 겨우 설득해서 회의를 위해 마을회관에 와있는 마을 대표를 만나러 가게끔 했다.

다행스럽게도 디지털 카메라가 아닌 필름 카메라를 사용하고 있었기 때문에, 그들에게 카메라를 넘겨주는 대신 필름을 빼서 주었다. 그들은 아직도 필름 카메라를 사용하는 사람이 있다는 사실이 믿을 수 없다고 했으며, 내가 혹여나 사진 데이터를 카메라 안에 숨긴 것은 아닌지 의심했다. 그러나 파벨라에서는 주민회의 대표의 말이 곧 법이었기 때문에, 그들은 필름을 갖고 떠났고, 회의가 시작될 수 있었다.

나는 내가 중요한 인물의 사진을 찍었으리라고는 전혀 생각도 못했다. 내가 광장에서 사진을 찍을 때 맥주를 마시고 있던 사람이 분명 마약거래 조직의 관리자였다. 이 무모한 행동이 나를 죽음에 이르게, 또는 그보다 더 끔찍한 사태를 초래할 수 있었음을 전혀 깨닫지 못했던 것이다.

온종일 진행된 회의와 저녁 식사를 마치고 우리 연구팀과 내가 숙소로 떠날 무렵, 몇몇 갱단원들이 마을회관 건너편의 기둥에 앉아 있는 것을 보았다. 분명 그들은 다른 이들이 나를 풀어 주기로 한 결정에 불복해, 어떤 행동을 취하기 위해 회의가 끝나기를 기다리고 있었다. 내 친구가 나를 가까운 곳에 있던 택시에 밀쳐서 넣으며 같이 올라탄 뒤, 택시 기사에게 빨리 출발하라고 했다.

〈그림 4.5〉는 1969년 쁘라사두떼르수의 모습이다. 그 지역이 오늘날 어떻게 변화했는지를 보여 줄 사진은 싣지 못했다. 그 사건이 있던 날 필름을 빼앗겼기 때문이다. 그리고 나는 그 사진을 다시 찍을 용기가 없었다. 주민회의 대표와 같이 가도 사진을 찍는 건 무척 위험한 일이었다.

다음번에 그 지역을 방문했을 때에는 주민회의 대표를 대동했다. 그는 자신의 어린 정부들이 살고 있는 아파트를 보여 주었다. 그 아파트는 팀 로뻬스가 고문당하고 살해당한 곳이며, 정부가 운영하는 초등학교 및 중학교가 위치한 곳이기도 하다. 우리가 그의 차를 타고 돌아다니는 동안 한 여성이 그에게 다가와 신경질적으로 울부짖었다. 그들이 귓속말로 나누는 대화를 한마디도 알아들을 수 없었으나, 후에 나와 같이 있던 브라질인 조수가 무슨 일이 일어났는지를 이야기해 주었다. 분명 그 여성은 주민회의 대표의 심복에게 매우 심하게 구타를 당한 한 남자의 아내였다. 그들은 "그를 두들겨 패서 거의 모든 뼈를 부러뜨려 놓았다"고 한다. 주민대표의 심복들이 그 남편을 집 앞에 버리고 갔고, 그는 극한의 고통으로 발버둥치고 있었다. 그 아내가 간절하게 애원하자, 주민회의 대표는 "겨우 40달러를 줬을 뿐이에요. 남편을 죽이라고는 하지 않았습니다. 그냥 겁을 좀 주고 돈을 갚게 해달라고 했어요"라고 그녀에게 말했다. 그는 남편을 병원까지 데려다줄 차를 보내 주겠노라고 했다.

흔히들 마약 조직은 '유사 권력'이 아니라고들 한다. 그들은 정부의 하위 조직도 아니며 대안도 아니다. 정부가 있어야 할 자리에 공백이 발생했고, 정부 당국의 어떠한 반대도 없이 마약 조직은 그 공백으로 침투해 들어왔으며 그 자신을 제외하고는 아무도 이 사태를 설명할 수 없는 것이다.

2007년 말 코카인 가격이 하락하기 시작하자, 마약 조직은 이윤을 창출할 수 있는 또 다른 방법을 모색하기 시작했는데, 주민들에게 '서비스'와 안전을 제공한 대가로 돈을 걷는, '마피아' 방식이었다. 그러나 주민대표와의 대화를 나눠 보니, 그는 자신을 마을의 구세주라고 여겼다. 그는 마을 문제를 정부의 실책으로 돌렸으며, 주 정부가 노바브라질리아에 신경을 쓰지 않기 때문이라고 했다. 그는 마을의 수익사업과 일자리창출에 관한 비현실적이지만 치밀한 계획을 갖고 있었다.

그는 내게 노바브라질리아 지역에서 파벨라 관광상품을 개발할 수 있도록 자신을 도와 달라고 설득했다. 관광객들이 머무는 호텔에서 가까운 호싱냐 및 남부 지구의 파벨라에서 하는 것과 유사한 방식의 관광을 말하는 것이었다. 또한 그가 제안한 삼바 학교의 이사회에 참여해 달라고 했는데, 그 학교를 설립하기 위해서는 대규모의 재정적 후원이 필요했다. 그의 이런 환상에 대해서 나는 비웃거나 무시할 수 없었다. 그가 고개만 한번 끄떡해도 사람을 죽일 수 있는 힘을 갖고 있다는 사실을 직접 목격했기 때문이다. 그러나 그는 시가전이 벌어지고 있는 지역의 파벨라를 보기 위해 관광객들이 한 시간이나 걸려서 와야 한다는 사실, 또는 삼바를 배우기 위해 시가전의 총탄에 맞아 죽을 수도 있는 곳까지 와야 한다는 사실쯤은 상관하지 않을 것이라고 믿고 있었다. 이는 그가 현실에서 얼마나 동떨어져 있는지를 말해 주는 것이었다.

인터뷰 말미에서, 나중에 그의 도움 요청에 내가 답할 수 있게 이름과 연락처를 적어 달라고 하자, 그는 표시가 날 정도로 매우 당황했다. 그는 자신의 연락처를 겨우겨우 적어 주었다. 2009년 그는 체포되었다. 그와 마을 모두에게 매우 서글픈 상황일 수밖에 없다.

제 까부의 여정

제 까부는 1968년 내가 처음 노바브라질리아에서 만났을 당시 가장 존경 받는 지도자 가운데 한 사람이었다. 당시 마흔 살 정도였으며 주민회의의 대표를 맡고 있었다. 그는 히우그랑지두노르치Rio Grande do Norte의 내륙에 있는 작은 도시에서 리우데자네이루로 이주해 왔다. 그의 부모님들은 모두 학교에 다닌 적이 없다. 19남매 중 다섯째였던 그는 해병대 복무를 마친 후 스물아홉 살 때 노바브라질리아로 이주했다. 초등학교만 졸업했지만 브라질 전역을 여행하면서 여러 사람을 만나고 다양한 사상을 접하며 많은 것을 배웠다. 이것이 바로 그가 마을의 그 어느 누구보다도 정치적인 지식이 많았던 이유였다. 1960년대와 1970년대에 전기, 하수도, 배수로, 도로포장 등을 위한 집단적인 투쟁을 이끌었던 사람도 바로 그였다. 토지소유권을 위해 투쟁하고, 마을을 대표해 정치가 및 정부 관리들과 협상을 한 사람도 바로 그였다. 또한 이따오까 거리와 노바브라질리아 거리가 만나는 코너에 마을회관을 지을 부지를 얻어 내는 데 결정적인 역할을 한 사람도 그였다.

나의 첫 번째 연구를 진행할 무렵, 그와 아내 아델리나는 3남 1녀를 두고 있었다. 그는 헌병대에 근무했고, 거기서 제 까부(조제 상병이라는 뜻)라는 별명을 얻었다. 그와 아델리나는 그들의 집을 지속적으로 개선시켜서 3층짜리 벽돌집을 지었고, 집 안에는 짙은 색의 가구들이 가득 차 있었는데, 가구들마다 장식용 덮개로 덮여 있었고 그 당시에는 고급으로 쳤던 플라스틱 조화로 장식되어 있었다. 커튼이 조심스럽게 드리워져 있어서 아주 밝고 더운 날에도 집 안은 시원하고 그늘이 졌다. 부엌에서는 늘 무언가 맛있는 것이 만들어지고 있었으며, 사람들은 항상 도움을 청하고 조언을 구하러 제 까부의 집에 들르곤 했다.

나는 제 까부 그리고 그의 가족들과 계속해서 연락을 하고 있었다. 1990년대 초, 아델리나가 심장마비로 사망했다. 제 역시 심장에 문제가 생겨서 의료비가 정말 많이 들었다. 그로 인해 진 빚 때문에, 또한 노바브라질리아 거리가 상점가로 변하고 마약거래로 위험해지자, 그는 자녀들에게 조금이라도 돈을 남겨 주고자 하는 마음에 집을 팔았다. 앞서 설명했듯이, 그는 더욱 외곽에 위치한 파벨라로 이사를 했으며, 그곳에서 무너져가는 작은 오두막을 사서 다시 지었다. 집을 팔고 남은 돈으로 니떼로이의 외곽에 있는 게이티드 커뮤니티에 손자 바그너를 위해 집을 한 채 지었으며, 도시의 서쪽 끝에 있는 깜뿌그랑지의 개발 지구에 딸을 위해 집을 한 채 샀다. 첫 번째 결혼에서 낳은 자녀들은 모두 노바브라질리아를 떠났다.

제는 노바브라질리아를 사랑했다. 두 번째 부인인 마리아와 그들의 장성한 두 딸 및 두 명의 손자들, 그리고 그가 부양하는 몇몇의 친척과 함께 살면서 가능한 한 그곳에 오래 머무르고 싶어 했다.

내가 후속 연구를 진행하는 10년의 기간 동안 제 까부의 삶은 급속히 어려워졌다. 심장에 문제가 생겨 저축해 놓은 돈을 꽤 많이 의료비로 써버렸다. 예전에 해군에 근무했기 때문에 수술을 받을 수 있었다. 특정 마약 조직의 위협이 점점 커지자, 그는 결국 2004년 노바브라질리아의 집에서 내몰렸다. 집은 마리아와 그녀의 두 딸들에게 맡겼다.

언젠가 파벨라를 떠나는 것은 제 까부의 오랜 꿈이었다. 그러나 니떼로이에 있는 상곤살루나 깜뿌그랑지로 가는 것은 아니었고, 형제들이 살고 있는 나따우Natal 주의 북동부 지역은 더욱이 아니었다. 그는 리우데자네이루의 도심에서 가까운 글로리아Glória의 아파트에서 살고 싶었다. 2005년 마침내 파벨라에서 쫓겨나왔을 때, 그는 이라자의 고가 다리 근처, 고속도로 옆에 있는 다 쓰러진 집을 살 만한 여력밖에 없었다. 그는 여전히 북부 지구에 머물러 있었다.

처음에 그는 아들 바니Waney를 위해 대지의 뒤쪽에 집을 따로 지었다(〈그림 4.6〉의 하얀 집). 그리고 낡은 집을 개축해서 자기가 살았다. 기분 전환을 하고 싶으면 주말에 깜뿌그랑지에 있는 딸네 집에서 지냈다.

2008년, 79세의 나이에도 그는 여전히 가족 몇 명을 부양하고 있다. 내가 10월에 그를 방문했을 때, 바니가 심장병으로 지난해 죽었다고 이야기했다. 더 나은 의료혜택을 받았으면 죽지 않았을지도 모르겠다. 그가 거실의 소파에서 자는 동안에는 그의 방에 머무르시던 그의 숙모님도 지난해 비슷한 시기에 돌아가셨다. 그의 심장 수술 후 마리아가 함께 지내기 위해 이라자로 와 있지만, 장보기나 요리, 집을 고치고 짓는 일 등을 모두 그가 하고 있으며 엄마한테 쫓거나 바니의 작은 집으로 이사해 들어온 손자까지도 부양하고 있다.

이런 모든 일에도 불구하고 제 까부는 날씬하고 말끔해 보였으며, 여전히 세세한 부분까지 기억하고 있었고, 여전히 온화하며, 유머 감각이 뛰어나고, 그 어느 때보다 강인한 생명력을 지니고 있었다. 그는 불굴의 인물이었다. 나를 지하철역까지 바래다 준 적이 있는데, 그가 너무 빨리 걸어서 겨우 따라갈 수 있었다. 〈그림 4.8〉부터 〈그림 4.11〉까지는 그의 삶의 여러 장소들을 보여 준다.

한번은 내가 제 까부에게 가장 자랑스러워하는 것이 무엇인지를 물었을 때, 내게 말하기를, "내 삶에서 가장 위대한 업적은 우리 애들 중 어느 누구도 마약을 하지 않고, 마약 조직에 들어가지 않고, 감옥에 가지 않았고, 살해당하지 않았던 점이에요"라고 했다. 이런 말에서 나는 그가 힘겹게 삶을 지켜 내 왔음을 이해할 수 있었다. 그러나 그의 삶도 결국은 어려워졌다. 그의 가계도는 그의 자녀 및 손자들의 직업과 학력을 보여 준다. 또한 그들이 얼마나 많은 것을 이루었는지도 나타내고 있다.

제의 가장 큰 자녀인 반델레이Wanderley는 브라질국립은행Caixa Ecônomica Federal에서 공무원으로 퇴임했다. 브라질국립은행은 라틴아메리카에서 가장 큰 국영 금융기관 중 하나이다. 그는 리우데자

그림 4.8_1950년대 해군에서 근무하던 젊은 제 까부.

그림 4.9_1960년대 노바브라질리아의 주민협의회 지도자
였던 제 까부.

그림 4.10_노바브라질리아의 자신의 집 옥상에서 저자와 대화를 나누고 있는 제 까부(1999년, Ag O Globo의 Michel Filho 사진 제공)

그림 4.11_이라자의 자신의 집 거실에서 저자와 대화를 나누고 있는 제 까부(2008년)

그림 4.12 폭력을 피해 노바브라질리아에서 시골로 다시 돌아간 가족. 그러나 일자리가 없어서 곤란을 겪고 있다.

네이루의 도시 구역 밖, 도심에서 두 시간 거리에 있는 자뻬리Japeri
에 살고 있다. 아들과 두 딸은 대학에서 정보공학을 전공했다. 내가
꼬빠까바나에서 만난 그의 큰딸 빠뜨리샤(빠띠)는 서론에서 자세히
언급했다.

　제의 둘째 아들인 바니는 2007년 54세의 나이로 죽었다. 그는
경찰로 여러 해 근무했기 때문에 연금으로 생활했다. 만약 정년까
지 근무를 했다면 퇴직금이 훨씬 더 많았을 테지만, 남부 지구에서
상근직 배달원으로 일자리를 제의 받자 정년 이전에 경찰직을 그만
두었다. 그러나 새 직장의 사업이 번창하기 시작하자 회사 사장님

과 두 명의 동업자 간의 사이가 벌어졌고, 사장님은 결국 동업자 중 한 명에게 살해당했다. 바니가 내게 설명해 준 바에 의하면 "동업자들은 사장님을 살해한 후 돈을 갈취하고 회사까지 폐업시켰다"는 것이다. 그때부터 쭉 바니는 실업 상태였다. 이후 이혼을 하고 구아달루뻬Guadalupe에 있는 아파트를 팔았다. 죽는 날까지 그는 이라자에서 제 까부와 함께 살았다. 제 까부의 손녀인 빠뜨리샤는 삼촌인 그를 매우 사랑했다.

바니의 장남인 바그너는 니떼로이의 안쪽에 있는 게이티드 커뮤니티에 살고 있다. 그는 제 까부가 집을 판 돈으로 그곳 땅을 구입했다. 바니와 바그너는 단순하고도 매력적인 목재 프레임의 집을 설계해서 지었다. 바그너는 자동차 에어컨 수리를 전문으로 하는 정비공이다. 그의 아내는 근처 대형 쇼핑몰의 미용실에서 일한다. 바그너의 여동생인 마리아나는 가족 중 가장 똑똑한 아이였다. 그녀는 이스따시우지사대학교에서 1년간 법대를 다녔으나 학업을 마치지는 못했다. 니떼로이에 있는 깡지두멘지스대학교Cândido Mendes University에서 패션 디자인을 공부하기 위해 법대를 그만둔 것이다. 학교를 마친 후 자비를 들여 의류 브랜드를 시작했다. 여러 가게에 자신의 디자인 도안을 돌린 후 주문을 받았으며, 직접 자재를 사서 재단을 하고 가봉은 하청을 주었다. 일을 매우 잘해 내서 올케언니(바그너의 아내)가 일하는 쇼핑몰에 가게를 열었다. 어머니와 할머니가 가게 일을 돕고 있으며, 계부가 회계와 투자를 돌봐 주고 있다. 사업은 꽤 잘되고 있는 것 같다. 내가 특별한 때에 입을 파티 드레스를 사러 가면서 그녀의 가게에 들러 보니 종업원이 여러 명이었다. 바니의 막내 여동생인 레치시아Letícia는 현재 스물한 살로 대학생이다.

어렸을 때 별명이 "살아 있는 전깃줄"이었던 조제의 딸 반델리나는 말썽쟁이였다. 고등학교까지는 마치게 하려고 그녀의 어머니가 무던히 애를 썼음에도 불구하고 반델리나는 5년 만에 학교를 자퇴했다. 10대 초반에는 미용사가 되는 것이 꿈이었다. 현재 50대인 반델리나는 정부 고용인들을 위한 거주지인 쌍따끄루스Santa Cruz에서 살고 있다. 그녀는 자기 동네가 좀 지루하고 고립되어 있지만 매우 안전하다고 말한다. 그 동네는 리우데자네이루의 도심에서 차로 두 시간이나 걸린다. 그녀는 초등학교 식당에서 일하다 퇴임했으며 2006년까지는 브라질의 황제 동 뻬드루Dom Pedro가 여름 궁전으로 사용하던 곳을 새로이 개조한 문화센터의 작은 도서관에서 근무했다.

싱글 맘이었던 반델리나는 아들이 나쁜 길로 빠지지 않도록 무던히 애를 썼다. 내게 말하기를 학교에서 전혀 얘기해 주질 않아서 아들이 오랜 기간 학교에 가지 않고 있단 사실을 전혀 몰랐다고 한다. 그 이후로 매일 밤 아들과 함께 숙제를 했고, 아들이 학교에 가도록 신경을 썼다. 그녀의 아들은 학교에서 전도유망한 축구선수였고, 덕분에 학교에서 퇴학을 당하지는 않았다. 그는 지역 출신의 유명 축구선수가 운영하는 축구 학교에서 장학금을 받았으며 국제경기 참가를 위해 팀원들과 같이 스위스에도 다녀왔다. 반델리나는 그가 여러 유명 인사들과 찍은 축구 사진을 자랑스럽게 진열해 두었다. 그중에는 미국 전 대통령 지미 카터와 같이 찍은 사진도 있다. 그러나 내가 2008년 다시 그녀를 만났을 때에는, 모든 일이 더 이상 감

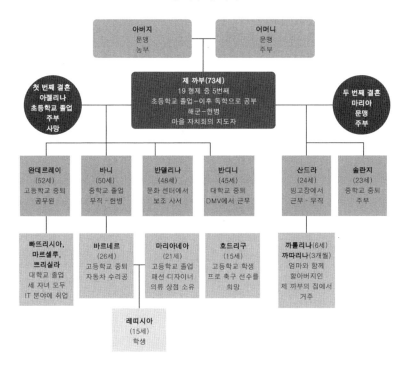

제 까부의 가족

아버지
문맹
농부

어머니
문맹
주부

제 까부(73세)
19 형제 중 5번째
초등학교 졸업-이후 독학으로 공부
해군-헌병
마을 자치회의 지도자

첫 번째 결혼
아젤리나
초등학교 졸업
주부
사망

두 번째 결혼
마리아
문맹
주부

완데르레이
(52세)
고등학교 중퇴
공무원

바니
(50세)
중학교 졸업
무직-헌병

반델리나
(48세)
문화 센터에서
보조 사서

반디니
(45세)
대학교 중퇴
DMV에서 근무

산드라
(24세)
빙고장에서
근무-무직

솔란지
(23세)
중학교 중퇴
주부

빠뜨리시아,
마르실루,
쁘리실라
대학교 졸업
세 자녀 모두
IT 분야에 취업

바르네르
(26세)
고등학교 중퇴
자동차 수리공

마리아네아
(21세)
고등학교 졸업
패션 디자이너
의류 상점 소유

호드리구
(15세)
고등학교 학생
프로 축구 선수를
희망

까롤리나(6세)
까따리나(3개월)
엄마와 함께
할아버지인
제 까부의 집에서
거주

레띠시아
(15세)
학생

그림 4.7_제 까부의 가계도(2003년 현재)

당할 수 없는 상황이라 이제는 아들과 함께 살 수 없다고 했다. 그는 학교도 그만두고 일도 하지 않으며, "말썽거리만을 찾아다닌다"고 한다. 모자는 날마다 싸웠다. 삼촌인 바니가 죽은 후 그녀의 아들은 이라자에 있는 할아버지 집으로 가서 살고 있다. 곧 열여덟 살이 되면 군대에 입대할 수 있으며, 아마도 그 길만이 그와 가족 전체가 안도할 수 있는 방법일 것이다.

제의 막내아들인 반디니Wandiney는 몇 년간 대학에 다녔지만 졸업은 하지 못했다. 그는 서부 지구에 있는 상따끄루스에 거주하고 있으며, 주정부의 자동차 관련 부처에서 근무한다. 아버지처럼 지역 정치에 참여하고 있는 자녀는 그가 유일하다. 그는 결혼한 적도 없고 자녀도 없지만, 여자 친구와 2년간 동거를 하고 있다. 가족들은 그들이 결혼하기를 바라고 있다.

제 까부가 마리아와의 결혼에서 얻은 두 딸들은 아직도 노바브라질리아에 있는 제 까부의 집에 살고 있다. 그 집은 마리아의 명의로 되어 있기 때문에 딸들이 상속 받을 수 있다. 큰딸인 산드라는 고등학교를 마치고 국립기술학교에서 컴퓨터 과정을 수료했으나 아직 일자리를 구하지 못하고 있다. 그녀는 미혼모로 두 딸인 까롤리네 Caroline와 까따리나Catarina를 키우고 있다. 마리아의 작은 딸인 소란지Solange는 중학교도 마치지 못했다. 소란지는 빙고장에서 일을 하는데, 한 빙고장이 폐장할 때까지 일하고 다른 빙고장으로 옮아가서 다시 폐장할 때까지 일하는 패턴을 반복한다. 지난 3년간 세 명의 자녀를 낳았고, 판매원 일을 하는 남편은 가족들과 일정 기간만 함께 머문다. 제 까부는 그들 모두에게 금전적인 지원을 하고 있다.

오늘날의 노바브라질리아

2008년에 나누었던 대화에서 나는 제 까부에게 노바블라질리아에서 일어나는 모든 일에 관심을 기울일 생각이냐고 물어보았다. 물론 그는 현재도 그렇게 하고 있다. 현재 아우보라두 지역에 상설 경찰서가 세워졌는데, 그곳은 제3부대 지휘관이 책임자라고 한다. 그러나 경찰들이 두려움에 경찰서 밖으로 나오려 하지 않아 실제로는 주민들에게 그 어떤 보호도 제공하지는 못했다. 한때 제 까부가 어린이 보육시설과 학교(초·중등 및 전문학교), 병원, 야외 스포츠 활동 등의 시설을 갖춘 새로운 마을회관으로 전용되기를 그토록 바랐던 거대한 용수 저장 시설 자리에는, 거대한 주차장을 갖춘 오순절 교회가 들어서 있다.

그에게 새로운 주민회의 대표에 대해 어떻게 생각하고 있는지를 물었다. 내가 이 지역의 사진을 찍을 수 있도록 허락을 해 달라고 요청했을 때 새로운 주민회의 대표는 내게 매우 친절하게 굴었다. 제 까부의 말에 의하면, 새로운 대표는 이 나라에서 가장 세력이 강한 마약상의 조력자로, 그 마약상은 현재 감옥에서 마약 조직을 다스리고 있다고 한다. 만약 마약상이 지목한 주민회의 대표가 임무를 제대로 수행하지 못하면, 본보기로 그를 처형한다고 한다.

제는 또한 국가 보안대가 노바브라질리아를 장악한 지도 3년이 다 되어 간다고 했다. 그들은 노바브라질리아의 입구에 모래주머니로 바리케이드를 만들어 놓고, 그 뒤에서 파벨라를 출입하는 모든 이에게 장전된 장총을 겨누고 있다고 한다. 제 까부의 이야기에 따르면, 이런 조치가 언덕 꼭대기 지역에서 이루어지는 마약거래를 막을 수는 없지만, 출입구 근처의 지역은 그나마 조용해졌다고 한다.

2008년 10월 초순, 당시 10월 5일로 예정되어 있던 시장 선거를 앞두고 매우 큰 충돌이 파벨라에서 일어나려 하고 있었다. 선거운동 기간 중에 마약 조직은 특정 후보에게 투표하기로 거래를 했고 별일 없다면 그렇게 될 터였다. 참관인이 한 명도 없는 상태에서 선거 홍보용 포스터나 플래카드를 게시하는 것은 불법이지만, 마을에는 그러한 선거 선전물이 넘쳐나고 있었다. 경찰이 계속해서 지나다니며 선전물을 찢어 버렸지만, 경찰들이 찢고 나면 금세 새 선전물이 나붙었다. 이런 정치적인 분위기 속에서 '평화와 질서를 유지하기 위해서' 국가 보안대가 리우데자네이루로 파병되어 가장 폭력에 취약하다고 여겨지는 파벨라에 주둔하게 되었다.

내가 도나 히따를 만나러 간 날, 그녀의 가게를 향해서 노바브라질리아 거리를 올라가고 있었다. 당시 나는 카메라는 지니고 있지 않았다. 그녀의 가게 앞에는 군인들이 떼 지어 서있었다. 그들은 푸른빛의 위장용 유니폼에 베레모를 맞춰 쓰고 부츠를 신고 있었으며, 총을 들고 있었다. 5~6명씩 나란히 대형을 이루어 노바브라질리아 대로의 자갈길을 열맞춰 오르내리는 젊은 군인들의 표정은 약간 상기되어 있었다. 주민들은 각자의 일상생활을 하면서 신경 쓰지 않았다. 일부 주민들은 군인들이 나타남으로써 형성된 아주 작은 평화에 감사한다고 했다. 이런 일들은 아마도 선거일까지는 계속될 것이었다.

군 주둔 프로그램에는 마을 주민들에게 다양한 무료 서비스를 제공함으로써 마을 사람들 사이에서 호의적인 여론을 조성하는 것도 포함되어 있었다. 머리를 짧게 깎은 순진한 젊은이들이 열심히 일하고 있었다. 젊은이들은 쁘라사두떼르수에 접이식 의자와 테이블을 설치했는데, 이곳에서는 주민들에게 무료로 혈압을 측정해 주고, 당뇨병 테스트도 해주었으며, 주민들이 법률 서류를 작성하는 것을 돕는 등 다양한 서비스를 제공하고 있었다. 젊은이들은 매일 오전 9시부터 오후 4시까지 광장에 있었다. 한 그룹이 주민들에게 서비스를 제공하는 동안 다른 그룹은 주요 도로의 한쪽을 계속해서 오르락내리락 하고 있었다.

도나 히따는 내게 현재 주민위원회 대표의 이름을 알려 주었으며, 나는 가는 길에 그를 보려고 거기에 멈춰 서있었다. 빗장 걸린 문을 노크하며 불렀을 때, 어떤 이가 2층 발코니에서 나와 원하는 게 뭐냐고 물었다. 나는 안으로 들어갔다. 주민위원회 대표는 이야기를 나누면서 내 프로젝트에 관심을 보였다. 그는 내가 초기에 찍은 마을 사진을 요청했다. 그 사진들은 그가 태어나기도 전의 사진들이었다. 그는 공공사업 부서가 대규모의 하수도관을 노바브라질리아 대로를 따라 매설하고 있다고 말해 주었다. 이는 2007년 룰라 대통령 시절에 시작된 전국 단위의 성장가속프로그램Program de Aceleraçao do Crescimento의 일환이었다. 그는 나나 동료가 사진을 찍는 동안 같이 가주겠노라고 했으나, 끝까지 같이 있지는 않았다.

나는 정부가 제안한 긍정적인 계획들을 보고 놀라웠으며 고무되었다. 이는 내가 그곳을 지켜본 지난 40년 동안 처음 있는 일이었다. 정부가 평화 및 인간적인 서비스를 계속 제공하겠노라고 지속적으로 제안한다는 것은 노바브라질리아와 같은 곳에서는 정말 굉장히 놀라운 일이었다.

그러나 내가 본 것과 성장가속프로그램에 대해 의견을 물었을 때 제 까부는 다소 냉소적이었다. 정부나 정치인들이 행하는 정책들 중에 노바브라질리아에 긍정적인 것이 있느냐는 질문에 "나는 경찰이든, 복음주의자들이든, 정부 보안대든 모두 철저히 불신합니다. …… 그들이 내게 잘해주었을 때, 나는 의심을 갖게 되었어요. …… 그들이 원하는 것은 나의 표이거나, 내게서 무엇인가를 훔쳐 가려 하는 것 혹은 그 둘 다라고 …….”

그는 이제 너무 늙어서 집을 보수하는 공사 일을 직접 할 수 없고 바니도 죽었다. 이제 집을 고치려면 돈을 주고 일꾼을 사야 하기 때문에 집도 엉망인 상태였다. 그는 그와 함께 지내러 온 숙모님께 가장 좋은 방을 드렸다. 이제 숙모님이 돌아가셨지만, 생전에 사용하시던 그대로 방을 두고 있다. 그가 사용해도 될 텐데 말이다. 수십 년 동안 그는 마을과 가족들을 돌봐 왔지만 이제 그 자신을 돌보는 데도 힘이 부친다.

제 까부의 자녀들은 아버지가 일찌감치 파벨라를 떠나지 않은 것이 어리석었다고 한다. 아버지가 왜 그토록 많은 시간과 노력을 자신이 아닌 파벨라에 쏟아부었는지 이해하지 못한다. 마을 건설 초기, 평범한 사람들이 주도해서 이루어 냈던, 그 의기양양하던 시절의 삶을 자녀들은 이해할 수 없다. 가장 성공한 손녀인 빠뜨리샤조차 그 시절 성취한 것이 무엇을 의미하는지 이해하지 못한다.

리우데자네이루 밖에서의 삶은 더 나을까?

상당수의 가구가 폭력을 피해 노바브라질리아를 떠났다. 그러나 고향으로 돌아갔던 이들 중 다수는 결국 노바브라질리아로 돌아왔다. 시골은 도시보다 훨씬 더 일자리가 없었고, 식량을 구하는 것도 훨씬 더 어려웠기 때문이다.

〈그림 4.12〉는 몇 년 전 노바브라질리아에서 이주해 나가서 주어웅·뻬소아João Pessoa의 도시 외곽에 작은 집을 산 가족의 모습이다. 주어웅·뻬소아는 북동부 지역 빠라이바 주의 주도이다. 그곳에서는 할 만한 일이 없었기에 삶이 매우 어려워졌다. 대도시에 익숙해 있던 그 가족은 고립감마저 느끼고 일자리도 없는 삶 때문에 매우 힘들었다. 마리아는 나의 초기 연구에도 참여했는데, 건강이 좋지 않지만 병원에 가보지도 못하고 있으며 약을 살 돈조차 없다.

제 까부의 형제와 그의 아내는 히우그랑지두노르치 주의 주도로 이주했다. 그들은 도시의 외곽에 토지를 구입해 열대 정원과 타일을 깐 베란다를 갖춘 멋진 2층 집을 지었다. 그들은 진심으로 나를 환대해 주었다. 그들은 리우데자네이루에서 일해서 모은 저축과 은퇴 연금으로 그곳에서 제법 잘 지낼 수 있었다. 그들은 제 까부를 위해 독립된 욕실을 짓기까지 했으며 계속해서 그곳으로 이주해 오라고 이야기했다. 제 까부는 기꺼이 1년에 한 달 정도 방문하고 있지만, 그곳에서 산다는 것은 생각조차 하지 못하고 있다. 아마도 자기가 너무 지루해서 죽을 것이라고 했다. 자신에게는 '동기'가 필요하며, 대도시가 주는 리듬과 에너지가 필요하다고 했다.

두끼지까시아스
: 파벨라와 로찌아멩뚜스

공간과 의미가 용도에 따라 재정의되듯이, 마을의 물리적 환경은 그곳의 삶을 반영한다. 다음 사진들에는 사람들의 가슴 아픈 이야기가 가시적으로 또는 은연중에 나타난다. 주제를 부각시키기 위해 나머지 부분을 덜 중요하게 생각하는 방식은, 이 파벨라 연구의 연구 지역인 까시아스, 그중 빌라오뻬라리아Vila Operária의 삶을 이해하는 데 효과적이다.

30년 만에 빌라오뻬라리아를 다시 방문했을 때 내가 바로 알아차린 변화는 주택들이 세라믹 타일로 지붕을 얹은 벽돌집이 되었다는 점과, 집집마다 전기선과 전화선이 들어와 있었으며, 광장과 스포츠 시설들이 개선되었다는 점 등이었다. 언덕을 올려다보니, 집들이 빽빽이 들어서 있었다. 개선된 주택들은 대부분 2층 내지 3층

그림 5.1_빌라오뻬라리아의 공립학교 앞에서 선생님과 함께 있는 다니라(왼쪽)(1968년).

까지 지어져 있었으며, 옥상에는 물탱크와 위성 안테나가 달려 있었다. 가끔은 옥상에서 아이들이 연을 날리기도 했다(〈그림 5.4〉). 새로 생긴 교회가 내 시선을 사로잡았는데, 마을 중심에 있는 광장 역시 수리가 되고, [바닥이 보도블록으로] 포장이 되었으며, 페인트가 칠해져 있었다(〈그림 5.5〉).

처음에는 알아차리지 못했던 것은 한낮 인파로 붐벼야 할 거리에도 사람들이 거의 보이지 않았다는 점이다. 이 장에 실린 사진들을 자세히 살펴보면, 광장 뒤 언덕으로 올라가는 계단에도 아무도 보이지 않는다. 그리고 체육 시설을 이용하고 있는 사람도 없고, 마을 회관을 드나드는 사람도 보이지 않는다. 마을회관 앞의 거리에 서

그림 5.2_빌라오뻬라리아의 자신의 집 앞에 저자와 함께 선 댜니라(2005년).

있는 몇몇 사람들은 서로 아무 관계가 없는 것 같다. 이 마을이 지니던 그 유쾌함은 어디로 가 버렸을까?

30년 전에는 거리마다 활기가 넘쳐 났다. 광장은 출근하거나 학교에 가거나 운동, 쇼핑, 심부름 등을 가다가 멈춰 서서 다른 이들과 이야기를 나누는 사람들로 벅적거렸다. 마을에는 놀이공원도 있었다(〈그림 5.3〉). 현재 그 곳에는 활기는 찾아볼 수 없으며 오직 인공적인 느낌만이 남아 있다. 비정상적인 것이어야 했을 것이 정상적인 것이 되어 버렸다. 이 파벨라는 계엄 상태이다. 모든 사람이 닫힌 문, 잠긴 대문, 쇠창살이 쳐진 창문 뒤로 숨었다. 자세히 살펴보면, 마을회관 벽에는 총알 자국이, 그 앞의 보도 위에는 핏자국이 남아 있는 것을 볼 수 있다. 이런 사진들은 폭력과 더불어 살아가는 것이 어떠한 것인지를 잘 보여 주고 있다. 그런 면에서 까시아스 이야기는 까따꿍바나 노바 브라질리아의 이야기와 크게 다르지 않다.

내가 1969년 만났던, 지역 운동가였던 댜니라Djanira(〈그림 5.1〉와 〈그림 3.2〉)의 사진에서도 이런 점이 잘 나타나 있다. 첫 번째 사진에서 그녀는, 자신이 투쟁으로 얻어 낸 공립학교 앞에서, 자랑스

그림 5.3_전문적인 선생님들 모셔 올 재원을 마련하고자 빌라오뻬라리아 놀이공원을 운영했다. 우리 연구팀원 중 한 명(왼쪽)과 우리의 승합차 운전사(오른쪽)가 앞마당에 서있다. 사진 뒤편으로 판잣집들이 보인다(1968년).

럽고도 강인한 모습으로 서있다. 2005년 나와 함께 그녀의 집 앞에서 찍은 두 번째 사진에서는 도무지 같은 사람이라고 보기도 힘들 정도이다. 그녀의 표정과 몸짓에서 우리는 패배감과 절망감을 읽을 수 있다. 단지 그녀가 늙었기 때문만은 아니었다. 그녀의 태도에서는 우울한 체념마저도 느껴졌다. 그녀는 자신이 손수 지은 집에서 더는 살 수 없다는 것을 깨달았다. 25명에 이르는 그녀의 형제자매 가운데 몇몇이 그 집에서 살았고, 자신의 자녀 10명을 그 집에서 키워 냈으며, 그 집을 증축해서 두 딸과 그 가족이 살 수 있게 했다. 그리고 그 집에서 노쇠한 숙모님을 돌보고 장애가 있는 아들도 돌보았다. 그러나 이제 다니라는 할 수만 있다면 멀리 이사를 가고 싶어 한다. 동네가 너무 위험하기 때문이다.

그림 5.4_2001년의 빌라오뻬라리아. 위의 사진에서와 같은 집들이 이제 여러 층을 올려 거주 밀도가 높아졌으며 전선과 전화선도 설치되어 있다.

소송을 건 이후 몇 년 동안, 댜니라는 그녀의 네 아이가 조제 바르보사José Barbosa의 아이임을 유전자 검사를 통해서 증명했다. 조제 바르보사는 한때 그녀의 동반자이자 동료 운동가였다. 조제가 시의회에서 세 번의 회기 동안 근무했기 때문에 댜니라는 그의 내연의 미망인으로서 주정부가 지불하는 연금을 탈 수 있게 되었다. 그녀의 자녀들 역시 그의 유산에 대한 상속권을 갖게 되었다. 그는 뻬뜨로브라스Petrobras[석유회사], 브라질은행Bank of Brazil, 코레이오스Correios[우체국], 라이츠Lights[송배전 업체], 텔레마르Telemar[통신 회사] 등의 주식을 소유하고 있었다. 사법부에서는 이렇게 상당한 자산가가 빌라오뻬라리아에 거주하는 여성을 내연의 처로 두었다고 믿으려 하지 않았다. 게다가 그 여성은 화장지 곽 씌우개나 바구니 장식을 뜨개질로 떠서 생계를 이어나가고 있었다. 사법부는 그녀가 증거로 제출한 토지소유권의 진위를 의심했다. 더구나 사법부에서는 그녀와 이웃들이 1980년부터 토지세IPTU를 내고 있다는 점도 믿으려 하지 않았다. 이런 것들은 파벨라 거주민들의 이미지와 맞지 않는 것이었기 때문이다.

그림 5.5_예전에 놀이공원이 있던 자리에 마을 건강 센터와 펜스가 둘러친 축구장이 2001년에 건설되었다. 그러나 지금은 마약 관련 폭력으로 인해 문이 닫힌 채 비어 있다.

바르보사로부터 물려받은 유산을 처분한 돈으로 그녀는 좀 더 안전한 곳으로 이사를 갈 수 있을 것이다. 그러면 아마도 그녀의 육체적 건강과 정신적 상태가 훨씬 더 나아질 수 있을 것이다. 그러나 유전자 검사 결과에도 불구하고, 소송은 2008년 10월 이후 지지부진한 상태이다. 사건을 빨리 마무리하기 위해, 바르보사의 첫 번째 부인의 자녀들과 댜니라의 자녀들이 그의 유산을 분배하는 문제에 대해 동의를 했으며, 사건을 마무리하기 위해 같은 변호사를 선임해 계약서를 작성했다. 그러나 여전히 아무런 결정도 나오지 않고 있다.

다니라를 찾아서

내가 1999년 다시 리우데자네이루를 찾았을 때, 다니라를 찾기 어려울 것으로 생각했다. 그녀가 살던 마을은 사람들이 "빌라이데 아우"Vila Ideal(이상적인 마을이라는 의미) 또는 "빌라오뻬라리아"(노동자 마을이라는 의미)라 부르던 판자촌이었다.[1] 그녀가 아직 그곳에 살고 있는지, 심지어 그 파벨라의 이름이 남아 있는지조차 알 수 없었다. 1973년도 이후 몇 번밖에 오지 않았기 때문에, 그녀의 집을 어떻게 가는지도 기억이 나지 않았다.

이 연구에서 다루고 있는 다른 지역들과는 달리, 두끼지까시아스(줄여서 까시아스)는, 한 파벨라의 명칭일 뿐 아니라 바이샤다풀루미넨세를 구성하는 16개의 행정구역 가운데 하나이다. 까시아스는 우리가 연구한 지역 가운데 리우데자네이루의 중심지에서 가장 멀리 떨어져 있으며, 다루기에 가장 까다로운 지역이다. 처음 연구를 진행할 당시에는 다른 주에 속해 있었다. 즉, 까따꿍바와 노바브라질리아는 리우데자네이루가 국가의 수도였던 당시, 연방 구역이었던 구아나바라 주에 속해 있었던 반면, 까시아스는 리우데자네이루 주에 속해 있었다.[2]

나는 주택 소유 여부가 도시빈민들의 삶에 어떠한 영향을 주는지가 궁금했는데, 까시아스 구역에서 이런 점을 관찰할 수 있었다. 까시아스는 비교적 새로 형성된 지역으로 전반적으로 정착이 완성된 상태가 아니었으며, 미개발 지구에 속한 지역이라 토지 가격도 매우 저렴했다. 도시 외곽에 위치한, 그리고 상하수도 시설 및 전기,

파벨라와 주변 마을

파벨라 [⦙⦙⦙⦙⦙]

A. 빌라오뻬라리아   B. 쎈뜨라우   C. 두망기

주변 마을(인터뷰 실시한 가구 [⦙⦙⦙⦙⦙])

1. 빠르끼 라빠에떼
2. 파젠다 엠제냐 두 뽀르꾸
3. 빌라 두 뽀르뚜
4. 빌라 아멜리아
5. 빠르끼 소뉴스 두 봉핀
6. 빌라 메리치
7. 빌라 빠울라
8. 빌라 플라비아
9. 자르징 25 아고스뚜
10. 빠르끼 빠울리사이아
11. 빌라 아따마라치
12. 발라 과나바라
13. 빠르끼 베이라마르
14. 빠르끼 펠리시다지
15. 빠르끼 두끼지까시아스
16. 빌라 상루이스
17. 빌라 센떼나리우
18. 바이후 다 까롤리나
19. 빌라 상세바스띠앙
20. 바이후 14 지줄류
21. 자르징 그라마츄
22. 빌라 세레뿌이
23. 빌라 과이라
24. 까에따누 마제이라
25. 자르징 엘리자베스
26. 자르징 리우뽈디나
27. 자르징 레아우
28. 자르징 올라부 빌락
29. 로치아멤뚜 아르뚜르 고우아르뜨
30. 빠르끼 두아르뜨
31. 로치아멤뚜 보아 비스따 I
32. 로치아멤뚜 보아 비스따 II

그림 5.6_마을 및 파벨라의 이름과 위치가 표시된 까시아스 지도(1968년).

그리고 포장도로 등의 도시기반시설이 전혀 갖추어져 있지 않았던 이 지역은 여러 개의 구역으로 나뉘어져 있었으며, 이들 구역은 로찌아멩뚜스 낭-우르바니사두loteamentos não-urbanizados라 불렸다. 나는 연구 대상을 로찌아멩뚜스와 파벨라로 구분해서 살펴보기로 했다. 가장 빈곤한 5개의 지역을 선별하기 위해서 행정구역도를 이용했으며 당시 그 행정구역 내에 있던 다른 세 개의 파벨라와 비교했다. 〈그림 5.6〉에서는 당시 선정된 마을과 파벨라가 나타나 있다.

파벨라와 달리 로찌아멩뚜스에서는 이주민들이 자신의 돈으로 토지를 구매하거나 다른 이로부터 토지소유권을 임차할 수 있었다. 반면 부정적인 측면은 그나마 있던 돈을 토지 구매에 사용함으로써, 집을 짓거나, 식료품이나 약을 구입할 여력이 없었으며, 아이들을 학교에 보낼 돈도 없었다는 점이다. 파벨라에서는 머무를 곳과 식량을 짧은 시간 내에 확보할 수 있지만, 장기적인 측면에서는 안정적이지 못하다. 나는 파벨라와 로찌아멩뚜스 중 어느 편이 장기적인 면에서는 더 나은 선택이었는지를 알아보고 싶었다.

댜니라에게는 전화가 없었고, 리우데자네이루에서 내가 아는 사람 가운데 그녀를 아는 이가 없었기 때문에, 그녀가 예전 그곳에 그대로 살고 있기만을 바라며 집으로 찾아가 보는 수밖에 없었다. 나는 그녀가 집 앞에서 자녀들과 함께 찍은 사진을 갖고 왔는데, 그 사진에 보면 바로 집 옆에 학교가 있었다. 주민위원회에서 설치한 놀이공원의 사진도 가져 왔다. 이 공원은 학교의 교사들에게 줄 월급을 마련하기 위해서 설치한 것이었다.

내가 그 지역을 마지막으로 방문한 이후로, 개혁적인 성향으로

그림 5.7_까시아스 시청(1968년). 앞쪽에 정원이 있는 사진 오른쪽의 약간 기울어진 건물이다.

유명한 지역 지도자인 줌바Zumba가 시의원으로 당선되었다. 그는
21명의 시의원 가운데 유일하게 백인도 아니고 엘리트 출신도 아
닌 사람으로, 선거에서 선출된 유일한 노동당 후보이기도 했다. 그
를 만나기 위해 지역 의회로 찾아갔다. 그 건물은 예전에는 녹색의
사각형 건물이었는데 이제는 바뀌어서 은빛으로 빛나는 건물이 되
었으며, 전경은 약간 현대적이었고 출입구는 화려했다(〈그림 5.7〉과
〈그림 5.8〉).

유니폼을 빼입고 등을 꼿꼿이 세운 채 앉아 있던 접수원은 사전
약속 없이는 줌바를 만날 수 없다고 했다. 나는 매우 멀리서 왔다고

그림 5.8_까시아스 시청(2004년). 정원 대신 안전 펜스와 포장도로가 설치되었다. 건물 전면에는 "두끼지까시아스 시의회"라고 쓰여 있고 다른 쪽에는 극장, 공공 도서실, 역사 자료실 등이 쓰여 있다.

설명하고 이번 한 번만 어찌 안 되겠냐고 그녀에게 청했지만, 그의 보좌진 가운데 누군가에게 약속을 잡아 달라고 이야기해 두는 것만이 가능할 것처럼 보였다.

이번 일은 절대 예외적인 일임을 강조하면서, 접수원이 줌바의 사무실로 들어갔다. 무더운 날씨에 웬 미국 여자가 이런 지방 도시 시청에서 무얼 하겠다는 것인지 궁금해서였는지, 줌바가 직접 나를 보러 나왔다. 내 소개를 시작하며 이름을 말하자, 그는 바로 다음과 같이 말했다.

당신을 알아요. …… 그리고 당신이 아주 예전에 여기 왔었다는 것도 알고 있습니다. 우리 사서는 아직도 당신 얘기를 한답니다. 그녀는 아직도 여기서 근무를 하고 있지요. 내가 전화를 걸어 볼게요. 그때 나는 꽤 어린 나이였지만 당신이 했던 연구를 기억해요. 당신이 쓴 책도 내 사무실에 있습니다. 까시아스가 그때 거기에 있었다는 걸 아는 사람이 도대체 몇 명이나 될까요?! 우리는 당신을 통해 우리의 현실에 대해 배웠습니다. 우리의 위치를 깨닫기 위해서는 외부인의 시선이 필요하지요. 그 이전까지 사람들이 우리 지역에 대해 아는 거라고는 떼노리우 까바우깡치Tenóriio Cavalcanti(까시아스에서 선출된 첫 번째 부주지사)와 이스꽈드루 다 모르치esquadrões da morte(죽음의 조)뿐이었어요. ……

우리는 몇 분간 흐린 조명에, 에어컨이 나오는 회의실에 앉아 까페지뉴를 마시며 이야기를 나누었다. 줌바는 그의 젊은 보좌진들을 불러서 나를 소개한 뒤 오래된 사진들을 보여 주었다. 그들 중 플라비아Flávia가 마침 댜니라가 사는 거리 바로 위쪽인 빌라오뻬라리아에 살고 있으니, 나를 그녀의 집에 데려다주겠노라고 했다. 일단 모든 사람을 만나 보고, 나중에 다시 긴 얘기를 하기로 약속한 다음, 플라비아를 따라 빌라오뻬라리아로 갔다.

나는 마치 저속촬영 영화를 보고 있는 것 같은 느낌이 들었다. 내가 마지막으로 들렀을 당시만 해도 까시아스에는 작은 시골 마을의 분위기가 있었다. 마을 전체에 큰 길이라곤 '8월 25일 대로' 하나뿐이었던 전형적인 시골 마을이었다. 지금 빌라오뻬라리아로 가는 길에 우리는 '8월 25일 대로'를 지나쳤다. 그리고 그곳에서 극적인 변화의 상징물들을 보았다. 건너편 대로에는 최신식 보행자 도로와 신호등, 표지판, 가로등 등이 설치되어 있었으며, 도로에는 자동차가 가득 차 있었다. 대로를 벗어나 마을의 작은 공원에 들어섰다. 이곳은 벤치 몇 개와 나무 몇 그루가 심어진 더러운 곳이었는데, 이제는 너무 깨끗하고 반짝반짝 빛나는 공공장소가 되어 있었다. 아이들을 위한 놀이터에는 빨강과 노랑 같은 밝은색으로 칠해진 미끄럼틀이 설치되어 있었으며, 사선으로 난 길 오른쪽으로는 역시 밝은색으로 칠해진 육각형 테이블들이 놓여 있었다. 이곳은 튼튼한 금속 우산의 그늘 아래에 어른들이 모일 수 있는 장소였다. 나무들은 사라지고 없었다. 아마도 나무는 디자인 계획의 일부가 아니었던 것 같다.

10~15분 정도를 더 걷자 도시에서 가장 빈곤한 지역으로 들어섰다. 포장도로 대신 자갈길이 나타났고, 빌라오뻬라리아로 이어지는 모퉁이를 돌자마자 공포스러운 분위기가 느껴졌다. 가게에서 나오는 여자들은 사방을 둘러보면서 지갑과 식료품을 손에 움켜쥐었다. 청년 몇몇이 길모퉁이에 있는 선술집 앞에서 위협적으로 구부정하게 서있었다.

그러나 이곳에서도, 내가 마지막으로 이곳을 방문했을 때보다 물리적 환경은 많이 개선된 것 같았다. 공터가 있던 곳에는 밝은 노랑-파랑 색의 마을회관이 들어서 있었으며, 그 앞에는 아스팔트 포장이 된 축구장이 들어서 있었다. 그리고 축구장 옆문 쪽으로는 병원 간판도 보였다. 그러나 이곳들에는 모두 철조망 담장이 둘러쳐져 있었고, 문은 자물쇠로 잠겨 있었다. 이내 나는 그 주민센터가 '안전상의 문제'로 인해 2000년 새로 단장을 한 이후 쭉 잠겨 있었다는 사실을 알게 되었다. 스포츠센터 뒤편 언덕배기에 엉성하게 들어서 있던 판잣집들도 철대문에 유리창이 있는 벽돌집으로 바뀌었다. 빌라오뻬라리아의 모든 이야기가 바로 그 풍경 속에 담겨 있었다. 즉, 빌라오뻬라리아에는 더 많은 편의시설이 들어섰지만, 살기는 훨씬 더 위험해졌다.

왼편으로는 댜니라가 살던 거리의 초입이 있었다. 혼자 왔다면, 그녀가 살던 집을 찾을 수 없었을 것이다. 원래 그녀의 집에는 담장과 대문이 있었고, 과실수와 꽃, 그리고 포도덩굴이 있었다. 지저귀는 새소리도 들렸다. 그러나 현재 그녀의 집에는 높은 회색 철담장이 쳐있고, 대문은 자물쇠와 빗장으로 잠겨 있었다. 초인종을 누르고 문도 두드렸다. 시간이 좀 지나자 한 사람이 나타났다. 문을 열기 전에 그 집 아이 가운데 하나를 2층 테라스로 보내 누가 왔는지를 살펴본 것이 분명했다. 내가 그곳에 살았을 때는 전혀 없었던 새로운 공포감이 모든 곳에 스며들어 있었고, 일상의 모든 행동에 영향을 미치고 있었다.

댜니라는 나를 알아보고는 울음을 터뜨리면서 동시에 웃어댔다. 몇 분 정도 지나서야 우리는 서로를 얼싸안고 마치 내가 어제까지도 그곳에 살았던 것처럼 이야기를 나누었다. 그녀는 잘 지내는 것 같지 않았다. 조제가 남긴 유산을 찾기 위해 보낸 세월 동안은 삶이 특히 힘들었던 것 같다. 그녀는 나와 이름이 같은, 서른두 살 먹은 딸의 건강을 걱정하고 있었다. 그녀는 몇 년간 공무원으로 근무하면서 DDT(유기염소계 살충제) 통을 등에 지고 다니면서 뿌린 이후로 폐가 안 좋아졌으며, 이후 장애수당을 받으려 노력했으나 잘되지 않았다.

까시아스의 이야기

댜니라가 아직도 살고 있는 빌라오뻬라리아는 내가 처음 연구를 시작했을 때 다루었던 3개의 파벨라와 5개의 빈곤 지역 가운데 두 끼지까시아스에 속하는 지역이다. 200명의 무작위표본 가운데 인구 비율에 따라 파벨라에서 100명을 추출하고, 나머지 100명은 로찌아멩뚜스에서 추출했다. 이들 8개 지역은 전체 행정구역 가운데 가장 빈곤한 지역들이었다. 〈그림 5.6〉에서 보이는 것처럼 A, B, C라고 이름 붙여진 3개의 파벨라는 각각 파벨라쎙뜨라우Favel Central, 파벨라두망기Favela do Mangue(베이라마르Beira-Mar라고도 불렸다), 빌라오뻬라리아이다. 5개의 빈곤 지역은 올라부빌락Olavo Bilac, 서웅세바스치어웅São Sebastião, 사라뿌이Sarapuí, 빌라레오뽀우지나Vila Leopoldina, 쎙떼나리우Centenário이다. 2001년에는 한 곳을 선정해 단기참여진단DRP을 실시했는데, 품이 많이 드는 연구 방법이었기 때문에, 8개 마을 중 하나 정도에서만 그 방법을 실행할 수 있었다. 댜니라가 소장하고 있던 서류와 상세한 기억력, 그리고 그녀가 마을에서 쌓은 폭넓은 인맥 덕에 후속 연구에서 이루어질 까시아스의 역사 복원 및 정량적 연구 대상으로서 빌라오뻬라리아를 선정할 수 있었다.

무엇보다도 자신의 시간과 노력을 기꺼이 할애해 주겠다는 그녀의 의지가 이곳에서 연구를 재개하는 데 큰 역할을 했다.

두끼지까시아스는 리우데자네이루 주에서 가장 빠르게 성장하는 행정구역 중 하나이다. 1943년까지 까시아스는 이웃한 행정구역인 노바이구아수Nova Iguaçu의 일부였으나, 이후 자치 행정구역으로 독립했다. 내가 첫 번째 연구를 시작했을 당시, 바이샤다풀루미넨세를 구성하는 행정구역은 몇 개 되지 않았지만 현재는 16개 이상으로 증가했다.

20세기 초반까지 바이샤다풀루미넨세는 인구밀도가 매우 낮은 늪지대였는데, 일부 지역은 해수면보다 고도가 낮았다. 식민 지배 기간 동안 사탕수수 플랜테이션이 만을 따라 확산되었으나, 저지대 지역에서는 19세기 초반 새로운 관개 기술이 도입되기 이전까지만 해도 경작이 이루어지지 않았다. 사탕수수 플랜테이션의 중요성이 감소함에 따라 노예노동력도 많이 줄어들었으며 다른 지역의 더욱 비옥한 토지들이 농업에 이용되었다. 따라서 바이샤다풀루미넨세 지역 전체가 빈곤한 상태가 되었다. 하천의 흐름이 용이하지 않을 땐 이 지역 전체가 커다란 늪으로 변했다. 말라리아가 지역 전체에 창궐했고 주민들은 이 지역을 떠날 수밖에 없었다. 1930년에야 정부가 위생 상황을 개선하고 도시 전체에 생활용수를 공급하기 위해 조사에 나섰다. 그로부터 얼마 지나지 않아 레오뽀우지나의 철로가 연장되고 히우뻬뜨루뽈리스Rio-Petrópolis 도로가 건설됨으로써 지역이 활기를 띠고, 인구 역시 증가하기 시작했다.

1950년대 중반부터 리우데자네이루의 시가지가 확대되면서 바이샤다풀루미넨세는 점차 리우데자네이루 시가지에 속하게 되었다. 거주 및 상업 시설들이 주로 들어서면서 토지가 고밀도로 이용되었고, 인구밀도가 급속히 높아졌다. 수중에 남은 돈도 거의 없이, 아는 이 하나 없는 도시에 도착한 이주민들은 바이샤다풀루미넨세에 정착하곤 했는데, 바이샤다풀루미넨세에서는 새로운 일자리들이 계속 생겨나고 생활비는 매우 적게 들었기 때문이다. 인구는 1960년대와 1970년대에 특히 빠른 속도로 성장했으며, 이 같은 성장세는 아직까지도 지속되고 있다. 1970년 43만 명이었던 인구가 1991년에는 66만8천 명으로 증가했으며, 2000년에는 77만6천 명에 이르렀다.

한편, 까시아스는 주요 제조업 중심지가 되었다. 20세기 말에서 21세기 초반까지 리우데자네이루 주에서 생산되는 공산품의 약 20퍼센트가 이 지역에서 생산되었다. 국영 석유회사인 뻬뜨로브라스가 1969년 정유공장을 건설했는데, 현재도 운영 중인 이 공장은 당시에는 국내에서 가장 큰 규모였다. 뻬뜨로브라스 정유공장이 들어서자 연관 산업들이 들어서기 시작했는데, 합성고무공장을 비롯해 국립 모터 회사 공장, 제약회사, 화학공장, 야금공장, 전자 모터 생산 회사 등이 들어섰다. 이들 산업체들 가운데 약 90퍼센트는 국영기업이었다. 이로 인해 까시아스는 리우데자네이루에서 근무하는 이들의 베드타운에서 리우데자네이루의 제조업 중심지로 변화했으며 이후 상업 중심지로도 성장했다.

군사독재 시절, 제5차 기관법Fifth Institutional Act의 일환으로 까시아스는 '국가안보구역'으로 지정되었다. 이러한 지정은 이곳에 입지한 정유 시설 및 다른 산업 시설이 매우 중요하기 때문이기도 했지만 정권에 대항하는 정치 및 노동 조직이 결성되는 것을 미리 예방하는 것이 주요 목적이었다. 따라서 연방 수도와 마찬가지로 이 도시의 시장도 군부가 임명하는 임명직이었다.

빌라오뻬라리아 이야기

빌라오뻬라리아는 전형적인 파벨라가 아니다. 파벨라로 분류되고, 또 그렇게 취급을 받고 있지만, 어떤 면에서는 절대 파벨라가 아니다. 1962년 토지소유주가 자신의 땅을 점유하고 있던 150가구에게 토지를 양도했다. 이후 주민들은 이를 발전시켰고, 그곳에서 계속 살 수 있는 권리를 위해 투쟁했다. 1980년에 시정부는 주민들의 토지소유권을 정식으로 부여했다. 주민들은 소유 재산에 대해 지방세를 납부하고 있다(토지 소유 문서와 세금 납부 영수증을 보여 주면서 자랑스러워한다). 그러나 마을의 형성 과정에서 토지의 불법점유가 이루어졌고, 토지 소유 문서가 항상 유효하다고 인정받는 것은 아니며, 정부는 이 지역을 파벨라라고 생각하고 있다.

빌라오뻬라리아 지역의 대부분은 본래 제나이크 차드리키Genach Chadrycki라는 사람의 소유였다. 그는 폴란드 출신의 부유한 광산업자로, 이 땅을 사들이기는 했지만 직접 거주한 적은 없었다. 1959년 조제 바르보사가 이끄는 10여 명의 장정들의 주도로 150여 가구가 이 땅의 일부를 점유했다. 그들이 점유한 땅은 잡초가 우거지

고 접근 가능한 길도 없는, 말하자면 그리 좋은 땅이 아니었다. 그
들은 올라리아Olaría에 있는 벽돌 공장에서 벽돌을 기부 받고, 뻬뜨
로브라스에서 목재를 기부 받아, 각 가구에 건축 재료로 나눠 주었
다. 댜니라의 증언에 의하면, 집을 지을 때 벽돌만을 사용해서 영구
적인 가옥이 될 수 있게 하라고 바르보사가 제안했다고 한다. 이는
파벨라에서 일반적으로 짓는 판잣집과는 구별되는 것으로, 이로 인
해 철거의 위협에서 자유로울 수 있었다.

댜니라는 빌라오뻬라리아가 생겨나던 그 시기를 다음과 같이 기
억했다.

우리가 살려고 하는 지역은 원래 악취가 나는 늪이었어요. 도로변으로
가난한 사람들이 많이 살고 있었어요. 임신한 여자도 있었고, 어린애
도 있었고 하여튼 …… 바르보사 씨는 그런 걸 두고 볼 수가 없었대요.
사람들을 동원하고 기계를 빌려다가 땅을 고르고 중심 도로를 놓았어
요. 길의 반 정도는 기계가 만들고 반 정도는 사람들이 힘을 합쳐 만들
었지요. 남자들과 남자아이들이 힘든 일을 하면 여자들이 정말 많은
양의 음식을 해서 차가운 음료수랑 같이 작업장에다 가져다 놓곤 했어
요. 날이 어찌나 덥던지요, 당신도 아시죠, 이 날씨?
우리는 이 지역 최고의 실력자인 떼노리우 까바우깡치[3]의 후원도 얻을
수 있었죠, 당신도 아시죠, 주 부지사이셨던. 1960년경에 도로가 완성
되었고, 150가구가 여기서 살게 되었어요. 우리는 이 마을을 빌라오뻬
라리아라고 불렀어요, 왜냐하면 여기 사는 사람 모두가 노동자였거든
요. 우리는 범죄 기록이 있거나 술주정을 한다거나 싸움을 하는 사람

들은 이곳에 입주하지 못하게 했지요.

빌라오뻬라리아에서 사람들이 거주하기 시작한 지 5년이 지난 1962년, 토지소유주인 챠드리키 씨가 마을을 방문했다. 그는 바르보사를 만났다. 댜니라의 말에 따르면, "그들은 좋은 관계를 맺었고, 챠드리키 씨는 자신의 토지를 그곳에 살고 있는 사람들에게 양도하는 데 동의했어요. 양도에 필요한 공식 허가를 정부로부터 받았지요. 바르보사를 지지했던 모든 가구들은 토지에 대한 합법적인 소유 증서를 받았어요."

이러한 과정을 통해 빌라오뻬라리아는 1962년 4월 19일 공식적으로 세워졌고, 같은 날 주민협의회가 발족했다. 주민회의 구성 선거는 4년마다 치르기로 한다는 점도 합의했다. 구급차, 상수도, 전기, 우편서비스, 학교 등도 순차적으로 제공되었다. 마을이 파벨라가 되는 것을 방지하고자 일련의 규약을 작성했으며 마을의 모든 가족 가구가 서명했다. 이 규약에서는 특히 범죄 경력이 있는 사람은 이곳에 정착할 수 없음을 명시했고, 그 어떤 불법행위도 용납되지 않음을 명기했다. 이혼을 할 경우 남성이 가정을 떠나도록 하기 위해 재산은 가정의 여성 중 가장 연장자의 이름으로 등록하게 했다. 결혼 생활에서의 갈등과 다툼을 중재하기 위해 가족 상담소를 개설했으며, 노동자 계층 가족들을 위한 이상적인 마을을 만들기 위해 매우 다양한 시도를 했다. 오늘날까지 많은 이들이 이 마을을 빌라이데아우(이상적인 마을이라는 의미)라 부른다.

그러나 그로부터 겨우 1년 후인 1963년, 브라질 국립주택은행이

주민들을 이 땅에서 내쫓고자 했다. 그곳에서 계속 거주하고자 하는 주민들의 투쟁은 이후 7년간이나 지속되었다. 빌라오뻬라리아가 앞서 언급한 부유층 거주지 '빈치싱꾸지아우구스뚜'25 de Augusto와 가까이 위치하고 있었기 때문에, 은행에서는 마을의 철거에 매우 큰 관심을 지니고 있었다. 국립주택은행에서 거주민들을 이주시키기 위해서, 혹은 그들을 떠나게끔 설득하기 위해서 무장한 대리인들까지 파견했다는 이야기를 친구들로부터 들을 수 있었다. 당시 마을 사람들은 남자, 여자, 어린아이 할 것 없이 다함께 나뭇가지, 돌, 벽돌 등을 들고 맞서 싸웠다.

다니라가 인터뷰에서 이야기한 것 중 일부는 마치 소설 속의 일처럼 기가 막힌 것이었다.

바르보사는 시의회에 출마해서 세 번이나 선출이 되었어요. 사람들은 자신들을 정치적으로 대표할 사람이 내부에서 선출되기를 정말로 바랐던 거죠. 1970년, 독재정권 시절에 그는 감옥에 투옥되었어요. 정치인들은 그를 고립시키려고 했죠. 독실한 가톨릭신자였는데도 그들은 그가 공산주의자라고 매도했어요. 감옥에 간 후에 그를 보러 갔죠. 당시 나는 아이를 가진 상태였고 예정일이 얼마 남지 않았어요.

많은 공산주의자들이 그를 지지하기 위해서 감옥에 찾아 왔죠. 경찰은 우리에게 무척 무례하게 굴었어요. 우리는 물을 마실 수도 없었고 화장실을 사용할 수도 없었죠. 경찰들이 그에게 어떤 짓을 하는지 지켜보기 위해 동안 양수가 터져서 감옥에서 아이를 낳았죠. 그 아이는 바르보사의 아기였고, 그 사람 아내가 와서 나를 병원에 데리고 갔어요.

다행히도 아기는 건강하게 태어났지만 그해 우리는 정말 힘들었어요. 아르만두 멜루 지 프란사Armando Melo de França라는 이름의 시의회 후보가 우리를 없애 버리겠다고 위협했고, 주민들이 모두 모여 그의 후보직 사퇴를 위해 싸웠죠. 그 사람의 지지자들도 그 자리에 있었어요. 나는 그 순간을 영원히 잊지 못할 거예요. 그들은 내게 "악귀가 씐 여편네"uma mulher tomada pelo diabo라고 소리쳤어요.

토지소유권은 지속적으로 이슈가 되었다. 마을 사람들은 집에 소장하고 있는 소유권 서류를 내게 보여 주곤 했다. 1962년 최초 정착한 150가구가 획득한 토지소유권은 신규 발행되었으며, 그 과정은 1974년부터 1985년까지 11년이나 걸렸다. 각각의 가정은 '공식적으로' 한 구역씩을 소유하고 있다. 댜니라는 9번 구역을 소유하고 있다. 최근의 마약 및 폭력 문제로 인해 빌라오뻬라리아 토지의 가치가 초기만큼 높지 않은 것이 현실이다.

"이놈의 갱단들이 쳐들어 온 이후로 자유가 없어져 버렸어요"라고 그녀는 이야기한다. "여기 사는 사람들은 갱단원이건 아니건 상관없이 일자리도 얻을 수가 없어요." 생계를 꾸리기 위해서 댜니라는 전화로 주문을 받아 옷을 판매하는 일을 한다. 옷을 판 금액의 약 10퍼센트 정도를 수익으로 가질 수 있다. 하지만 전화비를 내고 나면 남는 게 거의 없다. 버스 사고로 불구가 된 아들은 집 앞에서 사탕을 팔곤 했는데, 요새는 너무 위험해서 집 앞에 나갈 수도 없게 되었다.

폭력으로 인한 경관의 변화

바이샤다풀루미넨세와 관련된 폭력 사태에는 언제나 정치적 폭력 사건, 즉 권력투쟁 과정에서 발생한 폭력이 포함되어 있다. 상인들과 지역 유지들이 조직한 암살단들(주로 전직 경찰들로 구성되어 있었다)이, 지난 수십 년 동안 자유롭게 활동하며 좀도둑들이나 경쟁 관계에 있는 단체의 지도자들을 죽였다. 1962년 이 마을에서는 생필품을 매점매석하는 사람들에 맞서 민중 봉기가 일어났는데, 당시 상인들이 주로 공격을 당했다. 이때부터 민병대와 경비대가 만들어지기 시작했다고 알려져 있다. 이 지역의 살인사건 발생률은, 브라질을 넘어 라틴아메리카 전체, 심지어 전 세계에서 가장 높았다. 살인사건이 매우 일상적인 것이 되었기 때문에 지역 주민들이나 대학원생들은 "바이샤다에서는 한번에 대여섯 명 정도는 죽여야 신문에난다"고 이야기하기까지 했다.[4]

2001년 12월 어느 날 우리 연구팀은 빌라오뻬라리아에서 하루종일 단기참여진단DRP을 실시했다. 그날 참가한 주민들은 지금과 같은 폭력 사태가 시작된 것이 1980년대 초반, 곧 주민회의의 독립성이 마약상들에 의해 위협받기 시작한 때부터라고 했다. 그로부터 10년 후 그 마을에는 갱단들로부터 독립적인 지도자가 남지 않게 되었고, 결국 2001년에 주민회의가 완전히 문을 닫게 되었다. 당시 주민회의 대표로 [마약상] 꼬만두 베르멜류Comando Vermelho가 지목한 이가 추대되었을 때, 라이벌 갱단 떼르세이루 꼬만두Terceiro Comando의 일원이 이에 도전장을 냈고, 이는 결국 주민회의의 폐쇄로 이어졌다. 그 이후로 마을의 이익을 대변하거나 주민들의 요구에 귀를 기울이는 조직이 전혀 없었다. 마을회관 건물에서 운영되던 진료소는 여전히 문이 닫힌 채 방치되어 있다. 이 마을이 생존을 위한 투쟁과 연대운동이 처음으로 일어난 곳임을 감안한다면, 요즘의 상황은 정말로 서글픈 것이다.

단기참여진단DRP을 하는 동안, 초기 정착민인 알라이데Alaide의 장성한 자녀인 닐루Nilo와 페르낭두Fernando는 직장을 구하는 과정에서 겪었던 모욕감에 대해 이야기해 주었다. 그들은 가짜 주소를 써야만 했는데, 그렇지 않았다면 반지두bandido(도적이라는 단어이나 일상적으로는 마약거래상을 가리킬 때 사용됨)로 취급되었을 것이기 때문이었다. 여섯 자녀의 어머니이자 열네 명의 손주를 두었지만 현역 요리사로 일하고 있는 이사벨라의 말에 따르면, 한번은 냉장고를 사며 배달할 주소를 알려 주자 판매상에서 배달을 거부했다고도 한다. 판매상이 말하기를, 이 동네까지 위험을 무릅쓰고 배달을 하려면 배송료를 많이 줘야 하는데, 판매상에서는 추가 배송료를 부담할 수가 없노라고 했단다.

언덕 위에 보이는 경찰서에 대해 묻자, 경찰들 역시 마약거래상들과 맞서는 것을 두려워한다고 페르낭두가 말했다. 마약상들의 무기가 경찰들보다 훨씬 우수하고, 병력도 훨씬 더 많기 때문이었다. 경찰들은 경찰서 안에 숨어 몸을 사리고 있다고 한다. 경찰들은, 특수 부대가 '기습'적으로 마약상을 잡기 위해 장갑차를 타고 마을로 들어올 이들을 돕기 위해 나선다. 그나마 그들은 겁에 질리고 약에 취해 아무 데나 총을 쏘아 댄다고 한다. 한 여성은 "마약상들이 경찰들을 죽여 버린 이후 경찰서는 아무 쓸모가 없어졌어요"라고 했다. 경찰서 근처에는 새로 지은 교회가 눈길을 끌고 있었는데, 내가 직접 보러 가고 싶다고 하자 모든 이가 너무 위험하다며 말렸다.

내가 연구한 모든 마을에서, 모든 사람이 다른 동네가 자기네 동네보다 훨씬 더 위험하다고 생각하고 있었다. 모든 이가 "[그나마] 여긴 정말 평화로운 거고, 거긴 정말 위험해요"라고 이야기했다. 주민들의 이런 태도는 하루하루를 견디기 위한 그들만의 대처 방안인 것 같다. 어느 한 마약 분파가 마을을 확실하게 통제할 경우, 그 마을 주민들의 삶도 비교적 정상적으로 이어진다. 그러나 경쟁 관계에 있는 갱단들 사이에 영역 다툼이 일어나거나, 갱단 두목이 경찰에 체포되거나 하는 상황이 발생하면, 이는 전쟁으로 이어지곤 한다. 전쟁이 발생하면, 지역 주민들은 모두 볼모로 잡힌다. 종종 학교도 문을 닫고, 상점들 역시 문을 닫는다(사실 그것도 모자라 문에 판자를 친다). 사람들은 무서워서 감히 거리로 나서지를 못하고, 모두 집에만 머문다. 이처럼 집에만 머물러야 하는 힘든 시간이 며칠 동안이나 계속된다.

독재가 끝난 직후, 즉 1984년부터 1990년까지는 까시아스의 다른 마을들과 마찬가지로, 빌라오뻬라리아 역시 무척이나 잘 조직되고 활기가 넘쳤다. 그 시기 이들 마을에서는 빠울루 프레이리가 주민들에게 글을 가르치며 북동부에서 온 이들과 함께 해방신학을 전파했다. 당시 파벨라 주민들과 NGO 단체 사람들은 사회정의 및 가난한 이들의 권리 회복을 위한 운동을 전개하고 있었다. 당시 그들은 자신들이 진정한 민주주의사회의 진짜 시민이 될 것이라는 기대를 여전히 갖고 있었다.

2001년 있었던 단기참여진단DRP 모임에서 주민들은 마을의 변화에 대해 다음과 같이 요약했다.

마약상들이 들어오고 폭력 상황이 시작되면서 우리의 자유도 끝이 났고 우리의 행복도 끝이 났어요.

마약상들이 주민회의를 장악했고, 마을 라디오를 폐쇄했죠. 그리고 심지어 마을 사람들이 모이곤 했던 교회도 강제로 문을 닫게 했죠. 말을 듣지 않으면 죽이겠노라고 위협했죠.

꼬만두 베르멜류와 떼르세이루 꼬만두 사이의 전쟁 때문에 우리의 삶도 더 이상 안전하지 않게 되었어요. 무고한 사람들과 아이들이 유탄에 목숨을 잃거나 다쳤죠. 경찰들은 더 했어요. 경찰들은 마을에 들어와서 눈에 띄는 사람들한테 마구잡이로 총을 쐈죠.

어린아이들이 어른 흉내를 내면서 마약을 하고, 마약상에 들어갔어요. 심지어 여자아이들도요. 고작 열두세 살 먹은 여자애들이 아이를 가져요. 그 애들은 갱단 두목의 여자 친구가 되려고 자기가 낳은 애를 버리는 일도 서슴지 않죠.

빌라오뻬라리아가 폭력과 마약으로 물든 이후로는 가사 도우미로 일을 하려 해도 고용주들이 우리를 쓰려 하지 않아요. 그래서 우리 동네의 많은 여자들이 일을 잃었어요. 그런데 때마침 모든 공장이 문을 닫으면서 남자들도 일자리가 없어져 버렸죠.

참가자들에게 점심을 제공하기 바로 전에 실시하는 단기참여진단DRP의 마지막 부분은 마을에서 가장 중요한 것을 정하는 과정이다. 참가자들은 가장 필요한 것이 "일자리, 교육, 보건의료, 안전, 주민들이 신뢰할 수 있고 의회에서 주민들의 이익을 대변할 수 있는 후보자"라고 전적으로 비슷한 의견을 냈다.

일자리가 가장 중요한 관심사인데 빌라오뻬라리아의 주민이라는 오명은 일자리를 구하는 데 가장 큰 걸림돌이 되고 있었다. 사람들은 폐쇄된 공장을 대신할 만한 일자리가 필요했다. 주민들은 직업훈련을 받고자 했지만, 자신들이 어디로부터 어떤 도움을 받을 수 있는지 모르고 있었다. 주민들은, 자녀가 미래에 좋은 직장을 가질 수 있도록 학교에서 아이들을 온전한 종일 수업을 해주었으면 하고 바라고 있었다. 그러나 주민들은 학교가 종일제로 아이들을 돌봐준다고 하더라도 유능한 선생님들을 모셔 올 수 없다면 아무 소용이 없다고도 했다. 유능한 선생님들을 모셔 오기 위해서는 더 많은 봉급과 더욱 안전한 환경이 필요할 것이다.

보건의료서비스 또한 주민들이 간절히 바라는 문제였다. 마약거래로 말미암아 주민회의가 문을 닫은 이후, 주민들은 갈 곳이 없게 되었다. 주민들은 마을에 진료소나 보건소가 설치되기를 간절히 바라고 있었다. 주민들은 또한 민병대가 주민들의 일상 활동을 빼앗아 간 이후로 폭력 문제에 대한 해결책을 찾을 수 없었으며 상황이 계속해서 악화되고 있다고 했다. 예를 들어, 예전에는 파벨라 언덕 위에 있는 집들에도 작은 밴을 이용해 요리용 프로판가스통이 배달되었지만, 민병대가 들어온 이후로 그런 일조차 어렵게 되었다는 것이다. 이런 상황에 대해 한 주민은 "일상의 안전을 회복하는 것이야말로 우리 삶의 자유를 회복하는 것"이라고 한 문장으로 요약했다.

댜니라의 이야기

댜니라와 그 자녀들의 이야기는, 그녀와 비슷한 처지에 있는 다른 가족들이 대면하고 있는, 그러면서도 언제나 극복할 수 없는 고난을 상징한다.

댜니라의 소득이 빈곤선 이하로 감소했기 때문에, 다달이 식량바구니cesta básica(기본적인 식량[을 비롯한 생필품]을 제공하는 프로그램)의 혜택을 받을 자격이 있지만, 댜니라는 이를 받지 못하고 있다. 그녀가 다니는 교회에서도 신도들이 기부한 물건들을 담아 전해 주는 비슷한 프로그램이 있지만, 모든 사람이 가난하기 때문에 물품을 기부하는 이는 거의 없고, 외려 이를 필요로 하는 사람들이 대부분이다. 신도들 대부분이 공공부문에서 제공하는 식량바구니를 받고 있다. 수도세를 내기도 어렵게 된 그녀는 우물에서 물을 길러다 먹었다. 물론 우물물이 오염되어 있다는 것을 알고 있었다. 댜니라는 적은 돈이나마 벌기 위해서 자수를 놓고 수공예품을 만들고 있지만, 생활비를 대기에는 턱없이 부족한 형편이다. 최근에는 딸 한 명과 사고를 당한 아들, 그리고 그 마누라에 네 명의 손주들까지 같이 살게 되었다. 그들은 근근이 살아가고 있다.

나이 든 이에게 이런 상황은 매우 힘든 것이다. 댜니라는 1939년에 스물여섯 남매 중 하나로 태어났다. 세탁부였던 그녀의 어머니는 댜니라가 일곱 살 때 돌아가셨고, 그로부터 2년 후 외판원 일을 하던 아버지마저 돌아가셨다. 그 세대의 시골 출신 대부분이 그렇듯, 부모님은 두 분 다 문맹이셨다. 댜니라는 리우데자네이루로 이주해서 빌라오뻬라리아까지 이르렀다. 그녀는 마을공동체를 만드는 데 열심이었으며, 자신의 집 바로 옆에 학교를 지을 정도로 적극적이었다. 댜니라는 학교 선생님들과 학생들에게 점심을 해주고 받은 돈으로 생계를 꾸렸다. 그 슬하에 열 남매와 열세 명의 손자를 두었다.

댜니라는 학교교육을 3년밖에 받지 못했는데, 그 일로 늘 마음이 아팠다. 그래서 우리가 처음 만나고 4년이 지난 1972년, 다시 학교에 다니기 시작했다. 그녀는 당시 서른세 살이었고 이미 일곱 명의 자녀를 둔 엄마였다. 막내가 막 태어났고, 바로 위의 아이도 겨우 한 살이었다. 게다가 당시에는 성인을 위한 교육 프로그램이 전혀 없었기 때문에 어린아이들과 같은 교실에서 공부해야 했다. 그러나 학교에 다니는 게 전혀 부끄럽지 않고 오히려 자랑스러웠다고 한다. 댜니라는 중학교를 마친 후 사회 활동가가 되었고, 지방자치 정부에서 일자리도 얻었다.

바르보사와 함께 지낸 긴 세월 동안, 빌라오뻬라리아에서의 사람들의 생활은 꾸준히 개선되었으며, 그녀의 삶도 함께 나아졌다. 바르보사와 댜니라는 정식으로 결혼한 사이는 아니었지만 삶을 함께했고 네 명의 아이를 두었다. 그는 그녀의 아이들 모두에게 아버지와 같은 존재였다.

파벨라 삶의 축소판이라 할 수 있는 이 가족에게 시간이 지나면서 어떤 변화가 일어났는지를 알아보려면 댜니라의 자녀 및 손자들의 교육 수준과 직업 정도를 살펴보면 된다.[5]

장남인 마르꾸 안또니우Marco Antônio는 고등학교를 마치지 못했지만 지방자치 정부의 보건부서에서 근무하고 있다. 세 명의 자녀를 두고 있는데, 둘은 고등학교를 졸업했고, 막내는 대학 준비 과정 pre vestibular preparatory course에서 장학금을 받아 현재 리우데자네이루연방대학교에서 공부하고 있다. 그 학교는 리우데자네이루에서 가장 좋은 대학교이다. 자니 마르시아Jane Márcia는 학교를 3년밖에 다니지 못했는데, 현재는 가정주부이며 아이는 없다. 자니와 남편은 가까이에 살고 있는데, 먹고살 만큼은 충분히 번다. 그다음인 마르따 자니치Marta Janete는 교육학 학위를 받고 15년간 교사 생활을 했으며, 현재는 까시아스 주택과에서 근무하고 있다. 두 명의 자녀를 두었는데, 딸은 고등학교에 다니면서 아이를 키우고 있고, 아들은 고등학교를 졸업했지만 아직 취직은 못했다.

댜니라의 자녀 가운데 가장 성공한 이는 조르지 루이스Jorge Luis이다. 그는 변호사이며 자빠레빠구아Japarepagua 지역에서 개업했다. 아들 하나를 두었는데, 여자 친구와 함께 살고 있는 아들에게 조르지가 생활비를 주고 있다. 그는 가끔 어머니 댁에 들르곤 하지만 어머니의 유산상속 사건에 대해서는 도움을 주고 있지 않으며, 어머니에게 생활비를 보태 주는 것 같지도 않다. 셀리아 헤지나Célia Regina는 고등학교를 졸업하지 못했고 지역 병원에서 사무원으로 근무하고 있다. 그녀는 아들 둘을 두었다. 아우미르Almir는 어렸을 때 버스에 치여서 초등학교 3학년까지만 다녔다. 현재는 결혼해서

그림 5.9_댜니라의 딸 자니스(2004년).

디아나Diana라는 딸 하나를 두었는데, 디아나는 곧 학교를 졸업한
다. 그녀는 생물학자가 되고 싶어 한다. 하우두Raldo는 중학교를 마
치고 학교를 그만두었는데, 현재는 교통 조사관이다. 자녀는 세 명
이고 모두 학교에 다니고 있다. 내 이름을 딴 자니스Janissee가 댜니
라와 함께 있는 모습을 〈그림 5.9〉에서 볼 수 있다. 그녀는 5년 정
도 학교를 다녔고, 지방자치 정부의 모기방역프로그램SUCAN에서
일하다가 폐가 상해서 그만두었다. 결혼은 안 했지만 여자아이를
입양해서 기르고 있다. 그녀는 댜니라의 집에서 45분 거리에 있는,
시골이나 다름없는 로찌아멩뚜스에 살고 있다. 그 동네는 까시아스
북쪽에 뻬뜨로뽈리스 거리를 따라 위치하고 있다. 호베르뚜Roberto
는 고등학교를 졸업하지 못했으며 자니스처럼 모기방역프로그램에
서 방재 및 방역 요원으로 일하고 있다. 막내인 하껠Raquel은 현재
가정주부인데, 중학교 문턱에도 가본 적이 없다. 댜니라의 자녀 5

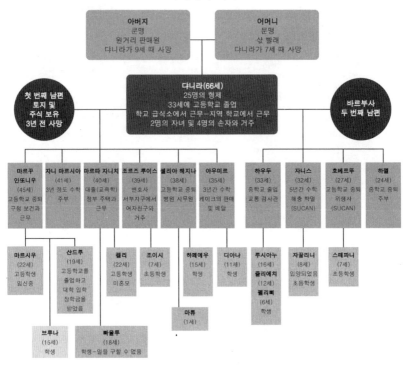

다니라의 가족

아버지
문맹
원거리 판매원
다니라가 9세 때 사망

어머니
문맹
삯 빨래
다니라가 7세 때 사망

다니라(66세)
25명의 형제
33세에 고등학교 졸업
학교 급식소에서 근무-지역 학교에서 근무
2명의 자녀 및 4명의 손자와 거주

첫 번째 남편
토지 및
주식 보유
3년 전 사망

바르부사
두 번째 남편

마르꾸
안또니우
(45세)
고등학교 중퇴
구청 보건과
근무

자니 마르시아
(41세)
3년 정도 수학
주부

마르따 자니치
(40세)
대졸(교육학)
정부 주택과
근무

조르즈 루이스
(39세)
변호사
서부지구에서
여자친구와
거주

셀리아 혜지나
(38세)
고등학교 중퇴
병원 사무원

아우미르
(35세)
3년간 수학
케이크의 판매
및 배달

하우두
(33세)
중학교 졸업
교통 검사관

자니스
(32세)
5년간 수학
해충 박멸
(SUCAN)

호베르뚜
(27세)
고등학교 중퇴
위생사
(SUCAN)

하껠
(24세)
중학교 중퇴
주부

마르시우
(22세)
고등학생
임신 중

산드루
(19세)
고등학교를
졸업하고
대학 입학
장학금을
받았음

껠리
(22세)
고등학생
미혼모

조이시
(7세)
초등학생

하뻬에우
(15세)
학생

디아나
(11세)
학생

루시아누
(16세)
쥴리에치
(12세)
뀔리삐
(6세)
학생

자꿀리니
(8세)
입양되었음
초등학생

스떼파니
(7세)
초등학생

브루나
(15세)
학생

빠울루
(18세)
학생-일을 구할 수 없음

마류
(1세)

그림 5.10_다니라의 가계도(2003년).

남 5녀 가운데 하껠과 알미르 두 명을 제외하고는 모두 까르떼이라
아시나다carteira assinada(노동자의 모든 편익을 보장하는 노동자 카드, 서명
이 되어 있음)가 발급되는 공식부문의 일자리를 갖고 있다. 이는 보
기 드문 성공 사례다.

〈그림 5.10〉의 가계도에서 보이는 바와 같이 다니라의 열 자녀
는 총 열세 명의 자식을 두었다. 여섯 명의 자녀가 아이가 없거나
한 명만을 두고 있으며 세 명의 자녀가 아이를 둘씩 낳았다. 그리고

가장 큰 자녀만이 세 명의 아이를 낳았다.[6]

가족 규모가 이렇듯 급격히 감소하는 것은 도시화된 인구의 특성이다. 의료서비스 및 의료 지식이 훨씬 더 잘 제공되는 도시에서는 영유아의 사망률이 훨씬 낮아진다. 교육 연한이 긴 여성일수록 직업을 가질 확률이 높다. 따라서 출산을 미루고 양육할 자녀의 수를 제한하는 경향이 있다. 농촌을 떠나서 살게 될 경우 대가족제는 더 이상 생존에 유리한 자산이 아닌 것이다. 여성이 가족계획을 할 수 있게 되고, 자신의 자녀가 자신보다 더 나은 삶을 살게 되기를 열망하기 때문에, 가족의 규모는 줄어들게 된다.

마르가리다, 제 까부, 다니라의 형제 수와 자녀 수 사이의 차이는 곧 촌락과 도시 사이의 차이를 반영한다. 부모님이 이미 리우데자네이루에 거주하고 계셨던 마르가리다에게는 네 명의 형제가 있었고, 그녀 자신은 여섯 명의 자녀를 출산했다. 역시 시골 출신이었던 다니라와 제 까부의 형제 수는 각각 스물다섯 명과 열아홉 명이었으며, 각각 열 명과 여섯 명의 자녀를 두었다. 그러나 그들의 자녀들 중에서는 아이를 세 명 이상 낳은 경우가 없으며, 한 명이나 두 명의 자녀만을 두는 경향이 뚜렷하다. 제 까부의 손녀인 빠뜨리샤처럼 많은 이들이 자녀를 낳지 않는다. 이런 추세는 모든 가족사에 나타나고 있으며, 전 세계적으로 나타나는 도시화의 인구학적 경향과 일치한다. 가족 규모가 작을수록 상류 계층으로의 이동성이 높게 나타난다는 자료 분석 결과가 나온 이후로 이런 경향이 더욱 두드러진 것으로 생각된다.

서른세 살의 나이에 다시 공부를 시작할 정도로 교육열이 높고 똑똑하며 의지가 강한 어머니와 (그녀의 자녀들 가운데 최소한 네 명은) 지적이고도 부유한 아버지를 두었음에도 불구하고, 댜니라의 자녀들이 학교를 다닌 연한이 짧고, 그리고 여전히 먹고살기 위해 아등바등하는 것을 보면 매우 안타깝다. 개인별로 동기 및 능력의 차이가 나는 점도 변수가 될 수 있으며, 운도 일정부분 작용했을 것이다. 그러나 성취 예측 변수의 하나인 출생 순서는 아무런 영향을 미치지 못하고 있었다. 열 명의 형제들 가운데 대학 졸업장을 받은 사람은 마르따 자니치와 조르지 루이스뿐이었고, 그들은 셋째와 넷째였다.

댜니라 가족의 직업을 살펴보면 상당수가 까시아스 자치 정부에서 일한다는 점에서 다소 이례적이다. 아마도 댜니라가 까시아스에서 쌓은 위상 때문에 그녀의 가족들에게 일자리를 제공했고, 그들역시 열심히 근무한 것 같다. 이 지역이 탈산업화되고, 공장들이 연이어 문을 닫게 되자, 일자리를 잃고 이 직업 저 직업을 전전하는 전직 공장노동자들이 증가했다.

가족 간의 결속은 도시 빈곤층 가족에서는 일반적인 현상이 아니다. 1969년에 내가 인터뷰(인터뷰는 그 집 가장이 노바브라질리아의 지도자 가운데 한 명이었기 때문에 이루어졌다)를 했던 가족은 까시아스 외곽의 새로운 로찌아멩뚜스로 이주했는데, 당시에도 먹고살기 위해 아등바등하고 있었다. 그들 부부는 나이가 꽤 들었는데, 매달 식료품을 살 것인지 아내의 당뇨병 약을 살 것이지를 결정해야 하는 처지였다. 그들이 지어서 물려준 집에서 살고 있던 딸은 보모로 일하면서 번 돈으로 살림을 도왔다. 그러나 아이를 낳은 이후에는 자신의 아기를 돌보지 못하고 다른 사람의 아이를 돌보는 일을 하는 현실이 서글퍼서 일을 그만두었다.

그 가족의 집에는 항상 문이 닫혀 있는 방이 하나 있었으며, 자갈이 깔린 차도에는 자동차와 오토바이가 주차되어 있었다. 내가 그것들에 대해 묻자, 그들은 자랑스럽게 아들이 집을 떠나 멀리 출장을 갈 때는 아들의 물건을 집에서 보관한다고 했다. 아들의 방은 커다란 플라스마 텔레비전, 경주용 자전거, 에어컨을 비롯해 온갖 사치품들로 가득 차 그야말로 궁전 같았다. 심지어 그 방은 새로 칠을 하고 멋진 커튼도 달았다. 그들은 아들을 위해서 그 물건들을 무척이나 소중하게 보관하고 있었으며, 절대 그 방에 들어가지 않았다. 내가 보기에는 그 아들이 부부를 도와주는 것 같지 않았고, 그들도 아들의 도움을 바라거나 그가 도와주지 않는다고 해서 서운하게 여기는 것 같지도 않았다.

2008년의 이야기

가장 최근 리우데자네이루를 방문한 것은 2008년 10월이었다. 당시 댜니라가 전화를 받지 않아 걱정을 하고 있었다. 날마다 밤낮으로 그녀의 집에 전화를 걸어 보았지만 소용이 없었다. 집에 전화를 하는 것 이외에는 그녀와 연락을 할 방법이 없었다. 노바브라질리아에서의 사건을 겪은 이후로 나는 혼자서 파벨라에 들어가는 모험을 할 마음이 생기지 않았다. 하지만 1주일간이나 전화를 받지 않자 집에 직접 찾아가 무슨 일이 일어났는지를 알아보는 수밖에 없다는 생각이 들었다.

빌라오뻬라리아에 도착해서는 그녀 집의 철제 대문 앞에 서서 대문 너머 앞마당에 대고 그녀를 불렀다. 다행히도 아들인 알미르와 그 아내, 그리고 딸이 내 목소리를 들었다. 그들은 댜니라의 집 옥상에 따로 지은 집에 살고 있었다. 그들이 발코니에서 내려다보고 내가 누구인지를 알아차리자 내려와서 나를 집에 들였다.

댜니라가 연락이 되지 않은 이유는 폐렴에 걸려서 자니스네 집에 가 머무르고 있었기 때문이었다. 나도 자니스의 집에 댜니라와 함께 여러 번 가본 적이 있다. 그 집은 오래된 파젠다(대농장)의 토지를 분할해 만든 마을에 있었다. 각각의 토지 구역을 주민들이 합법적으로 구매했음에도 불구하고, 그 마을은 리우데자네이루의 초기 파벨라와 같은 분위기를 풍겼다. 마을의 지대는 평지지만 비포장도로에 생활기반시설도 제대로 갖춰지지 않았다. 자니스가 처음 그 마을로 이사를 했을 때에는 물은 우물에서만 구할 수 있었고 전기를 쓸 수 있는 집들도 몇 집 되지 않았다. 그러나 현재는 수도가 설치되었고 전기미터기도 달려 있다. 도로망은 격자형으로 생겼으며 집들은 여전히 나무로 지은 1층짜리 주택들이다. 대부분의 집에는 잘 꾸며 놓은 담장이 낮게 쳐져 있다. 자니스는 집 주변에 예쁜 꽃들을 심어 놓았는데, 집 앞쪽으로는 바람이 잘 통하는 베란다가 있었다. 그 마을에는 자체적으로 주민회의가 결성되어 있으며, 농장주가 살던 저택에 사무실이 있다. 저택 주변에는 그늘을 제공하는 아름드리나무들과 잔디밭이 펼쳐져 있으며, 넓은 공지를 따라가면

그림 5.11_댜니라의 집 옥상에 서있는 댜니라의 아들 알미르과 손녀 디아나(2008년)

작은 강으로 이어진다. 2005년 방문 때, 당시 마약거래상들과는 전혀 상관없이 선출된 주민 대표의 생각과 활동에 감명을 받았던 기억이 있다. 그 마을은 내가 본 중 아주 드물게 매력적이고 살 만한 마을이었다. 그 마을은 마약상들이 관심을 갖지 않을 정도로 접근성이 낮은 마을이었으며, 현재도 그러하다.

자니스의 집에 있는 댜니라와 통화를 했더니, 그녀는 그곳의 공기가 훨씬 덜 오염되어 있고 딸이 잘 돌봐 주고 있어서 상태가 많이 나아졌다고 했다. 만약 그녀에게 연락할 일이 생기면 손녀인 디아나에게 이메일을 보내라고, 그 아이가 전해 줄 것이라고도 이야기했다.

영국 다이애나 왕비의 이름을 딴 디아나는 댜니라의 아들인 알미르와 그 아내인 라우디시아Laudícia의 외동딸이다. 나는 디아나가 자라는 걸 지켜봤는데, 부끄러움이 많지만 모든 일에 호기심도 많은 어린이였다. 디아나는 키가 크고 약간 마른 체격을 가진, 자신감 넘치고 열정적인 17세의 젊은 여성으로 자라났다. 디아나는 공부하는 걸 좋아했는데 특히 자연과학을 좋아했다. 자연과학을 공부하는 것이 신의 계시라고 다섯 살 때 이미 알게 되었다고 한다. 그녀는 하루도 학교에 빠진 적이 없다. 까시아스에 위치한 꼴레지우미구에 우꼬르따고등학교의 졸업반에 재학 중인데 영어, 스페인어, 정보과학 등을 추가로 더 듣고 있다(정보과학은 과학기술재단에서 수강하고 있다).

〈그림 5.11〉은 디아나와 그녀의 아버지가 댜니라의 집 옥상 테라스에 서있는 모습이다. 부녀가 서있는 뒤로 빌라오뻬라리아가 보인다. 디아나의 엄마인 라우디시아가 사진의 맨 오른쪽에 보이는데, 사진에 찍히지 않으려고 피하면서 웃는 모습이다. 그녀는 바이아 출신이다. 사진의 왼쪽에 보면 방 창문에 에어컨이 달려 있는 게 보인다. 안쪽으로 열린 문으로 들어가면 바로 작은 부엌이 있는데, 조리대와 싱크대가 벽 쪽에 있고, 반대편 벽 쪽으로 냉장고와 식탁이 놓여 있다. 화장실은 왼쪽에 있다. 디아나의 방은 오른쪽에 있는데 커튼 하나를 쳐서 부모님의 방과 분리했다. 테라스에는 모래와 시멘트 부대가 높게 쌓여 있다. 디아나가 공부를 하고 사생활을 가질 수 있도록 알미르가 방을 하나 더 지으려 하고 있기 때문이다.

최근 디아나는 생물학이나 동물학 분야에서 인턴 자리를 구하고 있다. 현장에서 선생님이나 연구자들과 함께 일하면서 좀 더 배우고 싶기 때문이다. 자신이 모은 자연 사진들과 직접 쓴 글들을 내게 보여 주었고, 연구를 위해 인터넷을 어떻게 활용하고 있는지도 보여 주었다. 날마다 사이버공간에 접속하고 있지만, 디아나는 가장 위험한 파벨라 가운데 하나인 까시아스에 거주하고 있으며, 집에서 1시간 거리밖에 안 되는 리우데자네이루에는 한 번도 가본 적이 없다. 〈그림 5.12〉에는 그녀와 함께 졸업을 한 학생들이 보인다. 만약

그림 5.12_다니라와 고등학교 졸업반 친구들. 여학생이 대부분이고, 외모만으로는 부유한 남부 지구 학생들과 다른 점이 별로 없다.

이들에게 절반 정도만의 기회라도 주어진다면, 그들 중 누구라도 젠치, 즉 평범한 시민이 될 수 있을 것이다.

알미르는 어렸을 때 거의 죽을 뻔했다. 알미르는 집 대문 앞에 나가 거리를 오가는 행인들에게 사탕을 팔곤 했다. 사고 당시 그는 심각한 뇌진탕을 입었고 골절상도 심했다. 그러나 거의 다 나아서 현재는 아내인 라우디시아와 함께 출장 뷔페 일을 하고 있다. 바이아 지역 출신인 라우디시아는 작은 부엌에서 마치 마술처럼 그 많은 음식을 만들어 낸다. 집 바로 옆에 있는 학교의 점심 급식을 맡고 있으며, 사람들이 직장에 가져갈 따듯한 도시락을 만들어 팔고 있고, 달달한 주전부리도 만들어서 판다. 알미르가 오토바이를 타고 도시락을 배달하고, 케이크나 과자를 까시아스 시내 광장에서 판다. 빌라오뻬라리아에서 무언가를 파는 일은 이제 너무 위험해져서 할 수가 없게 되었기 때문이다.

가족들은 모두 댜니라의 소송사건이 해결되기를 학수고대하고 있다. 바르보사가 세상을 떠난 지 벌써 10년이 다 되어 가고, 임종 당시 그는 땅, 현금, 주식 등의 형태로 상당량의 유산을 남겼다. 그러나 첫 번째 부인이 재산 모두에 대한 상속권을 주장했기 때문에 기약 없는 소송이 시작되었으며 댜니라 가족들의 생활은 어려워졌다. 4년 전 댜니라가 직접 비용을 대서 실시한 유전자 검사에서 그녀의 자녀 중 네 명이 분명하게 바르보사의 친자식임이 확인되었지만 아직까지도 그들에게 남겨진 유산을 한 푼도 받지 못하고 있다. 가족들은 변호사가 수임료를 더 오랫동안 받기 위해서 사건을 질질 끄는 것이라고 생각하고 있다.

이 기약 없는 법적 절차에 지친 바르보사의 모든 자녀들은 바르보사의 첫 번째 부인이 사망한 이후 소송사건을 마무리하기로 합의했고, 유산 분배 과정을 좀 더 신속히 진행하기 위해서 한 변호사에게 일을 맡겼다. 그러나 여전히 이 사건은 해결되지 않고 있다. 누군가 나서서 일을 빨리 추진했으면 하지만, 정작 변호사인 댜니라의 아들 조르지 루이스는 이 사건에 개입하고 싶어 하지 않는다.

우리가 베란다에 서있는 동안 내가 여러 층으로 올린 건물들의 사진을 찍으려 하자, 카메라를 꺼낼 생각도 하지 말라고 나를 말렸다. 언덕 위에 마약을 파는 지점인 보까boca라는 것이 있는데, 그곳 마약상들은 성능이 매우 좋은 망원경을 설치해, 아주 먼 곳에 벌어지는 사소한 일들도 볼 수 있다는 것이다. 지난달에는 어떤 가족의 친구가 찾아와서 베란다에서 그 가족의 비디오를 찍어 주고 있었는데, 꼬만두 베르멜류에 속한 마약상이 문을 쾅쾅 두드리고는 누가 비디오를 찍고 있으며, 무엇을, 그리고 왜 찍고 있는지 꼬치꼬치 캐물었다고 한다. 빌라오뻬라리아는 정말이지 최악의 상황에 처해 있는 것이다. 대부분의 파벨라는 마약상이나 민병대 한 편에 의해 지배되고 있지만 빌라오뻬라리아의 주민들은 양쪽 모두에게 괴롭힘을 당하고 있었다. 꼬만두 베르멜류 측이 주민들의 일거수일투족을 감시하고 있었으며, 주민들은 마약상들 사이의 세력 다툼 도중 유탄을 맞아 사망할 가능성도 매우 컸다. 또한 주민들은 우편물을 비롯해 요리용 프로판가스, 케이블 텔레비전, 인터넷 등 일상의 모든 것을 공급받기 위해서 민병대에게 돈을 지불하고 보호를 받고 있었다.

장소가 만드는 변화

내가 연구한 모든 파벨라에서는 사회적 지위의 이동성에서 가장 중요한 요소가 장소였다. 리우데자네이루로 이주한 이들의 출신 주들을 비교해 보면 별다른 차이점이 발견되지 않는다. 그러나 리우데자네이루 내에서 이주민들이 정착한 장소와 마을의 유형이 그들이 사회적으로 신분 상승을 하느냐 못하느냐에 중요한 영향을 미치고 있었다. 이는 처음 이주해 온 이들에게뿐만 아니라 그들의 자녀 및 손주들에게도 마찬가지였다.

까시아스의 로찌아멩뚜스 가운데 한 곳에서 성장하는 것은 주민들에게 명백하게 유리한 조건이 된다고 할 수 있는 반면, 까시아스의 파벨라 가운데 한 곳에서 성장하는 것만으로도 거주민들은 상대적으로 불리한 조건에 처해 있는 것이었다. 까따꿍바에서 성장하는 것은 장기적인 측면에서는 유리한 것이었는데, 특히 초등학교를 마친 이들에게는 유리했다.[7] 교육 및 구직의 기회 면에서는 남부 지구가 상황이 나았다. 남부 지구에서는 부유층과 일상에서 접촉할 기회가 많았기 때문이다. 이런 점은 도시 외곽에 위치한 지역에서는 생각할 수도 없는 것이다.

모든 연구 지역 가운데 까시아스의 로찌아멩뚜스 출신들이 가장 많이 도시의 공식부문으로 통합되는 것을 알 수 있었다. 그들은 처음에는 가난했지만 파벨라에서 거주한다는 오명으로 고통 받지 않았고, 처음에는 세입자로 출발했지만, 상당수의 사람들이 결국에는 자신의 토지를 소유하게 되었다. 파벨라와는 달리 로찌아멩뚜스에 도시 생활 서비스가 공급되면서 그들은 일반적인 마을 주민이 되고 다른 마을 거주민들과 구분이 가지 않게 되었다. 1968년에는 로찌아멩뚜스의 거주민들과 파벨라 거주민들의 수입이 비슷했지만, 합법적 지위를 지니고 있다는 사실은 오랜 세월이 지난 후에는 로찌아멩뚜스 주민들에게 더 유리한 요소로 작용했다. 합법적 지위는 그들이 빈곤에서 탈출해 더 높은 사회경제적지위를 얻는 데 도움을 주었다.

사회경제적지위 지수를 비롯한 모든 복지 지수에서, 까시아스의 로찌아멩뚜스 거주민들은 까따꿍바의 주민들보다 높은 점수를 받았다. 이 지수는 교육, 가정용 기기의 구입 및 소비, 방 1개당 거주민 수 등으로 측정되는 것이다. 까시아스 로찌아멩뚜스 지역이 가장 지수가 높았으며 까따꿍바가 그다음이었다. 그에 비해 노바브라질리아의 경우 중간 정도의 지수를 나타냈고, 까시아스의 파벨라들이 가장 낮은 지수를 나타냈다.

사람들은 브라질의 심각한 사회적 불평등이 노예제도에서부터 기인한다고 이야기한다. 즉, 가난한 이들은 가난의 굴레에 갇혀서 다음 세대, 그리고 그다음 세대도 가난을 대물림한다는 것이다. 이는 이론적으로는 맞는 이야기이지만, 현실에서는 좀 더 변화의 여지가 있다. 사례 집단이 어떤 집단이냐에 따라 그 해석이 달라지는 것이다. 만약 문맹이었던 댜니라의 부모님들과 컴퓨터도 사용할 줄 아는 댜니라의 손녀를 비교한다면 세대를 거치면서 큰 변화를 겪었음을 알 수 있을 것이다. 그러나 디아나의 사례를 남부 지구에 사는 그녀의 다른 이웃들과 비교한다면 어떨까? 과연 마약상과 민병대가 들끓는 마을에서 살고 있는 디아나 같은 젊은이들이 직업시장에서 경쟁력을 지닐 수 있을까?

신화에서 현실이 된 소외계층

⟨나는 파벨라 사람이에요⟩Eu Sou Favela

그래요, 그렇지만 파벨라는 결코 소외계층의 피난처는 아니에요, 내가
말했죠

파벨라에는 평범하고 가난한 사람들만 살아요

그리고 이게 신문에 나지도 않아요

(후렴) 파벨라는 이 사회의 문제예요

더구나 나는 파벨라 사람이랍니다

우리들은 노동자예요

우리는 사회의 도움을 받은 적이 한 번도 없어요

그렇지만 그곳에서만 살 수 있어요

왜냐하면 가난한 사람들이 살 만한 다른 곳이 없으니까요

우리는 아주 적은 임금만을 받을 수 있어요

그게 우리의 일상적인 삶이에요

(후렴) 파벨라는 이 사회의 문제예요

노까 다 뽀르뗄라와 세르지우 모스까, 1994

〈나는 파벨라 사람이에요〉라는 제목의 이 유명한 삼바 곡은 '리우데자네이루 파벨라의 빈곤 및 자존감을 소외계층marginality'의 입장에서 설명했다는 점에서 뛰어난 곡이다.[1] 리우데자네이루의 파벨라들에는 수백만 명의 주민들이 거주하고 있다. 이런 파벨라들이 없었다면 그들은 노숙자가 되었을지도 모른다.

이 곡을 지은 사람들은 파벨라를 그들 자신의 문제로 끌어안았고, 그들이 '정부 보조금'이나 사회적 지원을 받지 않는다고 했다. 또한 파벨라에 사는 사람들은 정직한 노동자들로, 이들은 사회에 의해 주변화되었고, 언론에 의해 폄하되었으며, 저임금을 받고 있다고 했다. 그들의 노랫말은 본 연구를 통해 사실임이 입증되었다. 이 연구를 위해 실시한 2천여 건의 인터뷰(이 인터뷰에는 2001년에 실시된 세 세대에 걸친 응답자와 2003년 새로이 추가된 무작위표본도 포함된다)에서 응답자 가운데 약 80퍼센트 정도가 소득이 매달 170헤알(당시 환율로는 68달러 정도) 이하라고 응답했다. 응답자 가운데 약 18퍼센트 정도만이 그들의 수입이 "먹고살기에 충분한 정도"라고 생각했다. 67퍼센트 정도는 웬만한 생활을 위해서는 현재 수입의 두 배 정도인 약 300헤알(120달러 정도)은 벌어야 한다고 생각했다. 응답자 가운데 19퍼센트만이 170헤알보다 더 많이 번다고 대답했다.

작곡가들은 노래의 후렴구에 "파벨라는 이 사회의 문제예요"라는 자조적인 표현을 했다.[2] 이는 사회 전반에서 파벨라를 바라보는 시각을 비웃는 표현으로, 파벨라를 깔보는 듯한 표현을 통해 역으로 파벨라 문제가 결국 이 사회 전반의 문제임을 주장하고 있다. 이는 뮤지컬 〈웨스트사이드스토리〉에서 이스트 할렘의 갱스터들이 경찰관 크룹크Krpuke에게 무릎을 꿇으면서 부르는 노래를 연상시킨다. 그 가사에서 그들은 "아무도 사회적 질병이 있는 남자 친구를 원하지 않기 때문"이라고 노래하고 있다.

파벨라를 '사회문제'로 보는 시각은 일상적 토대 위에서 파벨라에 사는 사람들을 사회시스템에 위협이 되는 존재로 취급함으로써 형성된다. 이 사회시스템이라는 것이 애초에 파벨라를 만든 원인임에도 말이다. 만약 빈곤한 이들에게 다른 주택을 선택할 수 있는 여지가 있었다면, 아마도 파벨라는 존재하지 않았을 것이다.

종합적으로 생각해 보면, 파벨라에 거주하는 이들에 대한 부정적인 고정관념은 그 반대의 증거들을 모두 가릴 수 있는 강력한 소외계층에 대한 이데올로기를 형성해 왔다. 이제까지 파벨라 거주민들을 '사회문제'로 여겨 왔기 때문에, 정부의 정책 테이블에는 그들을 일소하기 위한 정책이 늘 빠지지 않았다. 예를 들어, 2009년 4월 임기가 시작된 현 리우데자네이루 시장 에두아르두 빠이스는 파벨라 문제를 해결하기 위해 가능한 모든 방안을 논의 중이라고 말했다.

나의 책 『소외계층에 관한 신화』에서는 도시 빈곤층에 대한 인식의 점진적인 변화가 나타나 있다. 나는 여러 사례를 통해서 '소외계층'marginal이라고 사회에서 낙인찍히거나 사회시스템에서 배제된 사람들이, 실제로는 도시에서 매우 중요한 역할을 수행하고 있음을 밝혀냈다. 심지어 그들은 사회시스템에 매우 긴밀히 통합되어 있었지만, 그 통합은 매우 뒤틀리고 일방적인 방식을 나타내고 있었다.

이후 30년간 연구를 진행하면서 소외계층이라는 개념은 그 자체로 다수의, 나아가 변화하는 함의를 갖고 있으며, 일반적인 공공 및 정책입안자들의 생각을 들여다볼 수 있는 하나의 통로 역할을 한다는 점을 발견했다. 또한 그들은 소외계층에 대한 언론의 시각에 매우 예민하게 반응했다. 나의 초기 연구에서 있었던 위협들을 다시 생각해 보면 나는 소외의 개념이 파벨라와 어떠한 관련을 지니면서 형성되었는지, 그리고 정치 및 실제 현실에 어떠한 변화를 일으켰는지 알고 싶었다.

소외계층의 주변성에 대한 신화 뒤집기

지난 몇 십 년 동안 소외계층에 대한 개념은 뒤집히고, 파괴되고, 묵살되고, 그리고 다시 재발견되고 재구성되었다. 나는 역사적인 맥락에서 매우 특별한 시기에 『소외계층에 관한 신화』라는 책을 썼다. 당시는 문명화된 도시의 '성채'[중심부] 안으로 시골 출신의 이민자 '대중들'masses이 몰려온다는 적대감이 사회적으로 팽배해 있었다. 1968년 리우데자네이루의 파벨라에 대해 공식적으로 관리 감독에 책임을 지고 있던 기관이 쓴 기록을 살펴보면, 당시 파벨라에 대한 정부와 일반인들의 시각을 알 수 있다.

내륙지방에서 순수하고 화목한 가족들이 도착한다. 파벨라에 도착하면 그곳에서의 경제적 어려움과 나쁜 본보기, 문란함 등으로 말미암아 가족의 해체가 시작된다. …… 어린 소녀들은 꼬임에 넘어가고는 곧 버려진다. 소녀들은 임신을 하게 되지만 부끄러운 줄도 모른다. …… 실망감, 창피함 등을 잊어버리기 위해서 또는 먹을 것이 없어서 술이나 마약을 하게 된다. …… 밤 시간은 범죄자들의 세상이 된다. …… 여기저기서 도와 달라는 외침이 들려온다. 그러나 아무도 도우려 들지 않는다. 혹시나 그들도 피해자가 될까 봐. …… 경찰관이 혼자서 파벨라에 출동하는 경우는 거의 없고 출동을 하게 되면 여러 명이 한꺼번에 움직인다.[3]

현장조사 결과, 사회 전반에 걸쳐 대부분의 성원들이 파벨라에 대해 이렇게 인식하고 있지만, 이 같은 진술들은 현실에 그 어떤 토대도 두고 있지 않다. 내 연구에 따르면, 이런 진술들은 '실증적으로는 거짓이며, 분석적으로는 잘못되었으며, 정책적 함의 면에서도 적절치 못하다.'[4] 실제로 내 연구에 따르면, 파벨라는 사회적으로 잘 조직되어 있고, 화합이 잘되며, 파벨라의 주민들은 도시환경 및 그 조직을 이용하는 데 탁월한 능력을 가지고 있다. 문화적으로 파벨라 주민들은 그들끼리 사용하는 언어, 축구, 삼바 춤 등을 통해 '주류문화'에 기여했고, 자신들의 삶을 개선시키고자 하는 열망이 강렬했는데, 특히 자녀들의 삶이 더 나아지기를 바라는 마음에서 높은 교육열을 보여 주었다. 그들은 기꺼이 가장 열악한 직업을, 그것도 하나 이상 갖는 경우가 많았는데, 더욱이 매우 고된 환경에서 최소한의 안전장치만을 제공받은 채 매우 낮은 임금을 받고 일했다. 또한 다른 이들이 생산한 상품을 소비하는 소비자이기도 하다

(더구나 동네 상점들은 독점의 횡포를 부리기 때문에 일반인들보다 더 비싼 가격에 구매하곤 했다). 그리고 자신들의 주택뿐만 아니라 마을의 생활기반시설도 직접 건설했다.

파벨라 주민들은 정치라는 것이 파벨라 내외부에서 자신들의 삶에 영향을 미치고 있다는 점을 잘 알고 있을 뿐만 아니라, 정치에 적극적으로 참여하고도 있었다. 후견주의적인 지역 정치인들과 협력하고 있었으며, 시의회 후보자들과의 협상에서는 날카로운 통찰력을 지니고 임했다. 그러나 독재정권의 통치에 대해서는 복종하는 것처럼, 다시 말해 그들의 통치에 대해서는 수동적이고 무관심한 것처럼 보였다. 진보적인 사상이나 혁명적 행동주의를 지향하는 지식인들의 성향과 같은 것은 파벨라에서 찾아볼 수 없었다. 파벨라 주민들이 본보기로 삼는 사람들은 그들 마을 주변에 사는 부자들이 아니라 시골에 남겨 두고 온 가족이나 친지들이었다. 파벨라는 시정부가 해결해야 할 주택 부족 문제와 일자리 문제, 그리고 도시 서비스 문제를 알아서 해결했다. 또한 파벨라는 가난의 어려움을 서로 덜어 줄 수 있는 유대가 끈끈한 공동체를 제공했다.

내가 내린 결론은 파벨라의 주민들은 절대 주변적이지 않으며 오히려 사회와 불가분의 관계로 잘 결합된 사람들이라는 것이었다. 비록 그런 관계가 그들의 이익에 반하는 것일지라도 말이다. 그들은 열심히 일하고, 희망을 지니고 살고 있으며, 충성심을 지님으로써 사회에 기여하고 있지만, 사회가 제공하는 재화나 서비스를 제대로 제공받지 못하고 있었다. 파벨라 주민들이 경제적으로나 정치적으로 주변적인 존재들이 아님에도, 그들은 착취당하고 편견에 시

달리며 억압을 받았다. 비록 사회적으로나 문화적으로는 주변적인 존재들이 아니지만, 파벨라에 산다는 사실은 낙인과 같은 것이며 폐쇄적인 계층구조는 그들을 배제시켰다.[5] 그리고 실망스럽게도 파벨라의 이 같은 특징은 현재까지도 지속되고 있었다. 그리 놀랄 일도 아니지만 말이다.

1970년대 브라질에서는 소외계층에 대한 이데올로기는 매우 강력해서 점차 자기 충족적인 것이 되었다. 즉, 파벨라가 애초부터 사회질서 유지에 매우 위험한 것이라고 공언되면서 파벨라에 대한 혐오를 이끌어 내고, 철거를 정당화했다.

실제로는 소외계층에 대한 이데올로기는 정반대의 증거가 엄연히 존재함에도 불구하고 도덕주의적이며 희생자를 비난하는 이야기 구조와 더불어 오랫동안 지속되고 있다. 이 같은 이데올로기가 지속되는 데에는 여러 가지 이유가 있었다. 먼저 사회시스템이 상당수의 인구 집단에 대해 최소한의 생활수준도 제공할 수 없을 정도로 무능력하다는 사실을 은폐함으로써, 심각한 사회 불평등을 정당화한다. 두 번째, 소외계층에 대한 이데올로기는 게임의 규칙이 정당한 것이며, 그것이 '공정하다'는 주장을 옹호한다. 세 번째, 이는 광범위한 사회적 문제에 대한 희생양을 제공하며, 다른 이들에게 자신들은 저들보다 낫다는 위안감을 제공함으로써, 지배적인 규범을 보존한다. 네 번째, '소외계층'을 일탈, 사악한 행위, 범죄 등 모든 사회적 문제의 원인이라 치부함으로써, 이외의 사람들에게 자기 자신은 이런 문제로부터 떨어져 있다는 이미지를 만들어 준다. 다섯 번째, 이는 소외계층이라 낙인찍힌 사람들 스스로의 이미지를 형성한다. 이로 인해 파벨라 주민들은 자신들이 겪는 고초가 자신들 때문이라고 탓하게 되며, 자신들의 처지가 나아지지 않는 것 역시 자신들 스스로의 무지, 무능력, 부족함 때문이라고 생각하게끔 만든다. 그리고 마지막으로, 이는 빈곤한 사람들 간의 분열을 조장해 누군가 공동의 주제로 빈곤층을 결집해 단일한 정치적 세력으로 성장하는 것을 막는다.[6]

빈곤 경관의 변화

특히 브라질의 정치경제와 리우데자네이루 도시의 전반적인 변화라는 관점에서 지난 30년간 소외계층이 지니는 의미와 영향력이 어떻게 변화했는지를 살펴보는 것은 매우 흥미로운 일이다. 내 첫 번째 연구가 진행되던 당시는 1964년 4월 1일 일어난 군사쿠데타로 말미암아 독재체제가 브라질에서 정점에 도달했을 때였다. 점진적인 정치적 개방이 1974년 시작되었고, 일련의 단계를 거쳐 마침내 1984년 독재정치가 막을 내렸다. 시민적 자유가 억압되던 시기가 지나고, 1988년 새로운 헌법이 공표되면서 '권리를 지닐 권리' 운동이 전개되었고, 이는 사회 전반으로 확대되었다.

이처럼 민주주의가 복구되자 파벨라에서는 공동체 그룹들, 공동체 그룹 협회들, 비영리단체들이 매우 활발하게 활동했다. 이런 활동 가운데 일부는 시민의 권리를 증진하고, 과거 자행되었던 사회적 부정의를 바로잡고자 했다. 한편, 연극, 춤, 영화제작 등과 같은 문화적 관심사를 중심으로 단체가 조직되기도 했으며, 까뽀에이라[브라질 전통 무술]를 비롯해 축구, 배구, 레슬링, 카누와 같은 스포츠 단체가 조직되기도 했다. 어떤 이들은 인종적 또는 민족적 정체성이 약화되고 심지어 사라졌다고 주장하며, 아프로레게 운동Afro Reggae movement을[*] 벌이기도 했다. 또 다른 이들은 종교를 중심으로 모임을 조직했다. 이들은 깡동블레나 움반다umbanda[가톨릭 교리와 융합된 아프리카 기원 무속신앙] 같은 아프리카계 브라질인들의 관습뿐만 아니라 가톨릭 해방 이론을 재발견기도 하고, 복음주의 운동을 전개하기도 했다. 이런 활동 중에는 파벨라 내에서 자생적으로 나타난 것도 있지만, 일부는 공산당을 비롯한 정당 및 노조와 관련을 맺기도 했다. '리우데자네이루 주의 주민협의회의 연합체' The Federation of the Residents' Associations of the State of Rio는 정치적으로 매우 '결속'되어 있어서, 그 회장인 조 헤젠지Jô Resende는 민주화 이후 치러진 첫 지방자치 선거에서 부시장으로 선출되기도 했다.

경제적으로 브라질은 1960년대에는 경제 '기적'의 시기를 보내다, 1970년대에는 하이퍼인플레이션의 시기를 맞았으며, 소위 잃어버린 시대라 불리는 1980년대를 거쳐 1990년대 경제적 안정을 추구했다. 1993년 재무장관 페르낭두 엥히끼 까르도주는 헤알플랜 Real Plan을 발표했는데, 이는 화폐가치를 미국 달러에 고정시킨다는 내용이었다. 이는 인플레이션을 억제하고 빈곤층의 구매력을 일시

---

[*] 파벨라 주민들의 사회적 포용을 위해 1993년부터 아프로레게 문화 그룹이 시작한 시민 사회운동.

적으로 상승시켰다.[7] 그러나 이는 경제성장 문제에 대한 해답이 되지 못했고, 1990년대 경제는 여전히 침체되었다. 헤알플랜 발표 이후 15년간 금융 부문은 불안정했고, 실업은 증가했으며, 불평등은 지속되었다. 이 기간 동안 정치 시스템과 빈곤에 관한 담론도 변화했으나, 브라질은 여전히 전 세계에서 경제적 양극화가 가장 심한 나라 중 하나였다. 브라질의 상위 10퍼센트가 국가 전체 수입의 50퍼센트를 벌어들이고, 가장 가난한 20퍼센트는 2.5퍼센트만을 벌어들인다. 인구의 4분의 3이 빈곤선 이하의 생활을 하고 있다.[8]

세계경제가 제조업에서 서비스산업으로, 자원 기반 생산에서 지식 기반 생산으로, 장소 기반 자본축적에서 이동성 자본축적으로 변환함에 따라, 부정적인 결과가 브라질에 밀어닥쳤으며, 저숙련 노동력이 대부분인 파벨라 사람들과 리우데자네이루 시에 특히 심각한 영향을 미쳤다. 리우데자네이루에서 철강 및 조선 산업이 쇠퇴함에 따라 발생한 산업 공동화로 인해 수십만 개의 일자리가 없어졌다.[9] 공공 부분이 민영화되고 축소되었으며 복지 부분의 지출도 감소했다. 실질임금 역시 줄어들었으며 생필품들에 대한 보조금도 줄어들었다. 또한 노동자들을 위한 보호장치가 사라졌고 정규직이 감소했다. 이 같은 일련의 사태들은 상황을 더욱 악화시켰고,[10] 리우데자네이루는 비공식 경제(불법적이고 사회 통념에도 어긋나는)에 대한 의존도가 점차 증가했으며,[11] 작은 규모(하지만 성장하고 있는)의 현대적인 서비스 부분에 대한 의존도도 증가했다.

공동의 이익을 위한 사회적합의[12]가 퇴조함에 따라, 오랜 기간 지속되던 노동자 보장 정책 및 사회보장제도들이 약화되었다. 이는 경제 및 구조조정의 부정적 영향력을 완화할 수 있는 장치들이었다.[13] 실제로 2001년 내가 첫 번째 연구의 인터뷰 대상자에게 "어떤 정치인들이 당신과 같은 사람들에게는 가장 도움이 되나요?"라고 물었을 때 대부분이 제뚤리우 바르가스라고 대답하곤 했다. 포퓰리즘 정치인이었던 그의 통치 기간은 이스따두 노부Estado Novo[신체제라는 뜻](1930~45)라고도 하는데, 그 시기에 노동자의 권리 및 연금제도와 같은 복지국가의 기초가 갖춰졌다. 나는 사람들이 파벨라-바히우 프로그램을 처음 실시한 시장이나 마을을 위해 많은 일을 한 시의원들이라고 대답할 것이라고 예상했기 때문에, 이같은 반응이 놀라웠다. 그러나 첫 연구 표본의 54퍼센트가 바르가스 시대에 제정된 은퇴 연금을 주정부로부터 제공받아 생활하고 있으며, 그들 가운데 상당수가 이 연금으로 자식이나 손주까지도 돌보고 있는 점을 생각해 보면, 이는 당연한 것이었다.

소외계층의 제거와 재생산

우리말로는 주변성 혹은 소외계층 등 여러 용어로 번역되는 marginality라는 용어는, 1970년대 용어에 대한 비판이 제기된 이후 학계나 운동가들 사이에서는 잘 사용하지 않는다. 『소외계층에 관한 신화』라는 책이 출간된 이후 이에 대해 글을 썼던 학자들과 당시의 주요 연구물들은 소외계층의 현실적인 문제를 부정하고자 했다.

1980년대 중반 민주주의사회가 시작됨에 따라, 반대 목소리가 나오기 시작했고, 도시빈민에 대한 담론은 사회적 배제, 불평등, 부정의, 공간적 분리와 같은 훨씬 덜 자극적인[14] 개념들로 선회했다. 소외계층의 각 측면은 새로운 진보적 담론의 구축 과정에서 새롭고, 좀 더 부드러운 모습으로 등장했다. 사회적 소외계층은 '사회적 배제'라는 담론이 되었고, 문화적 소외계층은 '타자'라는 용어로 변신했으며, 경제적 소외계층은 '박탈계층,' '취약계층'으로, 그리고 '생계' 및 '자산'에 대한 재고로 변신했다. 그리고 정치적 소외계층에 대해서는 '목소리의 결여', '시민권 주장' 및 '권리' 등에 관한 논쟁이 대두되었다. 도시빈민에 대한 활동가 및 인텔리 계층의 공감에서 비롯된 이런 개념들은 여러 세대에 걸쳐 지속되고 있는 빈곤을 빈곤층의 결함 및 부족 탓으로 돌리는 것이 아니라 국가 및 사회구조에 그 원인이 있다고 했다. 그들은 또한 빈곤이라는 것이 인간의 근본적인 존엄성을 어떻게 파괴하는지도 보여 주었다.

물질적 소외와 문화적 소외, 그리고 역사적 소외 및 사회심리학적 소외, 나아가 정치적 측면의 소외는 서로 뒤섞이며 점점 더 서로를 강화한다. 빈곤층이 겪는 인간소외화 경향(또는 범죄화 경향)과 그들에 대한 다른 이들의 무관심은 독특한 개념 및 가정을 지닌 일련의 연구로 구체화되었다. 앞으로의 세 개 장에서는 소외계층이 어떻게 폭력 및 마약과 연관성을 갖게 되었는지(제7장), 민주주의 및 시민권이 그들에게는 어떻게 제한적으로 적용되는지(제8장), 그리고 주거지 및 사회경제적 이동성의 측면에서 어떠한 장벽들이 존재하는지(제9장)를 살펴볼 것이다. 이 장에서는 파벨라와 관련된 오명, 사회적 배제, 기회의 박탈 등이 어떻게 빈곤을 영속화하는지,

나아가 그러한 것들이 어떤 방식으로 빈곤한 이들로 하여금 계속해서 스스로가 열등하다고 믿게 하는지를 살펴볼 것이다.

오명과 차별

'우리'(집단에 속할 만한 사람들)와 '그들'(집단에 속할 자격이 없는 이들)을 구분하는 용어들이 어떻게 변화해 왔는지를 추적하며, 필자는 편견에 의해 개인들이 겪은 수많은 부당한 일화들에 주의 깊게 귀를 기울였을 뿐만 아니라, 미디어 및 학술 단체에서 이런 쟁점에 대해 이야기하는 방식에 대해서도 주의를 기울였다. 많은 이들이 브라질의 인종 및 젠더에 대해 글을 썼지만, 인종주의나 성차별주의를 거주지 및 마을의 위치(중심부인지 주변부인지), 그리고 출신지(리우데자네이루 출신인지 이주민인지)에 근거한 다양한 형태의 배제와 비교한 글은 본 적은 없다. 옷차림, 말투, 행동, 출신 계급에 대한 암시 등은 함께 어우러져서 한 사람의 전체적인 인상을 형성하게 된다. 이런 요소들은 한 사람의 특성에 대한 판단으로 이어지며 또한 그가 파벨라 출신인지 아닌지, 또는 그가 그 일자리에 맞는지를 결정하는 데 영향을 미친다. 파벨라에 거주하는 이들과의 사적인 대화를 통해 그들이 얼마나 많은 차별을 받았는지를 알게 되었으며, 2001년과 2003년의 조사에서는 이런 점에 초점을 맞추었다.

나는 후속 연구에서 인터뷰한 사람들에게 1969년에 한 질문과 동일한 두 개의 질문을 하는 것으로 연구를 시작했다. 그 질문은

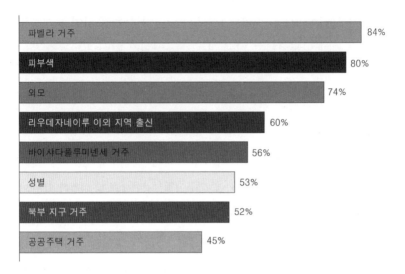

그림 6.1_오명에 대한 인식
출처: 첫 연구 대상자들과 2001년 실시한 인터뷰 중 차별에 관한 항목.

"당신은 브라질에서 인종적 차별이 존재한다고 생각하십니까?"와
"당신 또는 당신의 자녀가 인종적 차별을 경험한 적이 있습니까?"
였다. 2001년과 2003년에는 이 두 질문에 더해 "다른 요인으로 인
한 차별을 받아 본 적이 있습니까?"라는 질문을 하며, 이에 긍정적
인 대답을 한 이들에게 차별의 요인을 모두 답하게 했다.

〈그림 6.1〉에 제시된 그래프에서는 원래 인터뷰를 했던 이들이
2001년에 어떻게 응답했는지를 보여 주고 있다. 차별의 원인으로
가장 많이 대답한 항목은 인종주의가 아니라 파벨라 출신인지 여부
였다. 파벨라라는 오명에 이어 두 번째로 많이 언급된 차별 원인은
피부색이었으며, 그다음으로는 행색a pinta da pessoa이 그 뒤를 이었
고, 리우데자네이루 이외의 지역 출신(특히 북동부 지방 출신)이라는

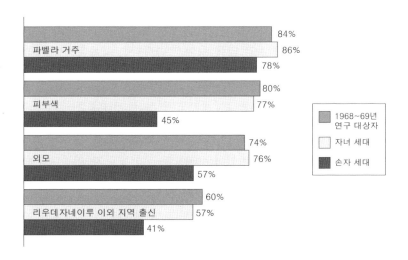

(chart labels:)

파벨라 거주 84% 86% 78%

피부색 80% 77% 45%

외모 74% 76% 57%

리우데자네이루 이외 지역 출신 60% 57% 41%

(legend:)
1968~69년 연구 대상자
자녀 세대
손자 세대

그림 6.2_세 세대가 느끼는 차별의 원인(2001년). 파벨라에 거주한다는 사실 자체가 오명의 가장 근본적인 원인이며 손자 세대에서도 떨쳐내지 못한 유일한 점이다.

점, 바이샤다풀루미넨세에 거주한다는 점 등이 순위에 들었다. 여성이라는 점이 그 뒤를 이어 그래프에 표시되었으며 북부 지구에 거주한다는 점, 그리고 꽁중뚜에 거주한다는 점도 순위에 들었다.

이 같은 연구 결과는 다른 학자들의 일반적인 의견과 일치하지 않았기 때문에, 나는 이런 형태의 배제가 나이 든 세대에서만 나타나는 현상인지 궁금했다. 그러나 결과는 그렇지 않았다. 부모 세대의 대답을 그들의 자녀 및 손주 세대의 대답과 비교해 보니, 젊은 세대의 응답도 그 순서나 수치 면에서 부모 세대와 매우 유사했다. 자녀 세대의 경우 부모 세대의 응답과 거의 비슷했으며, 그들은 파벨라에 거주한다는 사실과 특정 외모가 더욱더 결정적인 원인으로 작용한다고 응답했다(〈그림 6.2〉).

손자 세대도 같은 이유로 차별을 당했으나 정도에서는 조금 차이가 있었다. 세대 간에 가장 많은 차이가 나타나는 항목은 인종이었다. 손자 세대에서는 인종으로 인해 차별을 경험했다는 응답이 절반도 되지 않았다. 그러나 그들에게도 역시 파벨라에 거주한다는 사실은 여전히 가장 심각한 차별의 원인이 되었고(78퍼센트가 이를 지적했다), 외모는 그다음이었다(60퍼센트). 이 모두가 인종, 성별, 출생 지역보다 더 큰 장애로 작용하고 있었다(〈그림 6.2〉에 가장 많은 응답을 한 네 가지 요인이 나타나 있다). 남부 지구 거주민이 아니라 파벨라 거주민처럼 보인다는 점은 어린 세대에게는 일자리를 구하는 데 확실한 장애물로 작용하고 있었다. 이들은 교육을 가장 많이 받은 세대이지만, 실업률이 모든 세대 가운데 가장 높아 거의 50퍼센트에 이르렀다.

그러나 나는 여전히 왜 손자 세대가 그들의 윗세대보다 차별을 덜 받았다고 인식하고 있는 지 궁금했다. 제 까부의 손녀인 빠뜨리샤, 니우똥의 손녀인 사브리나, 그리고 댜니라의 손녀인 디아나를 비롯해 이번 집단 연구에 속한 사람들을 보면, 그 세대는 교육 수준이 가장 높고, 말하고 옷을 입는 방식 등에서 남부 지구 스타일에 거의 완벽하게 적응했기에, 상대적으로 덜 배제되고 덜 받고 더 많은 이가 '포용'될 것만 같았다.[15]

배제의 원인에 대한 다음 질문은, 세대 간 연구를 통해 얻은 결론이 2년 후 이루어진 새로운 무작위표본 연구에서도 비슷하게 나올 것인가였다. 혹시라도 내가 가족 내에 공유된 사고방식에 나도 모르게 휩쓸린 것은 아닌지 편견의 원인에 대해 확신을 갖고 이야기하기 이전에 내가 택한 것은 아닌지를 확실히 하고 싶었다.

원래 인터뷰를 했던 이들과 같은 동네에서 추출된 새로운 무작위 표본집단(16~65세 사이의 남녀)에서는 훨씬 더 많은 차별을 경험했음을 발견되었다. 차별 요인의 순서도 비슷했다. 그러나 좀 더 정확히 이야기하자면, 92퍼센트의 사람들이 파벨라 주민이라는 이유와 피부색 때문에, 그리고 88퍼센트의 사람들이 외모 때문에 부정적인 평가를 받았다고 응답했다. 그들은 또한 리우데자네이루에서 태어나지 않은 이들에 대한 편견도 매우 심하다고 느끼고 있었는데, 아마도 그들 가운데 다수가 이주민이었기 때문일 것이다. 그러나 바이샤다풀루미넨세에 거주하는 것은 이전 연구보다 훨씬 덜 결정적인 역할을 한 것으로 보이는데, 아마도 경제적으로 발전하고 대중교통이 개선되었기 때문일 것이다.

사회적 배제

1960년대의 소외계층에 대한 개념과 최근에 나온 사회적 배제에 관한 개념을 구분하고자 하는 학계의 논문들을 읽어 보면, 그러한 구분이 자의적이고도 의미를 명확히 하기보다는 오히려 헷갈리게 된다.[16] 그중 가장 흥미로운 것은 마르시우 뽀쉬망Marcio Pochmann이 시도한 브라질에서의 '구舊배제'(1960~80)와 '신新배제'(1980~2000)의 구분이다.[17] 그는 문맹률(또는 낮은 학력)과 낮은 임금에 기반을 하고 있는 구舊사회적 배제는, 이촌향도민들에게 초점을 맞추었고,

특히 여성과 흑인에 관심을 가졌다. 신新배제에는 나의 후속 연구에 포함된 대부분의 사람들처럼 도시에서 태어난 이들이 포함되는데, 그들은 학력이 높고 도시 서비스를 제공받고 있으며 살림살이도 잘 갖춰 놓고 살고 있지만, 대부분 실업 상태이거나 부분 고용 상태, 또는 매우 적은 임금만을 받고 있었다. 배제는 그들의 고용시장 진입이 불안정하기 때문에 나타나는 것이었다. 내가 인터뷰한 이들은 그들의 인생에 가장 중요한 것을 직업이나 일로 꼽고 있었고, 파벨라에서 산다는 것은 그들의 피부색이나 성별과는 무관한 또 다른 사회적 배제의 주요 원인이었기에, 이들의 주장은 일리가 있는 것이었다. 오늘날 리우데자네이루 시에서는 도시 출생의 피부색이 밝은 파벨라 및 꽁중뚜 거주의 남성 실업자들이 직업을 가진 흑인 여성보다 훨씬 더 많은 의심과 차별을 겪게 된다. 게다가 그 남성이 젊다면 상황은 더욱 악화되는데, 그는 곧 마약거래와 관련이 있을 것이라는 의심을 받게 되기 때문이다. 요약을 하자면, 주변성의 조건이 계급, 인종, 성별 가운데 어느 것인지를 둘러싼 해묵은 논쟁은 오늘날 나타나고 있는 배제의 형태에 대해서는 새로운 통찰을 하지 못하고 있다.

역량의 박탈

아마르티아 센Amartya Sen은 빈곤이란 단순히 소득이 적은 것이 아니라 한 사람이 자신의 역량을 발휘할 수 있는 능력이나 최대한

의 이익을 추구할 수 있는 능력이 결여된 상태라고 정의했다.[18] 센은 능력의 발탁을 '본질적으로 중요'하다고 보았으며, 이에 반해 낮은 소득은 일시적인 현상일 수 있거나 또는 다른 목표를 최대화하기 위한 의식적인 결정의 결과일 수도 있다고 보았다. 내가 인터뷰를 한 사람들 가운데서도 상당수가 교육, 가족의 양육, 여가, 종교 등의 이유로 소득 부문의 희생을 감수하고 있었고, 나아가 모욕을 당하지 않기 위해, 근무에서의 자유로움 때문에 또는 마음의 평화를 위해서 낮은 소득을 감내하고 있었다. [능력] 박탈 개념은, 가난한 조건에서 살아가는 것으로 귀결될 수 있는 저소득과는 별개로, 이 같은 조건들 비롯한 다양한 조건들이 고려되어야 한다. 현재의 논의에 적합한 사례로, 파벨라나 꽁중뚜처럼 무장소성인 곳에 거주하는 것은 그의 사회적 지위가 낮다는 것을 의미하며, 그의 재산, 교육, 기술, 학식 등과는 상관없이, 의심을 불러일으키게 된다는 것이다. 그리고 이로 인해 합법적인 동네에서 사는 사람들이 버는 만큼의 소득을 올리기 어렵게 된다는 것이다. 바이후에 거주하는 사람들은 파벨라 거주민에 비해 고용의 기회가 더 많고 좀 더 나은 대접을 받게 된다. 설령 파벨라 거주민의 소득이 더 많은 경우에도 말이다. 파벨라 거주민 중에는 파벨라에는 그곳을 떠나 다른 곳으로 이주할 수 있을 정도로 충분히 많은 소득을 올리는 사람들도 있지만(내 연구의 표본에서도 10퍼센트가 넘었다), 그들은 떠나지 않기로 결정했다.

센이 잘 포착한 점은 빈곤이 소득과 무관한 것이라고 간주될 수 있다는 점이다. 위기가 닥치거나, 병에 걸리거나, 사고를 당하면,

계속해서 돈을 벌 수 없고, 결국에는 저축했던 돈이나 재산까지도 탕진하게 된다. 센은 낮은 소득과 낮은 역량 사이의 관계는 집단, 가족, 개인에 따라 다양하게 나타나며, 대체로 개인적 특성에 달려 있다고 주장했다. 이는 초기 연구 참여자들 가운데 가장 성공한 이들의 인생 이야기에서 증명이 되며, 나는 이를 [계층] 이동성을 다룬 장의 마지막 부분에서 다룸으로써 그에 대한 결론을 이야기했다.

'거리에서의 대화'

소외계층에 관한 주제로 다시 돌아가면, 다른 용어를 사용한다고 해도, 다른 용어들 역시 여전히 현실을 제대로 반영하지 못한다. '사회적 배제'라던가 '역량 박탈'처럼 이름을 달리하거나, 학문적으로 사용하는 다른 용어를 사용해도, 리우데자네이루 거주민 가운데 3분의 1 정도가 사람으로 인정받지 못하고 있다는 사실이 그 기저에 깔려 있다.

'소외계층'이라는 용어는 학문적으로는 신뢰성이 낮은 용어였지만, 거리에서는 매우 적절한 용어였다. 이 용어는 '빈곤한 이들 중에서도 가장 빈곤한 사람들'이라는 의미와 함께 '불법을 행하거나 범죄를 저지르는 이들'이라는 의미를 지니고 있다. 이런 의미들이 합쳐진 것은 그 자체로도 브라질 빈곤층의 범죄화 경향과 관련해 많은 함의를 나타낸다. 2000년 상파울루의 파벨라에서 지이빠 나라얀Deepa Narayan 팀이 포커스 그룹을 대상으로 실시한 인터뷰에서 인용한 다음 글을 보면 이 같은 두 개념이 모두 나타나고 있으며, '우리'와 '그들'을 구분함으로써 우월감을 더욱 강조하고 있음을 알 수 있다.[19] 이들 포커스 그룹의 사람들은 모두 파벨라에 거주하고 있으나 다른 이들에게는 '소외계층'으로 보이지 않는다. 한 세션에서 어떤 여성은 '소외계층'에 대해 다음과 같이 이야기했다.

소외계층이란 다리 밑이나 거리에서 사는 사람들이에요. 그 사람들은 쓰레기를 주워 먹고 고물이나 박스를 수집하고 구걸도 하며 음식이나 옷가지를 얻어서 해결하죠. 그리고 자식들을 학교에 보내지 않아요. 그 사람들은 판자 쪼가리를 매트리스 대신 사용하고, 요리할 때 깡통 용기를 쓰죠. 그리고 그 사람들은 비닐봉지 안에서 살아요. 그들은 삶에서 어떠한 것도 바라지 않죠. 그 사람들을 가장 괴롭히는 건 경찰들이에요.

다른 그룹에서는 '소외계층'을 '양심의 가책을 느끼지 않는 사람들, 도둑들, 살인자들, 마약중독자들, 다른 이들에게 해를 끼침으로써 인생을 편하게 살려는 사람들'로 그리고 있었다. 세 번째 그룹에서는 한 남자가 다음과 같이 이야기했다.

몇 년 전까지만 해도 이 마을의 절반 정도가 소외계층이었어요. 그렇지만 오늘날에는 아무도 소외계층에 속하지 않아요. 왜냐하면 사람들이 환경을 개선하거나 혹은 다른 지역으로 이주해 나갔기 때문이죠. 우리의 현실은 이래요. 우리는 수동적일 필요는 없어요. 우리는 항상 더 나은 삶을 위해 열심히 노력해야 해요. 그러나 최소한 우리는 우리가 들어가서 몸을 뉘일 수 있는 판잣집이 있고 보고 즐길 수 있는 텔레비전이 있으며 날마다 먹을 음식도 있어요. 우리는 거지도 아니고 소외계층도 아니에요.

이런 인터뷰들을 보면 '소외계층'이라는 단어가 이미 '강도들'과 같은 의미로 사용되고 있으며, 나아가 조직화된 범죄 조직 및 마약상들을 가리키게 되었음을 알 수 있다. 다른 이들의 시각에서는 예전에 파벨라 거주민들을 '소외계층'으로 만든 것이 가난이었다면 현재는 마약상이 그들을 소외계층으로 만들고 있다는 것이다. 근묵자흑이라는 것이다.

마약과 관련된 폭력 사건들이 대체로 파벨라 내부나 출입구 주변에서 일어나기 때문에, 파벨라와 이웃한 동네들은 파벨라를 자신의 이웃으로 받아들이지 않으려 한다. 이런 경향은 독재정권이 무너지면서 시작된 개방 시기까지 거슬러 올라간다. '소외계층'을 유감스럽게도 '가난하고' '위험한' 사람들과 혼동하는 경향이 강해졌고, 과거부터 존재해 왔던 편견이 더욱 강화되었다. 언론에서 경찰과 범죄 조직 사이의 총격전에서 다수의 사람들이 무고하게 피해를 입었다는 자극적인 이야기들을 앞다투어 보도하면서, 중산층들은 파벨라와 가까이 있다는 점에 대해 새삼 두려움을 갖게 되었다. 이는 다시 고용시장, 부동산시장, 소비재시장 등에도 영향을 미쳤다.

최근 파벨라를 방문하면서 파벨라 내에서도 용어의 의미가 변했다는 것을 알게 되었다. 사람들은 내게 자신들이 '소외된 자들'

marginalidade, the marginality에 의해 통제되고 있기 때문에 어두워지기 전에 밖으로 나가라던가 어떤 지역은 피하라고 알려 주곤 한다. 이 말에서 소외계층이라는 용어는 사회지리적 상황(소외된, 주류에서 벗어난)에서 범죄자의 상황(마약상의 일원)으로 변화했으며, 나아가 범죄 집단 그 자체를 가리키는 명사가 되었다.

최근 몇 년 들어 파벨라 및 꽁중뚜에 거주하는 나의 지인들 가운데 점점 더 많은 사람이 현재의 거주지에서 이주해 나가는 것을 고려하고 있는데, 혹여나 자녀들이 '소외집단'marginality과 연루되지 않을까 하는 노파심에서이다. 랩이나 펑크 음악의 가사에서는 이 용어는 종종 반항적인 허세의 맥락에서 사용되곤 한다. "우리는 소외계층이 아니야, 우린 소외집단이 아니라고 …… 우린 소외됐어." 이 노래는 반항이나 봉기를 하라고 이야기하고 있다.

진화된 주변성

1990년대 말부터 선진국 도시에서 빈곤이 지속되는 현상에 대한 논의에서 주변성marginality* 라는 용어가 학술적인 용도로 많이 사용되기 시작했다. 미국의 흑인 게토나 유럽의 이민자 '슬럼'에서 나

---

* marginality라는 용어는 이 책에서 기본적으로 "소외계층"이라고 번역했다. 저자가 파벨라를 비롯한 도시의 빈곤하고 소외된 사람들을 지칭할 때 marginglity라고 했기 때문인데, 이 부분에서는 그 계층의 특성에 대해 설명하고 있으므로, "주변성"이라고 번역했다.

타나는 여러 세대에 걸친 빈곤의 상태를 묘사하면서 "새로운 최하층 계급", "새로운 빈곤층", "새로운 주변성", 또는 "선진화된 주변성" 등과 같은 용어가 사용되었다. 선진화된 주변성이라는 것은 최근의 세계화된 자본주의의 상황을 반영하는 말로, 도시인구 가운데 상당수가 그 외의 도시와는 상관없이 배제된 상태를 말한다. 즉, 분리된 게토에 격리된 상태를 일컫는다.

로익 바깡Loïc Wacquant은 이 개념을 가장 잘 발전시킨 학자이다. 그는 1996년 시카고의 게토, 프랑스의 교외 지역, 영국 및 독일의 도심 등에서 나타나는 '인종, 계층, 장소의 연속적 배열'에 관한 논문에서 처음 이 용어를 사용하기 시작했다. 탈산업사회의 주변성은 새로운 제약, 오명, 지역적 분리, 공공복지에의 의존성, '도시의 열악한 지역' 내의 기관 등으로 특징 지워진다.[20]

바깡은 네 개의 '구조적 동인들'이 선진 산업사회에서 도시 빈곤층을 재형성하고 있다고 주장하는데, 이는 사회적 불평등성, 절대적인 과잉인구, 공공복지의 축소, 공간적 집중 및 공간적 오명의 형성 등이다. 하비에르 아우예로Javier Auyero는 이미 이를 부에노스아이레스에 적용해 보았고, 나 역시 이런 네 가지 조건이 브라질과 리우데자네이루에서 어느 정도까지 적용 가능한지 궁금하다.

사회적 불평등

바깡이 발전시킨 진화된 주변성의 구조적 동인들 가운데 첫 번째는 사회적 불평등이 전반적인 경제적 번영의 맥락 내에서도 지속되고 더욱 심화된다는 것이다. 이런 현상은 대학 교육을 받는 전문가들을 위한 일자리가 급증하는 동시에 저숙련 노동력을 위한 일자리가 사라지기 때문에 발생하는 것이다. 브라질은 세계에서 가장 양극화된 국가(비록 최근들에 개선이 되긴 했지만) 가운데 하나이며, 리우데자네이루는 계층화가 매우 심각한 도시이다. 그러나 불평등이 더욱 심화되고 있다는 인식이 팽배함에도 불구하고, 자료에 따르면 최근 수십 년간 불평등의 정도는 변함이 없는 것으로 나타나고 있다. 또한 리우데자네이루의 경제는 번영과는 거리가 먼 상태이다. 리우데자네이루의 경제성장률은 브라질의 다른 대도시에 비해 낮고, 1960년 수도가 브라질리아로 이전한 이후 전성기 시절의 영화를 잃어버렸다. 제조업은 쇠퇴했고, 항구 지역도 쇠퇴했으며, 비즈니스, 문화, 지식의 중심지는 상파울루로 옮겨 갔다. 따라서 리우데자네이루는 진화된 주변성의 첫 번째 명제에 부합하지 않는다.

절대적 과잉인구

바깡에게 절대적 과잉인구란 용어는, 상당수의 노동력이 쓸모없으며(불필요하며), 실업자의 다수가 절대적으로 재취업할 수 없음을 의미했다. 게다가 저임금과 임시 고용직에 대한 착취로 말미암아 일자리가 있는 사람들 사이에서도 빈곤이 만연해 있음을 의미했다. 우리가 앞서 살펴본 사례 가운데 텔레마케팅 일을 하는 사브리나의 경우가 이에 해당한다. 일자리를 필요로 하는 사람들은 매우 많기 때문에, 노동자들의 일자리를 보호해 주고, 그들에게 이러저런 혜택을 제공하고자 하는 고용주는 점점 더 줄어들고 있다. 2001년부터 2003년 사이 브라질의 실업률은 역사상 가장 높은 수치를 기록

했으며, 대도시들 가운데 리우데자네이루의 실업률이 가장 높았다. 또한 노조가 약화되었고, 공식부문의 일자리에서도 고용조건이 악화되었다. 다만, 리우데자네이루의 경우 비공식 경제의 규모가 매우 커서 잉여 노동력으로 추산되어야 했을 부분이 은폐되어 있다는 점이 다른 도시들과 다르다. 최초의 연구에서 선정한 파벨라 표본에서는 생산 연령에 있는 가족구성원 가운데, 한 명 이상의 실업자가 있는 가구가 4분의 1 정도나 되었으나, 대부분의 가정에서는 한 명 이상의 가족구성원이 경제활동을 하고 있다고 했다. 가장 놀라운 점은 공식 경제 부문에 고용되어 정식 노동자 등록 카드를 발급받은 노동자의 비율이 1969년부터 2001년 사이에 증가했으며, 아랫세대로 내려오면서 그 비율이 증가했다는 점이다. 이 카드를 소지한 노동자는 노동자에게 제공되는 모든 혜택을 받을 수 있다. 최하위 계층의 이직률이 높다는 점은 그들이 빈곤으로부터 벗어날 수 없다는 주장에 대한 또 다른 반론의 증거이다. 몇 달간의 짧은 기간 동안 살펴보면 노동시장에 진입하거나 퇴출되는 이들이 매우 많았으며, 공식부문의 일자리로 진입하거나 여기서 퇴출되는 이들도 매우 많았다. 어떤 이유로 경제적 활동을 하지 않는 인구도 있으나, 실업 상태인 사람들을 앞으로 절대 일을 하지 않겠다는 잉여 인구로 간주하는 것은 옳지 않다. 비록 리우데자네이루의 고용시장의 상황이 안 좋은 편이지만.

공공복지의 축소

미국이나 유럽에서 공공복지의 축소는 사회복지 프로그램의 예산을 감축하고 감시 및 통제 프로그램으로 대체하는 것을 의미한다. 이 같은 예산 감축 및 감시 프로그램의 확대가 리우데자네이루에서 어떻게 나타나는가를 살펴보려면, 무엇보다도 브라질이 결코 선진 복지국가인 적이 없었다는 점을 명심해야 한다. 바르가스 정권을 제외한다면, 그 어떤 정부에서도 사회안전망을 정비한 적이 없다. 다른 라틴아메리카 국가들과 마찬가지로, 브라질은 '구조조정'이라는 명목하에 국제금융 기구들이 요구한 금융 조정 프로그램에 따라 공공복지 예산을 개혁하고 합리화하라는 압박을 받고 있다.

그럼에도 페르낭두 엥히끼 까르도주 대통령 재임기에 저소득층이 자녀의 교육이나 보건을 위해 투자를 하면 이에 대해 연방정부가 일련의 보조금이나 급료를 지급하는 프로그램이 시작되었다. 이 같은 '조건부 현금 보조 프로그램'[21]은 2003년 루이스 이나시우 룰라 다 시우바Luiz Inácio Lula da Silva 대통령에 의해 보우사 파밀리아 Bolsa Familia 프로그램으로 발전했다.

이 프로그램 정책에 대해 다루는 11장에서 다시 이야기하고자 한다. 도시정부 및 주정부도 이런 형태의 역 조세 프로그램 또는 '시민 급여' 프로그램을 실시했으며 이는 복지의 축소라기보다는 오히려 막대한 규모의 공공복지 확대를 의미한다.

오래전부터 국가가 실시하고 있는 복지 프로그램인 연금제도도 지속되고 있다. 초기 연구에서 인터뷰에 응한 이들 가운데 60퍼센트 정도가 그들의 주된 수입원이 연금이라고 했으며, 응답자 가운데 66퍼센트 정도가 가장이었다. 은퇴자들은 다달이 '최소 임금' 정도의 연금을 받는데, 이는 90달러[22] 정도 된다. 여러 가정에서 이 수입은 가족구성원들에게까지 분배되어 실업 상태인 자녀 및 손자 세대까지도 이 연금으로 생활하곤 한다.

높은 인구밀도와 사회적 오명

바깡은 높은 인구밀도와 사회적 오명이야말로 이 지역이 소외된 지역이며, 사회적 편견에 시달리고, 공동체 생활마저도 감소하는 지역임이 물리적으로 표현된 것이라고 했다.[23] 파벨라는 극도로 소외된 지역은 아니지만, 이 장의 처음에서 다룬 것과 같이 현재는 범죄와 관련된 오명을 얻고 있으며, 내가 수십 년 전에 그곳에 살았을 때 있었던 마을 사람들 사이의 신뢰와 단결력 또한 훼손되고 있다.

나는 이 명제를 하나씩 살펴보고자 한다. 먼저 리우데자네이루에서는 빈곤하다는 것이 불법이 아닌 것처럼, 파벨라에 거주한다는 것이 가난하다거나 범법자라는 것을 의미하지도 않는다. 파벨라는 인종적·사회적·문화적·경제적으로 매우 이질적인 사회이며, 그들 사이에도 상당히 큰 격차가 존재한다. 새로운 주변성의 특징 가운데 하나인 인종에 따른 전면적 격리 현상과는 다르게, 리우데자네이루의 파벨라에서는 언제나 인종 간에 혼재가 이루어졌다. 1969년에 실시했던 연구에서는 파벨라에서 무작위로 추출된 표본 중 21퍼센트가 흑인이었고, 30퍼센트 정도가 물라뚜였으며, 49퍼센트가 백인이었다. 이 같은 인종 구성비는 같은 지역에 대해 2003년에 추출한 무작위표본에서도 거의 비슷하게 나타났다. 그러나 이 같은 사실이 파벨라의 인종 구성비가 도시 전체의 인종 구성비와 같다는 것을 의미하지는 않는다. 도시 전체 인종 구성비에 비해서 흑인 인구비가 높게 나타나지만, 파벨라는 인종에 의한 게토는 아니다.

둘째, 리우데자네이루의 파벨라는 도시의 한 지역에만 집중해서 나타나는 것이 아니라 부유한 주거지와 공간적으로 혼재되어 나타나고 있다. 모후와 아스파우뚜의 경계가 모호하다는 의미에서는, 리우데자네이루에서는 그런 경향이 매우 뚜렷하게 나타난다. 만약 공간적 집중이라는 것이 파벨라가 도시의 한 부분에만 집중되어 나타난다는 것을 의미한다면, 리우데자네이루는 정반대의 현상이 나타나고 있는 것이다. 2장에서 제시된 지도에서 나타나는 것처럼 리우데자네이루의 파벨라는 특정 지역에 집중된다기보다는 도시 전역에 걸쳐 산재해서 입지하고 있다. 실제로 뻬드루 아브라모가 밝힌 바처럼, 일부 파벨라의 경우 위치가 너무 좋아서 매매 가격 및 월세가 상류층 및 중산층 거주지인 꼬빠까바나나 보따포구의 일부 지역보다 더 높게 나타난다.[24]

주변성의 진화라는 전제에 반하는 가장 뚜렷한 증거는, 파벨라 거주자들이(피부색이 검은 사람들조차도) 자신들의 마을에 살도록 '강제로 밀려난' 것이 아니라는 점이다. 9장에서 더 자세히 다루겠지만, 초기 연구에서 무작위로 추출된 응답 대상자 가운데 37퍼센트만이 아직도 파벨라에 거주하고 있다. 25퍼센트는 꽁중뚜에 거주하고 있으며 34퍼센트는 도시 외곽에 위치한 다른 마을로 이주했다.

결론

내가 수십 년에 걸친 기간 동안 관찰한 바는 『소외계층에 관한 신화』에서 '소외계층의 현실'로의 변환 과정이다. 1969년 이촌향 도민들 사이에는 그들이 치른 희생이 자신들 또는 자녀들에게 좀 더 많은 삶의 기회를 제공하리라는 희망이 널리 퍼져 있었다. 사람들이 판자촌이 영구히 지속될 것이라는 생각을 하지 않은 것도 그러한 이유 때문이었다.[25] 새로운 이주민들은 그들과 상류 계층 사이의 격차에 대해 분노하지 않았다. 이주민들의 준거집단이 리우데자네이루에 거주하는 부유층이 아니라 촌락에 아직 머물고 있던 그들의 친지들이었기 때문이다. 이주민의 자녀 및 손자 세대는 리우데자네이루에서 태어나 자람으로써 여러 면에서 혜택을 받았지만, 이주민 세대가 예견하지 못했던 새로운 어려움에 부딪혔다. 이주민 세대는 그들의 자녀 및 손자 세대가 끊임없이 죽음의 공포 속에서 살게 되리라고는 아마도 전혀 예상하지 못했을 것이다.

리우데자네이루의 대표적인 힙합 가수인 엠브이 빌MV Bill[26]이 쓴 "파벨라의 전사"Soldado do Morro라는 노래의 가사로 나는 이 장을 마치고자 한다. 그는 시다지지제우스 출신으로, 이 지역은 1970년 까따꿍바가 철거되면서 거주민들이 이주한 곳이다. 엠브이 빌은 자신의 음악을 이용해 파벨라 거주민들의 주변화 경향을 맹렬히 비판하는 것에 그치는 것이 아니라, 대표적인 활동가로서 파벨라에서 청소년을 위한 지역센터를 운영하고 있으며, 파벨라중앙협의회 Central Única de Favelas, CUFA를 창립하기도 했다. 파벨라중앙협의회는 젊은이들에게 마약상이 아닌 대안적 삶의 방식을 제공해 주기 위해 노력하는 비영리조직의 네트워크이다. 이 그룹에서는 젊은이들에게 힙합, 브레이크 댄스, 그라피티뿐만 아니라 컴퓨터를 가르쳐주고 직업교육을 실시한다. 또한 청소년들이 마약조직의 유혹을 뿌리치고 사회적 정체성과 소속감을 가질 수 있도록 도움을 준다.[27]

이 노래에서는 우리가 이 장에서 다루었던 주요 주제인 주변성에 대해 매우 아름답게 표현하고 있다. 먼저 주변적인 지위는 가난한 사람들의 잘못이 아니라 사회적인 이유로 인해 형성된 것이다. 둘째, 가난한 이들은 마약거래(이는 그들의 공동체와 그들 스스로를 파괴한다)에 나서는 것과 구직 노력을 하는 것(이는 굴욕적이고 가망 없는 일인) 사이에 갇혀 있다. 세 번째, 혹여나 운 좋게도 최저임금이라도 받는 일자리를 구해 초과근무까지 하더라도 가족들을 부양할 만큼 충분한 임금을 받지 못한다. 네 번째, 당연히 빈곤한 이들을 보호해야 하는 경찰 및 정치인들은 그들 스스로가 범죄를 저지르고 폭력을 저지르고 있다. 마지막으로, 파벨라의 전사들은 소모품일 뿐이며, 그들이 죽으면 저녁 뉴스에 사망자가 하나가 더 기록될 뿐이다. 그들의 죽음은, 도시의 악을 없애는 싸움에서의 작은 승리에 지나지 않는다.

노래에서 파벨라의 전사는 어린 나이에 폭력에 의해 죽음을 맞이하는 길을 택하며, 그와 같은 이들에게 대안을 제시하지 못하는 불평등한 시스템에 대항한다. 그가 '역겹다'고 하는 이런 저항의 요소들은 많은 랩 송에서 나타난다. 이 노래들은 현실을 노래하며 저항의 정신을 표현하고 있다.[28]

가난한 이들의 삶은 언제나 값싼 것으로 치부되어 왔으나 마약상들과 군인들의 교전이 이루어지는 상황에서 그들의 삶의 가치는 더욱 평가 절하되었다. 파벨라에서의 사망률은 도시의 다른 지역에 비해 월등히 높으며, 특히 파벨라의 젊은이들의 사망률이 가장 높게 나타난다.[29] 이런 새로운 폭력이야말로 빈곤한 이들이 주변화되는 가장 뚜렷한 징후이며, 주변화된 계층의 현실이다.

〈파벨라의 전사〉Soldado do morro

내가 사람보다 못하다는 걸 여러 번 느꼈지.
일자리도 없고 우리 아이는 굶고 있지.
날 비난하는 건 쉬운 일일 거야.
사회가 날 이렇게 만들어 놓고, 이젠 내 목숨까지 내놓으라 하네
내게 종신형을 선고하네
내가 텔레비전 뉴스에 나오네

나는 이미 거지였어, 난 이미 모멸감을 느꼈어
일자리를 구걸하며 '아이가 있어요, 좋습니다 선생님'
대기자 명단은 길었어, 나 말고도 300명이나 됐지
영원처럼 긴 시간이 지나니 '잠시 문을 닫는다'네
날마다 이런 식이지, 이래서 결국 폭동이 일어나는 거야
난 약에 절었어, 누구 탓이지?

이 전쟁을 일으킨 이들은 이 전쟁으로 절대 죽지 않아.

파벨라를 파괴할 마약들을 내가 팔았지

우린 현실에서 돈을 벌면서

난 먹고 사는 일과 범죄 사이에 갇혔어

우리를 보호해 줘야 할 사람들이

손에 무기를 들고 파벨라에 쳐들어와

우리의 표를 얻으러 들어오는 사람들도, 그 사람들도 우리를 죽여

범죄자의 삶은 날마다 조금씩 자살하는 거야

내 친구 방구, 그리고 하나, 둘, 셋 모두 거기에 있어

나도 범죄자야, 어떤 결과일지 나도 알지

결국 적자야, 마이너스 빈곤 하나

사회 입장에서는 리스트에서 하나가 빠질 뿐이지

슬픈 통계가 하나 더 증가하는 거야 ……

뭐가 더 나쁜지 모르겠어, 범죄자들 사이에 끼는 게 나쁜지

혹은 쥐꼬리만 한 돈벌이로 날마다 너 자신을 죽이는 게 더 나쁜지
……

폭력, 공포, 그리고 상실

지난 30여 년간 리우데자네이루의 빈민가에게 일어난 가장 극적이고도 충격적인 변화는 폭력 살인의 증가이다. 1969년에 파벨라에 살던 가난한 사람들은 자신들의 집과 마을이 철거당하지 않을까 두려워했다. 오늘날, 그들은 목숨을 부지할 수 있을까 하는 두려움을 갖고 산다. 그들은 경쟁 관계에 있는 갱단 사이에서 벌어지는 총격전에서 날아온 유탄에 맞거나, 경찰이 습격 과정에서 잘못 쏜 총알에 맞지 않을까 두려워하고 있다. 그들은 또한 자녀들이 학교를 마치고 살아 돌아오지 못할까 또는 아기들이 집 앞 계단에서 놀다가 총에 맞지 않을까 하는 두려움에 떨고 있다.

파벨라는 마약상들에게 매우 매력적인 곳이다. 좁고 구불구불한 골목은 숨을 곳이 많고, 일자리가 없는 젊은이들도 많기 때문이다.

그림 7.1_빈곤의 범죄화 및 경찰의 중무장으로 인해 파벨라에 사는 모든 사람들은 끊임없이 공포와 위협을 느끼고 있다.

파벨라는 리우데자네이루의 항구로 수송된 대규모의 마약을 작은 포장으로 만들어 리우데자네이루의 부유한 플레이보이들에게 팔거나, 북아프리카를 경유해 유럽으로, 또는 카리브해를 거쳐 미국으로 다시 선적하기에 더 없이 좋은 지점이기도 하다.

폭력은 빈곤을 따라간다. 뜨라피깡치trafficante 또는 반지두라고도 불리는 마약거래상들이 1980년대 중반 파벨라에 들어오기 시작해, 꽁중뚜와 로찌아멩뚜스에 급속히 퍼져 나갔다. 오늘날 마약상들은 파벨라 주민들이 이주해 나간 지역에서까지 문제가 되고 있다. 도시 외곽의 좀 더 나은 바이후에 있는 주택을 매입하거나 임대해 가족들을 겨우 파벨라 밖으로 내보낸 사람들의 입장에서는 마약거래와 폭력이 자신들을 따라 새로운 마을로 찾아드는 것이 매우 가슴 아픈 일이었다.

어떤 면에서 마약상들은 일찍이 정부도 할 수 없었던 일을 해냈다. 짧은 시간 안에 사람들을 파벨라 밖으로 내몰았다. 군대나 마약상과 관련된 파벨라 주민은 매우 소수이지만, 마약상과 경찰 사이의 총격전으로 말미암아 수천 명의 무고한 파벨라, 바이후, 꽁중뚜의 주민들이 목숨을 잃었다. 폭력으로 말미암아, 리우데자네이루에서 가장 취약한 계층이 두려움에 떨면서 그들의 삶을 꾸려 가는 데 두려움을 느끼고, 일하러 가는 기회가 줄어들었으며, 소유 주택의 가치가 하락했다. 마을 주민들 사이의 신뢰와 결속력이 약해지고 있고, 스스로 조직한 주민회의도 약화되고 있다.

내가 1999년 브라질을 다시 방문했던 시기부터 2009년 후속 연구를 실시할 때까지, 점점 많은 수의 마을들이 꼬만두 베르멜류CV, 떼르세이루 꼬만두TC, 아미구스 두스 아미구스Amigos dos Amigos, AMA의 세 마약 조직에 의해 점령당하고 있었다.

경찰

파벨라에서 경찰은 정부의 얼굴과 같은 존재이다. 그들은 이 마을에서 가장 빈번하게 보이는 정부의 실체인데, 영장 없이 무기를 사용함으로써 문제를 일으키고 있다. 이 같은 무기 사용은 엄밀하게 이야기하면 불법적인 폭력이다. 주민들은 경찰이 마약상들보다 더 나쁘다고 생각한다. 경찰들은 마을에 들어오면서 움직이는 것은 닥치는 대로 죽이고, 용무가 끝나는 즉시 떠나 버리기 때문이다. 노바브라질리아에서 만난 한 여성은 그녀의 집에 마약상이 숨어 있다고 의심을 한 경찰이 문을 부수고 들어와 거실과 침실을 난장판으로 만들었을 뿐만 아니라, 일을 나가기 위해 샤워를 하고 나오던 그녀의 남편을 총으로 쏜 적이 있다고 이야기했다. 경찰들은 그녀에게 남편을 병원으로 데려가지 못하게 하며, 그들이 오전 임무를 마칠 때까지 집 안에 머무르라고 했다고 한다.

　브라질에서 치안은 주정부 소관이다. 도시정부는 정규 경찰력을 보유하지 않는다. 1990년 시장의 지휘하에 '자치 경비대'를 창설했는데, 경비대에게는 유니폼이 지급되었지만, 무기는 지급되지 않았다. 그들의 임무는 직접적으로 질서를 유지하는 것도 아니고 수사를 진행하는 것도 아니었다. 그들에게 허용된 임무는 교통 단속을 하고, 공공에 해를 입히는 행동을 저지하는 것으로, 그것도 매우 제한된 경우에만 해당했다.

　파벨라에 나타나는 경찰들은 민간경찰Polícia Civil과 헌병대Polícia Militar이다. 둘 다 국가치안부Segurança Pública 소속인데, 이들은 주지사의 지시를 받고 주정부가 지급하는 월급을 받는다. 민간경찰은 범죄와 관련해 조사 기능을 맡고 있다. 헌병은 브라질의 국가 방위 조직의 일부이다. 그들은 중무장을 하고 용의자를 체포한다. 체포된 용의자는 민간경찰에게 인계되어 조사를 받게 된다. 어떤 면에서 헌병은 미국의 국가 방위군과 비슷하다. 그들도 주지사의 명령을 받지만 연방정부가 임금을 지불한다. 리우데자네이루의 부유한 마을 초입에는 공중전화 박스 크기 정도의 헌병 초소가 있는데, 이 초소는 지역의 질서를 유지하는 기능을 한다. 민간경찰 및 헌병대 내에는 모두 엘리트 부대가 있는데, 헌병대의 엘리트 부대는 보뻬Batalhão de Operacões Policias Especiais, BOPE, 민간경찰의 특수 임무 부서는 꼬레Corenadoria de Recursos, CORE이다.

1808년 포르투갈의 왕실이 브라질로 이주해 왔을 때, 주어웅 6세João VI는 자신이 리스본에서 거느리던 왕궁 경비대를 본보기로 삼아 브라질에서도 왕궁 경비대를 설립했다. 왕정이 포르투갈로 돌아가자 리우데자네이루는 연방 구역으로 지정되었으며, 1889년부터 1960년까지 연방 경찰이 리우데자네이루 지역을 관할했다. 1960년 국가의 수도가 브라질리아로 이전하자 리우데자네이루는 연방 수도로서의 지위를 상실했다.

리우데자네이루에서는 경찰의 역할이 명확히 규정된 적이 없다. 왕정 당시 설립된 왕궁 경비대에서 경찰이 파생되었기 때문에 민주주의보다는 왕정에 더욱 어울리는 절대적 권위 의식을 여전히 보유하고 있다. 1964년부터 1985년까지의 20년 동안의 독재 기간에는 헌병대와 민간경찰 사이의 임무 구분이 모호해지기도 했다. 군대식 훈련에서 가장 중요한 엄격한 위계질서와 명령 엄수가 경찰 문화의 일부가 되었다. 이 같은 혼합은 리우데자네이루 경찰의 독특한 특성이 되었으며, 실질적으로는 브라질 경찰 대부분의 특성이 되었다. 경찰관의 평균 월급은 월 400헤알(약 200달러)로 매우 적은 편이며, 이로 말미암아 경찰들이 부정·부패 등에 쉽게 빠져들게 된다. 파벨라 내에서 일어나는 경찰 폭력은 대부분 헌병대에 의해 자행되는 것으로, 보뻬와 꼬레는 과격한 대치를 하도록 특별 훈련을 받았는데, 무자비한 것으로 유명하다.

리우데자네이루 주의 주지사는 전통적으로 연방정부군에 좀처럼 도움을 요청하려 하지 않는다. 일반적으로 연방정부는 주지사와 경쟁하고 있는 당에 의해 장악되는 경우가 많고, 대부분의 리우데자네이루 주지사는 대통령에 출마하고자 하는 정치적 포부가 있기 때문에 자신이 유약하다는 인상을 심어 주고 싶어 하지 않기 때문이다. 2007년 7월 꽁쁠렉수두알레머웅에서 일어났던 것과 같은 매우 극한 상황에서 주지사는 어쩔 수 없이 연방 경찰의 도움을 청했는데, 당시 연방 경찰들은 여덟 줄로 나란히 서서 주요 대로를 행진해서 지나갔다. 그러나 그 결과 폭력이 그치지도 않았고, 피해자들이 도움을 받지도 못했다.

현재 리우데자네이루 주의 주지사인 세르지우 까브라우^{Sérgio Cabral}는 반폭력 및 반부패를 중심 선거 공략으로 삼아서 당선되었다. 2007년 12월 말, 1월에 있을 예정이었던 주지사 취임식 며칠 전에, 마약 두목들이 자신들의 구역을 방어하고자 대대적인 시가전을 펼쳤다. 그들은 며칠간이나 도시를 마비시켰으며, 카브라우는 주지사로서 취임을 한 이후 상황을 통제하고자 혼신의 힘을 다했다. 2008년 12월 그는 남부 지구 파벨라에서 활동하던 가장 오래되었고, 가장 잘 조직된 마을인 상따마르따의 [범죄 조직]을 소탕하는 데 성공했다. 상따마르따를 마약 조직과 경찰 조직 모두가 없는 마을로 만들었다면, 아마도 이는 주민들과 주정부 모두에게 값진 승리가 되었을 것이다.

새로운 폭력의 범위와 스타일

1970년대부터 2000년 사이에 리우데자네이루의 파벨라에서 일어난 가장 커다란 변화는 아마도 마약상들이 파벨라에 들어와 마을을 점령한 일일 것이다. 2005년 이후로 나타난 가장 큰 변화는 무장 민병대의 등장일 것이다. 스스로를 민병대라 칭하며, 그 어떤 의무도 행하지 않는, 은퇴한 경찰관들로 구성된 이들 민병대는 파벨라의 '법과 질서'를 장악했다. 어떤 민병대들은 마약상들과 대치하지만, 어떤 민병대들은 그들과 공모한다. 2003년부터 2009년 사이에 점점 많은 수의 파벨라가 민병대의 통제를 받게 되었으며, 이제는 그 수가 100개를 넘어간다. 이들 경비 조직들은 마약상들을 쫓아내고 마을에 보호를 제공하고 있다고 주장한다. 그들은 매우 비싼 가격으로 주민들에게 '안전'을 제공하고 있다.

민병대는 주민들이 일상생활을 영위하는 데 매우 비싼 요금을 부과한다. 예를 들어, 파벨라에 들어오거나 나갈 때, 택시나 오토바이를 타고 파벨라 입구에서 집까지 갈 때, 요리용 프로판가스통을 집까지 배달시킬 때도 요금을 부과하는 것이다. 이 같은 요금은 가난한 사람들이 감당하기 매우 벅찬 것이지만, 그들에게는 다른 대안이 없다.

댜니라가 다음과 같이 설명을 했다. "민병대가 모든 것을 통제하고 있어요. 통금 시간을 정하고, 우리 마을에 들어오고 나가는 데 통행료를 받아요. …… 만약 그들이 시키는 대로 하지 않으면, 총으로 쏴 버리죠, 그냥 부상을 입히는 정도가 아니라 총으로 쏴서 죽여

그림 7.2_헬리콥터를 이용한 감시는 파벨라 주민들이 용의자라는 점을 주지시킨다. 빨래를 널기 위해 왔다 갔다 하던 여성은 자신을 향해 장전된 실상용 총을 겨누는 경찰을 마주치곤 한다.
출처: O Globo의 허락하에 게재

버려요. 그게 그들이 하는 방식이에요."

다시 한 번, 파벨라 주민들이 느끼는 공포가 바뀌었다. 철거에 대한 공포가 마약상들에 대한 공포로 바뀌었고, 이제 다시 마약상들에 대한 공포가 민병대에 대한 공포로 바뀌었다. 예전에 리우데자네이루의 빈곤층이 누렸던 자유는 잔인하게도 축소되어 그들은 경찰, 마약상, 민병대 사이에 갇혀 버리고 말았다.

2008년 6월 13일 금요일, 『뉴욕타임스』는 "리우데자네이루의 슬럼, 마약상의 범죄를 무장 민병대가 대체하다"라는 제목의 전면 기사를 실었다.[1] 이 기사에 따르면, 약 100개에 가까운 민병대가 마약상들 대신 파벨라를 점거하고 있다고 한다.

인종과 권력

리우데자네이루의 경찰들이 폭력적이고 부패한 것은 놀라운 일이 아니다. 그들은 적은 임금을 받고 있으며 두려워하고 있다. 많은 경찰들이 파벨라에서 성장했고, 현재도 파벨라에 거주하고 있다. 많은 이들이 존경을 받기 위해 경찰직을 택했다. 존경을 받지 못하는 경우, 경찰들은 상대방을 겁박한다. 내가 참여했던 한 어머니들의 토론에서도 토론자들은 흑인 경찰관들이 가장 거만하고 폭력적이라고 증언했다. 흑인 경찰관일수록 동네 식당에서 샌드위치와 음료수를 마시고 돈을 내지 않는 경우가 더 많았으며, 더 자주 총기를 사용하고 자신의 권력을 남용했다는 것이다. 이는 흑인들이 백인에 비해 사회로부터 덜 존중받고 많은 이들이 폭력적인 가정에서 성장했기 때문이라고 그 여성들은 설명했다.

브라질과 리우데자네이루의 파벨라에서 인종 문제는 한 권의 책을 쓸 수 있을 정도의 주제이다. 내가 연구했던 파벨라들의 주민들 가운데 3분의 1 정도가 백인이고, 3분의 1 정도가 물라뚜, 그리고 3분의 1 정도가 흑인이었으며, 그 비율이 계속해서 유지되었지만, 리우데자네이루의 파벨라에는 전체적으로는 백인에 비해서 흑인의 비중이 훨씬 높다. 에드가 피터스Edgar Pieterse는 "사회적으로는 따돌림을 당하고 경제적으로는 곤궁한 복합적인 상황으로 말미암아, 그리고 국가의 사법기관이 기존의 철학을 바꾸어 통합의 방향으로 나아가지 않는 한, 흑인 젊은이들의 미래는 암울할 것이다"[2]라고 말했다.

브라질에서, 인종을 구분하는 문제는 그 자체로 매우 까다로운 일이다. 여러 세대에 걸친 혼혈로 말미암아, 또한 피부색, 머리카락 모양, 얼굴의 특징 등의 인종적 구분이 사라지면서, 콘래드 코탁 Conrad Kottak이 수십 년 전에 밝혀낸 것처럼, 이런 특징을 지닌 인종에 대해서는 어떠한 용어를 사용해야 하는지에 대한 합의가 이루어지지 못했다.[3] 브라질의 인종민주주의 신화는, 그 이면에 자리 잡은 사회계층 간 격차를 숨긴 채, 오랫동안 유지되어 왔지만, 그러나 미국에서 전래된 흑인의 자존감Black Pride이라는 개념은 피부색에 대한 인식에 매우 큰 영향을 미쳐서, 1969년 우리의 초기 연구에서 인터뷰 대상자 가운데 자신 스스로를 백인이라고 밝혔던 많은 사람이 2001년에는 자신의 인종적 정체성을 모레노나 물라뚜라고 응답했다. 또한 초기 연구에서 자신을 물라뚜나 모레노라고 밝혔던 사람들이 2001년에는 자신이 흑인이라고 응답했다.

전통적으로는 재산이 많고 학력이 높으며 직업이 좋을수록 인종적으로 '백인화'의 경향이 있는 것과는 반대 현상이다. 예를 들어 흑인 의사는 '물라뚜'로 구분되고, 박사학위를 가진 물라뚜는 '밝은 갈색 피부를 가진 사람'moreno claro이나 백인으로 구분된다. 내가 처음 브라질을 방문했을 때 도시에서건 촌락에서건 여성이 아이를 가지면 가족이나 친구들이 언제나 "아이 피부가 하얗기를 바라요"라고 이야기하는 것을 들었던 기억난다. 거의 모든 사람이 어느 정도의 흑인 혈통이 섞여 있는 브라질에서는 미국에서 사용하는 것과 같은 인종적 구분 방식을 사용하지 않는다. 즉, 브라질에서는 조상의 인종이 아니라 피부 색깔에 따라 인종을 구분한다. 따라서 한 가족의 아이들 중에서도 인종이 서로 다르게 나타나기도 한다.

예전에 까따꿍바에 거주하다가 현재는 끄루자다서웅세바스치어웅Cruzada São Sebastião이라는 인구 조밀한 주택지구에 살고 있는 한 커플과의 인터뷰에서 나는 브라질에도 인종적 차별이 있는지, 그리고 있다면 지난 30여 년간 개선되었는지 혹은 악화되었는지를 질문했다. 그 커플은 아홉 명의 자녀를 두고 있었는데 인터뷰 도중 자녀 몇 명은 소파에 앉거나 텔레비전을 보면서 집 안을 돌아다니고 있었다. 아버지가 가장 먼저 대답하기를 브라질에서는 인종차별이 없다고 했다. 내가 그의 말을 받아 적고 있는데, 아내가 끼어들었다. 그녀는 "우리 애들 중에 일자리 있는 애가 몇이에요?"라고 그에게 물었다. 그는 아이들을 하나하나 손꼽은 후 다섯 명이 취업을 하고 있다고 했다. "그래요, 다섯이에요"라고 그녀가 다시 이야기했다. "그런데 일자리 있는 애들이랑 없는 애들 차이가 뭐예요?" 그녀의 질문에 아버지가 주저하자, 그녀가 내게 말했다. "이런 인종 민주주의 체제 내에서 말이죠, 피부색이 하얀 애들은 모두 취직이 됐고 까만 애들은 일자리를 못 구했어요." 그녀는 자신의 이야기를 멈추었다.

경이로운 통계

60여 개 국의 폭력에 관한 UN 보고서에 의하면 브라질은 세계에서 살인율이 가장 높은 국가 중 하나이다. 브라질에서 일어나는 살인의 약 90퍼센트는 총기에 의한 것이다. 그 보고서는 "대부분의 살인 범죄가 도시에 집중되어 있고, 다른 지역보다도 파벨라 및 기타 저소득 지역에서 살인율이 높게 나타난다"고 강조하고 있다.[4]

슬프게도, "경이로운 도시" 리우데자네이루는 세계에서 가장 위험한 도시이다. 리우데자네이루의 살인율은 브라질 도시들 중에서도 가장 높게 나타난다. 2006년 리우데자네이루의 살인율은 인구 10만 명당 37.7이었으며 2위인 상파울루는 10만 명당 23.7이었다. 이는 2006년 한 해 동안 리우데자네이루에서만 2,273명이 살해되었다는 의미이다. 판아메리카 경기 대회가 열린 2004년의 범죄율은 더욱 증가해서 정부가 파벨라 주위에 매우 높고, 건널 수 없는 장벽을 설치하자고 제안을 하기도 했다. 말 그대로 도시 내에 성벽으로 둘러싸인 요새를 형성함으로써 도시를 '보호'하자는 제안이었다. 이 기간 중 어느 하루(2004년 6월 26일)의 일일 사망 통계를 살펴보면 노바브라질리아와 11개의 파벨라가 위치한 꽁쁠렉수두알레머웅에서만 11명이 다치고 22명이 살해당했다. 그날 1,350명이 넘는 군인들이 탱크와 헬리콥터를 몰고 들어가 갱단 두목과 부하들에 대한 소탕 작전을 펼쳤다.[5]

다른 곳에서 제시된 자료에 의하면 2002년의 상황은 더욱 나빴다. 당시 살인율이 10만 명당 62.8에 이르렀다. 리우데자네이루와 상파울루 모두 2002년부터 2006년 사이 살인율이 감소했다. 리우데자네이루의 살인율은, 1978년부터 2000년 사이 리우데자네이루에서만 5만 명 이상이 목숨을 잃었다는 것을 의미하며 이는 브라질의 웬만한 지자체의 총인구수보다 많은 것이다.[6]

리우데자네이루 시, 리우데자네이루 대도시 구역, 리우데자네이루 주에 대한 자료를 비교해 보자. 2007년의 경우, 리우데자네이루 대도시 구역에서는 매주 80명 정도의 사람들이 살인사건의 피해자가 되었으며, 대부분은 암살, 폭행, 유탄으로 사망했다. 같은 해 리우데자네이루 주의 살인율은 인구 10만 명당 39로, 2위인 상파울루 대도시 구역에 비해 4배나 높은 수치를 나타냈다.

파벨라를 비롯한 빈곤한 지역은 브라질에서 벌어지는 마약 전쟁의 최전선이 되었다. 만약 그 희생자들이 이빠네마나 레블론, 라고아, 가베아Gávea 등의 지역 출신이었다면, 그들의 죽음은 하나의 큰 사건이 되고, 그에 대한 반응 역시 즉각적이고 단호했을 것이다. 가난한 이들의 목숨은 훨씬 더 가치가 없어 보인다. 내가 앞에서 언급한 바와 같이 까시아스 출신의 나의 동료인 조제 슬라우디우José Cláudio는 "바이샤다에서는 예닐곱 명의 젊은이들이 한꺼번에 죽어야 신문에 나요"라고 이야기했다.

오래전, '비공식부문'에 대한 회의에 참여하기 위해 콜롬비아의 카르타헤나를 방문했을 때, 나는 예방의학 전공 의사 출신 시장님 옆자리에 앉게 되었다. 내가 도시에서 가장 나쁜 전염병은 무엇인지 질문하자 시장님은 '폭력'이라고 대답했다. 당시 시장님의 대답이 무엇을 의미하는지 이해하기까지 좀 오랜 시간이 걸렸지만, 결코 잊을 수 없는 대답이었다. 폭력의 전염성은 내가 리우데자네이루에서 본 바와 같다. 전염병과 마찬가지로, 폭력은 모든 인구에게 평등하게 영향을 미치지는 않는다. 대부분의 경우 젊은이들이 희생자들이다.

폭력의 희생자인 젊은이들

2008년 리아나 라이트Liana Leite가 82개국을 대상으로 실시한 조사에서 브라질은 15세부터 24세 청년 인구 가운데 폭력으로 인한 사망률이 네 번째로 높은 순위에 있는 것으로 집계되었는데, 2005년 인구 10만 명당 79.6명이었다. 폭력에 의한 사망률은 2003년 이후 약간 감소세를 나타냈는데, 이는 젊은이들을 대상으로 한 일련의 정책 덕분이었다. 이 가운데는 무기를 반납하면 그 가격을 지불해 주고 사면을 해주는 무장해제 캠페인도 있었다. 그러나 폭력에 의한 사망률은 여전히 세계에서 가장 높게 나타나고 있으며, 그 수치 또한 깜짝 놀랄 정도이다. 브라질의 15세 이상 24세 이하 청년은 그 이외의 연령층보다 살인사건의 희생자가 될 확률이 170퍼센트나 높았다.[7]

리우데자네이루 청년층의 살인율은 브라질 전체보다 높다. 리우데자네이루는 라이트가 연구 대상으로 삼은 86개 도시 가운데 '절대적으로 가장 많은 청년들이 살해당하는 도시'였다. 리우데자네이루에서는 2006년에만 879명의 청년들이 살해되었으며, 이는 청년 인구 10만 명당 83.6에 해당하는 수치였다. 이 보고서는 리우데자네이루에서 청년층의 살인율이 높게 나타나는 이유를 사회적 배제의 정도가 강하기 때문이라고 해석했다. 분석가들은 소득불평등을 다변량 통계 분석법을 사용해 측정했는데, 도시의 청년 살인율에서 사회적 배제의 정도가 약 63.5퍼센트 정도를 설명하고 있다고 분석했다. 그러나 리우데자네이루에 거주하는 젊은이라고 해서 모두 비

표 7.1 | 리우데자네이루의 인구 10만 명당 살인사건 피해율(성별 및 연령대 별)

단위: %

연령대	성별		합계
	남성	여성	
0~9세	1.98	1.06	1.79
10~14세	13.26	6.29	9.80
15~19세	232.58	14.33	122.57
20~24세	303.49	11.63	155.08
25~29세	235.63	12.55	120.64
30~39세	130.72	9.69	66.72
40~49세	78.65	6.62	39.37
50~59세	48.40	5.36	24.51
60세 이상	28.97	6.90	15.52
합계	108.79	7.80	55.18

출처: Cano et al., "O Impacto da Violencia," UERJ(2004)

숫한 확률로 살해당할 가능성이 있는 것은 아니다. 리우데자네이루 연방대학교의 폭력분석연구소Laboratório de Análise da Violência에서 실시한 연구에서는, 사회적 배제의 정도가 일정하다고 가정하면 일부 청년들은 다른 이들에 비해 훨씬 더 위험에 처해 있다. 그들은 연령, 인종, 성별, 빈곤, 그리고 파벨라에 거주하는지 파벨라 이외의 지역에 거주하는지 여부에 따른 청년들의 살인율의 차이를 살펴보았다.[8]

〈표 7.1〉에서는 연령 및 성별 차이를 비교했는데, 연령 및 성별로 차이가 나타났다. 남성 사망자 수가 여성 사망자 수보다 훨씬 높았으며 연령별로 큰 격차가 나타났는데, 특히 20세 이상 24세 이하에서 10만 명당 303명이 살해당해 가장 높은 수치를 나타냈다.

파벨라 주민들이 이런 수치를 직접 들여다볼 기회는 없었겠지만, 자신의 자녀들이 매우 취약한 상태라는 것을 잘 알고 있었다. 제 까부는 자신의 자녀 가운데 아무도 마약거래에 관련되지 않은 것이

그의 인생에서 가장 자랑스러운 일이라고 말하기도 했다. 노바브라
질리아에 거주하는 아더웅 씨 부부(그들의 이야기는 9장에서 할 예정이
다)는 스무살 먹은 아들이 만약 하고 싶은 대로 내버려 두지 않으면
마약상에 들어가겠다고 협박을 하는 통에 훈육을 할 수가 없다고
고백하기도 했다.

아이들은 놀라울 정도로 어린 나이에 마약거래와 엮이곤 한다.
마약거래상들은 아이들에게 스파이olheiros나 운반책aviões 일을 맡기
는데, 미성년자는 감옥에 보내지 않는 법 때문이었다. 구아뽀레
Guaporé 출신의 친구 니우똥은 "어린이의 권리에 대해서 이야기하
면서, 우린 그 이면을 잊어버리곤 하지. 15세 이하 어린이는 법적
처벌을 받지 않고 형사 재판에 세울 수 없기 때문에 마약상들이 어
린이들을 끌어들이고 있다는 점 말이야"라고 이야기한 적이 있다.
그 아이들은 짧은 생을 살게 된다.

폭력이라는 찌개의 재료들: 미스뚜라피나

1968년 내가 이 연구를 처음 시작했을 무렵, 내가 선정한 마을
가운데 유난히 폭력적인 곳은 아무 데도 없었다. 그 당시에는 외부
인들이 파벨라에 들어가는 것에 대해 가지는 두려움은 사실에 근거
한 것이 아니었다. 그것은 '타자성'과 관련된 것으로, 엘리트들의
도시를 침범한 빈곤한 민중의 이미지와 관련된 일종의 배제 현상이
었다.

그러나 당시에도 도시에는 촌락보다 훨씬 더 많은 폭력이 존재했다. 당시 사람들에게 리우데자네이루에 살면서 가장 좋은 것과 가장 싫은 것에 대해 물었을 때, 16퍼센트 정도가 폭력이 싫다고 응답했던 것이 기억난다. 이후 다시 연구를 진행하면서 같은 질문을 했더니 86퍼센트가 폭력이 싫다고 응답했다. 처음 연구를 진행할 당시에는 까시아스와 노바브라질리아가 30년 만에 도시에서 가장 위험한 지역이 되리라고는 상상도 하지 못했다.

　포위당한 상태하에서 생활을 영위하기 위한 한 가지 대응 기제는 위험으로부터 물리적으로 일정한 거리를 두는 것이다. 처음에는 이걸 알아차리지 못했지만, 내가 이야기를 나누고 인터뷰를 하는 모든 사람은 자신들이 사는 곳이 "저기 있는 저 동네보다" 훨씬 더 안전하고 평화로우며, "저 동네는 진짜로 위험하고 폭력이 난무한다"고 이야기한다는 것을 알게 되었다. 예를 들어, 끼뚱구의 꽁중뚜 주민들은 구아뽀레의 꽁중뚜에 갈 엄두를 내지 못하고, 구아뽀레 꽁중뚜 사람들 역시 끼뚱구의 꽁중뚜에 가려 하지 않는다. 각 마을의 사람들은 상대방 마을이 너무 위험하다고 생각한다. 두 동네 사이에 삐끼리라는 마을이 있는데, 삐끼리를 통과하는 길이 지름길임에도 주민들은 삐끼리에 절대 가지 않는다. 예외적인 경우로 노바브라질리아의 쁘라사두떼르수 근처, 제 까부의 집 인근에 있는 지역은 늘 너무나 위험해서 모든 이들이 그 근처에 사는 건 위험하다는 것을 잘 알고 있다.

　내가 다시 현장 답사를 실시할 무렵에는 여타 라틴아메리카 도시나 세계의 다른 대도시와는 다른 리우데자네이루의 상황을 완전하게 이해하지 못했다. 나도 신문이나 텔레비전을 통해서 마약 전쟁 및 경찰의 습격 과정에서 발생한 사망자 수를 접했지만, 리우데자네이루가 세계에서 가장 살인율이 높은 도시라는 것을 실감하지 못했고, 살해를 당한 유소년층의 숫자나 경찰에 의한 살해율이 비슷한 규모의 다른 도시들의 몇 배나 된다는 사실도 실감하지 못했다.

이 같은 상황을 어떻게 설명할 수 있을까? 리우데자네이루 주민들은 내가 연구했던 20개 대도시 가운데 가장 다정하고 관대하며 태평스러운 사람들인데, 어떻게 해서 이토록 폭력적인 상황이 된 것일까? 이 문제에 대해 심사숙고해 본 결과, 그 해답은 미스뚜라피나mistura fina, 즉 여러 재료를 한꺼번에 끓여 맛을 내는 찌개처럼 10개의 원인들이 지난 20여 년간 서로 상호작용하면서 복합적인 폭력의 상황을 만들어 낸 것이라는 결론을 도출했다. 노예들이 버린 고기를 주워 밥이나 검은 콩에 넣어서 만든 브라질 요리 페이조아다처럼 폭력이라는 찌개는 절대로 계획된 것은 아니었다. 남은 음식과 버린 음식으로 끓여낸 것이었다.

내가 생각하는 이 페이조아다의 열 가지 필수 재료는 다음과 같다. ① 정부의 보호에서 배제된, 오명의 지역, ② 세상에서 가장 심각한 불평등, ③ 가난뱅이를 부자로 만들어 준다는, 연금술사의 유혹과도 같은 고가의 불법 상품, ④ 잘 조직된 마약상들의 견고한 네트워크, ⑤ 손에 넣기 쉬운 첨단무기들, ⑥ 박봉에, 인력도 모자라고, 책임감도 없는 경찰, ⑦ '법치'에 무관심한 허약한 정부, ⑧ 주민들을 언제나 해칠 수 있는 민병대들, ⑨ 300만 명이 넘는 무기력한 빈곤층, ⑩ 광고 수익과 경찰의 폭력을 정당화하기 위해 자극적으로 공포를 조장하는 언론 공화국.

첫 번째 재료: 정부의 보호에서 배제된, 오명의 지역

파벨라는, 그것이 형성된 이후에도 줄곧 사람이 살지 않는 땅으로 간주되어 왔다. 파벨라는 시민들의 생명을 보호하고 개인적 안전을 보장해야 할 의무가 있는 정부의 통치권 밖에 있는 것으로 간주되었다. 파벨라가 도시의 지도에 표기되기까지 약 100년이 걸렸다. 그동안 파벨라 인구 규모는 급속히 증가해서 전체 도시인구의 3분의 1에 이르렀다.

파벨라 거주민에 대한 경찰의 괴롭힘이나 부당한 대우는 매우 오래전부터 있어 왔다. 나는 내 친구 친구 엥리우 그랑지로부터 부랑자 법에 대해 듣게 되었는데, 이는 파벨라 주민들이 '어슬렁거리는' 것을 막기 위한 것이었다. 1947년의 어느 날 밤, 당시 열아홉 살이었던 엥리우는 집 근처의 파티에서 놀다가 까따꿍바의 집으로 걸어가다가 체포되었다. 그는 그날의 일을 아직도 생생하게 기억하고 있었다. 파벨라에 사는 검은 피부색의 젊은이가 새벽 세 시에 돌아다닌다는 것은 좋은 일이 아니라고 생각한 경찰이 그를 붙잡아 체포한 후 지역 구치소에 밤새 구금했다. 아침에 출근한 경찰서장이 엥리우가 자신의 아들과 같은 축구팀의 선수, 그것도 우승을 했던 선수라는 것을 알아본 후에야 풀려날 수 있었다.

1964년 쿠데타로 군사독재정권이 들어선 이후 경찰은 파벨라를 공산주의자 및 범죄자들이 잠복하고 있는 적진으로 여겼다. 경찰의 만행에 관한 수많은 항의가 있었으나 무시되었고, 당시 리우데자네이루의 시장이나 주지사들 역시 선출직이 아니라 임명직이었기에 이 같은 상황을 개선할 의지가 없었다.

1982년 리오넬 브리졸라가 주지사로 당선되었다. 당시에도 권력은 여전히 군부에 있었지만, 정치적 개방은 이미 시작되었다. 1985년 브리졸라 주지사는 경찰이 파벨라에 진입하는 것을 금지했다. 군부독재 기간 동안 자행되었던 경찰의 만행으로부터 파벨라 주민들을 보호하고자 함이었는지, 범죄 조직과의 거래를 통해 그들의 지지를 얻는 대신 경찰이 범죄 조직의 영역에 들어가지 못하게 한 것인지는 확실하지 않다. 그 이유야 어떠했던, 그의 결정으로 인해 파벨라는 정부의 보호를 받지 못하게 되었다. 이 같은 경찰의 부재로 말미암아, 파벨라는 이제 마약상들이 불법적인 행위를 저지르기에 좋은, 매력적인 지역이 되었다. 경찰이 파벨라 내의 안녕과 치안을 방기한 것은 1985년경의 일로, 이는 마약거래가 증가하기 시작한 시기와 일치한다. 그 후 5년 이내에 마약거래 조직은 고도로 조직화되었고, 수많은 파벨라를 통치하기 충분할 정도로 잘 무장했으며, 이들 지역에서의 정부의 패권에 도전하기 시작했다. 폭력의 수위가 높아지고 마약거래와 관련된 자금의 규모가 증가함에 따라, 파벨라에 대한 경찰의 출입 금지 명령도 다시 바뀌었다. 내가 기억하기로는, 1990년까지 헌병대가 대규모로 파벨라에 진입하기는 했지만, 주민을 보호하기 위해서가 아니라 마약 두목을 처단하고 마약과 무기를 압수하기 위해서였다. 1985년과 1990년 사이 파벨라는 점차 감시와 합동 습격을 위한 좋은 시합장이 되었다.

파벨라에는 지형상 숨기에 이상적인 장소들이 많았다. 파벨라의 자연환경은 대체로 가파른 언덕이었으며, 구불구불하고 매우 좁은 골목길들이 언덕꼭대기까지 이어지면서 집들이 빼곡히 들어서 있었고, 수많은 나무와 바위가 있어서 숨기에 더욱 좋았다. 정말 한 치의 빈틈도 없이 모든 곳에 빼곡히 집들이 들어서 있었으며, 지형이 안 좋은 곳에는 기둥을 세워 바닥을 만든 후 그 위에 집을 짓기도 했다. 따라서 미로 같은 동네에서는 길을 잃기도 쉬웠다. 이는 파벨라가 숨기에 이상적인 장소가 된 두 번째 이유가 되었다. 전략적인 면에서 가장 좋은 점은 대부분의 파벨라가 언덕 위에 있기 때문에 입구에서 올라오는 모든 사람을 내려다 볼 수 있는 지점이 있다는 것이다. 이 덕분에 파벨라는 방어에 매우 유리했다.

제 까부는 이에 대해 "미천한 사람들gente humilde들이 사는 동네는, 그 모습이 어떻든지 간에, 정부의 통제권 밖에 있지요"라고 했다.

두 번째 재료: 심각한 불평등, 빈곤, 일자리의 부족

브라질의 대부분의 도시에서와 마찬가지로, 리우데자네이루 시의 어느 곳을 가든 불평등의 정도가 매우 심하게 나타난다. 몇 년 전, UN 개발프로그램에서는 인적개발지수Human Development Index, HDI라는 것을 고안했다. 이 지수에는 1인당 소득뿐만 아니라 교육, 기대수명, 보건 환경 등이 고려되었다. 인적개발지수는 0에서 1까지로 측정되었는데, 각 국가, 도시, 마을 등 모든 스케일의 주거지 간의 비교가 가능하다. 노바브라질리아가 위치하고 있는 꽁쁠렉수 두알레머웅의 인적개발지수는 까부베르지보다 낮지만 가베아나 라고아 같은 리우데자네이루의 남부 지구 동네들은 생활수준이 스칸디나비아 국가들과 비슷했다.[9] 그러나 노바브라질리아의 주민들과 가베아의 주민들은 멀리 떨어져 사는 것이 아니라 같은 도시 내에서 버스로 불과 한 시간 거리에서 살고 있으며, 음식, 전기, 대중교통 등 대부분의 기본적인 생활 요금을 동일하게 지불하며 생활하고 있다.

바로 이런 점이 파벨라에 사는 젊은이들로 하여금 더욱더 박탈감에 휩싸이게 하는 것이다. 젊은이들은 날마다 텔레비전을 통해 노출되는 부유한 이들의 소비 기준에 맞추어 자신들의 열망을 형성했으며, 그 열망은 부유한 남부 지구에 속하고 싶다는 마음으로 이어졌다.

파벨라에서 인터뷰를 진행하면서 만났던 한 젊은이는 허리띠와 주머니에 삐삐와 휴대폰을 몇 개씩이나 차고 있었고, 손에는 휴대용 미디어 플레이어까지 들고 있었다. 그 젊은이에게 그런 게 왜 다 필요하냐고 물었더니 씩 웃으며, "아무것도 아니예요, 다 고장 난 거예요. 쓰레기통에서 주웠는데, 내가 좋아서 그냥 들고 다니는 거예요"라고 대답했다. 그 젊은이는 일종의 사회적 지위를 나타내는 상징들을 몸에 붙이고 다니는 것이었으며, 내가 그것들에 관심을 보이자 정말이지 기뻐하며 엄지를 척 들어 올렸다. 그리고는 "다음에 봐요"라고도 했다. 그가 생각하기에는 그게 멋있는 것이었다. 일전에 마을의 한 젊은이가 유명 브랜드의 운동화 한 켤레 때문에 살해당한 일도 있었고, 마을 사람 모두가 그 일을 알고 있었는데도 말이다.

마약상들은 그 조직원이 되면 돈을 실컷 쓸 수 있다며 젊은이들을 유혹하곤 했다. 마약상에 들어간다 해도 갑자기 부자가 되지는 않지만, 최소한의 급여로는 몇 달을 벌어야 받을 수 있는 돈을 한 주면 벌 수 있다. 더구나 마약상이 되면 교통비도 들지 않고 도시락을 싸거나 점심을 사먹을 필요도 없다. 파벨라 젊은이들의 롤 모델이 되어 버린 마약상들은 오토바이, 금 목걸이와 금반지, 명품 셔츠와 신발과 같은 멋진 물건들을 갖고 있고, 마을의 아가씨들에게 정말 좋은 선물을 끊임없이 해댄다.

마약상 말고는 그 정도의 벌이가 가능한 직업이 없다.[10] 그러나 마약상이 되는 것은 그만큼 혹독한 대가를 치러야 하는 일이다. 구아쁘레Guaporé에 사는 한 젊은이는 익명을 전제로 다음과 같이 이야기했다. "마약상들은 돈은 잘 벌지만 서른 살까지 살기 힘들어요! 우리는 수입 운동화나 명품 옷이라면 정말 사죽을 못 쓰죠. 어떤 때는 가진 돈을 온통 그런 물건 사는 데 다 써버려요. 어떤 때는 우리 가족들을 부양하는데도 쓰죠. …… 이건 가난으로부터의 탈출구예요 하지만 …… 늙은 마약상을 본 적이 없죠? 왜 그런 것 같아요?"

유명한 래퍼이자 청년 활동가인 엠브이 빌은 마약상에 관한 인터뷰에 다음과 같이 말했다.

이렇게 말하는 건 정말 가슴 아프지만, 오늘날 아무런 미래도 없이 태어나는 이들에게는 범죄자가 되는 것이 최선의 선택입니다. 난 위선을 떨지 않고 사실대로 이야기 할 거예요. …… 왜냐하면 이게 진실이기 때문이죠. …… 누군가에게 "마약 갱단에서 나와"라고 이야기하기가 정말 어려워요, 왜냐하면 난 그 사람에게 그보다 나은 대안을 제시할 수 없기 때문이죠. 그리고 동정적인 도움을 주는 것도 충분하지 않아요, 텔레비전에서는 인생에서 좋은 것만을 보여 주죠, 누구나 그렇게 살고 싶어요.[11]

2004년, 남편과 함께 호싱냐 파벨라를 방문했을 때 내 남편은 연을 날리고 있는 아이들을 보고 같이 동행하던 지역 주민 지도자에게 아이들이 "자신의 꿈을 날리고 있다"고 이야기했다. 내 남편의 낭만적인 생각은 금세 사라지고 말았다. 지역 주민 지도자는 "아니에요. 그건 마약이 마을에 도착했다고 고객들에게 알리는 거예요"라고 대답했다.

세 번째 재료: 코카인 ─ 고가의, 그러나 불법인 상품

1980년대 중반, 군부독재가 종식되고 세계화가 널리 진행되면서, 리우데자네이루는 북아프리카를 거쳐 유럽으로, 마이애미 및 뉴욕을 거쳐 미국으로 대마초와 코카인을 보내는 유통의 중심지가 되었다.

1960년대 내가 브라질에 살았을 때에도 대마초가 거래되고 있었지만, 1980년대 초반 리우데자네이루를 중심으로 하는 코카인 거래로 전환되면서, 엄청난 양의 현금과 범죄가 파벨라로 유입되어 그들의 삶을 황폐하게 만들었다.[12]

브라질은 코카인의 재료인 코카를 재배하기에 적합한 기후는 아니다. 코카가 재배되기에 이상적인 지역은 서늘한 기후의 고산 지대다. 미국이 마약과의 전쟁을 선포하면서 콜롬비아 국경을 봉쇄하자, 마약상들은 새로운 공급로가 필요해졌고, 이에 브라질이 마약의 재포장과 공급 중심지가 되었다. 브라질이 새로운 유통 중심지가 된 것은 자연스러운 선택이었다. 브라질은 광대한 국경선과 해안선이 있기 때문에 육로든 해로든 입국할 수 있는 지점이 너무나 많아 이를 통제하기가 불가능했기 때문이다. 브라질과 파라과이, 볼리비아, 콜롬비아, 페루 등과의 국경은 정글 지역을 통과하는데, 최근에는 코카 원료가 국경을 넘어 브라질로 유입되면, 정글 지역에 위치한 코카인 공장에서 코카인을 생산하는 경우가 늘고 있다.

세계화 및 무역자유화로 말미암아 화물 물동량이 증가함에 따라 항공, 육상, 해상 등의 수입 및 수출 화물에 마약을 숨기기가 더욱 용이해졌다. 리우데자네이루는 마약거래에서 가장 이상적인 항구이자 유통 중심지이다. 리우데자네이루에서 출발하는 화물선에서 마약 검사가 있지만 걸리지 않는다. 그러면 한밤중에 항구에서 배를 끌고 나와 작은 어선을 배에 대놓고는 마약을 배에 싣는다. 리우데자네이루에 화물선이 들어오는 경우에도 동일한 수법을 쓴다. 리우데자네이루 항구 앞에 있는 작은 섬 앞에 화물선이 잠깐 정박하면 작은 어선이 다가와 마약을 내린다. 마약을 내린 배는 리우데자네이루 항구에 정박해 공식적인 마약 검사를 받지만 통과하게 된다.

마약이 도시로 유입될 때는 커다란 덩어리로 들어오기 때문에 마약을 잘게 나누고, 다시 포장을 해야 한다. 물론 매우 은밀하고 남의 눈에 띄지 않는 곳에서 말이다. 리우데자네이루의 파벨라는 이런 일을 하기에 가장 이상적인 장소이다. 부유한 "플레이보이들"(이들에 대해 파벨라에서 경멸조로 부르는 명칭)이 마약 시장별로 할당량을 정하면 마약상들이 파벨라 입구까지 와서 공급책들로부터 마약을 받아간다.

이것이 막대한 돈이 걸린 글로벌한 게임에서 파벨라가 맡고 있는 전형적인 역할이다(이 부분에 대해서는 12장에 이야기하도록 하겠다). 코카인의 재배, 정제, 생산, 저장, 분배, 소비와 관련된 가치 사슬은 지역적·국가적·국제적으로 파벨라와 같은 배제의 공간에 전적으로 의존한다. 마약상들은 민병대와도 결탁함으로써 그들의 영역권에 대한 거의 전적인 지배권을 갖게 되었다. 따라서 마약상들에게 영역 다툼은 매우 중대한 일이 되었다. 그 결과 리우데자네이루의 대부분의 파벨라가 마약상들의 영역 다툼으로 고통 받고 있으나 그들이 그토록 거대한 이윤을 창출하는 바퀴에서 차지하는 비중은 작은 톱니 정도에 지나지 않는다.[13]

네 번째 재료: 잘 조직된 마약상들의 영역 지배권 다툼

브라질 최초의 마약 조직은 1969년 리우데자네이루 주의 일랴그랑지Ilha Grande에 있는 감옥에서 탄생했다. 당시 군사정권은 정치범들을 일반 범죄자들과 같이 수감하는 우를 범했다. 일반 수감자들은 가난한 사람들이 대부분이었고 파벨라 출신들도 꽤 되었다. 학생 및 사회주의 계열의 지식인들이 다른 재소자들에게 착취와 불평등에 대해 가르치기 시작했고, 일반 범죄자들은 좌파들에게 법치권 밖의 세상이 어떻게 돌아가는지를 가르쳐 주었다.

정부는 자신들이 실수를 했음을 깨닫고 일랴그랑지의 수감자들을 분리해서 다른 지역의 감옥으로 보냈다. 그러나 이는 결국 일랴그랑지의 수감자들로 하여금 자신들이 알게 된 새로운 지식을 다른 지역의 동료들에게까지 퍼지게 하는 계기가 되었다. 군사독재 통치가 종식되자 많은 이들이 출소했고, 출소한 이들이 모여 붉은 동지들Red Phalanx이라는 단체를 조직했으며, 이는 나중에 꼬만두 베르멜류(흔히 CV로 알려짐, 붉은 명령이라는 의미)라고 불리게 되었다. 꼬만두 베르멜류는 리우데자네이루에서 처음 형성된 강력한 마약 갱단이다. 첫 번째 마약거래에 필요한 최초의 자금은 조구 지 비슈jogo de bicho(영어로는 숫자로 하는 게임이라고 알려져 있음)[14]라고 하는 불법 도박판의 거물들로부터 공급되었다. 당시는 미국이 마약과의 전쟁을 벌임에 따라 콜롬비아 국경이 닫히고 막대한 양의 마약거래가 브라질을 통해, 특히 리우데자네이루 항구를 통하는 루트로 재정비되던 바로 그때였다.

대부분의 파벨라는 예전부터 브라질 국내에서 재배한 대마초의 거래 창구였다. 이 점이 바로 파벨라 내에 코카인 거래 중심지를 만든 마약상들이 주목한 점이었다. 그들은 자신들을 도와 일을 할 마을 사람들을 모집했다.[15] 몇 년 지나지 않아 꼬만두 베르멜류 내부 갈등으로 인한 마찰로 인해 두 그룹으로 나뉘었으며, 이들은 강력한 라이벌 관계가 된 떼르세이루 꼬만두와 아미구스 두스 아미구스였다. 이후 본격적으로 전쟁이 시작되었다.

모든 파벨라에서 상황이 매우 빠르게 변화했다. 주민자치회의는 점차 마약상들의 손에 넘어갔다. 2007년 7월 3일 영국 BBC 방송의 뉴스에서는 "브라질이 슬럼 지역 개선 사업을 시작했습니다. 브라질 정부는 약 17억 달러에 가까운 예산을 들여 리우데자네이루의 판자촌의 생활환경을 개선하겠다고 약속했습니다"라고 보도했다. 그러나 그 이후로 주목할 만한 어떠한 변화도 일어나지 않았다.

이 분야의 전문가 가운데 한 명인 루크 다우니Luke Dowdney는 리우데자네이루 갱단의 조직 구조에 대해 다음과 같이 설명했다.

> 꼬만두 베르멜류를 비롯해 리우데자네이루의 여러 마약 갱단들은 (이탈리아의 마피아 같은) 전통적인 조직범죄 집단처럼 강한 힘을 가진 두목을 중심으로 서열화된 구조로 운영되지 않는다. 대신 여러 파벨라에 갱단들이 각각 조직되어 있으며 갱단들은 '연계된 개별 행동원'들 간의 네트워크를 통해 연결되어 있다. …… 파벨라 내부에 위치한 각각의 갱단 내에는 엄격한 위계가 있지만 각각의 갱단들은 네트워크를 통해 연계되어 있으며 갱단들 간의 관계는 수직적인 위계질서가 아닌 '상호 간에 보호하는 수평적인 네트워크'를 통해 조직되어 있어 일종의 회사와 비슷하다.[16]

갱단 내 최하층부에는 아비옹이스aviões가 위치하는데, 대개 어린 소년인 이들은 물건을 받아서 배달하는 일을 한다. 그 바로 위가 무장한 사병인 소우다우soldados들이고, 그들 위가 제렌치 다 보까gerente da boca(매니저)인데, 이들은 판매 및 보안을 조직한다. 그 위에 있는 도누 다 보까dono da boca(주인)는 마약 갱단의 두목으로 마약 공급책들atacadista(도매상)과의 거래를 관리한다. 마약 공급책들은 여러 개의 마약 갱단들에게 마약을 공급하지만, 대개 지역 수준에 그친다. 최고의 거물 또는 마약왕은 그랑지 셰퐁grandes chefões이라고 하는데, 그는 모든 마약거래 과정을 통제한다.[17] 마약왕 가운데 가장 유명한 페르난지뉴 베이라-마르Fernandinho Beira-Mar는 (망기 Mangue 또는 '늪'이라고도 알려진) 베이라 마르 파벨라 출신이다. 베이라-마르는 이 연구에서도 다룬 까시아스 지역에 위치한 세 개의 파벨라 가운데 한 곳이다. 베이라-마르 주민들은 그가 파라나 주의 까땅두바Catanduva에 있는 전국에서 가장 엄격한 연방 교도소에 있으면서도 계속해서 마약거래를 한다며 그를 매우 자랑스러워한다. 그들에게 그는 '자랑스러운 우리 마을 출신 청년'인 것이다.

각 마을의 역사를 재구성하기 위해 여러 마을의 주민들을 초빙했던 모임에서 들은 바에 의하면 1990년대 초반만 해도 폭력 사태가 일상의 문제가 되지 않았으며 펑크 춤 대회가 파벨라에서 인기가 있었다고 한다. 주말마다 열리는 것이 정례화가 되다시피 한 파벨라의 댄스파티에 도시 전역의 백인 젊은이들도 강한 매력을 느꼈다. 파벨라의 주말 파티에 참가하는 인원이 한 주에만 약 20만 명에 이르렀다. 1990년대 미국 펑크 음악의 육중한 베이스 리듬이 강하게 울려 퍼지는 가운데 젊은이들이 성적인 행위를 연상시키는 춤을 추었다. 가사는 성적으로 솔직한 내용들과 폭력적인 내용들이 주를 이루었다. 특히 까쇼하cachorras(암캐라는 의미이나 창녀 등의 부정적인 의미)나 뽀뽀주다popozudas(엉덩이가 크다는 의미)와 같이 여성을 비하하는 표현들을 사용했다. 마약상들이 밴드들을 재정적으로 후원했다. 따라서 가사에서는 대개 갱단을 찬양하고, 갱단 두목을 정부나 경찰과 맞서 싸울 용기가 있는 유일한 사람이라며 영웅적인 인물로 묘사하곤 했다. 이러한 장르의 음악을 쁘로이비더웅proibidão(절대 금지된)이라고 하는데, 쁘로이비더웅의 가사는 브라질의 법률에 위배되는 내용을 담고 있다. 리우데자네이루에서는 쁘로이비더웅 음악 CD들이 음성적으로 거래되고 있다. 어떤 이들은 펑크 파티를 통해 파벨라의 젊은이들과 부유층의 젊은이들이 어울림으로써 계층 간의 이해를 도왔다고 보는 반면, 다른 이들은 펑크 파티는 섹스, 마약, 알코올, 폭력 등이 난무하는 난잡한 파티일 뿐이며, 파벨라 주민들에게 또 다른 피해를 주고 있다고 했다.

다섯 번째 재료:
첨단무기와 뛰어난 군사력을 지닌 마약상들

마약상들이 (내가 파벨라에 살던 시절에 동네 말썽꾼들이 그랬던 것처럼) 주먹, 칼, 깨진 맥주병 등으로 싸운다면 아마도 사망자 수는 현재의 몇 분의 일 수준이었을 것이다. 오늘날 마약상들은 군사용으로 개발된 첨단무기들, 예를 들어 AK-47 소총, M-16 소총, IMBEL MD-2 소총, FN 자동소총, H&K사의 G3 소총 등을 포함하는 자동 및 반자동무기들과 바주카포, 유탄발사기 등도 갖추고 있으며, 심지어 대공미사일 발사기도 구비하고 있다. 앞에서 언급했던 것처럼, 마약상들은 경찰들보다 재정적으로 훨씬 더 여유가 있기 때문에 전투경찰보다 훨씬 첨단무기들을 갖추고 있다. 〈어느 특별한 전쟁에 대한 보고〉Notícias de Uma Guerra Particular라는 다큐멘터리에서는 파벨라에서 자라는 모든 어린이들은 말을 할 무렵이 되면 수십 가지에 달하는 무기들의 타입과 유형을 정확히 구분할 수 있음을 보여 주었다. 아이들은 삼바나 축구와 마찬가지로 그런 무기들과 함께 자라난다.

이윤과 권력의 관계에서 경찰은 매우 중요한 요소로 작용한다. 경찰들이 한 파벨라에서 무기들을 압수하면, 그중 일부를 감춰 두었다가 다른 파벨라에 있는 갱단에 판다. 이런 무기의 대부분은 미국, 러시아, 유럽에서 생산된 것이다. 무기 가운데 일부는 파라과이 국경에서 마약과 교환되는데, 이런 거래의 경우 현찰이 필요 없다. 어떤 무기는 콜롬비아의 무장혁명군FARC과 같은 반군들에게 팔린다. 무기 거래는 마약거래와 마찬가지로 큰돈이 되는 사업이다.

꽁쁠렉수두마레에 위치한 천문대를 세우고 현재 소장으로 있는 시우바Jailson de Sousa e Silva는 파벨라의 젊은이들이 그토록 많이 죽는 것은 마약 때문이 아니라 무기 때문이라고 지적했다. 그는, 만약 미국이 정말로 좋은 이웃이 되기를 바라고 브라질의 빈곤층을 돕고자 한다면, 미국 내 무기 생산 공장들을 폐쇄해야 하며, 최소한 무기가 브라질과 멕시코를 비롯한 라틴아메리카 국가들로 수출되는 것을 금지해야 한다고 했다. 그는, 무기를 생산하고 판매하는 국가들이야 말로 마약상들 만큼이나 이 같은 폭력 사태에 대한 책임이 있으며, 이에 대한 해결책을 일부 제시할 수 있다고도 했다.

까따꿍바에 살다가 끼뚱구로 이사를 온 주민은 단기참여진단DRP에서 다음과 같이 이야기했다

> 폭력의 정도는 꽁중뚜에서 가장 심해요, 왜냐하면 다 다른 데서 온 사람들이 모여 있는 동네라서 누가 누군지 동네 사람끼리도 잘 모르거든요. 철거되기 전에는 이웃들끼리 서로 존중을 했어요, 젊은 애들이 폭력 사건에 끼지도 않았구요, 그때는 대마초가 유일한 마약이었어요 ― 그때 대마초는 마약이라기보다는 맥주나 럼주 같은 거였어요 ― 그리고 술집에서 싸움이 나도 주먹이나 칼, 아니면 깨진 병으로나 싸웠죠. 그런데 총이 들어오면서 상황이 변했어요.

여섯 번째 재료:
박봉에, 인력도 모자라고, 책임감도 없는 경찰

리우데자네이루의 경찰은 예전부터 부패로 유명한데, 책임성과 투명성은 물론, 공식적인 제재도 없이 운영되어 왔다. 경찰 인력 대부분이 저소득계층 출신이며, 다수가 파벨라 출신이다. 전투경찰이 된다는 것은 그들로서는 대단한 신분 상승이며, 계속해서 가족을

부양하려면 전투경찰로서의 '임무를 잘 수행해내야 한다'는 압박감에 시달리곤 한다. 그러나 경찰의 임금은 매우 박해서 제대로 된 생활을 유지하기가 힘들다. 리우데자네이루의 경찰은 평균적으로 월 440~500달러를 받는다.

또한 그들은 자신들이 수행하는 업무와 관련해 불안해하고 있다. 〈엘리트 스쿼드〉Tropa de Elite라는 영화는 교황의 방문을 앞두고 파벨라에서 행사를 준비하는 모습을 그린 영화인데, 이 영화에 등장하는 경찰들은 악명 높은 파벨라의 폭력으로 인해 소탕 작업을 실시를 하는 와중에도 매우 초조하고 불안해하는 모습을 보인다. 숨을 곳도 너무나 많고, 경찰 입장에서는 주민들이 서로 너무 잘 아는 안마당 같은 지역에 진입하는 것이 매우 불리한 상황이라는 것을 잘 인지하고 있으며, 주민들이 경찰의 진입을 달가워하지 않는다는 점도 잘 알고 있다.

경찰 인력 대부분은 젊은 남성들로, 난생 처음으로 권력의 맛을 보고 남들로부터 존경을 받기 시작한 이들이 많다. 총기를 합법적으로 소지함으로써 그들에게 권력이 주어지게 되면, 이를 남용하고 싶은 유혹을 느끼게 된다. 권력 면에서 그들에게 그 어떤 제재나 제지가 이루어지지 않는다. 경찰들이 무고한 이를 죽이거나 고문을 해도 처벌을 받지 않는다. 게다가 경찰들은 파벨라 주민들과 마약 갱단을 구분하지 않는다. 이들 모두가 '법과 질서를 회복하기 위해' 경찰들이 벌이는 노력의 대상이 된다. 그러나 이런 무한 재량권에도 불구하고 리우데자네이루 경찰은 보고된 살인 중 겨우 3퍼센트만을 해결했다.[18] 실제로는 빈민가에서 일어나는 살인사건 가운데 보고가 되지 않는 경우도 매우 많아서, 이 초라한 사건 해결 비율조차도 실제 경찰의 능력에 비해 과장된 수치이다. 리우데자네이루 시에서는 리우데자네이루 주에서 일어나는 살인사건의 40퍼센트 정도가 발생하지만 주 경찰력의 20퍼센트 정도만이 배치된다.

배치된 경찰들은 마약상들과 공모를 하면 훨씬 큰돈을 벌고 더 좋은 무기를 가질 수 있다는 사실을 깨닫게 된다. 많은 경찰들이 퇴근 시간 무렵이면 마약상들을 만나서 그날 하루 벌어들인 수익을 나눈다. 헌병으로 근무하고 있는 내 친구 니우똥도 경찰들의 이런 행태에 대해 넌더리를 냈다. "여기(구아뽀레)는 그래도 조용한 편이에요, 여긴 마약상이 하나밖에 없고 그나마 통제가 되니까요. 하지만 그 마약상 두목이 죽거나 감옥에 가면 아마 생지옥이 될 거예요. 이 구역을 차지하려고 전쟁이 일어날 테니까요. …… 설마 무고한 사람들을 보호하려고 경찰이 나설 거라고 생각하는 건 아니죠?"

어느 날 오후, 내가 까따꿍바에 살 때 그 집에 세를 들어 살았던 마르가리다가 끼뚱구의 집으로 초대했다. 그날은 1999년 8월 12일이었다. 그 무렵 나는 연구를 이제 막 다시 시작한 참이었고, 파벨라에 어떤 변화가 일어났는지 이해하려 하고 있는 중이었다. 그녀는 나를 위해 시간을 내주었고, 이런 말을 했다. "이제 마약상 구역이 나뉘어서 지금이 더 나아요. 얼마 전까지만 해도 아무도 이 동네에 들어올 수 없고 동네 사람들도 집 밖으로 나갈 수가 없었어요. 우리 동네 주민이 아닌 사람들은 거의 다 살해당했어요. 전쟁이 끝나고 마약상 구역이 나눠지고 나니까 질서가 다시 잡히고 경찰들도 밖으로 나가게 됐어요."

마르가리다는 내가 아는 사람 가운데 정치에 가장 관심이 없는 사람이다. 그러나 그녀는 경찰에 대해서 마을을 보호해 주는 역할을 하는 사람들이 아니라, 마을에 가장 큰 위협이 되는 적으로 인식하고 있었다. 1997년 국제인권단체인 휴먼라이츠와치Human Rights Watch에서 발행한 보고서에 의하면 리우데자네이루 시민의 약 76퍼센트가 경찰이 암살단과 관련이 있다고 생각하고 있었고, 65퍼센트가 경찰이 자백을 받아 내기 위해 고문을 자행하고 있다고 생각하고 있었다. 또한 강도나 폭행을 경험한 시민 중 12퍼센트만이 경찰에 신고했다고 응답했다. 리우데자네이루 시민들은 경찰이 법을 수호할 의지나 능력이 없다며 경찰에 대한 강한 불신을 나타냈다.[19]

일곱 번째 재료: 정부의 무관심

앞서 내가 거론한 재료(원인)들은 필연적인 것들이지만, 그 자체로는 폭력이 리우데자네이루의 일상생활에까지 침범하고 이 정도까지 이르게 되었는지를 설명하기에는 충분치 않은 측면이 있다. 정부가 법치를 유지할 수 있는 능력이 부족하다는 점이 이에 더해져야 한다. 파벨라에서 어떠한 일이 일어나는지 정부가 무관심하기 때문에 파벨라가 경찰과 마약상들 간의 추격 게임의 장이 되어 버렸다. 즉, 마약과 관련된 자금들이 사법부, 경찰 수뇌부를 비롯해 공직 사회의 구석구석까지 흘러들어 감으로써 정부는 이곳에서 일어나는 일에 대해 모른 척하게 되었다.

이 책이 출간된 무렵은 브라질의 민주주의가 회복된 지 25년 정도가 된 시점이다. 브라질의 군부독재는 22년이나 지속되었다. 1985년 투표권이 생긴 세대들이 이제 40대가 되었고 그들의 자녀 중에서도 많은 수가 유권자가 되었다. 그러나 제임스 홀스턴이 말한 그대로, 브라질은 아직 "불완전한 민주주의"[20] 상태에 있으며, 정부는 약하고 국민들은 1등 시민과 2등 시민으로 이분되어 있다.

마르가리다가 사는 끼뚱구의 이웃 주민인 레지나는 까따꿍바 출신의 정식 간호사로 스물일곱 살이다. 그녀는 "정부가 우리를 돕기 위해 아무것도 하지 않는다"고 한다. "마을 전체의 입장에서 내가 요구할 수 있는 건, 우리의 생명을 존중해 달라는 것뿐이에요. 하지만 현실은 그렇지 않죠. 총싸움은 통제가 불가능하고 우린 늘 다른 가족들의 안위를 걱정해야 해요. 이건 사람이 사는 게 아니에요. 정부는 대체 어디 있는 거죠?"

사회학자인 로익 바깡이 관찰한 바처럼, 파벨라에서 정부의 정책은 단기적인 차원에서, 사회적 불안정성을 유발하는 사건들을 즉시 중지시키는 방향으로만 시행되고 있다.

이는 특히 중산층과 상류층 시민들에게 다소 과장되게 (불안정하게) 느껴지기 때문이다. 이에 정부는 중산층과 상류층 사람들에게 혐오스럽고 파괴적인 빈곤층과 근본 없고, 쓸모없으며 염치조차 없는 '개인들'의 '피를 뿌리는 범죄 정책을' 명확하게 보여 주었다. 그 개인들은 존중해 마땅하고 '인간'gente으로 대접 받는, 전형적인 브라질인들과는 정반대의 위치에 있는 사람들이었다. 즉, 그들은 미국에서는 '하층민'

이라고 여겨지는 사람들인데 …… 도덕적 결함이 있고 신체적으로도 위험한 사람들의 집합체로 낙후한 도심 지역에 거주하면서, 품위 있고 준법정신이 강한 교외지구 노동자 계층들에 의해 형성된 미국의 정체성을 위협하는 계층이다.[21]

바깡은 더 나아가서, 다음과 같이 주장했다.

인간의 모든 활동을 조직하는 최선의 기제로서 시장을 상정하는 신자유주의적 체제는 사회적 문제와 경제적 문제에 있어 '최소한의 정부'를 추구하며, 공공질서를 유지하고, 사회의 가장 핵심적인 부문에서만 무력으로서 개입한다.[22]

여덟 번째 재료: 민병대의 착취

마약상들이 마약상권을 놓고 서로 싸우고, 경찰들과 은밀한 거래를 이어가는 동안, 새로이 형성된 민병대가 스스로 법을 정하고 통치하기 시작했다. 민병대는 마약상들과 같은 조직에 속하지도 않고 경찰처럼 정부에 속하지도 않는다. 그들은 퇴역한 경찰관과 소방관들로 이루어진 자치적인 자경단으로, 그들 나름의 폭력을 통해 마을을 통제하게 되었다. 민병대원들은 마약 판매상이나 소비자에게 총격을 가하고 마약거래와 관련된 사람들을 처단함으로써 마약이 없는 파벨라를 만들었지만, '보호'에 대한 대가로 마을 사람들의 삶의 모든 부분에 대한 완전한 통제를 요구했다.

앞서 이야기한 바처럼 딱히 돈을 마련할 방법이 없는 민병대원들은 강탈을 통해, 즉 마을을 드나드는 모든 이에게 매일 통행료를 받아 자신의 월급을 충당했다. 심지어 프로판가스 배달과 인터넷이나 케이블 티비 서비스 등에도 통행료를 부과했으며, 파벨라에 들어오는 모든 자동차, 화물차, 오토바이 등을 독점해 매 운행시마다 '세금'을 부과했다.

2004~05년 무렵까지만 해도 서부 지구에 속한 히우다스뻬드라스Rio das Pedras만이 민병대의 통치하에 있었다. 그러나 2008년에는 민병대가 통치하는 마을이 100개를 넘어섰으며, 어떤 마을들은 까시아스의 빌라오뻬라리아 같이 마약상들과 연대해 통치하고 있다. 2008년 3월 6일 방송된 BBC 뉴스에서는 "민병대가 리우데자네이루의 판자촌을 점령했다"라고 하면서, "그들은 모든 것을 통제하고, 모든 것을 요구하며 살인도 서슴지 않는다. 만일 그들의 방식을 따르지 않고 그들이 시키는 대로 하지 않으면 목숨을 잃게 된다"는 한 여성의 증언을 방송했다.[23]

정부는 민병대의 만행을 저지하기 위한 그 어떤 조치도 취하지 않았으며, 민병대가 저지른 부당한 살인 행위에 대해 그 어떤 해명도 요구하지 않았다. 사실, 들리는 소문에 의하면 정부가 오히려 민병대를 돕고 있다고 하며 아마도 결국에는 그들을 합법화할 것이라는 이야기도 있다. 그런 이야기의 근거로, 정부는 800개에 이르는 파벨라를 장악할 수 없지만, 민병대는 가능하기 때문이라고 한다.

민병대와 관련된 자금의 규모는 천문학적이다. 노동조합과 정보 경찰이 추정한 바에 의하면, 민병대가 운영하는 지하 경제 사업의 규모가 연간 2억 달러에 이르며, 점차 마약상들도 이들의 사업에 관여하고 있다고 한다. 통행료로 걷어 들이는 수입이 약 7,250만 달러에 이르고, 불법으로 텔레비전 케이블을 따오는 사업으로도 약 5,950만 달러 정도의 수입을 올리며, 인터넷 서비스 사업으로도 약 6천만 달러의 수입을 올린다고 한다. 게다가 요리를 하는 데 필요한 프로판가스 배달에 부과하는 수입만도 800만 달러에 이른다고 한다.[24] 그리고 파벨라 내에서 사람들을 언덕 아래에서 위로 실어 나르는 택시들과 관련된 사업들도 꽤 큰돈이 되며, 전통적인 내기인 벌레 경주jogo de bicho에서부터 기계로 하는 빙고에 이르기까지 여러 가지 형태의 도박 사업도 운영하고 있다.

거리에서 팔리는 마약의 가격이 하락하기도 하고, 이런 수익성 좋은 사업들을 외면하기도 어려워 어떤 이들은 마약거래를 그만두고 강탈 부문으로 전업을 하기도 한다. 이런 사업들로 인해 민병대와의 또 다른 충돌이 벌어지기도 한다. 이 글을 쓰고 있는 현재에도, 민병대는 브로드밴드 인터넷 접속을 통제하고 있으며, 지하 인터넷 서비스 사업자들이 인터넷을 제공하고 있다. 경찰의 추산에 의하면 파벨라 거주민의 약 70퍼센트 정도가 불법적인 방식으로 텔레비전을 시청하고 있으며, 독점 제공되는 인터넷을 사용하고 있다. 실제로 다수의 파벨라에서는 다달이 요금 고지서가 나오는 날이면 스피커를 통해 큰 소리로 주민들에게 알리고 있다.

그렇듯 거대한 이윤 사업이 걸려 있기 때문에 폭력 사건은 갈수록 증가하고 있으며 죄 없는 사람들이 계속해서 살해당하고 있다.

불법적인 무기들을 사용하고 있음에도 마약상들과 민병대 모두 기소되지 않고 있으며 정부는 어느 편도 들고 있지 않다.

가난한 이들이 더 많이 낸다

권력, 돈, 자유에 관한 일반적인 논리와는 달리, 리우데자네이루시의 공식부문에서 살 만큼 여유가 있는 사람들은 케이블 텔레비전, 인터넷 서비스, 프로판가스, 교통 및 여타 다양한 서비스들을 여러 제공업체 중 가장 합리적인 가격으로 고를 수 있다. 그러나 가난한 이들은 더 많은 비용을 지불한다.[25] 파벨라와 꽁중뚜의 주민들은 통제되는 독과점의 영역에서 살고 있으며, 유일한 제공업자로부터 매우 비싼 가격에 물품과 서비스를 구입해야 한다.

나는 이와 꼭 같은 형태의 착취를 40여 년 전 파벨라에서 발견했으며, 이를 『소외계층에 관한 신화』에서 설명했다. 그 당시 마을들은 불법적으로 전기선을 따오고 상수도 망에 연결을 해서 물과 전기를 사용했다. 대로변에 사는 이들은 독점권을 행사해 다른 사람들에게 시세에 비해 매우 비싼 가격에 판매했다. 현재 불법 케이블 텔레비전이 있는 것과 마찬가지로, 예전에는 전기 공급이 불법적으로 이루어졌다. 미터기가 없기 때문에 가구별로 콘센트 수 및 전기 기구 수에 따라 요금을 냈다. 전기회사는 파벨라에 전기를 공급하려 하지 않았다. 파벨라에서는 식료품이나 의류도 훨씬 더 비쌌고, 독점적 지위를 누리는 파벨라의 상인들은 주민들에게 외상을 주곤 했다. 가게에 갖춘 상품의 품목은 적고 그 양도 적었지만 상인들은 상품들을 작은 단위로 나눠 팔아서 가난한 주민들이 쉽게 구입할 수 있게 했다.

아홉 번째 재료: 힘없는 빈곤계층

간단히 생각해 보면, 리우데자네이루의 중범죄 비율은 인구의 3분의 1가량이 권리를 발탈당하고 쓸모없는 사람들이라고 여겨지기 때문에 가능한 것이다. 만약 그들이 잘 조직된다면 빈곤층은 상당히 저력 있는 선거 세력을 구성하고, 소비자로서의 보이콧 운동을 할 수 있을 만큼 그 규모가 충분하다. 그러나 마약상, 민병대, 그리고 경찰의 손에는 총이 있다. 파벨라, 꽁중뚜, 로찌아멩뚜스, 그 외 저소득계층의 지역의 빈곤한 주민들은 매우 큰 장기판의 졸과 같은 존재로, '당국'으로부터 보호를 기대할 수 없으며, 겁에 질려 조용히 따를 수밖에 없는 처지이다. 중산층과 상류층들은 이 빈곤한 지역에서 인간의 권리가 존중받지 못하고 있음을 알게 되었으며, 이는 자신들이 누리는 평화, 특권, 보호에 대한 대가임을 인식하게 되었다. 이는 '주인과 노예' 및 '주인의 저택과 노예의 오두막'[26]의 전설을 떠올리게 하는 것으로, 가장 포용적인 인식을 지닌 엘리트들에게 조차도 뿌리 깊게 새겨진 생각이다. 그리고 1960년대와 1970년대 브라질의 독재정권이 파벨라의 주민들을 향해 가진 두려움은 공산주의에 대한 두려움과 비슷한 것이었다. 현재는 이 같은 두려움이 살인을 일삼는 마약중독자들을 향해 있다.

다니엘 브링스Daniel Brinks가 지적한 바와 같이, "대중들, 심지어 경찰에 살해된 피해자들의 가족들을 비롯한 대중들조차 범죄자들을 살해하는 것을 지지하는 공공 성명을 내놓곤 한다. 범죄율이 상승하고 있다는 대중들의 인식(그것이 실제이든 상상한 것이든)으로 말미암아, 사람들은 경찰이 자행하는 불법적인 방법까지도 (최소한 암묵적으로) 동의하고 있다."[27]

열 번째 재료: 자극적인 언론매체

도시 내 다른 지역에서 자행되고 있는 경찰의 정당하지 않은 (불법적인) 폭력에 대한 대중의 묵인은, 언론매체가 만들어 낸 광기어린 두려움에 의해 만들어진 경향이 매우 짙다. 호베르뚜 마리뉴 Roberto Marinho의 언론 왕국[브라질 최대 민영 방송이자 세계 4위 규모의 공중파 방송]인 헤지 글로부Rede Globo에서는 날마다 안전에 관한 집단적 패닉을 부추기고 있으며, 법을 지키며 성실하게 살아가고 있는 파벨라 주민들을 '반지두'(도적떼)로 몰아붙이고, 이들에 대한 적대적인 인식을 대중적으로 양산하고 있다.

이런 방식으로 언론매체는 빈곤층을 범죄자로 몰고, 낙인을 찍는 일에 몰두하며, 파벨라 주민에 대한 기존의 편견을 더욱 강화하고 있다. 이로 인해 파벨라 주민들은 점점 더 일자리를 얻기 힘들어지고 있다. 어떤 이들도 파벨라 주민들을 자신의 집이나 사무실에 들이고 싶어 하지 않는다. 그런 일은 '너무도 위험하기 때문이다.' 이 같은 상황은 악순환으로 이어지는데, 일자리가 없을수록 마약상으로 빠지고 싶은 유혹은 더욱 강해진다.

한편, 텔레비전이나 신문에서 마약상들을 터무니없는 반反영웅 antiheroes쯤으로 그리는데, 파벨라 젊은이들에게는 이들이 자신들의 롤 모델이 된다. 까따꿍바 출신의 내 친구 자꼬비는 "아이들은 이제 마약상에 들어가기를 원해, 왜냐하면 마약상에 들어가면 학교를 다니거나 밖에서 일자리를 구하는 것보다 돈을 많이 벌거든. 그럼 유명 상표가 붙은 옷을 입거나 신발을 신고 뽐낼 수 있지. 그게 요새 아이들에게 마약상이 인기가 있고 롤 모델이 되는 이유야"라고 했다.

브라질 제록스 사의 사장이 망게이라의 파벨라에서 젊은이들을 상대로 강연을 했을 때, 젊은이들이 열심히 공부해서 대학에 간다면 매우 멋진 기회들이 기다리고 있을 거라는 격려 연설을 했다. 브라질 제록스 사는 그 마을에 몇 년간 교육 및 스포츠 분야에 대한 투자를 지속해 오고 있었다. 강연을 듣던 한 소년이 사장의 연봉이 얼마나 되는지 물어보았다. 그가 대답을 하자 아이들의 얼굴이 믿을 수 없다는 표정으로 바뀌었다. 아이들은 "너무 작아요"라고 이야기하며 사장의 봉급을 자신들의 영웅인 페르난디뉴 베이라-마르 Fernandinho Beira-Mar나 마르셀리뉴 VPMarcelinho VP의 벌이와 비교했다. 이 아이들은 먹을 것이 넉넉지 않고 창문도 없는 방의 작은 침대에서 다른 가족들과 꼭 붙어 자야 하는 집으로 돌아갈 것이다. 그러나 그들이 꿈꾸는 라이프 스타일은 악명 높은 마약상의 삶에 근거한 것일 것이다.

한마디로, 대중들에게 흥미를 유발하는 것은 차치하고라도, 언론 매체에 의해 끊임없이 형성되는 폭력의 이미지는 대중적인 히스테리를 만들어 냈고, 이는 결국 공공의 안정을 위해 무력 중심의 해결책을 수용하게끔 했다. 언론매체들은 또한 마약 두목들을 청년들의 반영웅으로 만들어 냈으며, 얼마 남지 않은 리우데자네이루 시의 재정 수입원들 가운데 하나인 관광산업을 위축시켰다. 그리고 모든 면에서 나타난 폭력의 증가를 정당화했다.

악순환

이들 열 개의 재료들은 상호 상승 작용을 일으키며 스스로 강화되는 악순환을 한다. 마약상들은 마약거래로 벌어들인 돈을 라이벌 파벌보다도 더 정교한 무기 구입에 사용하며, 마약상들 간의 전쟁은 말 그대로 첨단무기의 "경연장"[28]이 된다. 물론 경찰들은 마약상들이 자신들보다 훨씬 고성능의 무기로 무장하고 있음을 잘 알고 있다.

경찰은 마약상을 제거한다는 명목으로 폭력을 정당화한다. 이러한 폭력은 마약상들을 도발해서, 마약상들은 자신들이 이 도시와 정부를 장악하고 있음을 보여 주고자 한다. 예를 들어, 마약상들은 남부 지구의 상점들을 하루 동안 문 닫게 한 적이 있는데, 당시 문을 연 상점들의 주인을 살해했다. 또한 갱단들은 정부 기관 건물에 총을 쏴대기도 한다. 물론, 아무도 총 쏘는 이를 볼 수 없는 상태로 말이다. 마약상들은 어느 부활절에 두 개의 엘리트 지구 사이(남부지구와 바하지치주까)에 있는 주요 도로로 향하는 교통을 통제하기도 했다. 당시 자동차 밖으로 나온 한 여성이 총에 맞기도 했다. 버스에 불을 지르고 공항으로 가는 도로의 통행을 막기도 했으며 자신들의 주장을 관철시키기 위해 온갖 수단을 사용했다.[29]

만일 정부가 파벨라에 부재하고 도시 전반에서 무기력하다면 '도시민으로서의 권리'라는 문제는 더욱 두드러진다. 마약 조직의 두목들을 감옥에 보내는 것으로는 거대한 조직의 세력을 약화시킬 수 없다. 마약상들은 '가장 엄격한 감옥'에 수용되더라도 박봉에 시달리는 교도소 간부들을 손쉽게 매수할 수 있고, 교도소 안에서도 휴대폰을 사용해 누굴 살리고 누굴 죽일지를 결정해서 실행하고 있다.

이런 방식으로 극빈층들은 다섯 측면의 폭력에 갇히고 있다. 즉, 극빈층은 ① 영역 다툼을 하는 마약상들, ② 시민들을 죽여도 처벌받지 않는 경찰들, ③ 극빈층의 지역에 부재하거나 불법적인 일에 연루된 정부, ④ 강탈과 살해 위협을 통해 극빈층을 통제하고 있는 민병대, ⑤ 언론보도를 통해 시청자들이나 독자들을 겁에 질리게 함으로써 '우리'와 '그들'을 계속해서 구분하도록 만드는 언론 등에 의한 폭력에 갇혀 있다.

이 같은 [악]순환이 끊임없이 재생되면서 결국 빈곤층의 빈곤 상황을 더 악화시키고 그들을 희생시키며, 빈곤층의 범죄자화, 경찰의 무장화 등으로 귀결되고 있다.

도시 빈곤층에 대한 폭력의 결과

마약 및 무기 밀매와 관련된 현재의 상황은 불합리하다. 리우데자네이루의 마약 및 무기 거래로 벌어들인 수백만 달러의 자금이 범죄 조직을 부유하게 만들고 있으며, 범죄 조직의 세력권도 브라질 국경을 넘어 확장되고 있다. 또한 마약 및 무기 거래의 자금은 브라질 정부의 모든 부처로 흘러들어가고 있다. 반면, 수천 명의 파벨라 주민들이 무고하게 희생되고 있으며, 대부분의 파벨라 주민이 마약상들과 민병대가 부과하는 높은 세금과 부당 요금을 부담하고 있다.

나는 파벨라에 거주하는 친구들 및 가족들과 고난과 상실의 시간을 함께해 왔다. 그러나 그중 그들을 가장 괴롭히는 것은 폭력과 테러가 지배하는 상황이었다. 오늘날 세계 도처에서는 민족과 종교로 인한 전쟁이 벌어지고 있지만, 파벨라에서는 빈곤층에 대한 살해가 전쟁 상황에서만큼이나 많이 일어나고 있다. 이는 개인적인 수준에서나 가족의 수준, 마을의 수준에서, 그리고 사회적 자본 및 시민사회의 측면에서 엄청난 손실이 발생하고 있음을 의미한다.

개인 및 가족 수준에서의 손실

'교전 지역'에 살고 있는 사람들이 당면하고 있는 문제는, 평화, 자유, 인간성 등을 상실하고 있으며, 너무나 많은 사람이 목숨을 잃

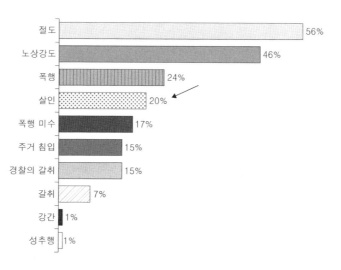

그림 7.3_폭력의 종류
폭력으로 인한 피해 정도는 세대 및 주거지와 상관없이 비슷함.

고 있다는 점이다. 2001년 인터뷰를 했던 대부분의 사람들은, 모든 세대를 망라해서, 다섯 명에 한 명 꼴로 가족구성원을 살인사건으로 잃었다. 인터뷰를 하면서 모든 사람에게 "당신이나 가족구성원 가운데 누군가가 폭력 범죄의 희생양이 된 적이 있습니까?"라고 물었다. 그 결과는 〈그림 7.3〉과 같다.

이런 결과는 파벨라뿐만 아니라 꽁중뚜와 대부분의 저소득계층의 주거지에서 나타나는 삶의 모습을 반영하고 있다. 폭력의 유형과 빈도는 첫 연구의 인터뷰 응답자들 및 그들의 자녀, 손자들의 응답이 모두 비슷하다.

사람들은 도움을 요청할 곳이 없다. 마약상들이 '유사 권력'이나 '유사 정부'를 구성해 정부가 제공해야 할 서비스를 마을에 제공하고 있다는 생각은 완전히 잘못된 것이다.[30] 정부 권력의 부재로 말미암아 만들어진 빈틈을 마약상들이 치고 들어와 마을을 다스리고 있는 것은 사실이지만, 마약상들은 주민들의 일반적인 복지에 대해서는 그 어떤 책임감도 없다. 마약상들이 가진 유일한 덕목은 파벨라에서 활동하고자 하는 비영리단체나 정부의 프로그램(나의 연구와 같은)을 막지 않음으로써 마을 사람들이 그로 인해 잠재적 이윤을 얻을 수 있도록 하는 것이다. 결국, 마약상들도 마을을 다스리기 위해서는 어느 정도 마을 사람들의 인정(지지는 아니더라도)을 받아야 하는 것이었다.

일찍이 마약상들이 자신들을 "운동가들"이라고 불렀을 때에는 경찰에 대항함으로써 일종의 로빈후드와 같은 환상을 주민들에게 주었었다. 때때로 "유사 권력"이라는 용어는 마약상들을 마을의 보호자로서 미화하기 위해서 사용하던 것이지만, 공권력이 빈곤계층에 대해 행사하는 초법적인 물리력을 정당화하기 위해 사용되는 경우가 더 많다. 심지어 나는 미국의 어느 보안보고서가 "마약상들은 파벨라라 알려진 도시의 여러 빈곤 지역을 통제하고 유사 정부로서 기능하고 있다"고 (잘못) 쓰고 있는 것을 발견했다.[31]

마을을 지배하는 갱단에 관한 미담이 종종 들려오는 것도 사실이기는 하다. 출산이 임박한 산모를 병원에 데려다주었다거나, 어느 학생에게 사립학교에 다닐 수 있는 장학금을 주었다고도 하며, 연로한 어르신들에게 약을 구해다 주기도 하는 등 이로운 일을 한다는 것이다. 그러나 이는 일시적인 변덕에 의한 것일 뿐이다. 그들의 행동은 국가가 마을 주민들에 대해 가지는 책임감에서 비롯된 사회

서비스 및 사회적 편익과는 전혀 거리가 먼 것이다. 또한 갱단들은 자신의 돈을 빌리고도 갚지 않는 이들의 팔이나 다리를 부러뜨리거나, 자신들을 배신한 사람들을 죽이거나 고문하는 일에 아무런 죄책감도 느끼지 않는다. 이런 점들로 인해 마약상들을 마을의 서비스 제공자로 볼 수는 없는 것이다.

실제로 마을 주민들은 마약상들과 경찰들 사이에 끼어 있는 신세다. 주민들의 입장에서는 마약상들도 경찰들도 자신들에게 그리 도움이 되지는 않으며, 두 세력 모두 좋은 세력이 아니라 자신들에게 해를 끼치는 집단일 뿐이다. 첫 연구에서 인터뷰를 했던 이들 및 그들의 자손들과 2001년에 다시 인터뷰를 했을 때, 응답자 가운데 13퍼센트만이 마약상들의 도움을 받은 적이 있다고 답한 반면, 27퍼센트가 그들로부터 해를 입었다고 답했다. 대부분은 그런 점에 대해 응답을 하는 것조차 꺼려했다. 경찰에 대해서도 도움이 되기보다는 해를 입힌다며 비슷한 응답을 했다. 주민들이 도움을 청할 곳은 어느 곳에도 없었다.

2003년 인터뷰에서 "마을 주민에게 더 많은 폭력을 행사하는 쪽은 어느 쪽입니까?"라고 물었을 때 (끼뚱구, 구아뽀레, 노바브라질리아, 빌라이데아우, 그리고 까시아스의 여러 파벨라 및 로찌아멩뚜스에서 무작위로 선정한 1,200명 이상의 사람들의) 응답은 더욱 두드러졌다. 즉, 81퍼센트의 응답자가 경찰, 마약상 또는 두 집단 모두가 마을 사람들에게 폭력적 상해를 행사하고 있다고 했고, 7퍼센트의 응답자는 모르겠다고 했다(이들의 응답은 질문에 대답하는 것이 두렵다는 것을 의미하는 것이다). 〈표 7.2〉는 절반 가까운 사람들[48퍼센트]이 "둘 다"라고

표 7.2 | 어느 집단이 마을 사람들에게 가장 많은 폭력을 행사하는가?

단위: %

신규 무작위표본(2003년)	
경찰	22
마약상	11
경찰과 마약상 둘 다	48
그 누구도 아님	12
모르겠음	7
합계	100

응답했고, 둘 중 하나만 고른 응답자들 중에서는 경찰이 더 많은 폭력을 행사한다고 응답한 사람들이 두 배나 많았음을 보여 준다. "둘 중 아무도 아님"이나 "모른다"라고 응답한 19퍼센트의 응답자들은 그들이 상황에 대해서 무지하거나 무시한다는 것이 아니라 두려워하고 있다고 추측할 수 있다.[32]

2008년 3월, 리우데자네이루에 있던 BBC의 한 기자가 이러한 상황을 짧게 요약해 보도했다. "이곳에서는 마약 조직과 그들의 세력이 정부를 대신하고 있다."[33] 과도한 폭력 상황에 무능력한 경찰들은 마약상들과 공모 관계를 맺고 몰수한 무기들을 다시 이 파벌에서 저 파벌로, 이 마을에서 저 마을로 되팔고 있어서 파벨라 주민들의 처지는 더욱 악화 일로를 걷고 있다. 경찰들은 자신들의 생각에 잘못된 일을 하고 있다고 의심이 가거나 협조를 하지 않는 이들은 누구든지 고문하고 겁박하고 있지만, 그로 인한 책임을 묻는 이는 아무도 없다.

이로 인해 세 번째 결과가 나타나고 있다. 즉, 사람들은 마음의 평화와 평정심을 잃었고, 자신의 집에서조차 사생활을 보호받지 못하고 있다. 파벨라와 꽁중뚜의 사람들은 총소리로 인해 끊임없는 스트레스에 시달리면서 밤에도 제대로 잠을 이룰 수가 없는 형편이다. 이런 상황은 마을 사람들의 건강을 정신적으로나 육체적으로 해치고 있다. 스트레스와 관련이 높은 질병인 고혈압이 이 지역의 풍토병처럼 되어 버렸다. 사람들은 빨리 늙고 건강을 잃어가고 있다(마르가리다와 다니라의 사진에서 이러한 상황을 확인할 수 있다).

준전시 상황이 지속됨으로 인해 유발되는 끊임없는 스트레스로 인해 제 까부는 결국 노바브라질리아의 집에서 이주해 나갔다. 우리가 만나 얘기를 나눈 2003년 7월 30일에 그는 여전히 그곳에서 살고 있었다. 그는 다음과 같이 말했다.

그저께 자정부터 새벽 4시경까지 CV와 TC 간에 전면전이 있었어요. 아무도 잠을 잘 수가 없었어요. 사람들은 신경이 늘 곤두서 있기 때문에 종종 아프곤 해요. 밤마다 마약상들이 가로등을 총으로 쏴서 꺼버려요. 가로등을 다시 설치하면 또 쏴버리지요.

나와 이야기를 나누었던 여성들은 대부분 자기 집에서조차 사생활이 없어진 점에 대해 걱정과 두려움을 표하곤 했다. 그들의 말에 따르면, 경찰이 강도들을 잡는다는 명목으로 집에 무작정 밀고 들어와 모든 물건을 쓰러뜨리고 가구들을 부수고 침대보를 다 찢어놓으며 부엌살림도 다 부숴 버린다고 한다. 찾으려 하던 것을 찾지 못하면 엉망이 된 집을 그대로 남겨 둔 채 기분이 상해 밖으로 달려 나가 버린다고 한다. 경찰이 부숴 버린 것들은 주민들이 평생에 걸쳐 소중하게 가꾸고 모은 것들로, 도로 붙여 놓을 수가 없었다. 이는 안전에 대한 주민들의 생각을 회복할 수 없는 것과 마찬가지다. 그러나 주민들이 마주하는 또 다른 현실은 마약상들 역시 자신들의 집에 마음대로 머무른다는 점이다. 그들이 머무르고자 했을 때 이를 거부하면 총에 맞게 된다.

어느 누구도 이런 문제들을 공개적으로 이야기하지 않는다. 사람들은 입을 열기를 두려워한다. 겁에 질려 있다. 나는 종종 이런 말을 듣곤 했다. "우리는 세 마리의 원숭이 같아야만 해요. 아무것도 보지 못하고, 아무것도 듣지 못하며, 아무것도 이야기하지 않아야 해요." 그들은 또한 "만일 당신이 죽는다고 이야기하면 …… 공포가 모든 곳에 있어요, 여기뿐만 아니라 모든 골목 모퉁이마다요"라고도 이야기했다. 이것이야말로 표현의 자유를 빼앗긴 상황이 아닌가?

파벨라 주민들과 강도들을 싸잡아 같은 사람들로 보는 사회적 경향으로 인해 주민들은 일자리 기회를 많이 잃어버렸다. 고용주들은 집 안의 모든 열쇠를 맡겨야 하는 가사 도우미나 현찰을 관리해야 하는 점원으로 파벨라에 거주하는 이들을 고용하려들지 않는다. 댜니라의 이야기를 빌리자면 "빌라오뻬라리아의 폭력 상황과 마약상들 때문에 사모님들이 이곳에 사는 사람들을 집 안에 들이려 하지 않는다."

까따꿍바 마을에서 단기참여진단DRP을 하는 동안 구아뽀레에 거주하는 어느 43세 남성이 이야기하기를 "일단 우리가 어디에 사는지 알게 되면, 아무도 일자리를 주지 않아요. 우리도 처자식을 부양해야 하는데 말이죠. 그럼 우리는 뭘 해야 하죠? 다른 사람들처럼 돈을 벌어야 하는데 기회가 주어지지 않아요. 나는 가족을 데리고 갈 데가 없어요, 어느 곳에서도 살 수가 없어요."[34]

끼뚱구 주민협의회의 회장인 네넴Nenem은 대부분의 가정에서 사용하는 취사용 가스를 파는 창고를 소유하고 있다. 그는 가스통을 꽁중뚜 밖에서 팔리는 요금대로 팔고 싶다. 하지만 그 역시 그 가스들을 훨씬 더 높은 가격에 지역 민병대로부터 사서 되팔아야만 한다. 만약 그가 민병대 말고 다른 곳에서 물건을 받으려 한다면, 십중팔구 그들이 가게를 닫게 만들 것이다. 그는 "여기에 사는 사람들이 바깥에 사는 사람들보다 더 많은 요금을 내야 한다는 게 정말 불공평하다고 생각해요"라고 이야기했지만, 위험을 무릅쓰고 민병대를 거스를 수는 없었다.

그러나 이런 측면들은 주택 가치의 하락으로 인한 손실에 비하면 미미한 것이었다. 사람들에게 집은 가장 큰 자산이자 평생에 걸친 투자이다. 비록 '비공식적'이거나, 꽁중뚜의 경우 공식과 비공식의 사이에 있는 경우이긴 하지만, 파벨라와 꽁중뚜도 나름의 부동산시장을 형성해 왔다.[35] 그러나 폭력이 증가하면서 주택의 가치도 떨어져서 이 마을에서 나가게 되면 거의 손에 쥐는 것이 없는 정도까지에 이르렀다. 오늘날 그 어느 누구도 노바브라질리아나 빌라오뻬라리아로 이사 들어오고 싶어 하지 않기 때문이다.

제 까부도 바로 그런 상황에 놓였다. 그는 자신이 가장 살고 싶어 했던 동네인 글로리아로 이주하지 않는 이상, 자신의 집과 마을을 떠나고 싶지 않았다. 그러나 그는 1990년도에 마약상들을 피해서 노바브라질리아의 외곽 지역으로 이주해 가야 했다. 2003년 7월 30일에 나눈 대화에서 그는 노바브라질리아에 샀던 집에 대해서 다음과 같이 묘사했다.

이 집은 내가 1990년에 구입할 때 1만5천 달러 정도의 가치가 나갔어
요. 집을 수리하는 데 5천 달러 정도를 더 투자했지요. 하지만 지금은
아무 가치가 없어요. 내가 여기로 이사 온 건 마약상 때문이에요, 내가
사는 곳은 마약상들 한가운데에 있었죠. 내가 여기 이 외진 곳으로 이
사해 왔을 때에는 집들도 몇 채 없었고 고개가 가파르고 길어서 편의
시설이랄 게 하나도 없었어요. 이제 이 동네가 성장을 하니 마약상들
도 따라 왔어요. 내 집 차고 문을 좀 봐요. 총알구멍 투성이죠. 어느 날
밤에는 총알이 창문으로 들어왔어요. …… 우리 집 앞에 있는 청년들
봤어요? 거기서 이런 대낮에도 대마초 피우고 코카인을 흡입하고 있
던 그 사람들 말이죠. 집이 팔리거나 세가 나가면 당장 떠나고 싶은데
아무도 들어오지를 않네요.

1년 후에 내가 다시 방문했을 때 제 까부는 주택소유권 서류를
자신의 공동 법률 파트너인 마리아에게 주었다. 만일의 경우 상황
이 개선되면 그녀가 무엇인가를 할 수 있게 하기 위해서였다. 그리
고 그는 이라자Irajá에 있는 고가다리 밑에 위치한, 폐허가 된 작은
집으로 이사했다.

자유 의지대로 이주할 자유를 상실하는 것은 잘 느껴지지 않지
만, 그렇다고 해서 덜 좌절스러운 것은 절대 아니다. 일반적으로 마
약상들은 총을 든 채 각 파벨라의 마을 입구에 앉아 있는 '병사들'
을 거느리고 있다. 마을 사람이 아닌 경우에는 그들이 멈춰 세운 후

원하는 게 무엇인지 묻곤 한다. 경찰차들이 마을에 들어오지 못하게 하고 자신들의 구역을 보호하기 위해서 마약상들은 도로를 막아놓고는 자신들이 허락하는 사람들이 드나들 때만 그걸 치워 준다. 그들은 또한 어둠이 깔린 후 마을에서 나가는 사람들도 통제한다. 만약 당신이 허용된 범위 내에서, 파벨라 내에서 일하는 사람이라면 헤드라이트를 깜박거려서 당신이 마약상들에게 허락받은 사람임을 알려야 한다.

얄궂게도 마약상들로 인해서 파벨라도, 마치 부자들의 게이티드 커뮤니티처럼, 출입을 위해서는 허락이 필요한 곳에 되어 버렸다.

파벨라 내에서 주민들이 움직이는 것 역시 제한된다. 1999년 니우똥은 내게 다음과 같은 이야기를 해주었다.

우리는 행동의 자유가 없는 곳에 살고 있어요. 우리가 원할 때에 오고 갈 수도 없고, 집을 나설 수도 없어요. 마치 감옥에 사는 사람들 같죠. "내가 지금 나갈 수 있을까? 혹시 너무 위험하지는 않나?"라고 생각한다는 건 감옥에 있는 거나 마찬가지예요. 왜 내가 사람들에게 전화를 해서 오늘 여기에 오면 안 된다고 얘기해야만 하나요? 정말 끔찍하고 숨이 막히는 일이에요, 어떤 사람도 이런 식으로 살아서는 안돼요.

2001년 댜니라는 "마약상들이 들어와 폭력 사태가 발발하면서 우리의 자유도, 우리의 행복도 끝이 났어요. 모든 것이 파괴되었어요"라고 했다.[36]

리우데자네이루를 떠나 고향으로 돌아간 이들은 폭력 사태 및 그

여파 때문에 파벨라를 떠나갔다. 나는 2001년 12월 제 까부의 동생인 마누엘 조제Manuel José와 인터뷰를 했는데, 그는 히우그랑지두노르치의 주도인 나따우 외곽에 살고 있었다. 그는 작은 열대 정원이 딸린 이층짜리 집에서 아내와 함께 살고 있었다. 정원은 아내가 가꾼 것이었다. 그는 말했다.

나는 젊을 때부터 노바브라질리아에 살았어요. 거기서 결혼을 하고 가족을 이뤘죠. 1990년에 폭력 사태 때문에 그곳을 떠나 왔어요. 우리집은 제 까부의 집 바로 뒤에 있었어요. …… 당시 그 동네에는 폭행사건이 너무 많았어요. 아내랑 내가 보따포구Botafogo(리우데자네이루의 중심지 근처에 있는 구아나바라 만에 위치한 마을)에 사는 처가쪽친척을 만나고 오는 날 겪었던 사건이 결정적인 역할을 했어요. 우리는 타고 오던 버스 안에서 폭행을 당했어요. 한 사람이 아내에게 "별일아니야, 가만히 보석들 풀어서 내놔"라고 했어요. 버스는 자까레지뉴(북부 지구에서 가장 큰 파벨라) 근처를 지나고 있었고 다섯 명 정도가 타고 있었어요. 그 일을 겪은 후, 그 동네를 떠나자고 의논을 하고우리 고향으로 돌아와 750헤알(375달러 정도)을 주고 여기에 작은부지를 샀어요. 이 집을 짓는 데는 3년 정도 걸렸어요.

그들은 그곳에서 잘 지내고 있었지만 고립감을 느끼고 있었다. 제 까부는 몇 번 그들을 방문했다. 동생 부부는 형을 위해서 방을마련해 두었고 같이 살자고 계속해서 이야기를 하고 있지만 그는그럴 생각이 없었다. 제 까부에 의하면 그곳은 잠깐씩 방문하기에는 멋진 곳이지만, 만약 그곳에서 살아야만 한다면 죽는 게 나을 것 같다고 했다. 그에게 너무 한가로운 곳이었다. 그는 도시의 활력이 그리웠다.

마을의 상실

앞서 이야기한 개인과 가족들이 받은 영향력 이외에도 폭력은 마을의 삶 전반에, 함께 사는 즐거움 전반에 매우 심각한 영향을 미쳤다. 공공 공간의 상실 — 좀 더 정확히 말하자면, 공공 공간에 대한 마약상들의 전유 및 통제 — 은 마을 사람들이 앉아서 사람들이 살아가는 것을 지켜보고, 축구를 하고, 여흥을 즐길만한 공간이 없어졌다는 것을 의미한다. 단기참여진단DRP 과정에서 모든 마을에서 공통적으로 드러난 가장 충격적인 사실은, 여가 활동을 할 공간이 사라졌다는 점이었다.

까시아스의 빌라이데아우에 대해 댜니라는 다음과 같이 이야기했다.

우리는 6월 축제festas juninas에 참여해서 축구도 하고, 여러 경기 등을 했어요. 하지만 지금은 아무것도 할 수가 없어요. 2000년에 광장을 새로 고쳤지만 그 이후로 한 번도 사용을 안 했어요. 그 광장은 이 동네에서 유일한 공터인데 말이죠. 지금도 봐 봐요, 아무도 없잖아요? 거기가 우리 애들이 야구를 하고 늙은 사람들이 앉아 있을 만한 유일한 곳인데 지금은 버려졌어요. 다들 두려운 거예요. 심지어 주민자치회에서는 교회가 하던 우리 마을 라디오를 금지시켰어요. 방송을 계속하면 교회 건물을 부숴 버리겠다고 갱단이 위협을 해서 그렇게 됐어요. 그 사람들은 자신들의 목소리 외에 그 어느 소리도 이 동네에서 들려서는 안 된다고 생각해요.

노바브라질리아에 거주하는 61세의 주라시Juracy는 "이미 1982년부터 여기서는 뭔가가 달라지기 시작했어요. 그때 공장이 하나둘씩 문을 닫기 시작하면서 마약상들이 이곳에 스며들기 시작했어요. …… 그래도 예전이 나았지만요, 지금은(여기를 즐길 수가 없어요, 아무것도 할 게 없어요)"라고 얘기하며 "우리가 축구를 하고 파티를 열던 떼르수Terço 광장은 지금 출입 금지예요. 출구에서부터 통제가 되죠"라고 했다. 37세의 비냐Binha는 다음과 같이 덧붙였다.

상황은 예전에 비해 지금 훨씬 더 나빠졌어요. 내가 브라질리아에서클 때만 해도 새벽까지 춤추러 다니곤 했어요. 새벽 두세 시에도 밖에나다녔죠. 나는 밤에 늦게까지 일했어요. 집에 도착하면 새벽 한 시가되곤 했죠. 그땐 두려워 할 게 없었어요. 지금은 그때 같지가 않아요. 거리를 걸을 때면 뭔가를 볼까봐 항상 경계를 하면서 걷죠, 내가 무슨말 하는지 아시죠?

주민자치회의 독립성이 상실되었다는 것은 주민들의 목소리가사라졌다는 것과 파벨라의 이익을 대변하는 유일한 기관이 없어졌다는 것을 의미한다. 기존에 선출된 자치회 회장은 이제 대부분 암살당하거나 마을에서 쫓겨났다. 연구를 다시 재개한 1999년부터 2000년경만 해도 리우데자네이루 파벨라의 절반 정도가 주민들이 회장을 뽑은 독립적인 주민자치회를 갖고 있었다. 시간이 지나면서 선출 회장들은 하나씩 제거되었고 2005년경에는 대부분의 주민자치회가 마약상들에 의해 통제되게 되었다. 유일한 예외가 히우다스 뻬드라스Rio das Pedras로, 그곳의 주민자치회는 민병대에 의해 통제되고 있었다.

2009년경, 리우데자네이루에는 1천 개가 넘는 파벨라가 있지만 독립적인 곳은 몇 개에 지나지 않았다. 다음 장에서 설명하겠지만, 예전의 주민자치회를 지지하는 소수의 사람들은 주민자치회 후보자에서 배제를 당했다. 이제 그곳에는 더 이상 정치적 캠페인이나 협상이 없다. 오로지 자신들의 이익만을 쫓는 마약상들에 의해 통제되고 있다.

니우똥은 이런 상실에 대해 다음과 같이 이야기했다.

우리 동네에는 주민자치회가 두 개가 있었어요. 하나는 끼뚱구에, 그리고 다른 하나는 구아뽀레에 있었죠. 그런데 범죄자들이 두 개를 다 차지하고서는 새로운 자치회 하나를 만들었어요. 그 당시 리우데자네이루 시장이었던 루이스 빠울루 꽁지Luis Paulo Conde와 주지사인 가루치뉴Garotinho는 이러한 상황을 막기 위해 아무것도 하지 않았어요. 다른 파벨라나 꽁중뚜에서도 이런 상황을 예방하기 위해서 아무것도 하지 않을 것처럼 말이죠.[37]

날아드는 유탄에 맞아 죽을지도 모른다는 두려움 때문에 많은 도시 서비스와 프로그램들이 가난한 동네에서 사라져 갔다. 사회서비스 제공자들, 선생님들, 간호사들, 사회복지사들, 보육원 종사자들이 마을을 떠났고, NGO 프로그램들, 심지어 배달 서비스와 일상적인 택시 서비스조차도 마을 사람들은 더 이상 이용할 수 없게 되었다. 특히 빈곤한 상황을 극복하기 위해서 이런 서비스들을 가장 필요로 하는 유소년층은 단지 파벨라에 산다는 이유만으로 이 같은 상황을 맞닥뜨려야 했다. 제대로 된 자격 요건을 갖추었으면서도 '위험한 지역'에서 근무하고자 하는 사람들을 찾는 것은 매우 어려운 일이었다. 심지어 동네에 경찰서가 있을지라도 안전을 담보해 주지 못했는데, 경찰들조차도 바리케이드를 치고 들어 앉아 집에 오갈 때 외에는 밖에 나오려 하지 않기 때문이다. 나는 다수의 교사들이 일주일에 두세 번씩만 출근을 하기 때문에 이곳의 아이들은 초등학교 과정을 마치는 데 몇 년이나 더 걸린다는 사실을 발견하고는 깜짝 놀랐다. 최근에는 모든 아이들을 시험 통과 여부와 관계없이 다음 학년으로 올려 보내는 법안이 통과되었다. 이는 이곳의 젊은이들이 소모품으로 간주되고 있으며, 그들의 미래는 이미 실패한 것으로 인식된다는 또 하나의 지표이다.

몇 년 전, 노바브라질리아의 주민자치회 대표라 했던 이는 내게 "선생님들이 우리 마을에는 부임하려 하지 않아요, 왜냐하면 정부에서 이 지역을 '위험 지역'으로 선언을 하니까 선생님들도 두려운 거예요. …… 택시 기사들도 언덕 올라오는 걸 두려워해서 우리는 자치적으로 동네 승합차를 운행해요"라고 했다.[38] 2007년 7월 4일에는 노바브라질리아와 꽁쁠렉수두알레머옹의 몇몇 파벨라에 대한 경찰의 대대적인 소탕 작전이 전개되어 이 마을에 있는 여덟 개 학교가 문을 닫았어요. 어느 기자가 기사에 이렇게 썼죠. "며칠 동안 4,600여 명의 아이들이 등교할 수 없었다. UNICEF는 알레머옹 지역의 아이들과 이라크 및 가자 지구의 학생들을 예를 들어 비교하면서 아이들이 분쟁지역에 거주하고 있다는 이유만으로 학업을 지속할 수 없는 상황에 대한 경각심을 일깨웠다."[39]

사회적 자본과 시민사회의 상실

내가 공포의 범위mondo de medo이라고 칭했던, 끔찍한 결과 중 하나는 사회적 자본의 유출이다. 이는 가난한 마을에서도 이용 가능하고, 풍부하며, 효과적인 몇 안 되는 자원 가운데 하나이다(사회적 자본은 마을 활동에 대한 참여 정도, 사회적 네트워크, 교우 관계 등을 통해 측정할 수 있다).

폭력과, 그로 인해 파생된 공포와 불신으로 인해 공공 공간을 사용할 수 없게 되었을 뿐만 아니라, 친구와 친척들 간의 사교활동도 줄어들었으며, 마을 조직에 대한 참여도 줄어들고 이웃들 간의 신뢰도 약화되었으며, 마을의 단결력도 무너졌다. 마을의 비공식적인 네트워크를 통해 전달되던 직업, 프로그램, 그리고 모든 종류의 기회에 대한 정보도 말라 버렸을 뿐만 아니라 상호 협력에 기초해서 작동하던 대응 기제도 거의 무력화되었다.

로버트 퍼트넘Robert Putnam 등은 한 지역이나 마을의 사회적 활동 및 사회적 자본의 강도는 경제적 활력 및 정치적 안정성과 밀접한 연관이 있음을 밝혀냈다. 사회적 자본에는 두 가지 종류가 있다. 하나는 결속형 [사회적 자본]으로, 이는 마을 내에서 사람들 사이에 네트워크를 만들어 낸다. 다른 하나는 연계형 [사회적 자본]으로, 이는 공동체 외부와의 네트워크를 만들고 다양한 사람 및 기관들과의 연계를 형성한다.

결속형 사회적 자본

이 연구를 위해서 참여membership, 사회활동socializing, 신뢰trust, 단합성unity 등 네 가지 차원에서 결속형 사회적 자본의 변화를 추적했다. 마을에 기초한 조직에의 소속과 참여는 사회적 자본과 시민사회를 측정하는 가장 고전적인 방법 가운데 하나이다. 1969년 연구에서 인터뷰했던 사람들의 참여 정도와 2001년(1969년 당시 그들과 비슷한 연령대에 있는) 자녀들의 참여 정도를 비교해 보면 극적인 감소가 일어났음을 알 수 있다.

다른 무엇보다도 모든 형태의 마을 조직과 활동에의 참여 감소가 두드러졌다. 주민자치 회원으로서의 참여도는 30퍼센트 가까이 감소해 겨우 3퍼센트 정도에 그쳤다. 노동조합, 스포츠 단체, 삼바 스쿨 등에의 참여는 처음부터 그리 높지 않았음에도 절반 정도로 감소했다. 대부분의 참여도가 극적으로 감소했지만 종교 집회 참여는 예외적이었다. 종교 집회 참여 정도는 약간의 감소가 나타났을 뿐이며 여타 마을 기반 활동 참여도에 비해서는 훨씬 높게 나타났다.

다음의 질문을 보면 나이 든 여성들이 종교 단체에 가장 적극적으로 참여하는 것으로 나타났다. 그들 가운데 많은 이들에게 교회 모임(특히 집 근처에 있는 복음주의교회)에 나가는 것이 집 밖으로 나갈 수 있는 유일한 기회이자 즐길 수 있는 유일한 '여가' 활동이었다.[40]

참여의 측면에서는 1984~85년경 민주주의가 회복되는 과정에서 마을 단위의 모임들이 대단히 활성화되었다. 그러나 1990년대 초반 주민자치회에서부터 (주민자치회) 연합, 마을에 기반을 둔 노조들, 당시에 막 시작되었던 노숙인 운동 등에 이르기까지 대부분의 대중 운동이 감소세를 나타냈다. 마약상들이 들어오면서 모든 것이 사라졌던 것이다.

얼마나 많은 친척이나 친한 친구들이 자신과 가까이 사는지, 자신이 같은 마을에 사는 그들을 얼마나 자주 방문하는지, 그리고 그들이 얼마나 자주 자신을 방문하는지를 통해 측정하는 사교 활동 또한 상당한 정도로 감소했다. 이웃 간 신뢰의 정도 역시 비슷한 패턴으로 감소했다. 1969년에는 절반 이상의 사람들이 "이웃 사람들 전부 또는 대부분을 믿는다"고 대답했지만 2001년에는 3분의 1 정도만이 이웃을 그렇게 생각하고 있었으며, 세대 간의 유의미한 차이는 나타나지 않았다.

마을의 단합성이라는 측면에서, 또는 좀 더 정확하게는 마을의 단합성에 대한 인식과 관련해, 첫 연구 참여자의 85퍼센트가 자신들의 마을이 "단합되어 있다 또는 매우 단합되어 있다"고 응답한 반면, 2001년 조사에서는 첫 연구 참여자의 절반 정도(51퍼센트), 그들 자녀 세대의 45퍼센트, 손자 세대의 42퍼센트 정도만이 그렇게 느끼고 있다고 응답했다. 그럼에도 파벨라 사람들은 꽁중뚜 사람들에 비해 매우 강하게 단합되어 있다고 느끼고 있으며, 바이후 사람들의 단합에 대한 인식 정도가 가장 낮게 나타났다. 그러나 파벨라에서도 단합에 대한 인식이 감소하고 있다.

사회적 자본과 내적 연대성의 감소는 마을 주민들의 삶의 질이 현저히 낮아지고 있음을 의미한다. 내가 처음 파벨라에 들어가 살았을 당시에는 공동체 정신과 단결성이 파벨라 생활에서의 가장 큰 즐거움이었다. 부유한 동네에서는 이웃에 대해 거의 알지 못하는 것과 달리, 까따꿍바, 노바브라질리아, 빌라오뻬라리아, 베이라마르, 빌라센뜨라우 등의 파벨라에서는 대부분의 사람들이 서로 이름을 알고, 어렵고 힘든 순간에 서로 도움을 준다. 상호 지원 네트워크는 근근이 생계를 유지하는 가난한 사람들이 삶의 취약성을 줄일 수 있는 생존 수단의 일부이다.

메르세데스 데 라 로차의 표현을 빌면, "빈곤의 자원에서 자원의 빈곤으로의" 변화가 이루어져 왔다고 한다.[41] 날아다니는 총알에 맞을지도 모른다는 두려움 또는 마약 전쟁에 몸담은 친구를 둔 불안감 등으로 말미암아, 사람들은 외출을 삼가고 좀 더 많은 것을 혼자만을 위해 모아 두고 있다. 마을의 단합성, 신뢰도, 교제 관계, 참여도 등 모든 측면에서의 측정치가 매우 현저하게 감소했다. 파벨라에서의 폭력 상황을 단순히 마약상, 경찰 그리고 민병대만의 탓으로 돌릴 수는 없다. 왜냐하면 지난 수십 년간에 이루어진 사회적 자본의 손실이 여러 장소에서 기록되어 있기 때문이다.[42] 그와는 정반대로, 비록 마약상들이 곳곳에 포진하지 않았더라면 파벨라에서의 삶은 훨씬 활기차고 사회적으로 화합되어 있으며 훨씬 더 단단했을 것이라는 것을 의심할 나위가 없다.

연계형 사회적 자본

폭력으로 말미암아 마을 내의 연결고리들이 사라져 버렸다면, 폭력은 마을들과 도시의 다른 부분들 사이의 관계를 강화시켰을까? 파벨라와 파벨라 외부 사이의 연계와 접촉의 빈도 및 강도는 파벨라 주민들의 사회적 이동 기회에 어떤 영향을 미칠까?

연구 결과 외부 연결성과 사회경제적지위 사이에는 매우 강한 관계가 있는 것으로 나타났다. 연구의 모든 시기에 걸쳐 각 집단에서도 뚜렷이 나타난 결과는, 파벨라 외부와의 연계가 높은 사람일수록 사회경제적지위(학력, 보유한 가전제품의 수, 아는 사람의 범위 등으로 측정)가 높은 것으로 나타났으며, 이를 그랑오비떼는 "약한 연결의 힘"이라고 칭했다.[43] 명확하지 않은 점은 학력이 더 높거나 수입이 더 많기 때문에 마을 외부와의 연결도가 높아진 것인지, 아니면 외부와의 연결도가 높다는 것이 학교에 다니는 사람이나 더 좋은 직업을 가진 이, 그리고 수입이 많은 이들과 만날 기회가 높다는 것을 의미하고, 나아가 그들을 롤 모델로 삼을 수 있었던 것인지는 확실하지 않다. 혹은 외부와의 연결도가 높기 때문에 더 좋은 학교에 진학하거나 더 좋은 직업을 가질 수 있었던 것인가? 아마도 이러한 가능성들이 동시에 작용했을 것이다. 어느 쪽이든, 폭력의 증가로 인해 사회적 자본의 두 가지 측면, 즉 유대감과 연결성은 약화되었다.

퍼트넘의 테제에서 발견한 한 가지 모순점은, 우리 연구의 표본집단에서는 결속형 사회적 자본과 사회경제적지위의 수준 사이에는 부정적인 관계가 나타난다는 점이다. 만일 퍼트넘의 이론이 맞는다면, 마을 활동에 적극적으로 참여하고 사회적 네트워크가 넓은 사람일수록 사회경제적지위 지수가 높게 나타나야 하는데, 우리의 연구에서는 반대 결과가 나타났다. 이런 경향은 연구 전체의 결과와 반대되는 것이기 때문에 우리는 이 부분에 대해 상당히 조심스럽게 검증을 했다.

우리가 발견한 점은 결속형 사회적 자본은 새로이 이주해 온 이들이 마을과 도시로 통합되는 데 도움이 되지 않았고, 그들이 가진 것을 얻는 데도 도움이 되지 않았다는 것이다. 마을 내의 사회활동을 넘어 지역사회에의 참여가 사회적 사다리를 이동하는 데 또는 마을로부터 벗어나는 데에 제한적인 요소가 되는 것 같다. 이런 점은 9장에서 자세히 다루었다. 이 점에 대한 가능한 설명은 낮에는 일하고 밤에는 공부하는 사람들이 가장 앞서 나아간 사람이지만, 그들은 마을 모임에 참여하거나 이웃이나 친구들과 어울릴 시간이 가장 적었다는 것이다. 허드렛일을 하는 직업들의 대부분이 일주일에 6일 근무를 하고 격주로 하루만 쉬는 경우도 있다. 그와 반대로 마을에 가장 많은 영향력을 주고 마을이 자신들의 뿌리라고 여기는 사람들(그들은 이 마을에 자신의 탯줄이 묻혀 있다고 표현하곤 한다)은 설사 경제적으로 충분히 여유가 생겨도 마을에서 이주해 나가기를 꺼리는 경향이 있다.

결론: 과거와 현재의 비교

1960년대와 1970년대 파벨라에 마약상과 폭력이 없었다고 말할 수는 없다. 당시의 주요 '마약'은 맥주, 까샤사(사탕수수로 만든 술), 대마초 정도였다. 이미 이야기한 바와 같이 폭력의 도구는 주먹, 칼, 깨진 맥주병 등이었고, 지금은 마을에서 흔해 빠진 총이나 코카인은 그 당시에는 구할 수도 없었다.

까따꿍바 출신의 내 친구인 자이르의 이야기에 따르면, 까따꿍바에도 '마피아 단원들'이 있었지만 그들은 마을의 규칙을 어기지는 않았다. 그들은 마을 주민들을 존중했고, 젊은이들이 자주 이용하는 클럽에서 댄스파티를 망치지도 않았다. 마약상들과 마약을 하는 사람들도 있었지만, 당시 주로 팔리던 마약은 마리화나였고 마약상들은 총을 지니지도 않았으며 사람들의 권리를 침해하지도 않았다.

까따꿍바가 철거되고 주민들이 꽁중뚜로 이주를 당한 이후 상황이 악화되었다고 한다. 자이르네 가족이 이주해 갔던 구아뽀레의 경우 정말 많은 폭행 사건이 일어났다. 그는 "요새 마약상들은 폭력 사건이나 살인사건을 정말로 원하지 않아요, 그들의 관심사는 마약을 판매하는 거예요"라고 덧붙였다. 현재 구아뽀레를 지배하고 있는 마약상들은 까따꿍바 출신 주민의 자녀들이기 때문에 자이르와 그의 이웃들은 내버려 두었다. 그의 생각에 마약상들은 주민들의 삶을 망치고 싶어 하지 않는다. "그 사람들은 그냥 마약을 팔고 평화롭게 지내고 싶어 해요. …… 다른 갱단들이 자기네 구역을 침범하지 않는 한 말이죠."

존중은 인터뷰를 실시했던 사람들이 이야기한 주요 주제 가운데 하나이다. 다음의 이야기는 연구대상이 되었던 모든 마을의 파벨라 주민들이 과거와 현재의 마약상들과 주민들의 관계를 비교하면서 하는, 가장 자주 드는 예이다.

오랜 시간 동안, 갱단들은 마을 지도자들을 존경했어요, 모든 사람이 그 사람을 알았고 그 부모까지도 알았죠.

갱단 멤버들과 마약상들은 대개 이 마을 출신 애들이었어요, 그 애들은 여기서 자라고 우리가 누구인지도 알았죠, 그 애들은 나이 많은 이들과 마을 일을 하는 사람들을 존중했어요. 그 사람들을 위협하지 않았고, 사실상 보호해 줬죠.

아는 사람들로 이루어진 갱단이 외지 출신의 갱단보다는 훨씬 나아요. 마을 출신의 갱단들은 훨씬 믿을 만하죠. …… 나라면 경찰보다는 마약 파는 이에게 도움을 청하겠어요.

주민들과 마약상들 간의 위태로운 균형 상태가 깨지고 있어요. …… 마약상들은 더 이상 아무도 존중하지 않아요, 그리고 이제는 길거리에서도 마약을 하기 시작했죠.

지난 10년에서 12년 사이에 마약상들은 점점 더 큰 기업처럼 됐어요. 요즘에는 갱단의 대부분을 잘 몰라요. 그 사람들은 외지 출신들이에요. 해서 사람들이 무고한 사람인지, 열심히 사는 사람인지, 젊은지 늙었는지, 이 마을을 건설하느라 많은 희생을 한 사람인지 여부를 개의치 않아요.

법적 관용이 증가하면서, 마약상들은 더 이상 마을 사람들을 존중하지 않고 익명성도 증가하고 있다. 니우똥이 이를 이렇게 설명했다. "오늘날에는 사람들이 (30년 전보다) 죄를 짓고도 살아가기가 더 쉬워졌어요, 처벌을 안 받기 시작한 거죠. 오늘날 폭력배들은 더 많은 선택권이 있어요, 그들은 공포와 위협을 이용해 마을을 통제할 수 있죠, 그들이 원한다면 말이죠."

다른 주요한 변화는 파벨라 내에서 마약 소비량이 증가하고 있다는 것이다. 처음 마약상들이 파벨라에 들어왔을 때에는 마약을 소량으로 재포장해서 판매함으로써 돈을 벌었다. 마을 사람들은 재정적으로 마약을 소비할 만한 상황이 아니었다. 그러나 최근에는 젊은 갱단원들 가운데 많은 이가 현찰 대신 마약으로 수당을 받아서 마약중독자가 되고 있으며, 그들의 연령대는 점점 더 낮아지고 있다.

이윤과 처벌

2008년 10월과 2009년 6월, 내가 가장 최근 관찰했던 리우데자네이루에서의 변화는 엑스터시와 크리스탈 메탐페타민 등의 마약에 대한 수요가 증가함에 따라 코카인의 소매가격이 감소하고 있다는 점이다. 엑스터시와 크리스탈 메탐페타민은 화학 결합으로 생산하는 것이다. 리우데자네이루의 거리에서의 마약 판매는 두 가지 방식으로 이루어지고 있다. 하나는 '플레이보이'들이 파벨라에 들어와서 코카인을 사가는 것이고, 다른 하나는 파벨라 소년들이 남부 지구로 가서 엑스터시를 사오는 것이다. 마약상들을 위해 일하는 사람들이 받는 수당도 점점 더 줄어들고 있다. 어떤 이들은 최저생계비 정도밖에 받지 못하며, 여기에 마약과 보너스를 조금 받는다. 그러나 이런 시각에서 보면, 경찰들의 월급도 최저생계비 정도밖에 되지 않는다. 그 결과, 구역을 확보하기 위한 폭력적 경합이 심화되고 있으며, 마약상들이 받는 수당이 줄어듦에 따라 돈을 벌기 위한 다른 수단을 강구하게 되었다. 따라서 민병대나 마약상들은 가난한 사람들을 쥐어짜서 더 많은 돈을 벌어들이고 있다.

사람들은 생명을 빼앗기고 있으며, 삶의 질은 악화되었다. 리우데자네이루의 파벨라들은 세계적 차원의 큰 이권에서 보면 보잘것없이 작은 존재들이다. 그들은 소모품으로 간주되고 있으며 쉽게 대체될 수 있는 존재라고 여겨지고 있다. 실질적인 이윤을 차지하는 이들은 리우데자네이루, 유럽, 미국 등의 고급스러운 펜트하우스에서 안전하게 지내고 있다. 가난한 동네의 가난한 사람들은 로뻬스 데 소우자Lopes de Souza가 이야기한 "지역, 국가, 세계 시장에서 광범위하게 이루어지는 (마약의) 생산, 정제, 가공, 저장, 유통, 소비의 광범위한 가치 사슬"에서 특별한 기능을 담당하고 있다.[44] 파벨라의 잔인한 폭력 상황은 유리한 방향 전환 효과를 나타냈다. 즉, 마약을 단속하는 경찰이나 정치인들이 "마약의 가치 사슬에서 가장 낮은 부분에 집중함으로써 마약으로 이익을 얻고 마약거래를 통제하는 상부 조직을 건드리지 못하도록" 하고 있는 것이다.[45]

범죄와 처벌에 대해 엠브이 빌은 다음과 같이 이야기했다. "이 사회에 대해서 이해해야 하는 점은 폭력과 범죄가 단순히 총과 마약과 관련된 문제가 아니라는 점이다. 브라질에서는 적은 것을 훔친 사람들은 감옥에 가지만, 많은 것을 훔친 사람은 감옥에 가지 않는다."[46]

나는 이 장을 니우똥의 말로 마무리 하고자 한다. 니우똥은 그의 현실을 내게 설명해 주기 위해 인내심을 갖고 많은 시간을 들였으며 문제의 본질에 대해 매우 강력하게 접근했다.

마약상들이 이 동네에 존재하는 것에 대한 책임은 가난한 판매책들에게 있는 게 아니에요. 책임이 있는 사람들은 대규모로 마약을 들여오도록 할 만큼 영향력과 권력이 있는 사람들이에요. 이 사람들은 정치적 권력을 이용해 벌을 받지 않을 뿐만 아니라 돈을 벌고, 영향력과 권력을 쥐고 있어요. 여기 우리 동네에 마약이 있는 그 문제는 그들과 정치가들의 책임이에요.

민주주의에 대한 환멸

권리(인권, 시민권, 정치적 권리 등)와 포용적인 시민권, 그리고 민주주의적 통치는 빈곤의 문제와 분리해서 생각할 수 없다. '궁핍으로부터의 해방'이야말로 인간의 가장 기본적인 권리지만, 그런 맥락에서 이해되지 않는 경향이 있는 것도 사실이다.

군사독재 기간 동안, 브라질에서 시민권 및 '권리를 가질 권리'에 대한 투쟁은 매우 체제전복적인 것으로 여겨졌다. 1965년과 1974년 공표된 일련의 〈제도법〉Institutional Acts으로 말미암아 시장, 주지사, 대통령 등에 대한 선거가 중지되었다. 반체제인사들은 주기적으로 체포되었고 고문을 받았으며 종종 '사라졌다.' 그러나 도시빈민들에게 시민권은 그리 중요한 문제가 아니었다. 파벨라 주민들은 [군부독재에] 저항하는 시위에 참여하지 않았다. 그들은 자신들이 가진 모든 시간과 에너지를 매일매일의 삶에 쏟아부어야 했고, 그들의 가장 큰 관심사는 아이들이 주린 배를 움켜잡고 잠자리에 들지 않는 것이었다.

도시빈민의 관점에서 볼 때, 21세기의 첫 10년 동안 브라질의 민주주의는 어떤 모습인가? 그들의 입장에서 볼 때, 파벨라 주민들이 온전한 시민에 속한다고 여겨질까? 군사독재가 종식된 이후 그들의 삶과 마을 환경이 개선되었을까? 그들의 정치적 이해관계, 지식, 인식, 그리고 참여가 어떻게 개선되었을까?

20년간의 군사독재 기간이 민주주의 체제로 바뀌었지만, 민주주의 체제 역시 하층민들을 온전한 시민으로 여전히 인식하지 않았다. 물론 민주주의로 말미암아 그 이전에는 생각조차 하지 못했던 많은 일들이 가능해졌다. 그러나 포용성과 법 앞의 평등이라는 관점에서 봤을 때, 현재의 민주주의는 여전히 불완전하다. 도시빈민들은 여전히 완전한 시민권을 누리고 있지 못하다.

브라질의 민주주의 경험은 산발적인 것이었다. 1889년부터 1930년대 공화국 건국기까지, 즉 제뚤리우 바르가스의 독재가 시작되었을 때까지 브라질은 민주주의를 경험했다. 민주주의는 1946년에 다시 회복되었고 1964년 군부가 모든 민주주의적 권리를 없애 버릴 때까지 18년간 지속되었다. 이후 20여 년간 민주주의는 죽어 있었다. 그 이후 브라질은 멈춰버린 곳에서 다시 시작하려고 노력했다. 민주주의의 중단이라는 이 같은 시련의 과정은 나의 연구 과정에서도 명백하게 나타난다.

1968~69년 내가 처음 연구를 시작했을 당시, 부유층들 사이에

서는 빈민가 주민들과 그곳에 이제 막 새롭게 도착한 사람들이 급진화되지 않을까 두려움이 만연했다. 그러나 당시 도시빈민들의 준거집단은 도시에 함께 거주하고 있는 부유한 도시민들이 아니라 시골에 남겨 두고 떠나온 친구들과 가족들이었다. 리우데자네이루의 판자촌에 살던 주민들은 도시로의 이주 자체에 행복해했고, 한껏 기대에 부풀어 보였다.

1968년, 당시 젊은이였던 지우베르뚜와 나눴던 대화가 기억난다. 1961년 북동부에서 리우데자네이루로 이주한 그는 고향 지인들이 살고 있던 까따꿍바에 정착했다. 전기도 수도도 갖춰지지 않은 까따꿍바에서 살던 그가 모든 사회기반시설이 갖춰진 최고급 동네인 라고아호드리구프레이따스를 바라볼 때마다 어떤 생각이 드는지를 물어보았다. 그는 다음과 같이 대답했다.

그건 전혀 그렇지가 않아요. 우리 가난한 사람들은 참을성이 많아요. 우리는 우리 자신을 그들과 비교하지 않아요. 비록 막일을 하지만, 나는 우리 고향의 그 누구보다도 잘살아요. 우리는 서두르지 않아요. 정부가 부자들을 도와주고, 그보다 덜 부자들을 도와주고, 그러다 보면 나중에는 결국 우리 차례가 올 거예요.

정치적 변환

나의 오랜 연구 기간 동안 정치적으로 근본적인 변화가 일어났다. 그 변화는 1985년 민주화 이행으로 절정에 달했고, 1988년에 마침내 새로운 헌법이 공표되었다. 나의 첫 번째 후속 연구는 까르도주 대통령(1995~2003) 시절에 시작되어, 룰라 대통령(2003~2011)의 두 번째 임기 때 마무리되었다. 브라질의 정치적 변화는 엄청난 투쟁의 결과였다. 그러나 파벨라 주민들에게 이 같은 거대한 변화의 물결도 일상생활에 미미한 변화를 주었을 뿐이며, 상황은 개선되기보다 악화되었다.

민주주의가 회복됨에 따라 독재 시절을 살았던 사람들 사이에서는 박탈감이 증가했다. 그들의 자녀들과 손자들이 좀 더 양질의 교육을 받고 좀 더 정치적 상식을 지니게 되자, 그들은 다소 시니컬해지면서도 좀 더 희망에 부풀기도 했다. 이 연구를 위해 내가 인터뷰했던 수천 명의 사람들의 관점에서 볼 때, 브라질의 민주주의는 법 제도하에서의 동등한 권리, 피해로부터의 보호, 자신의 관심에 대한 호응 등의 측면에서 아직도 가야 할 길이 멀었다.

확실히, 도시 주민의 3분의 1이 궁핍한 상황에 처해 있는데 민주주의 국가가 이를 무시한다는 것은 아직도 갈 길이 멀다는 것을 의미한다. 주민들이 상시 접촉할 수 있는 유일한 공권력은 경찰이지만, 그들은 무장한 채 파벨라에 들어와 "일단 쏘고, 심문은 나중에"라고 하는 규정을 따른다.

네 가지 주제의 등장

연구 과정에서 수집된 이야기들, 인생사들, 그리고 인터뷰 등을 살펴보면, 희망적인 부분이 조금 엿보이기는 하지만, 민주주의와 관련해서는 환멸을 느끼고 있는 것으로 나타났으며, 이는 군사독재가 끝나갈 무렵부터 조금씩 진행되어 왔던 것으로 보인다. 이 장에서 내가 다룰 네 가지 주제는 다음과 같다,

1. 민주주의에 대한 실망: 독재가 종식되고 민주주의가 회복되었지만, 가난한 사람들은 바라던 만큼의 권력을 얻지 못했고, 기대했던 만큼의 혜택도 그들의 지역사회에 돌아가지 않았다.

2. 부정부패, 후견주의, 연고주의: 오랜 기간 동안 군부 통치의 용인하에 감추어졌던, 특권과 권력에 대한 남용 문제가 다당제로 회귀하면서 다시 수면위로 부각되었고, 브라질 사회 곳곳에 만연해 있는 것으로 보인다.

3. 시민권, 권리와 의무: 군사독재 시기 말엽부터 그리고 그 이후 세대가 지나면서 점점 더 많은 사람이 권리와 의무의 차이를 명확하게 구분하고 있으며, 자신들의 권리에 대해 느끼고 있고, 활발한 참여를 통해 정부의 결정에 영향을 미칠 수 있다는 점을 잘 알게 되었다.

4. 신념과 행동 간의 불일치: 민주주의를 이상으로 하는 강한 신념이 있지만, 정치적 참여는 아직 매우 제한적이다. 특히 젊고, 교육 수준이 높고, 가장 정치적 이해도가 높은 세대일수록 정부에 대해 가장 회의적이고 가장 수동적인 참여를 나타내고 있다.

이런 점에 대해서 살펴보면서 1969년, 2001년, 2003년의 연구에서 제시되었던 일련의 정치적 문제들에 대한 해답을 구하고자 한다. 무작위 설문조사에 대한 응답만을 자료로 제시하고자 하는데, 1969년에 실시된 600개의 원 설문조사 대상자 가운데 126명이, 그리고 그들의 자녀 295명이, 손자 158명이 2001년에 응답했다. 2003년에는 앞서 실시한 연구 대상 지역에서 새로운 표본조사 표본에서 설문조사자를 선정해 추가했다. 세 개의 지역에서 각각 400개씩 새로운 설문조사를 했으며 24명을 추가해 총 1,224명의 설문조사가 추가되었다. 이들을 포함해 인터뷰 대상자는 2,182명에 이르며, 여러 다양한 계층으로 구성된 이들 인터뷰 대상자들은 다음의 장들에서 다룰 내용에 대한 다양한 데이터를 제공해 줄 것이다. 세대 간 비교를 위해, 설문 응답자들의 나이를 조사했는데, 1969년 무작위표본조사의 평균연령은 36세였고, 그들은 2001년 64세가 되었다. 그들의 자녀의 평균연령은 2001년 40세였으며, 손자들의 평균연령은 24세였다.

민주주의에 대한 실망

우리가 까따꿍바에서 만났던 치우 소우자는 현재 74세로, 빠드리미구에우에 거주하고 있는데, 민주주의에 대한 실망감을 다음과 같이 표현했다.

정치란 게 그렇더라고요, 선거철만 되면 후보들이 나타나요, 그러고 나서는 싹 다 사라져요. 이제껏 늘 그래왔고, 앞으로도 그럴 거예요.

늘 그런 식이죠. 난 투표를 하긴 하지만, 그게 의무이기 때문이에요. 선거철만 되면 정말 많은 공약을 내세우지만 지켜진 건 하나도 없죠. 선거철만 되면 동네 건물들마다 큰 현수막들이 걸려요. 하지만 일단 선거가 끝나면 모두 빠져 나가 버리고, 코빼기도 보이지 않아요.[1]

민주주의가 회복되자, 사람들은 자신들이 직접 시장을 선출하고 대통령을 뽑게 될 것이라는 희망을 갖게 되었다. 도시빈민들은 수적 우위를 이용해 공직자들이 선거운동 과정에서 내건 공약들에 좀 더 책임을 지게 하고, 그들의 삶에 직접적으로 영향을 미치는 결정에 더 많은 목소리를 낼 수 있을 것이라 생각했다.

그러나 우리가 인터뷰했던 사람들은 대부분 자신들이 정치의 장에서 목소리를 낼 수 있게 되었다고 생각하지 않는 것 같았다. 기껏해야 잠재적인 목소리를 낼 뿐이라고 생각하는 것 같았다. 그들은 정부 관리들이 앞으로 [자신들의 목소리에] 좀 더 수용적인 자세를 취할 것이라든가, 공정한 처우를 할 것이라고 기대조차 하지 않았다. 그들이 언제나 목격하는 것은 마을사람들을 공포에 떨게 하면서도 처벌 받지 않는 경찰과 마약상들의 모습이다. 민주주의가 회복됨으로써 도시빈민들의 시민권은 명목상 회복되었지만, 그들은 자신들이 시민권을 실제로 지니게 되었다고 생각하지 않고 있다. 그들은 여전히 '가짜 시민들'이다. 우리가 인터뷰한 대상의 약 79퍼센트에 이르는 사람들이 "독재가 종식되었지만, 그것은 우리의 생활과 별 상관이 없다"고 이야기하고 있다.[2] 이것이야말로 위에서 내려다 본 관점과 아래에서 올려다 본 관점 간의 차이라고 할 수 있을 것이다.

민주주의가 회복된 이후의 시기에 대해 긍정적으로 응답한 이들에게 후속 질문으로 무엇이 변했는지를 물어보았다. 3분의 1에 조금 못 미치는 응답자가(32퍼센트) 더 많은 자유가 주어졌고 정부가 좀 더 투명해졌다고 대답했다. 반면에 응답자의 4분의 1 정도(23퍼센트)가 일자리가 줄어들었고, 치안이 더 불안해졌으며, (놀랍게도) 협상 능력이 더욱 떨어졌다고 대답했다. 일부 사람들은 독재 시절이 더 살기 좋았다고까지 이야기했다. 심층 설문과 반구조화된 설문에서도 이와 비슷한 양상이 나타났다. 이는 최근 라틴아메리카에서 일어나고 있는 독재정권에 대한 향수와도 일맥상통하는 현상이다. 최근 유엔에서 라틴아메리카 18개국 1만9천 명을 대상으로 실시한 조사에 따르면, 대다수의 응답자가 경제적 풍요를 보장한다면 선거에 의한 지도자보다는 독재자를 선택하겠다고 응답했다. 라띠노바로메뜨로Latinobarómetro에서 실시한 조사에 따르면, 이 같은 여론은 라틴아메리카의 다른 국가들에 비해 브라질에서 오히려 낮은 편이라고 했다. 그러나 조사에서는 또한 니우똥을 비롯한 많은 사람이 정부가 마약상들에게 도시의 주도권을 빼앗겼다며 분노하고 있다고 했다.

이에 대해 좀 더 심층적으로 알아보기 위해 모든 응답자에게 다음과 같이 물어보았다. "군사독재 시절과 현재를 비교했을 때 어떤 변화가 있었나요? 변화가 있었다면, 더 좋아졌나요, 그대로인가요, 아니면 더 나빠졌나요?" 약 80퍼센트의 응답자가 공공 교통 부분에서는 개선이 이루어졌다고 답했으며, 76퍼센트가 주거의 질이 좋아졌다고 응답했고, 76퍼센트가 상하수도 시설 부문에서 개선이 이루어졌으며, 71퍼센트 정도가 (교육의 질이 아닌) 교육의 기회 면에서 개선이 이루어졌다고 응답했다. 경제적 상황에 대한 응답은 다소 복잡했다. 44퍼센트의 응답자가 상황이 나아졌다고 응답한 반면, 32퍼센트가 악화되었다고 응답했으며, 14퍼센트는 변화가 없다고 했다. 68퍼센트의 응답자가 개인과 가족들의 치안이 더욱 악화되었다고 응답했다. 우리는 응답자들에게 이 같은 변화가 민주주의의 회복과 관련된 것이라고 생각하는지 또는 단지 시간이 지나서라고 생각하는지 물어보지는 않았다. 왜냐하면 이미 사전조사 단계에서 대부분의 응답자가 이런 질문에 대해 "우린 그런 거 몰라요"라는 조심스런 응답 태도를 보였기 때문이다.

사람들은 오늘날 시민의 권리에 대해 1960년대보다 더 잘 인식하고 있었다. 그러나 시민의 권리 행사와 관련해 69퍼센트의 사람들이 독재 시절보다도 자신들이 더욱 배제되고 있다고 응답했다. 그래도 정부가 선의를 가지고 있을 것이라는 믿음조차 독재 통치의 절정기 때보다 오히려 줄어들었다. 1969년의 조사에서는 약 61퍼센트의 응답자가 "정부가 우리와 같은 처지에 있는 사람들이 겪고 있는 문제들을 이해하고 이를 해결하기 위해 노력하고 있다"고 대답했지만, 2001년과 2003년에는 오직 38퍼센트의 응답자만이 그렇다고 응답했다.

이론적으로 볼 때, 정부가 국민들과 가까워질수록 국민의 의견에 좀 더 반응을 하고, 국민에게 좀 더 도움이 되는 경향이 있다. 이러한 부분을 알아보기 위해 "지난 몇 년간 당신이나 주변 사람들이 시의회나 시청 기관, 정부 기관, 주정부 기관, 국제 개발 기구(세계은행

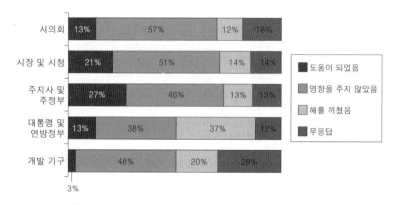

그림 8.1_여러 수준의 정부에 대한 인식 정도

이나 미주개발은행 등) 등으로부터 도움을 받은 적이 또는 해를 입은 적이 있습니까?"라고 질문했다. 3세대에 걸쳐 대부분의 사람들이, 심지어 새로이 추출된 표본에서조차도, "정부가 우리의 삶에 영향을 미치는 것은 전혀 없다"고 응답했다. 영향을 미친다고 대답한 사람들 가운데서도 "악영향을 미친다"는 답변이 "유익한 영향을 미친다"는 답변보다 훨씬 더 많았다. 〈그림 8.1〉에서는 여러 수준의 정부에 관한 인식의 비교를 보여 주고 있다.

일반적으로, 사람들은 시정부나 주정부가 가장 도움이 되면서도 해를 가장 적게 입힌다고 인식하고 있기는 하지만, 대부분의 사람들이 정부라는 것 자체가 자신들의 삶에 별 영향을 미치지 못한다고 생각하고 있다. 초기 연구 대상자의 자녀들은 부정적인 답변이 다소 적었으나 그들조차도 연방정부와 국제기구가 유익하기보다는 악영향을 미친다는 의견이 높았다. 그들은 도시정부를 가장 긍정적으로 여기고 있었고(35퍼센트), 다음은 주정부(29퍼센트)를 바람직하게 여겼다. 그러나 명확하게 지지의사를 표명한 것은 아니었다.

각 세대에서 가장 많은 응답은 정부가 그들에게 어떤 방식으로든 영향을 미치지 않는다는 것이었다. 이는 민주주의의 측면에서 매우 심각한 문제이다.

앞서 이야기한 바와 같이 나이가 든 세대들 가운데서는 독재 시절의 법질서에 대한 향수를 표현하는 이들이 꽤 있다. 인터뷰에 응했던 이들은 너무도 많은 부정부패를 목격하고, 너무도 많은 후보들에게 배신을 당했으며, 너무도 많은 폭력을 경험했기에, 오히려 옛날이 훨씬 더 안전하고 먹고살기가 훨씬 더 수월했다고 느끼고 있었다. 이런 정서는 아마도 독재를 경험하다 민주주의를 맞게 된 라틴아메리카 국가들이나 브라질에서는 이상한 일이 아닐 것이다.

부정부패, 후견주의, 연고주의

1979년 출범한 정당인 국민혁신당Aliança Renovadora Nacional, ARENA은 최근 창당된 야당인 브라질 민주운동당Movimento Democrático Brasileiro, MDB과 겨뤄야 했다. 정당정치가 회복되면서 1964년 이전의 후견 정치 — 후견주의 또는 연고주의라고 불리는 — 역시 다시 등장했는데, 이는 청탁을 들어 주거나 계약을 체결해 주고, 또는 공직 임명을 대가로 표를 교환하는 방식이다. 땅그레두 네베스Tancredo Neves의 뒤를 이어 급작스레 대통령에 오른 조제 사르네이José Sarney의 경우 그의 임기 중 국가에서 월급이나 연금을 지급해야 하는 대상자가 급격히 늘어나 걷잡을 수 없는 지경에까지 이르렀다. 네베스는 강인한 의지를 가졌으며, 지적이었고, 공공복지에 심혈을 기울였다. 이로 말미암아 대중적 인기가 높았지만, 군부는 선거를 개최해야 하는 위험을 감수하고 싶어 하지 않았기에 의회 투표로 그를 대통령으로 선출했다. 그러나 그는 취임 직전 갑자기 사망했다. 만약 그가 오래 살았다면 브라질의 민주주의는 진일보했을 것이라고 많은 이들이 안타까워하고 있다.

예전처럼 후견주의 정치는 다시 브라질 정치의 일반적인 특징이 되었고, 1990년대 다른 많은 개혁들이 성공했음에도, 여전히 잔존하고 있다. 빈곤층은 여전히 정치적으로 아무런 힘도 없었다. 스콧 메인워링Scott Mainwaring은 이에 대해 다음과 같이 정확히 짚어 내고 있다. "빈곤층이 정치인들로부터 일부 후견을 받을 수 있게 되었지만, 그들이 제도권 내로 편입될 만큼 충분한 것은 아니다. 이는 빈곤층의 정치권에 대한 종속성을 더욱 강화할 뿐으로, 그들에게 권력이 주어지는 것은 아니었다." 나는 그의 의견에 찬성한다. 특히 최근의 후견주의는 전통적인 '표 매수하기'보다 상황을 더욱 악화시켰다. 최근의 후견주의는 여전히 취약한 민주주의 체제의 정당성을 제한하며, 대다수의 빈곤층보다는 소수의 엘리트를 위하고, 정부의 전문적인 능력을 훼손시키며, 사회복지 프로그램을 악화시킨다.[3]

그러나 여전히 과거의 후견주의 제도는 ― 독재의 절정기에조차 ― 표를 몰아주는 대가로 어느 정도의 편익을 주민자치회를 통해 파벨라에 제공했다. 그러나 빈자들을 위한 이런 미미한 이익의 유입마저도 1980년대 중반 마약상들이 파벨라를 점령하면서 막혀 버렸다. 데스몬드 아리아스Desmond Arias가 최근 범죄와 커뮤니티 네트워크에 관한 연구에서 밝힌 바와 같이, 주민자치회를 장악한 마약상들은 선거에서 후보들과 직접 거래한 후 그 지역의 표를 몰아주는 대신 이에 대한 보상은 자신들이 챙긴다.[4]

파벨라 지구 내에 경찰서를 설치하는 것만으로는 주민들이 자신의 의사대로 투표할 수 있는 권리를 지켜주지 못한다. 앞서 이야기한 바처럼 경찰들은 경찰서 밖으로 나와 마을 속으로 들어가려 하지 않는다. 그들은 마치 죄수들처럼 철창이 쳐진 창문 뒤에 숨어 있다. 떼레자 까우데이라는 그녀의 책 『벽에 간힌 도시』 *City of Walls*에서 이 같은 모순을 잘 그려냈다.[5] 주민자치회를 장악한 마약상들은 주민들에게 자신들이 고른 후보를 찍으라고 강요하며, 이 같은 부정선거 행위는 경찰이나 사법부, 또는 행정부도 막을 수 없다. 막강한 힘을 행사하고자 하는 마약상들은 엄청난 양의 마약 자금으로 행정부처의 구석구석까지 매수한다. 이로 인해 민주주의에 대한 모든 이들의 믿음에 금이 간다.

마약상들이 선거를 통제하는 방법

나는 2008년 10월 리우데자네이루에 머물렀는데, 당시 시장 선거와 시의회 선거가 2주 앞으로 다가와 있었다. 그때 파벨라의 유권자들이 선거용 부스 안에서 어떤 방식으로 강제 투표를 하게 되는지 알게 되었다. 선거 민주주의에 대한 최악의 위협이 마약상들과 후보자들 사이의 거래를 통해 이루어지고 있었다.

파벨라 주민들이 설명해 주었던 방식은 자유투표에 대한 최악의 위협이라 할 수 있는 것이었다. 일단 파벨라의 마약상들이 어떤 정치인과 거래를 하면, 파벨라 주민들은 그 후보에게 투표를 하도록 독려를 받으며, 투표 부스 안에서도 투표하기 직전 자신의 투표용지의 사진을 찍어 자신이 (마약상들이 원하는 후보에게) 투표했음을 증명해야 한다. 주민들은 자신의 휴대폰에 장착된 카메라로 투표용지의 사진을 찍어야 하는데, 휴대폰이 없는 경우 마약상 단원들이 휴대폰을 빌려준다. 마약상들이 지정한 후보에게 투표를 하지 않은 사람들은, 폭행을 당하거나 심지어 살해되기도 한다. 높은 문맹률로 말미암아 각각의 후보들에게 번호가 부여되는데, 유권자가 번호를 선택하면 후보의 얼굴과 함께 소속 정당의 이름이 나타난다. 사람들은 이 이미지를 휴대폰으로 찍어야 하는 것이다. 레버를 당기고 나면 이미지가 사라지는데, 그러면 다음 사람이 투표를 할 준비가 된 것이다.[6]

시민권, 권리, 그리고 의무

그러나 권리와 자유의 측면에서는 모든 것이 나쁜 것만은 아니다. 우리가 인터뷰를 했던 사람들 가운데 많은 이들이 1985년 이후 언론의 자유가 회복된 것이 가장 의미 있다고 꼽았다.

독재의 종식은 그야말로 축복이었어. 우리 모두가 그 축복을 맛보았지. 만약 옛날에 지금 당신이 하는 것처럼 녹음기를 가지고 날 인터뷰했다면 아마도 난 아무 말도 못 했을 거야. 무슨 말인지 알지? 요새는 그렇지는 않아. 사람들이 말을 할 수가 있어요. 이거야말로 자유지. 우린 말할 자유가 있는 거야.
_마리아 페르낭지스Maria Fernandes, 66세, 까따꿍바 출신이나 2003년

현재, 끼뚱구의 꿍중뚜에 거주.

마리아 페르낭지스는 그녀의 권리를 찾았다. 그 장점과 단점에 대해 앞으로 이야기하겠지만, 어쨌든 그녀는 자신의 이야기를 할 자유가 있다(마약거래와 관련 없는 이야기에 한해서).

미국 도시의 풀뿌리 사회운동에 대해 연구할 당시, 나는 빈곤층의 운동을 시시포스 신화에 비유한 적이 있다. 시시포스는 날마다 바위를 산꼭대기까지 굴려 올리지만 결국 바위는 산 아래로 굴러 떨어지고 만다.[7] 현재의 상황이란 것이 마치 중력과 같다. 늘 항상 그래왔던 것처럼 이겨내기 위해 노력을 할 필요가 없다. 이는 사회 제도 내에 이미 내재되어 있었다. 오랜 기간 동안 나는 미국의 마을들이 투쟁을 통해 그들의 동네를 관통하는 고속도로의 건설을 막아내고, 마을 한가운데에 쓰레기처리장이 들어서는 것을 막아낸 사례들을 보아 왔다. (마을의 문제를 해결하는 데 노동조합의 전략을 적용시킨) 사울 알린스키Saul Alinsky의 공동체 조직법을 통해 주민들은 작은 승리들을 쟁취하기 시작했으며, 이런 작은 승리를 통해 지지 기반을 넓혀 나가고, 나아가 좀 더 많은 문제들에 도전해 일시적이기는 하지만 승리를 거둘 수 있게 되었다.[8]

미국의 도시들에서는 주민들의 운동이 종료되자 아무도 관심을 두지 않았으며, 머지않아 원래의 계획에 따라 마을에 고속도로가 놓이고 하수처리장이 세워졌다. 그러나 권력을 갖지 못한 자들이 권력을 가진 자들에 대해 느낀 승리의 감정은 절대 변하지 않는 것이었다. 이런 자부심은 참여했던 모든 사람의 마음속에 내재화했고 그들은 이제 자신들의 문제 제기가 아무 소용도 없다는 식으로 후퇴하지 않게 되었다. 내가 예전에 인터뷰를 한 샌프란시스코의 한 노인은 시청에서 있었던 공격적인 회의를 묘사하면서 눈이 정말이지 반짝반짝거렸다. "그 사람들이 나를 '선생님'이라고 부르더라니까"라고 이야기하면서 그의 눈은 이글거리기 시작했다. 아마도 그 순간이 그의 생에서 처음으로 권력을 가진 누군가가 그에게 존경심을 가지고 이야기를 한순간이었을 것이다.[9]

독재정치가 종식된 이후 리우데자네이루에서, 샌프란시스코에서 내가 마주했던 그 장면이 다시 연상되었다. 민주주의가 회복됨에 따라, 무엇인가가 변화하고 있었으며, 이는 극도로 부패하고 서투른 행정부도 폄하할 수 없었던 것으로, 시민들의 권리라고 명명되었다.

독재정치의 종식 이후 파벨라 주민들에게 일어난 또 하나의 중요한 변화는 권리와 의무 간의 차이에 대한 인식이었다. 1969년 파벨라에 살 당시 내가 가장 괴로웠던 점은 파벨라 거주민 대부분이 권리direitosrights와 의무deveresduties를 구분하지 못한다는 점이었다. 그들은 대부분 시민으로서의 의무는 "법을 잘 지키고, 권력자들을 존경하며, 열심히 일하는 것"이라고 생각하고 있었다. 그리고 자신들의 가장 중요한 권리 역시 "법을 잘 지키고, 권력자들을 존경하며, 열심히 일하는 것"이라 생각하고 있었다. 즉, 그들의 마음속에서는 권리와 의무 사이의 구분이 없었던 것이다.

2001년 인터뷰에서는 각 세대의 모든 사람이 자신들의 가장 중요한 의무와 권리가 무엇인지를 명확하게 구분하고 있었다. 가장 많이 언급되는 권리는 보건의료 및 교육 서비스를 이용할 수 있는 권리와 이동의 자유와 관련된 권리였다. 그다음으로 자주 언급되는 권리는 노동의 권리 및 실업보험금을 받을 권리였으며, 존중과 존엄을 인정받을 권리가 그다음으로 언급되었다. 세대 간에는 약간의 차이가 있었는데, 노년층일수록 실업보험금과 보건의료서비스를 이용할 수 있는 권리를 더 중요하게 생각했고, 자녀 세대는 교육 및 직업에 관한 권리를 중요하게 생각했다. 이에 반해 손자 세대는 "자유롭게 이동할 권리"를 가장 중요하게 생각했다.[10]

의무의 측면에서 모든 세대가 "준법"을 가장 중요하게 생각했다. "노동을 하고 직업인으로서의 의무를 다하는" 것이 그다음으로 중요하게 간주되었고, 손자 세대에서는 "이웃을 존중할 의무"도 매우 중요한 것으로 여겨지고 있었다. 자녀 세대에서는 약속을 지킬 의무도 중요하다고 생각하고 있었고, 노년 세대는 정직과 성실의 의무도 중요하다고 생각하고 있었다.

의무와 권리를 구분하는 능력이야말로 사람들의 인식에서 나타난 변화를 가장 잘 보여 준다. 독재정권이 그 세를 잃어가면서 "시민권"citizenship rights이라는 개념이 일반적인 용어로 자리 잡기 시작했다. 이어 "지금 당장 권리를"Diretos jáRights now! 요구하는 민중운동이 나타났다. 1985년 독재정치가 종식되기 몇 년 전부터 시민운동이 활발해지면서 시민권Cidadaniacitizenship 개념이 일련의 자격이자 의무로 인식되었고, 민중 담론의 영역에 포함되었다.

그러나 시민권을 요구하는 담론에서도 자유에 대해서는 그리 크게 강조하지는 않았으며, 빈곤층의 권리 또한 똑같이 중요하게 다뤄지지 않았다. 이에 대해 브라질의 정치학자인 이벨리나 댜니누 Evelina Dagnino는 다음과 같이 설명하고 있다.

적정한 수입, 보건, 교육, 안전 등에 대한 근본적인 권리가 주어지지 않은 리우데자네이루의 도시빈민들은 새로운 형태의 후견주의에 물든 지역 정치라는 기계에서 매우 작은 톱니바퀴에 지나지 않았다. "시민 권의 결여"라던가 "새로운 시민권"이라는 관념은 파벨라의 주민들에 게 그리 큰 공감대를 이끌어 내지 못했는데, 그들의 삶의 여건이 그럴 수 있을 만큼 그리 넉넉하지 못했기 때문이다. 대신 NGO 단체나 정당 또는 학술 단체 등이 공공의 자원을 분배하는 의사결정 과정에서, [빈 민의] 적극적인 참여에 구조적으로 방해가 되는 것이 무엇인지를 묘사 하는 과정에서 이런 새로운 용어들을 만들어 내곤 했다.[11]

인류학자인 제임스 홀스턴James Holston은 브라질을 "불완전한 민 주주의" 국가라고 했다. 그의 견해에 따르면, 브라질에서는 급속한 도시화 과정으로 말미암아 "도시에 대한 요구가 기하급수적으로 증 가했고, 시민권에 대한 전통적인 의미가 퇴색했다." 상파울루의 파 벨라를 대상으로 한 연구에서, 그는 "반란의 시민권은, 현대 국가의 일원이 된다는 것에 대한 의미를 맹렬히 추구하는 과정에서 형성되 었다"고 주장했다. 그는 새로운 요구가 형성됨으로써 시민권이라는 의미의 범위가 확장되고, 그에 따라 시민권의 의미가 변화한다고 설명했다. 그러나 치사 폭력에의 노출을 포함하는 새로운 형태의 배제로 인해 이러한 변화가 후퇴하게 된다고도 했다. 그는 "이러한

확장과 후퇴의 과정이 만나는 지점에서 반란의 시민권이 발견된다" 고 했다.[12]

브라질에서 민주적으로 선출된 정치지도자들은 모든 시민에게 개인적인 안전, 제대로 된 직장에서의 제대로 된 임금, 시민적 자유 등을 보장해 주지 않아도 된다. 일상의 모든 거래에서 여전히 주인과 노예 간의 구분이라는 이분법이 존재하고 있다. 공공기관, 행정기관, 은행 등에서 줄을 서서 기다리고 있다가도, 잘 차려 입은 밝은색 피부의 인사가 도착을 하면 '다른 사람들'이 한 걸음 뒤로 물러서곤 하는 광경을 나도 목격하곤 했다. 그렇게 뻔뻔하게는 아닐지라도, 이와 같은 존중에 대한 기대는 여전히 사회 전체에 팽배해 있다. 이런 종류의 사례는 베네지따 다 시우바Benedita de Silva의 자서전에서 다수 발견할 수 있는데, 파벨라인 쁘라이아두쁜뚜Praia do Pinto에서 태어나 자란 흑인 여성인 시우바는 공동체 지도자를 맡은 후 시의회 의원과 주 의회 의원을 거쳐 연방 의원에까지 올랐다. 이후 리우데자네이루 주의 부지사를 거쳐 주지사에까지 올랐으며, 룰라 대통령 임기 중인 2003년 마침내 브라질 연방정부의 사회부 장관에까지 임명되었다.[13]

파벨라 주민들이 시민으로서 자신들의 권리를 인식하고 있든 그렇지 않든 간에, 그들은 여전히 사회적·경제적·정치적 영역에서 가장 낮은 계층에 머물러 있다. 몇몇 문학작품들은 브라질 사람들이 "불평등에 대한 참을성이 많다"고 언급하면서, 이를 그토록 깊은 사회적 분열이 지속될 수 있었던 이유로 설명하고 있다. 나는 불평등이 그토록 오래 지속된 것은 역사적으로 뿌리 깊은 브라질 사회의 엘리트주의 및 배제가 반영된 것이라고 본다. 만일 빈곤층들이 평등이나 존중을 경험하게 되면, 이후 그것을 박탈당했을 때 더욱 격렬하게 저항하게 된다. 그와 마찬가지로, 현재로서는 날마다의 생존을 위해 고개를 숙이고 생계를 영위할 뿐이다.

그러나 이것이 도시빈민들이 불평등에 대해 무관심하다는 의미는 아니다. 그들의 도덕적 분노가 물리적인 분노 — 또는 정치적 징후 — 로 표출되지 않는 이유는 아직 힘이 부족하기 때문이라는 의견이 있다. 브라질 사회에서 권력의 사용(남용)은 아직까지는 특권층만이 누리는 특권이며, 가난한 자들은 아직까지는 그것을 행사할 위치에 있지 못하다. 노바브라질리아에 거주하는 한 여성이 내게 다음과 같이 말했다. "재니스, 우리가 뭘 할 수 있겠어? …… 경찰이나 판사, 정치인들은 '저 높은 곳'에 살면서, 우리가 상상하지 못한 방식으로 세상을 바라보고, 자기네 주머니를 채워."

이 같은 무기력감은 파벨라 주민들은 민주주의 이론을 수용했지만, 민주주의는 아직 그들을 수용하지 않았음을 의미하는 것이다.

신념과 행동 간의 단절

시민권에 대한 약속도 깨졌고, 정부란 존재가 도움이 되기보다는 해를 끼친다고 느끼고 있음에도 불구하고, 민주주의의 이상에 대한 도시빈민층의 믿음은 각 세대에 걸쳐 고르게 분포하고 있다.

이러한 사례에 대한 한 가지 놀라운 예는 참여민주주의의 이상에 대한 수용 정도이다. "의사결정권이 정치인들의 수중에 있어야 하는가 아니면 모든 브라질인들이 의사결정에 직접 참여해야 하는가"

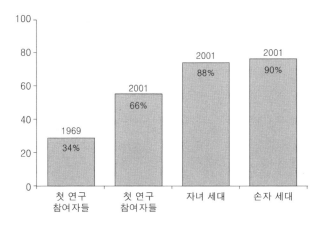

그림 8.2_민주주의적 이상에 관한 신념("모든 브라질인들이 참여해야 한다"에 긍정적인 답변을 한 비율)에 대한 1969년과 2001년 사이 세대 간 차이 비교.

에 대한 질문을 1969년에 하고 2001년에 다시 했다. 브라질 민주주의에 관한 문헌들에서는 빈곤층들에게 민주주의적 사상이 아직 스며들지 않았다고 얘기한다. 그러나 분명 변화가 나타나고 있으며 그에 대한 결정적인 증거도 나타나고 있다. 독재 기간 동안에는, 연구 참여자들의 오직 34퍼센트만이 "모든 브라질인들이 참여해야 한다"고 생각하고 있었다. 그러나 현재는 자녀 및 손자 세대에서 각각 88퍼센트와 90퍼센트의 응답자들이 모든 사람이 참여해야 한다고 생각하고 있었다. 〈그림 8.2〉에서는 응답자들의 태도의 변화가 잘 나타나 있다.

이와 같이 정치에 적극적인 시민들이 증가하고 있는 점은 2003년의 무작위표본 조사에서 다시 한 번 강하게 부각되었다. 이들 그룹들 중에는 "모든 브라질인들이 참여해야 한다"고 응답한 사람들이 1969년에는 34퍼센트에서 2003년 81퍼센트로 증가했다. 여기서 긍정적으로 응답한 사람들은 내가 처음 실시한 연구에 참여한 이들의 자손뿐만 아니라 다른 이들도 포함되는 것으로, 나는 이 점이 다행스럽게 생각되었다.

이어지는 질문에 대해서도 마찬가지로 긍정적인 답변이 이어졌다. "당신은 자신이 정부에 영향력을 미칠 수 있다고 생각하십니까, 아니면 정부에 영향력을 미치는 건 불가능하다고 생각하십니까?"라는 질문에 그렇다고 응답한 사람들, 즉 자신이 정부에 영향을 미칠 수 있다고 생각하는 사람들의 비중이 전 세대에 걸쳐 증가했다.

매우 억압적인 독재 기간이었던 1969년에는 파벨라 주민들 가운데 자신이 정부[의 정책 결정]에 영향을 미칠 수 있을 것이라 생각한 사람이 거의 없었다. 당시 이루어졌던 연구에 참여한 응답자 가운데 오직 19퍼센트 정도만이 정부에 영향을 미칠 수 있다고 생각하고 있었다. 그러나 당시 파벨라 주민들은 지역정부에 영향을 미쳐서 수도관을 설치하고 언덕으로 올라가는 길을 포장했으며 하수도 길을 낼 수 있는 자재를 제공받았다. 2001년, 민주주의가 회복된 지 16년이 지난 후에는 첫 연구에 참여한 이들 가운데 30퍼센트 정도가 정부에 영향력을 행사할 수 있다고 생각하고 있었다. 자녀 및 손자 세대에서는 약 50퍼센트 정도의 응답자가 정부의 정책에 영향을 미칠 수 있다고 응답했다. 자녀 및 손자 세대에서 권력이 부여되고 정치적 효력을 지니고 있다고 느끼는 사람들과 비슷한 비율의 사람들이 권력을 갖고 있지 못하며 정치적으로 무능하다고 느끼고 있다. 모든 브라질 국민들이 정치에 참여해야 한다고 강력하게 열망하는 사람들조차도 그러한 그들의 참여가 정부의 결정에 영향을 미치느냐 그렇지 못하느냐에 대해선 반반으로 의견이 갈렸다. 이러한 경향은 분명 올바른 방향으로 나아가는 것이었지만, 시민들이 실제 경험하는 바는 자신들의 희망과는 오히려 반대였다. 이런 발견들은 독재 통치에 대한 낭만적인 추억에 대한 일종의 해독제와 같은 역할을 한다. 독재 기간에는 시민들의 참여에 대한 인식도 거의 없었을 뿐만 아니라 실질적으로도 거의 참여가 이루어지지 않았다. 마틴 루터 킹의 어록을 빌리자면, 명목상의 시민일 뿐인 파벨라의 주민들은 "그들이 원하는 곳에 존재하지 않고, 그들이 있어야 할 곳에 있지 않으며, 그들이 앞으로 존재할 곳에 머무를 수 없다. 또한 그들은 현재 그들이 서있는 곳에서도 존재하는 것으로 간주되지 않는다."

정치적 효용성에 대한 믿음은 증가하고 있는 반면, 정부가 선의를 지니고 있다는 믿음은 줄어들고 있는데, 이 같은 대조적인 현상이 나타나고 있다는 사실이 매우 흥미롭다. "정부가 당신과 같은 처지에 있는 사람들의 문제를 이해하고 해결하기 위해 노력을 할까요?"라는 질문에 대해 1969년에는 61퍼센트의 응답자가 그렇다고 응답했지만, 2003년에는 38퍼센트의 응답자만이 그렇다고 했다. 참여를 통해 변화를 이끌어 낼 수 있을 것이라는 믿음과 민주적인 방식으로 선출된 정부에 대한 불신이 공존하는, 다소 이상한 모습이 나타나고 있다. 이 장의 후반부에 살펴볼 테지만, 이 같은 모순은 브라질 사람들이 좋은 지도자를 선출할 능력이 좀 부족한데서 일부 기인하는 것이며, 나아가 부패한 정부를 갖게 되는 것도 결국은 브라질 국민들의 잘못인 것이다.

정치적 행동은 정치적 사상의 척도이다. 당시와 현재의 정치적 참여의 방식과 정도를 살펴보면, 정치적 참여에 대한 신념이 증가한다고 해서 정치적 참여가 증가하지는 않았다. 실질적인 정치참여율은 여전히 낮게 나타나고 있다.

한때 정치에 참여했던 이들 가운데 몇몇은 오늘날 투표 등에서도 완전히 관심을 거두었다. 노바브라질리아 출신의 알라에르치Alaerte도 그런 이들 가운데 한 명인데, 그는 다음과 같이 이야기하고 있다.

난 정말이지 투표도 안 할 거예요. 난 투표도 좋아하지 않아요. 예전에는 투표는 했지요. 그러면서 정말 여러 번 실망했어요. 정치인들이야말로 악랄한 악당들이고 겁쟁이들이라고 생각해요. 하지만 내가 할 수 있는 일은 없어요. 그래서 나는 정치는 신경을 안 쓰려고요. 겨우 한 사람이 투표 안 하는 건 문제가 안돼요.
- 알라에르치, 65세, 노바브라질리아 출신으로 2004년 현재, 서부 지구의 깡뿌그랑지에 거주하고 있음.

브라질 정치의 오랜 하향식 전통과 오랜 기간 반복된 그의 실망감을 고려한다면 그의 이야기에는 일리가 있다. 그러나 투표는 정치참여의 다양한 형태 가운데 하나일 뿐이며, 그는 그의 세대의 입장에서만 이야기하는 것이다. 어떤 세대에서는 어떤 유형의 정치적 행동을 취했는지를 이해하기 위해, 또 현재와 과거를 비교하기 위해 〈표 8.1〉을 작성해 보았다.

표 8.1 | 1969년과 2001년의 세대 간 정치적 참여율 비교

단위: %

당신은 ……	1969	2001		
	첫 연구 참여자들	첫 연구 참여자들	자녀 세대	손자 세대
선거를 했습니까?	40	72	39	7
진정서에 서명한 적이 있습니까?	12	25	31	27
정치적 모임이나 집회에 참여한 적이 있습니까?	5	12	18	13
선거 운동에 참여한 적이 있습니까?	6	13	20	20
데모에 참여한 적이 있습니까?	19	15	21	12

주: 2003년의 무작위표본을 대상으로 한 조사에서도 비슷한 경향이 나타나지만 수치는 훨씬 더 낮음.

내가 갖는 첫 번째 의문점은 그룹 간의 참여율의 차이가 연령과 관계가 있는 것인지 1969년과 2001년이라는 역사적 시점 간의 차이에서 기인한 것인지였다. 나는 1969년의 초기 연구의 원 샘플과 2001년 그들의 자녀 및 손자의 자료를 비교해 보았다. 2001년 샘플이 초기 연구보다 16살 정도 연령이 더 높았다. 투표율은 1969년 부모 세대(40퍼센트)와 2001년 그들의 자녀 세대(39퍼센트)가 거의 비슷했다. 여기서 1969년 당시 일반 국민들에게 투표가 허용된 것은 시의회 선거와 국회의원 선거뿐이었던 점이 흥미롭다. 시위에 참여하는 비율은 19퍼센트와 21퍼센트로 거의 비슷하다. 탄원서에 서명을 한다거나 정치 집회나 행진에 참여하거나 또는 정당 후보를 위해 일을 하는 것과 같은 정치 관련 활동에의 참여는 같은 연령대를 비교하면 1969년에 비해 2001년에 세 배나 증가했다. 이것이야말로 민주주의가 회복된 결과였다.

그러나 최초의 연구에서 인터뷰를 한 이들의 투표율을 제외하고는 모든 연령대에서서 모든 유형의 정치적 참여율이 매우 낮게 나타난다는 점은 충격적이다. 앞서 우리가 다룬 것처럼 "모든 브라질 사람들이 정치에 참여해야 한다"거나 "변화를 만들어야 한다"고는 했지만 실제로는 활발한 참여가 부족한, 조금은 모순적인 상황이다. 사람들이 가장 활발하게 행하는 유형의 정치적 참여인 투표율조차, 18세부터 70세까지 국민의 경우 투표가 의무인 점을 상기한다면, 매우 낮은 편이다(브라질은 의무투표제이지만 16~18세, 70세 이상의 인구에게는 적용되지 않는다).

(1988년 신헌법의 제정 이후 통과된) 선거법에 따르면, 브라질 시민들은 공무원이 되거나 공공기관에서 증명서를 받기 위해서는 투표증명서comprovante de votação를 보여 주어야만 한다. 세 번 연속 투표를 하지 않으면 유권자 등록 카드가 말소되는데, 이는 브라질인들에게 필수적인 신분증과 까다스뜨루 지 뻬소아 피시까cadastro de pessoa física, CPF 발급에 문제가 생긴다. CPF는 은행 계좌를 열거나, 전화를 개설하고, 상품이나 서비스를 주문하고, 청구서를 지불하는 등 모든 공적인 업무나 송금 등을 할 때 반드시 필요한 카드이다. 간략히 말해, CPF 카드가 없는 사람은 법률상으로 사람이 아니며, 내가 브라질에 살 당시에 겪어 보았듯, 그 카드가 없으면 브라질에서는 정말 살기가 어려워진다.

이런 낮은 투표율에 대한 또 하나의 설명으로는, 이 또한 저항의한 형태로 볼 수 있다는 것이다. 하지만 빈 투표용지로 투표하기와같은 방법이 있기 때문에, 이 같은 설명도 그리 신빙성이 높은 것은아니다. 투표를 하지 않으면 정부의 일자리, 학교, 기타 편익 등에서 배제된다. 따라서 도시빈민들로서는 참정권을 박탈당한다는 것은 매우 위험스러운 것이다.

젊은 세대의 투표 참여율이 매우 저조하다는 것을 익히 알고 있기 때문에, "지난 선거에서 투표를 하셨습니까?"라는 질문에 대한 응답을 16세부터 24세까지 집단과 24세 이상의 집단으로 구분해 비교했다. 젊은 세대에서는 열 명 중 한 명(11퍼센트)만이 그렇다고 대답했고, 24세 이상의 집단에서는 열 명 중 다섯 명이 그렇다고 대답했다. 그러나 시민의 기본적인 의무임에도 불참율이 50퍼센트 가까이 되는 것 역시, 그들이 고민하고 있다는 반증이다. 마을 주민들의 이야기를 듣고 그들과 긴 시간 대화를 나누고 나서야, 그들이 투표를 꺼리는 이유는 무관심 때문이 아니라 냉소주의 때문이라는 것을 알게 되었다. 전 세대 가운데 가장 많은 교육을 받고, 가장 많은 지식을 갖고 있으며, 정치적으로도 가장 많은 수완을 갖고 있는 젊은 세대가, 정치참여의 가치에 대해 가장 많은 믿음을 지니고 있음에도 불구하고, 정작 참여율은 가장 낮게 나타나고 있다. 이 같은 사례가 여기에서 발견한 모든 사실 가운데 가장 충격적인데, 나는 이를 신념과 행동 사이의 불일치라고 칭하고자 한다.

누가 어디에 참여하는가?

민중들의 정치적 참여와 그 양상은 매우 복잡하며 시간, 지역, 관찰자 등에 따라 매우 다르게 나타난다. 내가 1960년대 파벨라에서 관찰했던 주민들의 높은 참여율은 2001년의 인터뷰 때는 전혀 찾아볼 수가 없었다. 우리 연구의 조사 항목에는 지역 조직에의 참여(와 리더십)에 관한 일련의 질문들이 포함되어 있었다. 따라서 1969

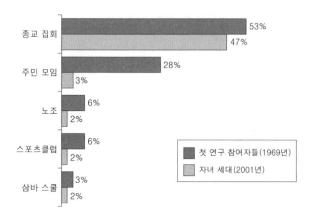

그림 8.3_지역 기반 활동 참여

년 당시의 연구 참여자들과 2001년 그 자녀들의 활동을 비교할 수 있었다(〈그림 8.3〉).

모든 종류의 커뮤니티 모임의 참여율이 한 자리 대로 급락했으며, 종교 단체만이 53퍼센트에서 47퍼센트로 6퍼센트포인트 감소했다. 이는 지역적으로나 국제적으로도 비슷하게 나타나는, 시대의 조류이기도 하다. 철거 위협에 맞서 싸워야 할 필요성이 사라지고 기본적인 도시 서비스가 제공됨에 따라, 파벨라에서 조직을 구성할 필요성이 줄어들었다. 나아가 여가 장소로서 도시에 대한 접근성이 훨씬 높아짐에 따라, 지역 내 여가 활동의 필요성 역시 낮아졌다. 1960년대 국제적으로 유행했던 사회운동의 열기가 1980년대 대중의 저항을 이끌어 낼 만큼 지속되지는 못했고, 무엇보다도 1980년대 중반 브라질의 군부독재가 종식되었다. 그리고 마침내, 이전 장에서도 이야기한 바와 같이, 폭력의 증가는 모든 지역 활동에 악영향을 끼쳤다. 특히 주민자치회에 결정적인 영향을 미쳐서 주민자치회가 더 이상 주민들의 대표기관으로 역할을 할 수 없게 되었다.

나는 오랜 기간 동안 지역의 자치회에 대해 관심을 가져왔는데, 특히 지역 자치회에의 참여가 정치참여에의 준비단계가 되는지 여부에도 관심을 가졌다. 지역 조직에 참여함으로써 파벨라 주민들이 마을 외부의 세상에 대해 정치적으로 좀 더 인식하고, 관심을 가지며, 더욱 활발하게 될지가 궁금했고, 나아가 그러한 일을 위해 가능한 시간을 모두 허비해 버리는 건 아닌지도 궁금했다.

이런 질문에 대답하기 위해, 그리고 정치적 활동과 다른 활동을 구분 짓는 기준은 무엇인지에 대한 대답으로서, 나는 탄원서에 서명하기, 정치적 모임에 참여하기, 후보자를 위해 일하기, 시위에 참여하기 등이 포함된 정치참여도 지수를 고안해 냈다. 이 지수에서는 투표에 참여하는 것은 배제되었는데, 투표 참여는 국민으로서 의무 사항이기 때문이다. 이 지수에서 높은 점수를 받은 이들의 특성을 밝히고자 했다.

나는 지역 시민단체 회원일수록, 사회적 네트워크가 많은 사람일수록, 운명보다 자신의 행동을 믿는 사람일수록, 1969년 연구에서는 (파벨라가 아니라) 까시아스 로찌아멩뚜스에 거주하는 사람일수록, 2001년 현재의 연구에서는 (파벨라보다는) 꽁중뚜, 로찌아멩뚜스, 바이후 등에 거주하는 사람일수록, 정치참여율이 높을 것이라고 가정했다. 데이터를 분석해 보니 내 예상은 반은 맞았지만 반은 그렇지 않았다.

내가 한 가정 가운데 다음의 네 가지는 옳다고 밝혀졌다. ① (각 세대 별로 그 차이가 좀 있지만) 남성의 참여율이 여성의 참여율보다 높게 나타났다. ② 1969년에는 까시아스의 로찌아멩뚜스에 거주했던 사람들이 파벨라에 거주하던 이들보다 참여율이 훨씬 더 높았다. ③ 주도적인 성향을 지닌 (비숙명론적인) 사람들이, — '운명'이나 '신의 의지'보다 행위의 힘을 믿는 사람들이 — 좀 더 정치참여율이 높았다. ④ 미래에 대해서 훨씬 낙관적인 전망을 지닌 사람들이 비관적인 전망을 지닌 사람들보다 정치참여율이 더 높았다.

다음의 네 가지는 관계가 없거나 혹은 내가 예상한 것과는 반대임이 밝혀졌다. ① 정치참여와 인종은 아무 연관이 없었다. ② 2001년 파벨라에 살고 있는 사람들과 꽁중뚜, 로찌아멩뚜스, 바이후에 현재 거주하고 있는 사람들 사이에는 정치참여율의 차이가 나타나지 않는다. ③ 지역 종교 단체에의 참여 여부는 차이를 나타내지 않는다(복음주의 신도들은 정치에 덜 참여적이다).[14] ④ 사회적 네트워크 참여는, 참여하는 네트워크의 유형에 따라 상반된 영향을 미쳤다. 결속형 네트워크에의 참여가 많은 사람일수록(다양한 삶의 방식을 사는 사람들과 연관이 높은 사람일수록) 정치참여율이 높은 것으로 나타났지만, 연계형 네트워크(지역 내부의 네트워크 등)에 참여하는 사람일수록 정치참여율은 낮은 것으로 나타났다.[15]

인종은 정치참여율의 차이를 나타내는 뚜렷한 지표는 아니지만, 젠더는 어느 정도는 차이를 나타냈고, 두 지표가 결합되면 강력한 정치참여 지표로서 역할을 했다. 1969년 백인 남성은 가장 높은 참여율을 나타낸 반면, 흑인 여성의 정치참여율은 가장 낮았다. 동일한 마을에서 34년이 지난 후에 다시 조사를 실시했더니, 여성의 정

416

치참여율이 남성보다 훨씬 더 높게 나타났으나(이는 1969년에도 마찬가지였다) 피부색이 밝을수록 정치참여율이 높게 나타났다.

정치참여에 영향을 미치는 요소 가운데 예상하지 못한 세 가지는 다음과 같다. 첫 번째는 마을과 부유층 지구 또는 도시 중심부와의 접근성이며, 두 번째는 파벨라 주민에 대한 다양한 형태의 오명에 대한 인식이며, 세 번째는 폭력에 대한 개인의, 또는 가족의 노출 정도이다. 각각의 요소에 대한 상세한 설명은 다음과 같다.

접근성: 도시의 엘리트 지구 한가운데 위치한 까따꿍바와 같은 곳에서 성장한 사람들은 노바브라질리아 같은 북부 지구의 노동자 계층 지역이나 도시 외곽, 지방 등에서 성장한 이들에 비해 정치의식의 수준이 매우 높고, 참여율 역시 매우 높다.

일찍부터 중산층이나 상류층들과 접촉하면서, 그리고 주인집(그들의 어머니가 가사 도우미로 일하거나 아버지가 관리인이나 경비로 근무하는 집)에서 같이 살거나 (또는 시간을 보내면서) 다양한 계층의 사람들과 교류하면서, 사람들은 더 넓은 세계에 대한 '눈을 뜨고 일상의 삶에서의 자신을 실현'하는 데 있어서 하나의 본보기를 삼게 되었다.[16] 이는 파벨라 주민들로 하여금 도시의 일원이 되게끔 했고 파벨라에서의 삶에 파묻히지 않게끔 했다. 부유한 이들은 말하는 방식, 서있는 자세, 걷는 자세, 옷 입는 방식, 행동거지 등이 다르며, 이는 북부 지구 출신이나 바이샤다풀루미넨세 출신의 빈곤계층이 따라 하기에 정말 어렵다. 이들 빈곤 지구에 사는 주민 대부분은 부유한 남부 지구나 도시 중심부에 한 번도 가본 적도 없다.

남부 지구에서 성장하는 것은 또한 파벨라 주민들로 하여금 일이 돌아가는 방식을 알 수 있는 '연계형 네트워크'를 만들 수 있도록 했으며, 그들이 부당한 대우를 받거나 도움이 필요할 때 어디를 가야하는지도 알게 했다. 우리의 연구에서는 접근성이야말로 미묘한 또는 강력한 영향력을 미치는 것으로 나타났으며, 이는 평생에 걸쳐 이점으로 작용했다. 파벨라 간에는 규모나 법적 상태, 내부 구조 등에서 차이가 있지만, 파벨라의 위치야말로 사람들의 삶에 가장 결정적인 영향을 미치는 것으로 나타났다. 또한 마약상들의 상황이 심각한 정도도 각 개인의 이동성보다는 중요한 결정인자로 작용하지 못했다. 권력이 있고, 부유한 사람들과의 접근성이 높을수록 빈곤한 계층의 정치적 참여와 기관의 참여율이 높게 나타났다.

오명: 빈곤층에 대한 사회의 오명을 다양하게 인식하고 있을수록, 차별을 더 많이 인식하고 있을수록, 정치참여율이 높게 나타났다. 손자 세대에서도 이 같은 경향이 나타났지만, 차별에 대한 손자 세대의 인식은 전반적으로 낮게 나타났다. 오명에 대한 인식의 정도가 높을수록 정치적으로 더 많은 행동을 취하는 것으로 나타났으며, 이런 행동들로는 투표 참여, 탄원서에 서명하기, 정치적 모임 및 시위 참여, 정치인 후보를 위해 일하기 등이 있다. 이는 사람들이 대부분 '정치인들에게 결정을 맡기기'보다는 '모든 브라질인이 참여해야 한다'고 믿고 있음을 보여 준다. 이는 경험의 폭이 넓은 사람일수록 미묘한 차이로 느껴지는 배제를 무시하기가 어려우며, 그럴수록 자신의 이익을 위해 행동하게 되기 때문이라고 할 수 있다.[17]

폭력: 사람들은 직접적인 폭력의 경험이 많을수록 투표에 참여하

거나 지역 조직에 참가하는 비율이 떨어지지만, 청원서에 사인을 하거나 지지하는 후보를 위해 일하거나, 정치적 모임이나 시위에 참여하거나, 정당에 가입하는 등의 직접적인 정치적 행동은 더욱 많이 하는 경향을 나타낸다. 폭력의 경험[18]이야말로 선거 민주주의에 대한 자각으로 이어지며, 변화를 위한 행동을 하고자 하는 의지를 이끌어 내는 계기가 된다고 할 수 있다. 폭력 경험과 관련된 지수가 높은 사람일수록 자신의 삶에 대한 만족도가 낮게 나타났으며 자신이 속한 커뮤니티에 소속감이 부족하다고 느끼고 있는 것으로 나타났다.[19]

젊은이들

젊은이들은 내가 연구한 여러 세대 가운데 가장 많은 교육을 받고, 가장 많은 것을 알고 있지만, 가장 냉소적이고 가장 취약한 세대이다. 의무교육 기간이 끝나는 14세부터 18세 사이가 가장 위험한 시기이다. 물론 이 시기에는 군대에 갈 수도 있다. 아동 노동법에서는 18세 이하 청소년의 노동을 금지하고 있으나, 16세가 되면 인턴을 시작할 수 있다. 따라서 청소년기는 오히려 쉽게 돈을 벌고 마약거래에 대한 유혹이 가장 많은 시기이다. 이 나이 또래의 젊은이들은 대부분 부모와 함께 살지만, 연금으로 연명하고 있는 조부모와도 함께 살고 있기도 하다.

노동및사회연구소Instituto de Estudos do Trabalho e Sociedade에서 최

근 발표한 문화기술적 연구에 따르면, 학교에 다니지도 않고 일자리도 없는 젊은이들은 대부분 잠을 자거나 빈둥거리거나 텔레비전을 보면서 시간을 보내는 것으로 나타났다.

젊은 세대로 내려갈수록 더 많은 자기 비난과 내재화된 자기비하의 증거가 더 많이 나타났다. 이는 정당 참여와 관련된 우리의 인터뷰 질문에 대한 응답(소외감과 불만이 증가하고 있음이 나타났음)에서도 잘 드러났으며, 자신들의 이익을 위해 싸워 줄 후보를 선출하는 데에도 실패했다고 여기고 있는 점에서도 잘 드러났다.

여러 형태의 차별이 내재화됨에 따라 선거 과정에서의 배제는 결국 도시빈민들로 하여금 자신들의 이익을 위해 싸워줄 수 있는 후보를 선출하는 데 실패했다는 자책의 증가로 이어졌다.

〈그림 8.4〉에서 보는 바와 같이, 브라질 사람들은 후보를 뽑는데 있어서 현명한 선택을 할 수 있는 능력이 있는지 질문하자, 점점더 많은 사람이 그렇지 않다고 대답했다. 오히려 선거라는 것이 치러지지 않던 독재 시대에는 유권자의 능력에 대해서 지금보다 더많은 믿음을 지니고 있었다. 최근 선거 민주주의에 대한 경험을 하고 나자, 공직 후보의 선출에 있어서 올바른 선택을 할 수 있는 시민들의 능력에 대한 믿음이 오히려 줄어들었다.

브라질인들이 선거에서 올바른 지도자를 선출할 수 있느냐에 관한 의구심의 기원은 매우 깊고, 사회 전반에 만연해 있다. 한편으로는 선출된 공직자들은 유권자들에 대한 의무나 책임감을 거의 느끼지 않는다. 또 다른 한편으로는 주민들도 정부에 대해 자신들의 주장을 관철시킬 만큼 충분한 활동을 하지 않는다. 빈민층은 도시인

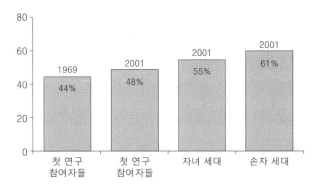

그림 8.4_후보자 선택에 있어서의 자신감의 결여("브라질 사람들은 현명한 후보를 고를 능력이 없습니까?"라
는 질문에 대한 응답. 시간이 지날수록, 어린 세대일수록 증가하고 있음)

구의 약 3분의 1을 구성하며, 정책이나 후보자에 대한 그들의 지지
는 선거의 승리에서 결정적인 역할을 할 수 있다.

빠른 해결책?

근본적이고도 구조적인 개혁이나 의미 있는 권력 분담이 이루어
지지 않는다면 시민권의 강화나 참여민주주의는 이루어질 수 없다.
뽀르뚜알레그리Porto Alegre나 벨루오리종치Belo Horizonte에서와 같
이 도시빈민들이 예산 결정에 참여한 성공적인 경험들도 있지만,
많은 이들이 여전히 직업이 없고, 그들의 동네에서 경찰이나 마약
상들로부터 보호를 받지 못한 상태에 있다면, 도시빈민들은 여전히
완전한 시민으로 인정받지 못하고 있는 것이다. 만약 날마다 파벨

라에서 죽어 나가는 젊은이들의 수만큼 백인 부유층 자제들이 죽어 나간다면, 사회는 그 부모들의 목소리에 귀 기울일 것이다. 그러나 현실에서는 그들의 목소리에 귀 기울이지 않는다.

지난 5년간 관찰한 결과, NGO 및 정부의 다소 과한 지원으로 리우데자네이루의 빈곤층에게 시민권의 '권한 이양'이나 '역량 강화' 등과 관련해 훈련을 제공하는 프로그램은 어느 정도의 효과는 거두고 있으나, 이런 능력을 발휘할 만한 실질적인 기회가 없는 탓에 성공했다고는 할 수 없다. 이제껏 박탈당했던 시민으로서의 권리의 온전한 범위를 알려 주고 그러한 권리들을 어떻게 요구해야 하는지를 알려 주는 것은 그들에게 권력이나 기회를 주기 위한 필요조건이자 충분조건인 것이다.

파벨라 여성에게 지자체 역량 강화 훈련 코스를 지도하고 있는 한 여성은 자신이 하고 있는 일에 대해 "깊은 갈등을 겪고 있다"고 고백했다. 그녀는 "지역 여성 주민들은 훌륭하지만 프로그램이 별로다. 일자리가 부족하고 현실에서 정치권력을 행사할 기회나 채널이 부족한 상황에서, 프로그램은 기대치와 좌절감만 키울 뿐이다. 졸업장을 받고 나서 이 여성들이 마주치는 현실은 막다른 골목뿐이다"라고 했다.

그녀의 설명은 가스따네다Castañeda가 "코포라티즘적 정실 자본주의"corporatist crony capitalism라고 이름 붙인 것으로, "실업이 만연하고 부패한 정치적 시스템은 불평등을 영속시킴으로서 특권층에 대한 보호를 제도화시킨다."[20] 이것이 바로 지역에서 시민권 관련 프로그램을 막 수강한 여성들이 맞닥뜨리는 현실이다. 고용이 충분치 못하고, 정치권력에 접근할 수 없으며, 폭력으로부터의 보호장치가 없는 상황은 빈곤층과 덜 배운 자들이 온전한 시민으로서의 권리를 누리고 있지 못하고 있음을 의미한다. 가난한 이들의 시민권을 위협하는 거대한 불평등 문제를 해결하지 않은 채 민주주의는 뿌리를 내릴 수 없다. 미국 민주주의 역사에서 결정적인 시기에 루이스 브랜다이스Louis Brandeis가 한 말이 오늘날 브라질 현실에 정확히 들어맞는 것으로 보인다. 즉, "우리는 이 나라에 민주주의를 건설할 수 있다. 또는 몇몇 사람들의 수중에 거대한 부가 집중되게 할 수도 있다. 그러나 그 둘을 동시에 할 수는 없다."

이동성의 미스테리

에드송과 아더웅: 베짱이와 개미

2003년 6월 30일 이른 오후, 나는 노바브라질리아 앞의 붐비는 이따오까 거리, 문 닫은 스콜Skol 맥주 공장 앞에서 에드송을 만났다. 그는 금방 나를 알아보고는 자기 형네 집에서 이야기하는 게 낫겠다고 했다. 그곳도 파벨라에 위치하지만 훨씬 더 안전하고, 가기에도 쉽고, 훨씬 안정적인 곳이기 때문이라고 했다. 원칙적으로 나는 대부분의 인터뷰 대상자들을 그들의 집에서 만나는 걸 (여기저기 둘러보는 것만으로도 많은 것을 배울 수 있기에) 선호했지만, 에드송은 자기가 살고 있는 집으로 가는 오르막길이 너무 위험하다고 했다. 나는 그의 말을 믿고 따르기로 했다. 지난번 노바브라질리아에서의 경험 이후 다시는 위험한 상황에 처하고 싶지 않았기 때문이었다. 이 연구를 마무리하기 위해서도 안전은 중요한 문제였다.

우리가 도착했을 때 에드송의 형인 아더웅이 우리를 기다리고 있었다. 두 형제는 내륙에 위치한 미나스제라이스 주의 작은 마을 출신으로, 둘 다 여덟 살의 나이에 일을 하기 시작했다. 그러나 형제의 인생은 다른 방향으로 펼쳐졌다. 아더웅의 집은 노바브라질리아의 세 번째 입구를 따라 난 언덕을 반쯤 올라간 오른쪽에 자리 잡았다.

에드송의 말에 따르면, 자신은 벽에 회죽칠도 하지 않고 지붕도 엉성한 2층짜리 판잣집에 살고 있으며, 같이 사는 식구가 총 여덟 명이라고 했다. 그의 자녀 중 누구도 일을 하거나 학교에 다니지 않고 있다. 그는 건설 현장 여기저기를 돌아다니며 일하는 뜨내기 일꾼으로, 일정한 수입은 없다고 했다. 예전에 건설현장에서 일을 할 때는 타일 붙이는 기술자로 돈도 충분히 벌어서 까차사cachaça(브라질산 럼주)를 파는 작은 바도 갖고 있었다고 했다. 그때는 차도 있었고, 저축도 좀 했으며, 돈도 꽤 잘 썼다고 한다. 하지만 (그가 따로 이야기하지는 않았지만) 심각한 문제에 휘말려서 도망을 가야 했다. 그는 아내가 여러 명이었고, 그 아내마다 자식도 두었다.

에드송은 인생의 막장을 살고 있는 사람들 가운데 한 명이었다. 그는 미래에 대해 생각을 하며 산 적이 없기 때문에, 현재의 상황을 간단히 받아들이고 있으며, 하루하루를 재미있게, 특히 여자와 재미 볼 생각만을 하며 살고 싶어 한다. 그는 항상 저축하는 법 없이 버는 대로 써 버린다. 지금의 아내는 원래 일을 하고 있었지만 그와 결혼하면서 일을 그만두고 집에 들어앉았다. 그는 현재 연금도 받지 못하고 있다. 예전에 어느 날 그가 의료혜택이 필요할 때 공교롭게도 사회복지부 공무원들이 파업 중이었다. 화가 난 그는 다달이 내던 연금 납입을 그만두었고, 이후 그의 연금보험도 중지되었다. 그는 그때야말로 그의 인생이 길을 잃고 걷잡을 수 없게 된 때라고 했다.

요새 어떻게 지내냐고 묻자 그는 "지금은 모든 게 정말 힘들어요, 모든 사람이 힘들죠. 나는 여기저기서, 친구나 이웃들한테서 돈을 꿔서 살곤 했는데, 이제는 그 사람들도 자기 입에도 풀칠하기도 힘들어요"라고 말했다. 그는 저녁에 농산물시장에 가서 상인들이 팔고 남은 식료품들을 주워 오곤 하는데, 그에 대해 부끄러워했다.

이런 거예요. 당신이 도착하면 먼저 도착해 있던 사람들이 있겠죠, 제게는 그런 상황에서 거기 계속 머물며 시장 끝에 있는 쓰레기 더미에서 버려진 식재료를 주워 담을 용기가 없어요, 안 그런가요? 오렌지를 가지고 노는 애들 사이로 버려진 재료들을 주우러 돌아다닐 수 있겠어요? 나한테는 이게 중요한 게 아니에요.

그는 이제껏 정부가 빈곤층에게 제공하는 기본적 구호품인 식량바구니cesta básica로 연명해 왔다. 노바브라질리아 지역의 식량바구니는 다달이 지역의 오순절 교회를 통해 제공되고 있다. 그의 설명에 따르면, 교회에 가지 않을 경우, 음식을 얻을 수 없다고 했다. 그는 보우사 파밀리아(빈곤선 이하의 가구에 국가가 제공하는 지원금) 프로그램의 혜택을 볼 수도 있다. 그는 또한 소위 시민의 수표라고 하는 보조금도 받을 수 있지만 한 달에 겨우 100헤알 정도(인터뷰 당시에는 약 43달러 정도)가 나올 뿐이어서 받아봤자 한 주를 지내면 다 없어졌다. 그는 고향인 미나스제라이스로 돌아가려고도 했지만 그곳의 상황은 더욱 안 좋아서 결국 노바브라질리아로 다시 돌아왔다.

에드송은 그의 형 아더웅에 대해 "형은 나보다 훨씬 더 성공한 인생을 살았어요. 형은 직업에 대한 믿음이 있고 내일을 위해서 계획을 세우죠"라고 이야기했다. 이 이야기에, 두 형제 모두, 이는 어릴 때부터 그랬다고 말하며 웃었다. 그렇지만 열심히 일하고 좋은 계획을 세워도 미래가 보장되는 것은 아니다. 미나스제라이스의 고향에 남은 그들의 여동생도 인생을 계획하고 늘 열심히 살았으며, 저축도 했다. 그러나 그녀는 중풍에 걸렸고, 장님이 되었으며, 당뇨로 두 다리를 절단해야 했다. 이것이야말로 운과 취약성이 모두 고려되어야 하는 이유이다.

왜 그렇게 일자리를 구하기 어렵냐고 에드송에게 묻자, 아더웅이 대답했다. "가난한 사람들에게는 기회도 없어요." 그는 덧붙이기를,

예전에는 기계화가 그렇게까지 진행되지는 않았어요. 이제는 우리가 하던 일을 로봇이 하고 있고, 고용주들은 사람을 고용할 생각을 안 해요. 많은 사람이 일하던 깡뿌그랑지의 쓰레기매립장에는 이제 한 사람만 일하고 있고, 기계 한 대에 컴퓨터 한 대만 있으면 돼요. 예전에는 많은 사람이 트럭으로 쓰레기봉투를 집어던지곤 했죠. 이제는 기계가 쓰레기봉투들을 들어 올려 트럭에 실어요, 운전사가 혼자서도 할 수 있는 일이죠.

아더웅의 인생은 또 다른 이야기이다. 그는 노바브라질리아 근처의 로찌아멩뚜스에 위치한 3층짜리 잘 지어진 집에서 아들, 딸과 함께 살고 있다. 그는 원래 그 부지의 경비원으로 9년 정도 일을 했는데, 이후 그 땅으로 이주해 정착했다. 물론 처음부터 그 일자리를 얻을 수 있었던 것도 행운이지만, 그의 충성심과 성실함 덕에 땅 주인이 그 부지를 나눠 팔고자 결정했을 때, 그 땅을 매입할 수 있는 기회를 얻었다. 그는 유명한 브라질 아이스크림 회사인 끼봉Kibon으로부터 퇴직연금을 받는 덕에 편안한 노후를 보내고 있다. 그는 예전에 그 회사의 경비로 근무했다. 그는 고용 기록 문서를 비롯해 그의 시민권을 공식적으로 보장해 줄 모든 서류(출생 증명서, 신분증, 선거 증명서, 결혼 증명서, 자신 소유의 토지 문서, 군 복무 증명서 등)를 갖추고 있다.

아더웅의 부인은 우리가 만나기 세 달 전에 세상을 떠났으며, 그는 그녀를 몹시도 그리워하고 있었다. 그는 부부의 침실과 그녀의 유품들, 아직도 침대 옆 탁자에 걸쳐 있는 그녀의 옷가지 등을 보여주었다. 그들은 아이를 두 명만 낳기로 계획을 했고, 두 자녀를 잘 기르고 교육시키는 데 모든 재원을 집중했다. 큰딸인 데이시Daisy는 간호사가 되기 위해 공부하고 있지만 그 남동생인 뻬드리뉴Pedrinho는 학교를 중퇴하고 학교에도 안 가고 일도 안 하는 그런 어정쩡한 상태에 있다.

뻬드리뉴는 하루 종일 지붕에서 연을 날리거나 텔레비전을 보면서 시간을 보낸다. 그는 아버지 말을 듣지 않을뿐더러, 아버지가 일자리를 알아보라고 하거나 훈계라도 할라치면 마약상에 들어가겠노라고 아버지에게 협박을 하곤 한다.

아더웅은 석 달 전 떠난 아내의 장례식 때문에 빚을 지게 되었지만, 앞으로 갚아 나갈 계획이다. 그에게 삶은 그리 녹록치 않다. 그러나 그는 딸의 간호학교 학비를 내고 있으며 남동생인 에드송을 고용해서 자신의 집의 부엌, 화장실 등에 타일을 붙이도록 했다.

내가 두 형제에게 그들의 삶이 달라지게 된 이유가 무엇이냐고 물었을 때, 아더웅은 다음과 같이 대답했다.

어느 가족에나 더 열심히 일해서 더 많은 것을 이루고자 하는 사람이 하나는 있어요. 나는 평생 동안, 번 돈을 모두 쓰지 않고 저축하려고 했어요. 만약 30꽁뚜contos(예전의 화폐단위)를 벌면 15꽁뚜는 쓰고 다른 15꽁뚜는 모아 뒀어요. 평생 여자나 술에 대해서는 관심을 두지 않았고, 아내와 두 아이들만이 내 인생의 모든 것이었어요.

그의 말에 에드송은 사람 좋게 한바탕 웃고 나서 이렇게 말했다. "아더웅이 항상 열심히 일하고 늘 계획을 세워서 매진하는 사람이었다면 나는 늘 좀 더 느긋한 편이었지요. 열심히 일하거나 공부하기보다는 친구들이랑 맥주 한 잔 마시는 게 좋았죠. 하루 일거리라로 구하게 되면, 번 돈을 다 써버려요. 밖에 나가면 친구들한테 돈도 잘 쓰고 즐거운 시간도 보내죠."

이 이야기에는 빈곤을 결정하는 데 있어 우리가 자주 소홀히 하곤 하는 개인별 차이(같은 부모에게서 태어나 같은 환경에서 자란 형제일지라도 다른 기질을 갖게 된다는)의 역할이 잘 나타나고 있으며, 아더웅의 부인의 죽음과 같은 사건의 발생의 중요성도 잘 나타나고 있다. 이 장의 마지막 부분에서 내가 제시하고 있는 몇몇 사례들에서는 우리 연구의 대상자 중 가장 성공한 남성과 여성의 (가족의 규범 및 가치를 비롯한) 개인적 특성들이 잘 나타나 있다.

(사회적) 이동성이 왜 미스테리인가?

가족의 문화나 개인의 성격 등의 상대적 중요성은 이동성 패턴을 이해하기 위한 시도에서 제시된 몇몇 문제 가운데 하나이다. 나는 이 장의 제목에서 "미스테리"라는 단어를 사용했는데, 다년간에 걸쳐 자료를 수집하고 분석했으며, 다양한 각도에서 이들을 바라보아도, 이동성의 동학에 관한 기본적인 질문에 대한 답은 여전히 규정하기가 힘들다. 그 동학을 좀 더 자세히 살펴보고 이해하려 할수록, 그 결과물 간의 차이가 점점 더 나고 더욱 당혹스럽기 때문이다. 이동성을 기술하기 위해서 내가 한 네 가지 질문은 매우 직설적인 것들이었다.

- 첫 연구 대상자들과 그의 자녀 및 손자 세대의 삶이 개선되었는가 아니면 나빠졌는가?
- 어떤 이들은 파벨라에서 이주해 나가고 어떤 이들은 그렇지 못한데 그 이유는 무엇인가? 즉, 주거 및 사회적 이동성과 관련된 요인들은 무엇인가? 파벨라에서 바이후로, 그리고 낮은

질의 주거환경에서 높은 질의 주거환경으로의 이주가 성공의
척도인가?

- 가난이란 것이 세대가 지나도 '떨쳐 버리기 어려운 것'인가?
즉, 만약 가난하게 태어났다면 일생 동안 가난하게 살게 되고
(빈곤의 세대 내 지속성), 가난한 부모 밑에서 태어난 아이들은
가난을 대물림하게 되는가(빈곤의 세대 간 전이)?
- 빈곤으로부터 벗어나 '일반인'이 되기 위해 개인적으로는 어
떤 이야기들이 더해져야 하며, 개인적으로는 어떤 성격을 가
져야 하며, 가족적으로는 어떤 가풍을 지녀야 하는가, 그리고
구조적으로는 어떤 변화가 있어야 하며 어떤 행운이 따라야
하는가?

우선 첫 연구에 참여했던 대상자들과 그들의 후손들의 삶이 개선
되었는가라는 가장 근본적인 질문부터 다루어 보자. 그 대답은 "아
마도 그런 것 같다"이다. 우리가 질문을 어떻게 보느냐에 따라 사람
들의 삶은 나아지기도 했고 더 악화되기도 했다.

나의 연구 결과에서 나타난 명백한 점은, 소득 및 여타 복지 지수
에서 증가 및 감소의 경향이 나타났지만, 전반적으로는 소규모의
증가가 나타났다는 점이며, 이 같은 변화는 선형으로 나타난 것이
아닐 뿐만 아니라 한 방향으로 지속적으로 나타난 것도 아니다. 이
것은 그 자체로 일부 명백한 모순을 설명하는 데 도움이 될 것이다.
힘겨운 삶을 사는 사람들은 잦은 운의 변화나 행운의 전환에 취약
하다. 앞의 장에서 내가 이야기했던 사람들과 가족들은 나의 두 연

구 사이의 간격인 30년 동안뿐만 아니라, 내가 이 연구를 하기 위해 현지 조사를 하는 기간 동안에도 많은 부침을 겪었다. 질병에 걸리거나, 가족구성원이 사망하는 일, 그리고 공장폐쇄, 경쟁 관계에 있는 갱단의 권력 교체 등과 같은 뜻하지 않은 일들로 가족의 생존이 위협받기도 했다.

이런 끊임없는 부침으로 말미암아 그들의 삶이 나아졌는가라는 질문에 대해 솔직한 답변을 하기 매우 어렵다. 또 다른 요인은 생활 연령, 생활사에서 처한 단계, 리우데자네이루, 브라질, 그리고 나머지 세계에서 일어나는 구조적 변화 등이 합쳐져서 함께 나타나는 것이다. 이들 각각은 지속적으로 유동하고 있으며, 물리학에서 발견한 바와 같이, 관찰의 그 순간에는 그 자체로 실재를 왜곡하기도 한다.

이 같은 위험성을 염두에 두고, 나는 내가 수십 년 전 인터뷰를 했던 사람들이 아직도 파벨라에 살고 있는지 찾는 일부터 시작했다.

그들은 현재 어디에 있는가?

만약 어떤 이가 파벨라에서 인생을 시작하는 것이 그 사람이 평생 파벨라에서 살아가야 하는 것을 의미한다면, 또한 그들의 후손 역시 그곳에 얽매여 살아야 한다는 것을 의미한다면, 이것은 노예제도나 카스트 제도, 또는 아파르트헤이트와 다를 바 없는 것이다. 브라질과 리우데자네이루는, 비록 사회적으로 매우 불평등이 심한 것으로 유명하지만, 그 시스템 자체가 폐쇄적이지는 않다.

1969년 내가 인터뷰를 했던 750명 가운데 625명이 여전히 파벨라에 거주하고 있었고, 125명은 그와 비슷한 빈곤 지역이나 까시아스의 저개발 지역에 있는 로찌아멩뚜스에서 거주하고 있었다. 이로찌아멩뚜스들은 앞서 이야기한 바처럼, 포장도로, 전기, 상하수도, 위생시설 등이 부족한 곳들이며, 황무지에 세워져서 경관마저도 매우 황량한 곳들이다. 그곳들 가운데 상당수가 해수면보다 고도가 낮기 때문에, 우기에는 홍수가 나고 건기에는 먼지 구덩이가 되기 일쑤다.

로찌아멩뚜스의 부지들은 대부분 매우 작고 토양은 석회질로 되어 흰색이며, 식생은 거의 없다. 당시 내가 연구했던 지역은 행정구역의 맨 끝에 위치하고 있었다. 파벨라가 대체로 녹색의 언덕이나 수변에 형성된 점을 생각하면, 거주지로서 로찌아멩뚜스들은 훨씬 덜 매력적인 곳들이었다. 그러나 2001년의 연구에서는 로찌아멩뚜스들이 합법적인 노동자 계층의 주거지역으로 발전했으며, 그곳의 주민들의 사회적 상향 이동 가능성도 파벨라 거주자들보다도 훨씬 더 높게 나타났다.

2001년 연구에서 거주지를 알게 된 사람 가운데 거의 절반 가까이가 같은 마을에서 살고 있었고, 대부분이 1969년과 비슷한 주거 형태에서 지내고 있었다. 까따꿈바의 경우 1970년 그들이 이주해 간 꽁중뚜의 아파트에서 생활하고 있었다. 〈표 9.1〉에서는 (무작위로, 그리고 지도자표본으로 구분된) 세대별로 2001년 현재, 파벨라, 꽁중뚜, 바이후에 거주하는 비율이 나타나 있다. 바이후는 대부분의 경우 동네의 맨 가장자리에 위치해 토지 가격이 가장 낮았다.

표 9.1 | 그들은 지금 어디에 사는가?(2001년)

단위: %

		파벨라	공공주택	일반 주택가
무작위표본	첫 연구 참여자들	37	25	34
	자녀 세대	36	16	44
	손자 세대	32	13	51
지도자표본	첫 연구 참여자들	11	21	61
	자녀 세대	24	17	56
	손자 세대	28	6	58

첫 번째 연구에 참여했던 사람들 가운데 40퍼센트 정도만이 2001년에도 파벨라에 거주하고 있다는 사실은 파벨라를 인생의 막장으로 간주하는 연구 문헌들, 그리고 리우데자네이루 출신 사람들의 일반적인 시각과는 사뭇 다른 것이다. 흔히 리우데자네이루에서 태어난 사람들은 리우데자네이루에서 생을 마친다고 사람들은 생각해 왔다. 그러나 아래의 표에서 나타나는 것처럼, 적어도 무작위로 추출된 표본집단 내에서는, 파벨라에 머물러 있는 사람들(37퍼센트)과 비슷한 규모의 사람들이 파벨라에서 이주해 나가 바이후로 옮겨갔다(34퍼센트). 최초 연구에서 무작위로 추출된 표본집단 가운데 약 25퍼센트에 해당하는 사람들이 2001년에는 꽁중뚜에 거주하고 있었다. 그들 가운데 꽁중뚜로 자의로 이주해 간 사람은 없기에 만약 까따꿍바가 철거되지 않았다면 그곳에 살던 사람들도 마찬가지로 비슷한 비율로 파벨라와 바이후에 거주하게 되었을 것이다. 배제성이 매우 강한 국가이자 도시에서 그와 같은 높은 비율의 사회적 이동성이 나타난 것은 매우 이례적인 일이다. 또 한 가지 놀라운 사실은 아랫세대로 내려갈수록 파벨라에 계속해서 거주하는 비율이 조금씩 낮아지고 합법적인 주거지역에 거주하는 비율이 급격

히 높아진다는 점이다. 또한 꽁중뚜에서 거주하는 비율도 아랫세대로 가면서 줄어든다. 이 같은 현상은 여러 세대가 함께 거주할 수 있는 파벨라의 단독주택과 달리 아파트는 기혼 자녀나 다른 가족들을 위해서 공간을 늘릴 수가 없기 때문에 나타나는 것이다.

〈표 9.1〉에서 나타나는, 기대하지 않았던 점은 무작위표본과 지도자표본 간의 차이가 줄어든다는 점이다. 2001년, 첫 번째 세대 간의 차이는 매우 두드러진다. 무작위표본에서는 30년의 시간이 지난 후 약 37퍼센트 정도가 여전히 파벨라에서 거주하고 있었지만 지도자표본에서는 11퍼센트만이 남아 있었다. 반대로, 지도자표본에서는 61퍼센트 정도가 합법적인 거주지로 이주해 나간 반면, 무작위표본에서는 약 34퍼센트 정도만이 그러했다. 이것은 지도자표본이 지닌 유리한 점을 반영하는 것이기도 하다. 지도자표본은 무작위표본에 비해서 남성의 비중이 높고, 피부색도 더욱 흰 편이며, 나이는 더 많다. 또한 그들보다 더 많은 교육을 받았고 수입도 더 많으며 정치적인 상식도 더욱 많고 정치적 활동에도 더 많이 참여하고 있다. 그들이 자신들이 가진 이 같은 장점을 자손들에게 물려주지 못했다는 것은 놀라운 일이다.

아랫세대로 갈수록 두 표본집단 사이의 차이는 점점 줄어든다. 무작위표본의 자녀 세대는 상위 집단으로 이동했지만 지도자표본의 자녀 세대는 하위 집단으로 이동했다. 그리고 손자 세대에서는 두 집단 간의 차이가 거의 없어졌다. 파벨라에 잔류하는 사람들의 비율의 측면에서 살펴보면, 초기 인터뷰 집단에서는 무작위표본과 지도자표본 간의 차이가 26퍼센트였으나, 손자 세대에서는 4퍼센트로 줄어든다. 마찬가지로 바이후로 이주해 나간 이들의 차이도 첫 번째 세대에서는 27퍼센트였다가 손자 세대에서는 7퍼센트로 줄어든다.

거주지 이주 패턴

파벨라에서 탈출하는 방법은 무엇일까? 사람들은 바이후로 곧장 이주해 가는 것일까 아니면 먼저 꽁중뚜를 이주의 발판으로 삼아, 이후에 다시 일반인들이 사는 동네로 이주해 나가는 것일까?

우리가 수집한 연도별 생활사 자료들을 바탕으로, 우리는 각각의 이주를 추적할 수 있게 되었으며, 이를 통해 사람들이 최종적으로 거주하는 곳뿐만 아니라 그들이 이주해 나간 경로도 알게 되었다. 도시의 빈곤층이 얼마나 자주 이주하며 이주의 패턴은 어떤 방식으로 형성되는지는, 정책입안자들뿐만 아니라 학자들에게도 매우 흥미로운 주제이다. 파벨라에서 다른 곳으로 이주한 사람들은 다시 돌아오지 않는 것일까, 이주해 나간 사람들은 차근차근 더 나은 곳으로 이주해 가는 것일까? 최초의 연구에서 인터뷰에 응했던 이들은 그들의 거주지 이동을 해마다 추적할 수 있었으며, 출생부터 2001년까지의 이동 패턴도 추적해 각각의 이동이 어디에서 이루어졌는지, 곧 그곳이 파벨라인지, 아니면 꽁중뚜, 로찌아멩뚜스인지 바이후인지 알 수 있었다. 이런 이주 유형에서는 〈그림 9.1〉에서 보는 바와 같이 상위 거주지로의 이동이 하위 거주지로의 이동보다

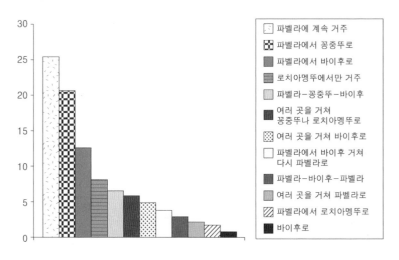

그림 9.1_주거지의 이동성 경향: 첫 연구 참여자들(1969~2001년)

더 많이 나타났다.

그래프는 거주 유형의 빈도에 따라 구성되었으며, 가장 높은 빈도를 나타내는 형태(이주하지 않음)가 가장 위에 위치하고 있다. 1968~69년에 수행된 연구의 인터뷰 참여자 가운데 파벨라에 여전히 거주하고 있는 사람들이 파벨라들 사이에서 이주했는지에 대한 자료는 없다.

그다음 가장 높은 이주 패턴은 파벨라에서 꽁중뚜로의 이동으로, 이는 까따꿍바의 철거가 가장 큰 영향을 미쳤다. 까따꿍바가 철거되면서 그곳에 거주하던 상당수의 사람들이 꽁중뚜로 이주했기 때문이다. 그들의 이주가 자발적인 것이 아니었기 때문에, 이 집단에 속한 사람들의 이주는 이주하지 않은 사람들의 또 다른 형태로 봐야 할 것이다. 나의 기대와는 반대로, 꽁중뚜에 거주하는 것이 바이후로의 이주를 더욱 용이하게 하는 것은 아니었다. 꽁중뚜가 파벨라보다 좀 더 합법적인 상태이지만 꽁중뚜로의 이주가 사회적 이동성의 발판이 되는 것은 아니었다. 비록 그 차이는 적은 편이지만 파벨라에서 바로 바이후로 이동하는 사람들의 비율이(12퍼센트) 파벨라에서 꽁중뚜를 거쳐 바이후로 이동하는 사람들의 비율보다(7퍼센트) 높았다. 다른 패턴은 두드러지지 않았다. 만약 2009년에 동일한 집단에 대해서 같은 조사를 다시 한다면, 아마도 훨씬 더 많은 사람이 폭력 상황을 피해 파벨라와 꽁중뚜를 떠나 바이후로 옮겨갔을 것이다.

세대 내, 그리고 세대 간 변화

추적 조사의 장점은 '그때와 현재'를 비교할 수 있다는 점이다. 또한 세대 간 연구의 가치는 첫 번째 세대와 그 자녀 및 손자 세대를 비교할 수 있다는 점에 있다. 불량주택지구 내의 세대 내 그리고 세대 간 연구는, 내가 확인할 수 있었던 선에서는, 거의 이루어진 적이 없으며, 이 두 가지 연구가 결합된 형태는 비교적 적은 세대를 대상으로 한 연구 이외에는 거의 이루어진 적이 없다.[1]

더 나은 상황을 위한 변화

본래 긍정론자인 나는 먼저 세대 내, 그리고 세대 간에 상황이 호전된 경우를 살펴보았는데, 그런 경우가 꽤 있었다. 흔히 부익부 빈

표 9.2 | 세 세대 간의 생활수준 비교(1969~2001년)

단위: %

	1969년 첫 연구 참여자들	2001년 첫 연구 참여자들	2001년 자녀 세대	2001년 손자 세대
벽돌 주택	43	94	97	97
실내 하수도 설비	54	76	98	99
전기	73	98	97	96
냉장고	36	98	97	96
텔레비전	27	93	98	96
세탁기	0	50	67	63
에어컨	0	39	69	68
유선전화	–	68	88	89
자동차	0	14	29	34
컴퓨터	0	10	22	25
문맹률	72	45	6	0
고등학교 중퇴 혹은 졸업	0	1	29	45
평균 교육 연한	2.37	2.49	7.36	8.88
비육체노동 (가장 길게 근무한 직업을 중심으로)	6	20	37	61

주: 주택의 시설, 가전제품, 소비재 품목, 교육 및 직업 부문에서 뚜렷한 개선이 나타남.

익빈이라고 하지만, 가난한 사람들 사이에서도 복지 지표들의 극적인 개선이 이루어진 경우를 발견할 수 있었다. 예를 들어, 주택을 짓는 건축 재료의 개선이나, 도시 서비스 접근성, 가재도구 구비, 개인의 소비 패턴, 교육, 고용 등의 지표에서 개선이 이루어졌다 (〈표 9.2〉에서는 세대 내, 그리고 세대 간 변화를 보여 준다).

2001년에는 거주환경개선 사업의 대상이 아닌 마을에서도 (폐자재나 나무, 흙 등으로 이루어진 집들과 대조되는) 벽돌집과 도시 서비스 공급이 거의 일반적인 것이 되었다. 1969년 만해도 사람들이 등유 램프를 켜고, 전기는 무단으로 도둑 전기를 따와 사용했으며, 물이라고는 파벨라 아랫동네에 있는 수도꼭지에서 찔찔거리는 물을 길어다 써야 했다. 또한 오수가 흐르는 하수도는 평소에는 일종의 작은 개천처럼 흘렀지만 비가 많이 오면 넘쳐서 집 안으로 물이 들이 치기도 했다.

처음 조사를 실시한 각 마을의 샘플에 425명씩의 새로운 표본을 더해 실시한 2003년의 인터뷰에서도 비슷한 결과가 나타났다. 내 부분의 동네에 벽돌로 된 집이 들어섰고, 기본적인 도시 서비스와 기반시설이 공급이 되었다. 물론, 이는 리우데자네이루에 새로이 건설되는 파벨라에 관한 이야기가 아니라 1960년대 또는 그 이전 부터 있었으며 현재는 성숙 단계를 거친 파벨라의 경우 그렇다는 것이다. 이들 성숙 단계의 파벨라는 주로 리우데자네이루의 북부 및 남부 지구에 위치하고 있으며 바이샤다폴루미넨세에도 위치하 고 있다.

이런 개선 작업은 물질적인 환경에만 그치는 것이 아니었다. 교 육 부문에서 이루어진 개선 역시 꽤 인상적인 것이었다. 1969년 처 음 연구에서 인터뷰를 했던 이의 부모의 72퍼센트가 문맹이었고, 인터뷰를 했던 이의 45퍼센트가 문맹이었던 것과 대조적으로, 2001년의 인터뷰에서는 자녀 세대 가운데 오직 6퍼센트만이 문맹 이었고 손자 세대에서는 문맹이 한 명도 없었다. 게다가 1969년 연 구에서 인터뷰를 했던 이나 그 부모 가운데 고등학교를 졸업한 이 가 아무도 없던 것과는 대조적으로, 이들의 손자 세대의 경우 45퍼 센트가 고등학교를 졸업했고, 11퍼센트가 대학에 진학했다.

무엇이 잘못되었는가?

이주민들과 파벨라 거주민들, 그리고 사회과학자들과 정책입안

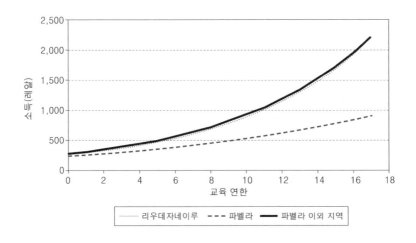

그림 9.2_교육 연한 대비 소득수준(2004년)은 파벨라 거주자가 비파벨라 거주자에 비해 훨씬 낮음. 교육 연한이 늘어날수록 격차는 급격히 벌어짐.
출처: 2000년 센서스 자료를 발레리아 뻬루가 정리

자들은 모두 한결같이 교육이야말로 빈곤에서 탈출하기 위한 가장 중요한 요소라고 꼽는다. 만약 그렇다면 앞서 이야기한 교육 부문의 개선이야말로 소득 증대와 빈곤 감소에 긍정적인 영향을 미쳤어야 한다. 그러나 실제로는 그렇지 않았다. 교육을 위해 많은 희생을 치렀던 사람들은 교육을 사치라고 생각했던 사람들만큼 많은 소득을 벌지 못했다. 브라질의 경제학자인 발레리아 뻬루는 리우데자네이루의 파벨라 거주민들과 일반 지역 거주민들의 교육 및 소득 수준을 비교했다. 그녀의 매우 극적인 연구 결과는 〈그림 9.2〉에 나타나 있다.

학교를 4년만 다닌 사람들은 리우데자네이루 거주자나 파벨라 거주자, 비파벨라 지역 거주자 간의 임금의 차이가 나타나지 않았다. 그러나 4년 이후에는 교육 연한에 따른 파벨라와 비파벨라 지역 거주자 사이의 소득격차가 더 벌어졌다. 즉 교육을 더 많이 받을수록 파벨라 거주자들과 일반 지역 거주자 간의 소득의 격차가 더 커졌다.[2]

연령, 인종, 젠더를 통제해도 이 같은 격차는 여전히 존재했다. 이런 격차는 교육의 질, 지역 간 격차, 직업시장에서의 차별 등을 반영하는 것이다. 앞에서 여러 번 언급해듯이, 파벨라 거주자들이 구직을 위해 인터뷰를 하면 종종 그들이 거주하는 곳이 파벨라라는 이유로 퇴짜를 맞곤 한다.

이런 측면에서 봤을 때, 교육의 효용에 대해 파벨라 거주자들이 확신이 갖지 못하는 것은 놀라운 일이 아니다. 1969년의 인터뷰에서는 거의 대부분의 사람들이 교육은 "성공적인 인생을 위해 가장 중요한 요소"라고 이야기했다. 2001년, 그들은 좋은 직업을 갖고 적정한 임금을 받는 것이 가장 중요한 요소이고, 두 번째로 중요한 것이 교육이고, 건강과 소득은 그다음으로 중요하다고 이야기하고 있다. 그들은 그 '일'이 남에게 고용되는 것emprego이냐 자영업trabalho이냐에 따라 다른 가치를 지닌다고 구분했다. 즉, 그들은 일로 인한 수입보다는 일 그 자체에 더 가치를 둔다는 것을 시사하며, 이 같은 점은 나의 개방형 인터뷰에서도 다시 한 번 강조되고 있다. 노동자가 되는 것은 금전적 보상을 넘어서 자존감과 존엄성을 갖추는 일이다.

노동의 이 같은 중요성은 이 연구의 여러 부문에서 드러나는 중요한 주제 가운데 하나이다. 〈그림 9.3〉은 자녀 세대의 응답을 바

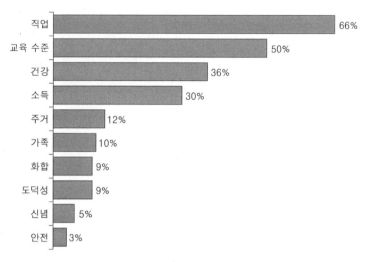

직업 66%
교육 수준 50%
건강 36%
소득 30%
주거 12%
가족 10%
화합 9%
도덕성 9%
신념 5%
안전 3%

그림 9.3_손자 세대에서의 성공적인 삶을 위한 핵심 요인(2001년).
출처: 자유질문에 대한 응답을 분류했다.

탕으로 구성된 것이다. 그들은 2001년 현재, 인생에서 가장 중요한 시기를 보내고 있으며, 표본집단의 크기가 가장 크다. 처음 인터뷰를 한 세대 및 손자 세대가 한 응답에서도 결과는 같게 나타났으며 비율에서 약간의 차이가 나타났을 뿐이다. 빈곤을 연구하는 학자와 정책입안자들은 파벨라 거주자들이 교육보다 직업을 갖는 것을 더 중요하게 생각한다는 점에서 놀랄 뿐만 아니라, 직업을 갖는 것을 건강, 소득, 주택, 안전보다 훨씬 더 중요하게 생각한다는 점에서 놀랄 것이다. 만약 사람들이 날마다 일을 가는 것을 그들의 집, 도시 서비스, 개인적인 안전보다 중요하게 생각한다면 이제껏 도시정부의 정책의 방향이 잘못 설정되었다는 것을 의미한다. 정작 주민들이 원하는 것은 일자리인데, 개발 관련 부처들, 중앙정부, 그리고 지방정부 모두가 주택정책이나 주거 환경개선 문제, 토지소유권 문제 혹은 마약상 문제 등에 초점을 맞추고 있었던 것이다.

부모와 자녀 세대 간의 교육 및 직업 비교

소득의 격차는 결국 파벨라와 그 외 지역 사이의 교육 격차로 귀결된다는 것을 세대별 변화에 관한 분석에서 다시 한 번 확인할 수 있었다. 각 가족별로 3세대 간에 걸친 자료를 통해 각각의 개인을 그의 부모와 비교할 수 있었다. 현재 직업이 없는 사람들은 배제하고 분석한 결과, 각 세대들의 60퍼센트 정도는 자신의 부모 세대보다 더 나은 직업 — 비록 각 세대의 약 85퍼센트 정도는 자신의 부모 세대보다 더 많은 교육을 받았음에도 불구하고 — 을 갖고 있음을 알 수 있었다.

이러한 결과가 나타나는 것은, 저소득계층의 학력 수준이 높아지고 있지만 노동시장 진입에 요구되는 학력 수준은 더 빠른 속도로 높아지고 있기 때문이기도 하다. 저소득계층의 학력 수준은 괄목할 만큼 높아졌다. 기본 학력 수준의 이 같은 증가는 육체노동에서 비육체노동에 이르기까지, 청소부는 물론이고 상점 판매원까지 전반적으로 광범위하게 일어났으며, 이로 말미암아 고등학교 졸업장이 없는 사람들은 직업을 구하기 어렵게 되었고, 수입이 더 좋은 직업을 갖기 위해서는 대학교 졸업장이 필수조건이 되었다.[3]

1960년대 내가 파벨라에 거주할 당시 부모들은 자녀들에게 "만약 [초등_저자]학교도 못 마치면 나중에 아무 데도 취직 못한다. 그러다 쓰레기나 주워야 해"라고 으름장을 놓곤 했다. 몇 년 전 내가 리우데자네이루에 있을 때, 약 200명 정도의 청소부를 모집했는데, 약 4천 명이 지원을 했다. 당시 지원 자격은 고졸 이상이었다.

내가 1960년대 말에 연구를 수행할 당시는 리우데자네이루 경제의 활황기였고, 이후 도시 전반에 걸쳐 실업률이 높아졌다. 경제가 하강 국면을 맞음에 따라 노동시장의 상황 역시 매우 어려워졌던 것이다. 또한 브라질리아로 연방 수도가 이전하면서 수많은 일자리가 리우데자네이루에서 사라졌다. 금융 서비스 부문도 상파울루로 이전해 갔고, 문화 및 지식의 중심지 역시 상파울루로 옮아갔다. 게다가 중공업 분야의 상당 부분이 브라질의 다른 지역으로 이전해 가거나 아예 다른 나라로 옮아갔다(탈산업화 현상). 이 같은 현상들로 말미암아 해운항만 산업과 선박 산업이 쇠퇴하기 시작했다. 엎친 데 덮친 격으로 폭력으로 인한 공포로 관광산업과 투자 역시 감소했다. 기존에 시작된 건축 사업이 어느 정도 마무리되고 건축 관련 기술이 발달함에 따라 건축업 분야의 일자리가 상당 부분 감소했는데, 이는 특히 빈곤층의 남성 노동자들에게 상당한 영향을 미쳤다. 중산층의 수입도 감소했고 새로운 규제가 도입되면서 최저임금이 제한되고 노동자의 권리도 축소되었다. 또한 신기술의 가전제품이 보급되고 음식을 포장해 주는 서비스가 늘어났으며 빨래방 같은 것도 늘어났다. 이런 현상들은 결국 가사 노동 서비스에 대한 수요 감소로 이어졌으며, 결국 비공식부문에 종사하던 많은 여성 노동자들이 일자리를 잃게 되었다.

무작위표본 가운데, 1969년부터 2003년 사이에 6개월 이상 실업 상태인 이들의 비중은 32퍼센트에서 51퍼센트로 증가했다.

1969년에는 무작위표본의 17퍼센트가 전혀 소득이 없다고 한 반면, 2003년에는 무작위표본의 4분의 1 가까이(23퍼센트)가 소득이 전혀 없다고 했다. 이는 리우데자네이루 시 평균의 두 배에 달하는 수치였다. 파벨라는 꽁중뚜, 로찌아멩뚜스 끌랑데스치누 등 모든 종류의 빈곤 거주지 가운데 실업률이 가장 높게 나타났다. 고용된 사람들 중에서도 파벨라 거주자들은 (비록 가장 많은 돈을 받지도 않지만) 숙련된 정신노동을 하는 이들의 비율이 가장 낮게 나타났다.[4] 앞서 7장에서 언급했듯, 파벨라가 폭력 상황 및 강도들과 연관되면서 파벨라 거주민들은 교육 수준에 상관없이 모든 일자리를 얻는 데 어려움을 겪게 되었으며, 특히 임금이 높은 직종에서 그러했다.[5]

후속연구에서도 절대 빈곤층이 나타나리라 예상했지만, 그 비율은 기대보다 훨씬 높았다. 2001년에 실시한 인터뷰에서는 처음 연구 참여자의 35퍼센트, 그들의 자녀 중 18퍼센트, 손자 세대의 13퍼센트가 그리 오래지 않은 과거에 매우 배가 고팠던 경험이 있다고 했다. 노바브라질리아의 초기 지도자 가운데 한 사람인 세바스치어웅은 코카콜라 공장의 트럭 운전사로 일하면서 꽤 벌이가 좋았다. 그러나 그것은 1990년 공장이 문을 닫기 이전의 일이었다. 내가 제 까부를 다시 만났을 때, 그는 예전에 살던 집의 뒤뜰에 있는 판잣집에서 살고 있었으며, 자신의 몫으로 다달이 나오는 연금으로 병든 아내와 딸 조실렌Josilene, 그리고 조실렌의 딸까지 부양하고 있었다. 30대 초반의 매력적인 여성인 조실렌은 너무 오랜 기간 동안 실업 상태로 있다 보니 아예 구직을 포기한 상태였다. 제 까부의 연금은 조실렌과 그녀의 어린 딸이 굶지 않을 수 있는 유일한 자원이었다.

전반적으로 보면, 40여 년 전보다 물질적인 여건은 훨씬 좋아졌고, 교육 수준 역시 훨씬 높아졌다. 그러나 실업률이 여전히 높았다. 또한 높아진 교육 수준만큼 그에 걸맞은 좋은 직업을 구하지 못하는 것이 현실이다. 유명한 삼바 음악의 가사인 "궁핍한 월급"이라는 표현은, 가족 중에 돈을 버는 사람이 있어도 끼니를 거른 채로 잠자리에 드는 일이 흔하다는 것을 의미한다.

파벨라에서 탈출하기

모후에서 아스파우뚜로 이주해 나간 사람들의 특징은 무엇일까? 그들의 이주는 선택에 의한 것이었을까 아니면 어쩔 수 없는 것이었을까?

자꼬비, 마르가리다, 치우 소우자, 니우똥, 제 까부, 도나 히따, 세바스치앙, 댜니라 등의 이야기에서 보면, 파벨라에서 계속해서 사는 것과 꽁중뚜나 바이후로 옮아가는 것은 개인적으로나 가족들에게나 상당한 의미가 있는 것으로 나타났다. 그들 중 누구도 자발적으로 이주한 사람은 없었다. 마르가, 자꼬비, 치우 소우자, 그리고 니우똥은 강제로 파벨라를 떠나 꽁중뚜로 이주해야 했으며, 그들 가운데 두 명은 다시 바이후로 이주했다. 마르가는 이라자(북부 지구에 위치)의 아파트로, 그리고 자꼬비는 시의 서쪽에 위치한 자까레빠구아라고 하는 동네로 이주해 갔다. 도나 히따는 인근의 아파트 단지로 이주해 나갔으나, 파벨라에 있는 가게로 날마다 출근을 한다. 제 까부도 마르가와 같은 바이후로 이주했지만 그녀와 마찬가지로 마약상들의 등쌀에 다시 그곳을 나와야 했다. 세바스치앙과 댜니라는 아직도 파벨라에 거주하고 있다. 전체적으로 그들의 이야기는 매우 설득력이 있지만, 일반화를 하거나 결론을 도출할 만큼의 근거를 제공하지는 못하다.

따라서 우리는 첫 번째 연구에 참여했던 사람들과 후손들에 관한 자료들을 모두 살펴봐야 했다. 분석 결과 바깥으로의 거주지 이동(곧 파벨라에서 바이후로의 이동)과 사회적 상향 이동 사이에 강한 상관관계가 있는 것으로 나타났다. 여전히 파벨라에 거주하고 있는 사람들은 임금이 확실히 낮았고, 실업률은 높았으며, 학력은 낮았다. 또한 그들은 다양한 인적 서비스[곧 복지 서비스]를 이용할 수 있는 기회가 적었고, 도시 편의시설을 누릴 기회도 적었으며, 1인당 주거 공간도 더 적었다. 게다가 직업이 있는 경우, 바이후에 거주하는 이들에 비해 육체노동 부문에 종사하는 비중이 더욱 높게 나타났다. 마찬가지로 바이후에서 땅을 사거나 집을 짓거나 아파트를 구입하거나 임차한 사람들일수록 모든 사회경제적 이동성 지표에서 높은 점수를 나타냈으며, 꽁중뚜에 거주하는 이들의 지표는 파벨라 거주민과 바이후 거주민의 중간 정도를 나타냈다.

그러나 이 같은 발견을 통해서는 과연 무엇이 사람들로 하여금 파벨라에서 이주해 나가게 하는지를 알 수 없다. 파벨라에서 바이후로 이주한 사람들은 파벨라에서 이주하기 이전부터 경제적으로 훨씬 더 여유가 있었던 것은 아닐까? 아니면 그들이야말로 폭력에 신물이 나고, 대가족 제도에 매이고 싶지 않았으며, 정말로 젠치가 되고 싶었던 것은 아닐까? 그래서 그들은 파벨라를 떠나고자 하는 의지를 가지고 바이후로 진입하는 모험을 했으며, 떠난 이후에야 더 잘살게 된 것은 아닐까? 파벨라에 산다는 오명에서 벗어남으로써 좀 더 높은 수준의 삶을 추구하게 된다. 왜냐하면 사람들은 일단 그곳에서 벗어나면, 일자리를 구하고 좋은 학교에 다니며 다양한 사람들을 만나기가 훨씬 더 쉬워진다.

어떤 요인이 파벨라에 머무르게 하는지 또는 바이후로 이동하게 하는지를 알아보기 위해서 프로빗 모델probit model이라고 하는 통계적 개연성 테스트를 사용했다. 분석 결과 사람들이 파벨라에서 나갈 가능성을 높이는 요인 세 가지와 그 가능성을 낮추는 요인 세 가지가 제시되었다. ① 아버지의 교육 연한이 높을수록, ② 그 자신도 교육을 많이 받을수록, ③ 브라질 정치에 대한 이해도가 높을수록 파벨라를 떠날 경향이 높게 나타났다.[6] 이런 결과는 이미 센서스 결과를 바탕으로 이루어진 대규모의 연구 결과와 일치하는 것이다. 여기서 우리는 (부모 및 자신의) 교육 수준이야말로 이동성의 중요한 예측인자임을 알 수 있으며, 정치적 관심은 교육 수준의 이점을 반영하는 인자임을 알 수 있다.

그러나 우리가 간과한 것이 있다. 파벨라에서 나가는 것과 관련해서 남성인 점, 피부색이 밝은 점, 사회적으로 아는 사람이 많은 점, 가족의 규모가 작은 점, 일자리가 있는 점, 임금이 높은 점 등은 유의미한 차이를 나타내지 못했다.

한편 파벨라를 떠나는 데 부정적인 영향을 미치는 요인들은 이동성의 미스터리를 더욱 복잡하게 할 뿐이었다. ① 파벨라에 주택을 소유한 사람일수록, ② 정식으로 계약서를 작성한 공식부문의 직업을 가진 사람일수록, ③ 주민자치회의 회원일수록 파벨라를 떠나지 않고 계속해서 거주하는 경향이 나타났다. 이 세 요인들은 역시 경제적으로 잘 사는 것을 나타내는 것으로, 일반적인 인식과는 반대되는 결과이다. 주택을 소유한 사람들이 파벨라를 떠나는 경향이 적다는 사실은 집을 소유(임대, 차용, 무단 점유하는 것과 달리)할 만큼 충분한 재력이 있는 사람들일수록 파벨라를 떠나는 경향이 높을 것이라는 가정과는 반대되는 것이다. 자가 소유자들은 대부분 저축한 돈의 상당 부분을 주택에 투자했고, 자녀가 성장하고 결혼을 해서 가정을 꾸리게 되면, 확장 공사를 해서 집을 늘려 왔다. 그러나 폭력 사태로 말미암아 파벨라의 부동산 가치가 대폭 하락함에 따라 파벨라를 떠나게 되면 기존 투자 금액으로 말미암아 상당한 손실을 보게 된 것이다. 가장이 파벨라에서 이사해 나아갈 능력이 되더라도 늘어난 가족들을 모두 데리고 갈 만큼 큰 집을 지을 수 있는 부지를 도시의 다른 지역에서 구입하기는 어려운 것이다. 그렇게 되면 이주비용이 너무 높아지거나 일을 하러 오기에는 너무 먼 곳으로 이주해야 한다.

일반적인 생각과는 또 다른 결과는 공공부문에 직업을 갖고 있는 사람들이 오히려 덜 떠난다는 것이다. 그들은 봉급이 더 많고 혜택도 더 많이 받으며, 직업도 안정적인데다 보험까지 제공받는다. 임금만 고려한다면, 이들이야말로 파벨라에서 이주해 나갈 가능성이 가장 높은 사람들이지만, 실제로는 직장과 거주지의 접근성 때문에 이주하지 않는 경향이 강하다. 즉, 공식부문에 고용된 사람들은 대부분 근무시간이 길기 때문에 직장 근처에서 거주하고 싶어하는 경우가 많다. 만일 그들이 먼 거리에 위치한 바이후로 이주할 경우 출퇴근에 오랜 시간이 걸릴 뿐만 아니라 교통비도 많이 들기 때문에 파벨라에서 이주해 나가려 하지 않는 것이다. 하루 12시간 근무하는 데 출퇴근에 왕복 네 시간이 소요된다는 건 너무 힘든 일이다. 게다가 세 번 지각하면 해고의 사유가 될 수 있기 때문에 버스가 고장 난다거나 해서 직장에 늦기라도 한다면 정말이지 곤란한 상황이 발생할 수도 있는 것이다.

마지막으로, 나는 주민자치회의 구성원들은 파벨라에서 다른 곳으로 이주할 가능성이 더 크다고 생각했다. 사회적 자본이 많다는 것은 경제적으로 성공할 가능성이 크다는 것을 의미하며 사회적으로 상위 계층으로 올라갈 가능성이 크다는 이론들이 수많은 연구문헌들에서 제시되고 있기 때문이다. 파벨라에 거주하고 있는 친구들과 이 문제에 대해 오랜 시간 토론을 한 결과, 그 이유[그들이 이주하지 않는 이유]에 대해 이해할 수 있게 되었다. 즉, 특히 지역사회와 긴밀한 연대를 유지하고 있으며 지역사회 내에서의 기반이 좋은 사람들일수록 재정적으로도 충분히 파벨라에서 이주해 나갈 만큼의 능력을 지니고 있지만, 그들은 자신이 살던 마을을, 또는 지난 수십 년간의 자신들이 투쟁을 통해 이루어 놓은 것들을 버리고 떠나가려 하지 않았다. 이는 제 까부가 마을을 떠나지 못하는 바로 그 이유이다. 그리고 이것이 바로 니우똥이 자신의 가족들의 기반을 다른 어떤 바이후가 아닌 구아쁘레에 마련한 이유이다.

일반적인 생각과는 다른 이런 발견들을 통해 파벨라의 많은 주민들이 스스로의 선택에 의해서 이주해 나가지 않았음을 알게 되었다. 연방 사회부 장관까지 지낸 베네지따 다 시우바도 자신의 친지와 친구들이 살고 있는 파벨라 차뻬우망게이라Chapéu Mangueira를 떠나지 않았다. 제 까부가 다 큰 손자들을 위해 파벨라 바깥에 땅과 집을 사놓고도, 정작 그 자신은 노바브라질리아에 남아 있는 것도 바로 그런 이유이다. 자신의 뿌리에 대한 이 같은 집착은 삼바에서부터 아프로레게, 힙합, 그리고 펑크에 이르기까지 많은 종류의 음악 가사에 반영되어 있다. 가사에서는 고향인 파벨라의 진정한 아픔과 기쁨을 자랑스럽게 노래하고 있다. 우리 연구의 표본 중 상위 5분위에 속하는 사람 가운데 약 11퍼센트의 사람들이 경제적으로는 파벨라에서 충분히 이주해 나갈 수 있는 능력이 있지만, 실제로는 파벨라에 남기로 했다.

그렇다면, 파벨라에서 이주해 나가는 것이 먼저인가 아니면 사회적으로 상위계층으로 올라서는 것이 먼저인가?

마치 닭이 먼저인지 달걀이 먼저인지 하는 문제처럼, 정확한 답이 없다. 파벨라에서 나가는 것과 사회적으로 상향 이동하는 것 사이에는 자기 강화적인 관계가 성립됨을 알 수 있다. 자산이 많고 소득이 많은 파벨라 주민일수록 파벨라 밖으로 이주할 가능성이 더 크고, 파벨라 밖으로 이주하는 데 성공한 사람들, 특히 바이후로 이주한 사람들은 돈을 벌 가능성이 더 큰 것이다. 니우똥의 경우만 보아도 구아뽀레의 꽁중뚜로 이주함으로써 (비록 여느 바이후에서처럼 좋지는 않지만) 헌병대에서 일을 얻게 되었다. 예전에 그가 파벨라 까따꿍바에 거주하면서 헌병대에 지원했을 때는 몇 번이고 떨어지

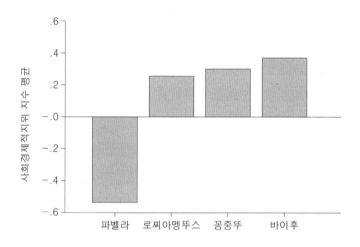

그림 9.4_부모의 거주지별로 분류한 성인 자녀 세대의 사회경제적지위 지수

기만 했다. 파벨라로부터의 이주와 사회적 이동성 사이의 인과관계의 방향을 밝혀내기 위해 우리는 사회경제적지위Socioeconomic status, SES 지수 — 이는 브라질 센서스 및 가구 조사에서 사용하는 것과 동일한 요소들, 즉 교육 수준(교육 연한), 가재도구의 구비 및 가정용품의 소비, 혼잡도(방별 거주 인원) 등으로 이루어져 있다 — 를 활용했다. 우리는 각 개인별로 점수를 계산해 파벨라에서 계속 거주하고 있는 아동과 바이후로 이주한 아동을 비교했다. 부모들이 파벨라에서 밖으로 이주해 나가면서 데려간 아이들이 선택되지 않도록, 우리는 그 부모가 파벨라에서 태어나서 여전히 파벨라에 거주하고 있는 아이들을 골랐다. 〈그림 9.4〉에서 보는 바와 같이, 여전히 파벨라에 거주하고 있는 아동들은 음의 (평균보다 매우 낮은) 사회경제적지위 지수를 나타낸 반면, 바이후로 이주해 간 어린이들의

경우 양의 지수를 나타냈으며, 두 지수 사이에 로찌아맹뚜스와 꽁중뚜의 아동들의 지수가 있었다.

이는 파벨라에서 태어나 성장했으며 그 부모가 파벨라를 떠난 적이 없는 아동들 가운데, 파벨라를 떠난 적이 없는 아동들은 명백하게 불이익을 받는다는 사실을, 반면 파벨라를 떠나 바이후로 이주한 아동들은 명백하게 혜택을 받는다는 사실을 나타낸다. 파벨라에 거주한다는 것은 바이후에 비해서 좋은 선생님을 맞을 가능성이 낮다는 것을 의미하며, 그 선생님들마저도 일주일에 두세 번 정도만 학교에 출근한다는 것을 의미한다. 그리고 파벨라에는 학교에 다닐 수 있도록 도와주는 사회적 지원이 훨씬 적다. 파벨라의 가정은 다른 가정에 비해 텔레비전 소리로 더욱 시끄럽고 아이들이 공부를 하거나 혼자만의 시간을 가질 수 있는 방이 없다. 그리고 파벨라의 아이들은 날마다 출근하는 사람들을 접할 가능성이 적고, 거주지 주소를 필요로 하는 구직 인터뷰를 통과하기가 어렵다.

가난이란 떨치기 어려운 것인가?
가난하게 태어나면 계속해서 가난해야 하는가?
가난한 집에서 태어나면 그 아이들도 역시 계속 가난한가?

내가 1969년 까따꿍바에서 인터뷰를 했던 다니엘은 첫 연구에 참여한 사람들 가운데 비교적 성공한 부류에 속한 사람이다. 그러나 그는 유년 시절에 비해 여전히 가난한 상태이다. 다니엘은 이빠네마에서 태어났는데, 아버지가 술과 도박으로 가산을 모두 탕진하기 이전만 해도, 가정부와 유모를 비롯해 중상층 가정이 누리는 대부분의 것을 누리며 살았다. 그가 여덟 살이 되던 해, 그의 가족은 살던 집을 날리고 까따꿍바의 파벨라로 이주했다. 몇 년 후 그들은 꽁중뚜로 이주해 나갔고, 그곳에서 그는 교외에 작은 집을 살 수 있을 만큼의 저축을 할 수 있었다. 여기서 교외란 도시 외곽에 위치한 저소득계층 거주 지구를 일컫는다. 그는 도심에서 출발해 교외의 여러 노동자 거주 지구로 향하는 비공식 밴들의 배차 업무를 했다. 그의 이야기는 사회적으로 하향 이동한 경우에 해당한다.

이 장에서 다시 이야기하겠지만, 엥리우 그랑지는 까따꿍바의 매우 가난한 집 출신으로 현재 글로리아Glória라는 유명한 부촌에서 거주하고 있다. 그의 이야기는 전형적으로 '가난하게 태어났지만 현재는 부유한' 경우에 속한다. 마르가와 니우똥은 태어날 당시에는 가난했지만, 현재는 조금 살기가 나아진 경우다. 제 까부는 가난하게 태어났지만, 경제적으로 좀 여유로워졌다가 다시 가난해진 경우다. 다니라는 빈곤하게 태나서 여전히 빈곤한 경우이다. 그들의 손자들 가운데 많은 이가, 특히 여성의 경우 태어날 때는 가난했지만 현재는 더 이상 가난하지 않다.

만약 가난이란 것이 만성적인 것이며 세내 내에서, 그리고 세대 간에 걸쳐서 지속되는 것이라면, 이 사람들은 전 생애에 걸쳐 비슷한 처지에 있을 것이며, 가난을 자식들에게 물려줄 것이다. 그러나 내가 발견한 현실에서는 그렇지 않았다. 내가 발견한 바에 따르면, 일정한 유속 내에서 위로 올라가는 이동과 아래로 내려가는 이동

456

모두를 발견할 수 있었으며, 어떤 이들은 다른 이들보다 더 잘하고 있었다.

이 연구의 전제와 약속은 이동성을 높이는 내적 요인과 외적 요인 — 또는 내적 여건과 외적 여건 — 에 대한 더욱 명확히 이해할 수 있다면, 사람들이 상향 이동할 수 있는 가능성이 더욱 높은 여건을 조성할 수 있지 않을까 하는 것이다. 세대 내 이동성과 관련해, "가난이란 벗어나기 어려운 것인가"라는 질문에 대한 대답은 "그다지 그런 것은 아니다"이다. 그러나 좀 더 진지한 대답을 하려 한다면, 우리는 모든 응답자의 경우를 살펴봐야 한다. 우리는 앞서 이야기한 사회경제적지위 지수를 통해 모든 응답자들을 살펴보았다. 그리고 나서 1969년에 이루어진 첫 번째 연구에 참여한 응답자의 지수와 2001년 연구에 참여한 응답자들의 지수를 비교했다. 지속성은 거의 없었다. 연관성도 매우 약했으며, 처음 연구의 각 개인의 사회경제적지위 지수는 이후의 삶에서의 사회경제적지위 지수와 뚜렷한 연관성이 없는 것으로 나타났다.

세대 간 이동성은 어떻게 나타났을까? 가난이 상속되는 것일까? 이 질문에 답하기 위해서는 부모 세대의 사회경제적지위 지수가 자녀 세대 및 손자 세대의 사회경제적지위 지수에 어떻게 영향을 미치는지, 그리고 다시 자녀 세대의 사회경제적지위 지수가 그들의 자녀 세대에 어떻게 영향을 미치는지를 자세히 살펴봐야 한다. 그에 대한 대답은 〈표 A2.1〉에서 보는 바와 같이 부모들의 사회경제적 위치는, 일반적인 생각과는 달리, 자녀들의 위치를 예견하는 데 별반 영향을 미치지 못한다는 것이다. 단, 자녀 세대와 그들의 자녀 세대 사이에는 강한 연관성이 나타났지만, 이 경우는 유일한 예외였다. 그러나 이와 같이 [예외적인] 결과는 인위적으로 부풀려진 것으로, 2001년 실시한 조사에 따르면, 손자 세대의 약 22퍼센트가 여전히 부모 세대와 같은 집에 살고 있었다. 즉, 같은 집에 거주하고 있기 때문에 그들이 집에서 소비하는 것이나 방당 거주하는 사람의 수가 부모 및 조부모 세대와 동일하게 나타나며, 그들과 다른 두 세대 사이의 사회경제적지위 지수의 차이는 오직 교육 수준에서만 나타나게 된 것이다.[7]

전체적으로, 우리가 믿어 왔던 것보다 훨씬 더 활발한 세대 내, 그리고 세대 간 이동성이 존재하고 있음을 알 수 있다. 비교 간에 가장 흥미로운 부정적 결과는 1969년 첫 번째 연구 표본의 사회경제적지위 지수가 2001년, 이제는 당시 그들과 비슷한 생애주기에 있는 그들의 자녀의 지수와 큰 연관을 지니지 못한다는 점이다.

빈곤의 전이와 관련해 내가 확인하고 싶은 또 다른 몇 가지 점들이 있다. 내가 앞서 이야기한 대부분의 지수들은 전체 표본에 관한 평균들로, 위로 이동한 것과 아래로 이동한 것들이 서로 상쇄된 것이며, 이는 이 이야기에서 가장 중요한 부분인 것이다. 이것이 맞는지를 결정하는 유일한 방법은 각각의 개인을 따로 고려하는 것인데, 서로 다른 인생의 단계에 있는 각 개인의 상대적인 상황을 그들의 자녀들과 연관해 비교하는 것이다. 우리는 이러한 방법은 "사례별 분석"이라고 부르며 처음 연구의 질문에서부터 이들의 가족 관례를 미리 추적해 놓았기 때문에 적용할 수 있었다.

각 개인의 출신 지역과 이동 지역을 각각의 사회경제적지위 지수

측면을 고려해 매트릭스 위에 기록했다. 이는 리우데자네이루의 전체 인구와 비교한 절대적인 이동성 수치를 기술하고자 한 것이 아니라 그룹 내에서의 상대적인 이동성을 고려하고자 한 것이다. 그룹을 5분위로 나눠서 사회경제적지위 지수를 사용했으며, 최상위 계층부터 최하위 계층까지 20퍼센트씩 구분되었다. 한 사람이 위로 상향 이동하면, 누군가는 아래로 밀려 내려오는 방식이었다. 폐쇄적인 카스트 제도처럼 매우 경직된 사회에서는 한 계층에서 다른 계층으로 이동하는 사람의 비중이 매우 낮고, 자녀가 부모와 다른 계층으로 이동할 확률도 매우 낮게 나타난다. 그러나 유동적인 제도를 가진 사회에서는 대부분의 사람들이 상향 또는 하향 이동한다.

리우데자네이루의 파벨라 거주자들 사이에서는 이 같은 사회적 이동성이 매우 높게 나타난다. 우리가 매트릭스 위에, 세대 내 그리고 세대 간 이동을 표시해 본 바에 따르면, 첫 번째 인터뷰 대상자의 27퍼센트만이 원래의 계층에 남아 있었으며, 자녀 세대의 경우 약 28퍼센트만이 그들의 부모 세대와 같은 계층에 남아 있었다. 어머니와 그 딸을 비교했을 경우, 아버지와 그 아들을 비교했을 때보다 상대적으로 빈곤의 이전이 더욱 뚜렷하게 나타나고 있었다. 자녀 세대와 그들의 자녀 세대, 즉 손자 세대의 상황이 좀 더 유사하게 나타나고 있었으며, 그 이유는 앞서 설명한 바와 같다. 이를 통해 빈곤의 세대 내 혹은 세대 간 이전이란 것이 약하게 나타나고 있음을 알 수 있다. 또한 이를 통해 리우데자네이루의 도시빈민들이 빈곤에서 벗어나기 위해 열심히 노력하고 있으며 빈곤의 대물림에 갇혀 있지 않음을 알 수 있다.

그러나 우리가 이 장에서 언급하고 있는 이동성이라는 것이 절대적 이동성이 아니라 상대적 이동성임을 명심해야 한다. 또한 이러한 형태의 매트릭스 분석에서는 상향 이동이나 하향 이동이 같게 나타난다는 사실도 명심해야 하며, 대부분의 이동이 비교적 작은, 즉 약 한 칸 정도의 이동이라는 점, 그리고 파벨라에서 사회경제적 지위 지수가 가장 높은 계층조차도 전체 도시민과 비교했을 때는 여전히 빈곤층에 속한다는 점도 명심해야 한다.

이동성은 개인적 이동성이 아닌 구조적 이동성에서 가장 크게 나타났는데, 사회경제적지위 지수뿐만 아니라 교육, 소비, 혼잡도, 소득, 직업 등에서 그러했다. 이를 통해 1960년대 말에서부터 21세기 초반까지의 시간이 흐르면서 이동성의 모든 측면에서의 상한선이 상향했음을 알 수 있다. 빈곤이란 것이 굴레는 아니지만 우리가 파벨라에서 발견한 대부분의 개선 사항들이 파벨라 이외의 지역에서도 전반적으로 개선되었기에, 사회 전반적인 기준이 상향되었다.

즉, 빈곤의 세대 간 이전은 약하게 나타나고 있으며 생애 전반에 걸쳐서 지속적으로 특정 정도의 빈곤의 상태에 처하게 된다거나 '배제의 영역으로 낙인찍힌' 상태가 지속된다고는 이야기할 수는 없다. 한 사람의 운명이 부모나 조부모의 사회경제적 위치에 의해 결정되지는 않는다. 리우데자네이루의 모든 파벨라 거주자들과 그 이외 지역의 거주자들 간의 차이는 현저하며, 쉽게 줄어들 기미를 보이지 않는다. 그러나 파벨라들 간의 차이와 파벨라 거주민들 간의 차이는 세대를 지나면서 없어지거나 옅어지고 있다. 첫 번째 인터뷰를 한 사람들 가운데 가장 성공적으로 상향 이동을 한 경우를 살펴보면 여성의 경우 가정부, 요리사, 점심 도시락 준비원, 재봉사, 또는 판매원 등으로 일하는 경우들이었다. 남성의 경우 공사장 노동자, 경비원, 요금 징수원, 사환 등으로 일하는 것이었다. 그리고 실내 인테리어를 하는 사람이 하나 있었고, 액자를 만드는 사람도 하나 있었다. 대부분이 자녀는 한 두 명만 두고 있었으며, 그 자녀들은 성장해서 대부분 이미 파벨라나 꽁중뚜, 로찌아멩뚜스 등을 떠나 바이후에 정착했다.

이 그룹에 속한 이들의 자녀들을 살펴보면, 여성의 경우 간호사, 미용사, 플로리스트, 출납원, 고등학교 교사, 인사 장교, 헌병대 장교 등의 직업을 갖고 있었고, 남성인 경우 판매원, 상점 점원, 고등학교 교사, 헌병대 장교, 사무직원 등의 직업을 갖고 있었다. 상향 이동한 자녀 세대의 경우 약 3분의 1은 자녀가 없었고, 3분의 1만이 한 명의 자녀를, 그리고 나머지 3분의 1은 두 명의 자녀를 두고 있었다(세 명의 자녀를 둔 경우는 단 한 경우밖에 없었다). 그 부모 세대와 마찬가지로 상향 이동을 한, 즉 성공한 자녀들은 대부분 파벨라나 꽁중뚜, 로찌아멩뚜스보다는 바이후에 거주하고 있었다.

가장 성공한 인터뷰 대상자들의 손자 세대를 살펴보면, 여성들의 경우 접수원, 행정 보조원, 슈퍼마켓 판매원, 텔레마케터, 데이터 입력원, 판매 직원, 봉재 공장의 재봉사 등으로 근무하고 있었고, 남성의 경우 예술 분야(영화 제작, 비디오 제작, 그래픽디자인, 공연 등)에 종사하거나 상점을 소유하고 있거나 사무실에 근무하는 이들이 있었다. 또한 발명을 하는 사람도 있었고, 운전사로 근무하는 사람도 있었으며, 부동산 중개인도 한 명 있었다. 상향 이동성이 나타나는 그룹에서는 73퍼센트가 자녀가 없었으며, 자녀가 있는 사람 가운데서도 약 80퍼센트가 한 자녀만을, 그리고 나머지는 두 자녀를 두고 있었다.

요즘에는 가족의 규모에 대해서는 잘 언급하지 않는 경향이 있는데, 이 문제가 낙태에 대한 논의 및 여성의 선택과 긴밀하게 연관된 문제이기 때문이다. 또한 (인도를 제외하고는) 도시화율이 높아질수록 가족의 규모도 작아진다는 것이 일반적으로 알려진 사실이다. 즉, 여성에 대한 교육의 기회 및 취업 기회의 확대와 같은 도시화의 혜택들로 말미암아 출산율이 떨어진다고 이해하고 있다. 또한 모자 보건 환경의 개선, 기대수명의 연장, 피임법의 대중적인 보급, 대규모 가족 노동력을 필요로 하는 농업 위주 사회로부터의 탈피(여기에 더해, 많은 자녀를 두는 것이 남성성의 과시라고 여기던 풍조의 변화) 등도 가족 규모의 축소에 영향을 미쳤다. 그러나 우리가 이 연구의 세대 간 연구에서 발견한 바는 도시화로 인한 출산력의 감소라고만은 할 수 없는, 급격한 세대 간 감소가 나타났다. 많은 손녀 세대 여성들 — 빠띠와 같이 — 은 아이를 가질 생각이 없었다. 젊은 여성들이 자녀를 가지려 하지 않는 경향은 이탈리아 같은 나라에서도 보고가 되고 있으나, 내가 아는 바로는 개발도상국의 불량주택지구에서는 나타나지 않는 현상이다.

천성, 교육, 구조

설문조사 및 조사자들의 생애 조사를 통해 얻은 자료를 통해 많은 부분들 간의 연관성은 알 수 있지만, 연구 결과의 자세한 사항이나 맥락을 알 수는 없다. 이에 '빈곤에 갇힌 자'와 '빈곤에서 탈출한자'를 구분하는 좀 더 미묘한 특성을 이해하기 위해, 나는 마지막 방법론을 시도했다. 먼저 사회경제적지위 지수와 직업, 수입 등에 근거해 첫 번째 무작위표본과 지도자표본으로부터 각각 가장 성공한 열 가지 사례와 가장 성공하지 못한 열 가지 사례를 꼽았다. 그후 그들의 인생사에 대해 더욱 자세히 알아보고 개인적인 이야기를 듣고자 선발된 각각의 사례자들과 개방형 인터뷰를 실시했다. 이장의 처음에서 이야기한 에드송과 아더웅의 이야기는 이 같은 방식의 심층적인 대화를 통해 얻게 되었다. 에드송은 첫 번째 연구 참가자 가운데 가장 빈곤한 열 명 중 한 사람이었고, 아더웅은 가장 성공한 열 명 중 한 사람이었다. 또한 두 사람의 이야기는 한 가족 내에서 상향의 이동성과 하향의 이동성이 어떻게 공존할 수 있는지를 보여 주는 사례이며, 향후 천성과 교육의 상대적인 역할에 대해 이야기할 수 있는 좋은 사례이기도 하다.

이들 후속 인터뷰 전체를 살펴봄으로써 다른 방식으로 반복되는 몇 가지 주제들을 발견할 수 있었다. 상대적 성공에 영향을 주는 것으로 나타난 요인들을 〈표 9.3〉에서 보는 바와 같이 개인적인 요인들과 맥락적인 요인으로 나누고, 이들을 다시 선천적인(어린 시기에 뚜렷했던 능력이나 개인적인 특성) 요인과 후천적인 요인으로 나누었

표 9.3 | 생애 구술에서 나타난 위급한 주제들

	개인적인 일들	맥락적인 일들
주어진 상황들	• 경향성 • 고집 • 기술 • 재능	• 더 좋은 지역과의 접근성 • 사회적 네트워크 • 가족의 지원(교육, 기술 및 직업 등에의) • 가정의 문화 및 가치

선택한 일들	• 배우자
	• 제한된 자녀수
	• 전략적인 계획(재정, 교육 등)
	• 장사를 배우거나 사업을 시작하거나
	  직업을 얻는 일
		• 시내에서 더 가까운 파벨라나 외곽으로
		  더 먼 지역으로의 이주

다. 사회과학자들과 정책입안자들에게는 실망스럽겠지만, 여러 삶에서 커다란 차이를 만들어 내는 가장 중요한 요인은 행운과 타이밍이었다. 이는 공공정책, 시민사회, 개인적인 단체 등의 범위 밖에서 기인하는 것이었다.

샤인 야쿱Shahin Yaqub은 "빈곤으로부터 탈출한 자와 빈곤에 갇힌 자를 구분하는" 여덟 가지 "이동성 필터"를 정의함으로써 탈출 과정을 밝혀냈다.[8] 이들 여덟 가지는 부모의 수입, 교육 정도, 젠더, 인종, 계급, 커뮤니티, 계층, 문화 등이다. 인터뷰에 응한 이들에게는 이들 여덟 가지 가운데 계급을 제외하고는 모두 이동성에 매우 지대한 영향을 미치는 것으로 나타났으며, 특히 가족의 문화가 가장 중요한 요인으로 밝혀졌다.

아래에는 이들 각각의 필터에 관해 짧은 설명을 제시했다. 이 이야기들은 첫 번째 연구에 참여한 이들 가운데 가장 성공한 사례인 엥리우 그랑지, 마리아 지셀리아Maria Gisélia, 알라에르치 꼬레이라 Alaerte Coreia, 그리고 니우뚱의 이야기이다. 네 사람 모두가 가난으로부터 멀리 도망치는 길을 찾아냈다.

축구, 영민함, 친구들: 엥리우 그랑지의 이야기

엥리우는 첫 연구 때 까따꿍바에서 만난 사람들 중 가장 기억에 남는 이다. 그 당시 그의 나이는 마흔다섯 살이었으며 키도 훤칠했다. 또한 카리스마 넘치는 커뮤니티 지도자로서 모든 사람에게 친절했다. 주민자치회, 청소년 체육 클럽, 삼바 학교 등에서 활발하게 활동했으며, 댄스파티나 피크닉, 소풍 등 마을 행사에도 적극 참여했다. 또한 훌륭한 축구선수이기도 했다.

엥리우야말로 첫 번째와 두 번째 연구 사이의 수십 년 동안 내가 만난 모든 사람 가운데 사회적으로 가장 높이 상향 이동한 사람일 것이다. 그의 시작은 매우 미미했다. 그의 아버지는 초등학교도 마치지 못한 건설 현장 감독이었으며 어머니는 주부였지만 고등학교까지 마친 분이었다(나는 이 점이 그가 성공하게 된 가장 결정적인 요인이라고 생각한다). 그는 비록 고등학교밖에 마치지 못했지만 성공적으로 남부 지구로 이주해 갔으며, 그곳의 지역 활동에도 활발하게 참여하고 있다. 14년 동안이나 글로리아 지역의 주민자치회의의 회장을 맡았다. 그는 진짜 보통시민이 되었다.

그와 인터뷰를 한 건 글로리아의 중산층 지구에 위치한 방 두 개짜리 아파트에서였다. 아파트 앞길에는 나무가 나란히 심어져 있었다.

글로리아에 위치한 그의 집은 파벨라에서 살던 판잣집과는 완전히 다른 곳이었다. 엥리우가 성공할 수 있었던 것은 그의 명석함과 대인관계, 그리고 행운 덕이었다. 1922년생인 그는 스물한 살에 결혼했다. 지인 가운데 한 사람이 리우데자네이루에 있는 사법부 건

그림 9.5, 그림 9.6_까따꿍바 출신인 엥리우 그랑지가 보따포구의 자신의 아파트에서(2005년).

물의 경호실에 낮은 직책의 일을 소개시켜 주었는데, 그 덕에 일자리를 얻기 위한 공개경쟁을 하지 않아도 되었다. 1969년 연방 수도가 이전함에 따라, 브라질리아로 전근을 가게 되었다. 아내는 함께 이주하고 싶어 하지 않았고, 결국 그들은 헤어졌다. 그는 곧 다른 여성을 만나 결혼했다. 두 사람은 현재까지도 부부로 같이 지내고 있다. 1976년, 쉰네 살의 나이로 은퇴해 부모님이 사시는 근교 지구인 구아달루뻬 근처로 이주하면서 리우데자네이루로 다시 돌아왔다. 그는 브라질리아에서 관사에 살았기 때문에 돈을 꽤 저축할 수 있었다. 일자리를 갖고 있는 동안에는 리우데자네이루에 계시는 아버지에게 꾸준히 돈을 보내드렸으며, 그가 결국 돌아올 것이라 예견한 아버지는 이 돈으로 그의 집을 짓기 시작했다. 그가 돌아왔을 때 그는 이 집을 팔아 현찰을 주고 글로리아에 아파트를 구입했다.

그가 어떻게 해서 이러한 수준의 성공을 거둘 수 있었는지에 대해 그는 다음과 같이 이야기하고 있다.

나는 늘 열심히 살았어요. 나는 어떻게든 해냈죠. 우리 가족은 돈이 없었어요. …… 정말 가난했지요, 먹을 것도 충분하지가 않아서 굶는 일이 다반사였죠. …… 하지만 정말 궁핍한 적은 없어요. 나는 항상 살아남기 위한 방도를 찾아냈죠. 어떤 일이 주어져도 항상 일을 붙들고 해냈어요, 그러다 보니 제일 어려운 시간도 그렇게 흘러가더라고요. 기회가 주어지는 게 행운이고, 그 기회를 잡으면 성공이 되는 거죠. 나는 건강했고 친구들도 있었고 축구도 했어요, 그리고 나머지 일은 일어나도록 내가 만든 거예요.

엥리우는 어떤 일도 그가 하기에 창피한 일이라고 생각해 본적이 없었으며, 그래서 일을 길게 쉬어 본 적이 없다. 그는 자기 자신의 목표를 세워 놓고 그것들을 이뤄 나갔다. 그리고 잘살기 위해서는 다른 이들에게 기대기보다는 자신이 믿는 일을 열심히 해야 한다고 생각했다. 그는 '돈 쓰는 것'은 죄악이라고 생각한다고 했다. 그의 전략은 파벨라에 살면서 자신의 돈을 땅값이 싼 다른 곳에 투자하는 것이라고 했다.

엥리우의 아들은 프로 축구선수이고, 손자는 노르웨이 여성과 결혼해 오슬로에 살고 있다. 그러나 그가 가장 자랑스러워하는 건 그의 딸로, 사립학교를 졸업하고 리우데자네이루연방대학교 입학시험에 합격했다. 우수한 성적으로 대학을 졸업한 그녀는 두 개의 학위를 더 취득했다.

내가 이루지 못했던 것들을 그 아이가 할 수 있도록 해줬죠. 사실 내 꿈이었어요. 난 원래 회계사가 되고 싶었거든요. 그리고 변호사도 되고 싶었지만 공부를 착실히 할 수 있는 기회가 없었어요. 하지만 내 딸은 둘 다 이뤘어요. 그 애는 회계사도 되고 법대도 졸업했어요. 상상이 가죠?

전략과 희생: 마리아 지셀리아의 이야기

마리아는 첫 번째 무작위표본에서 가장 높은 사회경제적지위 점수를 기록했다. 그녀는 첫 번째 연구가 이루어지던 당시 까시아스에 위치한 로찌아멩뚜스의 하나인 셍떼나리우에 살고 있었고, 현재는 꼬빠까바나의 작지만 깔끔한 아파트에 살고 있다. 그녀의 아이들은 모두 열 네 살의 나이에 일을 하기 시작해, 남편이 죽은 후 이 아파트를 사는 데 도움을 주었다. 그녀의 아이들은 부유한 남부 지구에 사는 걸 좋아하지 않고, 여전히 까시아스 근처에 남아 있다. 마리아는 주말에 자녀들을 방문한다.

그녀의 가족은 북동부 지역 출신으로 교육과 근면이야말로 성공의 열쇠라고 생각했다. 그녀의 말에 따르면 그들은 "치열하게 삶을 살았으며 살아남을 수 있는, 그리고 삶을 개선시킬 수 있는 기회라면 그게 무엇이든 쫓아 다녔다." 마리아는 성공의 가장 중요한 요인으로 학업, 개인적인 성향, 부모의 지원 등을 꼽았다.

나는 아이들을 키우기 위해 책임을 다했어요. 다른 사람한테 아이들을 맡기기 싫어서 아이들이랑 같이 집에 있었고, 일은 하지 않았어요. 우리 아이들을 키우는 건 [나나 우리 남편한테나] 경제적으로 힘든 일이었죠, 하지만 신에게 감사하게도 우리는 결국 해냈죠. 나는 애들을 모두 잘 키웠다고 생각해요. 아이들은 나를 한 번도 실망시키지 않았어요, 아이들 덕에 너무 행복했죠. 아이들을 모두 사립학교에 보내기 위해 많은 희생을 해야 했지만 정말 보람 있는 일이었고, 아이들은 모두 공부를 잘했어요.

마리아 지셀리아의 네 아이들은 모두 좋은 직업을 가지고 있다.

그녀의 두 아들은 아버지의 약국에서 일하면서 법대를 다녔다. 학위를 마치고 약국을 판 이후에는 일랴두고베르나도르Ilha do Governador 지역에 자신들의 법률 회사를 차렸다. 그들은 현재 그 지역에 거주하고 있다. 두 아들은 고등학교를 다니면서 형성했던 사회적 관계를 아직도 유지하고 있다. 마리아의 작은 딸은 대학을 마친 후 꼬빠까바나의 은행원으로 일하고 있으며, 공무원 신분이다. 마리아의 큰딸은 심장에 문제가 있어서 아직 까시아스의 집에서 살고 있는데, 가족들에게는 '패배자'로 여겨진다.

아들들이 까시아스에 있던 아버지의 약국을 팔고 딸이 꼬빠까바나에 아파트를 사주자, 마리아는 꼬빠까바나로 이사했다. 1989년의 일이었다. 마리아와 그녀의 남편은 까시아스에서 예전에 살던 집을 아직도 가지고 있으며, 그녀는 현재 그 집을 세를 주어 추가 수입을 올리고 있다.

현재 마리아는 은퇴를 하고 큰딸을 돌보고 있다. 그녀는 시간이 될 때 여행도 다닌다. 그녀는 훌륭한 재정 설계사였던 데다 일을 하는 동안 매달 돈을 모아 두었기 때문에 연금만으로도 충분히 생활할 수 있다고 했다. 그녀는 대부분의 돈을 금붙이를 거래하면서 모으기 시작했는데, 가격이 더 싼 상파울루에서 금을 사다가 리우데자네이루에서 이윤을 남기고 팔았다. 달러 가치가 오르고 금값도 오르기 전까지는 꽤 이윤이 남는 장사였다. 그녀는 자신의 은퇴 연금에다가 까시아스 집의 임대료도 받고 있으며 죽은 남편의 연금까지도 받고 있다.

아버지가 제일 잘 아신다
: 이발사인 알라에르치 꼬레이아

알라에르치는 첫 번째 연구에서 두 번째로 높은 사회경제적지위 수치를 나타냈던 사람으로, 이발사였다. 그의 아내 역시 돈을 벌었지만, 가정의 주요 수입원은 항상 그의 이발소에서 나왔다. 그는 자신의 성공 원인으로 자신에게 기술을 배우게 한 아버지를 꼽았다.

우리 아버지는 내가 성공할 거라고 백퍼센트 확신하셨지. 내가 열세 살일 때, 그 양반이 이렇게 말씀했어. "아들아, 너는 인생에서 꼭 성공할 거야." 아버지 고향 친구 분 중 한 분이 아버지 고향 집 근처에서 이발소를 하셨어. 아버지가 그 아저씨한테 나를 좀 가르치라고 부탁하셨지. 난 "아버지, 난 이걸 배우고 싶은 마음이 눈곱만큼도 없어요, 난 정말이지 남의 머리카락 같은 거 자르고 싶지 않아요. 싫어요"라고 했어. 그랬더니 아버지가 하시는 말씀이 "안 돼, 이놈아, 잘 배워 둬라. 기술이라는 건 꼭 써먹을 때가 있어"라고 하시는 거야. 아버지가 그 말씀을 하시던 때가 정말 어제 일 같아. 내 나이 열세 살에 머리 커트하는 걸 배웠고, 열다섯 살에 이발소에서 일하기 시작했지. 우리 아버지 친구 분은 일하는 건 싫어하시고 축구 좋아하시고 술 좋아하시는 양반이셨어. 그래서 내가 혼자서 이발소 일을 하다시피 했지. 열여덟 살 때 군대에서 이발사로 1년 동안 일하고 나서 내 이발소를 차린 거야. 내가 만약에 이걸 배우지 않았다면 뭐가 됐을지 몰라. 나는 아버지가 내가 그걸 배웠으면 하셔서 배운 것뿐이야. 아버지 덕에 배운 거지. 그리고 아버지 덕에 내 인생이 훨씬 더 좋아졌어. 아버지가 나한테 직업을 주셨지.

세월이 흐르면서 알라에르치는 상당한 양의 부동산을 소유하게 되었는데, 그중에는 파젠다보따포구fazenda Botafogo의 꽁중뚜에 있는 아파트도 있고, 방 하나짜리 아파트 두 채, 깡뿌그랑지의 주택 한 채, 도시 중심가에 있는 상가 하나, 파젠다모델루Fazenda Modelo 에 위치한 (떼레소뽈리스Teresópolis로 가는 도로변에 있는) 토지 등이 포함된다. 알라에르치는 견고한 가족구조와 꾸준한 수입 덕에 성공적인 삶을 살 수 있었다. 그의 사례에서는 기술 덕에 모든 것이 달라졌음을 알 수 있다.

이런 이야기들은 그들 스스로의 힘으로 잘살게 되었음을 보여 주고 있다. 그러나 파벨라에서 가장 성공한 주민들이 가진 행동 및 신념의 유형이 결코 성공을 보장해 주지는 않는다는 점을 이해하는 것이 중요하다. 우리가 이야기해 본 이들 가운데, 교육 수준이 비슷하고, 마찬가지로 열심히 일하고 동기가 충분함에도 사회적으로 하향 이동한 사람들이 있다. 이들은 무작위표본과 지도자표본 모두에서 나타난다.

모든 이들의 요약인 니우똥의 이야기

우리의 기준에서 니우똥의 이야기는 성공 사례 가운데 하나이다. 그러나 그의 기준에서 그는 실패한 예이다. 내가 1969년 까따꿍바에서 그를 만났을 때 그는 스물여섯 살의 청년이었고 한창 꿈에 부풀어 있었다. 밝은 성격에 동기부여도 확실하고 잘생겼으며, 부모가 예수회를 운영하는 사립 중학교에 보내 주었다. 이는 그 동네에서는 몇 안 되는 일이었다. 구아뽀레의 꽁중뚜가 철거된 이후 그는 헌병대에 취직했다(예전에 파벨라 거주할 때도 헌병대에 몇 번이나 지원했지만 번번이 떨어졌다). 은퇴 이후에 경비원 일을 하게 되었으며, 최근에는 40년 동안이나 일했던 회사의 방문판매원으로 일했다. 아내는 봉제 공장에서 재봉사로 일했으며 은퇴 후에도 집에서 일을 계속하고 있다. 두 딸은 사립학교를 졸업했고, 동네에서 처음으로 데스크탑 컴퓨터를 가진 아이들이었다. 딸 하나는 현재 결혼해서 일은 하지 않고 있으며, 남편이 직장에서 늦거나 출장을 가면 부모님의 집에서 머물곤 한다. 그녀가 사는 아파트가 너무 위험해서 혼자 있을 수 없기 때문이다. 다른 딸인 사브리나(우리가 서론에서 만났던 바로 그 여성)는 대학 캠퍼스에서 사고로 다리가 부러진 후 학교를 중퇴하고 텔레마케터가 되었지만(그 자리를 얻으려고 뇌물도 주었다) 텔레마케터 일 때문에 귀가 멀어서 결국 일을 그만두어야 했다. 내가 이야기한 바처럼, 그녀는 학교로 돌아가지 않았다.

　이야기를 할 만큼 충분히 가치가 있고, 가장 어려운 환경 속에서도 그들의 삶이 용기와 창의성으로 가득 찬 사람들이 물론 몇 십 명씩 있다. (비록 희망이 보장된 것처럼 보이지는 않을 때에도) 희망이 절망을 이긴다는 은유는 세계의 다른 지역(아제르바이잔)에서 가난한 이들이 이야기하는 "잘 사는 사람만이 내일에 대한 믿음을 가질 수 있다"는 속담과는 정반대의 의미를 지니고 있다.[9]

희망이라는 것이 정녕 부자들만 누리는 사치인 것일까? 이런 생각이야말로 가난으로부터의 탈출구를 찾는 데 가장 큰 적이 될지도 모른다. 파벨라 거주민들과의 수많은 대화 속에서, 모든 역경에 맞서며 더 나은 삶을 살기 위해 열심히 노력했던 이들에게서 끊임없이 보이는 것이 있었다. 그것은 바로 희망이었다. 주체할 수 없는 낙관론에서 나오는 할 수 있다는 생각, 희생과 계획은 끝내 보상 받을 것이라는 믿음이야말로 (실제로는 그렇지 않을지라도 열망에 있어서는) 상향 이동의 가능성이 있는 파벨라 거주민들에게는 자기 성취의 계기가 되는 것이었다. 비록 성공하는 사람들이 적을 수도 있지만, 여전히 그들의 날이 앞으로는 밝을 것이라는 희망이 리우데자네이루의 빈곤층에게 있었다.

세계화와 민초들

　향후 25년간, 전 세계의 인구 증가는 대부분 개발도상국 도시에서 일어날 것이며, 그중 대부분이 우리가 여기서 이야기하고 있는 파벨라와 비슷한 판자촌 지역에 집중될 것이다. 2021년까지 인구 규모가 2천만을 넘는 도시는 19개가 될 것이다. 따라서 이들 빈곤한 비공식 주거지에 대한 세계화의 영향력을 고려하는 것이 매우 시기적절하고 또 중요하다.

　최근 세계화에 대해 이루어지고 있는 비판들에 대해 이야기하고자 하는데, 특히 동시성과 인과관계를 구분하고자 한다. 단지 도시 빈민들이 세계화에 어떻게 영향을 받았는지뿐만 아니라, 신자유주의가 부를 집중하는 방식(세계화와는 무관하게)에 의해 어느 정도까지 영향을 받았는지, 새로운 기술이 비숙련 노동을 대체하는 방식

(세계화의 영향과는 무관하게)에 의해서도 어느 정도로 영향을 받았는지를 살펴볼 것이다.

세계화란 수많은 사람에게는 많은 영향을 미치지만, 어떤 이들에게는 매우 심각하게 영향을 미친다. 예를 들어, 데이비드 하비는 세계화란 "자본주의적 생산의 재구조화에 따라 모든 경제적·정치적·사회적·문화적·이데올로기적 변화가 일어나는 것"[1]이라고 해석했다. 이는 모든 부분에 적용되는 것으로, 오늘날의 세계화를 형성시키기 이전의 과정, 그리고 세계화에 내재되어 현재의 세계화를 일으키는 모든 것이 포함되는 것이다.

무엇보다도 흥미로운 점은 세계화라는 그 용어 그 자체가 세계화와 관련된 담론의 주제가 된다는 점이다.

이 주제에 관한 극단적인 견해에도 불구하고, 세계화란 근본적으로 좋은 것도 아니고 나쁜 것도 아니다. 우리가 이를 좋아할 수도 있고 싫어할 수도 있지만, 우리 생활의 일부인 점은 부인할 수 없다. 기술적 진보의 경우에서처럼 세계화는 거꾸로 가지도 않고 그렇게 유익하지도 않다. 문제는 도시 안에서 또는 국가 내에서 어떻게 하면 '가난한 사람들'이 세계화로 인한 비용을 치르게 하기보다 세계화로 인한 혜택을 누릴 수 있도록 하느냐 하는 것이다.[2]

그렇다면, 세계화 현상은 리우데자네이루의 하위 계층에게 어떻게 영향을 미치는가? 이 대답에 답하기 위해 나는 에릭 토르벡Erik Thorbecke의 세계화에 대한 다음과 같은 정의를 이용하고자 한다. 즉 "본질적으로, 세계화란 국제무역의 개방, 국제 통화의 이동, 국제 노동 이주, 기술 이전, 사상 및 정보의 흐름 등을 통해 세계경제

가 거대한 통합을 이루는 것을 의미한다."³

이 정의에서 언급한 각 요소는 리우데자네이루에 거주하는 도시 빈민층들에게 잠정적으로 긍정적인 영향과 부정적인 영향을 모두 미치고 있다.

- 국제무역 개방은 현재까지는 소비자 물가를 낮춤으로써 파벨라 주민들에게 도움을 주었다. 그러나 자본들이 가장 저렴한 노동력과 생산비를 찾아 이동함에 따라 나타난 일자리의 감소로 리우데자네이루의 경쟁력은 감소하고 있다.
- 자본의 국제적 유동성은 초기에는 인플레이션 완화에 도움이 되었고, 1994년 브라질 통화를 미국 달러화에 고정시킨 헤알 플랜을 추진하는 데도 도움을 주었다. 이 기간 동안 파벨라 주민들은 예전에는 살 수 없었던 상품들을 구입할 수 있게 되었다. 헤알의 통화가치가 증가하면서 브라질은 외국인투자자들에게 매력적인 곳이 되었다. 그러나 통화 강세로 말미암아 물가가 오르고 중국과 같은 곳에서 생산된 상품과 비교해 경쟁력이 떨어졌다.
- 노동 이주: 브라질 기업들이 저숙련 일자리를 다른 국가에 아웃소싱하면서 파벨라 주민들의 일자리도 줄어들었다. 브라질의 소규모 사업자들과 중산층 노동자들이 대규모로 미국으로 이주해 허드렛일을 해서 번 돈을 집으로 송금하고 있다. 그러나 파벨라 거주자들은 미국으로 노동 이주를 하러 갈 만큼 높은 교육 수준이나 적절한 서류, 기회 등을 갖추지 못해 이런

현상에서도 배제되어 있다.

- 기술 이전: 컴퓨터 이전 시대로 세상이 다시 돌아갈 일은 없을 것이며, 언젠가는 기술의 발달이 파벨라 거주민들에게도 그 혜택을 미칠 것이다. 그런 일이 일어나려면 한참 걸리겠지만 말이다. 가상 세계에서는 어느 곳에 사는지 알 수도 없고 아무 상관도 없기에 파벨라 거주민이라는 오명을 지워 버릴 수도 있다. 기술의 발전이 필요하겠지만 이것은 리우데자네이루가 스마트 시티가 되어 사회경제 전반에 걸쳐 일자리를 만들어 내는 것과는 별개의 문제이다.

- 정보의 흐름: 파벨라 거주민들은 텔레비전 및 인터넷 망을 통해 과거 그 어느 때보다도 세계와 연결되어 있다. 이들을 통해 밀려들어오는 미국과 유럽의 부유한 이미지들은 리우데자네이루의 가장 가난한 이들에게는 일종의 새로운 열등감을 불러일으킨다는 면에서는 부정적이다.

문제의 본질: 빈곤과 불평등

신문이나 잡지, 학술 논문 등에서는 날마다 세계화와 빈곤, 그리고 불평등에 대해 다루고 있으며 이는 정치인들의 연설에서도 빠지지 않는 주제이다. 모두들 '새로운 세계질서'를 옹호하면서 동시에 폄하한다.

불평등의 증대는 세계화의 어두운 측면이다. (그러나) 아무도 완벽한 보호주의로 돌아가기를 원하지 않는다.

_폴 크루그먼Paul Krugman, 『뉴욕타임스』(2007/05/14)

10억의 인구가 빈곤한 게토에서 거주한다는 사실은 편안한 세계로서는 견디기 어려운 것이 될 것이다.

_폴 콜리어Paul Collier, 『더 바틈 빌리언』*The Bottom Billion*(2007)

경제성장의 결과 불평등은 증가하는 데 비해 빈곤 감소는 비효율적으로 이루어진다는 것을 입증할 만한 수많은 증거들이 있다.

_UN의 언론보도 자료(2007/02/08)

대중을 위한 세계화를 만드는 것이야말로 오늘날 가장 중요한 경제적 이슈이다.

_로렌스 섬머스Lawrence H. Summers, 『파이낸셜타임스』(2006/10/30)

경제적 세계화가 정치적 세계화를 앞질렀다. 자본주의를 길들이기 위한 총체적인 행동이 필요하다. …… 그러나 그렇게 하기 위해서는 먼저 정치적 메커니즘을 조성해야 한다.

_조셉 스티글리츠Joseph Stiglitz, 『유에스 뉴스 앤 월드 리포트』*US News and World Report*(2006/09/18)

이 같은 인용문들, 그리고 그 인용문들이 발췌된 원문들은 세계화의 불가피성, 그 대가에 대한 근본적인 질문을 불러일으켰으며, 세계화 현상이 배제된 이들에게 미치는 영향력이 국제조약이나 국내 정책의 적용을 통해 완화될지 혹은 더욱 악화될지에 대해서도 의구심이 제기되었다.

나의 다섯 가지 전제는 다음과 같이 종합할 수 있다.

1. 세계는 평등하지 않으며 결코 그런 적이 없다. 지난 수십 년간 전개된 세계화 과정은 기존의 불평등과 차이를 더욱 가속화했다. 신자유주의는 '빈곤을 심화'시켰으며, '장소의 공간'에 갇히고 '흐름의 공간'[4]에서 배제된 이들은 그 이전보다 더욱 하찮은 존재로 전락했다.

2. 세계화는 자연의 현상이 아니다. 자본이 일부 국가, 일부 커뮤니티, 일부 시민들에게만 집중되어 최상의 지위를 누리게 되는 것은 자연스러운 일이 아니라 일부러 만든 정책의 결과이다. 따라서 충분한 정치적 의지만 있다면 이론적으로는 정책, 규칙, 인센티브 등의 변화를 통해 — 국제적으로나 국내적으로 — 심화되는 불평등의 경향을 완화시키거나 반전시킬 수 있다.

3. 세계화는 새로운 현상이 아니다. 비록 텔레커뮤니케이션, 정보기술, 교통의 발달로 말미암아 자본, 노동력, 정보 및 아이디어가 이동하는 속도, 양, 그리고 범위가 증가했지만 말이다.[5] 세계 체제론의 중심부 및 주변부 이론은 역사적인 것으로, 대

류에서부터 커뮤니티에 이르는 모든 레벨에서 재생산되고 있으며, 이로 인해 불균등 발전이라는 악순환이 계속해서 강화되고 있고, 세우수 푸르따두Celso Furtado가 잘 묘사한 바처럼 "낙후된 발전"이 이루어지고 있는 것이다.[6]

4. 세계화는 한 측면에서만 일어나는 것이 아니다. 각각의 측면은 각기 다른 시간에 각기 다른 장소에서 다른 결과를 나타낸다. 승자와 패자의 서열 속에서의 각 개인의 위치에 따라 이는 좋을 수도, 나쁠 수도, 그저 그럴 수도 있다. 비록 세계화된 세계 질서의 경이나 재앙으로 일반화해 버리곤 하지만 세계화의 결과는 특정한 환경의 맥락에 따라 다양하게 나타날 수 있다.

5. 세계화로 인한 빈곤은, 그것으로 인해 악화된 불평등을 시정할 만큼, 충분히 감소하지 않는다. 세계화 시대에 빈곤선은 절대적인 측면에서 개선되었다. 그러나 가진 자와 못가진 자 사이의 간극은 더욱 벌어졌다. 포괄적인 의미의 성장은 성장의 과실을 세계 인구의 하위 3분의 1과 나누도록 설계된 정책적 개입을 통해 이루어질 수 있다.

정책입안자들은 세계화 과정에서의 인건비에 관한 논란을 누그러뜨릴 수 있는 여러 방법을 찾고 있다. 예를 들어 국제무역에 세금을 부과하거나 해고 노동자의 임금을 예전 수준으로 인상한다거나 사람들이 정보 경제로 진입할 수 있도록 교육 및 직업훈련을 시킨다거나 임금의 상향선을 매우 높게 해 소득을 재분배한다거나 하는 방법들이다.[7] 정치가들이 의지를 가지고 이런 방법들을 실행에 옮

기려 할지, 아니면 규제나 계약에 의한 세계화의 영속화를 꾀할지는 불분명하다. 분명한 것은 세계화라는 것이 되돌릴 수는 없다는 점이다. 즉, 돌아갈 곳이 없다.

도시계획과 세계화

도시의 합법적 거주민과 불법 거주민 사이에는 토지이용, 주택금융, 환경보호 등의 적용 면에서 지속적인 긴장이 존재해 왔다. 글로벌 도시가 되고자 하는 경쟁으로 말미암아 도시가 하나의 비즈니스로 인식되면서, 전략 계획이 도시계획을 대체하고 수익성이 공공재[공공성]를 대체하고 있다. 도시는 글로벌 도시로서 경쟁하기 위해서 그 자신을 시장에 내놓아야 하는데, 교육 수준이 낮은 하층민들은 도시의 상품성을 갉아먹는다.[8] 이 같은 걷잡을 수 없는 세계화의 맥락을 고려하지 않은 채, 리우데자네이루의 빈곤층을 연구할 수 없을 것이다. 오늘날 세계화는 그들의 아이디어, 상징, 정체성 등에 어떤 영향을 주었는가? 오늘날의 세계화가 세계도시 체계의 주변부 도시에 위치한 빈민 지역의 빈곤 및 불평등에 어떠한 영향력을 미쳤으며, 특히 이 연구에서 다루고 있는 '슬럼', 불량주택지구, 판자촌에는 어떤 영향을 미쳤을까? 주지하는 사실은 세계화로 인해 부가 집중되고 도시 및 국가, 대륙별 불평등성이 더욱 깊어졌다는 점이다.

사실, 그 관계는 매우 복잡하고, 때때로 모순된 것이다. 세계화와 빈곤 사이의 관계는 우리가 얼마나 광범위하게 세계화를 정의하느냐에 따라, 어떻게 빈곤을 측정하느냐에 따라, 얼마나 조심스럽게 유사성과 인과관계를 구분하느냐에 따라, 그리고 누구의 관점을 채택하느냐에 따라 달라진다.

내 질문은 현재와 같은 형태의 세계화가 나타나지 않았다면, 아시아, 아프리카, 라틴아메리카 도시민의 40퍼센트에 이르는 판자촌 지역 거주민의 삶은 어떠했을까 하는 것이다. 빈곤, 불평등, 폭력 사태, 그리고 그들의 목소리에 영향을 미친 것은 무엇이었을까?

특정 장소에서 세계화가 빈곤에 어떻게 영향을 미쳤는지에 대한 근본적인 이해 없이는 우리는 이론을 정립하거나 정책을 수립할 수 없다.

리우데자네이루의 사례

독재정치가 막을 내린 이후, 브라질은 세계적인 기준에서는 중진국의 지위에 올라섰다. 그러나 인구의 대부분은 그로부터 배제되어 있었다. 사실 브라질은 전 세계 어느 나라보다도 부유층과 빈곤층 사이의 격차가 크게 나타난다. 앞서 다룬 바와 같이, 브라질의 빈곤층은 구조적으로 자신들의 인적 잠재력을 충분히 획득할 수 없었고 시민으로서의 존엄성도 충분히 인정받지 못했다. 그러나 그러한 격차로 인한 경제적 결과가 어떤 것인지에 대해서는 아직 설명하지 않았다.

의심할 바 없이 이 같은 정도의 불평등으로 말미암아 국가는 도시민의 약 3분의 1에 해당하는 인적자원, 그리고 그들의 생산 잠재력 및 소비 잠재력, 그리고 정치적 참여 등에서 손실을 입음으로써 경제적 성장 면에서 한계를 나타내게 되었다.[9]

이 연구에서 이야기한 바처럼, 만약 세계화로 부유층과 빈곤층 사이에 양극화 현상이 심해졌다면, 1990년대 이후의 소득 불균형 역시 더욱 첨예해졌을 것이다. 1992년과 2009년 사이 브라질과 리우데자네이루의 소득분포 자료를 보면 극심한 불균형 상태가 나타나지만, 이 연구가 시작되는 동안 그 간극은 줄어들었음을 알 수 있다.[10] 불평등을 측정하는 지니계수는 0에서 1까지로 나타나는데, 계수가 0일 경우 완전한 평등 상태이며(모든 사람이 같은 양의 부와 토지를 소유하고 임금이 같은 상태), 1일 경우 완전한 불평등 상태이다(한 사람이 모든 것을 소유한 상태). 지난 11년간 브라질에서는 세계화로 인해 모든 계측치가 상승했지만 지니계수는 (0.58에서 0.60으로) 약간 변화했다. 리우데자네이루에서는 동기간 그 양상은 비슷하게 나타났지만 지니계수는 0.55에서 0.58로 변화했다가 2003년에는 0.57로 전국 수준과 비슷해졌다.

빈곤의 양태 또한 계속해서 비슷한 상태로 남아 있거나, 약간 감소했다. UN 개발프로그램의 빈곤선(소득이 하루 2달러 미만)과 최빈곤선(소득이 하루 1달러 미만)의 정의에 따르면, 브라질 인구의 3분의 1, 그리고 리우데자네이루 인구의 5분의 1가량이 빈곤한 상황이다. 리우데자네이루의 빈곤 인구는 브라질 전체 평균에 비해 적은데, 이는 이 수치가 구매력 지수로 보정되지 않았기 때문이다.[11] 리우데자네이루의 빈곤층의 비율은 1992년부터 2003년 사이 약간 감소했으나, 극빈층의 비율은 약간 증가했다.[12]

많은 변수들이 작용하고 있기 때문에, 그리고 매우 극한의 부정적인 수치가 매우 극한의 긍정적인 수치를 상쇄하는 효과가 있기 때문에, 통계수치만으로는 세계화의 결과에 대한 결론을 내리기가 조심스럽다. 그러나 리우데자네이루의 도시경제가 (절대적 수치로도, 그리고 다른 도시와 비교해 보아도) 위축되고 있다는 점은 의심할 바가 없으며, 이는 그 거주민들, 특히 가장 취약한 계층에게 유해한 영향을 미치고 있다.

리우데자네이루에 대한 연구를 재개했을 무렵 리우데자네이루의 1인당 GDP 성장률과 (사회) 상층으로의 이동성은 상파울루, 리우데자네이루 주, 도시의 다른 주요 지역, 그리고 브라질 전체에 비해 낮은 비율로 증가했다. 리우데자네이루의 1인당 GDP는 상대적으로 높지만, 리우데자네이루의 생활비와 불평등 수준은 일반적인 브라질 지역보다 매우 높게 나타난다(지니계수를 비교해 봐도 리우데자네이루의 지니계수는 0.616이고 브라질의 지니계수는 0.593이다). 인적개발지수 순위를 살펴보아도, 리우데자네이루 일부 지역의 (남부 지구의 가베아 지역) 생활수준은 벨기에와 비슷하고(세계 9위) 어떤 지역은 (북부 지구의 꽁쁠렉수두알레머웅 지역)은 베트남(177개 국가 중 108번째)과 비슷하다.[13] 이 같은 극단적인 불평등 현상은 사회적 이동성의 장애 요인이 되고 있다.

파벨라는 리우데자네이루의 나머지 지역을 따라가고
있는가 혹은 훨씬 뒤쳐져 있는가?

세계화가 지역 간, 국가 간 불평등성을 심화시켰다는 증거가 매
우 광범위하게 나타나면서, 특히 위험에 처한 아프리카의 국가들은
'중요하지 않은' 국가가 되거나 '제4세계'로 격하되고 있다. 만약
세계화의 논리 가운데 하나가 부유한 지역 및 국가, 세계도시 등에
자본이 집중되는 것이라면, 이는 또한 부유한 도시와 가난한 도시
사이의 격차가 증가하고 있다는 것에까지 이를 수 있지 않을까?

여기서 내 연구와 관련된 구체적인 질문은 세계화가 시작되기 이
전인 1960년대와 세계화가 정착된 21세기 초반 사이에 파벨라와
리우데자네이루의 나머지 지역 사이의 복지 격차가 심화되었는지,
아니면 완화되었는지이다. 이는 우리의 발견이 어떤 인과적인 관계
를 주장할 수 있다고 말하려는 것이 아니라, 우리가 이 논의에 경험
적인 데이터 일부와 통찰력을 더할 수 있다는 것이다.

지난 40여 년간 도시빈민의 삶에서 무엇이 개선되었고 무엇이
악화되었는지에 관한 대차대조표를 살펴보는 것만으로는 불평등
문제를 다룰 수 없다. 앞선 장들에서는 이 글에서 연구 대상으로 삼
은 마을들의 경우, 전체적인 도시 인프라 및 서비스 부문뿐만 아니
라, 개인적인 소비 및 교육 측면에서 명백한 개선이 이루어졌음을
볼 수 있었다. 그러나 도시의 나머지 부분과 관련해 불평등이 증가
했는지 아니면 감소했는지에 대해서는 다루지 않았다.

불평등을 줄이기 위해서는 파벨라 주민의 소득이 나머지 도시지

역 주민의 소득보다 더 많이 증가해야 한다. 만일 파벨라 내의 개선의 정도가 도시 다른 지역의 개선의 정도와 비슷하다면, 물론 파벨라 내의 생활수준은 현격하게 개선되었겠지만, 불평등의 수준은 변하지 않고 남아 있을 것이다.

이 문제에 대해 다루기 위해서 연구 대상 커뮤니티의 두 시점(세계화가 브라질 경제에 내재화되기 이전과 이후)에서의 대표적인 표본을 추출해야만 했다. 1968년부터 1969년까지 실시된 첫 번째 연구는 브라질이 보호주의 정책을 실시하던 때로, '수입대체 산업화'가 브라질 경제의 발전을 이끌던 시기에 실시되었다. 첫 번째 연구 대상자 및 그 후손들을 대상으로 후속 연구의 인터뷰가 실시된 때는 브라질이 세계경제에서 중요한 역할을 하던 시기이다. 같은 파벨라 커뮤니티에서 추출된 새로운 무작위표본에 대해 인터뷰를 하던 2003년 브라질의 경제는 그러했다. 이런 모든 데이터를 바탕으로 (세계화가 일어나기 이전) 초기 연구 환경과 비교해 사람들의 삶이 어떻게 변화했는지, (세계화의 진전 한가운데에 위치한) 그들의 자녀들과 손자 세대의 삶은 어떻게 변화했는지, 그리고 리우데자네이루 도시 전체와 비교해 커뮤니티가 어떻게 변화했는지를 그 이전과 그 이후의 상황에 대한 조사를 통해 알아볼 것이다.[14]

까따꿍바, 노바브라질리아, 까시아스에서 진행된 1969년과 2003년의 현장조사 자료를 사용해, 이들 커뮤니티의 프로필을 리우데자네이루의 일반적인 사람들의 비슷한 시기의 센서스 자료에서 얻은 프로필과 비교할 수 있었다. 이는 1970년의 센서스 자료를 우리의 1969년 표본자료와 비교하고 2000년 센서스 자료를 2003년 표본

자료와 비교하는 방식을 의미한다.

다음 문제는 연구 대상 커뮤니티의 프로필과 도시 전체의 센서스 프로필을 어떻게 비교할지였다. 어떤 근거로, 어떤 방법을 써서 수렴과 발산을 찾을 것인가? 우리는 센서스에서 사용하는 것과 같은 세 개의 지표를 사용해 사회경제적 상태를 구성하는 지표를 구축했다. 세 지표는 각각 ① (교육 연한으로 측정된) 교육, ② (가재도구의 수로 측정된) 가정 내 소비, ③ (방당 거주인구로 측정한) 혼잡도 등이다. 세 지표를 통해 측정된 값은 각 개인별로 계산했으며 커뮤니티당 평균 점수를 계산했다. 이후 이들 점수를 센서스에 나타난 리우데자네이루 시민들의 평균 점수와 비교했다.

그 결과는 세계화에 관련된 이론가들이 예상한 바와는 정반대였다. 전반적으로 파벨라 커뮤니티들의 평균 점수는 대도시 전체의 평균 점수보다 낮게 나타났다. 그러나 두 집단 사이의 간극은 줄어들었다. 우리가 연구한 세 지역의 파벨라 거주민들은 리우데자네이루 도시 전체의 인구와 비교해 뚜렷한 사회적 상향 이동성을 나타냈다. 1969년 우리가 연구한 표본 커뮤니티의 평균 사회경제적지위 지수는 리우데자네이루 도시인구의 하위 9에서 10퍼센트 정도에 들었다. 2003년 동일한 세 커뮤니티의 거주민의 평균 점수는 하위 26에서 27퍼센트로 상승했다. 이는 2003년에는 도시 전체 인구의 약 4분의 1 정도가 우리의 연구 대상 커뮤니티 주민들보다 낮은 사회경제적지위 지수를 기록했음을 의미한다.

이는 놀라운 결과이지만, 그 타당성에 몇 가지 의구심을 갖게 되었다. 까따꿍바는 철거되었기 때문에, 이와 관련된 조사를 다시 실시할 수 없으며, 이로 인해 2003년 표본의 사회경제적지위 점수가 인위적으로 부풀려졌을 수도 있다. 구아뽀레와 끼뚱구 꽁중뚜의 무작위표본을 사용하는 것이 가장 근사치가 되겠지만, 그곳에 거주하고 있는 많은 사람이 까따꿍바나 파벨라에 살았던 경험이 없고, 꽁중뚜의 전체적인 사회경제적지위 점수가 파벨라의 점수보다 높다. 마찬가지로, 까시아스 로찌아멩뚜스는 합법적 지위를 지니고 있기 때문에 합법적인 동네가 되었다. 따라서 까시아스가 지수에 포함되면서 사회경제적지위 지수가 높아져서 파벨라와 다른 지역 간의 격차가 증가한 점에서 왜곡이 일어났을 것이다.

격차가 감소하는 것은 어느 정도는 표본의 결함이 아니었다. 꽁중뚜와 로찌아멩뚜스의 자료를 걸러내고 노바브라질리아와 까시아스의 파벨라의 자료만 가지고 계산을 다시 해 보았다. 그 결과는 여전히 생활수준이 나머지 도시지역에 비해 현저히 향상되었다. 파벨라에 거주하는 이들의 평균 점수도 1970년의 하위 9에서 10퍼센트 수준에서 2000년에는 하위 19에서 20퍼센트 수준으로 향상되었다.

파벨라가 평균이나 중간쯤에 미치려면 한참 더 향상이 되어야 하겠지만 그 간극은 줄어들고 있다. 초기 연구 대상지였던 파벨라들은 비교적 좋은 위치에 입지해 있다. 특히 최근 서부 지구에서 활발하게 성장하고 있는 새로운 거주지들과 비교해서 그렇다. 파벨라가 여전히 살기 좋지 않은 지역, 배제된 지역으로 인식되고 있지만, 맨체스터 빈곤연대연구그룹Chronic Poverty Research Groupr[15]이 묘사한 바처럼 탈출할 수 없는 그런 것이 아니고, 로익 바깡이 묘사한 시카고의 게토 지구와 프랑스의 방리유 지구에서처럼, 소외된 지역의 패턴을 따르지도 않았다.[16] 대신 오래된 파벨라 지역에서는 생활환경의 개선이 이루어졌고, 가장 최근에 이주한 이들이 가장 빈곤한 계층을 차지했다.

1960년대 말에 이미 존재하고 있었던 파벨라에 거주하고 있던 이들은 리우데자네이루 출신의 비율이 높고, 리우데자네이루 출신들은 이주민에 비해 사회경제적지위 지수가 높게 나타나는 경향이 있는 것도, 한 가지 이유가 될 수 있다.[17] 대도시에서 좀 더 나은 삶에 대한 희망은 그때나 지금이나 실현되고 있는 것 같다. 이는 그들의 인식에서도 확인할 수 있다. 1969년 연구에서 이주자의 83퍼센트, 2003년 연구에서는 이주자의 76퍼센트가 "고향에 남아 있는 사람들보다 훨씬 더 잘살고 있다"고 답했다.

좀 더 엄격한 측정 방법을 사용해도, 리우데자네이루 거주자 가운데 다섯 명 중 한 명은 우리가 연구했던 파벨라에 거주하는 사람들보다 더 빈곤하고 열악한 환경에서 거주하고 있다. 마르가리다, 제 까부, 댜니라 등의 분투 이후에도, 여전히 120만 명의 사람들이 더욱 열악한 상황에서 거주하고 있다는 것은 충격적인 일이다.

사회경제적지위 점수를 종합한 지수에서는 간극이 좁아지고 있는 반면, 교육, 가정 내 소비, 혼잡도 등의 각 요소의 측정치 면에서는 다른 경향이 나타고 있다. 모든 요소를 아우르는 지수를 만들어내면 그 간극을 넓히고 있던 부문이 흐려질 수 있었다. 따라서 우리는 세 요소를 각각 살펴보기로 했다.

교육 수준을 비교하면 우리가 내린 결론이 더욱 뚜렷하게 부각된다. 우리의 연구 대상이 된 사람들의 교육 연한은 리우데자네이루의 일반적인 사람들의 교육 연한에 비해 여전히 짧지만, 첫 번째 연구 이후 그 간격은 급속히 줄어들고 있다. 1969년에 진행한 연구 표본집단의 평균 교육 연한은 2.1년으로, 당시 리우데자네이루 시민의 평균 교육 연한은 6.1년이었다. 2003년 연구 표본의 평균 교육 연한은 7.3년으로 증가한 반면, 리우데자네이루 시민의 평균 교육 연한은 8.8년에 머물러, 지난 34년 동안 두 그룹 간의 간격은 4년에서 1.5년으로 감소했다.

〈표 10.1〉에서 교육 연한의 증가가 나타나고 있을 뿐만 아니라, 우리 연구의 표본들과 리우데자네이루 전체 인구 사이의 간격이 좁아지고 있는 경향도 살펴볼 수 있다. 가장 극적인 변화는, 1969년 연구에서 무작위표본의 42퍼센트 정도가 교육을 받은 적이 없다고 대답한 반면, 리우데자네이루 시민들의 경우 11퍼센트가 교육을 받은 적이 없다고 답했다. 2003년에는 연구 표본의 4퍼센트가, 리우데자네이루 인구의 1퍼센트가 학교에 다닌 적이 없다고 답해, 학력 부문에서의 구조적인 향상 및 수렴이 나타났음을 알 수 있다. 초등학교만을 졸업한 인구의 비율도 이전 수준에 비해 약 절반 정도로 감소해 연구 표본집단과 리우데자네이루의 일반 시민들 사이에 차이가 거의 나타나지 않았다. 고등학교 졸업자의 경우 그 차이가 겨우 4퍼센트였다. 그러나 대학 졸업에서는 매우 큰 차이가 나타났다. 연구 대상 표본의 약 6퍼센트가 대학에 입학한 것은 매우 희망적인 조짐이지만, 리우데자네이루 시민의 경우 약 18퍼센트가 대학에 진학해, 두 집단 간의 격차가 세 배에 이르렀다.

혼잡도를 살펴보면 파벨라 거주민의 상황과 나머지 도시 간의 간

표 10.1 | 연구 참여 표본집단과 리우데자네이루 지역 평균 간의 학력 수준 비교

단위:%

	학력 수준			
	1969년 연구 표본집단	1970년 리우데자네이루 센서스	2003년 연구 표본집단	2000년 리우데자네이루 센서스
무학	42	11	4	3
초등학교	50	50	32	23
중학교	6	9	27	21
고등학교	2	24	30	34
대학교	0	6	6	18

격도 마찬가지로 좁아지고 있다. 1969년 우리 연구 표본집단의 방 당 평균 거주인구는 1.96명이었다. 반면에 도시 평균은 1.10명으로 약 절반 수준이었다. 2003년, 연구 대상 지역의 방당 평균 거주 인구는 0.84명으로 감소한 데 비해, 도시 전체의 혼잡도는 0.76명 으로 감소했다. 두 집단의 격차가 해소되지는 않았지만 확실히 감 소했다.

이 같은 감소는 〈표 10.2〉에서 보는 바와 같이 가정 내 소비 면에 서도 뚜렷하게 나타났다. 2003년에는 파벨라의 많은 가정이 1960 년대 말에는 상류층만이 가질 수 있었던 가재도구들을 갖추고 살게 되었다. 예를 들어 냉장고, 텔레비전, 세탁기, 에어컨, 비디오 플레 이어 등과 같은 전자제품들이 이제는 파벨라에서도 기본적인 가재 도구가 되었다. 〈표 10.2〉에서 나타나는 바와 같이 2003년 연구 대 상의 무작위표본과 2000년 도시 전체와의 비교에서 주목할 만큼 차이가 나는 품목은 전자레인지, 자동차, 컴퓨터 정도이다.

2003년 연구 대상 지역에서는 약 15퍼센트가 컴퓨터를 소유하 고 있었던 반면 비슷한 기간 리우데자네이루 시민들의 약 26퍼센 트가 컴퓨터를 소유하고 있어서 그 차이는 11퍼센트밖에 나지 않

표 10.2 | 연구 참여 표본집단과 리우데자네이루 지역 평균 간의 가구 소비 비교

단위:%

	가구 소비재			
	1969년 연구 표본집단	1970년 리우데자네이루 센서스	2003년 연구 표본집단	2000년 리우데자네이루 센서스
텔레비전	26	70	97	99
냉장고	31	73	97	98
라디오	75	84	94	97
세탁기	–	–	60	65
에어컨	–	–	35	38
비디오	–	–	57	71
전자레인지	–	–	23	37
컴퓨터	–	–	15	26
자가용-트럭	1	19	18	42

았다. 가장 큰 격차가 나타나는 항목은 자동차나 트럭의 소유로, 리우데자네이루 시민의 약 42퍼센트가 차를 소유한 반면 연구 대상 지역의 주민들은 약 18퍼센트만이 차를 소유했다. 물론 파벨라 주민들은 전체 지역 주민의 평균에 비해 수입 중 더 많은 비중을 식생활 부분에 지출하고 주택과 관련해서는 평균보다 낮은 비중을 지출하는 경향이 있다. 오명으로 낙인찍힌 동네에서는 소유권 확보에 대한 열망이 컸을 것이다. 파벨라 거주민들은 자신들의 소득수준과는 상관없이 그들이 살고 있는 토지에 대한 승인, 적법성, 혹은 소유권 등을 획득할 수 없기 때문에, 주택을 고치고 가재도구를 갖추며 개인적으로 소유를 상징하는 것 등에 투자했다.

이렇듯 소비성향이 높고 평균과 비슷해지는 경향은 빈곤의 덫이라든가 세계화 등과 관련된 연구에서 우리가 기대했던 바는 아니다. 두 집단 간의 격차가 큰 소비 항목들을 살펴보면, 60퍼센트가 세탁기를 소유하고 있으며 35퍼센트가 에어컨을, 23퍼센트가 전자레인지를, 18퍼센트가 자동차를, 그리고 15퍼센트가 컴퓨터를 소

유하고 있었다.

세계화로 인한 매우 긍정적인 측면은 인터넷의 보급이다. 이를 통해 도시 빈곤층들도 정보에 접근할 수 있게 되었고, 이메일을 통해 어쩌면 절대 만날 수 없었던 사람들과 연결될 수 있었다. 우리의 연구 대상 지역에서는 약 5분의 1 정도의 가정이 광대역 인터넷으로 연결되어 있는데, 이는 주민자치회에서 요금을 받아 주민들에게 공급하고 있는 것이었다. 나머지 사람들은 자치회에 설치된 컴퓨터나 파벨라 또는 인근에 있는 인터넷 카페에서 인터넷에 접속한다. 리우데자네이루의 많은 비영리단체들이 파벨라에 컴퓨터와 컴퓨터 기술을 제공함으로써, 지역 주민들이 그들의 직장에서도 컴퓨터를 다룰 수 있게끔 하고 있다.

내 생각에는 온라인을 잘 이용한다면 파벨라의 오명을 씻을 수 있을 수 있고, 이는 주민들에게 큰 기회가 될 수도 있을 것 같다. 또한 이제는 휴대폰을 주로 사용하기 때문에 구직 시 전화번호를 기입해도 구직자의 주거지가 고급 아파트 지구인지 판자촌인지 알 수 없다. 앞으로는 휴대폰을 이용해서 일자리를 얻을 수 있고 돈도 낼 수 있고 인터넷도 사용할 수 있을 것이다.

커뮤니티 간의 이러한 불평등성의 감소는 오래전에 지어져서 정착된 파벨라에 거주하는 사람들에게는 더욱 이로운 영향을 미치고 있었다. 그러나 새로이 조성된 파벨라 거주민들은 그러한 이점을 누리지 못했고, 다른 커뮤니티와의 차이점도 1960년대와 비슷하게 나타났다. 그러나 개선되고 정착된 커뮤니티의 거주민들은 스스로도 자신들의 계층이 상향 이동했다고 밝혔다. 1969년 연구 표본 중

10퍼센트만이 스스로를 "중산층"이거나 그보다 상류층에 속한다고 여겼지만 2003년에는 20퍼센트에 이르는 사람들이 그렇게 여기고 있었다. 2001년에 실시한 여러 세대 별 인터뷰에서는 첫 연구의 인터뷰 대상자들은 27퍼센트의 사람들이 스스로 이제는 중산층 혹은 그 이상의 계층에 속한다고 응답했고, 그들의 자녀 세대에서는 16퍼센트가, 손자 세대에서는 27퍼센트가 그렇게 응답했다.

빈곤층의 관점

리우데자네이루에 거주하고 있는 빈곤층의 입장에서 보면 세계화는 어떻게 보일까? 이 질문에 대답하기 위해 우리 연구의 참여자들에게 "세계화가 당신의 삶에 어떻게 영향을 미쳤습니까?"라고 질문했다. 인터뷰를 담당했던 이들은 응답자들의 대답을 그대로 기록했고, 여기서 제시하는 대답들은 각 개인이 응답한 대답에 근거한 것이다. 그들의 응답은 성별, 인종별, 출신지, 현재 거주하고 있는 마을, 사회경제적 상태 등에 따라 유의미한 차이가 나타나지 않았다.

세 세대에 걸쳐서 나타난 가장 많은 응답은 세계화가 그들의 삶에 그 어떤 변화도 가져다주지 못했다는 것이다. "그냥 다 똑같죠"라던가 "변한 게 없어요"라고 응답하거나, "직접적인 영향은 없었죠"라고 응답하기도 했다.[18] 이런 응답을 한 사람들은 세대별로는 감소했는데(물론 대부분의 세대에서 가장 많은 비율의 사람들이 이러한 응답을 했지만), 첫 인터뷰 대상자들의 85퍼센트가, 그들의 자녀들은

59퍼센트가, 그들의 손자 세대에서는 52퍼센트가, 세계화가 그들의 삶에 어떠한 변화도 일으키지 않았다고 답했다. 이런 비율은 교육 수준과 관련되어 있다. 텔레비전에서 방송되고 있는 프로그램 가운데 상당수가 '미국에서 제작된 것'이며, 두 번째 연구 당시 세대 구분 없이 대부분의 사람들이 날마다 텔레비전을 보고 있다고 응답한 것을 고려한다면, 이런 결과는 정말 놀라운 것이다.[19]

세계화가 자신의 삶에 영향을 미쳤다는 사람들의 반응은 이 주제에 관한 학술적 연구 결과와 일치했다. 그들의 반응은 부정적이기도 하면서 긍정적이기도 했다.

- 부정적인 응답: 모든 세대에 걸쳐 세계화의 영향으로서 가장 많이 언급한 부분은 바로 노동시장의 경색을 들 수 있다. 즉, 실업이 증가하고, 금융 안정성이 감소했으며, 임금은 낮아지고, 구매력 또한 낮아졌다는 것이다. 이런 측면에 대해 이야기한 사람들의 비율은 첫 연구의 인터뷰 대상자들의 경우 6.8퍼센트에 그쳤으나, 그들의 손자 세대에서는 19.7퍼센트로 높아졌다.
- 첫 연구 인터뷰 대상자들이 두 번째로 많이 한 응답은 세계화로 인해 "다른 나라에 대한 경제적 의존도가 높아졌다"던가 "우리가 세계경제의 노예가 되었다"라는 응답이었다. 전체 응답자 가운데 5퍼센트 미만의 사람들이 이 같이 응답했는데, 이들은 주로 리더십 집단에 속했다. 1960년대와 1970년대의 투쟁을 경험한 탓에 이들은 무작위표본집단에 비해서 훨씬 더 정치화된 경향이 있었다.
- 긍정적인 응답: 자녀 및 손자 세대는 세계화가 "전반적으로 삶을 개

선시켰고," "정보 및 통신 분야에의 접근성을 제고시켰으며," "휴대 전화나 컴퓨터 같은 기술을 향상시켰다"고 응답했다. 이 같은 응답 은 첫 번째 인터뷰 대상자들로부터는 나오지 않았다. 그들의 자녀 세대 가운데 약 7퍼센트가, 그들의 손자 세대 가운데 약 24퍼센트 가 이 같이 응답을 했다.

- 다음으로 가장 일반적인 응답은 세계화로 인해 "학업, 지식, 인증 등에 대한 요구가 높아졌다"는 것이며 이는 긍정적인 면으로 볼 수 도 있고 부정적인 면으로 볼 수도 있다.

- "수입품을 사는 게 쉬워졌다"는 응답은 자녀와 손자 세대에서만 나 왔다.

첫 연구 표본에서 추출된 가장 성공한 사람들과 가장 실패한 사람 들과의 후속 심층 인터뷰 과정에서 세계화에 대해 물어본 결과, 세 계화가 이로운 것이라고 응답한 사람들은 주로 수입 상품의 가격이 하락했다는 점을 그 이유로 들었다. 반면 세계화를 재앙이라고 응 답한 이들은 세계화 및 이에 따른 저렴한 상품의 수입이 결국은 제 조업 일자리의 감소, 그로 인한 해고, 그리고 공장폐쇄로 이어진다 고 보았다. 또한 일자리를 잃은 이들은 해고를 당하면서도 그들의 공장이 문을 닫는지, 브라질의 다른 지역으로 이전하는지 혹은 노 동비와 생산 단가가 저렴한 다른 나라로 이전하는지에 대해 들은 바가 없다고 했다.

나는 예전에 노바브라질리아의 지역 지도자 가운데 한 명이었던 세바스치앙에게 물어보았다. 그는 현재 까시아스의 외곽에 가족들과 함께 살고 있는데, 최근에는 파킨슨씨병으로 일자리를 얻기가 어려운 상태다. 그는 "가난한 사람들은 한 번도 기회가 없어요"O pobre não tem vez라고 하면서 예전에는 깡뿌그랑지의 쓰레기처리장에서 여러 명이 하던 일을 이제는 기계가 하게 된 과정을 설명했다.

다른 이들은 국제적인 경쟁으로 인해 생산과정의 수준이 높아졌고 이는 결국 직업을 얻을 때 요구되는 교육 및 기술 수준이 높아졌다고 추측했다. 그 때문에 파벨라 주민들도 학력 수준이 높아졌지만, 가장 전문적이고 수입이 많으며 좋은 직업에는 자신들이 진입하지 못한다고 생각했다.

세계화로 인한 영향력의 측면에서 고려해야 할 또 다른 두 가지는 새로운 소비문화의 등장과 국제적인 무기 및 마약거래로 야기되는 엄청난 피해이다. 세계적인 소비사회의 이미지는 텔레비전을 통해 전파되었고 이는 특히 젊은이들 사이에서 새로운 수요를 창출해냈다. 끊임없이 몰려드는 고급스런 상품과 명품의 이미지로 인해 (마약거래와 관련된 이들을 빼놓고는 이런 상품을 살 능력이 없는 이 가난한 동네의)[20] 젊은이들 사이에서는 가짜 상품을 선호하는 풍조도 등장했다. 그들은 자신들이 보는 것과 현재 사이에서 괴리감을 느낀다.[21]

아프로레게나 노스두모후Nós do Morro와 같은 비영리단체들이 아프리카계 브라질인들과 파벨라 거주민들의 문화적 정체성을 강화하고자 노력하고 있다. 그러나 그들에게는 여전히 신분을 상징하는 것은 세계적으로 유명한 상표의 티셔츠나 운동화, 자동차, 오토바이, 휴대전화, 삐삐 등이다. 앞서 이야기한 바처럼 젊은이들이 여러 개의 삐삐와 휴대전화를 가지고 다니는 것을 본 적이 있다. 물론 작동도 되지 않는 그 물건들을 가지고 다니는 건 으스대기 위해서다. 세계의 언론들이 "당신의 정체성은 당신이 소유한 것에서 비롯된다"고 이야기하는 사이, 도시빈민 지구의 청소년들은 마약상을 자신들의 롤 모델로 삼게 된다.

세계화로 인한 또 다른 부정적인 영향은 지역 및 일국적 수준의 문화가 획일화되고, 이를 경시하게 되며, 또한 국가적 차원의 관리를 소홀히 하게 된다는 점이다. 많은 도시들이 일자리창출과 이윤 추구 경쟁에 뛰어듦에 따라, 앞다투어 세금 혜택을 늘리고 임금을 낮추기 위해 애쓰고 있다. 또한 다른 지역에서는 용납될 수 없는 수준의 오염을 유발하고, 유독물질을 방출하는 공장들을 기꺼이 받아들이고 있다. 그러나 이 같은 노력에도 불구하고 새로이 노동시장에 진출하는 노동력을 수용할 만큼의 일자리는 창출되지 않고 있다.

일자리 부족으로 인해 브라질의 젊은 세대들 사이에서는 불확실성이 팽배하고 있다. 2008년 2월 14일 UN에서 열린 회의에서는 브라질 노동력의 빠른 노령화로 인해 고용 안정성이 약화되고 있음에도, 젊은 세대들이 세계 노동시장에서 거점을 확보하기가 점점 어려워지고 있다고 했다.[22] 브라질 경제가 1998년부터 2008년까지 연간 3.8퍼센트의 경제성장을 함에 따라 취업자의 규모가 16.5퍼센트 증가했음에도 불구하고, 1995년 이후로 실업률은 현저히 증가했다. 현재 일을 하고 있는 사람들도 고용상태가 점점 더 불안정해지고 있다. 브라질 노동 고용부의 마리우 바르보사Mário Barbosa는,

세계화가 진행됨에 따라 경쟁이 심화되었고, 이는 결국 고용 안정성을 약화시키고, 일자리와 관련된 이익을 감소시키며, 노동조직의 역할을 축소시켰다. 불안정한 노동 여건은 이제 예외적인 상황이 아니라 보편적인 것이 되어 버렸다. (판자촌 거주민들과) 이주민들은 …… 고용 현장에서도 차별을 받아서 임시직으로 고용되는 경우가 일반적이게 되었다.[23]

7장에서 다룬 폭력의 증대는 세계화의 또 다른 징후이다. 파벨라 옵세르바또리우observatório of favela의 창립자인 자일손Jáilson은 다음과 같이 설명했다. "국제무역이 리우데자네이루의 가난한 사람들의 삶을 파괴하는 가장 주된 방식은 거대한 국제 마약(특히 코카인) 시장과 최첨단 (주로 미국으로부터) 수입 무기의 공급을 통해서이다. 마약상들은 이들 수입 무기를 이용해 경찰을 겁주고 도시와 마을들을 통제한다."[24] 만약 브라질에 대한 국제적인 무기 판매 금지령이 있었다면 아마도 폭력 및 살인 발생률이 현저히 줄어들었을 것이라고 그는 이야기했다. 경찰과 마약상들이 살인을 저지르는 데 사용된 무기의 대부분이 미국, 이스라엘, 러시아 등에서 수입된 것들이기 때문이다. 무역 개방은 무기의 (그리고 마약의) 손쉬운 수입으로 이어졌으며 그 결과는 무시할 수 없는 것이었다. 무역 개방에 따라 수입 및 수출 물량이 증가하면서 국경을 통과하는 일이 쉬워짐에 따라 수입과 수출 양방향에서 밀수가 훨씬 더 쉬워졌다.

외국인투자의 역할

우리 연구에서는 또한 1969년부터 2003년까지 세계화에 대한
인식의 변화를 살펴보고자 했다. 사람들이 브라질 내의 외국계 회
사에 대해 어떻게 인식하고 있는지를 알아보기 위한 조사에서 "외
국계 회사가 브라질에 있는 목적은 …… "이라는 문장을 질문했다.
이에 대한 사람들의 반응을 ① 브라질이 발전하도록 돕는 것, ② 기
업의 이익만을 추구하는 것, ③ 브라질 사람들을 착취하는 것 등의
세 가지 범주로 분류할 수 있었다(응답자들은 이 범주들을 볼 수는 없었
고, 단지 질문에 대한 나머지 답을 완성하도록 했으며, 이후 이들의 응답을 연
구자가 다시 분류했다). 1969년에는 응답자의 85퍼센트의 답이 유효
했고, 2003년에는 95.5퍼센트의 응답자의 답이 유효했으며 그 결
과는 〈표 10.3〉에 나타나 있다.

1969년부터 2003년 사이 파벨라 거주자들 중 외국인투자가 긍
정적이라고 생각하는 이의 비율은 감소했다. 이는 단지 외국계 회
사의 수가 증가했음을 반영하는 것뿐만 아니라 (그리고 파벨라 주민들
은 그런 회사에서 일자리를 구하기가 더욱 어려워졌으며) 외국인투자의 효
용성에 대한 회의적인 시각이 사회 전반에서 증가했음을 의미한다.
2003년 45퍼센트의 사람들이 외국계 기업들은 자신의 이익만을
추구한다는 대답을 했으며, 3분의 1 이상이 외국계 회사가 브라질
의 낮은 임금과 장시간 노동 행태, 그리고 취약한 보건, 안전, 환경
분야의 규제를 이용하면서 착취해가는 것이라고 응답했다. 외국인
투자가 고용을 창출하고 자본을 유치함으로써 브라질의 경제성장

표 10.3 | 외국계 기업들의 브라질 진출 이유에 대한 주민들의 인식

외국계 기업들의 브라질 진출 이유	1969		2003	
	응답 수	%	응답 수	%
브라질의 발전에 기여하기 위해서	188	36.9	253	21.7
기업의 이윤 창출을 위해서	191	37.5	522	44.8
브라질인들을 착취하기 위해서	131	25.7	391	33.5
합계	510	100	1,166	100

을 이끌어 내고, 나아가 빈곤층에게까지 이윤을 준다는 응답은 절반으로 감소했다. 그러나 2003년에도 5분의 1의 응답자가 외국인 투자가 "브라질에 도움을 준다"고 생각하고 있었다. 이러한 답을 한 이들의 소득, 교육 수준, 직업, 인종, 젠더, 연령 등에 대한 보다 심층적인 분석이 필요하다.

즉, 도시 하층민의 입장에서 세계화란 대부분 별 상관이 없는 것이며, 영향을 받는 사람들의 경우 부정적인 영향을 받는 사람보다 긍정적인 영향을 받는 사람이 아주 조금 더 많게 나타난다. 따라서 이 장의 첫머리에서 제시했던 다섯 가지의 전제는 그대로 유지되는 것이다. 세계화라는 것이 그 자체로 빈곤을 심화시키지는 않지만 확실히 불평등을 심화시킨다.

생활여건의 변화와 관련된 이슈는 다시금 어떻게, 어떤 맥락에서의 변화인지에 대한 질문을 하게 한다. 즉 빈곤층이 그런 변화를 받아들였든 아니든 간에 그들의 삶에 물리적인 변화가 국제적인 수준에서인지, 혹은 국가나 도시 수준에서 미쳤는지가 중요해지는 것이다. 그들의 삶에서 세계화의 영향력을 감지하는 데 실패한 이들은 '허위의식'을 갖고 있는 것일까 아니면 실제로 정확한 사실을 이야기하고 있는 것일까?

거대한 변화의 작은 영향력

우리의 연대기적 연구의 주요 목표 가운데 하나는 빈곤한 이들의 삶의 궤적에서 나타난 변화가 브라질의 정치·경제·공공정책의 변화와 어떤 관련을 맺고 있는가를 알아보는 것이었다. 이들 간의 연관성을 살펴보기 위해서 몇 가지 접근 방법을 사용했다.

이 연구에서는 브라질 전체와 리우데자네이루의 경제적·정치적·공간적 맥락에서의 기념비적인 변화를 추적했다.[25] 다양한 사건들이 파벨라 주민들의 삶의 부침과 일치하는지를 알아보기 위해, 우리가 수집했던 개인의 연도별 인생사 자료를 사용했다. 그리고 이 자료를 실업, 직업의 종류, 학력 수준, 자녀의 수, 주택의 혼잡도, 거주지의 위치/유형 등의 변수에 따라 각각 개인의 시기별 상향성과 하향성을 기재했다.[26]

우리는 또한 각각의 인터뷰 대상자들에게 경제적인 측면, 고용의 측면(자기 자신의 고용과 가정 내 다른 구성원의 고용), 자산 및 전체적인 금융 안정성의 측면에서 그의 생에서 가장 좋았던 시절과 가장 어려웠던 시절에 대해 물었다. 이 자료들의 시기를 표기하면서 무역개방, 브라질 경제의 호황기와 불황기, 그리고 주요 정책 변화 등을 같이 표기했다. 그러나 뚜렷한 패턴이 나타나지는 않았다.

거시 규모의 변화와 우리가 인터뷰한 이들의 삶에서의 변화 사이의 불일치는 인터뷰에 응한 이들이 정확하게 기억을 하고 있지 않거나 거대한 흐름과 그들 가족들의 운명과의 연관성을 인지하지 못한 탓일 것이다. 마찬가지로, 그러한 결론이 나온 것은 방법론적으

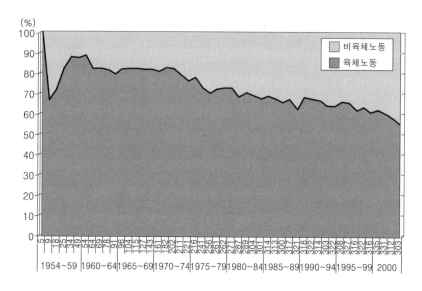

그림 10.1_육체노동의 감소와 비육체노동의 증가(1954~2003년). 2001년부터 2003년까지 수집한 생애사 매트릭스에 근거해 작성했다. 16~31세의 주민이 종사하는 직종을 육체노동과 비육체노동으로 나눠 연도별로 조사했다. 각 연도별 인터뷰 대상자의 규모는 그래프 하단을 따라 표기했다. 1954~1960년에 만난 인터뷰 대상자들도 연도별 노동 유형을 조사했으나 기준에 표본 수가 50 이하로 너무 적어 유효한 자료라 하기에는 적절치 않다.

로 문제가 있어서거나 혹은 개입된 변수의 수가 너무 많기 때문일 수도 있다. 그러나 구조적 혹은 정치적 변화로 인한 개인의 삶에서 의 변화를 두 가지 정도는 확실하게 알아낼 수 있었다.

첫 번째는 고용 패턴의 변화이다. 우리의 생애 데이터에서는 연간 단위로 직업의 변화를 물어보고, 직장을 가진 경우 고용기록문서에 기록되는 공식부문에 취업을 한 것인지, 자영업인지, 혹은 비정규 적으로 잡일을 한 것인지 등도 조사했다. 육체노동에 종사했는지 혹은 비육체노동에 종사했는지의 변화도 오랜 기간에 걸쳐 조사했다.

우리는 각 연도별로 16세부터 32세 사이의 사람들이 어떠한 유형의 직장에서 종사했는지를 살펴보았다. 무작위표본집단과 세 세대 모두의 각 개인별 생애 자료 변화를 살펴본 결과 1954년부터 2003년 사이 육체노동 중심으로부터 비육체노동 중심으로의 점진적인 변화가 나타났다. 그 결과는 〈그림 10.1〉에 잘 나타나 있다.[27]

노동 연령에 속하는 파벨라 주민들 가운데 육체노동에 종사하는 이의 비중이 현저히 줄어들었으며, 그에 함께 비육체노동에 종사하는 이의 비율이 증가한 것은 리우데자네이루의 노동시장의 구조적 변화에서 직접적으로 영향을 받은 것일 뿐만 아니라, 브라질 국내 및 국제 노동시장의 변화 양상이 반영된 것이다. 이런 결과는 자본주의의 변화뿐만 아니라 노동, 자본, 정보, 기술 부문의 변화에 의한 것이다.

두 번째 명백한 변화도 인터뷰 도중 나타났다. 브라질 정부는 인플레이션을 진정시키고 국제적 경쟁력을 높이고자 국내 통화를 미국 달러화에 연동시키는 헤알플랜을 실시했는데, 이는 브라질의 소비자 구매력을 향상시키고 물가를 지속적으로 안정시켰다. 이에 도시빈민들 사이에서는 전에 없던 소비 열풍이 불어 닥쳤다.

당시 대부분의 사람들이 헤알플랜이라는 용어를 들어본 적은 없지만, 가재도구를 싼 가격에 살 수 있었던 기회가 한 번 정도 있었다고 기억하고 있다. 저소득계층의 가정들은 "그때 안 샀다면 우리가 이런 물건을 언제 또 사 보겠어요"라고 이야기하며 당시 구입한 고급 가구와 대형 텔레비전, 오디오 세트, 세탁기와 건조기, 에어컨 등을 자랑하곤 했다.

이런 두 가지 변화에도 불구하고 파벨라 주민들의 삶에 거시적인 변화를 가져온 구조적인 원인을 찾는 것은 어려운 일이었다. 질병이나 사망, 이혼 또는 실업과도 같은 개인적인 불행, 그리고 홍수나 화재와 같은 자연 재해, 강제 이주에서부터 지역 공장, 학교, 병원의 폐쇄, 그리고 마약 전쟁에 이르는 마을 전체의 위기 등으로 인해 거시적인 변화의 영향력이 흐려지거나 없어지곤 한 것이다. 최빈곤층 사람들의 일상의 삶은 불확실성이 너무 커서 하루하루를 겨우 살아가고 있는 형편이며 그들이 위기를 헤쳐 나갈 수 있는 안전망이라는 것이 없는 형편이다.

세계화는 양날의 검인가 혹은 양면을 가진 동전인가?

우리 연구에서는 세계화 이전 시대와 현재 세계적으로 통합되고 있는 시대 간에 파벨라 주민들의 삶에서의 긍정적인 변화와 부정적인 변화에 대한 증거들을 제시했다. 많은 지역에서 삶의 여건이 개선되었지만 모든 곳에서 그런 것은 아니다. 시가지가 파벨라를 넘어 확산되고 교통 시설의 개선으로 통근 시간이 짧아지면서, 파벨라 커뮤니티들은 물리적으로는 도시 전체에 더욱 긴밀하게 통합되고 있다. 사회기반시설, 도시 서비스, 가정용품, 그리고 교육 수준 등이 향상되었다. 실업률이 증가하고 있기는 하지만, 사람들은 예전보다 더 '비육체노동 직업'을 갖고 싶어 한다. 육체노동에 비해 급여도 낮고 근무 시간도 길지만 블루칼라 직업에 비해 훨씬 더 존중을 받는다고 생각하기 때문이다.

일부 몇몇 삶의 질 지표를 살펴보면 우리의 연구 지역과 나머지 도시지역 사이의 삶의 여건에서 그 격차는 점점 더 줄어들었다. 비공식부문의 도시가 공식부문의 도시를 따라 잡는 이런 현상은, 부가 일부 상위계층에게만 집중되는 한편 빈곤한 자들은 더욱 빈곤해져서 불평등성이 더욱 증가한다는 세계화의 논리와는 맞지 않는 현상인 것처럼 보인다. 또 다른 한편으로는 도시빈민들이 이루어 낸 그러한 성과들이 세계화에는 별 영향을 미치지 못했다. 원인과 결과에 너무나 많은 요소들이 영향을 미치며 작용하고 있기 때문이다. 현재로서는 가장 빈곤한 계층인 최근 이주자들은, 일찍이 이주해 온 이들이 이루어 놓은 도시의 생활 편의시설을 공유하지 못하고 있다. 현재(2009년) 서부 지구에 최근에 형성된 파벨라들의 상황은 1960년대 우리 연구에서 연구한 파벨라의 상황과 유사하다.

도시에서 사는 것이 촌락에서 사는 것보다 더 많은 기회를 제공해 준다는 것을 우리는 잘 알고 있으며 교육, 보건, 수입 등은 증가하는 한편 출생률은 감소한다는 것도 잘 알고 있다. 또한 '연결망'을 통해 이루어지는 다양한 접촉이라는 것이 매우 유용하며, 때로는 생명줄과도 같은 역할을 한다는 것도 잘 알고 있다. 그라노베터가 발견한 "약한 연결의 힘"의 원리에 의하면, 도시에 오래 머무를수록 더욱 유리하다는 것은 놀라운 일이 아니다.[28] 따라서 세계화의 영향력이 있든 혹은 없든 간에 시간과 세대가 지나면서 생활 여건의 개선이 일어났음을 예상할 수 있다. 세계화로 인해 도시로의 이주가 촉진되었다는 의견은 리우데자네이루의 경우에는 해당되지 않는 것으로 보인다. 리우데자네이루의 도시성장은 1950년대부터

1960년대 사이 가장 빠르게 이루어졌으며 당시 브라질은 수입대체 산업화 정책을 채택하고 있어서 세계화의 영향을 거의 받지 않고 있던 시기라 할 수 있다.

리우데자네이루의 경우 세계화와 빈곤, 불평등의 관계가 매우 복잡해 일반적인 담론에서 이야기하는 전형적인 예와는 거리가 있어 보인다. 만일 국가와 도시가 그들에게 서비스를 제공해 주고, 그들의 시가지와 주택을 지어 주고, 물건을 생산해 주고 소비해 주는 도시빈민들과의 대안적인 사회적 계약을 형성하지 못한다면, 발전은 계속해서 아슬아슬한 형태로 이루어질 것이며 기회를 놓치게 될 것이고 자원을 낭비하는 결과를 가져올 것이다. 나아가 이러한 현상은 계속해서 반복되고 지속될 것이다. 공익을 희생시키면서 영속시켜 온, 기득권층에게만 편안한 문화에 대한 직접적인 도전이 이제는 필요하다.

공공정책에 대한 성찰

내가 어렸을 때, 우리 할머니는 종종 농담 반 진담 반으로 이런 얘길 하곤 하셨다. "부자건 가난하건 돈이 있는 건 좋은 거야." 우리 할머니는 1904년에 키예프 외곽의 유대인 정착촌에서 뉴욕으로 이민을 오신 분이다.

내가 수행한 리우데자네이루에 관한 연구의 정책적 함의에 대해 생각을 하다 보니 할머니의 이 말씀이 떠올랐다. 빈곤층의 도시화와 빈곤한 이들의 주변화 정도에 대해 설명을 하면서 나는 자꾸만 생활 문제livelihoods로 되돌아오게 된다. 리우데자네이루의 파벨라에 거주하는 사람들은, 아마도 삶을 더 낫게 하기 위해서겠지만, 주거나 도시 서비스만큼이나 일을 하는 것을 소중하게 생각한다. 파벨라 사람들은 일을 하는 사람, 특히 열심히 일한다고 하는 사람들에 대해 최고의 경의를 표하곤 한다.

무엇보다도 리우데자네이루의 파벨라 주민들은 정당한 일을 하고 정당한 대가를 받을 수 있는 기회를 원한다. 인터뷰를 해보면 그들은 공식부문에서 일을 하든 비공식부문 또는 자영업 부문에서 일을 하든 상관하지 않는다고 한다. 그들의 생각은 일단 생계비를 벌 수 있는 기회가 주어지면 다른 문제들은 대부분 스스로 해결한다는 것이다. 우리 할머니가 하신 말씀을 그들에게 들려준다면 아마도 빙그레 웃거나 고개를 끄덕일 것이다. 그러나 파벨라 주민 대부분에게는 "돈이 있는 것이 좋은 것"일 뿐만 아니라, 일자리가 있다면 금상첨화일 것이다. 그들에게 노동자가 되는 것은 중요한 사람이 되는 것을 의미한다.

흔히 "빈곤의 문화"라고 경멸적인 시선으로 바라보는 것들은 실제로는 문화가 아니라 가혹한 현실에 대처해 나가는 현실적인 대응이다. 만일 도시의 빈곤층이 자신의 에너지와 기술을 사용해 남부럽지 않은 생활을 영위할 수 있는 기회가 주어진다면, 그들에 대한 배제를 정당화했던 핑곗거리들뿐만 아니라, 소위 그들의 자포자기식 행동과 신념들은 사라질 것이다. 마치 페루 비코스Vicos 지역의 원주민들에게 일어났던 것처럼 말이다. 그들이 중요하게 생각하는 가치들은 부르주아들과 별로 다르지 않고 오히려 비슷하게 나타난다.

이 연구처럼 복잡한 연구에서는 연구의 정책적 함의를 기술하는 것이 매우 어렵다. 왜냐하면 이 연구는 자본주의의 본질이라든가 빈곤의 지속이라든가 배제의 전통과 같은 구조적인 문제와 적당한 주택의 부족이라든가 높은 실업률, 치명적인 폭력의 잦은 발생 등과 같이 실제 발생하는 상황 간의 의미 있는 수준의 담론을 찾아내고자 하기 때문이다. 인권이나 시민권, 도시의 권리와 같은 매우 중요한 문제들은 공공정책의 범위를 넘어 시민과 국가 사이의 새로운 사회계약과 관련된 협상이 필요하기 때문이다. 브라질 사람들이나 리우데자네이루 시민들은 이 같은 새로운 질서를 만들어 내기 위해 국가와 시장 사이에 자리 잡고 있는 일군의 결사체들, 곧 시민사회 안에서 다양한 노력을 경주해 왔다. 그러나 단순한 해결책이 있는 것은 아니며, 참여 그 자체가 만병통치약이 되는 것도 아니다.

나는 이 장을 세 부분으로 구성했다. 첫 번째 부분에서는 1964년 군사쿠데타 시기부터 2009년까지의 리우데자네이루의 파벨라에 관한 공공정책의 변화를 다룰 것이다. 이 시기 파벨라에 관한 공공정책의 방향은 철거에서 개선으로 선회했으며, 이 과정을 추적할 것이다. 두 번째 부분에서는 정책 계획에 관한 세 가지 서로 다른 접근 방법을 제시할 것이다. 마지막 부분에서는 특정 연구 결과에 초점을 맞추어 주거, 토지소유권, 소득, 폭력, 시민의 권리 등 다섯 가지 부문에서 나타나는 정책적 영향력에 대해 살펴볼 것이다. 이 장에서는 사회의 막장(경계)에서 살아가고 있는 사람들의 이야기를 듣고 그들을 이해함으로써 얻어진 전반적인 모습을 그려 내면서 마무리 지을 것이다.

2장에서 이야기한 바와 같이 파벨라를 비롯한 비공식부문 주거지들의 문제는 제2차 세계대전 이후 라틴아메리카, 아시아, 아프리카 등의 대도시로 촌락 거주민들이 '쏟아져 들어옴'으로써 일어난

'도시 폭발' 현상 때문에 발생한 것이다. 많은 사람이 고향을 떠나와서 그들보다 먼저 도시에 정착한 '지인 혹은 선구자'들과 가까운 곳에 도시에서의 첫 거주지를 마련했다. 그 거주지는 대부분 일자리에서 가깝고 도시 서비스를 이용하기에 편리한 곳에 위치한 판자촌이었다. 고향을 떠나와 도시에 정착한 이들은 대부분 그들의 고향에서는 가장 용감하고 진취적인 사람들이었다. 이들 선구자들은 나름 미래에 대한 계획을 지닌 이들이었으며 더 나은 삶을 찾기 위한 나름의 기술과 방법을 갖추고 있던 사람들이었다.

이렇듯 이주민들이 도시로 유입됨에 따라 모든 정책과 프로그램들은 도시로 향하는 이주민들의 흐름을 막고 도시의 규모를 제한하는 방향으로 맞추어졌다. 도시의 성장 속도를 늦추는 데 실패하자, 도시란 훨씬 더 정돈되고 아름다운 것이어야 한다고 생각하고 있던 도시계획가나 정치가들, 소위 도시의 문지기들은 비공식부문의 주거지들이 도시 외곽으로, 언덕 꼭대기로, 도심으로 확산되고 기존의 비공식 주거지들에서도 건물들이 빽빽이 들어서 그 밀도가 높아지자 간담이 서늘해졌다. 그들만의 도시에 판자촌들이 언덕을 따라 여기 저기 들어섰다.

눈덩이처럼 불어나는 판자촌에 놀란 정책입안자들은 이들 마을들이 문제가 아니라 주택 부족에 대한 해결책임을 깨닫지 못했다.[1] 집이라는 개념이 명사적인 것에서부터 "집을 마련하는 것"[2]이라는 과정을 가리키는 말로 변화했다. 가난한 가족들은 끊임없이 집을 지었다. 즉, 돈이 생기면 벽돌을 조금 사서 뒷마당에 쌓아 놓은 후 시간이 날 때마다 집을 지었으며 경제적으로 여유가 생길 때마다

512

조금씩 집을 지어 나갔다.

집들뿐 아니라 상업용 건물, 창고, 서비스용 건물, 경공업용 작업장, 마을 주민이나 교인들의 회합 장소 등도 이런 방식으로 그들이 직접 지어 나갔다. 창문 너머로 사탕이나 음료수, 담배, 성냥 등의 생활 용품을 팔기도 했고 집 바깥의 골목길에 철제 탁자랑 의자를 놓으면 식당이나 주점이 되었다. 집 안 한편에 미용실이나 이발관이 들어서기도 했고 어린이집이나 교회당, 아프리카계 브라질인들의 떼헤이루terreiro도 가정 집 안에 있었으며 수많은 가내 수공업들이 집 안에서 이루어졌다. 이들 사업체들 중 많은 수가 자동차나 오토바이 수리점, 양장점, 제과점 등과 같이 지역 주민들의 수요를 충당하는 것들이었으나 브라질 국내나 국외로 나아가는 일종의 저임금의 노동착취형 하청업체로서 운영된 곳들도 있었다. 이런 판자촌내 산업은 비공식부문의 주거지를 공식부문의 생산과정과 연계시키는 것이었다. 예를 들어, 대규모 자동차 생산 회사가 판자촌의 저렴한 노동력을 이용해 자동차 좌석의 천 덮개를 씌우는 작업을 했다. 제조업체가(또는 그들의 하청업체가) 가죽, 충전재, 버튼 등의 원자재를 판자촌의 가정에다 실어다 주면, 그들은 작업을 하고 다시 제조업체가 이를 다른 지역이나 다른 나라의 조립 과정으로 보내는 것이다.

판자촌을 철거해서 주민들을 다른 지역으로 보내려고 한 정책결정자들은 사람들이 생계를 유지하는 데 그 동네가 얼마나 중요한 역할을 하는지 고려하지 않았다. 또한 그들이 내놓은 정책은 빈곤층이 위기를 극복하거나 재앙을 헤쳐 나가는 데 있어 서로 돕고 협력하는 사회적 네트워크가 얼마나 중요한지도 간과했다.

빈곤층이 그 거주지에서 얻은 이익을 모후와 아스파우뚜에서 어떻게 얻게 될지 고민해 보면 이해가 될 것이다. 그들의 정책에서는 빈곤의 원인을 개인적 일탈 행위나 도덕적으로 부도덕한 행위, 혹은 단지 게으름 정도로 생각하고 있었다. 그러나 빈곤을 구조적인 문제로 보게 되면 여러 가지 다른 해결책이 나온다. '피해자들을 비난'[3]하는 방향으로는 절대 유용한 해결책을 제시할 수 없다. 오히려 채무자 감옥이나 빈곤층의 범죄자화처럼 사태를 더욱 악화시킬 뿐이다.

제1절. 리우데자네이루 파벨라의 진화
: 파벨라 제거하기에서 파벨라 양성하기로

지난 한 세기 동안 파벨라에 대한 리우데자네이루의 공공정책은 건강한 도시지역에서 '암 덩어리를 잘라내는 방식'을 따르는 것이었다. 리우데자네이루에서 첫 번째 파벨라가 등장한 것은 1897년의 일이며, 이후 1985년 독재정치가 종식될 때까지 불량주택지구 정책은 철거에 초점이 맞춰져 있었다.

도시의 불량주택지구를 제거하는 정책은 파벨라가 도시에 위협이 된다는 시각에서 기인한 것이었다. 파벨라 거주민들에게 범죄율이 높고 비도덕한 사람들이라는 이미지를 더함으로써 이들을 '대접받을 자격이 없는 빈곤층'으로 여겼으며, 이는 나아가 파벨라를 사회 전복을 꾀하는 공산주의의 온상으로까지 여기는 그런 풍조로까지 이어졌다. 도시빈민들이 민중 봉기의 선봉에 서는 것이야말로 우파들의 악몽이었으며 좌파들의 꿈이었다.

파벨라의 성장을 저지하고자 한 모든 노력에도 불구하고, 파벨라는 도시 나머지 부분보다 훨씬 더 빠른 속도로 성장했다. 도시의 성장은 사람들을 촌락에서 도시로 끌어 모으는 '흡인' 요인과 노예제도, 토지 무소유 상태, 가뭄 등 특히 브라질의 북동부 지역에서 두드러졌던 '배출' 요인이 합쳐져서 이루어졌으며, 이는 결국 도시에서 적절한 주택이 부족한 상태로 이어졌다. 지금 내가 이 말을 쓰고 있는 순간에도 수백만 명의 파벨라 주민들과 새로이 도시에 도착한 이촌향도민들이 적절한 주거지에서 살지 못하고 있다. 1985년 민주주의가 회복될 당시, 리우데자네이루 유권자의 4분의 1에서 3분의 1가량이 비공식부문에서 거주하고 있었으며, 이로 인해 이들의 주거지를 양성화하는 문제가 정치적 담론으로 거론되기도 했다. 파벨라를 양성화하거나 도시화 하는 방안에는, 응급차가 들어올 수 있는 도로를 건설하고 내부 주요 도로를 포장하며 진흙 비탈길을 콘크리트 계단으로 대체하는 방안들이 포함되어 있었고, 전기, 수도, 하수도 체계를 갖추고 쓰레기수거 서비스를 제공하며 가로등을 설치하는 방안도 포함되어 있었다. 일부 지역에서는 쓰레기로 가득 찬 수로와 개천을 정비하는 방안도 제시되었으며 언덕 꼭대기에 위치한 마을에서는 사람들을 실어 나르기 위해 케이블카를 설치하는 방안도 고려되었다.

이제까지 파벨라는 도시의 일부로 간주되지 않았기 때문에 파벨라 양성화는 선택 사항이 아니었다. 그러나 시대가 변하고 인식이 변했다. 1960년대, 단합된 노동자 커뮤니티의 잠재력과 판자촌 철거의 가혹한 결과에 대해 다룬 연구물과 출판물들이 쏟아져 나왔으며,[4] 이는 파벨라를 그 자리에서 양성화시켜야 한다는 주장의 근거가 되었다. 또한 미국에서 시도된 '도시재생'의 실패는 이 같은 주장에 무게를 실어 주었다.[5] 리우데자네이루에서 몇몇 실험적인 프로젝트가 시작되었으며, 1990년대 중반 정부는 대규모의 양성화 프로그램이 가능하다는 점을 경험을 통해 깨닫게 되었다.

연구 및 조사가 정책 실행으로 연결되는 데 30년이나 걸렸고, 대부분의 파벨라가 도시화된 지역이라 할 수 없지만, 리우데자네이루는 여전히 세계적인 도시이다. 2009년 현재, 뭄바이, 델리, 다카, 요하네스버그, 나이로비, 방콕, 자카르타, 카이로 등의 지역정부가 여전히 판자촌을 이주시키는 프로그램을 진행하고 있다.[6] 철거 속도가 늦춰지는 것은 수십만 명의 철거 이주민들에게 주택을 공급하는 데 필요한 정치적·경제적 비용이 많이 들기 때문일 뿐이다.

리우데자네이루의 파벨라 정책에 관한 이야기는 단순하지 않다. 그러나 1980년경 도시에서 파벨라를 완전히 없애 버리고자 했던 정책에 변화가 나타났다.[7]

다음의 섹션에서는 이 같은 정책 변화와 관련된 기구들, 문제들, 그리고 주체들에 관해 설명을 하고 있다.

행위자와 정책

우리는 1장에서, 19세기 말 리우데자네이루에 첫 번째 파벨라가 형성된 시기부터 1964년 군사쿠데타 시절까지 파벨라를 비난하고, 억제하고, 내리누르고, 해체하고자 했던 정책들을 살펴보았다. 1964년부터 2009년까지의 정책은 기존의 기관들이 남아 있는 상태에서 새로운 기관들이 형성됨에 따라 한층 복잡한 양상을 나타냈다. 이렇듯 새로운 기관들이 추가적으로 형성된 것은 사람들이 냉소적으로 이야기하는 정부의 완전고용 정책 때문이기도 하다. 결과적으로 리우데자네이루의 파벨라 정책을 검토하기 위해서는 먼저 그와 관련된 여러 기관들과 여러 접근법을 이해해야 한다. 다음에서 이에 대해 다루도록 하겠다.

1. 빈곤층에게 보급되는 데 실패하고 철거된 '대중 주택'

: 1964~1970년대 국영주택은행

1964년 브라질의 국영주택은행Banco Nacional de Habitação, BNH이 창설되었다. 이 은행의 주목적은 "사회적 주택" 또는 "대중 주택"이라 불린 저소득계층의 주택 건설에 대한 재정적 지원을 하는 것이었다. 자금의 출처는 브라질 '연금기금인퇴직적립금'Fundo de Grantia de Tempo do Serviço, FGTS이었다. 노동자들이 임금의 약 8퍼센트를 기금에 적립하고, 고용주들이 이에 상응하는 액수를 다시 적립함에 따라, 기금의 규모가 매우 컸으며 당시로서는 주택금융의 하나의 모델이 되었다.

그러나 실상 국영주택은행의 금융지원을 받는 주택들은 대중의 기준에서는 너무 비쌌다. 건축 기준이 비현실적으로 너무 높았고, 토지, 건축재, 사회기반시설, 노동비 등이 너무 낮게 책정되어 있어서, 빈곤층이 부담하기에는 주택 가격이 터무니없이 높았다. 가구별로 소유한 용지 위에 '기본적인' 혹은 '가장 간단한' 주택을 짓는 것이 일반적인 형태였으며, 식구가 늘어나면 방을 늘려서 지을 수 있는 충분한 공간이 있었다. 결국 국가의 모든 노동자들이 저축한 은퇴 연금이 빈곤층이 아닌 중산층의 주택을 짓는 데 사용되었다.

파벨라 거주민들이 가장 고려하는 점과 투자자 및 정치인들의 최선으로 고려하는 점은 정반대였다. 빈곤한 가족에게는 적절한 가격이 가장 중요했으며(이는 점점 많은 사람이 소득이 허락하는 한도 내에서 자신의 집을 직접 지음을 의미한다) 직장 및 학교와의 접근성, 도시 서비스에 대한 접근성, 그리고 쫓겨나지 않을 것이라는 보장 등이 중요했다. 주민들은 '노동 제공형 가옥 소유 제도'의 방식으로, 주민들이 혼자, 혹은 이웃과 함께 직접 노동을 해서 주택을 만들었다. 그들이야말로 도시를 직접 건설한 이들이었다.

정부와 국영주택은행 관리들이 주로 한 일은 알록달록하게 칠해진 작은 집들 앞에서 리본 커팅을 하고 사진을 찍은 것뿐이었다. 그들은 집을 빨리 짓고 자금을 빨리 회수하기만을 바랐다. 도시로의 접근성이라든가 대중교통의 이용 가능성 등은 아예 관심도 없었다. 그들은 그저 가능한 한 가장 싼 땅을 원했다. 결국, 주민들이 원한 마을과 정부가 제공한 마을 간에는 큰 차이가 있었다.[8]

근린개발회사Companhía de Desenvolvimento Conunitário, CODESCO는 1968년도에 창립되었는데, 이 회사는 파벨라를 철거하지 않고, 기존의 주택을 개선했던 BNH의 정책과는 정반대되는 사업을 실시했다. 이 회사는 건축가, 경제학자, 계획가들로 구성되었는데 이들

그림 11.1_CODESCO가 주거환경개선사업을 실시하기 이전 바하꾸스의 모습(1968년).

은 리우데자네이루의 주지사인 네그랑 지 리마Negrão de Lima를 설
득해 세 개의 파벨라에 대한 시범적인 프로젝트에 대한 허가를 받
아 냈다. 이 세 파벨라 가운데 한 곳은 언덕 위에, 다른 하나는 습지
에, 다른 하나는 평평하고 건조한 대지 위에 입지하고 있었다. 그곳
에 거주하고 있던 주민들은 비록 토지소유권을 가지지는 못했지만,
이주를 강요당하지는 않을 것이라는 보장을 받았다. 건축 자재 구
매를 위한 장기의 저리 융자가 제공되었으며, 건축 도구 및 설비들
을 함께 공유했다. 주정부에서는 응급 차량이 들어갈 수 있도록 주
요 도로를 넓히기 위해 중장비를 동원했으며 상수도, 하수도, 전기

그림 11.2_CODESCO가 주거환경개선사업을 실시하기 이전 바하꾸스의 모습(1968년).

그림 11.3_CODESCO의 주거환경개선사업이 이루어지고 15년 후. 주민들이 자신의 집을 개선시켰음.

와 같은 기본적인 도시기반시설을 설치했다. 또한 학교, 병원, 축구장 등을 위한 오픈스페이스를 마련해 주었다. 이 같은 공공시설을 위해 자신들의 주택이 헐린 가족들을 위해서는 같은 마을에 새로운 집을 보상으로 제공했다.[9]

시간이 흐르고 저축한 돈이 모이면서 판자때기로 된 누덕누덕한 판잣집들이 차차 어엿한 가정집으로 바뀌고, 마을도 변화한 노동자계급의 동네로 바뀌어 주변의 일반 마을들과 구분이 되지 않을 정도가 되었다. 〈그림 11.1〉과 〈그림 11.2〉를 보면 1968년 이 불량주택지구가 어떠했는지를 알 수 있다. 〈그림 11.3〉에서는 내가 방문하고 15년이 지난 후 그 동네가 어떻게 변화했는지를 알 수 있다.

저리의 장기 대출로 리우데자네이루의 파벨라를 도시의 일부로 편입시키는 데 성공함으로써 CODESCO는 대중적인 성공을 거두었다. 그럼에도, 세 개의 시범 사업이 완성된 1969년 이후에는 사업이 지속되지 않았다. 중앙정부는 여전히 파벨라 철거 정책을 고수했고, 리우데자네이루 시정부는 이런 방식을 지속할 수 없었다.

CODESCO가 달성할 수 없었던 목표 가운데 하나는 파벨라의 토지소유권을 합법화하는 것이었는데, 이는 현재까지도 해결하지 못한 문제이다. 소유권 문제, 토지 분쟁과 관련된 비현실적인 제도(각각의 필지별로 따로 따로 판결이 필요함), 우주까삐어웅usucapião(브라질판 판자촌의 권리)을 위한 제도가 부재한 점 등이 해결해야 할 산적과제이다.

대도시권주거조합Coordenação da Habitação de Interesse Social da Área Metropolitana, CHISAM. 리우데자네이루에서 파벨라를 제거하고자 하는 전국적 차원의 프로그램인 CHISAM을 실시하기 위해서는 군대의 완력과 정치적 영향력, 그리고 금융 재원을 필요로 했다. 1968년 설립되어 1975년 해체될 때까지 CHISAM은 100여개의 파벨라를 제거했으며, 10만 채가 넘는 주택을 철거해 50만 명에 가까운 사람들이 집을 잃었다. 첫 번째 철거는 체계적이면서도 가차 없이 진행되었는데, 지가가 가장 높은 남부 지구의 파벨라가 그 대상이 되었다. 이후 점차 북부 지구의 파벨라가 철거되었다. 철거민들은 멀리 떨어진 꽁중뚜로 강제 이주되었는데 소득수준에 따라 방하나짜리 오두막이나 코어 하우스 혹은 꽁중뚜에 살게 되었다.

구아나바라주주택회사Companhia de Habitação Popular do Estado da Guanabara, COHAB-GB. 주립 주택 회사인 COHAB-GB는 CHISAM과

522

함께 파벨라 철거 및 재정착 과정에 참여했다. 브라질리아로 수도를 이전하기 전인 1970년대 초반, 당시 리우데자네이루 시는 연방정부의 수도로 지정되어 있었으며, 연방수도는 리우데자네이루 주와는 별도로 구아나바라 주를 구성하고 있었다. 1974년까지 COHAB-GB는 32개의 꽁중뚜에 40,277채의 주택을 지어서 21만5천 명의 이주민을 수용했다. 1975년 구아나바라 주와 리우데자네이루가 통합되어 리우데자네이루 주를 형성했으며, 주택 공급도 새로운 회사인 리우데자네이루주주택회사Companhia Estadual de Habitação do Rio de Janeiro, CEHAB-RJ가 맡게 되었다. CEHAB-RJ의 목적은 계속해서 파벨라를 철거하는 것이었다.[10]

세계은행은 1972년 다카의 불량주택지구를 시작으로 판자촌 지구의 양성화에 앞장서 왔으며, 이는 어느 국가적 차원이나 지방자치체의 진보적인 개선 사업보다도 10년 이상 앞선 것이었다. 브라질 연방정부를 설득해 파벨라를 철거하지 않고 파벨라를 양성화하는 작업을 진행시킨 것도 세계은행이었다. 양성화란 주민들이 이미 스스로 조성해 놓은 판자촌 마을에 수도, 하수도, 전기 등의 기본적인 도시 서비스를 제공하는 것을 의미한다. 양성화 작업은 향후 더 많은 이촌향도민들이 도착할 것을 예견하고 각각의 구역에 가족들 스스로가 집을 지을 수 있도록 토지 구획 작업도 했다. 이 같은 과정은 이미 건설된 파벨라 지역에 수도나 하수도관을 매설하는 것보다 비용과 노력이 훨씬 덜 드는 작업이었다.

1978년 내가 세계은행의 자문위원으로 리우데자네이루을 방문했을 때 빈곤한 이들이 필요로 하는 것을 공급하는 것이야말로 주택 건설 비용을 낮추는 것이라고 BNH 관계자들에게 강조했지만, 그들을 설득하는 것은 매우 어려운 작업이었다. 이에 세계은행에서는 브라질인들에게 대규모의 '저소득계층'에게 제공되는 주택 융자에 주택 개선 작업과 관련된 대출 상품을 끼워 넣는 방법을 대안으로 제시했다.

쁘로모라르Promorar와 쁘로제뚜 히우Projeto Rio. 1979년 쁘로모라르의 창설은 이 장의 첫 번째에서 이야기했던 대대적인 변화의 시작이었다. 이 프로그램은 홍수 위험이 큰 지역에 세워진 파벨라를 양성화하는 전국 차원의 프로그램이었다. 대상 가옥은 대부분 만 가장자리의 습지에 말뚝을 박고 그 위에 지어진 주택들(팔리피타pal-afita)이었다. 이는 CODESCO의 시범 사업이 중단된 이후 최초로 시행된 판자촌 양성화 프로그램이었다. 리우데자네이루에서는 이 프로그램이 꽁쁠렉수두마레에서 처음 시작되었으며 "쁘로제뚜 히우"라고 불렸다. 첫 사업이 성공한 이후 다섯 개의 다른 파벨라에서도 사업이 진행되었다.

1973년 이후 파벨라에 대한 대대적인 철거 작업은 점차 줄어들었으며, 1975년에는 완전히 멈추었다. 파벨라 철거 정책의 인기가 시든 이유는 무엇일까? CHISAM이 파산한 이유는 무엇일까? 민주주의에 대한 정치적 개방, 즉 아베르뚜라가 시작됨에 따라 정치적 기류의 변화가 있었던 것일까? 정부가 하루아침에 파벨라에 대한 태도를 바꾸거나 도시경관에 대한 다양성을 인정하기 시작한 것은 아니라는 점은 확실하다.

철거 및 이주 정책은 분명 정부 입장에서는 정치적으로나 경제적으로 매우 비싼 값을 치러야 하는 정책이었다. 꽁중뚜의 아파트에 대한 이주민들의 대금 지불 능력은 실제보다 과하게 평가되었고, 이주민들의 정치적 적대감도 충분히 고려하지 못한 사항이었다. 파벨라 철거 속도에 맞추어 새로운 꽁중뚜를 건설하는 것은 시간적으로 너무나 빠듯한 일이었고, 꽁중뚜를 관리하는 일 역시 정말 힘든 일이었다. 건설 과정에서의 부정부패와 유지 비용의 부담으로 인해 꽁중뚜 건설 후 6개월 정도가 지나자 부실 공사의 여파가 나타나기 시작했다. 벽에서 수도관과 하수도관이 새기 시작했고 녹지로 조성된 지역은 금세 쓰레기로 가득 찬 진흙 구덩이로 변해 악취를 내뿜었다(3장의 끼뚱구의 꽁중뚜 사진을 참조).

또 다른 원인은 1975년 이루어진 CHISAM의 폐쇄였다. CHISAM은 파벨라 철거 작업을 성공적으로 수행했지만, 파벨라가 성장하게 된 원인을 제거하는 데는 완전히 실패했다. 1960년대 말과 1970년대에 브라질은 "경제 기적의 시대"라 알려진 고도 성장기에 접어들었으며, 이 시기 더욱 많은 이주민들이 리우데자네이루로 쏟아져 들어왔다. 일자리는 넘쳐 났지만 임금은 매우 낮았다. 따라서 새로이 도착한 노동자들이 거주할 수 있는 곳은 파벨라뿐이었다. 당시 꽁중뚜 거주민 대부분이 다달이 납입해야 하는 돈을 내지 못하는 형편이었기 때문에, 정부는 건설 대금을 회수할 수가 없었고, 이에 정부는 철거 및 이주가 매우 힘든 싸움이라는 것을 깨닫게 되었다.

자금을 유입시키기 위해서 BNH는 중산층 및 상류층의 주택을 건설하는 대형 민간 기업들에게 자금을 빌려주기 시작했으며 꽁중뚜에 대한 예산 지원을 중단했다. 더 이상 꽁중뚜에서 파벨라 주민이나 다른 꽁중뚜 주민의 이주를 받지 않게 되었으며, 더 이상 철거도 이루어지지 않게 되었다.

2. 사회적 이동성과 상향 이동의 경험: 1980년대

리우데자네이루 유권자의 3분의 1 이상이 파벨라를 비롯한 비공식부문의 주택에서 거주하고 있었기 때문에, 1985년 민주주의가 회복된 이후에는 파벨라를 대규모로 철거하는 것이 정치적으로는 불가능한 일이 되었다. 동시에 파벨라 조합 연맹이 노동조합, 학생 운동 조직 그리고 야당 등과 연대해 활동을 하기 시작해, 직접 선거 실시를 지지하고 신헌법 제정을 위한 국민 의회의 구성을 주장했다.

1979년 가톨릭교회가 빠스또라우다스파벨라스Pastoral das Favelas 라고 하는 민중 구제 단체를 만들었는데, 이들은 파벨라 주민들의 토지소유권과 관련된 법적 문제를 해결하는 데 도움을 주었다. 해방신학의 전통과 하층민 사회의 계몽에서 출발한 이 같은 노력은 토지소유권을 위해 싸우는 이들에게 법률적 지원을 제공했다. 이들의 활동의 결과 17건의 철거가 소송을 통해 중단되었고, 33개의 파벨라에서 법률 보호 위원회가 구성되었다.[11]

이런 일들은 이스라엘 끌라빙Israel Klabin이 리우데자네이루의 시장으로 재임하던 기간에 이루어졌다. 당시 유니세프는, 브라질은 물론이고 라틴아메리카에서 가장 큰 파벨라 가운데 하나인 호싱냐를 개선하는 야심찬 프로그램을 위한 기금 조성에 동참했다. 그 프로젝트는 파벨라 주민들의 노동 봉사를 통해 이루어졌으며 이는 이후 길이길이 남는 사건이 되었다. 1982년 리오넬 브리졸라가 리우데자네이루 시장으로 당선되었는데, 그는 파벨라 주민들에게는 든든한 지원군이 되어 주었다. 그는 진보적인 정치인으로 독재 기간 중에는 다른 나라에 머물다가 브라질 정부가 망명객들에 대한 사면을 선언하자 고국으로 돌아온 인물이다.

이런 모든 변화들은 개방의 시기라 알려진, 독재정치의 위세가 약해진 시기에 이루어진 것들이다. 이 기간 동안 지역정부 및 주정부는 파벨라를 양성화하기 위해 다양한 프로그램들을 실시했다. 당장 CODESCO의 뒤를 이을 만한 기관은 세워지지 않았지만, 이는 이후 선례로서 작용해 1980년대 중반 민주주의가 회복된 이후 CODESCO와 비슷한 일련의 기관들이 지역정부 및 주정부 차원에서 세워졌다. 이 같은 사례로 프로제뚜무치랑Projeto Mutirão(공동으로 짓는 자조 주택)이나 까다파밀리아웅로찌Cada Família Um Lote(각 가정마다 한 필지씩) 등이 있다.

프로제뚜무치랑(1983~1984)은 주민들이 자신들의 마을을 개선하는 사업에 참여할 경우 그에 대한 보상을 실시한 첫 번째 사업이다. 이 프로젝트는 위생 관련 인프라 건설을 시작으로 도로 및 커뮤니티센터 건설로까지 이어졌다. 지역정부에서는 파벨라의 노동자들에게 최소한의 임금만을 지불했다. 이 프로젝트는 파벨라 지역의 도시화를 위해 시행된 지역정부 차원의 여러 사업 가운데 첫 번째로 이루어진 것으로, 이 프로젝트에서 얻은 경험과 노하우는 이후 더욱 큰 규모의 사업에 반영되었다. 프로제뚜무치랑은 15개 파벨라의 일부 지역에 기반 시설을 설치했으며, 이 중에는 남부 구역에서 가장 큰 파벨라인 호싱냐도 포함되어 있었다.

까다파밀리아웅로찌는 1983년 주지사인 브리졸라에 의해 시작되었는데, 이는 프로제뚜무치랑과 비슷한 주정부 차원의 정책이라 할 수 있다. 이 프로젝트의 목표는 주에 거주하는 100만의 빈곤 가구에 토지소유권, 상수도, 하수도를 제공하는 것이었다. 목표치에는 훨씬 미치지 못했지만, 이 프로젝트를 통해 2만3천 개의 토지소유권을 획득할 수 있었으며 리우데자네이루 시내에 위치한 두 개의 파벨라가 양성화되었다. 이 프로젝트를 통해 어떻게 하면 파벨라를 도시의 공식부문에 편입시킬 수 있는가에 대한 실질적인 경험을 얻게 되었고, 그와 관련된 인식의 전환을 가져올 수 있었다.

브라질의 민주주의가 회복된 1985년, 도시 발전 5개년 계획에서는 파벨라가 도시에 완전히 편입되고 평범한 마을 수준의 모든 서비스를 제공받을 수 있는 방안이 포함되었다. 이런 방안에는 파벨라의 존재에 대한 공식적인 인정과 도로포장, 가로등 설치, 각 가정까지의 우편배달 서비스, 날마다 이루어지는 쓰레기수거 서비스 등이 포함되었다. 그러나 이후 리우데자네이루를 마비시킨 정치적 위기로 말미암아 이 5개년 계획은 계획 단계에서 더 이상 발전하지 못했다.[12]

3. 대규모화 된 도시화 과정: 1990년대부터 2007년까지

1990년대, 리우데자네이루에 관한 마스터 플랜에서는 파벨라에 도시 서비스를 제공하는 프로그램을 포함시킴으로써 휴먼 상태이던 5개년 계획을 다시 수면 위로 끌어 올렸다. 조세 징수 제도가 분권화되었으며, 이로 인해 각 지자체들은 파벨라에서의 징수를 통해 새로운 세수원을 찾아냈다.

세사르 마이아César Maia(1993~1997) 시장의 첫 번째 임기 동안 수차례의 강한 폭풍우가 불어 닥쳐서 홍수가 발생했고, 파벨라가 위치한 언덕배기들이 침식 피해를 입었다. 폭풍우로 인한 폭우로 수십 채의 가옥이 떠내려갔으며 알려지지 않은 규모의 인명 피해가 일어났다. 쏟아져 들어오는 강우로 하수도가 역류해 많은 가옥들이 침수 피해를 입었다. 이러한 피해에 대해 도시정부는 재녹지화 프로그램을 시작했다.

자조녹지보상프로젝트reflorestamento-Mutirão Remunerado. 이 프로그램은 과일나무나 채소처럼 빨리 자라면서도 식용이 가능한 식생을 파벨라의 언덕 꼭대기에 심는 사업이다. 이 프로젝트의 목적은 토양을 고착시킴으로써 토양 침식을 막고 언덕 꼭대기까지 주민들이 거주할 수 있도록 하며 주민들의 식생활에도 도움이 되는 것이었다. 생활하수가 빗물 배수로와 섞이지 않도록 하고 우기에도 넘치지 않게 하기 위해서 시정부는 폐쇄형 하수도관을 설치했으며, 이 도관은 우천시에만 열리도록 했다. 또한 이 사업에서는 청소년들에게 보건과 영양에 관한 교육 프로그램을 제공했으며, 좀 떨어진 곳의 온실에서 인턴십을 할 수 있도록 주선했다.

재녹지화 사업은 일을 쉬고 있는 파벨라 주민들이 그들의 마을을 위한 프로젝트를 수행하기 위해 정부에 공짜 노동력을 제공하는 것에서 탈피한 첫 번째 사업이었다. 이 사업에서 처음으로 지자체는

그림 11.4_녹지 복원 사업의 실시(1987년). 파벨라의 언덕 위에 식용 식물, 관목, 나무 등이 자라고 있다.

마을의 노동자들에게 '자원봉사'를 하도록 강요하지 않고 임금을 지불하기로 했다. 필요한 기술을 가진 지역 주민들은 해당 부문에서 고용될 때 우선권이 주어졌고 지역공동체는 사업에 대해 (전체적인 통제는 아니었지만) 일정부분 관리를 하고 디자인을 결정할 수 있는 권한이 주어졌다.[13]

1단계 파벨라-바이후 사업(1994~2000년): 재녹지화 사업에서의 경험을 토대로 지자체들은 더욱 과감한 사업들을 시작할 수 있는 능력을 갖추었다. 1994년 파벨라에 기반 시설을 개선하고 공공사업을 실시하며 마을 입구에 공공 광장을 설치하는 사업 등을 실시함으로써 파벨라를 주변의 마을들과 비슷하게 개선시켜서 주변 마을로 통합시키고자 하는 파벨라-바이후 프로그램이 시작되었다. 제1기에는 거주민 규모가 500명에서 2,500명에 이르는 15개의 파벨라가 선정되었다. 15개 마을은 공개경쟁을 통해 선정되었다. 시 정부에서는 브라질 건축 협회와 함께 마을 개선에 대한 제안서를 받아서 15개 팀을 선정했다. 선정된 팀들은 각각의 파벨라를 맡게 되었다. 이런 방식으로 아르키트라소Arquitraço와 같은 진보적인 신생 회사들이 이 미개척의 영역에 발을 내디딜 수 있었으며, 새로운 시도들이 행해지고 또 서로 비교될 수 있었다.[14]

프로젝트가 시작된 이후, 시정부는 미주개발은행 도시 분과의 지원을 받을 수 있었는데, 1985년까지 5년간 1억 8천만 달러의 기금을 지원받기로 했으며, 사업 결과에 따라 추가 지원을 받을 수도 있었다. 브라질 국영 은행Caixa Econômica Federal은 이 프로그램의 잠재력을 알아보고 곧 연방 기금을 지원했다. 이로써 비용과 기간을 특정한 좀 더 공식적인 재정지원 절차가 마련되었다.

이미 파벨라 개선 사업 경험이 있는 주민들 가운데 필요한 노동력뿐만 아니라 프로그램 매니저도 고용함으로써, 리우데자네이루 시는 파벨라-바이후 프로그램을 통해 주민들에게 보상을 하면서 시행하는 개선 사업을 좀 더 진화시킬 수 있었다. 제1기 사업이 마무리 될 때까지 52개의 파벨라와 8개의 로찌아멩뚜스가 이 프로그램의 혜택을 받았다.

2단계 파벨라-바이후 사업(2000~2005년): 프로젝트는 이후로도 5년간 더 지속되었고 62개의 파벨라와 24개의 로찌아멩뚜스에서 추가로 사업이 진행되었다. 이로써 총 114개의 파벨라와 24개의 로찌아멩뚜스가 파벨라-바이후 사업에 참여했다. 사업에는 교육, 보건, 기술 훈련, 마을 발전 등도 포함되었고 소액 신용 금융, 소득

창출, 재산권 인지 등과 관련된 프로그램들도 포함되었다. 그러나 이런 부분에서는 전혀 진전이 이루어지지 않았다.

2005년 워싱턴 DC에 있는 미주개발은행 본부에서 파벨라-바이후 프로그램 10주년을 축하하는 행사가 열렸으며 많은 찬사를 받았다. 이 프로그램은 전 세계의 불량주택지구 개선 사업 가운데 가장 야심찬 계획으로 인정받았다.

개선 사업의 지속(2005~2008년): 일부 파벨라에서는 초기에 비용을 잘못 계산했거나 작업의 난이도를 제대로 인식하지 못한 계약자들이 도중에 작업을 그만두는 바람에 사업 일정이 늦춰지기도 했다. 미주개발은행에서 제3기 사업에 대한 자금 지원을 승인하자 시정부에서는 추가적인 파벨라 개선 프로그램을 지속했다. 2008년까지 파벨라-바이후 사업을 통해 168개의 파벨라 및 로찌아멩뚜스에서 개선 사업이 이루어졌으며 약 50만 명이 혜택을 받았다.

이 같은 성공 사례에 고무된 시정부에서는 자체적으로 두 개의 개선 사업을 발주했다. 하나는 인구 규모 500인 이하의 소규모 파벨라를 대상으로 한 바이리뉴Bairrinho 사업이고 다른 하나는 인구 규모 2,500인 이상의 대규모 파벨라를 대상으로 하는 그랑지 파벨라Grandes Favelas 프로그램이다. 남부 지구의 호싱냐, 북부 지구의 자까레지뉴, 자까레빠구아의 히우다스뻬드라스Rio das Pedras와 같은 몇몇 대규모 파벨라에서 이미 사업이 시작되었다. 그중에서도 가장 인상적인 프로그램은 루 피터슨이 독일의 바우하우스-데사우 Bauhaus-Dessau 재단과의 협업을 통해 발전시킨 셀룰라 우르바나 Célula Urbana 프로그램으로 자까레지뉴 지역에서 실시되었다.[15] 파벨라를 방문한 유럽인 건축가와 디자이너들은 파벨라의 좁고 구불구불한 가로망, 빽빽하게 들어선 건물들, 각기 따로 지어졌지만 비슷하게 보이는 마을의 경관 등에서 중세의 성곽 도시를 떠올렸다. 리우데자네이루의 팀과 협업을 한 독일 팀은 건물의 밀도가 가장 높은 지역에 오픈된 공간을 조성해 공기와 빛이 들어가게끔 하고 중간 지역에 오픈스페이스를 만들어서 마을 주민들의 회합의 장소로 삼게 해, 도시의 다른 지역과의 접근성을 높이는 설계를 제안했다.

이 계획에서는 주민자치회를 위한 현대적인 3층짜리 주민센터를 계획했으며, 이 건물에는 콘서트 홀, 회의실, 컴퓨터실, 예술 작업실, 비디오 랩실 등이 포함되어 있었다. 주민센터가 지역 활동의 구심점 역할을 하게 될 것이며, 주민센터의 탑은 동네의 어느 곳에서도 보이게 한다는 것이 계획의 핵심이었다. 건물 밀도가 매우 높은 곳이나 (창문도 없어서 출입문을 제외하고는 빛도 들지 않으며) 공기가 잘 통하지 않는 건물들은 거주 환경을 개선하고 건강상의 문제, 특히 호흡기 질병을 예방하는 차원에서 마을 내의 다른 지역으로 이주시킬 계획이다. 주요 고속도로 위로 육교를 건설함으로써 소외되던 지역의 접근성을 높이고, 이를 통해 교육 센터와 소규모 비즈니스 창업 시설도 발전할 것이다. 이제까지 이 프로젝트를 통해 약 한 블록의 도시 셀이 조성되어 운영되고 있는데, 운영은 주정부가 맡고 있으며 필요 자금은 국영 개발 촉진 프로그램에 의해 지원되고 있다.[16]

3단계 파벨라-바이후 사업(2008년 시작): 3단계 사업을 위한 예산 실행은 시정부와 연방정부가 리우데자네이루의 차입 능력이 과도

하게 평가되었다며 정당 간 정쟁을 벌임으로써 3년 가까이 보류되었다. 시정부는 겨우 예산 집행을 승인 받을 수 있었는데, 그 기금이 새로운 프로젝트가 아니라 현재 진행되고 있는 사업에 대한 것이기 때문이었다. 리우데자네이루 시장 세사르 마이아가 시장의 임기가 도중에 끝나기 때문에, 3단계라는 용어를 사용하는 문제에 대해 미주개발은행과 시정부가 사전에 협의를 진행했으며, 예산은 2008년에 집행되었다. 2009년까지 6개의 파벨라에 대한 추가 사업이 시작되었으며 다른 많은 파벨라들이 준비 작업을 마치고 사업이 시작되기만을 기다리고 있다.

사업에 포함될 파벨라의 목록과 우선순위는 1단계 사업의 시작단계에서 이미 시의회의 승인을 받았다. 따라서 다음 순서에 속하는 파벨라가 속한 지자체에서는 준비를 마치고 사업이 시작되기를 기다리고 있다.

파벨라-바이후 사업에 대한 내부적인 또는 외부적인 평가가 수차례 이루어졌으며 3단계 계획에서는 건설적인 제안들이 포함되었다. 그러면서도 사람들이 선호하는 모든 이슈들을 몽땅 포함시키지는 않으려 노력했다. 그러나 어린이 집 프로그램이라든가 청소년 및 성인을 위한 교육(고등학교 학력 인정 프로그램 제공), 컴퓨터 연수, 방과 후 문화 및 체육 프로그램, 폭력 경감 프로그램 등이 포함되었다. 폭력 경감 프로그램은 확대될 예정인데, 가정 폭력뿐만 아니라 (쓰레기 투기에 대한 벌금 물리기와 같은) 거리 질서 유지 등도 포함되며 4세부터 21세 유소년층에 대한 스포츠 및 기술 훈련까지도 포함될 예정이다. 이 프로그램에서는 폭력의 '핫 스팟'을 알아내어 지역 주민 스스로가 문제를 진단하고 기초적인 자료를 수집하며 프로그램의 효과를 모니터까지 할 수 있도록 지원할 예정이다.

내 기존 연구에서 나타난 바와 같이 파벨라-바이후에 대한 평가자들은 파벨라 지역의 단기 소액 대출 프로그램에 대한 수요에 대해서는 큰 관심을 보이지 않았다. 따라서 이 프로그램은 제외되었다. 연구를 진행하면서 매우 걱정되는 부분은, 이러한 사회적 프로그램이 제공되는 동시에 파벨라는 여전히 성장하고 있다는 점이며, 또한 제1장의 사진에서 나타난 바처럼 파벨라 주변으로 장벽이 설치되고 있다는 점이다.

파벨라-바이후 프로그램으로 인해 (파벨라가) 모후나 아스파우뚜 지역과 더 유사해진 것일까?

168개의 파벨라에서 개선 사업이 진행되었다는 점은 매우 인상적이지만, 이는 2009년 7월 현재 리우데자네이루에 존재하는 1,020개 파벨라의 16.5퍼센트밖에 되지 않는 것이다.[17] 앞으로 해야 할 일이 정말 많으며, 어떤 작업이 이루어졌는지, 그리고 앞으로 어떤 부분이 개선되어야 하는지 조사해야 할 부분도 많다.

2001년부터 2003년까지 현장조사를 진행하는 동안 1단계 파벨라-바이후 사업이 이미 완료되었으며, 2단계가 진행되고 있었다. 그러나 놀랍게도 인터뷰에 응한 2,200명 가운데 파벨라-바이후 사업에 대해 알고 있는 사람이 거의 없었다. 내가 연구를 진행했던 파벨라 가운데 이 사업의 혜택을 받은 곳은 한 군데도 없었다. 그러나 나는 이 사업이 파벨라 전체에서 화젯거리가 될 만한 이슈라고 생각했다. 뉴스에서도 이 프로그램에 대해서는 거의 다루지 않았으며, 내가 본 것 중 이 사업에 대해 공개적으로 다룬 것은 리우데자네이루의 국내선 공항인 상뚜스 두몽에서 별로 인상적이지도 않은 조그만 전시회가 열린 것뿐이었다. 이 사업에 대해 공개적으로 다루지 않는 것이 이 사업에 대한 기대치를 낮추기 위한 더 큰 전략의 일환인지 아니면 빠듯한 복지예산 때문인지 또는 단지 관리상의 실수인지 여전히 궁금하다.

파벨라-바이후 프로그램에 대해 관심이 많았기 때문에, 1999년부터 2008년 사이 프로젝트가 시행되고 있는 마을 수십 군데를 방문했다. 각각의 마을에서 마을 주민들과 이야기를 하고 현재뿐만 아니라 과거 마을의 지도자였던 사람들까지도 인터뷰를 하며, 어떤 일들이 일어나고 있는지를 전반적으로 살펴보았다. 나는 일찍이 CODESCO와 같은 마을 개선 사업을 경험한 적이 있는 파벨라들은 파벨라-바이후 프로그램의 혜택을 받아들일 준비가 더 잘되어 있었으며, 주민들도 훨씬 더 적극적일 것이라고 생각했다. 그러나 나의 예측은 틀렸다. 주민회의나 마을 행사에 관한 기록들이 이미 남아 있지 않은 마을들이 많았으며, 주민자치회의 건물이 몽땅 불타버린 경우들도 있었다.

그렇지만 개선 사업이 진행되고 있는 현장의 건설 사무실에서는 신나고 활기찬 분위기가 가득 넘쳤다. 새로운 개선 사업이 막 완료된 파벨라의 경우 그 성과가 참 인상적이었다. 깨끗한 길거리, 깨끗한 물이 흐르는 수로와 개천들, 새로운 마을 광장, 새로이 단장한 마을 조망 지점, 포장된 도로, 가로등 등이 설치되어 있었다. 공동

그림 11.5, 그림 11.6_일라두고베르나도르에 위치한 파벨라 빠르끼로얄은 리우데자네이루 국립대학 캠퍼스와 가까이 있다(사진의 저작권은 리우데자네이루 시청의 주택과에 있음. 2004년 촬영).

용도의 건축을 위해, 살던 집에서 이전해야만 했던 가족은 새로이 잘 지어진 집에 입주했다. 그 동네에는 어린이집, 여성들을 위한 바느질 방, (지역의 교사를 활용해 학점을 인정해 주는) 원격 교육 프로그램 시설, 노점상을 위한 영구 가판대 시설 등이 설치되었다. 개선 사업이 이루어지기 전과 후의 경관 변화가 매우 인상적이었다. 빠르끼로얄Parque Royale 등의 몇몇 파벨라는 (〈그림 11.5〉와 〈그림 11.6〉에서 보이는 바와 같이) 프로그램을 위한 홍보 사진의 대상이 되기도 했다. 개선 사업이 이루어진 이후 모든 참가 커뮤니티는 놀라울 정도로 많은 개선을 이루었다.

일부 커뮤니티에서는 작은 예배당이나 상징적인 장소 등을 보존하려고 노력했다. 마약거래상들은 사라진 것처럼 보였고 주민들은 마을을 자랑스러워하며 미래에 대해 낙관적인 전망을 했다. 내가 처음 그 마을들을 방문했을 때 내가 들은 유일한 불만 사항은 도로에서 자기 집까지 상하수도나 전기 시설을 끌어오는 걸 주민들이 직접 해야 한다는 점뿐이었다. 어떤 가정에서는 이런 설비를 설치할 만큼의 여유가 되지 않았으며, 어떤 가정에서는 비싼 마룻바닥으로 잘 마무리한 집을 뜯어내고 새로이 설비를 설치한다는 것이 쉬운 일이 아니었다.

그러나 내가 다시 그 파벨라들을 방문했을 때에는 현실적으로 적응이 되어 있었다. 각 지역마다 상황이 달랐으며 어떤 지역은 다른 지역보다 더 많은 진전이 있었지만, 내가 본 대부분의 지역에서는 일의 진척이 지지부진했다. 사람들은 마을 개선 작업에 대해 일종의 주인 의식을 느끼지 못하고 있었다. 마을의 건설 사무소가 폐쇄되는 것은 정부도 더 이상 마을에 존재하지 않는다는 것을 의미했다. 그 이후로 마을의 상황은 악화되기 시작해 개선 사업을 시작하기 이전으로 돌아갔다고 사람들은 말했다. 건설 현장에서 일했던 사람들은 다시 실업 상태가 되었다. 자동차 수리나 고물상을 하던 이들은 그 장소가 '정상화'되면서 생계 수단을 잃어버렸다. 정상화란 결국 작업장을 이전하거나 폐쇄하는 것을 의미했기 때문이다.

몇 년 전에 봤을 때는 새로이 수로 정비를 하고 청소를 해서 깨끗한 물이 흘렀던 물길이, 이제는 예전 그대로 마을 쓰레기장이나 하수장이 되어 있었다. 마을 사람들은 마을 안쪽의 광장을 그리 자주 이용하지 않았으며, 도로에 인접한 광장은 유지가 잘되지 않고 있었다. 마을 곳곳에 낙서와 쓰레기가 넘쳐 났고 마약상들이 다시 돌아왔다. 한 마을에서는 원래 나이 드신 분들이 그 밑에 앉아서 땀을 식히며 쉬곤 하던 큰 나무가 잘려 나가고, 그 나무 주변의 조그마한 녹지마저도 새로이 포장도로를 내면서 사라져 버렸다. 대신 나무가 있던 자리에는 새로운 파란색, 노란색, 빨간색의 반짝이는 철제 의자와 벤치, 그리고 조그마한 놀이터 시설이 들어섰다. 뜨거운 해가 나도 그늘이 지지 않는 새로운 시설에는 사람들이 잘 모이려 하지 않았다.

이 같은 사례에도 불구하고, 파벨라-바이후 사업에 포함되었던 파벨라들의 삶의 질은 다른 파벨라들에 비해 훨씬 더 좋아졌다. 공공 투자의 혜택을 보았다는 사실만으로도 마을 사람들은 자신들의 동네가 철거되지 않을 거라는 확신을 갖게 되었다. 비록 토지소유권 문제는 미해결 상태로 남아 있었지만 말이다. 도시기반시설의 구비로 인해 생활의 모든 면이 훨씬 더 편리해졌고 건강해졌다. 또한 공사가 진행되는 기간 동안 정부의 관심의 대상이 되는 경험을 한 주민들은 자신들이 더 이상 정부의 눈에 보이지 않는 존재가 아니라는 확신을 갖게 되었다. 자신들을 정부가 인식하고 있다는 생각은 뭐라 딱 꼬집어 말할 수는 없지만 중요한 변화를 이끌어 냈다.

파벨라-바이후 프로그램에 대해 비판적이었던 사람들은 "(지역 주민들이) 백인 계층에 의해 쫓겨날 것"이라고 예상했으며 이 프로그램을 (초기의 철거 프로그램과 구분해) 일종의 젠트리피케이션이라고 했다. 그들은 도시 서비스 및 어느 정도의 합법성이 갖춰지게 되면 파벨라가 많은 사람에게 매력적인 곳이 될 것이고, 부동산 가격은 상승할 것이며, 주민들은 마을 개선의 혜택을 입지 못한 채 소득 수준이 더 높은 사람들에게 자신의 집을 팔고는 더 먼 곳에 위치한 더욱 열악한 파벨라로 옮아가게 될 것이라고 예상했다. 내가 관찰한 바로, 이런 일은 발생하지 않았으며, 일어났다 하더라도 아주 적은 규모로만 일어났다. 먼저 시내 중심부에서 가까운 지역과 남부 지구에 있는 파벨라에서도 그곳의 주택을 구입하겠다는 수요가 별로 나타나지 않았다. 두 번째, 사람들은 이미 자신들의 마을에 익숙해져 있었고, 그곳에는 친구와 친척들, 인간관계망 등이 이미 있었으며 또한 아마도 일자리도 가까웠기 때문에 다른 곳, 특히 잘 알지 못하는 먼 곳의 다른 파벨라로 이주해 가고 싶어 하지 않았다. 집을 팔고 나갈 때 얻을 수 있는 이익이라는 것도 다른 좋은 곳으로 집을 사서 가기에는 매우 부족한 정도였으며 아스파우뚜로 이사하기에는 택도 없는 정도였다.

더 많은 개선을 위한 여지

일을 다 치루고 나서야 어떻게 하면 더 잘했을지 알게 되는 법이다. 파벨라-바이후 프로그램은 대담한 도약이었지만 '최선책'은 아니었다. 특정 시대에 특정 지역에서는 다른 대안보다는 나은 대책이 있을 뿐이지, '최선책'은 없는 법이기도 하다. 혁신적인 아이디어가 일단 실행이 되고, 그것이 자리를 잡으면, 그 내부에서 문제점이 발견되어 다시 새로운 도전을 하게 되는 것이다.[18]

파벨라-바이후 프로그램의 경우, 도로를 포장하고 하수도관을 청소하며 마을 광장을 만드는 등 도시기반시설을 확보하고 도시 디자인 요소를 도입하는 데 얼마의 예산이 들었든지 간에, 파벨라를 그 주변의 마을들과 통합시키는 데 성공하지 못했다. 모든 이가 어디에서 아스파우뚜가 끝나고 모후가 시작되는지 알고 있었다.

이런 공간적 분리로 말미암아, 경제적 차이는 리우데자네이루의 파벨라 거주자와 이외 지역 거주자의 평균 소득을 비교해 보면 명확히 드러난다. 남부 지구 거주민들의 평균 소득은 파벨라 거주민들의 임금의 5~6배에 이른다. 평균 소득이 가장 낮은 서부 지구에서도 파벨라 이외의 지역에 거주하는 이들의 소득은 파벨라 거주민의 1.5배에 이른다. 파벨라에 거주한다는 낙인은 너무 깊어서 겉모습을 감춘다 해도 감춰지지 않는다. 파벨라는 도시계획 용어집에 "특별한 관심이 필요한 지역"이라고 새로이 등록되었지만, 파벨라 이외의 지역에 거주하는 이들에게는 그저 "하층민들의 집합지"로 보일 것이다.

파벨라-바이후 프로그램에는 계획상으로는 소득 창출과 같은 사회적 투자 부문이 포함되어 있지만, 실제로 그런 부분은 거의 실행되지 않았다. 프로그램의 일환으로 건립된 어린이집조차 지속적인 재정지원이 이루어지지 않아 보육 교사들을 고용하지 못했고, 이로 인해 대부분 텅 빈 채로 폐쇄되었다. 프로젝트 자체가 건물 건축에 중점을 두고 진행되다 보니 대부분의 하도급 업자들도 건축가와 엔지니어였으며 사업 대부분이 건설 업체들에 의해 이루어졌다. 물리적인 요소들이 사회적인 요소들을 압도해 버린 것은 어찌 보면 당연한 일이다.

재정을 지원하는 측도 사회 부문의 투자보다는 대규모의 사회기반시설 프로젝트에서 훨씬 더 많은 경험이 있었다. 따라서 사회 부문보다는 사회기반시설 부문을 더 우선시 했다. 사회, 교육, 문화, 지역 경제발전과 같은 소위 소프트한 발전이나, 자질 있는 교사들이나 유능한 멘토들, 놀이방 선생님을 고용하는 일들은, 노동 집약적인 작업이고 지역 특화적인 작업이며 일을 실행하기도 훨씬 힘들지만, 단기간에 가시적인 성과가 나타나기 어려운 일들이다.

지난 15년간 파벨라에 투자한 자금과 행정력을 주민들의 소득능력 '향상'에 쏟아부었다면, 이들 동네가 평범한 다른 동네들과 통합되는 데 훨씬 더 나은 효과를 나타내지 않았을까 하는 생각을 해본다. 파벨라 주민들이 평범한 노동자 계층의 마을들과 비슷해질수록 그들과의 통합도 훨씬 더 쉬워질 것이다. 사람들의 소득이 늘어나면 마을의 외관이나 도시 서비스, 그리고 안전도 따라서 증진될 것이다.

파벨라 주민들이 이야기하기를, 물리적인 면의 개선이 이루어진다 해도 파벨라 내에서도 가장 가난한 지역에는 도시기반시설과 서비스가 미치지 않는다고 한다.

내가 가장 염려하는 부분은 건설업자들이 마을을 떠나고 프로젝트 사무실이 문을 닫은 이후에는 주민들이 마을에 대한 자부심이나 주인 의식을 갖지 않는다는 점이다. 이는 우선순위를 정하고 의사결정을 할 때 지역 주민들 간의 합의가 이루어지지 않음을 말하는 것이다. 아무리 좋은 의도를 지닌 능력 있는 전문가나 커뮤니티 지도자라 할지라도 주민들의 의견을 대신할 수 없고, 주민들이 작업의 과정이나 결과에 대해 영향력 있는 목소리를 내지 못한다면, 그들은 '주체'라기보다는 '손님' 정도로밖에 역할을 하지 못할 것이다.

국가의 존재

마을 통제와 관련된 문제는 여전히 풀어야 할 숙제로 남아 있다. 그러나 시정부에 의해 설치된 건설 현장 사무소가 폐쇄되는 것은 마을 주민들에게는 '버림받는다'는 느낌을 주었다. 2004년까지 리우데자네이루 시 주변에 새로운 시 행정부 사무소들이 설치되었으며, 각 사무소마다 파벨라-바이후 지구를 몇 군데씩 관할하게 되었다. 이들 사무소들은 도시사회지향센터POUSO, Postos de Orientação Urbanística e Social라고 불렸다. 이들 사무소들에는 몇 명의 건축가, 엔지니어, 사회복지사 등이 배치되었으며 이들은 일상 근무시간에 이곳에 상주하면서 상담을 받는 방식으로 근무했다.

POUSO가 맡은 업무 가운데 하나는 파벨라 주민들에게 일명 하비치시Habite-se라고 하는 거주 증명서를 발급해 주는 것이었다. 이 증명서는 해당자가 비록 자신의 주택이 건설된 땅에 대한 권리는 갖고 있지 않지만 주택을 소유하고 있으며 그곳에서 거주할 수 있는 권리가 있음을 증명하는 서류이다. 이 서류는 현재까지는 법적인 효력은 없지만, 두 가지 목적을 위해 발급된다. 즉, 이 서류는 거주하는 가족에게 좀 더 합법성을 부여하며, 이로 인해 자신들의 거주지에 투자할 수 있도록 한다. 각 가구의 구조적 건전성을 나타내는 임시 서류를 발급함으로써 이 지역 주택들의 노후화를 방지하는 것이다. 아이디어는 좋은 것이나, POUSO로 인한 변화는 매우 적었으며, 프로그램 자체가 매우 약하고 재정지원도 매우 적었다.

이제 변화가 일어나려 한다. 파벨라-바이후의 세 번째 단계에서는 POUSO가 참가 마을 모두에서 시행될 예정인데, 56개 마을에 새로이 도입되고, 30개 마을에서는 충분한 재정지원이 이루어질 예정이다. POUSO의 프로젝트가 완성되고 사회적 프로젝트의 구심점이 된다면 모든 파벨라에 정부가 지속적으로 존재하는 셈이 된다. 이 프로그램에는 사회적구호위탁센터Centros de Referência de Assistência Social, CRAS도 포함되는데, 이는 사람들에게 그들의 가족에게 알맞은 기관들을 알려 주는 역할을 하게 될 것이다. 모니터링과 평가 과정을 개발해 냄으로써, 어떤 부문이 효과가 있고 어떤 부문이 그렇지 않은지를 알아내어 지속적인 피드백을 할 수 있도록 할 것이다.[19]

제2절. 정책 입안의 관점에서

정책이 모든 이를 위한 모든 일을 해결할 수는 없다

공공정책이 해결할 수 있는 데에는 한계가 있다. 브라질이 세계 시장에 합류한 방식은 국제적인 수준에서는 등락을 거듭하는 불안한 방식이었고, 개인의 수준에서 보아도 시간이 지나면서 그 특성이 변화하기는 했지만, 어찌 되었든 정책을 통한 개입은 전반적으로 큰 한계가 나타나고 있었다.

자본, 노동, 정보, 아이디어의 이동은 세계적인 수준에서는 지배적인 권위나 정책 입안 기구 등을 통해 통제될 수 없는 것이다. 인터넷이나 텔레비전을 통해 유포되는 파벨라에 대한 이미지는 전 세계 사람들에게 기술의 진보로 말미암아 비숙련 노동자들이 일자리를 잃는 오늘날의 상황에 대처하기 위한 새로운 '요구'가 있음을 상징하는 이미지로 인식되고 있다.

개인적인 차이, 개개인의 특성, 가족의 특성 등도 사회적 정책 네트워크를 뛰어 넘는 또 하나의 스펙트럼 맨 끝에 위치하고 있다. 우리의 연구에서 밝혀진 바와 같이, 한 가족 내에서도 어떤 형제들은 다른 형제들에 비해 훨씬 더 잘 살아간다. 피부색이나 성별과 같은 생득 형질과 교육 수준이나 직업과 같은 획득 형질뿐만 아니라 지능, 외모, 매력도, 열정 등에서도 차이가 존재한다. 표본에서 가장 성공한 이들과의 인터뷰에서는 끈기, 낙관적인 성격, 계획력 등과 같은 것들로 인해 자신의 길을 잘 헤쳐 나아갈 수 있고 다른 사람들은 갖지 못한 기회를 잡을 수 있게 되었음을 알 수 있었다.

이처럼 가장 극단적인 사례들 사이에는 마누엘 까스뗄스가 이야기한 소위 "장소의 공간"이라는 것이 존재하고 있다.[20] 지난 40여 년간에 대한 나의 연구 결과를 살펴보면, 대부분의 지역적 혹은 국가적 차원의 공공정책보다는 공장의 폐쇄라던가 뎅기열의 창궐과 같이 주민의 생활과 밀접한 사건들이 가족들의 안위에 훨씬 더 지대한 영향을 미치는 것으로 나타났다. 도시 내에서도 중심지에 위치하고 있는 점이나 까따꿍바에서와 같은 중산층, 또는 상류층 사람들과의 접촉 기회 등이 이들의 삶에 장점으로 작용했다. 남부 지구에 거주하거나 그 지역에 근무함으로써 형성된 네트워크나 지인 관계는 일자리를 얻는 데 직접적인 도움이 되었다. 파벨라 거주민 중에서도 이 같은 지인 관계를 갖고 있는 사람들은 자신들의 고용주의 주소를 사용함으로써 자녀들이 좋은 학군의 학교에 배정된다든가 부자 동네의 양질의 공중보건 혜택을 보았다. 또한 그들은 부유한 사람들이 어떻게 옷을 입고 어떻게 말을 하며 어떤 방식으로 처신하는지를 지켜볼 수 있었다. 가난한 가족을 부자들 사이에 살게 하고 계층을 넘어서는 사회적 네트워크를 구축하게 하는 것은 정책적 수단만으로는 쉽게 이루어질 수 없는 일인 것이다.

장소의 공간에서 사람들은 자신들의 삶을 살고 가족을 부양한다. 그들은 시장과 정부 간에 이루어지는 일들의 틈새를 발견하거나 세계와 개인 간의 접점을 찾는 데 최적화되어 있다. 문제를 해결하는 데 필요한 그들의 지식과 요령에서 가장 중요한 것은 경험이다. 그러나 이런 것들은 쉽게 찾을 수가 없다. 지역 주민들의 참여권이 인정되어도, 그들은 그 사실조차도 거의 알지 못한다. 정책이 아니라

현장에서는 상황이 이러하다.[21]

지식과 기관

연구 결과와 정책의 입안 사이에는 결코 일대일의 단순한 대응 관계가 성립하지 않는다. 리우데자네이루의 파벨라의 빈곤의 상황 변화를 이해하고자 하는 것은 그 자체로 정말 간단치 않은 일이다. 이 책의 나머지 장에서 다룰 주제들을 더욱 잘 이해하고자 했으나, 그것이 그 주제들을 가장 잘 설명하는 방식은 아닐 것이다.

그렇기는 하지만, 이 연구에서 얻어진 연구 결과들을 정책적 연관성의 측면에서 검토하지 않는 것 또한 비겁한 일일 것이다. 무엇을 해야 할 지에 대한 답을 찾는 데 경험적 증거들이 사용되지 않는다면, 우리는 아마도 과거의 이해나 신념, 입장 등에 갇히게 될 것이다.

공공정책에 대한 세 가지 접근법

소외된 사람들을 도시에 통합시키는 데는 세 가지 방법이 있다. ① 장소 기반형 접근법, ② 빈곤 기반형 접근법, 그리고 ③ 보편적 접근법. 장소 기반형 접근법은 파벨라나 꽁중뚜 혹은 변형된 로찌아멩뚜스와 같은 '배제의 영역'을 정의하는 것이다. 빈곤 기반형 접근법은 빈곤선 이하에 해당되는 개인이나 가족을 중심으로 접근하는 방법으로, 그들의 주거지는 상관하지 않는다. 파벨라에 사는 모든 이가 빈곤한 것은 아니고 모든 가난한 이들이 파벨라에 사는 것이 아니기 때문에, 이런 접근법을 통한다면 파벨라 거주 가정 가운데 일부가 프로그램에서 배제될 수 있으며 일부만이 혜택을 받을 수 있다. 가장 보편적인 방법은 국가나 도시의 모든 이들에게 그들이 사는 장소, 재산, 소득 등에 상관없이 똑같이 적용하는 것이다. 세 가지 접근법들이 상호 간에 전혀 관련이 없는 것이 아닌, 즉 각각의 접근법은 퍼즐의 가장 핵심적인 조각들이라 할 수 있다. 여기서는 이를 리우데자네이루를 사례로 설명해 보도록 하겠다.

장소 기반형 접근법은 주민들을 소득수준별로 구분하는 것이 아니라 마을 전체를 하나의 단위로 여기는 것이다. 이 접근법에서는 이 장의 앞부분에서 언급한 일련의 정책들 중 마을 환경개선 프로그램이 모두 포함된다. 이런 프로그램들은 그 성격이 주택 개량 사업인지, 도시 인프라 개선 사업인지, 사회서비스 사업인지, 또는 지역 경제발전 사업인지 상관없이 지역 단위로 획정되고 설정된다.

파벨라-바이후 사업이야말로 장소 기반형 접근법의 가장 전형적인 사례라 할 수 있다. 이 장의 앞부분에서 파벨라-바이후 사업의 장점과 단점에 대해 다루었는데, 이 사업의 발전 가능성에 대해서는 다음 절에서 다루도록 하겠다. 주택사업 및 토지이용 사업과 관련해 저자의 연구에서 발견된 특별한 점은 이 장의 결론 부분에서 다루도록 하겠다.

브라질에서 시행된 빈곤 기반형 접근법은 보우사 파밀리아를 들 수 있는데, 이는 저소득 가정에 매달 일정액을 현금으로 계좌에 넣어 주는 전국 단위의 프로그램이다. 이 프로그램은 페르낭두 엥히끼 까르도주 대통령 재임시 실시되었던 몇 개의 개별 프로그램이 확대된 것으로, 룰라 다 시우바 대통령 재임시에 강화되고 확대되었다. 이 개념은 학교를 다녀야 한다던가, 산전 관리를 받아야 한다던가, 유아에게 예방접종을 한다던가, 노년층 케어에 쓰인다던가 하는 의무 조항을 지켜야 한다는 점(조건부 현금 지원)을 제외하고는 여러 면에서 장기간 논의되던 '역소득세' 개념과 유사하다.

이 프로그램은 저소득계층이 기본적인 욕구를 충족할 수 있도록 돕는 한편, 그들이 다음 세대를 위해 건강 및 교육 부문에 투자할 수 있도록 독려하는 것을 목표로 하고 있다. 비평가들은 이야말로 국가의 지원에 대한 의존을 영구화하고 노동당에 대한 지지층을 유지하기 위한 거대한 정치적 후원 시스템이라고 지적하고 있다. 비평가들의 말이 맞을 수도 있다. 그러나 이 시스템은 이미 브라질 사회의 경제적 격차를 완화시키는 데 효과가 있음이 입증되었다.

조건부 현금 지원 시스템은 여성이 가장인 가정에서 특히 효과를 나타냈는데, 여성 가장들은 대부분 보조금을 가족의 기본적인 필요를 위해 사용하기 때문이다. 모든 취학 아동들에게도 보조금이 지급되었다. 이로 인해 부모들은 아이들로 하여금 가정의 생계를 돕기 위해 학교를 그만두게 하는 비율이 낮아졌는데, 이 정책은 특히 촌락 지역에서 효과가 두드러졌다. 노년층의 케어를 위한 보조금도 지급되었는데, 주로 정기적인 병원 검진 등에 사용되었다. 비록 지급되는 보조금의 양은 많지 않았지만 보조금 지급으로 인한 효과는 확연히 나타났으며, 특히 촌락 지역에서 두드러졌다. 북동부 지역의 빈곤한 주에서는 전체 가정의 약 70퍼센트가 이 프로그램의 혜택을 받았다. 2009년 1월 현재 전국적으로 보우사 파밀리아 프로그램은 1,100만의 빈곤 가정에 지급되었으며, 이는 전국 인구의 5

분의 1에 해당하는 것이었다.[22]

이 프로그램의 수혜자는 농촌에 비해 도시에서 절대적인 규모나 그 비율 등 모든 면에서 확실히 낮았는데, 이는 선정 기준을 지역별 생활비 수준의 차이를 고려해 적용한 것이 아니라 전국적으로 동일하게 설정했기 때문이다. 2007년 현재, 리우데자네이루에서 보우사 파밀리아의 혜택을 받은 가정은 13만9천 가정으로 전체 137만 가정의 10분의 1도 되지 않는 규모였다.[23]

만약 이 같은 특성을 미리 발견했다면 지역별로 생활비를 고려해 구매력 지수에 따라 보우사 파밀리아의 기준을 정할 수도 있을 것이다. 그러나 현재는 지역별 최소 임금의 차이를 고려해 선정했다. 보우사 파밀리아의 선정 단계에서 그 기준을 가족의 수입이 아니라 기본적인 생활비로 한다면 훨씬 더 많은 도시 가정이 포함될 수 있을 것이다. 리우데자네이루에서 사탕을 팔거나 정지 신호에서 광대 흉내를 내며 구걸을 하는 이들, 혹은 구두를 닦는 이들조차도 웬만한 촌락 거주자들보다 돈을 많이 번다. 그러나 반드시 그들의 생활수준이 촌락에 비해 높다고 할 수는 없다.

정책을 적용할 때 고려해야 할 또 다른 점은 어린이, 청소년, 가족을 부양하는 장년층, 노년층 등 연령별로 다른 수요를 고려해 이를 프로그램 구성에 반영해야 한다는 것이다. 이 점은 이미 고려되어 반영되었다고 생각한다.

보편적인 접근법은 안전할 권리, 어엿한 집을 가질 권리, 동등한 보호를 받을 권리 등을 법적으로 인정받는 것이다. '도시에 대한 권리'는 공공 공간을 이용할 수 있으며, 자신의 의지에 따라 이주할 수 있고, 노동시장에 참여할 수 있으며, 존중을 받으며, 도시의 미래에 대한 의사결정에서 의견을 낼 수 있음을 의미한다. 노동자의 권리는 제뚤리우 바르가스 대통령 재임 시(1930~1945) 제도화되었다. 이에는 연금제도, 최저임금제, 노동조합 결성권 등이 포함되었다. 연금제도는 최근 들어 가장 중요한 보조 수단이 되고 있으며, 많은 이들이 자신의 자녀뿐만 아니라 손자 세대까지도 부양하는 주요 수단이 되고 있다. "당신에게 가장 도움을 준 정치인은 누구입니까?"라고 하는 설문조사 항목에 대해 가장 많은 이들이 응답한 정치인은 파벨라-바이후 지역을 책임지는 리우데자네이루 시장이 아니라 제뚤리우 바르가스 전 대통령이다. 그가 행한 노동자 보호 정책으로 많은 노동자들이 굶주림에서 벗어날 수 있었던 것이다.

시민 참여형 예산은 보편적 접근법의 좋은 예라 할 수 있다. 시민 참여형 예산은 1990년대 초반 뽀르뚜알레그리Porto Alegre에서 처음 도입되었는데, 당시 노동당이 시정을 투명하고 책임 있게 수행하겠다는 공약으로 당선되었다. 설비 개선이나 유지, 그리고 사회서비스 등에 배정되었던 시 예산은 마을별로 배정되었고 공개되었다. 따라서 각 마을들은 자신들의 마을이 다른 마을에 비해 어느 정도의 예산을 배정받는지 알 수 있게 되었다. 내년 예산에서 최우선 순위를 두어야 할 항목을 정하기 위한 예비 회의가 열렸다. 그 후 지역에서 가장 최우선시해야 할 항목이 무엇인지에 대한 마을 간의 합의를 이끌어 내기 위한 회의가 열렸다. 이 같은 과정에 대해 연구한 레베카 에이버스Rebeca Abers는 "합의된 연대"라고 하는 것이 도출되었음을 발견했다. 각 마을들이 내놓은 요구들은 일단 상호 간에 비교가 되었고 이후 일종의 협업 정신이 형성되었다.[24] 레베카는 이 과정을 기록했다.[24] 뽀르뚜알레그리의 경우 15년간 시정부가 바뀜에 따라 지방분권화와 참여 면에서 시기별로 다소간의 차이가 나타났지만, 이런 개념은 (노동당이 집권한 도시를 시작으로) 브라질의 많은 도시에서 받아들였고, 전 세계의 많은 도시에서도 본받았으며, 나아가 상호 간의 지원과 경험의 공유를 위한 네트워크를 형성했다.[25]

세 가지 접근법의 결합

어떤 경우에는 세 가지 접근법이 모두 적용되기도 한다. 브라질의 성장가속화프로그램Programa de Aceleracao do Crescimento, PAC이 그런 예라 할 수 있다. 이 프로그램은 2007년 처음 시행되었는데, 당시 브라질은 고도성장과 대규모의 흑자를 기록하고 있었다. 이 프로그램은 파벨라의 환경개선 면에서 장소 특화적인 방법을 적용했고, 하위 5분위의 저소득 가정을 위한 신축 주택 공급에서는 빈곤에 기반을 둔 방법을 적용했으며, 경제성장, 일자리창출, 소득재분배 등의 보편적 방법론도 적용했다. 이 프로그램의 명시적인 목적은 "빈곤을 감소시키고 수백만 개의 공식부문의 일자리를 창출함으로써 브라질의 소득격차를 감소시키는 것"이며 사회기반시설에 대한 개선을 통해 기업 투자를 이끌어 내는 것이다.[26] 리우데자네이루에서는 대규모 파벨라들의 도시화에 초점이 맞춰져 있었는데, 파벨라에 제대로 된 주택들을 건설함으로써 건축 부문의 성장을 이끌어 낸다는 것이었다.

대통령이 몸소 모후두알레머웅을 방문해 이 프로그램의 실시를 발표했으며, 이로 말미암아 이 프로그램에 대한 기대감과 시민들의 관심도 높아졌다. 2008년 10월 저자가 노바브라질리아를 방문했을 당시 사업이 이미 시작되어 노바브라질리아로 진입하는 주요 도로에 대한 확장 공사와 대규모의 하수도관을 설치하는 작업이 진행되고 있었다. 내가 만나 본 대부분의 사람들은 PAC에 대해 알고 있었으나 이 사업이 얼마나 지속될지, 기존의 미완의 약속들처럼 곧 끝나 버릴지에 대해서는 확신하지 못했다.

이 지역의 사업에는 노바브라질리아의 가장 외진 곳에서부터 주요 도로까지 잇는 케이블카를 건설하는 사업도 포함되었는데, 이를 통해 먼 지역의 주민들이 큰 도로의 버스 노선과 기차역을 이용할 수 있게 하기 위한 것이었다. 또한 인근의 버려진 공장 부지에 저소득계층을 위한 아파트를 짓는 사업도 포함되었다.[27]

파벨라에 거주하는 내 친구들은 이 프로그램에 대해 회의적이었는데, 그것이 아주 근거가 없는 것도 아니었다. 2009년 이미 브라질 경제는 세계적인 경기 후퇴로 인해 경제성장 전망이 어두워진 상태여서 PAC 프로그램의 사업들은 이미 그 일정이 꽤나 미뤄진 상황이었다. 2009년 6월 3일자 아메리카 비즈니스 뉴스에서는 최근 2년간 PAC 프로그램의 약 3퍼센트만이 진척되었다고 보도했다. 다음날 정정 기사에서 2009년 4월 30일 현재 2,446개의 프로젝트가 완성되었고 이로 인해 PAC 프로그램의 진척률이 14퍼센트에 이른다고 보도했지만 이는 결코 긍정적인 상황이라 할 수 없다.[28]

세 가지 방법론을 결합하는 데서 오는 정책적 이점은, 보정하고 보충하는 역량을 지닐 수 있다는 점일 것이다. 그러나 모든 사람에게 모든 것을 약속하는 것은 결코 성공을 위한 방법이 될 수 없다. 각각의 세 범주 내에 많은 하부 프로그램들과 정책들이 배정되어 있지만 이들을 동시에 고려한 적은 거의 없다. 결론은, 그 어떤 대담한 정책이라 할지라도 최고의 역량에 미치지는 못할 것이라는 점이다. 예를 들어, 파벨라와 꽁중뚜의 개량 사업이 개별 가정의 기본적 필요를 충족시켜 주기 위한 보우사 파밀리아 프로그램과 결합되었더라면, 또는 PAC 프로그램의 일자리창출 및 소득 창출 사업이 지역 주민들에 의해 수행되었더라면, 각각의 프로그램은 현재보다 훨씬 더 나은 성과를 나타냈을 것이다. 그리고 시의 참여 예산이 시민들을 최우선 순위에 두었더라면 보이지 않던 사람들이 보이기 시작했을 것이다.

세 가지 방법론을 결합하고 계획 과정을 재정의 하는 과정에서 다음과 같은 이슈들을 고려하게 되었다.

- 기간: 단기, 중기, 장기의 기준은 무엇이 되어야 하는가?
- 수행 기구: 각각의 프로그램을 착수하고 적용하기 위해서는 어떠한 시민 집단, 시민사회단체, 공공기관, 민간 사업체 등이 필요한가?
- 협업: 의사결정자들 간에는 어떠한 종류의 파트너십이 필요하며, 상호 간의 신뢰는 어떻게 이끌어 낼 것인가?
- 상위계층으로의 확산: 민중의 수준에서 발의된 계획들이 실상 그 계획을 현실화할 수 있도록 하는 진정성에 대한 타협이 이루어지지 않은 채 그 규모가 확대될 수 있을까?
- 장애물과 반대 세력: 어떠한 장애물들이 있고, 어떠한 반대 세력이

나 그룹들이 위협이 될 것인가? 또한 그러한 반대나 장애를 극복하기 위한 방법은 무엇이 있을까?

- 기회의 창: 정치적인 맥락에서 어떠한 시작이 이루어질 것이며 어떻게 진전되고, 또한 그들을 어떻게 이용할 것인가?[29]

- 유효한 해결책의 공유: 특정 상황에서 유효하면서도 비슷한 다른 상황에서도 작용하는 해결책은 어떻게 도출할 수 있으며 다자간 교환을 통해 이러한 방안이 활성화될 수 있도록 하기 위해서 어떻게 해야 할 것인가?[30]

제3절. 연구 결과와 정책적 타당성

지역 주민이나 지역 및 국가의 정책입안자들, 비영리 기관의 관계자들, 그리고 학자들이 내놓는 주요 이슈들로는 ① 비공식부문의 주택, ② 토지 소유 관계, ③ 일자리 및 소득의 창출, ④ 마약 및 폭력 문제, ⑤ 시민권 및 도시 거주민으로서의 권리 등이 있다.

비공식부문 주택: 파벨라, 꽁중뚜, 로찌아멩뚜스

이 연구를 진행하는 동안 예상치 못했던 점들이 발견되었다. 1976년 발행된 저서인 『소외계층에 관한 신화』에서 내린 결론의 일부는 발행 당시는 물론이고 현재도 유효하다. 예를 들어, 빈곤층들의 도시 진입은 일정 계층으로 편중되어 이루어지고 있는 점 등이 그러하다. 그러나 이후 지속적인 연구를 통해 얻은 연구 결과를 꾸준히 적용함으로써 당시 내렸던 결론을 수정해 왔다.

이를 통해 깨달은 바는 프로젝트에 대한 평가는 잘못될 여지가 다분하며, 특히 단기간에 완성된 프로그램에 대한 평가가 그런 경향이 있다는 점이다. 또한 한 지역만을 대상으로 이루어진 연구는 대체로 정책을 수립하는 데 적절한 근거를 제공할 수 없다는 점은 확실하다.

저자의 초기 연구를 개정해야 할 필요성을 제기한 두 가지 주요 현상은 첫째, 파벨라 및 꽁중뚜에서의 장기간 거주로 인한 이점이 발생한다는 점과 둘째, 파벨라 거주민들에게 토지소유권의 중요성이 부각된 점이다.

단기간에 걸친 나의 기존 연구에서, 꽁중뚜에서의 거주는 재난과 같은 것이었지만, 장기간에 걸친 거주는 주민들에게 이익이 되는 것으로 나타났다. 『소외계층에 관한 신화』는 1973년 수백 명의 꽁중뚜 거주민을 대상으로 진행한 인터뷰를 기반으로 저술되었다. 당시는 까따꿍바 철거가 이루어진 지 불과 3년 후로, 당시 북부 지구의 꽁중뚜로 이주당한 주민들은 자신들이 거주하는 곳을 완전한 재앙으로 인식하고 있었다. 나는 당시 이주로 인해 각 가정의 삶이 어떻게 단절되었는지에 대해 자세히 기술했다. 앞선 장들에서 기술한 바처럼, 내가 들은 이야기들은 대단히 충격적이었다. 당시 내가 관찰한 사실들과 주민들과의 대화를 통해, 나는 이주 때문에 주민들의 건강 및 복지가 심각하게 손상되었다고 확신했다. 가족의 수입은 예전 수준의 약 절반 정도로 감소했는데, 이는 이주민들이 새 아파트의 할부금과 (파벨라에 거주할 때는 무료였던) 도시 서비스 이용

요금을 다달이 지불하게 되었기 때문이었다. 예전에는 직장까지 걸어 다니거나 자전거를 이용했지만 이주한 이후에는 남부 지구의 직장까지 대중교통을 이용해야 했으며, 이는 크게는 가족 전체 수입의 4분의 1에 이르기도 했다. 따라서 가족 중 한 사람 정도만이 남부 지구까지 직장을 다닐 수 있었다. 까따꿍바에 거주할 때는 일반적으로 남성 가장이 주요 수입원이 있는 경우 저녁이나 주말에 부업을 하면 한 가족을 봉양할 수 있었다. 여자들이 이웃 마을에서 빨랫감을 가져다 세탁해서 다림질을 하면 아이들이 옷을 배달하곤 했다. 아이들은 주말이나 방과 후에 아르바이트를 하곤 했으며 이 또한 가정 경제에 도움이 되었다.

직장에서부터 꽁중뚜까지의 교통비는 일반적인 한 달 봉급의 약 4분의 1에 달했고, 이는 한 가정의 가장만이 멀리 떨어진 직장을 다닐 수 있다는 것을 의미했다. 하루 10시간 근무였지만 가는 데 2시간, 오는 데 2시간이 추가로 더 걸렸다. 주민들은 동이 트기 전에 일어나 선 채로 버스를 타고 출근을 해야 했다. 직장에 늦으면 그 자리에서 해고되기 십상이었고, 직장인 그 누구도 그러한 위험을 감수하고 싶지 않았다.

더 기가 막힌 것은 꽁중뚜 아파트의 월세가 그들이 이주해 오기 이전에 이루어진 가족 전체의 소득을 기준으로 책정되었다는 점이다. 이주로 인해 가족의 수입이 크게 줄어든 마당에 월세는 매우 큰 부담이 되었다. 월세가 밀린 사람들은 앞서 3장에서 설명했던 임시 거처triage house로 쫓겨날 처지에 놓였다. 주민자치회 지도자들은 마을 주민들과 같은 지역에 배정되지 않았는데, 아무도 그들이 어디로 갔는지 알 수 없었다. 친지들, 친구들, 그리고 이웃들이 소득 및 자녀수에 따라 흩어졌다. 서로가 돕고 살던 환경에서 떠나온 가족들은 생전 처음 보는 이들과 이웃하며 살게 되었다. 그로 인해 많은 이들이 스트레스성 질병에 걸렸고, 결국 죽음에 이른 이들도 수십 명에 달했다.

도시에 위치한 꽁중뚜로 이주한 이들은 그들을 위한 편의시설이 하나도 없다는 것을 알게 되었다. 집에서 바느질을 하거나 장사를 하던 이들이 이용하던 학교, 병원, 어린이집, 상업 공간 등이, 그리고 젊은이들의 여가 공간이 사라졌다.

그들에게 이주란 엄청난 충격과 파괴를 의미했고, 상당수의 사람들이 여전히 "잃어버린 고향에 대한 슬픔"[31]을 간직하고 있다. 이주로 인한 이점이 나타나기 시작한 것은 꽤 오랜 시간이 지난 후였다. 저자가 만일 30년이나 지난 후에 그곳을 다시 방문하지 않았다면, 아마도 절대 그 이점에 대해 알아차리지 못했을 것이다. 파벨라를 떠나 꽁중뚜로 이주한 것은 대부분의 사람들, 특히 자녀 세대에게는 도움이 되었다. 세월이 지나면서, 다달이 아파트 대출금을 갚고, 수도세와 전기요금 같은 공공요금을 내며 법적으로 부여받은 주소를 갖는다는 사실이 주민들로 하여금 파벨라에 살던 시절에는 느낄 수 없는 자긍심과 정정당당함을 느끼게 했다. 공식적인 주소를 사용하게 됨으로써 주민들은 일자리를 구하기가 더욱 용이해졌다. 꽁중뚜에서는 새로운 가족구성원을 위해 거주 공간을 늘릴 여지가 거의 없었고, 아스파우뚜의 자격을 유지할 수 없었지만, 꽁중뚜에 거주하는 이들은 구직, 수입, 교육, 소비 수준 등의 면에서 전체적으로 파벨라에 남은 이들보다 나은 삶을 살 수 있게 되었으며 무엇보다도 파벨라 주민이라는 오명을 떨쳐 버릴 수 있었다. 그들이 까따꿍바에서 토지소유주가 되었더라면 오늘날보다 잘살지 못했을 것이라고 이야기하는 것은 아니다. 이 이론에 대해서는 저자가 시도해 보았지만 신뢰할 만한 입증 방법을 찾지 못했다.[32]

이주 초기의 충격과 적응 과정을 거친 후 많은 이들이 자신의 삶에 대해서 자부심을 느끼게 되었다. 또한 꽁중뚜에서 성장한 자녀 세대들은 파벨라에 남겨진 이들의 자녀 세대에 비해 훨씬 유리했음이 확실하다. 리우데자네이루의 시가지가 북쪽 방향으로 성장함에 따라 이 지역의 편의시설과 일자리에의 접근성도 개선되었다. 또한 시간이 흐르면서 대중 교통 시설도 개선되었다. 장기적인 관점에서 까따꿍바의 철거에서 가장 치명적인 부분은 주민들을 그들의 집에서 강제로 몰아낸 비인도적인 과정이었다. 범죄자들에게는 거주지를 선택할 자유가 제한되지만, 법을 지키는 시민들이 단지 빈곤하다는 이유만으로 그 자유가 제한될 수는 없는 것이다.

꽁중뚜에서도 파벨라와 마찬가지로 실업과 마약 관련 폭력 사건들이 만연하며 교육 환경은 열악하고 보건 서비스와 여가 공간이 턱없이 부족하다. 꽁중뚜는 정부 사업의 일환으로 조성되었지만 정부가 이를 유지하거나 보호해 주지는 않았다. 그리고 아파트의 소유권에 대한 약속도 현재까지는 거의 지켜지지 않았다.

아파트에 대한 소유권은 꽁중뚜를 개발할 당시 주요 추진 동력이었다. 원래는 주민들이 다달이 납부하는 월세에 아파트 대금이 포함되어 25년이 지난 후에는 거주민이 아파트를 소유하도록 했다.

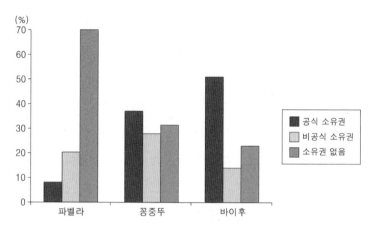

(%)

공식 소유권
비공식 소유권
소유권 없음

파벨라   꽁중뚜   바이후

그림 11.7_파벨라, 꽁중뚜, 바이후 지역의 자가 주택 소유율(2001년)

그러나 실제로 이 계획은 제대로 시행되지 않았다. 2003년 우리가
조사한 바에 의하면, 예전 까따꿍바 주민들이 이주해 간 구아뽀레
와 끼뚱구의 꽁중뚜에서는 거주민의 약 40퍼센트 정도만이 자신들
의 아파트에 대한 법적 소유권을 갖고 있었다. 나머지 60퍼센트 정
도는 비공식적으로 거주하고 있었다. 즉, 그들 가운데 절반 정도가
전혀 법적 소유권을 소유하지 못하고 있었으며, 나머지 절반 정도
는 '비공식적인 소유권'을 지니고 있지 않아 법적으로는 권리가 없
었다(〈그림 11.7〉 참조). 30여 년이 지난 후, 주민 대부분은 파벨라에
서보다는 합법적인 상태에 가깝지만 그렇다고 해서 공식적인 도시
부문에도 속하지 못하는 중간자적인 입장에 놓여 있었다.

이는 법적인 지위와 사회적 지위들 간의 혼합으로 나타났다. 꽁중
뚜의 건물들은 민간 부문에서 중산층을 위해 개발된 건물들과 유사
했지만, 실제로 거주하는 이들은 빈곤한 이들이어서 그 지역의 주

민들은 여전히 소외계층이며 지역에 대한 사회적 오명도 여전하다.

로찌아멩뚜스와 파벨라에 대한 이론 검증

후속 연구 결과에서 나타난 또 하나의 놀라운 사실은 까시아스의 중심부에서 멀리 떨어져 입지한 로찌아멩뚜스에서 거주하는 것이 시내 중심부에 입지한 파벨라에서 거주하는 것보다 훨씬 나은 선택이라는 점이다. 1969년에는 로찌아멩뚜스가 파벨라보다 훨씬 더 못해 보였지만 말이다. 당시 까시아스 지역은 개발의 초기 단계였다. 중심부와 그 주변 지역은 도시화가 되어 있었지만 외곽 지역은 인구도 거의 없고 시가지 조성도 전혀 되어 있지 않은 상태였다. 이 지역에는 도로포장이나 전기 및 수도 공급, 그리고 다른 도시 서비스가 미치지 않은 상태였다. 게다가 토지도 매우 일부만이 팔린 상태여서 불법점유자들에게는 좋은 입지였다. 준실험 설계 연구 방법을 이용해 연구 표본의 절반 정도를 세 개의 파벨라에서 선정했다. 이들의 가족들은 갖고 있던 얼마 안 되는 돈을 식료품, 주거 및 교육에 투자하고 대신 공지에서 세를 내지 않은 채 거주하기로 결정했다. 내 실험의 나머지 절반 정도는 (파벨라가 아닌) 구획된 부지를 돈을 주고 구입하거나 임차료를 내고 거주하는 대신 생활비에 들어가는 돈을 줄인 사람들이다. 5년 뒤 나의 첫 번째 저서가 출간되었을 즈음에는 파벨라에서 거주하기로 한 이들이 훨씬 더 현명한 것으로 나타났다. 특히 빌라오뻬라리아의 주민들은 강력한 주민자치회를 지닌 근사한 마을을 건설했으며, 새로이 문을 연 학교에는 주민들이 모은 돈으로 전문적인 선생님을 모셔 오기도 했다. 5장에서 다룬 바와 같이 그들은 그 지역에 계속해서 남을 권리를 획득했다.

반면 대부분의 주민이 세입자인 탓에 주민들이 들고 나는 정도가 높았던 로찌아맹뚜스에서는, 마을의 단체나 주민자치회가 아예 없거나 있어도 매우 약했다. 그들은 대부분 이웃 사람들과 왕래하지 않았고, 지역의 상점을 많이 이용하지도 않았으며, 학교에 다니는 자녀를 위해 파티를 여는 일도 없었다. 그러나 이웃과의 연대를 갖지 못한 빈곤층들이 지니는 문제들은 대개 지니고 있었다.

그러나 40여 년이 지난 후 이와는 정반대의 결과가 나타났다. 까시아스 지역은 경제적인 면에서나 인구성장 면에서 리우데자네이루 메트로폴리탄 지역들 가운데 가장 빠르게 성장했다. 로찌아맹뚜스의 모든 도로들이 포장되었고, 사회 기발 시설들이 설치되고 제공되었으며, 비록 주민들의 소득은 낮지만 도시의 다른 지역들과 동등한 법적 지위를 지니면서 도시의 일부로 통합되었다. 연구 대상의 여러 그룹들 가운데 까시아스의 로찌아맹뚜스 출신 주민들이 가장 높은 사회적 이동성을 보였으며, 삶의 질 면에서나 사회경제적지위 지수 면에서 가장 높은 점수를 나타냈다.

이 부분에서 우리가 주목해야 할 부분은 적법성이 중요하다는 것이다. 저소득계층의 거주지일지라도 적법성의 연속선상에 존재하며, 마을이 합법적인 지위를 지니고 있고, 그에 상응하는 서류를 지니고 있으면, 그 마을에 거주하는 거주민들도 자신들의 이익을 위해 행동할 수 있는 권리를 보장받는다.

반대로, 입지 또한 매우 중요하며, 두 가지 요건이 모두 충족되는 경우는 별로 없다. 나의 연구에서 발견한 점 중의 하나는 일상생활에서 중산층 이상의 계층에 자주 노출되는 것이 장기적인 측면에서는 까따꿍바의 거주민들에게 유리했다는 것이다. 비록 그들이 거주한 주거지는 불법적으로 점유되었을지라도 말이다. 부유한 남부 지구의 사람들처럼 말하는 법, 행동하는 법, 옷 입는 법 등을 배울 수 있고 잘사는 이들과 함께 공부하고, 놀고, 일하면서 인적 네트워크를 형성하게 되는데, 이는 그들의 삶의 모든 면에 엄청난 가능성을 부여했다.

정책은 모순된 결과를 나타냈다. 법적 지위를 지닌 채 도시의 중산층 이상의 지역에서 거주하는 것이 가장 이상적이지만, 부유한 사람들만이 그러한 삶을 살 수 있다. 그런데 왜 그들은 파벨라와 한 도시 내에 공존하는 것에 대해 그렇게도 심하게 반대를 하는가? 대체 어떻게 해야 한다는 것일까?

그에 대한 한 가지 해결책은 저소득층 주택들을 여러 계층이 혼재되어 사는, 복합 용도 지역에 짓는 것이다. 공간적 분리는 결국 자기 방어적이고 자기 영속적이 된다. 지역정부가 토지를 수용한 후 이 토지에 재정지원을 통해 공공주택을 건설하는 것이 사회계층들을 지리적으로 통합하기에 가장 적절한 방법이며, 이는 또한 사회계층들의 상향 이동에 매우 유용하다는 것을 발견했다. 토지소유주가 아닌 도시가 부동산을 점유해 사용하는 방법이야 말로, 투기꾼들의 토지 소유를 막고 도시의 무분별한 확대를 예방할 수 있는 방법이며, 저소득계층을 위한 주택이나 학교, 공원, 소상공인 작업장, 직업훈련소와 같은 사회적 목적의 공간을 제공하기에 적절한 방법이다. 토지의 용도는 현재의 이용 패턴을 보완하는 방향으로 결정되어야 한다.

1985년 BNH가 해체된 이후, 브라질에서는 국가적 차원의 주택정책과 주택금융정책, 도시정책이 수립되지 않았다. BNH의 역할 가운데 많은 부분을 대체하고 있는 브라질 국영 은행에서도 주택금융과 관련된 업무를 수행하지 않고 있다. 주택 관련 금융 프로그램들은 중산층 이상의 주택이나 공무원 대상 주택에만 적용된다. 그러나 브라질의 부동산 거래 대부분은 거래와 동시에 일시불로 현금을 지급하는 방식으로 이루어진다. 주택 구매자들이 아파트의 평면도만 본 채, 공사 시작 전이나 공사 도중에 대금을 지불하는 경우는 일부 경우에 지나지 않는다.

지자체 정부에 의해 재정적 지원을 받는 경우는 소수의 소규모 주택 건설 프로젝트들뿐이었다. 내가 연구를 위해 브라질에 머물렀던 2004~2008년 사이, 리우데자네이루와 까시아스에 있는 신축 공영 주택 프로젝트 현장을 방문한 적이 있는데, 그 주택은 최저임금의 3배 내지 6배 정도의 소득이 있는 가구들을 대상으로 한 것이었다. 그 주택들은 대규모 아파트나 단독주택과는 반대로, 고밀도의 저층 건물들로 이루어져 있는, 소위 "뉴어버니즘"을 따라 설계된 것이었다. 당시 시 외곽의 까시아스에서 지어지고 있는 주택 건설 현장 두 군데 정도를 댜니라와 함께 방문했는데, 그곳은 시 공무원들을 대상으로 건설된 '게이티드 커뮤니티'로, 마을의 공동 경비가 고용되어 있었다.

일명 "모라루 누 쎙뜨루"Morar no Centro(도심에 살기)라는 프로젝트가 리우데자네이루의 중심가에서 전개되었는데, 이는 도심의 틈

새 주택이 살 만하다는 인식을 심어 주었다. 나도 그 지역을 처음 방문했을 때 매우 매력적이라고 생각했다. 시정부는 정원이 멋진 가정집들 사이에 위치한 낡고 허름한 건물들을 사들인 후 여러 채의 작은 아파트로 개조하고 보수했다(매입할 건물들이 이웃해 있는 경우에는 한꺼번에 사들여서 좀 더 큰 규모로 개조할 수 있었다). 이 아파트의 입주 조건은 최저임금의 1배에서 6배 사이의 소득이 있는 가구들이었으나, 대부분 식구 수가 적고 소득이 높은 편인 가구들이 입주했다. 따라서 내가 인터뷰를 진행했던 이들 가운데 92퍼센트 정도는 이곳에 입주할 자격이 주어지지 않았다.

2009년 6월, 리우데자네이루의 똥 조빙 국제공항으로 가는 도중, 나는 파벨라 주민이던 택시 기사로부터 새로운 주택금융정책의 대상이 최저임금의 1배에서 3배 사이의 소득이 있는 가구로 변화할 것이라는 소식을 들었다. 이는 며칠 뒤 『파이낸셜 타임스』의 기사로 확인되었다. 그 신문의 2009년 6월 2일자에는 정부가 '미냐까사미냐비다'Minha Casa, Minha Vida(나의 집, 나의 삶)라는 프로젝트를 새로 구상하고 있다는 기사가 실렸다. 이 프로젝트는 주택 소유율을 높이고 건설 산업을 부양시키기 위해서 마련되었다는 것이다. 기사에 따르면, 재경부에서 정기적인 수입이 있음을 증명할 수 있는 가구에 주택 구입 자금으로 310억 달러를 지원을 할 예정이라고 했다. 주민들은 대출금을 20년 이상 장기 대출로 매달 상환하게 되며, 정부나 지자체는 토지를 무상으로 제공함으로써 이 프로젝트에 도움을 줄 것이라고 했다. 공사는 2010년 시작될 예정이라고 하는데, 개인적으로는 정기적인 수입이 있는 파벨라의 가구들이 이 프

로젝트의 도움을 받기를 희망한다.[33]

위와 같은 연구 및 관찰 결과에서 나타난 정책적 함의는 다음과
같다.

1. 선택 가능한 대안의 제시

주택 가격이 급등해 수백 만 명의 리우데자네이루 시민들이 공식
적인 주택 시장에서 배제되었으며, 이는 파벨라의 성장으로 이어져
새로운 파벨라들이 숲이나 습지에서까지 형성되고 있다. 이로 인해
주택에 대한 적절한 대안들이 다양하게 제시되어야 할 필요성이 대
두되고 있다. 이런 대안들로는 임대, 임차, 공동주택 등과 1인 가구
를 위한 주택대출, 다가구 주택과 아파트 등이 있을 수 있다. 각 가
정별로 재정적 여건, 접근성, 필요한 공간의 규모 등에 대한 요구치
가 달라지며, 이는 가정 내에서도 시기별로 상이하다. 선택 가능한
범위는 주택의 위치와 서비스부터, 노동자 주거지(또는 임시 거처),
내가 까시아스에서 본 폐쇄적 공동주택, 그리고 교통 요지에 입지
한 고층아파트와 대형 임대주택까지 매우 다양하다.

2. 인력에 대한 투자

만약 리우데자네이루 파벨라의 물리적 환경개선을 위해 투자한
돈을 인적자원에 투자했더라면 아마도 리우데자네이루의 상황은
지금과는 매우 달랐을 것이다.

중국의 옛 격언에서는 다음과 같이 이야기한다.

한 해의 계획을 세운다면 볍씨를 뿌리고,

10년의 계획을 세운다면 나무를 심을 것이며,

일평생의 계획을 세운다면 사람을 교육해라.

이를 도시에 적용해 보면, 마을 개선 프로젝트가 다른 기관과의 연계를 통해 (그리고 기존의 프로그램과의 연계를 통해) 이루어져야 하고, 탁아소 사업을 비롯한 취학 전 아동에 대한 (종일반) 돌봄 사업과 초중등학교 학생들의 방과 후 돌봄 사업, 그리고 대학 진학을 준비하는 학생들에 대한 수준 높은 무료 대입 준비 과정 등으로 이어져야 하며, 궁극적으로 이 같은 과정들은 취업에 도움이 되어야 한다. 이런 프로그램들이 시행되는 과정에서는 짝꿍 제도, 멘토링, 성공에 대한 보상 등이 함께 실시되어야 한다.

우리가 연구한 마을들에서도 보면, 14세부터 18세 사이의 남자 아이들이 할 일이 가장 없으며, 동시에 사망 확률이 가장 높다. 의무교육 연한은 14세까지이지만, 취업이나 군대 복무가 가능한 나이는 18세부터이기 때문에, 약 4년간의 공백기가 생긴다. 역설적이게도, 아동노동착취를 막기 위해 통과된 법안이 청소년들의 취업을 막고 있으며, 이로 말미암아 그들이 마약상에 가담하게 되는 계기가 되고 있다.[34]

3. 마을에 자치권을 주라

내 경험에 따르면, 프로젝트의 계획, 실행, 관리, 모니터링, 유지 등의 과정에서 주민들이 주요한 의견을 낼 수 있도록 할 경우, 성공

확률은 더 커지고 비용은 낮아지는 경향이 있다. 주민들의 마을 및 생활과 관련된 문제에 대해 그들을 전문가로서 존중하며 주민들에게 책임감을 부여한다면, 주민들은 많은 대안들 중에서 가장 적절하고 올바른 결정을 찾아낼 것이다. 그러면 주민들은 프로젝트에 대한 일종의 지분을 갖게 되는 것이며 자신들의 토지를 지키고 유지할 수 있는 결정을 내리게 될 것이다.

4. 파벨라를 도시에 포함시켜라

지자체 정부는 마을 주민들을 매니저로 선출함으로써, 이들이 동네마다 상주할 수 있도록 해야 한다. 선발 과정을 통해 각 마을에서 공동의 일에 관심이 많고 자격 요건을 갖춘 현장 옴부즈맨을 선발할 수 있을 것이다. 이들은 일정 정도의 훈련을 받고, 다달이 월급을 받으며, 시의 모든 부처와 직접 연락할 수 있는 전화 및 인터넷 연락처를 갖고 있음으로써, 마을에서 일어나는 문제를 즉각적으로 해결할 수 있어야 한다. 이런 방법을 통해 지방정부에 대한 주민들의 의식을 적대적인 정치인에서 문제를 해결해 주는 공복으로 전환할 수 있을 것이다. 만약 새로운 계획에서 각 파벨라별로 PUOSO와 소개소를 설치하는 안이 포함된다면, 이러한 이러한 목표를 달성하기가 좀 어려울 수도 있을 것이다.

5. 꽁중뚜를 고려하라

마을의 물리적·사회적 안전상의 여건을 개선하고, 주변의 평범한 마을과 파벨라를 통합시키는 '꽁중뚜-바이후' 프로젝트를 실시하지 않는 이유는 무엇일까? 지난 30여 년간 꽁중뚜에서 이루어진 물리적 개선이라고는 선거가 있기 몇 년 전, 건물 외곽에 페인트칠을 한 것이 전부이다. 정부는 이 지역을 방치했고, 부동산 투자자들은 이 지역을 기피했기 때문에, 꽁중뚜는 마치 파벨라처럼 변해 버렸고, 나아가 건물들 간의 여유 공간이 넉넉하지 않아 오히려 더욱 위험한 상태이다.[35] 꽁중뚜는 규모 면에서도 그리 크지 않고 공공용지 등에 대한 침입을 통해 형성된 마을도 아니며 무엇인가를 원하며 조직화하지도 않았기 때문에 정부 입장에서는 오히려 무시하기에 더욱 좋았을 것이다.

6. 은밀한 구획들을 통제하라

최근 들어 은밀하고 비정상적인 로찌아멩뚜스가 가장 빠르게 성장하고 있으며, 이들 지역의 생활환경이 리우데자네이루에서도 가장 열악한 것으로 나타났다. 새로이 도시에 도착한 가족들은 종종 사기꾼들에게 속아 쓸모없는 짜투리 땅들을 사게 된다. 그들의 수법은 이렇다. 처음에는 대규모로 농사를 짓거나 소를 키우는 땅의 한 끄트머리 중 관리가 잘되지 않는 부분을 구입해서는 깨끗하게 식생을 정리해서 나대지로 만든다. 이들은 새로운 이주민들에게 이곳에 곧 도로가 놓이고 수도, 전기 등의 시설들이 들어올 것이라고 약속한다. 돈을 받으면 가짜 '토지소유권'을 전달해 주고, 개발업자들은 사라져 버린다. 그러면 새로운 이주민들은 아무것도 없는 곳의 한가운데에 놓이게 되고, 정부는 이 가족들을 다른 곳에 주택을 제공해 이주시키거나, 이 지역에 도시기반시설을 제공해야 하는 것이다.

토지소유주들이 토지 경계선에 대한 경계를 강화하고 (또는 해당 구획들을 도시정부에 판매하는 등) 그리고 도시정부가 파벨라의 새로운 거주민들을 감사하기 위해 사용하는 헬리콥터들을 사용하고 사기를 도모한 이들을 단죄한다면, 악랄한 개발업자들은 이러한 사기 행각을 더 이상 벌이지는 못할 것이다.

7. 이주민의 지속적인 유입을 예상하라

이주민들의 유입은 지속적으로 늘어날 것이기 때문에, 모든 마을 개선 프로젝트들과 주택에 대한 해결책들은, 새로운 이주민들이 계속해서 도착할 것이라는 점을 고려하지 않는다면, 결국에는 현실에 뒤처지는 대안이 되고 말 것이다. 장소와 생활 서비스의 공급에 대해 다시 생각해야될 시기이다. 정부는 그 행정적 권리를 이용해 도시 주변의 토지를 확득할 것이며, 이후 그 토지를 주택 용지, 오픈 스페이스, 마을 편의시설, 학교, 축구장, 상업 용지 등으로 구획할 것이다. 그리고는 그 어느 누구도 정착하기 이전에 그곳에 도시기반시설들을 세울 것이며, 이는 기존의 주거지에 도시 서비스를 새로 장착하는 것보다는 훨씬 더 저렴할 것이다. 가구들은 최소 가격에 용지를 구입하거나 '임대하고' 주택 구입 시에는 장기 대출을 받을 수 있고 여건이 허락하는 한도 내에서 주택을 넓혀 지을 수 있을 것이다.[36]

8. 도시성장의 방향성을 설정하고 스프롤 현상을 완화시켜라

주택 부문에 대한 공공 투자뿐만 아니라, 민간 개발업자들에 대한 인센티브도 도시가 바람직한 방향으로 성장하고, 주민들이 직장 및 대중교통에 접근하기 쉽게 형성되어야 한다. 리우데자네이루에서 이 같은 유형의 발전이 가능한 지역으로는 아베니다브라질 Avenida Brasil 대로 주변을 들 수 있는데, 이 지역에는 나대지가 많고 버려진 공장들이 다수 입지하고 있다. 이 지역은 중심지와의 접근성이 높아 꽁중뚜, 꼬오뻬라치바cooperativa, 아파트 등을 비롯한 여러 형태의 주택들을 지을 수 있다.

내가 연구한 바에 따르면, 아뜰랑치꾸 제철회사Companhia Siderúrgica do Atlántico를 중심으로 철강 산업지구가 성장하고 있는 리우데자네이루의 서부 지구에서는 저소득계층의 주택 수요가 증가할 것이다. 아뜰랑치꾸 제철회사는 향후 10억 달러 이상을 투자할 예정이며, 이로 말미암아 5만 명 이상의 신규 고용이 이루어질 전망이다. 이미 10여 년 전에 계획된 이 프로젝트로 인해 새로운 도심이 형성될 예정이며, 세뻬치바Sepetiba 항은 새로운 무역 중심지로 성장할 전망이다.

토지소유권과 주택소유권

이 연구를 오랜 기간에 걸쳐 진행하면서 얻은 결론 중 가장 모순된 점은, 오늘날 리우데자네이루의 파벨라 거주민들은 토지소유권에 대해 관심이 거의 없다는 점이다. 이는 내 초기 연구의 결과 및 내가 예전에 집필했던 책에서 열렬히 주장했던 바와 정확하게 반대되는 결론이다.

파벨라 거주민들에게 토지소유권을 부여하자는 것이 나의 초기 저작인 『소외계층에 관한 신화』에서 강하게 주장했던 정책적 제안이었으며, 책 전반에 걸쳐 일관되게 주장했던 사안이다. 그러나 현장에서는 절대 변하지 않을 것이라 믿었던 것들이 변할 수 있고 실제로 변하기도 한다. 내가 절망하는 점은 마을공동체들이 토지소유권의 중요성에 대해 인식하게 되었을 때는 (물론 어떤 경우에는 이를 매우 전면에 내세우기도 했지만), 결정적인 차이를 만들 수 있는 시기가 (최소한 리우데자네이루에서는) 이미 지나가 버린 시점이고, 새로운 현실에 펼쳐지고 있다는 점이다.

이 연구에서는 합법성과 적법성의 효용에 대해 강조해 왔다. 그러나 만약 파벨라 주민들의 삶의 환경이 변하지 않고 토지소유권만 갖게 된다는건 별 의미가 없다. 물론 배제된 삶보다는 사회에 속하게 되는 삶이 더욱 낫지만, 이것이 곧 파벨라 주민들로 하여금 서열화된 사회의 내부에 속하게 된다는 것을 의미하지는 않기 때문이다. 마을 전체의 토지 점유와 관련된 분쟁의 여지가 남아 있는 마을의 주민들에게 가구별 토지소유권을 부여하는 것은 큰 의미가 있는 일이 아니다.

그런 예로 들 수 있는 것이 리우데자네이루 중심부 근처에 위치한 마을인 까주의 경우다. 이 마을은 원래 연방정부의 토지 위에 위치하고 있었으나, 나중에 토지소유주가 도시정부로 바뀌었는데, 마을 주민들이 개별적인 토지소유권을 부여 받았다. 토지소유권은 두 개 이상의 행정 부처에 의해 지급되었는데, 그 과정에서 요란스러운 보도와 행사들이 치러졌지만 그 성과는 매우 미진한 것이었다. 나는 마을 주민 및 지도자들과 인터뷰를 하기 위해 노트북과 카메라를 챙겨 들고 까주로 달려갔다. 언덕 위에 자리 잡은 작은 파벨라 마을인 까주는 주민들의 노력으로 잘 가꿔진 주택들과 마을 벽화까지 갖춰진 평범한 파벨라였다. 이곳 주민들의 삶이 토지소유권이 없는 다른 파벨라 마을 주민들의 삶과 어떤 차이가 있는지는 전혀 나타나지 않았다. 마을 사람들은, 시장이 파벨라 주민들에게 토지소유권 서류를 증정했다며 요란스럽게 신문에 기사를 내거나, 소유권을 주는 일이 마치 정치인들의 커다란 시혜라도 되는 양 여기는 것은 참 우스운 일이라고 생각하고 있었다. 토지소유권보다는 일자리를 주는 것이 훨씬 더 고마운 일이 될 것이라고 주민들은 이야기했다.

이론적으로는 개인이 소유한 집의 소유권을 갖는 것은 긍정적인 것이다. 그러나 파벨라 주민들에게 소유권은 더 이상 실질적인 관심 사안이 아니었다. 일정 기간 이상 점유를 한 경우 소유권을 얻게 되는 권리인 우주까삐어웅usucapião(취득시효)은 개인이나 집단의 경우 모두 해당이 되지만, 민간이 소유한 토지에 한해서 효력이 발생한다. 대부분의 파벨라가 처음 생성된 이후 그 자리에 계속해서 남아 있는 경우가 많은 것은 그들을 쫓아낼 주인이 없기 때문이다(이는 그곳이 공유지나 국유지이기 때문이다). 오늘날에는 각 토지별로 복잡한 법률적 문제가 걸려 있는데, 대부분 복수의 청구인 문제나, 여러 서류가 접수된 경우, 모순적인 판례 등이다.[37] 따라서 현재 1,020개에 달하는 리우데자네이루의 파벨라에 대한 소유권을 합법화하는 것은 결코 단순한 문제가 아닌 것이다. 내가 인터뷰를 했던 사람들에게 이 문제는 별로 고려할 가치가 없는 문제였다. 민주주의가 회복된 이래 약 25년간 그들이 실질적인 토지 보유권을 소유하고 있었기 때문이다. 철거에 대한 걱정은 지금부터 약 10여 년 전 파벨라 철거 정책이 종료되면서 사라졌다. 정당정치가 회복되고 시장 및 주지사를 직선제로 뽑게 되면서, 백만이 넘는 비공식 거주민의 이익에 반하는 정책을 실시하는 일은 정치적으로 매우 위험한 것이 되었기 때문이다. 심지어 1994년부터 1995년 사이 파벨라-바이후 지역에 대한 투자가 시작되면서 주민들은 더욱 안심하게 되었다.

(남부 지역에 남아 있는 파벨라 중 하나인) 깐따갈로 주민협의회의 이전 회장은 이렇게 얘기했다. "우리는 이미 토지를 소유하고 있어요. 우리가 여기 살고 있잖아요? 토지소유권 서류가 우리 손에 있다면 정말 좋겠죠, 그렇지만 그것도 도시가 성장하면서 우리 마을의 생활환경이 개선될 여지가 있을 때 얘기예요." 주민협의회 연합의 소식지인 『파벨랑』*Favelão*에서는 주민들에게 "토지소유권을 주장하기 이전에 도시기반시설과 기본적인 도시 서비스를 요구합시다. 그렇지 않으면 결국에는 우리가 현재 무료로 이용하고 있는 것들에 대해 요금을 지불하게 될 것입니다"라고 조언하고 있다.[38]

이는 파벨라 주민들에게 토지소유권을 주겠다는 제안이 오더라도 이를 거부하라는 의미가 전혀 아니다. 내가 인터뷰를 했던 이들 가운데 80퍼센트 이상이 자신들의 거주지에 대한 토지소유권을 갖고 싶어 했는데, 이는 리우데자네이루 시의 다른 토지소유주들이 향유하고 있는 생활 편의시설들을 그들이 누리지 못하고 있었기 때문이었다. 그러나 그들이 토지소유권을 원하는 것은 토지 보유와 관련된 세금이나 서비스 요금을 물지 않을 경우에 한해서였다.

따라서 이곳에서 정책을 실행하기 위해서는 재산세를 면제해 주는 기간을 두고, 점진적으로 토지소유권을 부여하는 방식을 도입해야 할 것이다. 그리고 만약 파벨라 마을에 토지세 및 서비스 요금이 부과된다면, 이는 도시의 다른 지역에 제공되는 것과 똑같은 양질의 서비스가 제공될 경우에 한해서여야 한다. 이런 서비스들에는 양질의 학교, 보건 시설, 쓰레기수거 서비스뿐만 아니라 폭력 및 갈취로부터의 보호까지도 포함되어야 한다.

사람들은 일반적으로 토지소유권이 없으면 주택을 소유하고 판매하고 빌리고 상속하는 게 불가능하다고 생각할지도 모른다. 그러나 실제로는 이 같은 거래가 리우데자네이루의 파벨라에서 활발하게 이루어지고 있다. 파벨라에는 부동산에 대한 실질적인 시장이 형성되어 성행하고 있으며 합법적으로 거주하고 토지를 소유한 경우와 똑같이 토지 거래가 이루어지고 있다.

마을 안에서는 소유권이 자유자재로 이동하고 있다. (내 첫 번째 연구에 참여한 이들 가운데 약 80퍼센트를 차지하는) 이주민 1세대의 대부분은 직접 자신들의 집을 지었고 스스로를 그 집의 소유주라 생각했지만, 공식적인 소유 문서를 보유하지는 못했다. 그들과 같이 살고 있는 가족들 역시 문서를 보유하고 있지 못하며, 자녀들이 집을 상속받더라도 공식 문서를 소유하지는 못한다. 이런 모든 경우에도 주민들은 자신이 그 집의 소유주라고 생각하고 있다. 장성한 자녀들이 가족을 꾸리면서 마을 안에서 주택을 사거나 빌리는 경우, 양도와 관련된 증빙 서류를 가질 수도 있고 그렇지 않을 수도 있다. 이런 경우에 대해 물어보니 어떤 경우에는 매매자와 매도자가 같이 계약서를 작성해 이에 대한 합의를 하기도 하고, 어떤 경우에는 주민자치회에 가서 매매와 관련된 제반 사항을 기록한 서류를 작성해 증인 앞에서 사인한 후 주민자치회장이 공증한다고 한다. 어떤 경우에는 주민자치회에서 매매 등록증cartório을 발급하기도 한다. 그러나 이 모든 경우에 작성된 서류들은 모두 법적으로 효력을 지니지 못한다.

주택 소유와 관련된 질문을 할 때에는 주민들의 개념에 의존할 수밖에 없었다. 그들은 세 가지 방식으로 대답했는데, 소유권이 없다, 비공식적인 소유권을 지니고 있다, 혹은 공식적인 소유권을 지니고 있다 등이었다. 그들이 가진 소유권이 어떤 종류의 '공식적인' 것인지 또는 '비공식적인' 것인지에 대해 다시 물어보지는 않았다. 왜냐하면 초기 연구 대상자나 그들의 후손들이 모두 파벨라에 남아 있는 것은 아니었기 때문에 우리는 파벨라에서 존재할 것이라고 생각되는 불법적인(파벨라의 경우), 유사 불법적인(꽁중뚜의 경우), 합법적인(바이후의 경우) 등의 세 가지 경우와 그들에게 부여되었을지도 모를 추가적인 기회들을 비교하고자 했기 때문이다. 로찌아멩뚜스 거주민들의 경우 우리가 나눈 세 가지 소유 범주 이외의 경우가 거의 없었다. 다른 변수들을 모두 고려해 봤을 때 꽁중뚜의 경우도 거의 비슷할 것이다. 그 결과는 〈그림 11.7〉에 나타나 있다.

예상한 바대로, 파벨라 주민들 중에서는 공식적인 소유권을 가진 이들의 비율이 가장 낮고 소유권을 전혀 가지지 못한 이들의 비율이 가장 높다. 바이후에서는 공식적인 소유권을 가진 이들의 비율이 가장 높고 소유권을 갖지 않은 이들의 비율이 가장 낮다. 그러나 예상과는 다르게 바이후 주민들 중 약 50퍼센트 정도만이 공식적인 소유권을 지니고 있었다. 또한 바이후 주민들 중 22퍼센트나 소유권을 갖고 있지 못하다는 점도 놀라운 일이었다. 이러한 현상이 아스파우뚜에서도 나타나리라고는 전혀 예상하지 못했다. 꽁중뚜는 파벨라와 바이후의 중간적인 위치에 있는 지역이기에 예상한 대로 소유권을 지닌 사람들의 비율이 매우 낮고, 비공식적인 소유권을 지닌 이들의 비율이 매우 높게 나타났다. 이는 소유권이 없다고 대답한 이들이 대부분 세입자이기 때문이고, 세입자의 비율은 소유권을 지니지 못한 이들의 약 10~15퍼센트밖에 되지 않기 때문이라고 생각할 수 있다. 합법적인 소유권을 지니고 있다고 응답한 파벨라 거주자들이 20퍼센트에 달하는데, 만약 그렇다면 어떤 환경에서 그들이 소유권을 지니게 되었고, 차이점은 무엇인지를 알아보아야 할 것이다. 정부에서는 꽁중뚜의 아파트에 거주하는 이들은 모두 소유권을 지니고 있다고 예상하고 있지만, 사실은 주민들 가운데 소유 관련 서류를 지닌 이들의 비중은 40퍼센트에도 미치지 못하며, 이는 결국 정부가 꽁중뚜를 운영하는 방안에 관해 다시 생각해야 함을 의미한다. 모후에서 아스파우뚜로 이주해 간 가족들 가운데 소유권을 가지지 못한 약 절반 정도의 사람들은 새로운 미냐까사미냐비다 프로그램에 참여할 수 있는 자격이 되지 못한다.

세대별 차이를 살펴보면, 소유권과 관련된 어떤 결과를 찾을 수 있지 않을까 궁금해졌다. 나는 더 많은 교육을 받고, 더 좋은 직업을 갖고 있으며, 인터넷 접근도가 높은 손자 세대일수록, 자신이 거

표 11.1 | 파벨라, 꽁중뚜, 바이후 지역의 자가 주택 소유율의 세대 간 비교

	첫 연구 대상자들	자녀 세대	손자 세대
파벨라	9	9	0
꽁중뚜	44	31	19
바이후	59	44	4

주하는 집에 대한 소유권을 더 많이 갖고 있지 않을까 하고 가정했
다. 그러나 분석 결과 그 가정은 잘못된 것이었다. 〈표 11.1〉에서와
같이, 오히려 반대로 초기 연구의 인터뷰 대상자들이 소유권을 가
장 높은 비율로 지니고 있었으며, 그다음 세대가 그보다 좀 낮게,
손자 세대가 가장 적은 비율로 지니고 있었다.

모든 유형의 마을에서 세대를 내려오면서 주택 소유율이 낮아졌
다. 흥미롭게도, 꽁중뚜와 바이후의 주민들에게서는 세대를 내려오
면서 주택 소유율이 매우 현격하게 낮아져서, 이민자 1세대는 59퍼
센트, 그 자녀 세대는 44퍼센트, 손자 세대는 4퍼센트에 그쳤다. 파
벨라의 주택 소유자들 중 아주 적은 비율만이 작은 수준에서 차이
를 보이며 비슷한 비율로 나타났다.

내가 잘 알고 있는 가족들의 세대 간 소유권의 차이를 살펴보면
이를 잘 이해할 수 있다. 자녀나 손자 세대 가운데 많은 이가 집을
얻거나 살 수 있을 만큼 충분한 저축을 할 수 없었다. 특히 집을 사
는 경우 주택 융자 등을 얻을 수 없기 때문에 오롯이 현찰로 구입을
해야 하는 것이다. 예를 들어, 마르가리다의 네 딸들과 손자들, 자
꼬비의 자녀와 손자들, 니우똥의 딸들 가운데 한 명, 제 까부의 아
들과 손녀, 댜니라의 아들과 손녀는 모두 부모나 조부모와 함께 살
고 있다. 디아나처럼 아직 학생인 경우도 있고, 사브리나처럼 이제

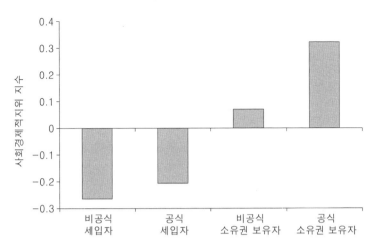

그림 11.8_파벨라에서의 공식 소유권 보유자와 비공식 소유권 보유자, 세입자 간의 사회경제적지위의 차이. 2003년 실시한 1,200명의 새로운 무작위 추출 표본 대상자에게 질문.

막 직업을 얻은 경우도 있으며, 빠뜨리샤처럼 성공해서 돈을 잘 버는 경우도 있지만, 대부분 세입자였다. 바이후의 공식적인 부문으로 이주해간 빠뜨리샤의 세대에서는 20퍼센트 정도가 세를 살고 있었다.

아마도 소유권과 관련된 분석 결과에서 가장 잘 알려진 내용은 소유권이 각 형태의 마을들 내에서 사회경제적지위에 미친 극적인 영향력에 관한 것일 것이다. 〈그림 11.8〉에서 보이는 바와 같이 파벨라에서는 세입자들이 주택 소유자들보다 경제적으로 어렵다. 그러나 비공식적인 세입자(서류를 갖추지 못한 사람)와 공식적인 세입자(공식적인 서류를 갖추고 신고를 한 사람) 사이의 차이는 매우 크다. 그리고 그 편차는 꽁중뚜와 바이후까지 고려한다면 더욱 극대화된다.

이런 비교를 통해 보면 합법적인 동네에서 공식적인 소유권을 가진 이들은 사회경제적지위 지수에서 점수가 매우 높게 나오는 경향이 있다. 이는 집주인들이 상대적으로 교육 수준과 구매력이 훨씬 높고 생활공간이 넓음을 의미하는 것이다. 그러나 이런 비교로는 인과관계의 방향성을 전혀 설명할 수 없다. 우리가 실시한 인터뷰에서도 이런 것을 알 수 있는데, 특히 대부분의 예에서 가장 양 극단의 예라 할 수 있는 두 사례를 살펴보면 알 수 있다. 예를 들어, 제 까부, 자꼬비, 엥리우 그랑지의 예처럼 바이후에서 집을 구입할 능력이 있는 경우로, 이들은 사회-경제적 사다리를 올라간 첫 번째 사례가 되며, 그들이 그곳에서 사는 것은 여러 부가적인 이익이 따르는 것이었다. 즉, "부자든 가난하든 돈이 있는 건 좋은 것이다"라는 점에서는 논란의 여지가 없다.

중요한 것은 가난에서 탈출하는 데에는 토지 및 주택의 보유가 매우 중요한 역할을 한다는 점이다. 학술 연구나 국제 개발 기구 등에서 소유권에 대해 주목하는 이유는 주택을 소유하게 되면 이를 담보로 대출을 얻을 수 있기 때문이다. 그러나 리우데자네이루의 파벨라의 경우에는 그렇지 않았다. 사람들은 대부분 자기 집을 담보로 사용하는 것에 대해서는 관심을 두지 않았다. 이는 리우데자네이루에서만 그러한 것은 아니었다. 이와 비슷한 경향이 자메이카 킹스턴의 주택들, 부에노스아이레스의 가난한 마을들, 이스탄불의 게세콘두gececondu, 자카르타의 캄퐁kampung, 마닐라의 바롱바롱bar-ong-barong, 그리고 나이로비에서 뭄바이에 이르는 대부분의 제3세계 도시의 빈민 지구에서도 나타났다. 주택 소유로 인해 자본이 풀리고 기업가 정신[39]이 고취될 것이라는 에르난도 데 소또Hernando de Soto의 전제는 도시빈민들에게는 적용되지 않는 것이었다. 나의 경험에 비추어 보면, 경제적으로 경계선상에 위치한 사람들은 가장 소중한 자산을 담보로 잡는 모험을 절대 하지 않는다. 대부분의 사람들이 지속적인 수입원이 없기 때문에 그들은 빚을 지려 하지 않는다.

그와 같은 이유로, 리우데자네이루의 저소득계층 마을에 사는 사람들은 소액 대출에도 거의 관심이 없는 편이다. 우리 연구의 대상이 되었던 이들은 대부분 여러 경로의 비공식 또는 공식적인 곳에서 돈을 빌린다. 사람들 말에 의하면 공식적인 곳에서는 이자가 너무 높다고 한다. 이는 공식적인 금융기관에서는 그들과의 거래를 좋은 조건으로 해주지 않기 때문이다. 주민들은 돈을 빌리기 위해서 자신의 집을 잃을지도 모르는 위험을 감수하려 하지 않는다. 인터뷰 과정에서 그들에게 왜 빚을 지는지에 대해 물어보자 "다른 빚을 갚기 위해서"가 가장 많았고 다음으로는 "기본적인 생필품을 사기 위해서"였다. 응답자 중 1퍼센트 미만의 사람만이 새로운 사업을 시작하거나 집을 고치기 위해서 돈을 빌린다고 응답했다.

이런 공식적인 도시와 비공식적인 도시, 합법적인 부분과 불법적인 부분 등에 대한 인터뷰 내용들이야 말로 리우데자네이루에 거주하는 빈민들의 실제적인 삶의 모습이다. 전문가들이나 외부 기관에서는 주택 소유가 중요하다고 생각하지만, 주택을 소유하는 과정이 '유연해야' 하며, 정부 관리 및 기관들의 의도에 대해 강한 의심을 품고 있는 사람들이 쉽게 수긍할 수 있는 것이어야 한다. 앞선 자료들에서 알 수 있듯이 파벨라뿐만 아니라 꽁중뚜와 바이후에서도 합법적인 주택 소유 비율이 낮게 나타난다. 토지 및 주택 소유권과 관련된 이슈들은 넓은 의미에서 도시에 대한 권리의 개념과 밀접한 관련을 갖는 것이다. 도시는 과연 누구를 위한 것인가? 그리고 과연 누구의 이익을 위해서 작동되어야 하는 것인가?

직업, 일, 그리고 소득

세계은행, 미주개발은행, 유엔 해비타트, 도시 연합Cities Alliance 등과 같은 다자간 원조 기구들과 양자 간 기구들, 그리고 지역정부 및 주정부, 연방정부 등은 불량주택지구의 환경개선과 토지 합법화 등에 초점을 맞추어 왔다. 그러나 정작 파벨라 주민들이 가장 관심을 갖는 부분은 일자리, 좀 더 넓게 말해서 소득의 증대나 '생계'였다. 주민들은 자신들이 도시의 나머지 부분에 통합되기 위해서 가장 필요한 것은 그들 마을에 대한 디자인이나 설계 등이 아닌 경제적 능력이라는 것을 명확히 알고 있었다. 파벨라 주민들이 가장 고통을 받는 점은 도시 서비스나 토지소유권의 부재보다는 파벨라에 산다는 오명과 관련된 부분이었다. 파벨라가 도시의 노동자나 노동자들의 마을이 되지 못할 이유가 없다.

파벨라 현지의 도시화와 비교해서 일자리창출 면에서는 누적적인 경험치가 없다. 보수를 받는 작업이야말로 가장 절실한 것이라는 점을 안다는 것만으로 해결책이 나오지는 않는다. 세계적인 불황으로 인해 실업자 및 불완전 고용자가 늘어나는 것은 리우데자네이루의 파벨라나 리우데자네이루 시만의 유일한 문제는 아니다.

어떤 이들은 도시별로 경쟁력 있는 부분에서 일자리창출이 이루어지는 방향으로 가야 한다고 주장한다. 어떤 이들은 구직자들로 하여금 경제의 성장 부분에 적응할 수 있게끔 준비시켜야 한다고 주장한다. 이러한 해결책들을 위해서는 공공 부분과 민간 부분의 공동 대응이 이루어져야 할 뿐만 아니라 도시의 배제된 이들도 포함시키는 대응이 이루어져야 한다.

리우데자네이루의 제조업 부문의 단가가 외부 지역에 비해 높은 상황에서 제조업 일자리를 고수하는 것이 전략적으로 옳은 일일까? 임시방편으로나마 생산 부문, 건설 부문, 생산자 서비스 부문에서 노동력 절감 기술의 도입을 늦추어야 할까? 스타트업 수준인 자본이 새로운 사업을 시작하는 것을 기다려 줄 수 있는 미개발의 기업가적 재능이라는 것이 있는 것일까? (브라질이 얼마 전에 실시한 바처럼) 최저임금을 올리거나 법정 최저 노동 연령을 낮추는 것은 빈곤계층에게 도움이 될 것인가, 아니면 해가 될 것인가?

작업에 필요한 인력을 찾고 있는 '고객들' ─ 대기업이든 소기업이든 ─ 에게 필요한 기술을 어떻게 하면 전략적으로 맺어 줄 수 있을 것인가? 기술학교나 직업훈련 프로그램을 고용주나 기업가들의 요구에 정확하게 맞추려면 어떻게 해야 하는가? 그리고 만약, 기술자와 그 수요자가 잘 맞게 맺어졌더라도, 파벨라 거주민이라는 오명이나 개인의 외모에서 풍기는 파벨라 주민의 분위기를 어떻게 상쇄시킬 것인가?

몇 가지 '친親빈곤' 정책들은 예상치 못한 결과로 이어졌다. 예를 들어, 인간의 기본적인 존엄성을 지키게 하기 위한 한 방편으로 시행된 브라질의 최소 임금 인상안은 결국 많은 이들이 일자리를 잃는 원인이 되었고, 어떤 이들은 (비용 절감을 위해) 정규직에서 비정규직으로 전환되어 노동자로서의 권리와 보호장치마저도 상실했다.

리우데자네이루에서는, 가사 도우미와 아동 돌봄 노동자들에 대한 노예제의 유산과 고용주들의 고압적인 태도를 금지하고자 하는 투쟁이 오랜 세월 동안 진행되어서 1989년 드디어 가사 노동자들을 하나의 직업군으로서 인정했다. 가사 노동자들은 최소 임금을 받을 권리를 갖게 되었으며, 월차를 쓸 수 있게 되었고, 소위 13월의 월급이라 불리는 연말 보너스를 받을 수 있게 되었다. 그러나 그 결과 많은 가정에서는 기존에 전일제 (종종 어린아이들을 데리고 들어가는) 입주 가사 도우미로 고용하던 인력을 1주일에 하루 정도만 고용하는 형태로 바꾸었다. 이는 파벨라의 많은 여성들로 하여금 일주일의 나머지 4일 동안의 일자리를 찾기 위해 다른 여성들과 경쟁해야 함을 의미하며, 주중에 그들이 누렸던 아이들과 함께 근무할 수 있는 여건이 사라졌음을 의미한다. 나아가 아이들을 학교에 보낼 때 파벨라의 주소 대신 주인집의 주소를 더 이상 사용할 수 없게 되었음을 의미하기도 했다.

노동 가능 연령을 18세로 올리는 법안도 마찬가지로 의도하지 않은 결과를 낳았다. 예를 들어, 돈을 벌고 싶은 청소년들이 마약상에 휩쓸리기 훨씬 쉬운 환경이 된 것이다. 최근 『뉴욕타임스』의 사설에서는 캄보디아의 노동착취형 공장에 대한 국제적 반대 움직임이 일어나면서 쓰레기를 줍는 이들이 늘어나고 있다는 사실을 다루었다.[40] 정당한 임금, 아동 보호, 노동조건 개선과 같은 보편적인 이슈들이, 실제로는 가장 어려움에 처한 이들을 때때로 더욱 힘들게 만든다는 점을 어떻게 받아들여야 할까?

내가 아는 한, PAC는 실업 상태인 지역 주민을 우선적으로 고용한다고 명기하고 있지 않으며, 특히 지역 상인으로부터 물품을 조달받는다고 밝히고 있지 않다. 비록 그런 것이 좋은 의미를 지닌다고 할지라도 말이다. 브라질이 투자를 위한 자금을 대규모로 축적하기 시작한 2007년, 수백만 개의 신규 주택을 2011년까지 공급하겠다는 야심찬 계획이 시작되었다. 2008~09년 발생한 경제위기로 말미암아 이 같은 계획의 실행에 막대한 차질이 생겼지만, 이 사업이 앞으로 지속될 수 있을지 여부와 그로 인해 발생하는 일자리가 도시빈민들에게 돌아갈지에 대해서는 아직 단언하기에 이른 감이 있다.

노동자의 직업훈련과 관련된 부분에서 브라질은 전 국가적인 차원에서 프로그램을 실시해 왔다. 이는 2004년 시작된 첫 번째 일자리Primeiro Emprego 프로그램이다. 인생의 첫 직장을 준비하고 있는 젊은이들을 위한 프로그램으로, 이 시기는 앞으로의 고용을 결정하는 중요한 단계이고, 첫 직장은 앞으로 (특히 정규직) 구직시마다 제출해야 하는 고용 기록 서류에 기록되기 때문이다. 이 프로그램은 젊은이들이 학교를 마치거나 그만두고 아직 일을 하고 있지 않는 시기부터 적용되는데, 이 시기 다른 대안이 없는 청년들이 어쩔 수 없이 마약상에 몸을 담게 되는 때이기도 하다.

첫 번째 일자리 프로그램에 참여하면 교통비와 점심값, 그리고 임금을 지급받게 된다. 이 프로그램의 운영은 각 도시의 비영리단체들이 하도록 되어 있다. 리우데자네이루에서는 약 6개의 NGO

단체들이 등록되어 있는데, 자체적으로 커리큘럼과 교육 계획을 수립하고 있어서 수강생들이 여러 프로그램에 참여해 보고 평가도 할수 있게 되어 있다. 가장 큰 문제점은 이런 과정들이 청년들에게 주로 서비스직이나 제조업 관련 훈련을 시키지만, 이런 분야에서의 일자리가 없다는 점이다. 구직의 기회가 거의 주어지지 않기 때문에, 수료생들은 졸업할 무렵 패스트 푸드점에서 일하거나 다른 저임금 직종에서 근무하거나, 마약상에 합류하기도 한다. 만약 고용주들이 앞으로 어떤 기술을 가진 인력을 고용할 계획이라거나 현재어떤 자리가 비었다는 점을 알려 준다면, 이런 프로그램들은 고용주들의 수요에 맞게 청년들을 훈련시킬 것이다.

더욱더 큰 문제는, 몇몇 교사들이 보고한 바에서처럼, 대부분의학생들이 프로그램에서 제공하는 기술을 배우는 데 흥미를 보이지않는다는 점이다. 프로그램에서는 사진이나, 미용, 네일 케어, 회계, 창업 등에 대해 가르치고 있다. 청년들은 프로그램에서 지급하는 임금을 받기 위해서 등록한다. 이 프로그램에 참여한 한 선생님의 이야기에 따르면, 그 선생님 반에는 25명의 학생이 등록하고 있지만, 출석을 하는 건 겨우 서너 명 정도라고 한다. 이런 한계를 극복하기 위해서는 파벨라와 꽁중뚜 출신 수백 명의 젊은이들에게 미래가 있는 직업에 취직하게 하고, 이를 마을 사람들을 통해 그리고텔레비전을 통해 널리 알려야 한다. 내가 인터뷰를 실시했던 대부분의 젊은이들은, 개중에는 마약거래 일을 하는 이들도 있었지만, '괜찮은' 일을 하고 싶다고 응답했다. 젊은이들은 진짜 일을 얻기위해 실질적으로 필요한 훈련이 무엇인지를 알고 있었고, 마약거래를 하다가는 일찍 죽을 수 있다는 점도 잘 알고 있었다.

파벨라 젊은이들을 위한 학교의 보충 프로그램은 점차 확대되고 있다.[41] 2005년 나는 '박수 프로그램'Projecto Aplauso이라는 것을 방문했던 일이 있는데, 이는 한 연예계 잡지가 시작한 것이었다. 이 프로젝트는 민간 기업들의 후원도 받고 있었다. 프로그램에서는 17개의 파벨라에서 오는 젊은이들이 쉽게 접근할 수 있도록 리우데자네이루의 중앙 버스 터미널인 호다비아리아rodaviaria 근처의 버려진 창고인 가우빵galpao을 개조해 사용했다. 이 프로그램에서는 미술, 공예, 음악, 춤, 드럼, 목수일, 재봉, 자수 등의 분야에서 매우 높은 수준의 교육을 제공하고 있었다. 질 높은 교육 프로그램만큼이나 중요한 점은, 이 프로그램이 마약거래에 종사하는 수백 혹은 수천의 젊은이들에게 대안을 마련해 주려 한다는 점이었다.

젊은이들은 갈 곳이 있었고, 할 일이 있었으며, 유명한 예술가나 기업가들과의 친분을 맺게 되었고, 소속감을 가지게 되었다. 잠재적인 고용주나 인사 채용자, 정부 및 회사의 스폰서, 그리고 일반 대중들을 초대하는 오픈 하우스를 주기적으로 열곤 했다. 내가 아는 한, 가우빵 프로젝트는 민간 기업들의 기부를 통해 현재도 진행 중에 있다.

파벨라 지역 내에서 시작되는 프로그램들은 마을 젊은이들의 뜨거운 관심을 받았다. 자까레지뉴 파벨라에서는 비디오 및 웹마스터를 가르치는 프로그램이 운영되고 있으며, 보렐 파벨라에서는 호다비바Roda Viva가 운영하는 컴퓨터 프로그램, 미술, 까뽀에이라, 제빵 프로그램 등이 있다. 비지가우 파벨라에서는 영화사인 노스 두 모후Nós do Morro가 참여하고 있으며, 꽁쁠렉수두마레에서는 마레연대센터CESAME에서 운영하는 센서스 현장조사원 준비 과정, 언어훈련 과정, 미술 및 문화 과정 등이 열리고 있다. 이와 비슷한 현장프로그램들이 여러 개 진행되고 있는데, 여기에는 열정적인 참여자들로 가득 찬다.

NGO 단체들 및 사업가들, 그리고 전문가들과 몇 년 동안 협업을 해온 시다지지제우스 파벨라의 주민들이 지역의 경제발전 전략을 수행하는 방식을 보고 매우 깊은 인상을 받았다. 그 동네의 주민들은 리브리 펜사르 소시아우Livre Pensar Social(자유로운 사회적 사고)라 불리는 조찬 모임에 매달 지속적으로 참여하고 있었는데, 이는 리우데자네이루의 연방 경제부 사무실에서 열리는 것이었다. 모임에서는 각 모임마다 자신들에게 가장 중요한 주제를 선정하고 연사를 초청해 발표를 들으며, 질문과 토론을 한다. 모임에 참여해서 관찰한 바에 따르면, 토론에서 다룬 지식은 매우 수준 높은 것이었고, 토론은 매우 적극적이고 지적인 것이었다. 모든 이가 토론에 참여했다. 이곳이야 말로 초대된 사람은 누구든 중요한 사람으로 존중받고, 그들의 아이디어는 사회적 실천으로 이어질 수 있는 곳이었다. 2주에 한 번씩 시다지지제우스에서는 마을 회의가 열렸다. 내가 마지막으로 방문했던 2007년의 한 회의에서는 앞으로 시작할 소득 창출 프로젝트 몇 개를 시작했다. 그 프로젝트에는 옷 만들기, 바느질, 제과, 수공예품 판매, 지역 벼룩시장 등이 포함되어 있었다. 마을 사람들은 버려진 창고를 하나 사서 소규모 사업을 시작하는 이들을 위한 공간으로 바꾸려는 계획을 세웠으며, 여성들을 돕는 단체를 꾸리려 하고 있었다. 그들은 다음의 중국 속담에서와 같았다.

말로 하면 잊어버리고,

보여 주면 기억을 할 수도 있지만,

함께 참여한다면 이해를 하게 된다.

다른 곳에서 시행된 소득 창출 프로그램들 중에는 불량주택지구의 노동자들과 일자리를 필요로 하는 가정이나 회사를 연결해 줌으로써 어느 정도 성공을 한 프로그램이 있었는데, 방갈로레에서 실시되었다. '일자리 네트워크'에서는 콜센터와 인터넷 사이트를 이용해 고용주와 노동자들을 연결해 준다. 또한 노동자가 약간의 회원 가입비를 내면 일자리를 소개시켜 주고 직업훈련 교육을 알선해 주며 건강보험과 신분증을 제공해 준다. 이 신분증으로 은행 계좌를 개설할 수 있고 신용을 증명할 수 있게 된다. 일자리가 나면 '일자리 네트워크'의 회원들에게 문자로 공지가 되기 때문에 관심이 있는 사람들은 즉각 연락을 취할 수 있다. 공인된 기관에서 소개하기 때문에, 노동자들은 그렇지 않은 경우보다 좀 더 높은 임금을 받을 수 있다. '일자리 네트워크'에는 5,100명에 가까운 노동자가 등록되어 있고, 900명 이상이 혜택을 받을 수 있는 직업훈련 훈련장이 등록되어 있다.[42]

리우시는 영국과 미국의 기업가 존과 권력 분산 존의 개념을 적용했다. 이는 기업들로 하여금 '기업가 존'으로 지정된 저소득 커뮤니티에 투자하도록 독려하는 것으로, 참여 기업들은 세금 감면 및 규제 완화와 같은 혜택을 제공받게 된다. '권력 분산 존'은 저소득 커뮤니티로 지정된 마을에서 노동력을 고용할 때마다 임금을 보조받는 것이다. 이런 프로그램들은 도시 내의 쇠퇴 지역에서 특정한 방식으로 경제성장과 고용을 촉진하는 것으로, 어느 정도의 성공을 거두고 있다.[43]

고용의 측면에서, 어느 곳에서나 효과가 좋은 아이디어는 도시의 일정 지역에서 노동력 교육에 대규모 투자를 하는 것으로, 여기에는 컴퓨터 사용법을 알려 주고, 통신 인프라를 갖춰 주며, 무료 와이파이를 사용할 수 있게 하는 것과 같은 프로그램이 있다. 세사르 마요르Cesar Mayor 시장 행정부하에서 첫 번째 노동부 장관이었던 안드리 우라니Andre Urani가 리우데자네이루 온라인이라 불리는 프로그램을 시작했지만, 그다음 시장의 임기 때에는 지속되지 않았다.[44] 2009년 6월 "리우, 어떻게 지내니?"Rio Como Vamos?라는 회의에 참여한 적이 있다. 2007년부터 시작된 이 회의는 리우데자네이루의 비영리단체와 기업들이 그리고 관심 있는 개인들이 함께 참여해 리우데자네이루 시가 당면하고 있는 핵심 이슈에 대한 신뢰할 만한 자료를 도출하고, 그에 대해 자유로운 토론을 하며, 실행으로 이어질 수 있는 목표 및 기준을 설정하는 것을 목표로 한다. 매우 발전적인 계획으로 보이지만, 결과는 시간이 지나 봐야 알 수 있을 것이다.

메가시티 프로젝트Mega-Cities Project(세계에서 가장 규모가 큰 21개 도시들이 함께하는 초국적 비영리단체)에서는 이미 진행되고 있는 여러 혁신적인 접근법에 대해 보고서를 작성했는데, 이 접근법들은 대체로 환경 쇄신과 소득 창출을 동시에 이루어 내는 방법들이었다. 이 집트 카이로에 있는 (쓰레기 줍는 이들이 거주하는) 자발린Zabaleen 마을도 그런 사례 가운데 하나이다. 그 마을에는 쓰레기가 너무 많지만, 일자리는 너무 적다는 점이 가장 큰 문제였다. 그 마을에 제시된 해결책은 쓰레기에서 재생 가능한 자원들을 분리해 그것들을 다시 판매할 수 있는 상품으로 만드는 것이었다. 금속은 무늬가 새겨진 쟁반으로 변신하고, 섬유제품은 퀼트나 깔개, 액세서리 등이 되었으며 플라스틱은 샌들과 신발이 되었을 뿐만 아니라 고무는 호스로 변했다. 분리수거 중간상들에게 톤당 몇 센트씩을 받는 대신 마을 주민들은 자기들이 만든 수공예품의 값을 받았다. 이 프로젝트를 통해 마을 주민들은 쓰레기 더미에서 아파트로 이주할 수 있었고 아이들은 당나귀 수레를 끄는 대신 학교에 가게 되었으며 수세기도 더 된, 카스트제도에 기반을 둔 사회적 외면으로부터 벗어나기 시작했다.

뉴욕의 브롱크스 남부 지역에서는 건물들이 유기되고 저렴한 가격의 토지가 많았던 시기에, 일군의 마을 사람들이 버려진 공터에서 버섯과 허브를 재배해서 직접 팔기도 하고 고급 식당에 납품하기도 했다. 할렘 지역에서는 환경 이익 프로그램Environmental Benefits Program을 통해 지역 주민들을 훈련시켜서 그 지역의 민간 및 공공 환경을 감시하는 모니터 요원으로 근무케 하며 임금을 지불했는데, 위반 사례에서 걷은 벌금으로 주민 모니터 요원의 임금을 충당했다. 어떤 도시들에서는 대기 질과 관련해 엄격한 규칙을 제정해 고액의 벌금을 부과했는데, 이를 재원으로 새로운 '친환경' 비즈니스를 창출하는 데 사용하기도 하고, 오염 물질을 내뿜는 자동차를 감축하는 데도 사용했다. 다른 도시들에서는 주택 건설 관련 법령을 새롭게 제정해 주택 건축 자재와 관련된 모든 부분에서 새로운 시장을 열었는데, 지붕, 창문, 문, 페인트, 목공 부분, 절연 처리 부분, 중수도 용수의 태양열에의 재사용 등이 이에 해당된다. 친환경적이고도 공공의 이익을 위한 프로젝트로 유명한 브라질의 꾸리찌바에서는 재활용되는 공간을 교육 및 문화센터로 사용하거나 새로운 사업을 시작하는 경우에도 빌려주고 있는데, 빈곤 지역 거주민들이 쓰레기를 주워서 쓰레기수거 트럭으로 가져 오면 쓰레기 백 하나당 공짜 버스 티켓으로 바꾸어 주고 있다. 또한 "지상의 지하철"이라 불리는 버스 시스템을 개발해 시민의 28퍼센트 정도가 자가용 대신 버스를 이용하고 있다. 이는 대기 오염을 감소시키는 효과로까지 이어졌으며, 수백, 수천의 사람들에게 일자리를 제공했다.[45]

"친환경 도시를 만들기" 프로젝트는 대체 에너지, 재조림 사업, 환경정화, 친환경 산업 부문 등에서 새로운 일자리를 만들어 낸다. 엄격한 환경 관련 법안을 통과시키면 친환경 에너지, 친환경 건축, 친환경 교통 등과 관련된 제조업 및 상업 분야의 시장이 형성되며, 그 과정에서 새로운 일자리가 창출된다. "친환경 게토"Greening the Ghetto로 캘리포니아의 오클랜드에 기반을 둔 비영리단체가 환경 관련 일자리를 '마을로' 가져와서 환경운동의 지평을 넓혔다고 한다.[46] 『그린칼라 이코노미』*The Green Collar Economy*라는 책의 저자인 반 존스Van Jones는 태양광 집광판, 풍력 발전기, 주택 단열 프로그램 등에 대해 언급하면서, 이런 시설들이 게토 지역에 설치되면서

직업을 창출했고, 이런 시설들이 생활비를 낮추어서 결국 게토 지역의 이익으로 귀결되었다고 주장했다.[47]

내 의견에는, 친환경적인 직업, 친환경적인 제품들, 친환경적인 인프라 등이 리우의 파벨라 지역뿐만 아니라 전 세계 주변부의 그 어느 비공식 주거지에서도 공공정책과 지역 커뮤니티의 행동에 매우 고무적으로 작용할 것 같다. 우리가 누리고 있는 도시 인프라의 대부분이 1888년부터 약 12년간의 매우 짧은 시기에 개발된 것으로, 1888년 이전 우리 인간은 자연 자원의 한계에 대해 잘 인식하고 있었다. 그 이후로 근본적인 변화는 이뤄지지 않았다. 도시 인프라 시스템은 직선적이다. 즉, 식량, 물, 에너지 등은 도시를 관통해 결국 개천으로 흘러들어 간다. 순환 시스템에서는 각 단계의 결과물을 다음 단계의 원료로 사용한다. 내가 1970년대 초반 처음 알게된 "자원 보존형 도시"라는 개념은 이후 세월이 지나면서 기술적으로나 정치적으로 더욱 실현 가능한 것이 되었다.[48] 지속 가능한 시스템을 만들 수 있는 기회는 아마도 세계의 주변부 지역의 도시들에 가장 많을 것이다. 왜냐하면, 주변부의 도시들은 인프라가 아직 완벽하게 갖춰지지 않았고 현재 갖춰진 인프라도 인구의 상당수를 배제한 상태이기 때문이다. 파벨라야말로 19세기에서 21세기의 기술로 '도약할' 수 있을 것이라 기대하며, 이를 통해 다른 대안을 제시할 수 있을 것이라 기대한다. 고급 주택이나 아파트 빌딩 등에서 친환경 기술을 적용하기로 결정함에 따라, 새로운 도시 시스템을 고안하고 설치하는 사람들은 고용시장에서 매우 선호하는 직업군으로 떠오를 것이다.

일자리창출이나 일자리를 위한 준비에서 가장 중요한 메시지는 비공식 주거지의 주민들이 이에 참여했을 때에만 그 해결책이 될 수 있다는 점이다. 그들의 경험, 지식, 행동은 해결책을 찾고, 실행하고, 나아가 그 과정을 통해 시행착오를 겪는 데 필수적인 부분이라는 것이다. 지역 주민의 참여가 없는 공공정책은 성공하기 매우 어렵다.

마약, 무기 그리고 폭력

'즐기기 위해' 마약을 사용하는 건 술, 담배, 처방된 약품을 복용하는 것과 근본적으로 다를 게 없다. 역사적으로 모든 사회에서는 제정신이 아닌 상태가 되는 방법을 찾아왔는데, 이는 종교적인 필요에 의해서일 수도 있고 또는 현실로부터 벗어나고 싶어서일 수도 있다. 앞에서 이야기한 바와 같이, 리우데자네이루에서 내가 연구의 대상으로 삼았던 사람들의 문제는, 이런 마약을 사고파는 과정과 관련된 폭력의 상황이다. 리우데자네이루를 위험에 빠트린 여러 요인들은 수많은 살인사건의 증가와 공포심의 증대에 기여했고, 결국 빈곤한 이들의 삶을 비극적인 것으로 만들었다. 이 비극의 희생자들 가운데에는 젊은 남성이나 소년의 비율이 압도적으로 높다. 대부분의 사람들이 자신이 25세 이전에 죽을 수 있다는 것을 잘 알면서도 마약거래에 빠져든다.

폭력의 강도는 청년 등의 실업률이 높을수록 강해진다. 심각한 위험에 처해 있는 14~24세의 젊은이들을 위한 일자리창출의 노력이, 여러 부문의 협력을 통해 강력하게 이루어진다면, 많은 이들의 생명을 구할 수 있을 것이고, 그들에게 미래라는 것이 의미 있는 개념이 될 것이다. 법적 의무교육은 14세까지이고, 법적으로 직업을 갖거나 군대에 자원할 수 있는 나이는 18세부터이다. 따라서 그 사이의 연령대에 있는 아이들은 할 것이 없게 된다. 그 나이대는 부모가 통제할 수 있는 나이도 아니지만, 아직 청소년인 아이들이 자신을 온전히 통제할 수도 없다. 따라서 매우 불안정한 시기이다.

이 연구의 연구 결과 가운데 하나는, 일이 매우 굴욕적이거나, 상황이 아주 나빠지거나, 보수가 아주 나쁜 경우가 아니라면, 어린 청년들이 그 일을 기꺼이 하고자 한다는 점이다. 리우데자네이루로 처음 이주해 왔던 그들의 조부모 세대가 보수에 상관하지 않고 어떤 일이라고 기꺼이 하려고 했던 것과 달리, 그 자녀 및 손자 세대들은 더 좋은 상황을 기대한다. 그들은 시골에서 올라온 보잘것없는 촌뜨기가 아니라, 도시에서 태어난 영악한 도시의 관찰자들이다. 많은 이들이 사장님들에게 모욕을 당하거나 '입에 풀칠하기도 어려운' 임금을 받을 바에야 영광스럽고도 죽음을 불사할 수 있는 도박판에 뛰어들고자 한다. 임금이 너무 적어서 월말에는 남는 게 하나도 없다는 것은 결국 또 다른 형태의 멸시이다. 파벨라나 꽁중뚜에 사는, 피부색이 어두운 청년이라는 이유만으로 마땅히 받아야 할 임금을 받지 못하는 것이다.

게다가, 마약상이 되면 얻을 수 있는 건, 과시할 물건을 살 수 있는 돈뿐만이 아니다. 멋진 아가씨들의 호감을 살 수 있고, 자존감과 소속감도 갖게 된다. 범죄자 아니면 쓸모없는 존재라는 취급을 받아왔던 젊은 남성에게는, 한 그룹의 일부로서 가치 있는 존재가 된다는 건 상당히 의미 있는 일인 것이다. 이게 바로 아프로레게가 성공할 수 있었던 비결이기도 하다.

　아프로레게는 비영리단체로, 사회운동 단체이자 이념 단체이다. 이 단체의 목적은 젊은이들로 하여금 음악과 춤을 통해 자신을 표현하게 함으로써 마약거래상에서 빠져나오게끔 하는 것이다. 이 단체는 아프로 브라질리안 역사 및 문화 재단과 연계되어 있어서 극장을 대관하고, (마약상에) 저항을 한 이들을 축하하며, 까뽀에이라와 드럼, 작곡, 춤, 그리고 여러 공연 예술을 가르치고 있다. 이 단체에 가입을 하면 의료혜택을 받을 수 있고 사회복지사의 도움을 받을 수 있다. 아프로레게는 비가리우헤라우Vigario Geral 파벨라에서 처음 시작했는데, 연이은 죽음에 깨달음을 얻은 이들이 마을에 평화의 집Casa de Paz을 마련하면서부터였다. 처음에는, 마약거래상들과 경쟁함으로써 그들을 자극하지 않으려 했으며 그들과는 아무 관련을 지으려 하지 않았다. 〈일어서는 파벨라〉Favela Risisng라는 영화는 단체의 활동에 대한 주목할 만한 내용과 그들의 생존에 대한 서사를 담고 있다.[49]

　아프로레게가 사라지지 않고 지속될 수 있었던 이유 가운데 하나는, 갱단원들조차 그 단체의 존재 가치를 알고 있었기 때문이다. 그들도 대안을 원했다. 만일 그것이 그들이 아니라 자신들의 자녀를 위한 것일지라도. 그들도 아프로레게의 노래가 전하는 진실의 말들을 들었다. 그들도 저항의 단어들을 들었다. 그들도 부정의에 대해 들었으며, 자신들의 열망과 희망에 대해 노래하는 것을 들었다. 아프로레게 그룹의 창시자인 주니오르Junior는, 아프로레게는 "문화적·사회적 책임감과 창의력에 관한 것"이라고 했다. "오늘날, 진정으로 상황을 변화시키고자 한다면, 그 상황에 있는 이들이 자신을 어떻게 인식하고 있는지를 변화시켜야 한다"고 했다.[50] 이 그룹의 내부 조직은 마약거래상의 위계질서와 엄격한 징계 방식을 차용했다. 회원들은 열정적으로 참여하게 되었는데, 동료나 현실의 비판 때문이 아니라 현실을 변화시키고자 하는 행동 때문이었다.

무기와 마약을 팔거나 강탈을 하는 행위에 대한 대안으로서, 아프로레게는 기업체로서 그 존재를 유지하고 있었다. 주니오르가 설명하는 바처럼, 그들을 최고의 스타와 함께 최고의 무대에 서면서 돈을 벌고, 매우 훌륭한 네트워크를 갖추고 있다. 그들은 생산 라인을 조정하고, 상품화하고, 사람을 채용하고, 마케팅을 하고, 공론화하는 회사를 통해 파벨라에서 일자리를 창출하고 있다.

이들의 활동은 매우 영향력을 갖게 되어서, 미나스제라이스 주의 주도인 벨루오리종치 시에서도 경찰들과 파벨라 주민들이 함께 드럼을 치고 노래하는 장을 마련했으며, 이를 통해 두 집단 간의 대화가 이루어졌다.

인류학자이자 범죄학자인 루이스 에두아르두 수아레스Luiz Eduardo Soares는 이 이슈의 본질에 대해 다음과 같이 이야기했다.

우리는 마약거래상들이 젊은이들에게 제공하는 최소한의 것들 제공했습니다. 물질적 자원, 그리고 그들에 대한 인정, 어딘가에 속해 있다는 감정, 그리고 가치 등등을 말이죠. …… 자기 자신이 아무런 가치가 없다고 느낀다면, 아무도 변화될 수가 없을 거예요. 우리가 젊은이들을 가난에서 구제하고, 그들이 평범한 사람이 되길 원할까요? …… (그들을) 용서하고 다시 한 번 기회를 주는 것도 결국 우리 자신을 용서하고 우리에게 다시 한 번 기회를 준다는 걸 의미하는 거예요, 하나의 사회 구성원으로서요. 수천 명의 파벨라 아이들이 총을 들 수밖에 없도록 내버려 두었다는, 그 끔찍한 죄악으로부터 우리 자신이 빠져나올 수 있는 기회를 갖게 된다는 건, 멋진 일 아니겠어요?[51]

젊은이들에게 대안을 제시하는 것에 대한 논의는 단지 범죄의 감소에만 국한되는 것은 아니다. 앞서 이야기한 열 가지의 범죄와 관련된 요인들이 통합된 방식으로, 이상적으로 설명될 수 있을 것이다. 예를 들어,

1. 파벨라와 꽁중뚜는 국가가 허용하는 범죄의 대상으로 남아 있는 것이 아니라, 국가의 보호 체계 내에 포함되어야 한다.
2. 일자리가 제공되고 현금으로 지급되는 지원책이 실행되면 불평등의 정도는 완화될 것이다.
3. 코카인이 합법화되고, 규제되며, 세금이 매겨지게 되면, 더 이상 파벨라에 숨어서 판매되지는 않을 것이다.
4. 코카인 가격이 하락하면 마약 판매상과 네트워크가 약화될 것이다. 마찬가지로, 경찰, 사법부, 정계 사이의 공모가 사라져도, 다시 감옥을 통제할 수 있게 되어도 그런 결과가 나타날 것이다.
5. 무기 소지 시 등록을 의무화하고, 무기 수입에 관한 관세를 높

이며, 비무장 캠페인을 하고, 경찰에 압수된 무기를 추적하는 규정을 마련한다면, 무기 구입이 더욱 힘들어질 것이다.

6. 경찰 개혁 조치에는 지리정보시스템을 이용해 범죄 온상 지역에 경찰을 배치하는 것, 범죄 회피 모범 사례에 대한 포상 및 승진, 기록과 모니터링을 위한 장비 및 통신 장비의 개선, 분쟁 조정 훈련, 경찰 폭력에 대한 무관용, 익명으로 제보할 수 있는 핫라인 운영 등이 포함될 수 있다.

7. 법의 집행은 단호하고, 투명하며, 만인에게 평등하게 이루어져야 한다.

8. 공공에 의해 채용된 민병대 요원이 강도 행위에 참여하거나 상해 범죄를 저질렀음이 밝혀지면 해임되고, 연금 수급 자격도 박탈해야 한다.

9. 독재정권의 말기 일어났던 "지금 당장!" 운동과 마찬가지로, 모든 도시민이 일자리와 정의를 요구하는 파벨라 주민들과 연대하고 행동해야 한다.

10. 언론이 나서서 '강도들'과 파벨라 주민들은 엄연히 다름을 알려야 하고, 경찰의 '강경 노선'이 가진 잔인함과 '단속'이 공공의 안전을 오히려 해치고 있음을 일깨워야 한다. 마을, 시정부, 주 경찰, 기업들, 그리고 NGO 단체들이 리우데자네이루를 더욱 평화로운 도시로 만들기 위해 어떤 아이디어를 냈는지 혹은 무엇을 실천으로 옮겼는지에 대해 "금주의 리우데자네이루 시민"이라는 신문 칼럼과 텔레비전 프로그램에서 특집으로 다루는 것을 상상해 본다.

분명 이런 생각은 말로는 쉽지만, 현실화되기는 어렵다. 이 리스트에서는 폭력 문제의 범위와 정도에 대해 간단하게 여기고 있는 경향이 있으며, 마약의 주요 고객은 파벨라 주민이 아니라는 점을 간과하고 있다.[52]

파벨라 주민들이 자주 언급하는 것 가운데 하나가 마약 판매상들에게도 책임이 있다는 것이다. 리우데자네이루에서는 빈곤으로 인해 일어난 전쟁은 없다. 그러나 빈곤층이 개입된 전쟁은 있다. 코카인을 구매하고 사용하는 돈 많은 '플레이보이들'은 그 결과로 인해 그 어떤 곤란도 겪지 않는 반면, 마을의 일부가 판매하는 코카인으로 인해 빈곤층은 살해당한다. 그게 현실이다. 만약 리우데자네이루의 부유층들이 그들의 도시에 대해 진심으로 걱정하고 자신들의 안전에 대해 신경을 쓴다면 코카인을 사고 사용하는 것을 멈춰야 한다. 희생자들에 대해 비난하는 대신 말이다. 리우데자네이루는 세계에서 코카인 소비가 가장 많은 도시이다. 만일 지역 내 소비가 일어나지 않는다면, 이 도시는 훨씬 더 안전해질 것이다.

시민권과 도시에 대한 권리

이 도시에서는 토지나 주택에 관한 적법성의 문제가 아니라 개인의 적법성에 관한 문제가 위기에 처해 있다. 파벨라 주민들이 주변인으로서 인식되는 한, 모후와 아스파우뚜, 파벨라, 그리고 바이후 지역을 통합하기 위한 그 어떤 도시 개선 사업도, 직업훈련도, 경찰의 개혁도 성공하지 못할 것이다. 빈곤층을 보통시민의 범주로 끌어안는 정책은 이제까지 시도된 적이 없다. 도시민이 되기 위한 조건은 부유층의 특권이 아니라 누구나 누릴 수 있는 권리가 되어야 하지만, 아직은 그렇지 못한 현실이다.

보이지 않는 존재에서 보이는 존재로 변화하는 데에는 문서가 매우 중요한 역할을 한다는 걸 연구를 실행하면서 알게 되었다. 브라질에서는 오히려 미국보다도, 사회의 일원이 되는 데에 훨씬 더 많은 공식 서류가 요구되었다. 출생증명서, 개인등록증, 주민등록증, 결혼 등록증, (공식부문 직장의 상사가 사인을 한 경우가 훨씬 선호되는) 노동자 카드, 유권자 등록 카드, 군복무 카드, 거주지 주소가 쓰인 각종 공과금 영수증 등의 필요하다.

연구를 진행하면서 서류마다 1점씩을 부과해 사람들에게 부여한 결과, 서류가 잘 갖춰진 사람일수록 사회경제적으로 (그리고 수입 면에서) 성공한 사람이라는 점을 발견할 수 있었다. 비바 리우데자네이루가 호싱냐 파벨라에서 시작한 권리 안내 프로그램을 다른 지역으로까지 확대한 것은 매우 유용한 결과를 낳았는데, 이는 마을 사람들에게 필요한, 서류를 안내해 주는 프로그램이었다. 나조차도 많은 전문가들이 도와주고, 브라질에 은행 계좌가 있음에도 개인등록증을 받는 데 몇 주 정도가 걸렸다. 부유층은 대부분 이런 서류들을 다 갖추고 있고, 필요한 경우 대리인들을 통해 일을 처리하는데, 이들은 관료적 형식주의와 관련된 업무를 대신 처리해 주고 돈을 받는다.

빈곤한 사람들이 서류를 취득하는 데 또 다른 방해물들이 있다. 내가 만난 한 여성은 자신의 옷이 부끄러워서 아들을 위해 등록 업무를 하러 가지 못했다고 한다. 그들은 (공식적인 도시에 나아가는데)

필요한 그런 종류의 옷이 없다고 했다. 어떤 이들은 버스 요금이 없다고도 했다.

서류를 취득하는 문제는 매우 효과적이면서도 실천 가능한 첫 걸음이다. 파벨라 주민들, 일반적인 도시 빈곤계층, 그리고 브라질의 일반 시민들이 완전한 시민으로서의 자격을 갖추기 위해 필요한 서류를 쉽게 취득할 수 있도록 개선하는 것은 상당한 정도의 배제를 완화하는 데 필요한 하나의 과정이 될 것이다. 사람들은 주소와, 집집마다 배달되는 우편서비스가 필요하다. 따라서 파벨라 주민들은 거리의 이름과 지번이 필요하다. 이런 주소 관련 제도들은 시도는 되었지만, 마약상들이 혹시라도 경찰들이 주소를 이용해 자신들의 위치를 특정할까 하는 우려에 반대를 해왔다. 이 이야기는 〈시티 오브 맨〉City of Men이라는 영화에서 잘 그려져 있다.

연구를 진행하면서, 브라질의 민주주의 회복 과정에서 빈곤층을 끌어안는 과정이나 빈곤한 마을과 권력을 거래하는 일이 일어나지 않았음을 알게 되었다. 마약상들이 파벨라 지역에 갑작스럽게 출현한 것이 사태를 더욱 악화시켰다. 그러나 근본적인 문제는 홀스턴 Holston의 표현처럼, 민주주의로의 이행이 "불완전한 것"이었기 때문이다. 부패, 정실 인사, 후견주의 등의 안락하고, 오래된 관행들은 독재정권의 엄혹함이 누그러지고 정당정치가 회복됨에 따라 다시 등장했다. 리우데자네이루 시를 마약상으로 인한 폭력과 혼돈의 상황으로부터 회복시키는 유일한 방법은 투명하고, 법 앞에 평등하며, 위법에 대해 죄를 묻는, 민주주의로의 완벽한 이행뿐이다. 부패로 인해 의사결정 과정이 왜곡됨에 따라 정부의 공정성에 대한 신뢰가 없으며, 대신 그 자리에, 분쟁 해소나 질서 유지를 위한 또 다른 권력이 형성되었다.

"도시에 대한 권리"란 프랑스의 사회학자 앙리 르페브르Henri Lefebvre의 개념에서 유래한 집단적인 권리이다. 이는 1948년 이루어진 세계인권선언에서의 모든 개인의 권리를 포함하며 이에 공간적인 권리도 추가된다.

브라질에서는 도시에 대한 권리 운동이 지역 담론의 일부로 시작이 되어서 1988년 신헌법의 도시법의 가안으로까지 발전했다.[53] 헌법 제정회의가 열리기까지 2년간의 기간 동안 브라질리아에서는 날마다 집회가 있었는데, 그날 논의될 도시법의 부분과 이해관계가 있는 시민들이나 단체들이 한데 모이는 것이었다. 전국에 있는 다른 많은 NGO들과 마찬가지로 리우데자네이루에 기반을 둔 NGO도 도시법에 제안된 법조항의 초안을 만들고 회람하는 데 있어 조정을 하는 역할을 맡았다.

도시법에 포함된 법률 조항들 중에는 도시지역에서의 "취득시효법" 조항이 포함되었는데, 이는 비공식 주거지의 합법화를 위한 집단적 권리를 보장하는 것이었다. 또한 인구 2만 명 이상의 도시는 도시민 전체가 참여하는 종합 계획을 반드시 세워야 한다는 규정도 포함되었다. 그리고 2만 명 이상의 도시에서는 지역사회 정책 위원회, 운영위원회, 공청회 및 자문위원회, 도시 관심 사안에 대한 협의회의, 제안된 법률, 계획, 도시개발 프로젝트 등에 관한 주민들의 발안 등을 통해 민주적인 행정부를 이루어야 한다.

도시법에 제출된 조항들에는 인권, 재산권, 개인의 안전권, 주거권, 보건권, 교육권 등의 보호 조항이 포함되었으며, 적절한 임금을 받고 적절한 환경에서 노동을 하며 진실된 삶을 살 권리, 비밀 선거를 할 권리, 자신의 삶에 영향을 미치는 결정에 대해 의견을 말할 권리, 이주의 권리, 의사 표현의 권리, 집회의 권리 등도 포함되었다.

룰라 대통령의 노동당 집권 시에 새로이 조성된 도시부에서는 도시법에 대한 토론을 위해 전국적으로 큰 도시들에서 집회를 조직하고 재정적 지원을 했다. 2008년 말경까지 몇 번의 주요 집회가 열린 이후에, 원칙, 합의, 실행 계획 등이 명확해졌으며 광범위한 공감대가 형성되었다. 도시법의 제정과 비슷한 프로그램이 남아프리카공화국의 도시들을 비롯해 여러 곳에서 이루어지고 있으며, 도시법에서 더 진보한 경우들도 있다.[54]

그러나 이 과정에 참여했던 한 조직의 구성원의 이야기에 따르면, "참여시의 그 흥분감"에 비해 결과는 실망스러운 것이었다고 한다. 그녀가 말하기를, 몇 년이 지난 후에 그 과정에 가장 깊이 관여했던 사람들이 내린 결론은, "사회운동을 제도화"해 진보적인 정부의 보조기관으로 만들었어야 했다는 점과, 모든 공적인 회의에서 도출된 종합 계획으로 인해 이루어진 실질적인 변화는 많지 않다는 점이었다고 했다.[55]

이는 실망스러웠지만, 놀라운 것은 아니었다. 마드리드, 코펜하겐, 런던, 뉴욕, 그리고 다른 많은 지역에서 그런 과정이 결국은 비슷한 결과로 이어졌다.[56]

이런 개방적인 과정에 참여한 지지자들은 도시 주변의 부동산이 브라질식 후견주의 및 세습적인 특권과 결합되어 구성된 자본주의적 방식 때문에 비교적 덜 성공한 것이라고 결론지었다. 이러한 힘들은 결국 사회 운동의 지도력을 끌어모으고, 도시의 불공평함을 재확인하게 한다. 도시법의 지지자들은 토지 사용 이슈와 부동산 소유권 이슈를 변화에 대한 저항의 핵심 사안이라고 생각한다. 어떤 이는 말하기를, 브라질의 경우 도시법은 시장에서는 "수사적 담론"에 지나지 않으며, 8년이 지난 후에도 실제로 실행되거나 현실에 적용된 적이 한번도 없다고 한다. 이는 브라질의 모든 도시에서 그러했다. 공식 웹사이트에 들어가 보면, 도시법은 무척이나 멋진 법안으로 보이지만, 일련의 회의가 이루어진 이후 어떠한 결과가 도출되었는지에 대해서는 한마디도 언급되어 있지 않다. 그 회의들에 참여한 참가자들이, 아마도 행동하는 시민으로서 처음으로 참가한 것이었을 텐데, 그 이후 이로부터 어떠한 교훈을 얻었을지가 궁금하다. 강력하고 독립적인 권력 기반을 만들겠다는 결심을 얻게 되었기를 희망하지만, 앞으로 이러한 참여 과정에 더 이상 관여하기를 꺼리게 되지 않을까 하는 우려도 있다.

브라질의 도시사회를 강력하게 만드는 데 큰 도움이 될 수 있는 또 하나의 방법은, 세법을 개선해 개인이나 기업에게 비과세 혜택을 줌으로써 사회 기관에 기부를 하게끔 유도하는 것이다. 현재로서는 예술관련 조직에만 그러한 혜택이 돌아가고 있다. 그러한 면에서 부족한 것은 국가의 법적 구조에만 한정되는 독재 시대의 유산 때문이다. 독재정치가 종료되자마자, 마을 단체, 노조, 가톨릭 기반 공동체들이 마구 생겨났으며 파벨라 내에 공산당 지부가 형성되었으며, 이들 단체들은 리우데자네이루 시의 NGO들, 노조들, 정치 단체들과 연계되었다. 시민사회의 자각과 행동의 시대는 몇 년간 이어졌으나 편파적인 경쟁으로 인한 압박, 새 회원 선출, 그리고 마약상들에 의한 주민회의 및 마을 협의회의 장악 등으로 인해 소멸되고 파편화되기 시작했다. 만약 미국에서와 비슷한 방식으로 미영리 기관에 대한 재정지원 제도가 갖춰진다면 "권력 구축하기, 마을 만들기, 민중 규합하기"가 더욱 수월할 것이다.[57]

더 생각할 부분들

역효과를 낳는 인센티브

나의 연구 결과는, 유망한 아이디어를 실행하는 데 실패하는 이유가 펀딩이 모자라서도, 기술적 능력이 부족해서도, 노하우가 부족해서도 아니라, 앞으로 나아가는 것을 막는, 역효과를 낳는 인센티브 때문이라는 점을 보여 준다. 부문을 넘어서, 계급을 넘어서, 그리고 정부의 계층을 넘어서 협력을 했을 때, 심지어 권력자들에게조차 빈곤한 이들의 목소리를 듣는 것만으로는 아무런 인센티브도 주어지지 않는다. 선출직 공직자들은 그들이 재선되는 데 도움을 줄 수 있는 단기의, 가시적인 성과를 내야 한다. 대부분의 문제는 장기간에 걸친 해결책을 필요로 하지만 말이다. 정책의 결과물이 성공적이기 위해서는 지속성이 필수적이지만, "여기서 시작되지 않는 것"은 묵살되고 다시 시작하는 경향이 있다. 기업들은 혁신을 위해 연구 및 개발 분야에 투자를 하고 위험을 무릅씀으로써 보상을 받지만, 정부의 입장에서는 실패할지도 모르는 혁신을 시도하는 니 비효율적인 정책을 지속하는게 훨씬 더 안전하다.[58]

마찬가지로, 빈곤 감축 정책에 대한 재정지원자이자 선도자인 국제 개발 기구들도 지역 주민들의 요구에 가장 부응하는, 혁신적이고, 지역 특화적이며, 지역의 문화를 고려한 해결책을 실험적으로 실시하는 직원들보다는, 예산을 가능한 한 빨리 소진하는 직원들을 승진시킨다. 주민의 참여는 초기 단계에는 진행 과정을 지연시킬 수 있지만, 문제를 실제로 겪고 있는 사람들로부터 지혜를 이끌어 내는 것만이 결국에는 성공에 이를 수 있는 유일한 방법이다.

로스앤젤레스의 본패밀리센터

인센티브가 민초들의 단계에서 어떻게 현실을 바꾸었는지를 보여 주는 사례이다. 로스앤젤레스의 샌페르난도밸리는 주민 대부분이 중앙아메리카 지역 출신 이주민들로 구성된 저소득 지역이다. 이 지역의 학교들은 캘리포니아에서도 순위가 최하위이다. 아이들은 날마다 선생님으로부터 분홍색 종이를 받아오곤 하는데, 여기에는 교칙 위반이나 낙제 등이 적혀 있다. 학부모 중 상당수가 영어를 하지 못하기 때문에 아이들을 혼내는 것 외에 무엇을 해야 하는지를 몰랐고, 이는 상황을 더욱 악화시키기만 했다. 학부모 중 한 명인 욜란드 트레비노 Yoland Trevino가 아이들이 잘했을 때마다 노란색 종이를 주자는 의견을 내놓았다. 교장 선생님과 선생님들은 동의하고 시범적으로 실행해 봤다. 아이가 학교에 지각하지 않았을 때, 혹은 깨끗한 교복을 입고 왔을 때, 퀴즈에 통과했을 때마다 노란 종이에 사인을 해서 집으로 보냈다.

다음 단계는 학교에 작은 매점을 열어서 아이들이 노란 종이를 가져와 그것들을 점수로 전환하게 했다. 아이들은 점수에 따라 연필이나 공책부터 책가방이나 라디오에 이르기까지 자기가 원하는 것은 무엇이든 바꾸어 갈 수 있었다. 소요되는 경비는 학부모들과 교사들이 기부했고, 나아가 본패밀리센터Vaughn family center를 만들게 되었다. 날마다, 엄마들이 돌아가면서 학교에 점심을 가져오는 자원봉사 활동을 했고, 그 과정에서 교사들과 학부모들은 함께 이야기할 수 있는 기회가 생겼다. 그들 중에는 기술은 있지만 일자리가 없는 사람들도 많았고, 아이들을 치과나 병원에 데려갈 형편이 되지 않는 사람들도 많았다. 해서, 그들은 서로 기술과 서비스를 교환하며 품앗이를 하기로 했다.

마을 사람 모두가 자기가 가르칠 수 있거나 제공할 수 있는 것들을 적었는데, 바느질, 요리, 스페인어 교습, 아이 돌보기, 밭일, 배관일, 건축일 등등이었다. 또한 주민들은 자기들이 필요한 것들도 적었다. 마을 전체에서 교환경제가 이루어졌고, 마을 내에서 교환가치를 갖는 지역화폐가 생겨났다. 지역 전체가 학교를 중심으로 소속감을 갖게 되었고, 행동하기 시작했으며, 학교는 자립형 공립학교가 되었다. 5년 후 이 학교의 성적은 캘리포니아 주 전체에서 최상위권에 속했다.[59]

비개혁적인 개혁

모후와 아스파우뚜 지역의 생활환경을 개선하기 위해 필요한, 중재적인 노력이 이루어질 수 있을까? 그러한 노력의 목표는 이 지역들을 '진짜 도시'로 개선시키는 것이며, 그 '진짜 도시'란 이론적 경계를 따르지도 않고 공식성과 비공식성이 마구 혼재되어 있는 지역을 의미한다. 문제점과 해결책을 재정의하고, 게임의 규칙을 시험하며, 테이블의 다른 행위자를 끌어들일 만한 계획, 즉 '시스템을 바꿀 만한 혁신'을 이끌어 내는 것이 가능할까?[60] 도시의 빈곤 감소와 불량주택지구 문제 해결에 관한 지난 반세기 동안의 시도와 실패야 말로 새로운 방식의 사고가 필요하다는 증거이다. 이러한 면에서, 안드레 고어즈Andre Gorz의 비혁신주의적 혁신 혹은 트랜스 혁신주의적 혁신의 개념에 대해 생각해 냈는데, 이는 시스템의 논리를 바꾸고 권력의 균형에 변화를 주는 것이다.

주변화된 계층의 지식과 지혜는 문제를 해결하고 정책을 만드는 데 있어 필수적이다. 비공식부문을 끌어안는 것은 생산과 소비, 시민 정신 등에서 귀중한 자원을 얻는 것으로, 결국에는 도시의 발전으로 이어질 것이다. 매우 좋은 정책과 프로그램도 대중의 동의와 정치적 동의를 필요로 하며, 결국에는 자원의 배치 및 재분배와 같은 근본적인 이슈들을 고려하는 데까지 이르러야 할 것이다.

이 장에서 다룬 많은 정책적 노력과 프로그램을 통한 노력들에도 불구하고, '도시의 문제'는 여전히 풀리지 않은 채 남아 있다.[61] 부자의 도시와 가난한 자들의 도시가 공존하는 것을 사회적으로 정치적으로 받아들이는, 모두를 위해 존재하는 장소로서의 도시에 대한 합의를 이끌어 내는 데 실패함으로써 도시의 평화가 파괴되고, 환경은 악화되며, 경제성장은 한계를 맞고, 함께 살아가는 도시 생활의 가능성은 사라지고 있다.

유용한 방법을 공유하자

리우데자네이루는 내가 예전에 연구를 했던 여타 대도시들처럼, 소득 창출, 주택, 환경 문제 등에 관한 혁신적인 해결책들이 많이 있는 도시이다. 그러나 그러한 해결책들이 작은 규모에서 이루어지고 대중적으로 알려지지 않기 때문에 이에 대해 아는 사람이 거의 없다. 이러한 해결책들을 발굴해 내고, 공공정책 수립으로 이어가거나 마을마다 영향을 미칠 수 있게끔 해야 한다. 만약 빈곤층이 폭력과 마약상에 대항해 중산층 및 부유층과 공조했다면, 공공정책에 영향을 미칠만한 힘을 갖게 되었을 것이다. 우리는 메가시티 프로젝트를 통해, 혁신적인 해결책을 공유함으로써 성공할 수 있다는 것을 다른 마을들, 도시들, 국가들에서 증명해 보였으며, 국제교류라는 좋은 명목하에 정치적 반대 없이 새로운 아이디어를 받아들일 수 있었다. 로퍼 스타크 인터내셔널Roper Starch International에서 메가시티 프로젝트와 함께 리우데자네이루, 멕시코시티, 뉴델리, 라고스, 런던, 뉴욕 등의(정부, 기업, 노조, 비영리단체, 지역 단체, 학계, 언론 분야의) 최고위 도시 지도자들을 대상으로 실행한 설문조사에서 96퍼센트가 자신들의 도시가 겪고 있는 도시 문제를 여타 메가시티들 겪고 있는 것과 유사하다고 인식하고 있는 것으로 나타났다. 또한 지도자들의 94퍼센트가 문제의 해결책을 다른 도시들과 공유하는 것이 도움이 될 것이라고 응답했다. 한편 11퍼센트가 다른 도시의 해결책에 대해 알고 있다고 응답했다.[62] 그러나 그들은 비슷한 도시에서 성공적이었다고 증명된 실질적인 방법을 택하기보다는 결국 고가의 컨설턴트나 미리 시연된 해결책을 제공하는 '전문가들'과

계약을 하곤 한다.

결국 핵심은 단지 도시에 대한 서약에 기반한 사회적 계약의 재정의이다. 이는 곧 모두에게 권리가 주어지는 다양한 도시를 의미한다. 리우데자네이루의 공식부문에서 거주하는 시민들은 파벨라 주민들과 힘을 합해 문제의 일부가 되고 있는 정책과 관행들을 변화시키도록 노력해야 한다. 공식부문 도시의 사고방식과 가치는 '진짜 도시'의 새로운 실체를 따라잡기 위해 변화해야 할지도 모른다. 분리되었던 도시로부터 하나의 통합된 도시로 나아가기 위해서는 광범위한 대중의 지지, 사회적 변화, 정치적 의지가 필요할 것임은 의심할 바가 없다.

사람이 된다는 것의 의미

재니스, 내가 당신을 처음 만났을 때 말이야, 난 그렇게 생각했다우.
만약 내가 결혼을 잘했더라면, 만약 우리 마누라랑 내가 좀 더 열심히
일했더라면, 만약 우리가 아이가 둘밖에 없었더라면, 그리고 그 애들
을 사립학교에 보냈더라면, 그리고 은퇴 후에도 계속 일을 했더라면...
그러면 나도 젠치(사람)가 될 수 있었을 거라고. 하지만 30년이나 지
나고 보니 그렇게 다했는데도 난 절대 사람이 못되었더라고 ……
_니우뚱(구아쁘레, 1999)

리우데자네이루 빈민들의 사회적 소외 정도는 너무나 극단적이
어서 그들을 사람의 범주에서 배제시키는 지경에 이르렀다. 내가
인터뷰를 하는 동안 자주 나온 내용 가운데 하나가 사람이 되고 싶

그림 12.1_니에메예르 가의 비지가우 파벨라의 입구에 있는 광장. 밝은 터키석 타일의 벽에 인권선언문이 새겨져 있다(파랑수아 셰인과 함께한 공공 예술 프로젝트의 일환으로 어린이들이 만든 작품).

다는, 즉 사람으로 인정받고 싶다는 그들의 열망이었다.[1] 젠치라는 말은 '가치 있는 사람'을 의미하며 사람이 된다는 것은 '우리'라는 사회적 무리에게 자동적으로 따르는 존엄성과 존중이 부여된다는 것을 의미하지만, 사회적으로 배제된 '그들'에게는 거부되는 것을 의미한다.[2] 이 용어는 부자들의 머릿속에는 가난한 사람들이 존재하지 않는다는 현실을 가리키는 것이다. 랄프 엘리슨의 "보이지 않는 사람"처럼 파벨라 주민들은 평생 "존중을 쫓아 살아간다". 이 구절은 필립 부르고스Phillippe Bourgois의 책 제목이기도 한데, 이 책은 뉴욕시의 게토 지역에서 마약을 파는 내용이다.[3] 인간의 권리 따위는 여기서는 존재하지 않는 것이다.

"하찮은 사람"에서 "가치 있는 사람"으로의, 일어날 것 같지 않은 변화는 한편의 휴먼 드라마와도 같은 것으로, 이런 내용은 인도 영화 〈슬럼독 밀리어네어〉에서 잘 나타나 있다. 영화는 2009년 오스카상에서 여러 부문의 상을 수상했다. 영화의 주인공인 차이 왈라chai wallah(차 심부름꾼)는 어머니가 열성적인 종교 지지자에게 살해당한 이후 어쩔 수 없이 뭄바이의 판자촌으로 도망쳐서 홈리스가 되었다. 주인공은 여러 고난을 겪으면서도 생존을 위해 열심히 노력하는데, 그 과정에서 특이한 사실들을 알게 된다. 이는 그가 "백만장자는 누구인가?"라는 인도의 텔레비전 퀴즈 대회에서 각 라운드를 성공하는 데 주요한 바탕이 되었고, 나아가 1등 상을 타는 데도 결정적인 역할을 했다. 퀴즈 쇼의 진행자는 처음에는 주인공을 조롱하며 굴욕감을 안겨 주었고, 대회의 진행 과정에서도 부당하게 그를 속였으며, 나중에는 그를 체포하고 고문까지 했다. 진행자가 이런 짓을 하는 이유는 사회적 계층이 낮은 사람이 주인공 차이 왈라가 보여 준 것과 같은 해박한 지식을 갖는 것이 불가능하다는 편견이 있었기 때문이다. 영화는 결국 주인공이 백만장자가 되고 아름다운 여인을 얻게 되었다는 발리우드 식의 전형적인 결말로 끝나지만 인도에서는 "슬럼에 대한 관음증"과 "슬럼독"이라는 용어에 대한 거부감이 있었다. 영화에서는 주인공의 지성과 강인함, 창의성, 사랑하는 이에 대한 충실함 등을 미화시켰지만, 그토록 인간임을 부정하는 경멸적인 용어를 사용하고 있는 점을 상쇄시키지는 못했다.[4]

내가 사람이라는 의미로 젠치라는 용어를 처음 들은 것은 1963년 아렝베삐에 살 때였다. 아렝베삐는 서문에서 언급한 바이아 지역의 어촌이다. 다른 사람의 집을 방문하게 되면 문간에 서서 손뼉을 치면서 "뗑 젠치?Tem gente?(계세요?)라고 외친다. 그때 내가 이상하다고 여긴 점은 외부인이 방문해서 이렇게 외치는 동안 집 안에 있던 여성이 문간에 나오더라도 그치지 않고 계속해서 뗑 젠치를 외친다는 점이었다. 여성은 손님에게 남편이 외출 중이거나 고기를 잡으러 갔다고 얘기한다. 분명 그녀는 집에 있었지만 사람으로 취급되지 않았던 것이다.

촌락에서 도시로 이주해 온 이들은 그들의 사회적 지위에 대해서는 거의 신경을 쓰지 않았다. 그들은 긴 여정에서 살아남아 살 곳을 찾고, 그리고 자신과 가족을 부양한다는 점에 자부심을 느꼈다. 그러나 파벨라에 산다는 사실은 그들을 "아무도 아닌 이들"의 범주에 넣기에 충분했다. 나는 이후에도 그 단어를 사람들이 사용하는 것을 들은 적이 있다. 그 사람들은 원치 않게도 트럭에 실려서 살던 집을 떠나 낯선 꽁중뚜로 옮겨져 왔던 사람들이다. 철거로 인한 이주는 그들의 인격에 상처를 입혔다. 그들은 "우리가 원한 것은 단지 우리를 사람으로 여겨 달라는 것이었어요"라고 했다.

이들이 인간 이하의 대접을 받는 것은 은행 거래에서, 정부 기관에서, 그리고 공공기관에서 날마다 일어나고 있으며, 『소외계층에 관한 신화』에서 이야기한 바처럼 우리와 그들을 가르는 일은 날마다 강화되고 있다. 인간으로서의 지위를 갖지 못하던 상황은 군사 독재 기간에는 수면으로 떠오르지 않았으나, 독재가 종료된 이후에도 정부가 파벨라 주민들을 마약 조직 및 경찰에 의한 극심한 폭력 상황으로부터 보호하지 못함에 따라 여전히 관심을 받지 못했다. 이는 자신을 존중했다가 다시 자신을 비하하는 행동을 반복하는 악순환의 사이클을 거듭하게 하며, 이는 결국 그들을 비인격적 존재라는 이미지를 더욱 고착화시키게 된다. 인류학자이자 범죄학자인 소스에 따르면, "앞으로 나아가기 위해서는, 파벨라 주민들이 일생을 테러의 위협 속에서 살아온 사람들이라는 점을 우리가 인식해야 한다. 그들은 단 한 번도 시민 자격을 모두 갖추었다고 느껴본 적이 없으며, 인간으로서의 존엄성을 주장해 본 적이 없다."[5]

"젠치"의 의미는 가변적이다. 파벨라의 주민들은 종종 이 단어를 "우리"라는 의미로 사용하곤 하는데, "우리는 밖으로 나가기가 두렵다"A gente tem medo de sair는 말에서도 이런 의미로 사용했다. 혹은 "젠치 보아"gente boa와 같은 말에서는 인성이 좋은, 정직한 사람을 가리키는데, 다른 사람의 인성을 인정하거나 보증할 때 사용한다. 만약 그들이 "재니스 이 젠치 보아"Janice é gente boa라고 한다면 "재니스는 괜찮아" 또는 "재니스는 좋은 사람이야," "재니스는 우리 사람이야"라는 의미이다.

파벨라에서도 모든 사람이 인격을 지닌다. 그중에서도 정직하고 열심히 일하는 사람들과 나쁜 사람malandro 또는 범죄자들로 나뉜

다. 콜린스 사에서 출간한 영-포 사전에서 말란드루malandro는 "속임수를 쓰는, 교활한, 세상 물정에 밝은 사기꾼"으로, 한마디로 "게으름뱅이"라고 정의했다. 반지두라는 단어는 노상강도라는 의미이다. 반지두나 마르지나우marginal는 마을 사람들이 마약거래상들을 가리킬 때 쓰는 단어이다. 말란드루와 반지두가 얼마나 나쁜지는 따지지 않고 파벨라에서는 그들을 여전히 사람으로 여긴다.

사람이 되는 것은 고정적인 상황이 아니다. 이는 한 사람에게도 시간이나 상대방의 시선에 따라 상대적이고 가변적인 상황이다. 태생부터 부유한 사람에게는 이는 전혀 문제가 되지 않는 일이다. 이는 도시의 최하층 계급의 상황의 일부로, 빈곤함과는 멀리 떨어진 이들에게는 자신들이 지배구조 위에 군림한다는 것을 재확인시켜 주는 것이다.

이는 사람들이 일종의 협박으로 자주 사용하곤 하는 "지금 당신하고 얘기하고 있는 사람이 누군지나 알아"라는 말에 잘 스며들어 있다.[6] 이 말에 내포된 위협은 말하는 이가 정치적 영향력을 갖고 있다는 것은 의미하며, 따라서 말하는 이에게 존경을 표하지 않거나 규정을 적용하려 든다면 (이 말을 듣는) 낮은 지위의 관료가 곤란에 처하게 될 것이라는 것이다.

다음의 예들은 사람이 된다는 것과 관련된 일련의 상황들이다. 제 까부의 이야기는 인간이 된다는 것의 덧없음과, 그리고 얼마나 쉽게 그것을 잃을 수 있는지를 보여 준다. 도나 히따의 이야기에서는 적절한 외모를 갖추지 못했을 때에는 돈이 있어도 젠치로 인정받기가 어렵다는 것을 보여 준다. 끌라우디아의 예에서는 한순간의 결정으로 모든 것을 잃을 수 있다는 것을 보여 준다. 세바스치앙은 열심히 노력했지만 이미 너무 늦어버렸음을 나타낸다. 그는 "그런 시기는 지나가 버렸다"고 이야기한다.

제 까부: 젠치가 된다는 것의 덧없음

제 까부는 젊은 시절 군대에 복무하면서 젠치로서 인정받았으며 노바브라질리아의 선출 지도자로서 존경받았다. 시정부 청사에 당당히 들어갔고, 그들이 그를 알아봤음을 자랑스레 이야기한다. 그는 추레한 민원인들 사이에 앉아서 기다리지 않았다. 민원인들은 하루 종일 그곳에 앉아서 기다리다가 근무가 끝날 때쯤이 되어서야 민원을 받아줄 부서로 안내되곤 했다. 시의원들은 그를 "선생님"이라 불렀다. 만일 제 까부가 대접을 잘 못 받는다면 버스 스무 대 정도의 주민들을 시청 앞으로 동원해서 소란을 일으킬 수 있다는 것을 그들은 잘 알고 있었다. 마을의 모든 일에 대한 제 까부의 해박하고 세세한 지식과 영향력으로 말미암아 그는 마을에서 가장 똑똑하고 권위 있는 인물이 되었다.

그러나 오늘날 마약상들의 등쌀에 노바브라질리아를 떠나온 그는 아는 이가 아무도 없는 마을에서 이제 반쯤 지어진 집에 살며 고립된 삶을 살고 있다. 이 마을의 그 누구도 그가 이룬 것을 알지 못한다. 그는 아들과 자신의 병원비를 내고 첫 번째 결혼에서 얻은 아들 한 명과 딸 한 명, 두 명의 손자와 두 번째 결혼에서 낳은 두 딸과 그 자녀들에게 집을 지어주거나 사주느라 거의 파산했다. 가족 가운데 완벽한 젠치인 손녀 빠뜨리샤는 그의 건강에 대해 염려하고 있지만, 그가 살고 있는 북부 지구를 방문하는 일은 절대 없고 그를 자신이 사는 꼬빠까바나로 초대하는 일도 없다. 두 지역 간에 놓인 간격은 넓었다. 아마도 그녀가 자신이 파벨라 출신임을 밝히고 싶지 않을 것이라고 짐작할 수 있다. 그녀의 눈에 할아버지는 점잖고 너그러운 사람이지만 젠치는 아닌 것이다.

도나 히따: 돈으로 모두 되는 것은 아닌

젠치가 되기 위해서는 돈 이상의 것이 갖춰져야 한다. 도나 히따는 노바브라질리아의 주요 도로를 따라 가게를 두 채 갖고 있고, 트럭도 몇 대 있으며 중산층 거주지역에 멋진 집도 소유하고 있다. 그뿐만 아니라 그는 비치 하우스와 한 대 이상의 자가용도 갖고 있다. 그러나 리우데자네이루 시내의 안경점 점원은 그녀의 외모를 보고는 그녀가 젠치가 아니라고 판단했다. 그녀의 옷이나 신발, 머리 모양, 몸가짐 등이 그녀가 북부 지구 사람임을 나타냈고, 이는 그 상점의 안경을 살 능력이 안 된다는 것을 의미했다. 도나 히따가 안경테를 사고 싶다고 얘기하면서 지갑에 1천 달러나 되는 현금이 있음을 보여 주고 나서야 점원은 진열대를 열어 안경을 보여 주었다. 도나 히따는 웬만한 대학교수들보다도 돈이 많았지만 젠치가 되지 못했고, 그녀의 아들 역시 마찬가지였다. 아마도 현재 간호학을 전공하면서 아버지의 신발가게 일을 도와주고 있는 그녀의 손녀는 젠치가 될 수도 있을 것이다. 그러나 이마저도 확실치 않다.

리우데자네이루 사람들은 순간적으로 누가 젠치이고 누가 아닌가를 판단할 수 있다. '타자성'에 대한 이런 분별력은 부유한 정도, 직업, 교육 수준, 거주지의 유형, 그리고 전체적인 외모 등에 대해 암묵적으로 합의된 평가에 기반을 둔다. 이런 시각적인 단서들은 브라질인들이 이야기하는 소위 "인물의 행색"a pinta da pessoa을 구성한다. 가프만은 이를 "날마다의 일상에서 이루어지는 자신에 대한 연출"이라고 했다.[7] 앞서 6장에서 이야기한 바처럼 말투, 몸짓, 태도, 옷 입는 방식, 피부색, 그리고 자신감 등은 모두 전체로부터 왕따를 구분 짓는 사회적 표식들이다. 그러나 늘 그런 것만은 아니다.

끌라우디아: 젠치처럼 보이는 것으로는 충분치 않은

끌라우디아는 금발에 옷도 잘 차려 입는 30대 여성으로 리우데자네이루의 가장 부촌인 서웅꽁하두São Conrado의 고급 패션 몰 점원이다. 그녀의 외모를 보면 머리는 약간 밝은 염색을 했고, 손톱도 관리를 받았으며 세련된 옷과 액세서리를 착용하고 있다. 그래서 그녀는 젠치처럼 보인다. 그러나 그녀의 외모만으로는 아무것도 아닌 사람으로부터 확실하게 벗어날 수 없다. 그녀는 정식 고용계약을 맺지 못했다. 따라서 정식 계약에서 보장해 주는 혜택과 노동자로서의 권리를 보장받지 못하고 있다. 그녀의 임금은 낮고, (그럼에도 외모는 세련되게 가꾸어야 하며) 근무시간은 길며, 가게 주인의 맘에 따라 언제든지 일을 관둬야 할 수도 있다. 만약 아파서 일을 할 수 없게 되면 임금을 받지 못하게 되고 병원비는 금방 불어날 것이다. 또는 출근길에 버스가 고장 나거나 (또는 북부 지구의 노선에는 흔한 버스 강도를 만나게 되면) 그녀는 지각을 하게 될 것이다. 세 번 이상 지각을 할 경우 해고를 당할 수도 있다. 끌라우디아는 파벨라 바로 앞에 위치한 아파트에 살고 있는데, 그 건물은 합법적인 건축물이지만 사람들은 파벨라에 속한다고 생각한다. 만약 실직을 하게 되면 월세를 낼 수 없게 될 것이고, 그러면 아파트에서 쫓겨나 갈 곳이 없어진다. 내 친구 가운데 한 명도 월세를 내기 위해 은행에서 돈을 찾으러 갔다가 날치기를 당했다. 그녀는 어디서도 그 월세를 융통할 곳이 없었다. 그들에게 다른 선택지는 없는 것이다.

일반적인 시민으로 인정받을 만큼의 사회적 지위나 재산, 생활양식 그리고 적절한 외모를 지닌 사람은 파벨라뿐만 아니라 꽁중뚜 혹은 다른 합법적인 마을에도 없다. 리우데자네이루 시정부의 사회복지사로 근무하고 있는 따니아 마리아는 비록 그녀의 월급이 적고 옷차림이 추레하며 피부색이 갈색임에도 교육 수준이 높은 전문직 종사자로, 젠치의 태도를 지니고 있고 젠치로 인정받는다. 그러나 제 까부의 딸인 반델리나Wandelina는 학교 도서관 사서로 상따끄루스의 공무원 아파트에 살고 있음에도, 그녀가 자란 노바브라질리아에서처럼 행동해서 종종 젠치로 인정받지 못한다.

622

세바스치앙: 젠치가 되기에는 너무 늦은

노바브라질리아 출신인 세바스치앙 다니엘은 1960년대와 1970년대 마을 지도자 가운데 한 사람이었다. 그는 건설 회사의 트럭 운전사로 꽤 좋은 직업을 갖고 있었고 나중에는 모든 건축 자재를 실어 나르는 차량 배치 담당자가 되었다. 1955년에 노바브라질리아로 이주해 왔는데 불과 10년도 안 되어 "마을의 우두머리"로 불렸다.

그는 가난한 이들을 위해 지역정부와 싸웠으며 그로 인해 마을 지도자로 공식적으로 선출되었다.

최근 그는 노바브라질리아에서 예전에 살던 집 바로 옆집에서 매우 가난하게 살고 있다. 자신의 연금과 교회에서 주는 식량 배급으로 병든 아내와 일곱 명의 다른 가족들을 부양하고 있다. 지금 현재 그가 직면하고 있는 가장 큰 문제가 무엇인지 물어보았더니, "우리 손자가 먹을 우유를 구하는 것"이라고 대답했다. 가난한 이들에게 가장 필요한 것은 무엇인지 그에게 물었을 때, 그는 자신은 도움이 필요한 사람을 만날 때면 언제나 수중에 가진 모든 돈을 준다고 했다.

그는 자신의 삶에서 가장 나쁜 점은 더 이상 일을 할 수 없으며 무엇인가를 "부탁해야 하는 것"이라고 했다. 그는 현재 눈이 거의 보이지 않고 귀도 거의 들리지 않는다. 하지만 누군가 그에게 트럭을 준다면 기꺼이 운전을 해서 돈을 벌 것이라고 한다. 그는 "난 언젠가는 내가 젠치가 될 거라고 생각했어요, 하지만 나는 이미 늦었어요"라고 말했다.

빈자와 부자에 대한 사람들의 인식

브라질인들에게 빈자와 부자에 대한 인식은 곧 젠치인지 아닌지를 의미한다. 2002년 10월 다국적 소비제품 생산 대기업인 유니레버에서 브라질의 잠재적 소비자들을 더욱 잘 이해하기 위한 방안으로 저소득계층의 구매 행태에 대한 연구를 실시했으며, 이를 제뚤리우바르가스재단이 맡았다. 그 조사 결과가 2003년 3월 18일자 브라질 신문인 『발로르 이꼬노미꾸』*Valor Econômico*에 실렸다. 다음은 브라질에서 부자인 것과 가난한 것은 무엇을 의미하는지에 대한 사람들의 응답 결과이다.[8]

가난하다는 것은 무엇을 의미하는가?

- 버스를 타는 것
- 경찰한테 무시당하는 것
- 생존을 위해 일해야 하는 것
- 상관을 모셔야 하는 것
- 슈퍼마켓에서 세일 상품만 사는 것
- 은행에서 줄을 서서 기다려야 하는 것
- 나의 운명이 신의 뜻이라고 믿는 것
- 아이를 때리는 것
- 더 나은 삶을 위해서는 이사를 해 나가야 하는 것

부유하다는 것은 무엇을 의미하는가?

- 보석을 착용하는 것
- 정부에 근무하는 친척이나 친구가 있는 것
- 대학 교육을 받는 것
- 부정부패를 저지르는 혹은 공금을 훔치는 것
- 슈퍼마켓에서 가격표를 보지 않고 물건을 사는 것
- 직업이 있지만 일하지 않아도 되는 것
- 외식을 하는 것
- 선호하는 브랜드의 상품을 늘 구매할 수 있는 것
- 체육관에 다니거나 운동을 배우러 다니는 것

리우데자네이루의 파벨라에서 태어나고 자라서 훗날 국가의 사회부 장관이 된 베네지따 다 시우바는, 가난하다는 것은 옷이 한 벌밖에 없어서 매일 저녁 빨래를 해야 하는 것, 아이들에게 줄 음식이 충분치 않은 것, 그래서 아이들에게 마니옥에 물을 섞은 튀김을 먹여 배를 불리고 허기를 잊게 하는 것, 아이들이 잠자리에서 배고픔을 느끼지 않도록 허리띠를 꼭 졸라매고 잠이 들게 하는 것, 월말에 집집마다 아이들을 보내서 음식이나 돈을 빌리게 하는 것, 음식을 튀길 때 요리용 기름보다 값이 싼 모터용 기름을 사용하는 것이라고 했다.

까따꿍바 출신인 레지나는 나에게 "우리는 아무도 아니에요. 우리의 집은 아무 장소도 아니에요. 우리는 아이를 학교에 입학시킬 때 우리 집 주소를 쓸 수가 없어요. 아이를 좋은 학교에 입학시키고 병원에 보내고 일자리를 얻으려면 일하는 주인집의 주소를 대야 해요"라고 했다. 그녀의 딸은 이에 덧붙여 "부자들은 가난한 사람들이 이웃에 살거나 가난한 집 아이들이 그 동네 학교에 다니는 걸 원치 않아요, 그냥 우리가 해주는 일만 원해요. 부자들은 우리가 투명한 존재로 남아있길 바래요"라고 했다.

파벨라 주민들의 정체성은 그들의 나이나 성별, 피부색과는 상관없이 포용 혹은 배제, 소외 혹은 수용의 경계선상에서 끊임없는 투쟁을 통해 정의되고 재정의된다. 이는 리우데자네이루에서의 생활에 대해 많은 것을 내포하고 있다. 즉, 도시인구의 약 3분의 1에 해당하는 사람들이 인간으로서 인정을 받지 못하고 있으며, 이런 상태를 변화시켜 줄 수 있는 교육과 취업 기회는 마련되어 있지 않다는 것이다.

가난한 이들에게 기회가 부족한 것은 그 자체로 한 개인이 자신의 능력을 충분히 발휘할 수 없게 한다는 점에서 일종의 탄압이며 인간성 말살이다. 엠브이 빌MV Bill은 한 인터뷰에서 "파벨라에서 사람들을 인간 이하의 상태에 처하게 하는 것이야 말로 일종의 폭력이다. 파벨라의 아이들은 공립학교를 다녀야 하며 가계를 돕기 위해 일을 해야 한다. 따라서 파벨라의 아이들은 대학을 갈 수 있을만큼 양질의 교육을 받을 기회가 없다. 그들은 절대 기회를 얻지 못하는 것이다. 대학은 사립학교를 나온 중산층이나 상류층의 아이들을 위한 것이다"라고 했다.[9]

존중받는 사람으로서 대접을 받은 적이 없는 청소년들은 자존감이 매우 낮게 형성되고, 이는 결국 학교를 중퇴하고 미성숙한 성관계를 통해 어린 나이에 아이를 가지며, 마약상에 들어가는 등의 행동의 원인이 된다. 사춘기의 아이들은 갱단 안에서는 자신이 매우 중요한 사람이며 힘이 있는 사람이라고 느낀다. 아이들은 총이나 무기를 소지하고, 돈도 있으며, 값비싼 신발, 옷, 장신구 등을 걸치고 심지어 오토바이도 있다. 이런 그들의 모습은 또래 소녀들이 무척이나 선호하는 남성상이기도 하다. 청소년들은 젊은 시절 죽을지도 모르는 위험을 감수하고라도 존중이나 존경을 받아 보고 싶어 한다. 이런 대접은 일반인들은 태어날 때부터 아주 당연하게 받아 온 것들이다.

루이스 에두아르두 수아레스는 "궁극에는 육체적인 굶주림을 넘어선 좀 더 근본적인 갈망이 있다. 이는 애정에 대한 갈망, 인정에 대한 갈망, 자존감에 대한 갈망이다"라고 했다.[10] 태어날 때부터 이런 것들을 가지지 못한 이들에게는 더 좋은 교육, 전문 직종의 직업, 좋은 동네에서 사는 것 등이 젠치임을 드러내는 가장 좋은 표식이다. 파벨라 출신으로 나중에 유명한 운동선수나 가수, 모델, 영화배우, 정치인 등이 된 사람들은 젠치라 인정받고 젠치처럼 행동하며 결국은 젠치가 된다. 그런 예로는 유명한 축구 스타인 펠레를 들 수 있으며, 유명한 작곡가 겸 가수였다가 환경운동가 및 지역 정치가로 활동하다가 문화부 장관까지 지낸 지우베르뚜 지우Gilberto Gil, 흑인 여성 최초의 주지사를 지냈고 나중에 사회부 장관까지 지낸 베네지따 다 시우바 등이 그런 예이다. 그러나 이들은 일반적인 예라기보다는 예외적인 경우이다.

라틴아메리카, 특히 브라질에서 빈곤층과 일반인들 사이의 관계의 기원은 식민지 시대의 노예제까지 거슬러 올라가는데, 여러 차례의 독재정권을 거치며 조금 변했고, 가장 최근의 20여 년간의 군사독재 기간 동안 미세한 변화가 있었다. 가진 것 없는 이들이 일반적으로 누릴 수 있는 가장 보편적인 권리는 뮤지컬 〈포기와 베스〉에 나오는 표현인 "언젠가는 가질 수 있는 것"이었다. 이로 인해 교육을 받고 문명화된 사람들은 파벨라 사람들을 '타자'로 여기면서도 자신은 그들을 존중하는 괜찮은 사람이라는 긍정적인 사고를 할 수 있었다. 그들은 자기 집에서 일하는 도우미들을 '가족의 일원'으로 대우하면서 스스로를 괜찮은 사람이라고 여겼다. 물론, 양자 간의 역학 관계가 확고하고, 일반적인 고용주와 고용인의 규칙이 적용되는 한에서 말이다.

유명한 브라질 정치학자인 이벨리나 다니누는 "가난하다는 것은 경제적·물질적 결핍만을 의미하는 것이 아니라 가난한 사람들에게도 권리가 있다는 것을 완벽하게 인정하지 않는 행동 규범을 따르게 되는 것"이라고 했다.[11] 그녀는 이에 덧붙여 "권리가 전혀 없음"은 인간의 존엄성을 탄압하는 것이라고도 했다. 사람들이 자신이 가치 없는 사람이라는 개념을 내재화하게 되면 이는 그들의 몸가짐, 행동, 말투, 태도 등에 영향을 미치고 이는 다시 '상류층'들로 하여금 그들을 배제하고 못마땅하게 여기며 심지어 학대해도 된다는 일종의 허락이 되는 것이다. 에드워드 텔리스Edward Telles는 인간의 존엄성에 대한 이런 탄압을 "무례함"이라고 하면서, 이런 문화적 공모 내에서 빈곤하다는 것은 곧 "열등함의 표현"이자 "개인들이 자신들의 권리를 행사할 수 없게 되는 것"이라고 했다.[12]

빈자들이 가난한 것은 사회적 불의나 기회의 불평등 때문이 아니라, 그들이 게으르고 신뢰할 수 없는 사람이며 열등하기 때문이라고, 사회 스스로가 믿게 된다. 책임을 희생자들에게 전가하는 것이다. 『소외계층에 관한 신화』에서는 이런 현상을 "반사적" 관계라 했는데, 여기서 "벽에 걸린 거울"은 단지 현실을 거꾸로 반영할 뿐만 아니라 부자들은 태어날 때부터 우월하기 때문에 돈을 더 많은 돈과 특권을 누리게 된다는 이미지를 만들어 낸다. 이런 시나리오에서 죄의식은 없다.

젠치와 그렇지 못한 사람들 간의 사회적 구분은 모든 사회적 관계에서 매우 일반화 되어 있으며, 심지어 해변에서도 그렇다. 꼬빠까바나, 이빠네마, 레블론과 같은 남부 지구의 해안가에는 다양한 계급과 인종의 사람들이 모여들지만, 행상인들도 정말 많다. 그들은 온갖 종류의 먹거리, 해변가에서 사용하는 소품, 수공예품, 기념품 등을 들고, 교외의 멀리 떨어진 파벨라에서 버스를 타고 그곳까지 온다. 『뉴욕타임스』는 "해변을 따라 그어진 선"Drawing Across the Sand이라는 기사에서 어느 행상인과의 인터뷰를 실었다. "우리 일을 하다 보면 말이죠, 정말 예쁘고 세련된 상류층 아가씨들이 우리 앞에서 대놓고 자기 남자 친구에 대한 험담을 하거나 자기네 성생활을 거리낌 없이 얘기하는 걸 종종 겪게 돼요. 그 사람들은 마치 자기 앞에 아무도 없는 것처럼 굴어요, 마치 우리가 투명 인간이거나 사람도 아닌 것처럼 말이에요."[13]

이처럼 인간에 대한 존중이 사라진 예는 다른 곳에서도 발견할 수 있다. 남아프리카공화국의 더반 외곽에 있는 한 판자촌에 사는 샤미따 나이두Shamita Naidoo라는 여성은 "그녀는 종종 자신이 누군가의 눈에 실제로 보이는지 궁금해 했다. 그리고 그녀 주변에 사는 수백 명의 사람들, 즉, 언덕 옆의 유칼립투스 나무 밑에 있는 작은 판잣집들에 사는 사람들도 그렇게 느낄까 하고 궁금해 했다. '종종 …… 우리는 모두 마치 투명 인간 같아요'라고 그녀는 말했다."[14]

한편, 리우데자네이루 남부 지구 해변의 행상들이나 길가의 매점에서 음료수나 과자를 파는 이들, 심지어 택시 운전사들까지도 젠치처럼 보이는 사람에게는 나중에 받을 거라 생각하고 외상을 주기도 한다. 한번은 깡가canga라고 하는 일종의 지게에 수영복이랑 해변 소품을 담아서 팔던 한 여인이 젠치처럼 보이는 이들이라면 누구에게나 호텔에 물건을 가져가서 입어보고 도로 가져 오라고 하는 것을 본 적이 있다. 물론 돈은 하나도 내지 않고 말이다. 시저 파크 호텔 앞에서 음식을 파는 행상들은 (돈을 가져 오지 않은) 관광객들에게 음식이나 음료수를 팔면서 나중에 혹은 다음날 돈을 가져다줘도 된다고 한다.

그와는 정반대로, 고급 호텔에 고용되어 해변에 벤치를 깔고 수건을 시중들거나 인명 구조 요원, 경비원 등으로 일하는 파벨라 주민들은 하루 종일 감시 카메라로 감시를 당하며 버스비와 간단한 점심값 정도의 임금만을 받을 뿐이다. 그들의 주요 수입원은 손님들로부터 받는 팁이다. 그렇지만 이들이 간단한 샌드위치로 점심을 때울 때 누군가 곁에 있다면 그마저도 기꺼이 나눠 먹으려 한다.

자신에 대한 여러 측면의 지식과 감정

해변에 그어진 이런 선들이 사라지고 파벨라의 젊은이들이 자존
감을 찾고 자신이 가치 있는 사람임을 깨닫게 된다면, 그들을 고용
해서 부려야 하는 사람들 입장에서는 어려움이 가중될 것이다. 파
벨라에서 활동하고 있는 상당수의 비영리 기구들이 운영하고 있는
프로그램 가운데 다수가 이런 양도할 수 없는 인간으로서의 권리에
대한 것들이다. 예를 들어, 1995년 호드리구 바지오Rodrigo Baggio에
의해 설립된 '정보기술 민주화를 위한 위원회'Committee for the
Democratization of Information Technology, CDI와 같은 기구들은 파벨라
에 정보 통신과 컴퓨터 접속 및 사용법 훈련을 통해 이런 면을 실천
하고 있다. 비바 리우Viva Rio와 같은 기구들은 '파벨라가 지닌 기
억'Favela Tem Memória이라는 프로그램을 운영하고 있는데, 이는 파
벨라의 젊은이들로 하여금 연장자들이나 파벨라 담당 기자들과 함
께 자신의 동네에서 어떤 일이 일어나는지를 조사해 1주일 단위로
칼럼을 쓰게 하는 일종의 구전 역사 프로그램이다. 꽁쁠렉수두마레
파벨라에서는 '마레 지역의 연대 및 연구 센터'Centro de Estudos
e Ações Solidárias da Maré가 젊은이들을 고용해서 훈련시킨 후 자기 마
을에 대한 가가호호 센서스 조사를 시키고, 젊은이들에게 영어와
프랑스어를 가르쳐 주며 연극, 비디오, 영화, 춤, 창작 예술, 음악,
까뽀에이라 프로그램 등 여러 프로그램을 제공하고 있다.

'바퀴 만세'Roda Viva라는 한 NGO 단체에서는 낮에 일 나가는 엄
마들을 위해 아이들을 돌봐 주는 탁아 프로그램을 제공하고 있다.

이외에도 젊은이들이나 사춘기 소년 소녀들, 사춘기가 오기 바로 직전의 어린이들에게 사람으로서 제대로 대접받지 못하는 자신들의 처지를 깨닫고 스스로를 포기해 마약 판매나 매춘에 물들기 이전에 아이들에게 실질적으로 도움이 되는 프로그램을 운영하고 있다. 나는 이들 중 특히 의식 함양에 빠울루 프레이리의 접근법을 사용하던 그룹의 지도자에게 감명을 받았다. 이 프로그램은 컴퓨터 사용법과 함께 읽고 쓰는 방법을 함께 가르치는 실용적인 컴퓨터 교습법과 함께 연계되어 운영되고 있었다.

모후두스마까꾸스Morro dos Macacos에서 관찰했던 토론 그룹에서는 인간성을 강화하는 좋은 사례를 발견할 수 있었다. 이 프로그램은 처음 시작할 때에는 젊은이들이 주민자치회의 회의장에 도착하면서 내는 흔한 소음과 소란스러움, 서로 농담하고 서로 밀치고 하는 분위기 속에서 시작한다. 벽의 세 면을 따라서는 나무로 만든 간이 책상들이 놓여 있고, 그 위에는 컴퓨터들이 놓여 있다. 학습을 도와주는 분이 나를 소개해 주고 나서 모든 참가자들에게 어느 정도 알고 있으며, 무엇을 같이 배우기를 원하는지를 따로따로 물어보았다. 그들은 조용해지기 시작했다. 그리고 나서 그 선생님이 이야기를 시작했다.

세 사람이 함께 여행을 하다 강을 만났어요. 마침 강에 있는 뱃사공에게 자신들을 건네 달라고 얘기를 했죠. 뱃사공은 흔쾌히 그러마고 했고 그들을 건네줬죠. 강을 건너면서 변호사였던 첫 번째 손님이 뱃사공에게 브라질의 법을 아느냐고 물었어요. 뱃사공이 자긴 법은 잘 모른다고 하자 첫 번째 손님이 이렇게 말합니다. "그러면 당신은 졌어요, 법률적인 지식이 없으면 당신은 아무것도 할 수가 없어요." 수학자였던 두 번째 손님도 뱃사공에게 수학에 대해 아느냐고 물었죠. 그랬더니 그가 자기는 수학에 대해 아는 게 없다고 했죠. 그러자 두 번째 손님도, "그러면 당신은 졌어요, 수학에 대해 아는 게 없다면 당신은 아무것도 아니에요"라고 했어요. 학교 선생님이었던 세 번째 손님은 이렇게 물었어요, "당신은 읽고 쓸 줄 아나요?" 뱃사공은 "아니요"라고 대답했죠. 학교 선생님은 이번에도 "당신은 졌어요"라고 대답했죠. 갑자기 큰 파도가 와서 배가 뒤집어졌어요. 뱃사공이 손님들을 찾아보니 그들은 멀리 떠내려가고 있었어요. 그가 손님들에게 외쳤지요. "수영할 줄 아세요?" 그들은 "아니요, 우린 배운 적 없어요"라고 외쳤지요. 그러자 뱃사공이 대답했어요, "그럼 당신들은 졌어요."

이 이야기를 듣기 전까지 아이들은 좀 불편해 하고 지루해 했다. 그러나 선생님이 이 이야기를 끝낼 때쯤, 아이들은 이야기에 완전히 빠져 있었고 표정에는 기쁨과 놀라움이 깃들어 있었다. 아이들 역시 자신들의 일상 경험에서 얻어진 지식들이 가치가 있으리라고는 한 번도 생각해 본 적이 없었던 것이다. 이것이야말로 아이들이 마약 판매에서 한 발짝 멀어지고 그들 자신을 젠치라고 생각하는 쪽으로 한 발짝 옮겨 놓는 순간이었다.

파벨라 관광, 혹은 "빈곤 관광"

모든 길이 젠치로 통하는 길이 아닌 것처럼 모후와 아스파우뚜에서의 모든 관계가 사람들 간의 간극을 채우는 데 도움이 되는 것은 아니었다. 어떤 경우에는 파벨라 주민들이 인간으로서의 정당한 인정을 받지 못하는 상황을 더욱 강화시키기도 했다. 최근 일어난 파벨라 열풍에서는 파벨라를 여러 면에서 표현하고 있지만 주민들의 정체성과 가치를 강화시키는 데에는 아무런 기여도 하지 못하고 있다. 파벨라에 대한 여론의 관심이 쏟아지고 있기는 하지만, 그들을 리우데자네이루의 기울어가는 경제나 취약한 생태계를 활성화시킬 능력과 지식을 지닌 사람들로서 보는 것이 아니라 빈곤이라는 이색적인 대상, 곧 호기심의 대상으로 보는 것이었다. 즉 "내가 그들보다는 낫다"는 맥락에서의 일종의 관음증적인 즐거움을 얻는 대상인 것이다. 이건 마치 유럽인들이 "고결한 야만인"에 대해 느끼는 매력의 현대판 버전이랄까?

파벨라에 대한 일시적인 열광일지라도 이는 1968년에는 상상도 못할 일이었으며, 내가 다시 연구를 하기 위해 돌아왔던 1999년에도 그리 크게 일어나지 않은 일이었다. 그러나 그 이후로 그러한 열풍이 크게 일어나서 이는 다른 숨겨진 타자들, 로맨스, 위험성, 마약, 음악 그리고 새로운 펑크 볼 산업과 뒤섞였다.

파벨라 주민들은 직장에 다니기 위해서 파벨라를 떠나고 싶어 하지 않지만, 파벨라를 관광하는 사람들은 최근 급증하고 있으며 "들르기 좋은 곳이지만 여기 살고 싶지는 않아"라고 하는 옛 속담에 새롭고도 불길한 의미를 부여하고 있다. 특권층이 빈곤층의 문화를 전용하는 것은 "역reverse 우월의식" 또는 "슬럼 구경" 등이라고 알려진 것으로 굳이 새로운 것은 아니다. 새로운 것은 오늘날 전 세계적인 네트워크로 연결된 사회에서 나타나는 그 범위와 스케일이다. 파벨라를 방문한 유명 인사로는 스웨덴 여왕과 덴마크 여왕, 전 영국 왕세자비 다이애나, 빌 클린턴 전 미국 대통령, 고르바초프 전 소련 서기장, 교황, 룰라 전 브라질 대통령 등이 있다.

이제는 리우데자네이루를 방문하는 관광객들은 설탕 산으로 올라가는 케이블카를 타고 꼬르꼬바두로 가는 트램을 탈 수 있을 뿐만 아니라 리우데자네이루의 멋진 고급 호텔에 묵거나 '이국적인' 파벨라 관광상품을 인터넷으로 예약할 수 있게 되었다. 파벨라를 방문하는 상품들 중에는 사파리 스타일로 오픈된 지프차를 타는 상품, 에어컨이 잘 갖춰진 미니 밴을 타는 상품, 직접 걸어서 파벨라를 둘러보는 상품 등 다양하다. Ipanema.com이라는 사이트에 들어가면 "리우데자네이루 파벨라 가이드"나 "그링고 가이드" 등의 상세한 설명을 찾아볼 수 있다. 파벨라 관광을 초기에 개발한 회사 가운데 하나인 "파벨라 투어"라는 회사의 경우 해마다 약 5천 명 이상의 관광객들에게 파벨라 관광 프로그램을 판매하고 있다. 파벨라의 생활을 상품화하는 이런 과정에서 부끄러움이란 전혀 없다.

최근 〈BBC 뉴스〉BBC News는 한 기사에서 한 젊은 미국인 커플이 남부 지구의 한 언덕에 위치한 호싱냐의 민박집에서 신혼여행을 즐기고 있는 사진을 내보냈다.[15] 이는 최근 파벨라에 대한 외부의 시선이 얼마나 로맨틱한 것인지를 보여 주는 단적이 예라 할 수 있다. 호싱냐가 파벨라들 가운데 가장 인기 있는 관광지가 된 것은 우연한 일이 아니다. 호싱냐는 전망이 매우 좋아서 인근에 위치한 쉐라톤 호텔이나 인터콘티넨탈 호텔에서 보는 것보다 훨씬 더 전망이 좋은 것으로 알려져 있다. 모든 NGO 단체들이 호싱냐에서 일하고 싶어 하며 모든 정부 프로그램들이 호싱냐에서 시범 사업을 시작하고 싶어 한다. 반면 800개가 넘는 리우데자네이루의 파벨라들에 대한 관심은 전무한 실정이다. 『웃어라, 너는 호싱냐에 있다』*Sorria, Voce Esta na Rocinha*라는 책에서는 이런 현상을 다음과 같이 묘사하고 있다.

> 그것은 꿈, 헛소리, 환상, 그리고 미친 짓인 것 같다. 수백만 개의 깜빡이는 불빛들을 멀리서 보고 있노라면 호싱냐는 마치 리우데자네이루의 언덕에 방금 내려앉은 거대한 비행접시 같다. 이 UFO는 도시민들에게 불빛 신호를 보내서 호기심에 가득 찬 인간들을 유인하려고 그곳에 내려 앉아 있는 것 같다.[16]

자신들이 사파리의 야생동물이나 지구라는 행성을 방문한 외계의 생명체로 대상화되고 있다는 사실을, 파벨라 주민들은 알아채지 못하고 있다. 관광이 이루어지면 음료수도 팔리고, 과자도 팔리고, 미술품 등도 팔려서 이 재원으로 교육 프로그램이나 여가 프로그램 등을 지원할 것이라고 홍보가 되었지만, 이런 일들은 실제로 이루어지지 않았다. 지역의 작은 식당에 시원한 음료수를 사기 위해 밴들이 멈춰서거나, 수공예품 가판대에 관광객들이 들러 기념품을 사지만, 이들은 관광 회사나 지역 마약상들에게 높은 수수료를 지불해야만 한다. 결국 파벨라 관광으로 들어온 수익은 그 지역을 지배하고 있는 마약상들에게 돌아가고, 마을 주민들에 대한 그들의 통제력을 강화하는 결과를 낳게 된다.

파벨라 관광을 직접 경험해 보고 싶어 2004년에 한 코스에 참가한 적이 있다. 관광객들 가운데 아무도 포르투갈어를 모를 거라고 생각한 가이드는 주민들을 미화하면서도 폄하했다. 주민들이 살고 있는 집에 직접 들어가 볼 수 있는 "가정 방문" 시간에는 관광버스가 도착해서 관광객들이 내리자 그 집 식구 모두가 뒷문으로 빠져나가는 것을 볼 수 있었다. 실제 거주민들과는 절대 이야기를 하지 말라는 주의를 꼼꼼하게 받았다.

주민들은 적은 돈이나마 받는 것도 매우 감사하게 생각했기 때문에, 이런 방식의 관광상품에 대해서는 긍정적인 평가와 부정적인 평가가 공존한다. 그러나 불행하게도, NGO 단체들이나 정부가 시행하는 프로그램으로부터 아무런 이윤도 얻지 못하는 가장 가난한 파벨라 거주자들은 이런 관광산업에서도 배제되어 있다. 그들이 사는 파벨라는 너무 멀고, 너무 위험하고 멋진 경관도 없기 때문이다.

가장 최근의 추계에 의하면 2007년 리우데자네이루에 있는 1,023개의 파벨라 가운데 8개만 관광객들이 방문했으며, 그중 호싱냐(56,400명), 비지가우(9,400명), 빌라까누아스(1,600명) 등이 가장 인기 있는 지역이었다. 이빠네마와 꼬빠까바나에도 네 개의 파벨라가 남아 있으며(빠방-빠방지뉴Pavão-Pavãozinho, 깡치갈루Cantegalo, 모후지까부리뚜Morro de Cabritos, 라제이라두스따바라레스Ladeira dos Tabajares

지역), 레미Leme에도 두 개(바벨로니아Babelônia, 샤뻬우망게이라Chapéu Mangueira 지역)가 남아 있다. 보따포구 언덕에 위치한 파벨라인 상 따마르따Santa Marta(종종 도나마르따라고 잘못 불리기도 함) 지역은 기백이 넘치는 리더십의 역사를 지니고 있으며 마을 사람들의 경제적 상향 가능성도 매우 높다. 또한 이 지역에서 바라보는 도시경관이 매우 뛰어나서 많은 외국인 관광객들이 찾고 있다. 전 세계적으로 알려진 파벨라의 이미지는 도심의 매우 좋은 위치에 입지하고 있어 다른 도시에서는 아주 부자들만 누릴 수 있는 멋진 경관을 갖고 있는 지역이지만, 실제로 이런 파벨라는 극히 소수에 지나지 않는다.

리우데자네이루의 시민들은 파벨라에 대한 이런 환상을 갖고 있지 않다. 대부분의 사람들은 자신의 집에서 일하는 가정부나 일꾼이 살고 있는 지역을 가능한 한 피해서 다니고자 노력한다. 물론, 마약을 사거나 삼바 학원을 가야 할 경우는 제외하고 말이다. 『요새도시』City of Walls라는 책에서 저자인 까우데이라Caldeira는 파벨라 이외의 지역사회가 어떤 방식으로 그들이 파벨라에 느끼는 공포로부터 보호되고 있다고 느끼는지에 대해 썼다. 그들은 폐쇄 공동체, 보안 시스템, 사설 경비원 등의 뒤에 숨는다.[17] 최근 내가 부촌에 살고 있는 음악가 친구를 방문했을 때, 카메라로 녹화가 되는 둘레길을 따라서 걸어가야 했고, 무장 경비원에게 신분증을 보여 주어야 했다. 그리고 만일 초대한 친구가 나를 데리러 나올 수 없을 시에는 그녀가 써준 출입 허가증을 내보여야 했다. 도심의 주거지역을 걸어 다니다 보면 쇠창살이 달린 울타리에 둘러싸인 아파트 앞에 있는 정원들을 볼 수 있다. 이 정원에서는 노인들이 접이식 의자를 놓고 앉아 신문을 읽거나 일광욕을 하거나 울타리 너머의 도시의 활기를 바라보곤 한다. 이런 새로운 부유한 요새들은 바람직하지 않은 것들을 차단하기 위해서 지어졌지만, 안에 있는 사람들은 마치 감옥에 갇힌 죄수처럼 보인다. 이는 분명 함께 살아가는 도시의 삶에는 도움이 되질 않는다. 반면, 파벨라도 집집마다 창문과 대문에 쇠창살을 덧달면서 마치 폐쇄 공동체처럼 되어 가고 있다.

파벨라 근처에서 사는 건 얼마나 나쁠까? 파벨라로 들어가는 길에 위치한 아파트는 다른 지역에 있는 아파트의 약 절반 정도에 세를 주거나 팔린다. "파벨라 열풍"에는 근처에 가까이 사는 건 포함되지 않는 것 같다.

파벨라 열풍

파벨라 관광이 처음 시작된 것은 1992년의 일로, 마르셀루 암스뜨롱Marcelo Armstrong이 처음 실시했다. 그 이후 일종의 파벨라 열풍이 시작된 것은 1995년의 일로, 파리에 우베르꾸우Ubercool라는 술집이 개장하면서였다. 『프로머』Frommer는 다음과 같은 기사를 실었다. "파리에 있는 그 어떤 나이트클럽도 이 나이트클럽만큼 브라질 사람다움을 풍자하고 경의를 표하지는 못할 것이다. 매력적이고도 세련된 미남 미녀들이 춤을 추고, 서로 추파를 던지고 수십 가지의 언어로 이야기를 한다." 그다음은 런던의 잘나가는 이스트엔드였다. 『타임아웃』Time Out은 2008년 다음과 같은 기사를 실었다. "그곳에는 분명 카니발의 느낌이 충만하다. 즉, 브라질의 파벨라를 연상시키는 지저분하고 실감나는 장식품들이 잔뜩 걸려 있고 평키한 브라질식 음악이 울려 퍼지고 있다." 그리고 그다음으로는 도쿄에 '파벨라'라고 하는 브라질 식당이 문을 열었는데, 브라질에서 유행하는 요리와 함께 브라질에서 널리 마시는 브라마 맥주를 팔았다. 가격은 브라질의 약 열 배 정도였다. 마지막으로 2008년 봄 뉴욕시에 '미스 파벨라'라고 하는 식당이 브루클린 지역에 문을 열었으며, 2009년에는 그리니치빌리지에 '파벨라 쿠바나'라고 하는 식당이 문을 열었다.

"파벨라 열풍"이라고 하는 단어는 국제적인 패션, 음식, 유흥 문화, 미술, 음악 등에서 자리를 잡았다. 파벨라가 지니는 타자적 이미지와 파벨라의 탐미주의적이고도 내재된 에너지는 전 세계의 엘리트들에게 하나의 상상으로서 다가왔다. 그러나 파벨라에 대한 이런 경의와 찬사를 실제의 파벨라와 어떻게 비교할 수 있을까? 나는 파벨라에 있는 주택들을 묘사할 때 "장식품"이라든지 "장식용 발"과 같은 단어를 사용하지는 않는다. 대부분의 것들은 그 원 주인들에게는 유일한 혹은 가장 중요한 재산이었을 것이며, 그것은 이후에 개선의 과정을 거쳐서 깨끗하고 예쁘게 다듬어진 것들이다. 잘 정착된 파벨라에서는 대부분의 주택 바닥에 반짝이는 타일이 깔려 있고, 부엌과 화장실의 벽에도 타일이 붙어 있다. 그리고 거실에는 편안한 소파와 광을 잘 낸 커피 테이블이 놓여 있으며 침실에는 짙은 색 가구들을 갖추고 있고, 중간 이상의 잘사는 집에서는 웬만한 전자제품은 대부분 갖추고 있다. 대부분의 파벨라 주민들은 매우 세

그림 12.2_파리의 룩셈부르크 지하철역에 설치된 파벨라의 모습.

심해서, 수도가 설치되고 계단이 포장되기 이전에는 맨발로 거리를 달려 내려가서 공동 수도에서 발을 씻고 나서야 신발을 신곤 했다.

파벨라의 매력은 밤의 유흥 문화나 매우 아름답게 디자인된 판잣집 복제품에 그치는 게 아니다. 모두가 예상치 못하는 곳에서 예술적인 아이템들이 불쑥불쑥 나타나기도 한다. 2005년, 파리 지하철의 룩셈부르크 역은 파벨라를 찍은 거대한 사진들로 뒤덮였는데, 파벨라 주민들은 물론 나와 같은 파벨라 마니아들의 멘트를 함께 전시했다. 파벨리떼Favelité라 이름 붙인 이 건축 및 디자인 설치물들은 파랑수아스 셰인Françoise Schein, 로라 타베스Laura Taves, 페드로 리베라Pedro Rivera, 페드루 에보라Pedro Évora의 작품들로, 여러 달 동안 전시되었다. 이 전시의 목적은 파벨라의 가치와 아름다움을 드러내고자 하는 목적 이외에도 타자들의 결핍을 통해 파리 시민들이 누리고 있는 특권에 대해 다시 한 번 생각해 보자는 것이었다.

특히 리우데자네이루의 파벨라가 특유의 아름다움을 지니고 있다는 점에 대해서는 예술가들 및 건축가들은 대부분 동의한다. 파벨라의 건축물들은 화려한 색들로 칠해져 있으며 독특한 배치를 나타내고 있고, 건축재의 사용법도 매우 창의적이어서 뉴어버니즘의 만트라라고 일컬어지고 있다. 게다가 저층의 고밀도 건축물들은 정형화되지 않은 경관을 나타내고 있다.

파벨라 열풍과 관련된 소비자용 상품들은 그 열기가 더해지고 있다. 파벨라에서 인기 있는 슬리퍼인 하바이아나Havaianas는 현지에서는 3달러에서 50달러 사이이지만 런던의 세련된 부티크에서는 170달러에 판매가 되고 있다. 이것보다 더 터무니없는 경우는 2003년 이탈리아 디자이너인 페르낭두 깜빠나와 움베르또 깜빠나가 디자인한 "파벨라 의자"로, 이는 경의를 넘어 모욕을 담고 있다. 이 의자의 원래 가격은 4,025달러였으나 인터넷에서는 세일된 가격인 2,985달러에 팔렸다. 이 의자의 광고에서는 "파벨라 의자는 파벨라를 건설할 때 사용된 것과 똑같은 피너스라는 나무가 사용되었습니다. 모든 조각을 손으로 풀칠하고 붙인 수공예품입니다"라고 했다.[18]

이런 예들은 오스카 루이스의 "빈곤의 문화"라는 개념을 새롭게 비튼 것이다. 그는 빈곤의 문화라는 개념을 통해 빈곤층의 행동 양식과 신념이 한 세대에서 다음 세대로 전수되면서 빈곤을 영속화시킨다고 했다. 이와는 반대로, 빈곤층을 모방하고, 조롱히며 동시에 칭찬하는 상류 문화 현상도 나타나고 있다.

파벨라에 대한 경멸적인 인식은 다른 형태를 띠고 있지만, 그 지

그림 12.3, 그림 12.4_파벨라의 전경(저자 촬영)과 1991년 Fernando and Humberto Campana가 디자인한 파벨라 의자(Andrés Heiniger 촬영)

역으로 마약 및 무기 거래상들이 유입되면서 더욱 악화되었다. 열풍을 타고 생겨난 술집이나 식당, 춤, 음악, 패션, 디자인 등에서 얻어진 수익금은 파벨라 마을에 전해지지 않는다. 대신 이는 결국 유럽의 부자들에게 더 많은 이익을 줄 뿐이며, 그나마 미국에서는 덜한 편이다.

파벨라 주민들의 반응

파벨라에서는 파벨라 열기에 대한 반응이 혼합되어 나타난다. 파벨라의 자부심에 대한 노래에서는 조롱과 상업화가 반대로 표현되었다. 지역에서 만들어진 랩, 힙합, 펑크, 아프로레게, 삼바 등의 가사에서는 파벨라를 자부심이 넘치는, 혁명의 정신을 담은 곳으로 표현했는데, 이런 예는 〈나는 파벨라〉Eu sou favela라는 노래와 〈나의 파벨라〉Minha favela라는 노래에서 잘 나타난다. 이런 노래들은 아프리카계 브라질인들의 문화와 미국의 블랙 프라이드 운동의 영향을 강하게 받은 것이다. 하지만 실수하지 마시라, 파벨라라는 단어는 파벨라 주민들이 사용하는 순간 이 사회의 다른 이들에게는 조롱의 의미만 남길 것이다.

〈나의 파벨라〉
파벨라는 내가 태어나는 걸 지켜보았지.
파벨라는 나의 뿌리야.

나는 내 마음을 열고 너에 대한 내 사랑을 노래하네.

낮에는 웃고 있지만 새벽에는 우는 당신

당신 안에서 태어난 모든 이들을 보듬어 주고 사랑해 주는 당신

또한 그들이 죽어 갈 때에도 흐느껴 울어 주는 당신

당신의 내면을 아는 이들만이

당신의 아름다움과 당신의 야성을,

당신 자체를 이해할 수 있다네.

여기서 나는 마지막 순간까지 행복할 수 있다네.

이렇게 열심히 살고 이렇게 선한 우리들이

가난한 것이 당연하고 심지어 죽어도 되는 사람들이라 여겨지는 걸까.

그건 아마도 사회가 우리를 그렇게 보고 있기 때문이겠지.[19]

이 노래뿐만 아니라 다른 노래들에서도 파벨라 주민들은 외부인들의 조롱을, 반전에 능한 주짓수처럼, 마을의 에너지로 변화시키고 받아들이고 있다. 파벨라에서 영감을 얻었다는 유명 디자이너들의 화려하고도 쓰레기 같은 옷들을 브라질에서 가장 유명한 모델들이 입고 나오는 걸 텔레비전에서 지켜보면서도 주민들은 오히려 이를 즐긴다.

파벨라 주민들 역시 음악에서 나타나는 파벨라 열풍이나 냉소적인 가사들을 이미 즐기고 있을 뿐만 아니라 시장의 수요에 대해서도 이미 반응하고 있다. 이 지역 출신 프로듀서가 이런 열기를 타고 〈파벨라의 열기〉라는 제목의 CD를 발매해 돈을 벌었지만, 이런 개념의 나이브함에 대해 비판했다. "파벨라의 열기라는 노래를 내보

내요, DJ"Manda O Som DJ!—Favela Chic라는 제목의 첫 번째 노래는 한 남자가 매력적인 목소리로 욕지거리를 하면서 시작되는데, 그는 분명 파벨라 주민일 것이다. 이 노래에서는 "파벨라가 멋지다고 생각하다니, 너 미쳤구나. …… 이봐, 여기 잠깐만 살아 봐. …… 그리고 나서 네 자신을 돌아봐. …… 파벨라는 하나도 멋지지 않아."

이와 같은 맥락에서, 파벨라의 연극 그룹인 "노스 두 모후"Nós do Morro(우리는 파벨라 출신)에서는 파벨라 주민들이 겪는 아픔을 드러내는 작품을 쓰고 있는데, 이 작품은 제목에서 드러나는 바처럼 파벨라 주민들이 지닌 마음의 상처를 주제로 하고 있다. 작품은 마약과 일탈의 즐거움을 좇아 파벨라를 찾아오는 유복한 가정 출신의 비뚤어진 청소년들의 탈선을 다루고 있다. 나도 이 연극을 보았는데, 마약 파티를 위해 파벨라의 한 건물 옥상을 빌린 아이들이 몇몇 사건을 겪으면서 혼란과 감성적 연대 등을 경험하는 내용이다.

이 연극에서 유일하게 동정심을 지니고 있는 인물은 아이들이 파티를 할 때 경비원으로 고용한 파벨라 주민뿐이다. 이 연극은 보는 이로 하여금 마음이 불편하도록 만든다. 물론 허름한 무대를 빙 둘러 놓인 철제 의자가 주는 불편함도 있지만 말이다. 관객들은 호텔 접수대나 인터넷을 통해 표를 얻고, 쉐라톤 호텔 등에 묵다가 미니 버스를 타고 비지가우 파벨라 꼭대기까지 올라온다. 입구에 푸른색 타일로 새겨진 인권선언 덕에 파벨라는 마치 하나의 커다란 원형 경기장처럼 보인다. 이 타일은 벨기에 예술가 파랑수아스 셰인 Francoise Schein이 파벨라 아이들을 동원해서 완성한 프로젝트의 일환이다. 인권 선언문은 인간의 권리에 대해 명백히 밝히고 있지만,

비지가우 주민들은 이 권리를 누리고 있지 못한 것 같다.

아이들이 나이키 운동화 때문에 살해당하는 현실 속에 살고 있는 파벨라 주민들은, 파리 같은 곳에서 "파벨라의 열기"라는 주제로 펼쳐지는 패션쇼에 대해 무슨 생각을 할까? 빠듯한 생활비로 아내의 당뇨병 약을 사야 할지 손자의 기저귀를 사야 할지를 고민하는 파벨라의 주민들은, 누군가의 창업 자금으로 쓰일 정도로 비싼 파벨라 스타일의 의자에 대해 무엇을 느낄까?

파벨라는 낙원이 아니다

"파벨라"라는 단어를 말하면서 "문제가 많은"이라는 의미를 내포하고 있다면, 이는 전반적으로 절제된 표현이다. 파벨라와 관련된 이슈들은 대부분 추측성이거나, 모순된 것들이거나, 오해의 소지가 있는 것들이다. 그러나 외부인의 눈에 비친 리우데자네이루의 파벨라는 비록 법의 테두리 안에서 동등한 보호를 받는 것이 불가능한, 고도로 불평등한 국가 내에 위치하고 있으면서도, 스스로 경제적 상황을 개선시키고 정체성을 재확립하려 애쓰는 지역이다.

나의 초기 연구에서는 파벨라의 긍정적인 면을 드러내고 이곳에 남기 원하는 주민들을 그려냈다면, 이 새로운 연구에서는 현실에서 비롯된 소외계층의 불평등 상황에 대해 다루고자 했다. 사회가 도시빈민들을 이웃으로서 받아들이는 것을 거부하면서, 도시빈민들의 사회적 소외는 자기 충족적인 예언이 되어 갔다. 자기 자신에 대한 존중을 잃어버린 채로 어떻게 인간의 잠재력을 발전시킬 수 있겠는가?

파벨라 주민들을 유토피아적인 지속 가능성의 모델로서 미화하는 것은(스튜어트 브랜드Stewart Brand의 예처럼) 그들에게 오히려 해가 될뿐더러, 그들은 언론에 의한 뭇매를 맞게 될 것이고, 어떤 이들은 파벨라 주민들을 이윤 착취 대상으로 전락시킬 것이다. 파벨라를 환경문제, 과잉인구, 주택 부족 등에 대한 대안으로 제시하는 글들을 읽고 기함할 뻔했다.[20] 파벨라 주민들이 유순한 마약왕들 덕에 보호 받고 있으며, 그들과 비등한 권력을 얻고 있다는 기술은 명백하게 허위 사실이며, 이는 파벨라 주민들이 도시 생활에 잘 적응하지 못했다는 도시화 초기의 편견만큼이나 어처구니없는 허구이다.

세계화로 인해 지역의 고용시장도 변화를 겪고 있으며, 전 세계적으로 알려진 이미지로 인해 파벨라에 대한 '수요'까지도 창출되고 있다. 또한 국제적인 마약거래 및 무기 거래로 마을들은 폭력이라는 거대한 멍에를 지고 있고, 이는 다시 이 지역민들의 권리를 박탈하는 결과로 이어지고 있다. 이는 결코 경쟁력이나 지속 가능성을 갖춘 모델이 아니다.

향후 전개될 방향은 아마도 리우데자네이루의 지역적 자부심과 국제 관광 산업의 원천인 환경은 망치지 않으면서도, 모후 지역과 아스파우뚜 지역이 경제적 성장과 일자리창출을 위해 협력하는 방식일 것이다. 이런 새로운 해결책에서는 상호 간의 이익이 발생할 것이다. 이제까지는 리우데자네이루의 경쟁력이 금융 부문과 천연 자원에서 주로 창출되었지만, 앞으로는 리우데자네이루에 풍부하지만 여태껏 제대로 이용되고 있지 않은 자원, 즉 사람으로부터 나와야 한다.

1856년 당시 남부 연합에 속했던 버지니아에서 노예로 태어난 부커 워싱턴Booker T. Washington은 자라서 알라바마의 터스키지전문학교Tuskegee Institute의 교장이 되었다. 터스키지전문학교는 당시에 '흑인'들을 위해 세워진 대학이었는데, 부커 워싱턴은 이 학교의 운영 및 유지를 위해 열정적으로 활동했으며, 인종차별에 발목이 잡힌 이 학교 졸업생들에게 경제적 기회를 주기 위해 백방으로 노력했다.

1895년 애틀랜타에서 열린 국제목화박람회Cotton State and International Exposition에서 부커 워싱턴은 흑인으로서의 자부심과 남부 주민으로서의 자부심을 고취하는 연설을 함으로써, 많은 흑인 인구가 북부 지역으로 이주해 가던 당시의 풍조와는 달리, 흑인들이 남부 지역에 잔류해 일자리를 얻도록 설득했으며, 지역 경제에서 흑인들의 기여도를 백인들이 인식하게끔 했다. 흑백 인종이 섞인 관중들에게 행한 그의 연설의 내용은 긍정적인 것으로 가득했고 불길한 경고는 한마디도 없었다. 연설에서 그는 "우리는 남부 지역의 제조업 및 상업 활동의 3분의 1에 대한 기여를 해야 할 것입니다. 그렇지 않다면 우리는 국가를 이루고자 하는 모든 노력을 지연시키고 암울하게 하며 침체시키고 나아가 소멸하게까지 하는 세력임을 입증하게 될 것입니다."[21]

당위성과 낙천성

이런 모든 상황에도 불구하고 파벨라의 주민들은 결코 희망의 끈을 놓지 않는다. 그들은 결코 사람이 사는 공동체의 일부로서 자신들의 권리를 포기한 적이 없다. 리우데자네이루의 토박이들인 까리우까들은 영원한 낙천주의자들이다. 이런 성향은 이제껏 그들이 자신들의 삶을 헤쳐 온 과정을 이야기할 때나 미래에 대해 이야기할 때 두드러지게 나타난다. 물론 자신이 사는 마을이나 도시, 혹은 나라의 미래에 대해 이야기할 때는 덜 낙관적이기는 하다. 대부분의 주민들이 자신의 포부를 이루었다고 생각하고 있으며 부모님이 자신에 대해 걸었던 기대 이상으로 충족시켰다고 생각하고 있었다. 응답자 중 약 5분의 1 정도만이 자신이 예상했던 것보다 현재 자신의 삶이 훨씬 나쁘다고 이야기했다.[22] 낙관주의와 성공적인 삶 사이에는 긍정적인 관계가 있으며, 개인적인 수준에서도 만족하는 태도와 실질적인 행복 간에는 긍정적인 상관관계가 나타난다.

나는 파벨라 주민으로서 맞닥뜨렸던 고난의 상황에서 자신의 삶이 성공할 만큼 충분히 기회를 부여받았다고 생각하는지를, 1969년 인터뷰에 응하고 다시 2001년에 인터뷰를 한 응답자들에게 묻고 싶었으며, 나아가 그들의 자녀 및 손자 세대에서는 어떻게 생각하는지를 알고 싶었다. 그들의 입장에서 자신들도 다른 사람들과 똑같이 성공의 기회를 가졌다고 생각하는지, 혹은 그들을 사람으로서 인정하지 않는 폐쇄된 시스템으로 인해 자신들의 인생은 기회를 부여받지 못했다고 생각하는지를 알고 싶었다.

설문조사에서 우리는 "당신의 자녀와 자산가의 자녀가 인생의 성공에 관해서 동등한 기회를 부여받고 있다고 생각하십니까?"라는, 계급 인식에 관한 가장 전형적인 질문을 했다. 사회로부터의 배제나 파벨라에 대한 오명에 대해 이야기한 이후였지만, 나는 대부분의 부모들이 "아니다"라고 이야기하기를 기대했다. 하지만 내 생각은 틀린 것이었다. 전 세대에 걸쳐 약 60퍼센트 정도의 응답자들이 그렇다고 응답했다. 1969년의 최초 응답자 집단에서는 56퍼센트가, 2001년 응답자 집단에서는 57퍼센트가, 그리고 그들의 자녀 세대에서는 62퍼센트가, 손자 세대에서는 57퍼센트가 그렇다고 응답했다. 이 질문이 응답자들에게 올바르게 이해되었으며 그들의 응답이 통계적으로 유효하다는 것을 검증한 이후, 나는 이런 일관된 대답의 의미를 찾기 시작했다. 이러한 결과에 대한 나의 해석은 다음과 같다. 파벨라의 응답자들은 "공정한 기회"라는 허구의 가치를 너무나도 믿고 있기에, 불공평하고 폐쇄적인 시스템 때문이 아니라 부모의 탓으로 인해 자기 자녀들이 공정한 기회를 부여받지 못해서 실패했다고 생각하고 있는 것이다. 대부분의 파벨라 주민들이 분노나 저항의 정서가 부족한 점의 이러한 이유 때문일 수도 있다. 즉, 그들은 신분 상승의 실패를 자신의 탓으로만 돌리고 있다.

나는 또한 계급에 관한 몇 가지 직접적인 질문도 했다. 사람들은 인생의 단계마다 다른 위치에서 계급의 사다리를 오르내렸다고 했다. 어떤 이들은 지금은 빈곤층classe pobre에 속하지만 한 세대 전만 해도 공무원이나 트럭 운전기사 등의 직업을 가진 중산층classe média이라고 여겼다고 했다. 연령대가 높은 응답자들 중에는 더 이상 파벨라에서 중산층을 볼 수가 없다고 응답하는 사람들이 많았다. 그들은 "이제 여기에는 두 계급밖에 없어요, 부자 아니면 가난한 자 말이에요, 그런데 이 둘 사이에는 엄청난 간극이 있죠"라고 말했다.

삶의 물리적인 여건은 놀라우리만큼 개선되었지만, 가난한 이들은 여전히 인간으로 대우받지 못하고 있다고 느끼고 있었다. 이는 그들에게는 마치 영원히 잡히지 않는 신기루처럼 느껴지고 있었다. 아마도 손주 세대에서는 학력이 더 높으므로 높은 실업률이 어느 정도 감소할 것이고 좀 더 혜택이 많은 공식부문의 직업을 얻을 수 있을 것이다. 든든한 직업에 취직해 높은 봉급을 받는 것이야말로 인간으로 대우받는 데에 가까워지는 길이다.

도나 히따의 경우 손녀들이 교직과 간호학을 공부하고 있으며, 그녀도 손녀들에 대한 희망을 버리지는 않고 있지만 여전히 회의적이다. 그녀는 아직도 파벨라에 살고 있지만 그녀의 아들은 손녀들을 파벨라 밖에서 키웠다. 그 덕분에 아이들이 좀 더 많은 기회를 얻게 되었다고 한다. 도나 히따는 지난 몇 년간 노바브라질리아에서 이루어진 개선 사업들을 지적한 후 또 하나의 표지판을 가리켰다. 그 표지판에는 "파벨라는 여전히 파벨라이며 우리에 대한 편견은 여전히 남아 있다"Favela é favela e ainda tem preconceito라고 쓰여 있었다. 그러면서 "만약 당신이 파벨라의 주소를 대면 사람들의 마음 속에는 당신에 대한 의심이 생겨요. 그래서 파벨라 사람들은 정당하게 대우 받고 싶어서 가짜 주소를 대죠"라고 덧붙였다.

인식과 전망

자신에 대한 통찰력은 정체성과 행동 패턴에 영향을 미치므로, 자신의 상황을 바라보는 태도는 빈곤이라는 덫으로부터 탈출하는 데 있어 매우 중요한 요소이다. 이동성이라는 것은 상대적인 개념으로, 다른 이와의 비교를 통해 정의되는 것이다. 문학작품에서 나타나는 바처럼, 절대적인 용어를 통해 이루어지는 사람들의 성과에 대한 묘사는 행복에 대한 그들의 감정만큼 중요하지 않으며, 자신의 과거 및 자신들의 기대와 관련해 어떻게 행동하고 있는지에 대한 인식만큼 중요하지도 않다. 사람들은 자신의 처지를 가족 가운데 누군가나 마을의 누군가, 혹은 자신의 출신지의 사람들, 직장의 동료들 등과의 비교를 통해 가늠한다. 심지어 텔레비전에 나온 캐릭터도 자신이 빈곤하다고 느끼는 사람들에게 일종의 준거집단이 되기도 한다.[23]

설문지에서, 우리는 "성공한 삶"uma vida bem sucedida이란 어떤 것을 의미하느냐는 질문을 했다. 응답자들이 이에 대해 정의하면, 다시 응답자들에게 인생을 열 단계의 사다리라고 보았을 때 자신은 현재 어디쯤에 와 있는지를 물었다.[24] 그리고 나서 연속된 6개의 질문을 통해 자신의 주변인들과의 상대적인 위치는 어디쯤인지를 물었다.

이 6개의 질문에 대한 긍정적인 응답은 〈표 12.1〉과 같다.

이 책 전반에 걸쳐 나타나는 실망감과 퇴보의 느낌에도 불구하고, 이 표에서 보면 모든 세대에 걸쳐(60퍼센트에 가까운 응답자가) 자

표 12.1 | 더 나은 삶으로의 진전에 대한 인식

	비교 대상에 대해 "더 낫다" 혹은 "훨씬 더 낫다"라고 응답한 비율(%)					
	Q1: 현재의 나의 삶 vs 30(10)년 전의 삶	Q2: 나의 삶 vs 우리 부모님의 삶	Q3: 우리 아이들의 삶 vs 나의 삶	Q4: 나의 삶 vs 나의 기대치	Q5: 나의 삶 vs 우리 부모님의 기대치	Q6: 우리 가족 vs 마을의 다른 가족
첫 연구 대상자들	59	53	43	48	58	41
자녀 세대	60	35	44	52	49	27
손자 세대	65	27	47	52	50	19

* 30년 전 첫 연구 대상자들에게 질문을 하고 10년 전 그들의 자녀 세대 및 손자 세대에게 질문했다

신의 현재 삶이 (사다리의 계단에서) 지난 수십 년간의 삶보다 더 나아졌다고 응답했다. 그러나 대부분의 응답자들이 자녀들의 삶이 그들 자신의 삶보다 더 나빠졌다고 느끼고 있었는데 (자녀들이 예전보다 더 나은 교육을 받고 물리적으로는 더 풍요로워졌음에도) 이는 폭력 상황의 공포 때문이라고 응답했다. 자녀 세대들에게 자신들의 삶을 부모 세대의 삶과 비교해서 물어보자, 각 세대가 자신의 세대가 부모님 세대에 비해 상대적으로 더 열악한 삶을 살고 있다고 응답했다. 첫 연구에서의 응답자 집단의 경우 절반 이상이 자신들의 삶이 부모 세대의 삶보다 낫다고 응답했으나 그들의 자녀들은 약 35퍼센트가, 그리고 손자 세대에서는 27퍼센트만이 자신의 삶이 부모 세대의 삶에 비해 낫다고 느끼고 있었다. 이를 반대로 해석하면, 손자 세대의 73퍼센트가 자신들의 삶이 부모 세대의 삶보다 못하다고 느끼고 있다는 것이다. 그들은 한편으로는 학교를 중퇴하거나 실업을 당한 이들이거나, 또 한편으로는 마약거래에 끼어들어 짧은 생을 살 것으로 예상되는 이들이 상당수를 차지하고 있다. 이들에게 자신들의 부모 세대의 삶이 부럽게 느껴지는 것은 당연할지도 모른다.

같은 맥락에서, 손자 세대는 마을의 다른 가족들과 비교하는 질문에 대해 상대적 박탈감을 가장 심하게 느끼는 것으로 나타났다(〈표 12.1〉의 Q6). 손자 세대 가운데 81퍼센트 정도가 자신의 가정이 주변의 다른 가정에 비해 상황이 더 안 좋다고 느끼고 있었는데, 이는 자녀 세대의 73퍼센트가, 첫 연구 인터뷰 응답자의 59퍼센트가 같은 응답을 한 것과는 대조적인 것이었다. 이런 현상에 대해 설명해 보자면, 손자 세대의 절반 정도가 일반 근린 지구에 거주하고 있는데, 이런 지역에서는 자신들이 경제적으로 가장 어려운 계층에 속하기 때문이며, 제1세대의 3분의 2 이상이 처음 정착한 파벨라나 꽁중뚜에 그대로 거주하고 있기 때문에 상대적 박탈감에서 차이가 나타나는 것이다. 가장 젊은 세대가 가장 많은 것을 성취했음에도 가장 심한 박탈감을 느끼고 있는 이런 현상은 그레이엄과 페티나토Graham and Pettinato가 명명한 소위 "좌절한 성취자들"이라는 현상으로, 이는 새로운 시장경제에서 객관적으로 가장 많은 노력을 한 사람들의 만족도가 오히려 가장 적다는 것을 나타내는 용어이다.[25] 그러나 자신의 기대치나 부모님의 기대치와 비교해 자신의 삶을 바라보는 태도는 모든 세대에 걸쳐서 유사한 경향을 나타내고 있다. 절반 정도의 사람들은 자신의 삶이 기대보다 좋다고 느끼고 있었고 절반 정도는 기대에 미치지 못한다고 응답했다. 제1세대의 인터뷰 응답 중 주목할 만한 부분은 자신들의 삶이 그들의 부모가 기대했던 것보다는 훨씬 낫지만 자신들이 기대했던 더 나은 삶에 비해서는 못하다는 것이었다.

이것이 의미하는 것은 더 많은 교육을 받고 물리적으로는 더 풍요로워졌지만 가난을 떨쳐 버리고자 하는 목적, 그리고 인간으로서 제대로 인정받는 것은 다가가면 늘 멀어져 버리는, 이루기 힘든 목표였다는 것이다. 그들이 목표에 다가갈수록 그들은 더욱더 소외감을 느끼고, 중산층과 함께 그리고 가까이서 일하거나 교류를 하면서 더 높은 절대적 기준을 갖게 된 손자 세대들은 더 큰 박탈감을 느끼게 되는 것이다. 경제적으로 더 잘살게 되고 경제적 성취를 이룬다고 해도, 빈곤계층이 경험하고 있는 사회적 배제, 무시, 차별 등이 극복되는 것은 아님을 알 수 있다.[26]

그러면 그들은 지난 몇 년간의 상황의 진전을 어떻게 보고 있으며 향후 미래의 삶에 대한 전망을 어떻게 하고 있을까? 나는 이 질문을 1969년에 제1차 조사의 응답자들에게 했고, 다시 2001년에 같은 질문을 1차 조사의 응답자들과 그들의 자녀들, 그리고 손자들에게 했다. 세대를 내려오면서 "더 나아졌다"거나 "훨씬 더 나아졌다"라고 대답한 응답자들이 시간이 지나면서 급격히 증가했다. 1969년 제1차 조사 응답자의 24퍼센트가 긍정적인 응답을 한 반면, 2001년에는 46퍼센트가 그렇다고 응답했다. 자녀 세대의 경우 63퍼센트가 자신들의 삶이 개선되었다고 했으며, 손자 세대에서는 73퍼센트가 그렇게 대답했다.

1969년 인터뷰를 했던 제1세대는 1960년대의 비약적인 경제성장도 경험하고 리우데자네이루로의 이주라는 어려운 일을 해냈지만, 그들의 삶은 지난했다. 그들 가운데 약 절반 정도가 5년 전의 삶에 비해 자신의 삶이 더 나아졌다고 응답했다. 2001년 같은 질문을 다시 했을 때에는 그 비율이 높아졌으며 자녀들과 손자들의 경우에는 훨씬 더 높게 나타났다. 폭력, 마약, 실업 문제 등의 상황에도 불구하고 손자 세대의 3분의 2 이상이 자신들의 삶이 부모 세대의 삶보다 더 낫다고 느끼고 있었다. 무엇인가 긍정적인 일이 일어나고 있음에는 틀림없다. 어쩌면 그것은 파벨라의 삶에서 탈출하는 것과 관련이 있을지도 모른다. 첫 번째 조사의 응답자들이 고향을 떠나 리우데자네이루로 이주하고 빈민촌 주민으로서 도시 생활에 적응하는 과정이, 파벨라 혹은 꽁중뚜로부터 일반 근린 지구로 나아가는 것보다 훨씬 더 지난한 과정이었을 것이다.

우리는 또한 "향후 5년간 당신의 삶이 더 나아질 것 같습니까?"라는 질문을 했다. 1969년에는 12퍼센트의 응답자만이 "더 나아질 것이다"라거나 "훨씬 더 나아질 것이다"라고 응답했다. 반면 66퍼센트 정도가 "더 나빠질 것이다"라거나 "훨씬 더 나빠질 것이다"라고 응답했다. 2001년에 제1차 조사 참여자들에게 같은 질문을 다시 했을 때, 64퍼센트 정도가 향후 5년 동안 자신들의 삶이 더 나아질 것이라고 응답했다. 또한 그들의 자녀 세대는 88퍼센트가, 손자 세대는 95퍼센트 정도가 향후 5년간 삶이 더 나아질 것이라고 응답했다.

따라서 〈그림 12.5〉에서는 어려운 상황에도 불구하고 아직 희망이 살아 있음을 보여 주고 있다.

어떠한 일반화를 시도할지라도, 그에 대한 반대의 경우를 들 수 있을 정도로 파벨라를 일반화하기란 어렵다. 만약 파벨라의 역동적인 측면을 강조하다 보면, 빈곤을 낭만적으로 바라보는 오류를 범할 수도 있다. 폭력과 관련된 부분을 강조하다 보면, 파벨라가 지닌

그림 12.5_파벨라의 아이들은 도시의 내일을 건설할 열망이 있고 그에 대한 준비가 되어 있다.

활력을 간과할 수 있으며 주민들이 일상에서 날마다 싸우고 있는 파벨라에 대한 오명이나 편견으로 독자를 이끌 수도 있다. 파벨라 안에 존재하는 모든 것은 반대되는 측면을 지니고 있다. 만일 여러분이 파벨라 관광을 일종의 착취이며 상품화라고 생각한다면, 마을로 유입되는 현금의 잠재적 원천을 고려하지 않는 것일 수 있다. 만약 여러분이 마약거래에 대해 도덕주의자적인 입장을 고수한다면 마약거래에 종사하는 이들이 마약으로 번 돈으로 자신의 가족의 생계를 책임지고 있다는 점을 간과할 수 있다. 그러나 스물다섯 살 혹은 서른 살 넘어 살지 못하는 젊은이들에게 새 에어컨이 무슨 소용이 있을까? 그들이 처한 상황이 너무 복잡하기 때문에 단순한 결론을 내리기가 어렵다. 40여 년이라는 오래고 지속적인 시간에 걸친 관찰과 분석, 그리고 수많은 모순되는 의미와 메시지들로부터의 유추를 통해서야 비로소 더 깊은 진실을 얻을 수 있었다.

빈곤과 사회적 배제는 가변적인 것으로, 시간이나 세대가 지나면서 변화한다. 그리고 이는 단순히 (물론 이것이 진보를 표현하는 주요한 현상이기는 하지만) 더 좋은 물건이나 서비스를 얻는 것을 의미하지는 않는다. 각각의 세대는 각기 다른 어려움을 겪어 왔다. 최초의 이촌향도 세대에게는 촌락의 빈곤이 도시의 빈곤으로 바뀌었을 뿐이고, 새로운 환경에서 살아남는 기술을 갖추는 것 자체가 그들에게는 하나의 도전이었다. 대도시에 교두보나 발판을 마련하는 것은 그 자체로도 비약적인 도약이라 할 수 있었다.[27] 그들이 집단으로 투쟁하면서 쌓은 마을 주민들 간의 연대감은 이후의 세대에서는 나타나지 않는 것이었다.

도시에서 태어난 다음 세대가 직면한 과제는 더 많은 교육을 받는 것, 파벨라에서 나아가는 것, 인정받고 존중 받는 것이었다. 손자 세대는 더 높은 교육적 성취를 이루었고, 절반 이상이 합법적인 근린 지구에서 거주하고 있으며, 가구의 소득수준은 지역의 평균에 가까울 정도로 높다. 그들이 당면한 실질적인 과제는 취업을 하는 것(손자 세대의 절반 이상이 실업 상태이기 때문에), 살해당하지 않는 것, 그리고 존엄성을 인정받는 것 등이다. 센서스 데이터를 다루는 경제학자들은 아마도 손자 세대가 빈곤에서 벗어났다고 판단할 수도 있을 것이다. 그러나 최근 리우데자네이루의 상황에서 이들 젊은이들은 여전히 권리를 박탈당하고 있으며, 그들의 의견은 묵살되고 소모되는 세대로 인식되고 있다. 세 세대에 걸쳐 파벨라 주민들이 이루어 낸 모든 것들에도 불구하고, 가장 젊은 세대는 오늘날에도 여전히 인간으로서 정당한 인정을 받지 못하고 있다. 그들은 리우데자네이루의 일반적인 일상으로부터 배제되고 있다고 느낀다. 내가 인터뷰를 한 이들은 공식부문에 취업하고 차와 컴퓨터를 소유했음에도 자신을 '선생님' 혹은 '사모님'에게 공손하거나 아부를 해야 하는 존재라고 느끼고 있었다. 이는 불평등한 사회가 오랜 세월 동안 빈곤층의 반란 위험 없이 부유층의 우월성을 유지하는 방식이다.

거의 150여 년 전 안또니우 꽁셀례이루가 자신의 부하들을 이끌고 도착한 위치한 까누두스의 언덕에는 파벨라 숲이 아직도 남아 있다. 파벨라는 이제 리우데자네이루의 곳곳에 있으며 다른 도시들에서도 나타나고 있다. 그들은 꽁셀례이루의 부하들과 같은 대우를 받을 것인가? 그들도 역시 진압당할 것인가? 파벨라의 주민들은 규모 면에서 꽁셀례이루의 부하들보다 훨씬 많다. 만일 우리가 타자에 대한 두려움을 이겨낼 수 없다면, 그리고 요구, 억압, 모독, 폭력에 대한 투쟁에 참여하지 않는다면, 부자들에게나 빈곤한 자들에게나 도시의 미래는 없을 것이다.

연구 방법 및 도전

여러분이 생각하는 바처럼, 30년이나 지나서 최초의 연구에 참여했던 이들을 다시 찾는 것은 그 자체로 도전이었다. 그 일은 마치 단서를 찾는 탐정의 일과도 같았다. 나는 내가 각각의 응답자를 마지막으로 본 장소로 찾아갔고, 단서를 따라갔다. 그러다 막다른 길에 다다르기도 했는데, 그럴 때마다 그들을 찾을 수 있는 다른 방안을 찾았다. 한 사람 한 사람을 찾을 때마다 너무나도 기쁘고 마치 깨달음을 얻는 것과 같았다. 내가 예상했던 것보다 훨씬 더 많은 사람, 그리고 그 가족들과 재회하면서 파벨라 내에서 이어진 인연이라는 것이, 물리적으로는 떨어져 있더라도, 매우 강하게 그리고 오랫동안 이어진다는 사실을 발견했다. 전화나 이메일도 없고 심지어 서로 만나러 갈 버스비도 없던 몇 년 동안 사람들은 건너 건너 인편을 통해 서로의 안부를 전했다. 그들은 친지들과 예전의 이웃들이 어디로 이사를 갔는지 잘 알고 있었고, 그들의 건강이 어떤지, 그리고 가족들 중 누가 그 지역에 아직 남아서 살고 있는지도 잘 알고 있었다.

시계열적 연구의 목적

1999년 내가 이 책을 위해 연구를 다시 착수했을 때, 당시의 연구 목표는 다음과 같았다.

- 도시빈민의 세대 내, 그리고 세대 간 역동성에 대한 심층적인 이해
- 사회적 소외계층에 대한 신화와 실제적인 변화 연구
- 정치와 경제의 거시적 변화로 인한 사람들의 생애사적 패턴 추적
- 제1차 연구 때부터 (혹시 영향을 미쳤다면) 영향을 미쳐 온 국가적·국제적 정책의 영향력 고찰

나는 각각의 목표를 더 광범위한 목적 및 연구를 수행하기 위해 필요한 작업들에 맞추어 조율했으며, 연구의 각각의 장을 위한 세부 연구 활동들을 계획했다. 각각의 연구 작업들 간의 관계도는 〈표 A1.1〉에 나타나 있다.

표 A1.1 | 도시빈민의 역동성과 공공정책을 위한 함의

목표	목적	과제	성과	결과
• 도시의 빈곤과 (사회적) 이동성의 다양성 이해하기	• 30년 넘는 기간 동안 파벨라 주민들의 인생 궤적 추적하기	1. 시계열적 경향과 정책 연구 실시	• 리우데자네이루 파벨라 주민의 인생 궤적에 대한 시계열적 자료를 다른 연구에서 사용	• 도시 빈곤을 형성하고 영속화시키는 요인들에 대한 광범위한 지식 기반 형성
• 저소득계층의 개인 및 가계, 마을에 대한 공공정책의 효과 분석	• 빈곤 극복을 위한 생존 전략과 대응 기제 밝히기	2. 문헌 및 2차 자료 검토	• 역량 강화: 자신들의 현실을 기록하는 훈련을 받은 주민	• 도시빈민의 삶에서 지역, 국가, 국제 정책의 수행 역할을 좀 더 명확히 이해하기
• 주요 정치 경제적 변화 및 도시 변화와 관련된 생애사 패턴 추적하기	• 연구팀에 대학생들 뿐 아니라 파벨라 주민들을 훈련시켜 참여하게 하기	3. 첫 연구 참여자 및 자녀, 손자들 찾기	• 세계 개발 보고서와 같은 공식 기관 문서 활용	• 파벨라 주민 및 마을, 조직, 지역의 비영리단체의 능력 함양 • 지역, 국가, 국제 수준에서의 비공식적인 정책입안자
• 시민사회 및 사회적 네트워크의 매개 효과 검증하기	• 공공정책이 리우데자네이루 도시빈민들에 미치는 영향력을 특정 정책 및 비특정 정책을 대조해 평가하기	4. 첫 연구 대상 마을에서 새로운 무작위표본 및 지도자표본을 구성하기	• 과거와 현재를 나타내는 사진 자료	• 도시에 관한 연구 및 정책, 실행 등의 개선
• 정책결정자들에게 도시빈민들에 관해 더 좋은 정보 제공하기	• 브라질의 정치 및 경제, 도시 부문의 변화에서 가장 중요한 시점을 밝혀내기	5. 특별 정책을 통해 개선이 된 파벨라 선정해서 비교 대상으로 삼기	• 연구 결과를 통해 정책적 함의 유추하기	• 도시빈민 및 그들의 (사회적) 이동성에 관한 시계열적 연구 및 패널 연구에서 사용할 방법론 구축
	• NGO 단체 및 지역 기반 협의회의 역할 분석	6. 측정 방법을 준비하고 예비 조사 실시하기	• 논문 발행, 단행본 발간, 소식지에 싣기	• 정치적 의지가 있는 곳에서는 정책이 성공할 확률이 훨씬 높아짐
	• 결과의 타당성을 검증하고 결론을 전파하기 위해 이해당사자들을 소집해 정책 회의 실시	7. 현장에서 인터뷰 실행하기 여러 세대를 포함하는 인터뷰 특정 지역에 대한 인터뷰	• 단행본	• 마을 사람들에게 도시 빈곤의 상황 및 개선에 대한 지식을 알리고 변화를 옹호하게 유도하기
		8. 상황적이고 역사적인 연구		
		9. 생애사 자료, 질문지, 인터뷰 결과 등을 코딩하기		
		10. 자료 변환 및 분석		
		11. 피드백을 위한 중간보고서 작성		
		12. 브라질과 리우데자네이루, 그리고 다른 국가에서 열리는 회의에서 연구 결과 발표하기		
		13. 최종 보고서 검토		
		14. 목표 독자들에게 연구 결과 전파		

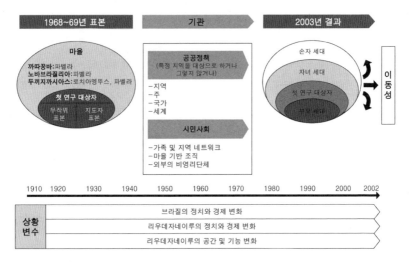

그림 A1.1_리우데자네이루 파벨라에 대한 시계열적 세대 간 연구에 관한 개념도

개념도

분석을 행하고 연구의 목적 및 목표를 전개하기 위해 사용한 개념도는 〈그림 A1.1〉과 같으며, 그 내용에 대해서는 9장에서는 간단하게 설명했다.

연구를 관통하고 있는 가장 근본적인 질문은, 1968~69년 최초의 연구를 실시했던 세 개의 파벨라에 거주하던 주민들에게 40여 년의 시간 동안 무슨 일이 일어났는가, 특히 (대부분 촌락에서 출생했으며 문맹이었던) 그들의 부모 세대와 비교해, 그리고 도시에서 태어나서 더 나은 교육을 받은 자녀 및 손자 세대와 비교해 어떤 변화를 겪었는가이다. 또한 그 기간 동안 이런 변화에 영향을 미쳤을 수도 있고 그렇지 않을 수도 있는, 브라질 및 리우데자네이루의 변화라는 거시적인 맥락에서의 공공정책 및 사회에 대해서도 살펴보았다.

복합적인 방법론의 사용

본 연구의 시간 범위는 매우 넓다. 만약 이리도 긴 기간이 소요될 줄 알았더라면 연구를 시작할 용기를 내지 못했을 것이다. 그러나 나는 네 세대에 걸친 삶의 궤적을 추적하고 싶었으며, 도시빈민 연구에서 한 번도 시도된 적이 없는 체계적인 방식의 연구를 수행하고 싶었다. 동료들의 도움과 주민들의 정말 귀중한 조력 덕에 정성적 연구 방법과 정량적 연구 방법을 결합한 복합적인 연구를 수행할 수 있었다. 또한 그들 덕에 직접 관찰 및 심층 인터뷰를 수행할 수 있었으며, 각 마을의 역사를 재구성하는 주민 참여 인터뷰DPR도 할 수 있었다. 그리고 총 2,182명에 이르는 참여자들로부터 설문조사 및 연도별 생애 조사 자료를 얻을 수 있었다. 이 모든 자료들을 1968~69년 행한 연구의 질문, 당시 실시했던 개방식 인터뷰, 그리고 당시 참여자들의 생애 등과 비교했으며, 같은 지역에 대한 센서스 조사 및 주택 조사 자료와도 비교했다. 이렇듯 여러 방법론을 함께 사용함으로써 빈곤, 불평등, 소외의 세대 간 전이 과정을 밝힐 수 있었으며, 고도로 불평등한 사회의 사회적 이동성에 대해 연구할 수 있었다.

연구 과정에서 발생한 문제들

연구 도중 맞닥뜨린 문제들은 다음과 같다.

① 1968~69년 연구에서 인터뷰에 응했던 이들을 찾아내고 그들의 신분을 확인 하는 것(당시 연구에서 성은 밝히지 않고 이름만을 알려 준 경우 찾기가 매우 어려웠다.)

② 1968~69년 연구 참여자 가운데 사망한 이들의 가족들과 연락을 취하고 그들로부터 협조를 구하는 것

③ 마약상들의 장악력이 점점 커지고 있는 상황에서 (따라서 연구를 하는 데에도 허가가 필요해진) 마을에 대한 접근 허가 받기

④ 1968~69년 연구에서 행한 설문지와 비교연구를 할 수 있는 질문들을 만들되, 현재 상황에서도 타당하고 적절한 질문을 만들기

⑤ 세 파벨라 마을의 역사적 맥락을 재구성하기

⑥ 선별적인 기억 및 기억 상실을 처리하기

⑦ 우리가 찾은 사람들과 찾지 못한 사람들 간의 차이로 인해 발생할 수 있는 잠재적인 편차 검증하기

연구의 구성

이 연구는 세 단계로 구성되었다. 첫 번째는 예비 탐사 단계로 1968~69년 연구 응답자들을 찾을 수 있는지에 대한 검증을 하는

단계이고, 두 번째는 다세대 간 인터뷰 단계로 최초 1차 1968~69년 연구의 응답자들을 살펴보고 그 후손들에 대한 연구를 시행하는 단계, 세 번째는 마을 연구 단계로 1968~69년 연구 지역에서 새로운 연구 대상을 선정하는 단계이다.

단계 1: 예비 탐사 단계

1968~69년 연구에 참여했던 이들을 찾고 그들에 대한 조사를 다시 시작한 과정은 다음과 같다. 먼저 최초 연구 참여자들 중 일부 '생존자들'과 자유롭고, 구조가 느슨한 인터뷰들을 실시했으며, 그들의 개인적인 구술 자료를 모았다. 또한 그들이 자기의 경험을 어떻게 기술하는지 살펴보고, 얼마나 많이 기억하고 있는지 그리고 자신의 삶과 공동체의 삶에서 어떤 부분을 가장 인상적으로 기억하는지를 조사했다. 또한 특정 단어나 개념, 이미지 등에 대해 어떠한 의미를 부여하는지도 조사했다.

단계 2: 연구의 실행 단계

다음 단계에서 우리는 1968~69년 연구 참여자 750명 가운데 262명과 다시 인터뷰를 했고, 그들의 16세 이상 자녀들 중 무작위 표본을 추출해 인터뷰를 했다(1,005명 중 394명). 이후 이들 16세 이상의 손자 세대 중 무작위표본에 대한 인터뷰를 했다. 파벨라에 남아 있는 손자 세대는 매우 적은 편이었음에도 손자 세대를 인터뷰 대상에 포함시킨 이유는, 도시에서는 자녀들이 사회적 계층 상승을 이룰 수 있으리라는 기대로 1세대들이 농촌을 떠나 도시로 향했기 때문이며, 이런 기대가 손자 세대에서 처음 이루어질 수도 있기 때문이었다.

이 단계에서는 연속적인 인터뷰가 실시되었으며, 집단 참여 인터뷰를 통해 마을의 역사를 재구성하는 작업(DPR을 사용)도 포함되었고, 과거와 현재의 마을 지도자들에 대한 인터뷰도 실시했다. 과거 마을을 개선시키기 위해 투쟁했던 마을 지도자들 및 현재 고군분투하고 있는 지도자들과의 인터뷰를 통해 수십 년의 시간이 흐르면서 무엇이 변화했는지를 고찰했다. 우리는 운이 좋게도 이런 인터뷰의 주요 장면들을 비디오로 녹화할 수 있었는데, 특히 과거 까따꿍바의 마을 지도자 세 명이 예전에 그들이 살던 곳으로 되돌아와서 인터뷰에 응해 주었다. 그들은 자신들이 자란 곳에 대해 회고했고 그들을 마을에서 쫓아낸 정치 상황에 대해서도 구술했다.

단계 3: 새로운 표본집단

그다음 단계는 1968~69년 연구가 실시되었던 마을에서 새로운 무작위표본집단을 추출한 후, 그들에게 다른 이들과 동일한 조사기법을 적용했다. 이는 시간 간격을 두고 마을 간 비교를 하기 위함이었고, 또한 우리가 조사하고 있던 특정 하위 표본에서 발생할 수 있는 편차를 감소시키기 위함이었다. 우리는 각각의 마을에서 선정된 400명을 무작위로 인터뷰했고 각 마을의 지도자 25명과도 인터뷰를 했다.

무작위표본 및 엘리트 표본에서 가장 성공한 이들과 가장 어려운 이들을 각각 10명씩 가려냈으며, 이들 40명에게 개방형 인터뷰를 실시했고, 현재 어떠한 삶을 살고 있으며 그 원인은 무엇이라 생각하는지 물었다.

마지막으로 선정된 몇몇 가족의 각 세대별 구성원들을 방문해 다세대에 걸친 구술 조사를 실시했다. 우리는 가족 내에서 무작위로 자녀를 선정할 수 있는 방법에 대해 고민했는데, 이들의 선정은 후속 세대에 대한 우리의 편향에 영향을 미칠 수 있기 때문이었다. 이런 방법을 찾기 위해 세 개의 파벨라 마을에서 내가 잘 알고 있는 사람들로부터 무작위로 표본을 추출하고 마을의 지도자들 가운데 몇 명을 선정했다. 그리고는 그들의 형제, 자녀, 손자들 중 가능한 많은 이들의 집이나 직장을 방문했다. 이런 과정을 진행하는 동안 나는 각각의 가족의 구성원 및 규모를 보여 주는 가계도를 만들 수 있었으며 가족구성원 개개인의 교육 수준과 직업에 대한 조사를 할 수 있었다. 이 책에서 전하고자 한 이야기를 구성하기 위해서는 자녀 및 손자 세대를 잘 아는 것이 필수적이었다.

빈곤, 불평등, 사회적 소외, 배제, 그리고 이동성의 개념

우리는 이들 개념에 대한 설명과 그들 사이의 관계를 선행 연구들에서 인용했으며, 마을 주민들이 스스로 이해하고 사용하는 방식도 참조했다.

즉, 1968~69년 연구와 현재의 후속 연구에서 일관되게 추구한 기조는, 가난하다는 것, 권리를 박탈당한다는 것, 배제된다는 것,

그리고 오명을 쓴다는 것이 무엇인지 이해하기 위해 다차원적인 관점을 유지한다는 점, 즉 사회적·문화적·정치적·경제적 요소들을 고려한다는 점이다. 이런 과정에서 선택, 자유, 시민권, 발언권, 존엄성, 권리, 책임감 등의 개념들이 등장했다.

지표들

우리의 연구가 여러 세대에 걸친 삶의 궤적(출생지, 교육 수준, 주된 직업 등)에 기반을 두고 있지만, 첫 연구의 인터뷰 참가자를 부모 세대로 정했다. 우리의 연구 대상은 1968~69년 연구 참여자들로부터 시작해, 그들의 자녀 및 손자 세대에서 무작위로 추출된 표본집단으로 이어졌다. 설문지에는 다음과 같은 질문도 포함되었다.

- 기초 자료: 가족구성원의 교육 수준, 직업, 집 안에서의 기여도 및 참여도에 대한 정보에서 시작했다.
- 연도별 생애사: 삶의 부침을 이해하고 절대적인 측면과 상대적인 측면의 사회적 이동성의 부침을 이해하기 위해 주거지, 직업, 교육, 가족 내 위치, (1969년 이후 현재까지의) 건강 상태의 변화를 추적했다.[1]
- 가정의 경제 상황: 설문 문항에는 각 가구별 자산 및 주요 수입원, 주거 형태, 가정 내에서 사용하고 있는 도시 서비스, 월별 지출액 등이 포함되었다.
- 사회적 자본: (관계의 속성, 범위, 빈도 등을 포함하는) 친구 관계와

친족 관계에 관한 설문 문항이 포함되었으며, 주민 자치 활동에의 참여도나 자치회 구성원 여부 등도 포함되었다.

- 폭력, 정치, 마약거래 및 개인의 안전: 이 분야와 관련된 설문 문항은 공적인 공간 관련 질문에 추가되었다.
- 공공정책에 대한 인식: 사람들의 정치적 인식 및 참여, 공공정책 및 시민권에 관한 인식, 그리고 다양한 수준의 정부와의 접촉 여부에 관한 질문도 했다.
- 사회적 이동성: 그레이엄·버드셀이 사용했던 질문 중 일부를 사용했으며 라티노지표가 개발한 사다리 개념도 사용했다.[2] 또한 조사 대상자들에게 (자기가 스스로에게 갖는, 그리고 부모가 그들에게 갖는) 열망과 기대감에 대해 물어보았고, 다른 여러 준거집단(형제들, 마을의 다른 사람들, 마을 외부의 사람들 등)과 비교해 자신의 처지를 어떻게 인식하고 있는지 물었다. 배제, 오명, 차별 등에 대한 인식도 질문했고, 이런 것들이 시간이 지남에 따라 어떻게 변화해 왔는지도 물었다.

연구 과정에서 배운 점

연구를 진행하면서, 개념적인 부문, 방법론적인 부문, 기술적인 부문, 논리적인 부문 등에서 다양한 유형의 문제와 맞닥뜨렸다. 연구 진행 과정에서 이를 극복하려 애썼으며, 비슷한 상황에서 연구를 진행하는 다른 이들을 위해 이들 중 일부는 좀 더 깊이 천착하는 것이 유용하다고 판단했다(다른 도시 및 국가의 불량주택지구에 대한 시계열적인 연구를 진행한다면, 이 연구에서 밝혀내지 못한 결정적인 원인을 발견해 낼 수도 있을 것이다). 연구 과정에서 맞닥뜨린 가장 중요한 문제는 그들에게 어떤 방법으로 다가갈 것인가였으며, 그다음으로는 그들로부터 무엇을 배워야 할 것인가였다.

첫 연구 참여자 찾기

1968~69년 연구 이후 30여 년이나 흘렀기 때문에, 여러 면에서 심각한 어려움에 직면했다. 예를 들어, 어떤 마을은 다른 위치로 이전되었고 그 주민들은 몇 개의 공공주택 지역으로 흩어졌다. 또한 첫 연구 시기가 군사독재 기간이었기 때문에 주민들의 안위를 고려해 이름만을 물어보았던 점도 이후 연구에서 어려움을 가중시켰다(예외적으로 마을의 지도자들에게는 성과 이름을 모두 물어보았다).

접근법

우선 마을에서 가장 친했던 친구들과 그곳에 거주할 당시 머물렀던 집들에 다시 연락을 한 후 그들을 방문했다. 지속적으로 그들과 연락을 주고받고 있었기 때문에 그들을 찾는 건 쉬운 일이었고, 그들에게 도움을 요청했다. 처음 시작 단계부터 대학생들로 하여금 주민들을 찾도록 하는 건 매우 어려운 작업이었기 때문에, 우리는 주민들로 이루어진 팀을 짰는데, 그들은 대부분 1968~69년 연구 대상자들의 자녀들이거나 그들의 이웃들이었다. 우리는 그들을 위한 프로그램을 개발하고 참여한 시간에 대해 금전적 보상을 했다.

나아가 첫 연구 대상자들의 위치를 잘 찾아낸 경우 성공에 대한 보상을 했다.

1968~69년 연구의 주소지부터 찾아가서 그곳에 대상자가 더 이상 살고 있지 않은 경우에는 어떤 단서나 정보를 얻을 수 있는지 물어보았다(그러나 우리가 찾고자 했던 사람들 중 50퍼센트 정도가 같은 집에서 혹은 같은 동네에서 여전히 살고 있었고, 덕분에 우리의 작업이 훨씬 수월했다). 아무런 정보도 없는 경우에는 옆집이나 앞집에 가서 그들이 어디로 갔는지 물어보았다. 찾는 사람이나 가족에 대해 기억하는 사람이 그 동네에 아무도 없을 경우에는 마을회관이나 교회, 사람들이 모여 있는 곳 등을 찾아 갔다. 우리는 연구 제목을 내건 포스터도 만들어서 붙였는데, "당신을 찾고 있어요"라고 쓰인 그 포스터에는 1969년의 내 모습과 내 책의 포르투갈어 판 표지로 사용했던 그림(혹시라도 누군가가 그 그림을 알고 있을 수도 있어서)을 넣었으며, 우리 사무실 주소와 전화번호도 적었다. 지역공동체의 라디오 방송과 지역 신문사의 광고도 활용해 첫 연구의 참여자들이 최대한 우리를 쉽게 찾을 수 있도록 했지만, 그 결과는 그리 좋지는 않았다.

배운 점들

결과는 놀라울 정도로 성공적이었다. 즉, 비율 면에서 첫 번째 연구의 참여자들을 가장 적게 찾을 것이라 예상했던 마을(1970년 철거된 까따꿍바)의 주민들을 가장 많이 찾았고, 가장 많은 사람을 찾을 것이라 예상했던 마을(인터뷰를 했던 이들 중 절반 정도가 집을 소유하고 있었던 까시아스)에서는 가장 적게 찾았다. 그 이유는 아마도 사회적 네트워크의 지역별 차이 때문인 것 같다. 까따꿍바 주민들은 상수도, 전기, 화장실, 도로포장 등을 위해 수많은 투쟁을 함께했으며, 마을 철거의 순간까지 함께 싸웠기 때문에 다른 마을의 구성원들에 비해 훨씬 더 견고한 유대감을 지니게 되었으며, 비록 지리적으로 다른 마을에 흩어져 살게 되었을지라도 그와 같은 유대감이 유지되었다. 도시기반시설을 얻기 위해 함께 투쟁한 경험이 없는 로찌아 멩뚜스의 주민들은 여러 조직체를 구성한 적도 없기에 이웃 사람들에 대해 잘 알지 못했다. 한 가족이 이사를 하는 과정에서 집을 파는 일은 단지 주택 거래에 지나지 않았고, 한번 떠나면 남은 이웃들과 다시 연락하는 일은 없었다. 게다가 마을의 도로명과 번지수가 바뀌었고 행정 지역명도 변경되었다. 파벨라는 삶의 기억을 계속해서 간직하고 있었지만 개별 건물들은 그렇지 않았다.

이러한 현상들로 인해 다음과 같은 결과가 발생했다. 분명 마을의 지도자였던 사람들은 많이 찾아낼 수 있었지만, 이는 우리가 그들의 성을 알고 있어서일 뿐만 아니라, 그들이 다른 여러 사람들에게 알려져 있었기 때문이다.

1968~69년 연구 참여자 중 사망한 이들에 대한 처리

첫 연구 참여자 중 상당수가 사망했음을 확인할 수 있었다. 이런 경우 사망자의 배우자나 나이가 가장 많은 자녀들과의 인터뷰를 통해 그들의 주거지, 직업, 교육, 가족 관계, 건강 등의 연대기를 복원했다. 물론, 사망 당사자에 대한 설문조사는 실시하지 않았지만 자녀들은 자녀 세대 연구 대상에 포함시켰으며 적절한 방법을 통해 그들의 자료를 조사했다.

찾은 참여자들의 신분 확인하기

인터뷰를 진행하는 과정에서 꽤 어려운 문제에 봉착했다. 인터뷰 결과를 코딩하고 디지털화하기 전에 생애사의 데이터와 설문지의 일관성을 체크했는데, 1968~69년 연구 인터뷰 대상자 중 데이터가 일치하지 않는 경우들이 발견된 것이다. 어떤 이들은 첫 번째 연구에 참여하기에는 나이가 맞지 않았고, 어떤 이들은 어머니나 아버지의 출생지가 우리가 갖고 있는 자료와 일치하지 않는 등의 문제들이었다.

접근법

일단 응답자의 신분 확인 과정에서 문제가 있다고 판단되면 코딩 작업을 멈추고 주요 사항들을 맞춰 보며 응답자의 신분을 체계적으로 다시 확인했다. 45명 정도가 신분 확인 과정에서 걸러졌는데, 이들은 모두 첫 연구 대상자들과 동명이인인 사람들이었다. 이와 관련해 연구 진행 과정에 두가지 사항이 추가되었다. ① 1969년 생애사 매트릭스의 자료를 근거로 여태까지 찾았던 사람들이 진짜 맞는지를 다시 검토했다. ② 기존의 현장조사팀에게는 1968~69년 연구 참여자들에 대한 기존의 정보 외에 추가 정보들을 주었다. 이를 통해 현장조사팀은 좀 더 정확히 첫 연구 대상자들을 찾아낼 수 있었다.

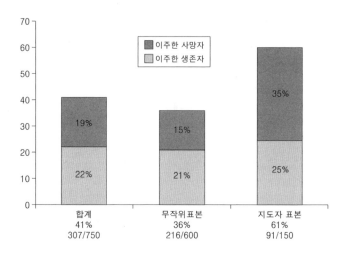

그림 A1.2_첫 연구 대상자와의 재회. 1999년부터 2001년 사이 다시 만난 첫 연구 대상자의 수. 생존자와 사망자를 구분해 표기했다.

배운 점들

검토 작업에서 상당한 시간과 비용이 소요되었다. 향후 이 같은 연구를 진행하고자 하는 연구자들은 처음부터 상세하고 꼼꼼한 검증 작업을 고안해서 시행하기를 권한다. 최종적으로는 각 설문지의 주요 정보들(결혼 날짜뿐만 아니라 각 자녀들의 연령, 성별 등)을 교차 점검해 불일치하는 항목이 발견될 경우에는 확인을 위해 인터뷰 대상자들을 다시 방문했다.

마을에의 접근 및 폭력 문제

물론, 우리가 다시 연구 현장으로 돌아갔을 때 마주친 가장 큰 문제는 마약상들의 존재 및 그들의 장악력이었다. 마약상들은 파벨라를 통치하기 위해 다른 마약상들과 경쟁을 벌이고 경찰과 총격전을 벌이고 있었다. 이 문제야말로 우리가 마주친 가장 큰 문제였으며 대처하기가 매우 힘든 일이었다. 이와 관련해 발생했던 문제들은 다음과 같다. ① 연구조사원 중 상당수가 (심지어 그 마을 출신들조차도) 조사에 참여하려 하지 않았으며 중간에 그만둔 이들도 꽤 있었다. 예를 들어, 마약상들이 우리 연구조사원 가운데 한 명을 주시했는데, 그녀가 살던 끼뚱구를 날마다 찾아오고 그녀가 마약상들을 당국에 밀고하고 있다고 의심했다. 마약상들의 위협 끝에 그녀는 결국 프로젝트를 그만두었다. ② 1968~69년 연구 참여자 중 상당수가 마을에서 총격전이 있을 때 혹시라도 유탄을 맞을까 두려워 다른 마을로 이주해 갔다. 어떤 이들은 노바브라질리아에서 평생을 살다가 배우자나 친척들의 고향으로 이주해 갔고 또 어떤 이들은 꽁중뚜로 이주해 30여 년을 살다가 혹여라도 자녀들이 마약상에 연루될까 두려워 외곽에 있는 동네의 아파트로 다시 이주해 세를 살기도 했다. ③ 마약상들끼리의 총격전이 벌어지거나 경찰이 습격을 감행한 때에는 아무도 그 마을에 들어갈 수 없었기 때문에 우리의 현장조사는 며칠씩 늦어지곤 했다. ④ 폭력과 관련된 항목에 대해서는 많은 이들이 응답하기를 거부했다. 대부분의 항목에 대해서는 거의 다 응답을 했으나 마약상, 경찰, 폭력 등과 관련된 문제에 대해서는 "모른다/대답하고 싶지 않다"라고 응답하는 비율이 40퍼센트에 이르렀다. 심지어 열 가구 정도가 혹여나 마약상들과 연관이 생길까 두려워 자녀들의 이름이나 주소를 알려 주지 않았다.

접근법

우리는 본 연구 과정에 상당한 위험이 뒤따를 수 있다는 점을 충분히 인지하고 있었고, 이런 위험성에 대해 상당히 신중하게 대처했다. (대부분이 마약 조직 두목에 의해 임명이 된) 주민자치회의 대표들을 통해 마을에 접근할 수 있는지를 매우 조심스럽게 타진했으며, 연구조사원들의 안전을 위해 눈에 매우 잘 띄는 차림을 하도록 했다. 모든 연구조사원들은 정해진 복장을 갖추도록 했는데, 메가시티 로고가 찍힌 밝은 청록색의 티셔츠를 입고 목에 이름표를 달도록 했다. 이름표에는 사진이 들어간 신분증, 본 연구의 제목, 연구조사원의 이름, 사무실 전화번호 등이 적혀 있었다. 또한 연구조사원들은 나의 서명이 들어간 편지를 갖고 다녔는데, 이 편지에는 본 연구에 대한 설명과 해당 연구조사원을 비롯한 연구팀의 이름이 모두 기재되어 있었다. 우리는 잠정적인 인터뷰 대상자들에게 아침마다 전화를 해서 우리가 그들을 방문해도 괜찮은지를 물었고, 만일 조금이라도 위험하다면 인터뷰 일정을 재조정 했다.

배운 점들

매우 조심스럽게 연구를 진행했지만 예상하지 못했던 일들이 발생했다. 향후 연구를 진행하려는 연구자들은 연구조사원들을 반드시 짝을 이루어 보내고 현장 감독과 늘 긴밀하게 연락을 취하게 하도록 할 것을 권유한다(오늘날에는 핸드폰이 보급되어 그러한 점이 훨씬 더 수월해졌다).[3]

설문지의 완성도 높이기

1968~69년 연구에서는 효율적인 질문지가 연구의 주요 토대가 되었으며 연구를 재개한 시점에도 이는 마찬가지였다. 우리의 딜레마는 질문지를 얼마나 업데이트할지였다. 설문지를 발전시키고, 내용과 언어, 이론적 구조를 면밀히 조사하는 과정에서 최근 실시한 자유 인터뷰에서 나온 일부 주제들이 첫 연구의 설문지에서는 포함되지 않았다는 점을 알게 되었는데, 대부분 폭력과 관련된 것들이었다. 게다가 최근 연구에서 매우 중요하게 다루어지고 있는 주제들, 예를 들어 가구의 구성이라든가 가구 내의 권력 관계 등은 1968~69년 연구에서는 다루어지지 않았다. 어떤 문장이나 단어들은 시대에 뒤처지거나 어색하게 들렸다. 설문지의 수정을 통해 당시와 현재를 비교할 수 있는 효율적인 근거를 제시하고자 했으며, 본 연구와 이 지역을 다룬 최신의 다른 연구를 비교할 수 있는 근거를 제시하고자 했다(이 지역 가구들의 빈곤에 대한 대처를 시계열적으로 연구하고 있는 모설의 연구와, 이 지역의 사회적 이동성에 대해 다루고 있는 그레이엄·버드셀의 연구가 있다).[4]

접근법

심사숙고한 끝에, 원 설문지에서 주민들의 사고방식, 특히 현대적인 사고방식과 관련해 질문했던 항목들을 삭제하고 일부 단어와 문장들을 수정해 설문지의 내용을 좀 더 명확하고 이해하기 쉽도록 했다. 몇 개의 섹션을 추가했는데, 폭력과 관련된 항목이나 주택 구조 및 구성에 관한 항목들, 그리고 가계의 지출 유형에 관한 항목

등이다. 또한 그레이엄·버드셀이 추천한 사회적 이동성의 사다리 개념도 이용했다. 마침내 생애사 항목들까지를 포함하는 124개의 항목으로 이루어진 매우 긴 설문지가 완성되었다. 긴 설문지에 응답하는 데 2시간 정도가 소요되었기에, 첫 연구의 참여자들은 설문조사에 기꺼이 응했으나 그들의 자녀나 손자 세대에서는 많은 질문을 견디기 힘들어하는 경향이 있었다. 자녀 및 손자 세대를 위해서 설문지 항목을 좀 줄이자는 의견이 있었으나 비교 가능성을 악화시킬 수 있다는 우려에서 그러지 않았다.

배운 점들

설문조사를 통해 각 부문에 관한 귀중한 통찰력을 얻을 수 있게 되었지만, 앞으로는 그렇게 긴 설문지를 사용하지 않을 것이다. 1968~69년 연구에서는 첫 번째 설문조사를 실시한 이후에 그 결과를 토대로 다시 작성한 설문지로 시범 테스트를 했다. 이번에도 그렇게 했어야 했던 것 같다. 인터뷰를 진행하는 동안, 설문지의 문구 및 항목을 고쳐 쓰면 비교 가능성 면에서 정확도가 떨어질 수밖에 없다는 것을 깨달았다. 따라서 3단계에서의 무작위표본에 대한 인터뷰에서는 첫 연구에서 사용하던 설문지를 다시 사용했는데, 이는 모든 항목에 대한 신뢰도를 유지하기 위해서였다.

일관적인 설문지 만들기

1968~69년 연구에서 작성했던 설문지를 바탕으로 일관성 있는 설문지를 만들었으며, 이를 바탕으로 마을의 노인들이나 예전 주민

대표들에게 조사를 실시했다. 이 방법은 두 번째 연구에서 문제가 많은 것으로 드러났는데, 개인별로 마을의 역사에 대한 시각의 차이가 있었고 중요한 사건에 대해서도 사람마다 다르게 기억하고 있었기 때문이다. 일관성과 신뢰도는 우리가 극복할 수 없는 문제로 떠올랐고 당시의 상황을 고증하고자 신문을 찾아봤지만 도움이 되지 않았다(당시 파벨라에 관한 기사는 신문에 거의 나지 않았으며 철거가 이루어졌을 때에만 언급되었을 뿐이다). 책이나 학위 논문 등도 역시 도움이 되지 않았다.

접근법

각 마을의 역사를 재건하기 위해서는 집단 기억이 필요했고 정보 및 사건들을 크로스 체크해야 했다. 각 마을의 역사에 있어서 주요 사건들을 사람들의 이야기 속에 배치시키고자 의도하지는 않았지만, 그 사건들을 주민들의 시각에서 바라볼 필요가 있었다. 우리는 DPR(주민참여 인터뷰) 방법을 적용하기로 했는데, 이는 한 마을의 여러 구성원들이 함께 기억을 회고하면서 자신들의 현실과 관심사를 함께 해석하는 방법이다. 우리는 벽 전체를 모두 차지할 만큼 거대한 타임 라인을 만들었는데, 이는 1920년대부터 시작해, 1968년은 물론 포함되었고 현재까지 이어지는 것이었다. 참여자들이 어느 연도이든 어느 사건이든 관계가 있다고 느끼는 경우에는 채워 넣게끔 했다.

참여자들에게는 떼었다 붙였다 할 수 있는 메모지를 주어서 그 마을에서의 생활에서 가장 중요하다고 생각하는 사건들을 쓰도록 하고 그 사건들을 타임 라인에 배치하게 했다. 타임 라인은 도시 서비스, 주택 건설, 마약 및 폭력, 자연 재해, 주요 정치적 사건 등 몇 개의 범주들로 구분되었다. 정확한 이름과 날짜에 대해서는 이견이 많았지만, 처음에는 부끄러워하던 사람들이 어느 순간부터 적극적으로 임할 뿐 아니라 즐기기까지 했다. 우리는 그들의 이야기를 받아쓰고 녹화를 떴으며 갈색 두루마리와 메모지를 이용해 마을의 역사를 기록했다.

배운 점들

주민들이 가장 잘 알고 있으며, 주민들이 함께하면 더 잘 기억해 낸다는 점이다.

기억

연구 과정 전체에서 드러난 가장 큰 어려움은 사람들의 기억이 희미해지고 선별적으로 남는다는 점이었다. 이 문제는 첫 연구 참여자들이 나이를 들어감에 따라 더욱 심각해졌다. 게다가 기억은 지속적으로 재구성된다는 특징도 있다. 따라서 우리는 사람들에게 지난 30여 년간 그들의 주거, 직업, 교육 부문에서 일어난 변화에 대해 상세히 물어보았다. 우리의 목적은 그들의 실제 삶에서 나타난 자질구레한 흥망성쇠와, 그들이 삶의 위기에 대처한 방식을 기록하는 것이었다. 물론 몇몇이 아니라 수백 명의, 그리고 여러 세대에 걸친 사람들의 삶을 말이다. 이런 자료들은 수집하고, 코딩하고 분석하기가 매우 어렵다.

접근법

생애사 매트릭스가 인터뷰의 시작점으로 매우 유용하다는 점을 발견했다. 인터뷰 당사자들이 나란히 앉아서, 시간을 훌쩍 훌쩍 뛰어넘어 가며 여러 측면의 변화를 함께 채워 나아가도록 분위기를 조성할 수 있었기 때문이다. 아이의 출생은 다른 사건들에 대한 기억을 이끌어 내는 데 매우 좋은 단서가 되었는데, 특히 거주지 등을 기억하는 데 도움이 되었다. 마찬가지로 새로운 곳으로 이사하는 일은 이직이나 실직과 관련된 경우가 많았다. 다 같이 기억을 되살리는 작업은 주민들에게 즐거운 일로 여겨졌으며, 기억들 중 빈 곳에 대해서는 삼각 기법을 써서 메꾸기도 했다. 우리가 당면한 문제는 자료를 어떻게 해석할까 하는 것이었는데, 특히 생애사에서 정상적인 변화를 어떻게 통제하느냐 하는 것이었다. 따라서 생애사의 주요 사건이 일어난 시기들(처음으로 취직이 된 날들을 포함하는 모든 중요한 날짜들)이나 나이에 관한 기억에는 다소간의 오차가 있을 수 있음을 고려하면서 해석해야 했다.

게다가 삶을 더 개선시키지도 않았고 더 악화시키지도 않는 변화도 많다는 점을 명심했다. 좋은 일과 나쁜 일들은 시기별로 다르게 나타나면서 삶의 상황을 그때그때 변화시켰다. 예를 들어, 파벨라를 떠나 교외의 동네로 이주해야 했던 것은 상황의 개선이라고만 볼 수는 없다(누군가가 스스로 동네를 떠나기로 결정한 것이 아니라, 폭력 상황 등으로 말미암아 떠날 수도 있는 것이며, 새로운 동네의 생활환경에서 몹시도 외로울 수도, 고립된 생활을 할 수도 있기 때문이다). 마찬가지로 봉급을 받는 직업에서 자영업으로 직업을 바꾼 경우에도 반드시 상황이 악화된 것이라 볼 수 없다(예를 들어, 비공식부문에서 예전과 비슷한 혹은 더 많은 수입을 얻을 수 있으면서도 훨씬 더 자유롭고 유연하게 근무를 할 수 있기 때문이다). 자료를 해석하면서 이러한 점들을 고려해야 했다.

배운 점들

자료가 많을수록 사실에 더욱 접근할 수 있다는 점을 알게 되었고, 간결한 결론이나 일관성 있는 경향을 찾아내기는 어렵다는 점도 깨닫게 되었다. 그런 면에서 볼 때 연구의 결론을 내리고 해석하는 데 정성적인 자료 및 개인적인 인터뷰가 더욱 중요하다는 것을 깨닫게 되었다.

편향성의 문제

30여 년이나 지나서 우리의 첫 연구 대상자들 가운데 3분의 1 이상을 찾아냈다는 것은 대단한 일이라 볼 수 있다. 그러나 이는 또 나머지 3분의 2의 사람들은 현재 전혀 다른 삶을 살고 있을 수도 있다는 것이다. 즉, 그들이 우리가 다시 찾은 3분의 1의 사람들보다 훨씬 더 나은 삶을 살고 있을 수도, 훨씬 더 나쁜 상황일 수도 있다는 것이다. 이런 편향의 위험성을 고려해 우리가 찾은 사람들은 1968~69년 연구 대상자들 중에서도 젊은 편에 속하는 사람들이었다는 내재적 왜곡의 가능성을 추가했다.

접근법

연구의 편향성을 측정하기 위해서 1968~69년 연구 자료들을 세 그룹으로 나눠 비교했다. 즉, ① 1968~69년 연구에 참여하고 두 번의 연구 모두에 참여한 이들 중 생존자, ② 1968~69년 연구에 참여했으나 사망했으며 우리가 생애사를 복원한 경우, ③ 1968~69년 연구 참여자 중 우리가 찾지 못한 이들. 연령과 사는 곳에 따른 차이가 있었지만, 세 그룹의 사람들은 매우 비슷한 경향을 나타냈고, 우리가 가진 연구 표본의 대표성이 상대적으로 높게 유지되었음을 알 수 있었다. 우리가 찾아낸 사람들이 가계 수입이 좀 더 높은 편이고 사회서비스를 좀 더 많이 이용할 수 있으며 좀 더 많은 자녀를 두었고 마을의 일에 좀 더 적극적으로 참여한 경향이 있기는 하다. 그러나 이런 차이는 크게 두드러지는 정도는 아니다. 같은 마을에 계속해서 살고 있던 사람들을 다시 찾기가 쉬웠는데, 성공해서 그 마을을 떠나간 이들에 속하지 못했기에 그들을 실패자로 볼 것인지, 아니면 그나마 거리에서 생을 마감하지 않았다는 점에서 다행이라 볼 것인지는 결정할 수 없었다.

이 문제에 대한 해답을 찾기 위해 첫 연구에 참여했던 이들과 매우 심도 있는 인터뷰를 실시했다. 단 한 명의 인터뷰 대상자가 있더라도 주어웅뻬소아, 나따우, 브라질리아, 벨루오리종치, 상파울루, 뽀르뚜알레그리 등을 방문해 그 답을 찾았다.

배운 점들

이 과정이 없었다면 시골에서의 삶이 얼마나 힘든 것이었는지,

그리고 그들이 감내한 가난이 얼마나 고통스러운 것이었는지를 헤아릴 수 없었을 것이다. 파벨라를 떠나서도 일자리를 찾지 못하고 생계 수단을 찾지 못한 많은 이들은 파벨라로 다시 돌아왔다. 어떤 이들은 지루함을 이기지 못하고 대도시로 다시 돌아왔다. 파벨라에 머무르며 경제적으로 상황이 나아진 이들은 가족의 다른 식구들과 같이 살면서 가게를 차리기도 하고, 퇴직금이나 연금으로 살아가기도 했다.

계획은 했으나 실행할 수 없었던 과제들

연구의 계획 단계에서 두 개 정도의 주제를 추가했다. 즉, ① 파벨라 생활개선 프로그램이나 철거로 인한 효과를 측정할 수 있는 준실험 설계를 했고, ② 서부 지구의 새로 생긴 파벨라와 이제 막 파벨라로 생성되고 있는 지역에 관한 연구 등을 설계했다.

첫 번째 아이디어는 먼저 일종의 통제 그룹으로서 작용하는 파벨라를 선정하는 것이었다. 그러나 우리가 연구한 바에 의하면 이제까지 그들은 정책 개입과 정반대의 역사를 나타내고 있다. 그다음에는, 그러한 마을에 거주하는 주민들과 1968~69년 연구 대상 마을 주민들의 삶을 비교하는 것이다. 예를 들어, 철거되지 않은 남부 지구의 파벨라를 까따꿍바(1968년의)와 비슷한 마을을 하나 선정하고, 정부의 생활개선 프로그램에서 무시되지 않은 북부 지구의 파벨라 중 한 군데를 노바브라질리아와 비슷한 예로서 선정하고자 했다. 그러나 실제로는 그와 반대로 그러한 마을들의 경우 CODESCO, 까다파밀리아웅로쩨, 무치랑 등의 파벨라-바이후 프로그램의 수혜를 받았다.

마지막 단계는 서부 지구의 새로운 파벨라와 로찌아멩뚜스를 살펴보고 첫 연구의 대상지였던 북부 및 남부 지구의 파벨라들과 비교하는 것이었다. 마지막 두 단계가 실행에 들어가기 이전에 시간과 예산이 모두 소진되었다. 그러나 이런 분야를 연구하고자 하는 학생이나 동료 연구자들과의 협업을 기대하고 있다.

연구를 성공적으로
진행하기 위한 분석틀

성공의 여러 측면과 그 변수들 간의 상관관계

1968~69년 연구 대상자와 그 자녀 세대, 그리고 그 손자 세대 대부분의 삶은 상당히 개선되었지만, 부유한 남부 지구로 이주하거나 전문직에 종사하는 등 사회적 계층이 상승한 이들은 얼마 되지 않았다. 삼 세대에 걸친 863명의 참여자 중 1968~69년 연구 대상자의 6명만이, 자녀 세대 중에서는 13명만이, 손자 세대에서는 6명만이 그들 스스로 젠치라 할 수 있을 만큼의 생활수준에 도달할 수 있었다.

사회적 계층이 상승한 이들의 규모가 왜 이렇게 적은 것일까? 그들은 단순히 운이 좋았거나 우연히 그렇게 됐을까, 아니면 성공의 가능성을 높여 주는 태도나 행태에 어떠한 패턴이 있는 것일까? 그룹 전체에서 상대적으로 '출세를 한다'거나 '성공한다'는 개념을 어떻게 측정해야 할까?

성공을 했다고 하는 이들을 꼽아 보자면, 까따꿈바 주민 중에서 조정 국가대표로 선발되어 올림픽에 출전한 사람이 있었고, 아들이 의대에 진학한 사람도 있으며, 프로축구팀 바빌로니아의 베네지따 다시우바나 펠레 같은 스포츠 선수나 뮤지션 등을 예로 들 수도 있다.

성공한 이들의 수입은 평균 가구수입보다 훨씬 더 높기 때문에, 성공을 측정하는 방법에 다음 사항들을 포함시켰다. ① 경제적 이동성을 고려했는데, 이는 사회경제적지위 및 개인의 소득으로 측정했다. ② 지리적 이동성도 고려했는데, 이는 파벨라로부터 탈출해 합법적인 동네로 이주해 간 것으로 측정했다. ③ 정치적 이동성을 포함시켰는데, 이는 시민권이나 정치참여 등으로 측정했다. 그리고 ④ 심리적 이동성도 포함시켰는데, 이는 열망, 만족 등으로 측정했다. 이동성의 측정은 다양한 준거 집단과의 비교를 통해 이루어졌다(〈그림 A2.1〉 참조).

분석 결과, 이들 인자들과 사회경제적지위의 상승 간에는 상관관계가 있으며, 정치적 참여나 시민사회에의 참여, 기관에의 참여 등과 낙관적인 성격은 경제적 소득과 상관관계가 있었다.

이런 분석적 접근을 통해 밝히고자 한 의문점은 다음과 같다. 빈곤 및 배제로부터 벗어나는, 그런 성공은 무엇으로 구성되었으며, 한 사람이 성공하는 데에는 어떠한 요소들이, 내부 및 외부로부터 필요한 것일까? (〈그림 A2.1〉에서 보이는 바와 같이) 자료 분석의 틀은

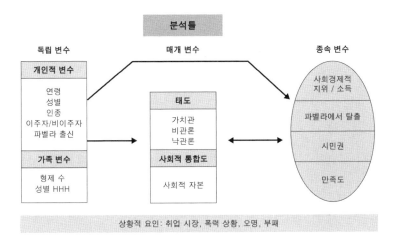

분석틀

| 독립 변수 | 매개 변수 | 종속 변수 |

개인적 변수

연령
성별
인종
이주자/비이주자
파벨라 출신

가족 변수

형제 수
성별 HHH

태도

가치관
비관론
낙관론

사회적 통합도

사회적 자본

사회경제적
지위 / 소득

파벨라에서 탈출

시민권

만족도

상황적 요인: 취업 시장, 폭력 상황, 오명, 부패

그림 A2.1 자료 분석의 틀

연령, 성별, 인종, 출신지, 가구 구성과 같은 타고난 것들과 운명론, 낙관론 등과 같은 사고방식, 그리고 유대 관계 및 연계 같은 사회적 자본, 그리고 성공 결과에 관한 다섯 개의 변수 간의 관계를 살펴볼 수 있는 체계적인 방법을 제시하고 있다.

위의 그림에서 주목해야 할 점은 여러 측면에서의 성공을 정의했다는 점이다. 따라서 여러 종속 변수들이 고려되었다. 사회경제적 지위 지수와 소득을 각각 경제적 성공의 척도로 사용했다. 또한 파벨라로부터의 탈출을 사회적 통합의 척도로, 시민권을 정치적 통합의 척도로, 만족도를 웰빙 인식의 척도로 사용했다. 이렇듯 여러 측면의 성공에 대한 검증을 통해 이들 성공 간에는 강한 상관관계가 발견되었으며, 이러한 결과는 두 번의 연구에서, 그리고 모든 세대에서 나타났다. 단 한 가지 예외라면 정치참여는 사회경제적지위 지수와는 높은 상관관계를 나타내지만 다른 성공들과는 그렇지 않았는데, 이는 연구 대상자들의 정치참여도가 낮고 변수가 적었기 때문인 것으로 해석할 수 있다.

개인의 성격에 기인한 패턴을 고려하면, 연령 및 생애사의 과정이 태도와 성공에 영향을 미치는 것으로 나타났다. 즉, 연령대가 젊거나 직업이 있는 경우, 그리고 남성인 경우 (혹은 가계의 가장이 남성인 경우) 확실히 유리한 것으로 나타났다. 남성이고 연령이 어리다는 특성은 낙관론적인 성향 등 성공과 연관이 많은 특성과 정의 상관관계를 지니는 것으로 나타났다. 즉, 성별에서의 유리함과 더불어 선순환적인 결과를 나타내는 것이다. 출발선상에서부터 유리한 특성을 지닌 사람들은 그 장점을 계속해서 발전시키게 되는 반면, 그룹의 다른 사람들은 그들을 따라 잡을 수 있는 기회가 적은 것으로 나타났다.

한편, 인종은 저임금 계층 내에서 차이를 유발하지 않았다.[5] 인터뷰에 응한 이들이 확신하는 것처럼 하층민이 된다는 것은 피부색과는 관련이 없는 일인 것 같았다. 빈곤층이라는 낙인(특히 파벨라 주민이라는 점)은 인종에 대한 편견보다 훨씬 엄중한 것이었다. 또한 리우데자네이루에서 태어난 사람은 (이주한 이들에 비해) 세 시기 모두 (1969년, 2001년, 2003년) 사회경제적지위 지수가 훨씬 더 높게 나왔다는 점도 발견할 수 있었다. 나아가 가족의 규모가 작을수록 사회경제적지위 지수, 수입, 만족도 등이 높게 나타났다.

반면 전체적인 결과를 살펴봤을 때 백인 남성이 가장 '성공'을 하지는 않았다. 물라뚜 여성이 상위계층으로 가장 많이 상승했으며,

그 후로 물라뚜 남성과 흑인 여성 순이었다. 처음 정착했던 지역을 중심으로 살펴보면, 가장 많은 이들이 성공한 지역은 까시아스 주변 지역으로, 파벨라에서 시작한 사람들보다 그 주변 지역 사람들이 조금 더 성공했다. 그러나 남부 지구의 한 가운데에 위치한 까따꿍바의 파벨라 출신들이 사회적 상승을 가장 많이 했다. 첫 연구 대상자들의 경우 교육 수준이 성공의 주요 결정 인자였지만 가장 낮은 계층에서 상위 20퍼센트 이내로 진입한 사람들은 자신의 동료 집단 중 가장 많은 교육을 받은 이들은 아니었다. 심지어 어떤 이들은 문맹이었고 많은 이들이 학력이 낮거나 무학이었다(자녀 및 손자 세대에서도 교육 수준이 사회적 이동성의 차이를 형성하는 가장 중요한 인자였는데, 특히 대학 졸업 여부가 그러했다).[6]

중개 변수로서, 운명론(체념론)[7]은 전 세대에 걸쳐 성공과 부의 상관관계를 나타냈다. 즉, 자신에게 일어나는 일들이 운명이나 숙명의 결과라고 믿는 사람들이나, 브라질의 미래가 사람들이나 좋은 정부의 노력이 아닌 신의 뜻이나 운에 달려 있다고 믿는 사람들은 기회를 찾는 데 훨씬 덜 능동적이었고, 앞으로 나아가고자 하는 의지가 약했으며, 성공할 가능성이 훨씬 더 낮았다(따라서 다시 자신의 처지를 운명이라고 생각하는, 악순환이 지속되는 것이다).

반대로, 미래에 대한 낙관론은 사회경제적지위 및 정치참여와 정의 상관관계를 나타냈는데, 특히 첫 연구 대상자들의 자녀 세대에서 그러했다. 자신의 삶에 대한 만족도를 여러 개의 질문을 통해 특정한 결과, 모든 세대에 걸쳐 가장 높은 만족도를 나타내고 있는 집단은 낙관론에 관한 측정에서 가장 높은 수치를 나타내고 있는 것으로 나타났다. 그들은 또한 사고방식에 있어서도 소극적이기보다는 적극적이었으며, 마을이나 가족의 문제에 대해서도 상황이 개선되기를 기다리기보다는 문제를 해결하기 위한 행동을 취하는 경향이 있었다.

사회적 자본과 성공 사이의 관계는 네트워크의 종류, 구성원, 개인의 사회화 행동 등에 의해 결정되었다. '네트워크 연결도'가 큰 사람일수록 사회경제적지위, 소득, 정치참여 등에서 평균보다 훨씬 더 뛰어난 결과를 나타내고 있었으며 (내부로의) '결합 네트워크'가 큰 사람일수록 결과는 나빴다.[8]

만족도 항목에 대해서는 세대 간에 명확한 차이가 나타났다. 첫 연구 대상자들의 경우 마을의 단결을 매우 중요하게 여겼으나 그들의 자녀 및 손자들은 그렇지 않았다. 자녀 세대에게만 사회경제적지위가 만족도 면에서 중요한 인자였으며, 손자 세대에서는 부채(빚이 많을수록 더 만족감을 나타냈는데, 이는 매우 놀라운 결과지만 후에 설명하겠다)와 주택소유권(이는 토지소유권과는 반대의 결과로, 토지소유권은 분리 변수였다)이 가장 중요한 인자였다.

파벨라의 가족들과 살았던 경험과 손자 세대들에 대해 아는 바에 의하면, 빚이 더 많을수록 더 높은 만족도를 나타내는 결과는 명백한 모순이라고 할 수 있겠다. 그 빚들은 대부분 물건을 구입함으로써 발생한 부채로, 소비는 젊은 세대들에게는 특권의 상징이다. 그들은 '유행하는' 핸드폰, 오디오 세트, 구두, 옷 등 모든 것을 산다. 그리고는 할부로 대금을 갚는데, 이자율이 매우 높아서 결국에 가서는 원가의 몇 배를 지불해야 하기도 한다. 빚을 더 질수록 더 많

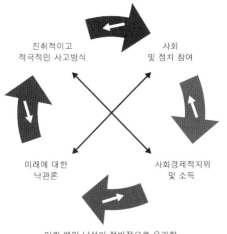

선순환

양방향의 긍정적인 상호 관계

진취적이고
적극적인 사고방식

사회
및 정치 참여

미래에 대한
낙관론

사회경제적지위
및 소득

어린 백인 남성이 전반적으로 유리함.
그러나 위와 같은 선순환 과정이 인종, 젠더, 연령보다 강하게 작용함.

그림 A2.2_선순환: 진취적이고 적극적인 사고방식과 사회 및 정치참여, 사회경제적지위 및 소득, 그리고 미래에 대한 낙관론 간의 긍정적인 관계.

이 뽐낼 수 있고, 친구들에게 더 잘 보일 수 있으며, 텔레비전에서 본 것과 비슷한 이미지를 갖게 되는 것이다. 이는 결국 사람들이 어떻게 자신만의 발전과 미래에 대한 전망을 이루어 가는가라는 대승적 질문에 도달하게 한다. 즉, 이는 위로 향상되는 도덕적인 순환체계를 형성한다. 〈그림 A2.2〉에서는 내가 빈곤으로부터 탈출하는 사람들로부터 발견한 상향의 나선 모양이 나타나 있다.

이를 통해 (적극적인 사고방식과 시민사회 및 정치적 생활에의 참여를 가리키는) 주체 의식은 미래에 대한 낙관론과 관련이 있으며, 결국에는 더 높은 수입 및 사회경제적지위와 관련이 있음을 알 수 있다.

이는 나이, 인종, 성별에 상관없이 유효하다. 그러나 젊고, 피부색이 하얗고, 남성인 점이 확연히 더 유리하지만, 성공의 다섯 가지 측면에 대한 결정적 요인이라 하기에는 충분치 않다.

성공의 세대 간 전이

부모 세대의 성공 정도가 후손 세대의 성공에 얼마나 영향을 미치는지(9장에서 다룸)에 대한 결론은 여기서도 유효하다. 출생지, 형제의 수, 마을의 종류, 신념, 행동, 그리고 사회적 네트워크가 부모 세대의 성공의 정도에 따라 결정되는 것이므로, 성공의 여부와 상관성이 없다고 한다면 어떻게 해야 할까? 이는 실제로 카스트 제도에서 일어나는 일이다. 본 연구 대상자들에게도 이러한 경향이 나타나는지 테스트하기 위해 부모 세대와 그들의 자녀 세대의 개인별 사회경제적지위 지수를 사용했다. 이를 통해 개인의 사회경제적지위 지수가 그의 어머니나 아버지의 지수에 의해 어느 범위까지 영향을 받는지를 알아볼 수 (또는 예측할 수) 있었다. 9장에서 다룬 바처럼 부모의 지수와 자녀의 지수 간에는 연관이 거의 없음을 발견했다. 즉, 세대 간에 빈곤이나 성공이 대물림된다는 증거는 없었다. 부모-자녀 간의 유형별 상관관계는 〈표 A2.1〉에서 나타나는 바와 같다.

표 A2.1 | 사회경제적지위 지수로 측정한 빈곤의 동일 세대 내 및 세대 간 전이
(각 개인을 그의 자녀 및 손자와 비교)

동일 세대 내	
• 첫 연구 대상자의 1969년과 2001년 비교	0.275
세대 간	
• 1969년 첫 연구 대상자와 2001년 자녀 세대 비교	0.358
• 2001년 첫 연구 대상자와 2001년 자녀 세대 비교	0.314
• 2001년 자녀 세대와 2001년 손자 세대 비교	0.498
• 1969년 첫 연구 대상자와 2001년 손자 세대 비교	0.239
• 2001년 첫 연구 대상자와 2001년 손자 세대 비교	0.009(의미 없음)

주: 각 비교 대상 간에 약하지만 정의 상관관계가 나타나고 있음. 강한 상관관계를 보이는 경우는 자녀 및 손자 세대 간의 비교에서 뿐임.

이 책을 쓰는 데 40년이라는 기간이 소요되었다. 그동안 나의 관심사도 파벨라의 언덕에서 라틴아메리카, 아시아, 아프리카의 대도시들에 위치한 거대한 불량주택지구로 확장되었다. 이 연구를 수행하는 동안, 내게 기꺼이 시간을 할애해 주고 식견을 공유해 주던 이들은 너무나도 많다. 수많은 분들의 이름을 일일이 열거할 수 없지만, 우선 그분들께 감사를 표하고 싶다.

특히 마을의 친구들에게 많은 도움을 받았다. 제 까부, 댜니라, 마르가, 자꼬비, 니우똥, 엥리우 그랑지, 치우 소우자, 도나 히따, 리비 씨, 그리고 그들의 자녀들과 손자들에게 감사드린다. 또한 나를 흔쾌히 집으로 초대해 주고, 진심으로 나를 대해 준 수천 명의 마을 주민들께도 감사드린다. 당신들은 나의 스승이었다.

이 책에서 자신들의 삶에 대해 밝힌 분들을 다시 만나게 된 일은, 내게도, 그리고 그분들에게도 매우 벅찬 경험이었다. 내 예상보다 더 많은 분들과 그 가족들을 다시 만날 수 있었다. 그리고 그 과정에서 그들과의 우정이 얼마나 귀한 것인지, 그리고 삶이란 것이 얼마나 불안정한 것인지를 통렬하게 깨달을 수 있었다. 그들이 그렇게도 열심히 이루고자 했던 것들은 지금 보잘것없고, 번듯했던 그들의 삶은 한순간에 비천하게 변해 버렸다.

이토록 취약한 삶 속에서도 그들이 갖는 신념과 용기야말로 이 연구가 가능하도록 한 원동력이 되었다. 빈곤과 불평등이 어떻게 영속되고, 그 논리를 역전시키기 위해서 무엇이 필요한지에 대해, 이 연구를 통해 더 깊이 이해할 수 있었으면 한다.

후치 까르도주는 연구의 시작부터 많은 영감을 주었다. 일탈 청소년들과 함께 하던 인류학자 시절부터 그녀가 보여 주었던 동료애와 유머 감각, 그리고 연구 활동과 시민운동이 사회의 변화를 이끌어 낼 수 있다는 신념은, 그녀가 브라질의 영부인이 된 이후에도 변하지 않았다. 그녀의 따뜻한 인성과 사려 깊은 통찰력은 이 연구의 전반에 영향을 주었다. 그녀가 그립다.

팀 캠벨은 이 책이 완성되기까지 가장 많은 도움을 주었다. 그를 처음 만난 건 1973년 캘리포니아대학교 버클리캠퍼스에서였다. 당시 그의 참여와 신념 덕에 이 프로젝트가 진행될 수 있었으며, 이후 세계은행과 관련해 안팎으로 도움을 주었다.

리우데자네이루에서 조직된 우리 연구 팀은, 어렵고도 때론 위험한 환경에서도 매우 훌륭하게 임무를 수행해 주었다. 특히 그라지엘라 모라이스, 리아 지 마뚜스 호샤, 소냐 깔리우, 에지메이르 에사우 따성, 크리스치나 비따우, 에마누엘리 아라우주, 지젤리 두스 산뚜스, 베아뜨리스 또네, 아나 베아뜨리스 다 시우바, 호산나 히베이루에게 감사의 마음을 전한다. 이그나시우 까누 교수는 방법론에 관해 귀중한 조언을 해주셨고 현장 조사의 마무리를 해주셨다. 또한 발레리아 뻬루 교수는 파벨라에 대해 연구한 내용과 애정을 우리 연구에 더해 주셨다. 내 친구 로우리바우, 아지지우송, 주앙과 이빠네마 타워 레시덴시아의 직원 분들은 바쁜 와중에도 자신의 시간을 할애해 가며 내가 이해하지 못하는 부분에 대해 잘 설명해 주었다. 심지어 그들은 그것 때문에 종종 감시의 대상이 되었음에도 말이다.

파벨라 지역에서 자료 조사와 인터뷰를 하고 분석하는 일은 쉽지 않은 일이다. 그러나 발견한 사실들의 의미를 알아내고, 전체적인 연구 주제의 맥락에서 해석하는 일 역시 만만치 않은 일이다, 특히 나와 같은 외국인에게는 더욱 그러하다. 1968년 내가 처음 연구를 시작할 당시, 리우의 파벨라에 대해 연구하는 학자는 손에 꼽을 정도로 적었다. 당시 나처럼 파벨라에 대해 연구한 이들로는 리시아 발라다리스, 루이스 안또니오 마차두 등이 있었고, 너무 젊은 나이에 세상을 떠난 까를로스 넬슨은 아직까지도 후학들에게 영향을 미치고 있다.

오늘날 리우에서는 여러 저명한 학자들이 파벨라, 사회적 이동성, 비공식성, 소외계층 등에 대해 연구하고 있다. 그들은 많은 시간을 할애해 연구를 진행하고 있으며, 내게 따뜻한 환대를 보내 주고 있다. 연구와 정책 과정에서 매우 중요한 역할을 하고 있는 빠울루 키나우스, 소니아 호샤, 레나 라비나스, 둘세 판도우프, 쎌리 스칼론, 마르쎌루 바우만 부르구스, 까를로스 레사, 알바 잘루아르, 마누아우 싼치스, 헤르미니아 마리까뚜, 하께우 호우니키 교수 등에게 감사의 말씀에 전한다. 떼레사 깔데이라, 제임스 홀스턴, 마리아나 까바우깐치, 아나니야 호이, 엘리엇 스칼라는 이 여행에서 여러모로 도움을 주었다.

정책입안자들이 강한 의지를 갖고 자신들의 지혜와 경험을 내게 기꺼이 제공한 점에, 솔직히 놀라웠음을 인정한다. 그들과의 교류는 꽤 오랜 기간 동안이나 이어져 왔다. 1960년대 말경만 해도, 내가 세계적으로 저명한 사회학자와 종속이론에 대해 몇 시간씩 이야기하게 될 줄 상상도 못했다. 이후 브라질의 대통령이 된 페르낭두 엥히끼 까르도주는 대통령이 아니라 학자로서 여전히 그 주제에 대해 의견을 나누고 있다. 나의 친우인 완다 인제우 아두안 역시 언제나 그 자리에서 내게 도움을 주고 있다. 그녀 또한 교육학과 교수에서 비영리단체의 설립자, 그리고 지자체 임원, 미주개발은행의 브라질 대표를 영전하고, 현재는 우니방꾸재단의 임원으로 재직 중이지만 말이다. 안드레 우라니도 리우시의 노동부 제1서기관에서 노동사회연구연구원의 창립자이자 수장으로 그 자리를 옮겼지만, 늘 연구와 수업을 병행하고 있다.

학자로서는 시정부를 비판하는 것이 쉬운 일이다. 그리고 공무원들이 책임감을 갖는 것은 좋은 정부가 되기 위해서는 필수적인 요건이다. 많은 공직자들이 지닌 높은 이해도와 넓은 식견은 놀라울 정도였다. 리우데자네이루 시정부는 1980년대 중반부터 불량주택

지구 개선 사업의 최전선에 섰다. 쎄사르 마이아 시장은 (우리가 상 따떼레사 사무실 운영비가 다 떨어졌을 때) 기꺼이 시청의 사무실 공간을 내주었으며, 수차례 면담을 진행하고, 시의 고위 간부 월례 회의에 초청해 나의 연구 결과에 관해 토론하도록 해주었다.

루 뻬떼르슨은 리우데자네이루 지방정부의 변화를 통해 파벨라의 권리를 옹호했다. 이 프로젝트가 진행되는 동안 그녀는 자신의 사무실에서나, 개선 프로그램이 진행되고 있는 파벨라의 현장에서나 혹은 아르뽀아도르 해변에서, 그녀의 깊고 넓은 지식을 내게 전해 주고, 수많은 시간을 할애해 주었다. 내게 가르침을 주고 이끌어 준 친구들로는 아우프레두 시르키스, 세르지우 베세르만, 아나 뻬뜨리키, 마르셀리누 제르마누, 따니아 까스뜨루 등이 있다. 2008년 9월 아를린두 다이베르치의 초대 덕에 파벨라에 새로 창립된 공공정책학교Escola de Políticas de Estado에 참여할 기회가 있었는데, 참여자들과 전문가들이 제시한, 그들의 권리에 관한 의견은 너무나도 귀중한 것이었다.

파벨라 개선에 나선 첫 번째 시장은 이스라엘 클라빈이었다. 레아, 따니아, 미셰우와 함께 그를 오랜 기간 알아 왔고, 그들의 자녀들과도 가족같이 지내 왔다. 끌라라와 자꼬비 스따인베르기 부부는 리우에서의 내 양부모님들로, 나의 연구 기간 동안 넘치는 도움을 다방면으로 받았다. 그리고 나의 대학원 지도교수님이신 헬리우 자과리비에게도 감사의 말씀을 전한다. 교수님의 따님인 안나 마리아와 베아트리즈는 언제나 내게 기쁨을 주었다.

리우에서 (비영리이자 비정부) 조직으로 이루어진 시민사회의 역할은 파벨라와 그 주민을 위한 투쟁의 과정에서 매우 중요했다. 헌신적으로 활동해 온 많은 전문가들에게 경의를 표한다. 특히 나의 동료들, 이따마르 시우바, 모에마 미란다, 자이우송 소우자, 끌라우지우스 쎄꼰, 헬로이사 꼬엘류, 그리고 고인이 된 헤르베르치 지 소우자(베치뉴)에게 감사와 존경의 마음을 전하고 싶다.

리우데자이루 친구들의 도움이 없었다면, 이 연구를 수행하기가 정말 힘들었을 것이다. 호사나 란젤로치, 떼레사 로부, 나지아 헤보우사스, 질다와 루이스 블랑 부부, 헤노드 리나르치, 프랑꼬이스 샤인, 신치아 자노뚜에게 감사의 마음을 전한다. 또한 그립고 또 그리운 호시 반 렝겐과 오를란두와 일라라 까누 부부에게도 감사를 전한다.

2004~2005년 동안 세계은행에 교환교수 프로그램을 담당한, 도시 프로젝트 부서의 밀라 프레이어에게도 감사의 마음을 전한다. 세계은행 자문위원회의 프래니 로티어, 프랑수아 보르겐혼, 그렉 잉그램, 프란시스꾸 페레이라, 마이클 울콧, 가이 페퍼만, 그리고 세르지우 마르골리스에게 감사의 뜻을 전한다. 그리고 미주개발은행의 호세 브라카츠, 글로벌개발센터의 낸시 버드솔, 브루킹연구소의 캐롤 그레이엄, 유니버시티칼리지런던 개발계획학부의 호르히 피오리도 도움을 주었다. 이 연구는 특히 사라 앤서니가 없었다면 수행할 수 없었을 것이다. 사라는 존스홉킨스대학교의 국제학부의 학생 인턴으로 프로젝트에 참여한 이래, 세계은행, 그리고 리우데자네이루와 뉴욕에서 연구조교로 함께했다.

나의 급작스런 질문(웃기는 질문부터 황당한 질문까지)에 늘 기꺼이 답변을 해준, 나의 수호천사들인 빠울루 키나우스, 안또니우 깔를루스 비지가우, 마리우 세르지우 브룸, 마우루 아모호주, 짐 시니, 라우라 샤이베르, 그리고 알리손 코페이는 이 연구의 마지막 순간까지 내게 큰 도움을 주었다. 뻬레이라빠수스연구소의 페르낭두 까발리에리, 바니아 아모림, 그리고 구스따부 뻬리스 로뻬스에게도 감사의 마음을 전하고 싶다.

훌륭한 에이전트인 레지나 히안과 옥스퍼드대학교출판부의 편집자 데이비드 맥브라이다 덕에 이 원고를 계약하고 책으로 출판할 수 있었다. 그리고 그 과정에서 로라 로스의 편집도 역할을 했다. 옥스퍼드의 편집자인 앤젤라 츠납코는 흠잡을 데 없이 훌륭한 판단력과 열정으로, 그가 맡은 바 임무보다 훨씬 더 많은 노력을 기울여서, 이 연구가 책으로 출판될 수 있도록 해주었다.

우수한 독자들이 보내 주는 솔직한 피드백보다 더 값진 선물은 없을 것이다. 이런 면에서 존 프리드먼, 브라이언 맥캔, 레안드로 벤메기, 로라 랜델에게 감사의 말을 전한다. 그리고 무엇보다도 나의 친한 친구이자 동료인 자넷 아부-록허드와 리사 페아티는 내가 원고 속을 헤매고 있을 때 교정본을 읽고 수정해 주었다. 이 책의 양장본과 문고본의 편집 과정에서 버트 레더맨과 함께 일한 것은 내게는 행운이었다. 그의 섬세하고도 박식한 의견들이 이 책에 잘 녹아 있다.

나는 또한 메가시티프로젝트위원회의 존 화이트헤드, 제임스 하이먼, 페기 둘라니, 쟈끼 덩부아스, 그리고 조지 부글리아레요에게 감사를 표하고 싶다. 위원장으로 있으면서도 이 책을 핑계로 나의 의무를 소홀히 한 내게, 그들은 무한한 지원을 해주고 용기를 북돋아 주었다. 또한 글로벌자문회의 회원들로부터 많은 가르침을 받았다. 자문회의의 회원인 마누엘 까스뗄스, 피터 홀 경, 호르헤 빌하임, 제이미 러너, 이그나시 삭스, 이브 까반스, 샤비르 치마, 데이빗 레미지, 아이라 마이클 헤이먼, 알란 알추라지, 래리 서스킨드, 잉그리드 먼로, 타다시 야마모토에게 감사를 표한다. 또한 우리 코디네이터였던 엥히끼 오르띠즈, 마를렌 페르난데스, 세실리아 마르티네즈, 파블로 거트만, 뻬드로 하꼬비, 레미 프르돔, 헤르베르 지라르데, 수잔 맥그리거, 무니르 남틀라, 옴 프라케시 마투르, 디네시 메타, 프라티바 메타, 아리프 하산, 다룬도노, 메안 이그나시오, 아킨 마보건지, 엘우드 홉킨스에게도 감사의 마음을 전한다.

이 프로젝트의 후원자들은 본 연구의 중요성에 대한 믿음으로, 전대미문의 이러한 시도가 가능하도록 도와주었다. 그들이 없었다면 이 책은 세상에 나올 수 없었을 것이다. 팅커재단, 풀브라이트장학재단, 포드재단, 세계은행, 영국국제개발부, 네덜란드신용기금, 리우데자네이루시장실 등에 깊은 감사를 표한다. 또한 원고를 집필하고 있던 시점에서 구겐하임펠로쉽Guggenheim Memorial Foundation Fellowship 수상자로 선정되어 영광이었다.

이렇게 오랜 기간에 걸쳐 한 권의 책을 집필하는 작업은 고통과 환희가 공존하는 것이었다. 가족과 친구들은 방황하는 내게 길을 보여 주었고, 절망하는 내게 용기를 북돋아 주었다. 내 영혼의 자매인 페기 둘라니, 제인 프랫, 멕 파워, 노린 클라크, 리오니 샌더콕, 나오미 칼몬, 나딘 카스트로, 주디스 로스, 레베카 골드스타인에게 감사의 말을 전한다. 그리고 늘 올곧은 시각으로 나와 함께해 준 나의 동반자 릭 스프레이어에게 감사한다.

대학원을 다닐 때 선배에게 들은 이야기다. 예전에는 외국에서 지리학자들이 방문을 하면 옥수동이나 창신동 같은 예전의 판자촌들을 둘러보게 했단다. 빈곤한 사람들이 사는, 물리적 환경이 좀 덜 갖춰진 지역이라는 것 외에는 보통시민들이 살고 있는, 동장님이 행정을 보고 경찰 아저씨가 치안을 담당해 주는, 수압이 딸리면 찔찔 나올 수는 있지만 마당마다 수돗물이 나오고 집집마다 전기 계량기가 붙어 있던, 밤이건 낮이건 마음대로 돌아다닐 수 있는, 우리의 달동네를 본 외국 학자들은 원더풀을 외쳤다고 했다. 이렇게 훌륭한 슬럼을 자신들은 본 적이 없다는 거였다. 드라마의 단골 배경이기도 했던 달동네는 우리 이웃이 사는 동네였고 우리 부모 세대가 고달픈 도시살이를 처음 시작한 곳이었다. 이제는 대부분 아파트촌이 되어 버리거나 벽화 마을이 되어 관광객들을 맞는 곳들이 되어 버렸지만 말이다.

어느 사회나 빈부격차는 존재하고 부유한 공간과 빈곤한 공간이 존재한다. 특히 도시화가 급속하게 진행되고 있는 국가에서 대규모의 불량주택지구가 나타나는 것은 자연스러운 현상이다. 우리나라에서도 도시의 성장 과정에서 청계천, 양동, 창신동, 옥수동을 비롯한 다양한 판자촌이 형성되었고 전체주의 정권의 물리적인 철거를 통해, 민간이나 공영 개발업자들의 재개발사업을 통해 양성화되었다. 선진국의 산업화 과정에서도 빈자들의 공간은 형성되었고 그리고 지금 아프리카, 동남아시아 등에서 빠르게 성장하고 있는 새로운 거대도시들에서도 그러하다. 그러나 그 불량주택지구에 대해 어떠한 대처를 하고 그들을 주류 사회로 편입시키는 과정은 국가마다 다르게 나타난다. 그리고 그 결과도 달라진다. 이 책의 저자인 재니스 펄만은 40여 년간에 걸친 불량주택지구, 파벨라에 대한 연구를 통해 이를 보여 주었다.

아메리카는 도시화율이 높은 대륙이다. 일찍이 도시를 통해 식민지를 개척하고 다스린 스페인들의 역사까지 거슬러 올라가지 않더라도 세계 최대의 열대 우림인 아마존의 별명이 "도시화된 정글" urbanized jungle임을 굳이 떠올리지 않더라도. 높은 도시화율 만큼이나 아메리카의 도시에는 많은 불량주택지구가 형성되어 있다. 북미 도시들에서는 노후화되고 흑인이나 소수 민족들이 주로 거주하는 슬럼이, 라틴아메리카 도시들에서는 이촌 향도민이나 빈민들이 집단 거주하는 파벨라, 뿌에블로스호베네스, 참삐뇨네스champiñones

등의 불량주택지구들이 형성되어 있다. 그들은 처음에는 진짜로 판자로, 골판지로 산비탈이나 기찻길, 공터, 강가, 쓰레기처리장 근처 등에 집을 지었다. 그리고는 돈이 생길 때마다 벽돌을 사다 벽도 만들고, 창틀도 달고, 지붕도 얹었다. 그때그때 경제 사정이 달랐는지 방마다 층마다 벽돌의 종류도 창틀의 종류도 달랐다. 이렇게 지은 집들은 주인의 손때가 가득한 그들의 소중한 집이 되었다. 이렇듯 손수 지은 집들은 라틴아메리카 어느 도시에서건 지어졌고 제3세계의 모든 도시에서 흔히 볼 수 있는 주택 형식이 되었다. 파벨라도 그 중의 하나였다.

파벨라가 세계인의 주목을 받은 것은 2002년에 제작된 영화 〈시티 오브 갓〉City Of God 이후였다. 리우데자네이루의 파벨라 호싱냐 지역을 배경으로 한 이 영화는 제3세계 도시의 불량주택지구에 관한 전 세계의 관심을 끌어 모으기에 충분히 자극적이고 충격적이었다. 영화에서뿐 아니라 이 지역에서 실제로 벌어지는 살인, 마약 관련 범죄, 경찰 및 정부군과의 총격전 등으로 인해 파벨라는 전 세계적으로 알려지게 되었다. 게다가 미국의 한 대학에서 시작한 파벨라 투어 프로그램을 통해 파벨라는 재앙 관광의 대상으로까지 알려졌다. 브라질하면 떠오르는 이미지는 꼬빠까바나의 멋진 해변과 거대한 예수상, 화려한 리우데자네이루 삼바 카니발이었지만 이제는 파벨라라는 빈곤 지구가 하나 더 추가되었다. 리우데자네이루 올림픽 양궁 경기 도중 과녁판 뒤로 아스라이 보이던 알록달록한 산동네도 리우데자네이루의 수많은 파벨라 중 하나였다.

현재 세계 인구 증가의 대부분은 제3세계에서 이루어지고 있으며 그중 대부분이 도시에서, 그리고 빈민지구에서 이루어지고 있다. 빈곤의 상징이었던 제3세계의 농촌은 도시의 빈민 지구에게 그 자리를 내어주고 있다. 제3세계 도시의 불량주택지구는 이제 한 도시나 국가의 문제가 아니라 전 세계의 보편적인 문제가 되어 가고 있다. 파벨라는 제3세계 도시의 불량주택지구 중에서도 가장 악명이 높은 지역이다. 도시를 연구하는 사람, 빈곤에 대해 연구하는 사람, 라틴아메리카에 대해 연구하는 사람들은 파벨라에 대해 자주 듣고 많은 관심을 갖고 있지만 파벨라는 선뜻 연구 대상으로 삼을 수 없는 주제다. 전쟁이 일어나지는 않지만 전시 상황만큼이나 많은 이들이 살해되는 곳, 주민들이 사는 도시 한복판에서 총격전이 무시로 일어나는 곳, 도시인구의 3분의 1 이상이 거주하는 곳. 도시를 연구하는 이들에게는 흥미로운 주제지만, 목숨 걸고 필드워크를 해야 하는 부담 덕에 선뜻 연구를 수행하기 어려운 주제이기도 하다.

저자인 재니스 펄만은 파벨라의 장인이다. 그리고 이 책은 그녀의 노작이다. 한 권의 책을 쓰기 위해 저자는 40여 년이 넘는 기간 동안 한 도시의 달동네를, 그리고 그곳의 사람들을 추적하고 연구했다. 40여 년의 시간을 연구하면서 저자는 제3세계 도시의 빈민지구가 어떻게 형성되고 발전했으며 얼마나 쉽사리 파괴될 수 있는 곳인지를 밝혀냈다. 나아가 저자는 그곳에 사는 사람들의 삶을 함께하면서 그곳을 이루고 가꾼 이들, 그러나 이제는 폭력 앞에 자신의 삶과 그 터전을 내어 줘야 하는 사람들에 대해서 매우 담담하게, 어떠한 미사여구 없이 그러나 깊은 애정을 담아 설명하고 있다.

저자는 철저한 계획과 검증 작업을 거쳐 섬세하게 조직된 연구 방법과 이 지역에 대한 오랜 기간의 통찰력을 통해 우리가 파벨라에 대해 가진 모든 편견을 깨뜨린다. 그냥 도시빈민이 몰려 사는 곳이라 생각하던 곳이 실은 브라질 노예 해방과 관련된 역사적 사실과 관련되어 형성되었음을, 단순히 도시의 일자리를 찾아 농촌에서 밀려들어온 이들이 아니라 내 자식만은 나보다 나은 삶을 살기를 바라는 적극적이고 진취적인 자세로 도시로 이주해 온 이들이 만든 곳임을, 그리고 그들이 그 어느 마을의 주민보다도 더 많은 애정을 가지고 그곳을 사람 사는 동네로 만들었음을, 그곳에 살고 있는 많은 이들과의 인터뷰를 통해 이야기한다. 나아가 왜 그곳이 마약상들이 들어오고 폭력과 살인이 난무하며 공권력조차 개입하기 힘든 곳이 되었는지를 브라질의 정치와 세계화의 과정을 통해 설명한다.

저자는 또한 파벨라야말로 라틴아메리카 도시가 지닌 이중성의 결과라는 점에 동의하고 있다. 이촌향도민들은 지배자와 엘리트를 위해 형성된 도시에 어울리지 않았다. 도시는 엘리트들의 것이었고 엘리트들은 미천한 시골뜨기들을 자신들의 도시의 일원으로 받아들일 수 없었다. 그로 인해 라틴아메리카 도시의 곳곳에서 다양하게 나타나는 배제의 공간들이 리우데자네이루에서는 파벨라로 나타났다. 즉, 저자는 이 모든 상황에 대한 근본적인 원인을 빈곤한 이촌향도민들을 도시민으로서 받아들이지 않고 타자화했기 때문이라고 지적한다. 그들을 사람으로 여기고 사람으로 대접하지 않았기에 이 모든 상황으로 귀결되었다는 것이다. 그리고 많은 이들이 해결책이 보이지 않는다는 제3세계 도시의 불량주택지구 문제에 대해 이렇게 대답한다. 그들에게 직업을 주고 사람으로 대해 주라고. 그러면 그들은 그 어느 도시 구성원보다도 열심히 일할 것이며, 그들이 살고 있는 그곳이야 말로 미래도시가 원하는 방향이 될 것이라고.

책의 기저에 흐르는 파벨라 주민에 대한 깊은 이해와 애정에도 불구하고 저자는 자신의 작업에 대한 과도한 의미를 부여하지 않는다. 브라질과는 개인적으로 아무 연관이 없으며 학창시절 우연히 멕시코와 브라질을 방문할 계기를 가진 후 그들에 대한 단순한 호기심으로 시작했다고 말이다. 그리고 외부의 상황과 연구비 수혜의 경향 등에 따라 자신의 연구가 영향을 받았고 그에 따라 연구가 늦어지기도 했다는, 아주 담백한 고백을 한다. 그러나 그 긴 시간과 잦은 여건의 변화에도 불구하고 파벨라에 대한 지속적인 관심을 갖고 외부인으로서의 시각을 유지함으로써 오랜 기간 동안 꾸준히 연구를 진행할 있었던 한 원동력이라 생각된다.

번역을 시작한 지 몇 년이 지나서야 마무리를 지을 수 있었다. 원고의 양도 많았고 번역자의 무능력과 게으름도 큰 몫을 했지만 40여 년간 파벨라는 연구한 저자의 노고가 페이지마다 깃들어 있는 책을 기계적으로 번역할 수는 없었다. 장인의 노작을 더 많은 이들과 함께 공유할 수 있는 기회를 주신 서울대 라틴아메리카연구소의 김창민 소장님과 이 책의 번역을 추천해 주신 단국대학교 박원복 교수님, 늘 조언과 격려를 해주신 우석균 선생님께 감사의 말씀을 전한다.

김희순

주한 브라질문화원이 심는 나무

브라질만큼 이름만 들어도 설레는 나라가 또 있을까 싶다. 카니발, 아름다운 해변, 축구, 아마존 밀림 등등 활기차고 흥겹고 신비로운 경험이 보장된 느낌을 주는 나라가 브라질이기 때문이다. 하지만 브라질의 위상은 그 이상이다. 우리가 잘 몰라서 그렇지 국제무대에서 브라질은 종종 대국이라는 표현이 어울리는 나라로 평가되고 있다. 세계 5위의 면적, 2억 명을 상회하는 인구는 대국으로서의 한 단면에 불과할 뿐이다. 유엔안전보장이사회의 상임이사국 확대, 개편이 이루어질 경우 라틴아메리카를 대표하는 상임이사국이 당연히 될 나라일 정도로 국제정치의 주역이 바로 브라질이고, 풍부한 천연자원과 노동력 덕분에 경제적으로 늘 주목을 받아 온 나라가 바로 브라질이다. 그뿐만 아니라 세계 열대우림의 3분의 1을 차지하고 있어서 지구의 허파 역할을 하고 있는 아마존 밀림은 기후변화나 생물의 종 다양성 같은 인류의 미래를 둘러싼 시험장이다. 또한 5세기 전부터 다양한 인종, 다양한 문화가 공존하면서 풍요로운 문화를 일구어 낸 나라가 브라질이고, 세계사회포럼을 주도적으로 개최하면서 '또 다른 세상은 가능하다'는 희망의 메시지를 전 세계 확산에 기여한 나라가 브라질이다.

하지만 지구 반대편에 있는 머나먼 나라이다 보니 한국에서는 브라질의 진면목을 제대로 인식하기 힘들었다. 심지어 라틴아메리카 국가이다 보니 일종의 '라틴아메리카 디스카운트'가 작용하기도 했다. 브라질 이민이 시작된 지 반세기가 넘었고, 최근 한국과 브라질 사이의 정치·경제 교류가 상당히 늘었는데도 불구하고 상황은 크게 변한 것이 없다. 그래서 주한 브라질 대사관과 서울대학교 라틴아메리카연구소가 협약을 맺고 두산인프라코어의 후원으로 2012년 3월 16일 주한 브라질문화원을 설립하게 된 것은 대단히 뜻깊은 일이었다. 한국과 브라질의 문화 교류 증진이야말로 세계화 시대에 양국 간 우호를 다지는 길이자 브라질에 대한 한국인의 올바른 인식 제고를 위해 필수 불가결한 일이기 때문이다. 실제로 브라질문화원은 브라질의 다채롭고 역동적인 문화를 소개하기 위해 2012년부터 전시회, 브라질데이 페스티벌, 영화제, 음악회, 포르투갈어 강좌 개설 등 다양한 활동을 해왔다.

하지만 브라질에 대한 올바른 이해를 위해서는 문화 교류 외에도 더 전문적인 노력이 필요하다는 것이 주한 브라질문화원 개원 때부터의 인식이었다. 이에 브라질문화원은 열 권의 빠우-브라질 총서를 기획·준비했고, 이제 드디어 그 결실을 세상에 내놓게 되었다. 한국과 브라질 교류에서 문화원 개원만큼이나 의미 있는 한 획을 굿게 된 것이다. 총서 기획 과정에서 몇 가지 고려가 있었다. 먼저 브라질문화원이 공익단체임을 고려했다. 그래서 상업적인 책보다는 브라질 사회와 문화를 이해하는 데 근간이 될 만한 책, 특히 학술적 가치가 높지만 외부 지원이 없이는 국내에서 출간이 쉽지 않을 책들을 선정했다. 다양성도 중요한 고려 대상이었다. 빠우-브라질 총서가 브라질 사회를 다각도로 조명할 수 있는 토대가 되었으면 하는 바람에서였다. 그래서 브라질에서 유학하고 돌아와 대학에서 강의를 하고 있는 사람들로부터 자신의 전공 분야에서 필독서로 꼽히는 원서들을 추천받았다. 그 결과 브라질 연구에서는 고전으로 꼽히는 호베르뚜 다마따, 세르지우 부아르끼 지 올란다, 세우수 푸르따두, 지우베르뚜 프레이리 등의 대표적인 책들이 빠우-브라질 총서에 포함되게 되었다. 또한 시의성이나 외부에서 브라질을 바라보는 시각 등도 고려해 슈테판 츠바이크, 에두아르두 비베이루스 지 까스뜨루, 래리 로터, 재니스 펄먼, 베르너 베어, 크리스 맥고완/히까르두 뻬샤냐 등의 저서를 포함시켰다. 이로써 정치, 경제, 지리, 인류학, 음악 등 다양한 분야의 고전과 시의성 있는 책들로 이루어진 빠우-브라질 총서가 탄생하게 되었다.

놀랍게도 이 총서는 국내 최초의 브라질 연구 총서다. 예전에 이런 시도가 없었던 것은 국내 브라질 연구의 저변이 넓지 않았다는 점이 크게 작용했다. 하지만 아는 사람은 안다. 국내 출판 시장의 여건상 서구, 중국, 일본 등을 다루는 총서 이외에는 존립하기 어렵다는 것이 가장 큰 이유라는 것을. 그래서 두산인프라코어 대표이사이자 주한 브라질문화원 현 원장인 손동연 원장님에게 심심한 사의를 표한다. 문화 교류와 학술 작업의 병행이 한국과 브라질 관계의 초석이 되리라는 점을, 또 총서는 연구자들이 주도해야 한다는 점을 쾌히 이해해 주시지 않았다면 이처럼 알차게 구성된 빠우-브라질 총서가 탄생하지 못했을 것이기 때문이다. 주한 브라질문화원 개원의 산파 역할을 한 에드문두 S. 후지따 전 주한 브라질 대사님에게도 깊은 감사를 표한다. 문화원 개원을 위해 동분서주한 서울대학교 라틴아메리카연구소 전임 소장 김창민 교수와도 총서의 출간을 같이 기뻐하고 싶다. 또한 문화원 부원장직을 맡아 여러 가지로 애써 주신 박원복, 양은미, 김레다 교수님들께도 이 자리를 빌려 그동안의 노고를 특별히 언급하고 싶다. 쉽지 않은 결정이었을 텐데 총서 제안을 수락한 후마니타스 출판사에도 깊은 감사를 표하는 바다. 마지막으로 기획을 주도한 전 부원장이자 현 단국대학교 포르투갈어과 박원복 교수와 서울대학교 라틴아메리카연구소 우석균 HK교수에게도 특별한 감사를 표한다.

잘 알려져 있다시피 '브라질'이라는 국명의 유래는 한때 브라질 해안을 뒤덮고 있던 '빠우-브라질'Pau-Brasil이라는 나무에서 유래되었다. 총서명을 '빠우-브라질'로 한 이유는 주한 브라질문화원이 국내 브라질 연구의 미래를 위해, 그리고 한국과 브라질의 한 차원 높은 교류를 위해 한 그루의 나무를 심는 마음으로 이 총서를 기획하고 출간했기 때문이다. 이 나무가 튼튼하게 뿌리 내리고, 풍성한 결실을 맺고, 새로운 씨앗을 널리 뿌리기 바란다.

서울대학교 라틴아메리카연구소 소장 김창민

서문

1 이는 시아키 부부(Leon and Frannie Sciaky)가 13세부터 15세까지의 소녀들을 대상으로 실시한 여름 방학 프로그램이다. 그들은 매카시 열풍 시절 자신들이 운영하던 진보적인 학교가 폐쇄되고 미국에서 추방된 이후 멕시코 와하카 지역으로 이주했다.

2 알란 홀름버그는 페루 고원의 아시엔다(hacienda)에서 일하던 원주민들의 퇴행적인 가치 및 수동적인 행동을 변화시키려면 단지 땅을 사서 그들에게 소유권을 주면 된다는 것을 보여 줌으로써 빈곤 문화의 자멸 이론(the theory of a self-defeating culture of poverty)이 틀렸음을 증명했다. '현대인 지수'(Modernity of Man Index, Alex Inkeles)에서 높은 점수를 받기 위해서는 몇 세대에 걸친 시간이 아니라 단지 땅이 실제로 그들의 소유라고 믿게 되는 시간 정도면 충분하다는 것이다.

3 브라질에서는 '내륙지방'(interior)이라는 단어가 해안지역으로부터의 거리를 의미하는 것이 아니라 '문명'(civilization)으로부터의 격차를 의미한다. 학부생 시절에 실시한 이런 흔하지 않은 연구 기회는 인류학 분야의 코넬-하버드-컬럼비아-일리노이대학교 여름 답사 프로그램 덕분에 얻을 수 있었으며 이 프로그램은 카네기재단(Carnegie Foundation)의 후원으로 실시되었다.

4 아렘베삐는 나중에 히피들의 국제적인 목적지이자 집합소가 되었으나, 결국에는 해안 가까이에 입지한 화학 공장에 의해 파괴되었다. 다른 두 연구 장소는 좀 더 작은 어촌 마을인 자우아(Jaua)와 탁 트인 경지 주변에 늘어선 농촌 마을인 아브랑치스(Abrantes)로 두 마을 모두 걸어서 반나절이면 닿는 곳들이었다. 아브랑치스에는 당시 전기가 들어온 지 얼마 되지 않아 한 장의 레코드판을 하루 종일 확성기로 틀어 대던 곳이었다.

5 이 점이 바로 『페다고지』(The Pedagogy of the Oppressed, 1973)라는 책에 상술된 빠울루 프레이리의 방법이 그렇게 매력적이고 강력하게 작용하는 이유 중의 하나이다. 이 방법은 음절을 발음하는 대신 사람들이 가장 자주 사용하는 단어(그들의 핵심 단어)부터 시작하는데, 사람들이 제시된 그림을 보고 이름을 맞추게 함으로써 단어 연상에 도움을 주는 방식이다. 프레이리가 고안한 슬라이드에는 여러 철자로 된 심벌과 사물이 한꺼번에 나타난다.

6 박사학위논문을 위한 연구는 우드로윌슨장학재단(Woodrow Wilson Teaching Fellowship)으로부터 장학금을 받았다.

7 Jacobs(1961)를 참조.

8 Scheper-Hughes(1992); Penglase(2002)를 참조.

9 남편이 바람을 피웠다든가 하는 매우 개인적인 이야기가 나오면 나는 받아 적는 것을 멈추었다. 그러나 여성들은 "적어요, 받아 적어요, 무척 중요한 얘기예요"라고 이야기하곤 했다.

10 Perlman(1976; 1977).

11 1981년에 연구를 재개할 기회가 잠깐 있었다. 당시 세계은행에서의 리처드 웹(Richard Webb), 더그 키어(Doug Keare), 아나 마리아 상따아나(Ana Maria Sant'Anna) 등으로 구성된 연구팀에서 일찍이 리마 및 리우데자네이루의 판자촌 지역에서 이루어졌던 연구에 대한 비교 재조사에 대해 흥미를 보였다. 소분과에서는 각각의 나라에서 일어난 정치적 변화나 공공정책의 변화, 그리고 거시경제가 거주민들의 삶에 어떠한 영향을 미쳤는지를 알아보고자 했다. 세계은행에서는 리우데자네이루에서 약 2주간 체류할 수 있는 연구비를 지원하기로 했으며, 이 체류 기간 동안 원래 연구에서 인터뷰했던 사람들을 찾아낼 방법을 시험해 보기로 했다. 그러나 리처드 웹이 페루 중앙은행장으로 임명되어 페루로 돌아가면서 그 계획은 무산되었다.

12 세계은행 연구소의 팀 캠벨(Tim Campbell)이 이 연구에 대한 계획을 세웠으며 그 결론에 이르기까지 연구에 참여했다. 당시 세계은행의 조사위원회장을 맡고 있던 그레그 인그램(Greg Ingram)은 이 연구에 대해 다수의 동료들이 회의적인 의견을 표출했음에도 불구하고 과감하게 지원해 주었다.

13 브라질 현지의 까를루스 베이너(Carlos Weiner) 교수와 뻬드루 아브라무(Pedro Abramo) 교수를 비롯해 그의 대학원 학생들은 이 부분에 대해 나와 함께한 현지 파트너였다.

서론

1 자녀들 중 4퍼센트 정도가 대학 교육 과정을 마쳤으며 4퍼센트 정도가 대학에서 학위를 받았다.

2 브리태니커 백과사전 인터넷판의 "Brazil" 항목 (www.britannica.com/EBchecked/ topic/ 78101/Brazil) 참조(2008년 6월 24일 접속).

3 Ministério do Planejamentoe and Instituto Brasileiro de Geografia e Estatística(2000).

4 이 작업은 두 단계로 진행되었다. ① 각 가구에 번호를 부여한 후, 난수표를 사용해 가구를 선정하고 ② 모든 가구의 16-65세 주민들의 리스트에서 2.5명당 1명씩 개인 표본을 추출했다. 이러한 방식을 이용함으로써 단순히 무작위로 대상 가구를 선정하는 대신 마을 주민을 무작위로 추출할 수 있었다. 어떤 가구에서는 한 명 이상이 표본에 포함되었고 어떤 가구에서는 한 명도 포함되지 않았다.

5 "엘리트" 표본을 포함시키자는 아이디어는 MIT 대학의 프랭크 보니야(Frank Bonilla) 교수가 낸 것이었는데, 그는 베네수엘라에서 대규모의 샘플을 선정해 연구를 진행하면서 미래에 적용 가능한 시나리오를 고안하고 있었다.

6 인생사에 대한 매트릭스는 멕시코 몬테레이를 대상으로 실시한 Balan, Browning, Jelin, and Litzler(1969) 연구를 참조했다.

7 좀 더 상세한 설명 및 방법론은 Perlman(1974)을 참조.

8 Perlman(1976b). 이 책은 1976년 밀스 상(C. Wright Mills Award)을 수상했으며 1977년 포르투갈어로 번역되었고 1977년 미국에서는 1977년 페이퍼백 판이 출간되었다.

9 Auyero(1997, 508-512)는 "약 30년 전, 이후 라틴아메리카의 사회과학 분야에 가장 창의적이고 논쟁적인 그룹이 된, 한 그룹의 사회학자들이 도시의 소외계층(소외성)의 증가에 대해 이의를 제기했다. 구조적인 신마르크주의적 시각에서 연구를 하는 이들 그룹은 '소외성'이라는 용어가 (특정한 사람들이) 그들의 가치, 인식 및 행동양식 등으로 인해 특정 사회집단에 통합되지 못하는 상태를 가리키는 것으로, 근대화 이론의 영역에서 나온 것임을 재발견했다. 이들의 시각에 의하면, 소외계층은 '근대화된 사회'에 참여하기 위해 정말 필요한 심리적이고도 심리사회적인 특성이 부족한 계층이다. …… 소외성이라는 것은 이전의 좀 더 전통적인 발전 상태의 신념, 가치, 태도, 행동 등이 공존함으로 인해서 형성되는 것이다.

10 Fanon(1965, 104)도 "도시 주위를 목적 없이 배회하는, 땅을 잃은 농부들"이 혁명적인 운동의 원천이라고 이야기했다.

11 나는 원래 인터뷰에 응했던 이들에 대한 간결하고 완벽한 문장을 찾을 수가 없었다. 일부 표에서는 원래 인터뷰에 응했던 사람들(Original Interviewees)을 OIs라고 줄여서 사용했으며, 다른 곳에서는 "초기 연구 참여자"나 "원 샘플" 혹은 "응답자"라고 여러 가지로 표현했다. 이러한 표현들이 나를 믿고 그들의 이야기를 들려주고 내 질문에 대답해 주었던 모든 이들을 표현하기에는 언짢고, 버거우며, 그들에 대한 존중이 드러나지 않는 것들임을 잘 알고 있다. 그러나 내 맘에 드는 표현을 아직 찾지 못했기에, 나의 입장을 표현하며 이들 표현을 사용하고자 한다.

12 이러한 패널 연구가 많이 있으나 도시의 판자촌을 대상으로 한 연구는 거의 없다. 왜냐하

면 이런 종류의 연구가 거의 금지되고 있기 때문이다. 또한 '슬럼 지구' 거주민들에 대한 주소, 등록, 공식 기록 등이 없고 비슷한 이름을 가진 사람들이 많아 본명보다는 별명으로 불리는 경우가 많다. 일반인들이 '사람이 살지 않는 곳'으로 여기는 슬럼 지구에서 연구를 실시하는 것은 위험한 일이었으나, 오늘날에는 마약거래상의 활개 및 갱단과 경찰 간의 폭력으로 인해 매우 위험해졌다. 이런 상황으로 인해 이 연구를 마무리하는 데 매우 오랜 세월이 소요되었다.

13 일부 연구에서는 사회적 이동성의 문제를 다루기 위해서 유사 패널을 사용했다. 그들은 실제 인물들을 시간에 따라 추적하는 것이 아니라 센서스 자료를 사용해 일치하는 코호트를 만들어 냈다. 세계은행의 Bourguignon, Ferreira, and Menendez(2003)가 리우데자네이루에 대해 수행한 연구는 매우 뛰어나며, 역시 리우데자네이루를 연구 지역으로 한 Rocha(1997); Barros, Henriques, and Mendonca(2001)의 연구도 훌륭하다.

14 편향성 검증을 위해 사용한 방법은 부록 1을 참조.

1장

1 모후지프로방스(Morro de Provencia)가 첫 번째 파벨라로 알려져 있지만, 그와 비슷한 시기 비슷한 양식으로 산뚜안또니우(Santo Antonio)에서도 파벨라가 형성되었다. 낑따두까주(Quinta do Caju), 망게이라(Mangueira, 유명한 삼바 학교와는 다른 곳), 세하모레나(Serra Morena) 등의 파벨라는 그 기원이 훨씬 더 이전인 1881년까지 거슬러 올라간다. 이들 지역은 처음에는 포르투갈, 스페인, 이탈리아 출신의 노동자들에 의해 형성되었다. Cavalcanti(2007) 참조.

2 Cavalcanti(2007, 31); Lessa(2000, 201).

3 Burgos(1998).

4 Cavalcanti(2007).

5 Wacquant(1996).

6 Ventura(1994).

7 1988년 헌법, 도시 법령, 그리고 도시 판자촌의 권리 및 영역 제공을 위한 정책 및 계획 제공 뿐 아니라 국제기구들의 노력에도 불구하고, 판자촌 주민들에게 토지소유권을 부여하는 문제는 아직 해결되지 못하고 있으며, 멀지 않은 장래에 법적 분쟁에 휘말릴 것으로 보인다. "하비치시"(Habite-Se)라 불리는 공식 문서가 파벨라 주민들에게 배부되었는데, 이는

지방 도시국의 파벨라-바이후 프로그램을 통해 작성된 것으로 주민들에게 주택 및 토지의 소유권을 부여한 것이다. 혹여 거주자가 주택이 들어선 토지를 소유하지 않은 경우에도 이 권한이 주어졌다(2004년 3월 31일 지방 도시환경국의 알프레두 시르끼스{Alfredo Sirkis} 씨와의 인터뷰). 지방 특임국장인 루 뻬떼르손(Lu Peterson)에 따르면, 파벨라-바이후 주민 중 일부는 재산세를 내고 싶지 않아 토지가 합법화되지 않고 현재 상태 그대로 토지를 사용하길 바란다고 한다. 토지소유권을 보유하게 되면 대출을 받는 데 사용할 수 있다고도 했으나 주민들은 대부분 특정한 직업도 없는 상태라 대출을 갚은 방법도 막연해서 대출을 받고 싶지도 않다고 대답했다고 한다.

8 Abramo(2001; 2003a; 2003b); Abramo and Taschner(2003); Perlman(2010).

9 거리에서 사는 사람들은 거의 없지만, 가난한 사람들은 비정규 지구인 로쩌아맹뚜스 끌랑데스치누(loteamentos clandestinos), 공공주택인 꽁중뚜, 빌라소르 아베니다스(villasor avenidas, 편의시설은 공유하면서 방 하나씩을 빌려서 사는 곳으로, 작은 복도를 사이에 두고 방들이 줄지어 있는 주택), 그리고 전통적인 빈민굴인 꼬르치수(cortiços, 한 채의 오래된 주택에 여러 가구가 방 하나씩을 빌려 거주하는 것)나 병영처럼 지어진 노동자 주택인 까베사지뽀르꾸 등에 거주한다.

10 2008년 노동사회연구소(Instituto de Estudos do Trabalho e Sociedade)의 안드레 우라니(Andre Urani) 씨와의 대화 도중 자료를 얻었다.

11 2004년 9월 파벨라-바이후의 10주년 행사에서 리우데자네이루 시장 세자르 마이아(Cesar Maia)의 연설에 의거함. 새로운 소식은 페레이라빠쑤스연구소(Instituto Pereira Passos)의 홈페이지를 참조. 세 번째 국면은 연방정부 및 리우데자네이루 시 간의 정치 및 경제적 마찰로 인해 오랜 기간 늦어졌으나 이 책이 출간될 즈음에는 시작될 것이다.

12 파벨라-바이후 프로그램은 라틴아메리카에서 (그리고 아마도 세계에서) 실사된 판자촌 개선 사업 중 가장 야심차고 광범위한 것이었다. 이 사업의 재원은 미주개발은행이 지원했고 국가경제부(National Caixa Economica)와 지방자치단체도 지원금을 제공했다. 미주개발은행에서 이 프로그램을 개발하고 추진하고 감독 관리한 조제 브라카르스(Jose Brakarz)에 따르면, 세 번째 재정지원에서는 대규모 파벨라에 대한 지원도 포함되어 있었는데, 이 지원 사업에서는 사회발전과 일자리창출, 그리고 시민들의 참여 유도 등이 포함된다(2009년 1월 개인적인 토론에서). 이 부분에 대해서는 제1장에서 다룰 것이다.

13 실제로 파벨라 입구에 가까이 위치해서 집값이 낮게 측정된 부동산들은 점차 모후의 일부로 여겨지게 되었다. 그러나 이 집들은 원칙적으로나 법적으로는 아스파우뚜에 속했다.

14 Caldeira(2000).

15 이에 대해서는 Vargas(2006)의 논문을 참조.

16 치우(Tio, 숙부)와 치아(Tia, 숙모)는 나이 든 분들에 대한 존경과 살가움을 표현하기 위해 사용하는 용어다.

17 슬럼과 같은 용어의 경우, 그 의미가 통하기 위해서는 전후 맥락과 관련해 사용해야 한다. 한번은 내가 해외 세미나에 참여하면서 학생들을 데리고 간 일이 있다. 학생들은 며칠 간 봄베이의 노숙자들을 본 후 요하네스버그에 있는 소웨토 지역(Soweto Township)에 들르게 되었다. 학생들은 인종 분리 정책 시절에 세워진 노동자 주택지구의 양호함에 오히려 놀랐고, 우리 학생들이 그 마을을 끔찍하게 여기리라 예상했던 주최 측은 당황했다. 소웨토의 노동자 주택은 여러 명이 방 하나를 같이 사용하고, 한 층당 한 개의 화장실과 부엌만이 있는 열악한 것이었으나, 거리에서 벽에 기대어 사는 이들에 비할 바는 아니었던 것이다. 이와 비슷하게, 파벨라에 거주하는 브라질 청소년들이 게토 영화학교 학생들과 함께 사우스브롱스에 초대되어 머무르게 되었는데, 브라질 학생들은 사우스브롱스 학생들이 고급스런 동네에서 살고 있다고 생각했다고 한다. 그 지역이 뉴욕에서 가장 열악한 슬럼 중의 하나라는 이야기를 듣기 전까지는 말이다.

18 Youman(1991)의 논쟁을 참조.

19 1999년 도시 연대에 의해 시작되었는데, 이는 세계은행과 UN해비타트(UN Center for Human Settlement, UN-Habitat)가 공동으로 후원했다. Gilbert(2007)를 참조.

20 새천년개발목표는 2000년, 187개 국가들의 논의 끝에 출발했다. 147개국이 함께 8개의 목표 및 18개의 세부 목표를 2015년까지 달성하기로 합의해 서명했다. 일곱 번째 목표는 '환경의 지속 가능성의 보장'이었다(www.un.org/millenniumgoals).

21 United Nations Human Settlements Programme and Global Urban Observatory(2003).

22 "슬럼"이라는 용어의 기원은 Hoskins(1970)를 참조.

23 『뉴욕타임스』에서는 전염병인 콜레라가 "가장 빈곤한 지역의 가장 가난한 사람들 사이에서 창궐하고 있다. 특히 파이브포인츠라고 알려진 슬럼 지역에서 심각한데, 이 지역은 아프리카계 미국인들과 가톨릭교도인 아일랜드 이민자들이 모여 사는 불결하고 악취가 가득한 곳이다"라고 했다. 케네스 잭슨은 같은 기사에서 "(콜레라의 창궐은) 도시 내의 계층, 인종, 종교 간의 분리를 잘 드러내고 있다"고 지적했다. 또한 "만약 당신이 콜레라에 걸렸다면 그건 당신 잘못"이라고 피해자를 탓하며 당시의 전염병에 대한 사회의 통념을 잘 드러내고 있다. 이 기사에서 지적하는 것과 비슷한 맥락으로 마틴 스콜세이지 감독의 영화 <갱스 오브 뉴욕>에서는 뉴욕 시의 '구덩이'(sinkhole)에서의 '하찮은 삶'(low life)에 대해 이야기하고 있다. Wilford(2008) 참조.

24 이 용어를 사용하기 위해 Stokes(1962)는 그 지역에 들어왔다가 다른 지역으로 나가는 경우와 그 지역을 빠져나가지 못하고 '출구가 없는' 상황에 봉착한 경우를 구분했다. 이러한 용어들은 또한 뉴욕시(혹은 미국의 일반적인 도시들)에서 나타나는 이민자 집단 거주지와 혹인 거주지 간의 차이를 나타내기 위해 사용되곤 한다. 이민 이후 이민자 집단 거주지에서 다른 지역으로 이주해 나가는 이민자 집단과는 달리 혹인들은 게토에서 나가지 못하고 여러 세대에 걸쳐 정체되는 경향이 강하게 나타난다는 것이다. 이러한 주장이 검증되지 않은 선입견임을 증명하려면 실증적 연구가 이루어져야 할 것이다.

25 2009년 5월 8일 저자가 새터쓰웨잇과 교신했다. 여러 도시의 하위 주택시장에 대해 다룬 Special Issue of Enviroment and Urbanization(1990); Citizen(1989)도 참조.

26 Valladares, Medeiros, and Chinelli(2003).

27 McCann(2006)을 참조.

28 순서대로 Vargas(2006); Penglase(2002); Alvito(2001); Burgos(2002)를 참조.

2장

1 남반구, 판자촌, 불법 거주, 슬럼, 비공식부문 등의 용어를 사용할 때에는 "그들에게 문제가 있다"고 하는 함축적인 의미나 암시가 동시에 부여된다.

2 유엔경제사회국(United Nations Department of Economic and Social Affairs, 2008).

3 Lewis(2007).

4 Perlman and Schearer(1986).

5 Howden(2007)을 참조.

6 Perlman(1990; 1993); Perlman and Sheehan(2007).

7 실제로 공식부문과 비공식부문이 함께 공존하는 '실제 도시'로 옮아갔다.

8 UN-Habitat(2008).

9 Lattes, Rodriguez, and Villa(2002).

10 유엔경제사회국(United Nations Department of Economic and Social Affairs, 2008).

11 도시화 속도가 느려진다는 것은 ① 국내 이촌향도민의 비율이 감소하고 ② 도시로 직접 유입되는 외국계 이주민의 비율이 감소하며 ③ 도시인구의 자연증가율이 감소하는 것을

의미한다. 도시화율이 가장 낮은 대륙인 아프리카는 향후 수십 년 내에 가장 높은 도시화 현상을 나타낼 것이다. United Nations(2000); Lattes, Rodriguez, and Villa(2002, 2); Cerrutti and Bertoncello(2003)를 참조.

12 UN인간정주프로그램(United Nations Human Settlements Programme, 2003); Lopez Moreno and Warah(2006).

13 Ferranti et al.(2004).

14 Pero(2004).

15 이 장에서 인용된 사실이나 수치는 특별한 출처 표기가 없을 경우 다음의 자료를 이용했다. United Nations Department of Economic and Social Affairs(2008); Wagner and Ward (1980); Fernandes(2007, 203); Pero(2004); World Bank(2007).

16 Neves(2003, 66).

17 Rocha(2000; 2003)는 이를 명확히 했다. 그녀는 "촌락 지역의 빈곤층 비율이 도시지역의 빈곤층 비율보다 지속적으로 높게 유지되더라도, 국가 전체의 빈곤층의 대부분이 도시 지역에 거주하게 된다"고 했다(Rocha, 2003, 135).

18 세계은행의 통계에 의하면 (브라질 응용경제연구소(IPEA)에서 조사 실시) 브라질의 빈곤층의 비율은 1인당 국민소득이 브라질의 3분의 1 정도인 국가와 비슷하다,

19 Pero(2004).

20 Holston(2008)에 의하면, 상파울루의 파벨라는 입지·조직·정치적 관계 등의 면에서 리우 데자네이루의 파벨라와 매우 다르다.

21 Estado da Guanabara(1973).

22 Sergio Besserman and Fernando Cavalliere, Instituto Pereira Passos(2005). Pamuk and Cavallieri (1998); Cavallieri(2005)도 참조.

23 IBGE(2000).

24 www.observatoriodefavelas.org.br; McCann(2006) 참조.

3장

1 아이러니하게도 자꼬비는 몇 년 후 같은 감옥에 수감되었는데, 종교적인 이유에서가 아니

라 독재 기간 동안 언론인으로서 그의 행적 때문이었다.

2 Fernando Morais의 뛰어난 전기인 "Olga"를 참조.

3 Parks(1978, 24).

4 Parks(1978, 120).

5 Parks(1978, 122-123).

6 이 사진들은 루이 블랑(Luis Blanc)이 찍은 것으로, 두 명의 건축가는 힐다 블랑(Gilda Blanc)과 헬루이사 꼬꼬엘류(Heloisa Coelho)이다. 그들은 또한 각 가구당 가구원의 수를 집계했다. 난수표를 이용해 인터뷰할 가구의 번호를 선정했으며 선정된 가구들은 지도에서 빨간색 원으로 표기했다. 이 지도들은 내 연구실 벽에 걸어 두고는 글을 쓸 때 쳐다보곤 했다. 지도에는 그 집들이 있지만, 오래전에 없어져 버렸다.

7 1969년 8월 12일에 작성한 필드 노트.

8 Parks(1961).

9 까따꿍바 주민들이 바라던 경찰서가 설치된 것이 1967년의 일인지는 확실치 않다. 주민들은 무려 6년 전부터 경찰서의 설치를 바라고 있었고, 경찰서에 대해 아직도 긍정적으로 여기고 있었다.

10 황색 노선은 세자르마이아(Cesar Maia) 시장의 첫 번째 임기 당시 시정부가 건설하기 시작했다. 그러나 개통식은 후임인 루이스 빠울루 꽁지(Luiz Paulo Conde) 시장 때에 열렸다. 이 노선은 부촌인 바하지치주까와 아베니다브라질(Avenida Brazil)을 연결하면서 시가지의 북부 지구로 연결되었다. 황색 노선으로 인해 북부 지구가 남부 지구의 해변가와 연결되었으며(이는 대다수의 남부 지구 거주민들에게는 매우 경악할 일이었다) 저소득계층 지역인 자까레빠구아(자꼬비가 거주하는 지역이며, 시다지제제우스가 위치한 곳)와 도심 지역이 연결되었다. 리우데자네이루와 바이샤다풀루미넨세를 연결하는 적색 노선은 연방정부의 재정지원하에 주정부가 건설했다. 이 노선은 1992년 열린 유엔환경개발회의 일정에 맞추어 개통되어 국제공항과 도시지역 간의 이동이 훨씬 용이해졌다. 새로운 정부는 꽁쁠렉수두마레 지역에 공원을 조성하면서 이 지역에 특혜를 주었는데, 이 공원에는 이후 빌라올림삐까(Vila Olimpica)가 조성되었다. 이와 같은 변화는 독재 기간이 종식된 이후 파벨라 주민들이 목격한, 정말 몇 안 되는 개선 사업 중 하나였다.

4장

1 2007년도 국가성장프로그램(Programa de Aceleracao do Crescimento, PAC)에는 이렇게 버려진 공장 부지들을 저소득계층을 위한 주택으로 전환시키고 여러 사회적 프로그램과 직업훈련, 소기업 창업 인큐베이터를 비롯한 경제발전 프로그램을 위해 이용하는 계획이 포함되었다. 마을 주민들은 정부의 공약에 대해 회의적이지만 이번에는 다르지 않을까 하며 여전히 희망을 가지고 있다. 국가 발전 프로그램을 통해 전국적으로 100만 개 이상의 주택을 공급할 계획이다.

2 표본추출 과정에 대한 자세한 설명은 Perlman(1974); (1976b)를 참조.

3 제 까부에 의하면, 노바브라질리아에서 쫓겨난 사람들은 뚜피라는 섬유 공장 소유의 토지에 거주하고 있던 열 두 가족뿐이었다고 했다. 그들은 1965년 마을 안쪽의 다른 지역으로 이주해야 했다.

4 국가성장프로그램에는 폐쇄된 코카콜라 공장 부지에 최저생계비 이하 소득 계층을 위한 주택을 건설하는 계획도 포함되어 있다. 만약 이 계획이 실현된다면, 이는 정부가 최저생계비 이하 소득계층에게 공급하는 첫 번째 주택 프로그램이 될 것이다.

5 이 지역에 얼마나 많은 파벨라가 존재하며 꽁쁠렉수지알레머웅에 속하는 것은 어떠한 것인지에 대해서는 이견이 있다. UNICEF의 재정지원을 받아 건강증진센터(Centro do Promoção da Saúde, CEDAPS)에서 실시한 연구에 의하면 이 지역에는 12개의 파벨라가 조성되어 있다고 한다. 페레이라빠쑤스 연구소가 2000년 브라질지리통계청의 센서스 자료를 사용해 실시한 연구에 의하면 10개의 파벨라가 있다고 한다. 건강증진센터의 연구에서는 페레이라빠쑤스 연구소의 연구에서 나타나지 않은 세 개의 파벨라(그루따, 빠르끼아우보라다, 아르만두소드레)가 포함되었다. 반면 조아낑께이루스(Joaquim Queiros)는 페레이라빠쑤스 연구소의 연구에서는 집계되었지만 건강증진센터의 연구에서는 나타나지 않았다.

6 Hugo(2007).

7 UNICEF의 보고서는 2003년 건강증진센터에 의해 작성되었다.

8 현재 리우데자네이루에는 꽁쁠렉수두마레(9개의 파벨라로 구성, 인구 114,000명), 꽁쁠렉수두자까레지뉴(6개의 파벨라로 구성, 인구 36,500명) 등의 여러 꽁쁠렉수가 있으며 남부지구의 호싱냐(1개의 파벨라로 구성, 인구 56,400명)처럼 하나의 단일 파벨라로 구성된 경우도 있다. 이 수치들은 가장 최근에 조사된 2000년 브라질지리통계청의 센서스 자료를 바탕으로 페레이라빠쑤스 연구소에서 집계한 것으로, 연구소장인 세르지우 베세르만(Sergio Besserman) 씨가 제공해 준 것이다. 브라질지리통계청에서는 매 10년마다 센서스 조사를 실시한다.

9 오래된 파벨라인 그루따는 1928년부터 목우용 목장에 조성되기 시작했다.

5장

1 빌라는 안마당을 중심으로 일련의 주택들이 들어서 있거나 골목을 사이에 두고 양쪽으로 주택들이 늘어서 있는 거주지를 지칭한다.

2 두 주는 1979년 합병되어 새로운 리우데자네이루 주를 이루었다. 이 합병에 대해서는 오늘날까지도 논란의 여지가 남아 있다.

3 떼노리우 까바우깡치는 신화적인 인물이었다. 어떤 이는 그를 존경하고 어떤 이는 혐오했지만 모든 이들이 그를 두려워했다. 1920년대 말 세르떠웅(sertão, 가뭄의 피해를 입은 북동부 지역의 오지)에서 까시아스에 도착했을 때 그는 겨우 10대였다. 당시 이 지역은 모기가 들끓는 늪지대로, 작은 흙길만이 몇 개 지나고 있었다. 그는 자라서, 바이샤다풀루미넨세 출신으로서는 처음으로 주 부지사가 되었다. 그는 자신을 따르는 수천 명의 이주민을 도움으로써 주 부지사가 되기에 충분한 정치적 영향력을 지니게 되었다.

그는 항상 검은색 망토를 입었으며, 항상 무장을 하고, 경호원과 함께 다녔다. 그는 유권자들에게 음식이나 현금을 제공해 표를 얻고, 대중들에게 투표를 독려하며, 위기에 처한 개인이나 가족을 도와줌으로써 지지를 이끌어 내는, 구식 포퓰리스트였다. 그를 추종하는 이들은 그를 "바이샤다의 왕"(O Rei da Baixada)이라 불렀고, 그를 혐오하는 이들은 "총잡이 부지사"(O Deputado Pistoleiro, 그가 정적에게 총을 쏘는 것만 생각한다는 의미)라고 불렀다. 쿠데타 이전 마지막 선거가 있었던 1960년에 리우데자네이루 주지사 후보로 출마했으나 까를로스 라세르다(Carlos Lacerda)에게 패했다.

그는 거대한 장원에서 살았는데, 장원 주변에는 도개교까지 설치된 해자가 삥 둘러쳐져 있었다. 내가 방문했을 당시, 그는 사유지에서 키우던 갖가지 이국적인 새들과 식물원, 그리고 동물원을 매우 자랑스레 구경시켜 줬다. 그의 생을 그린 영화 <검은 망토의 사나이>(O Homem da Capa Preta)가 개봉되었다.

4 조제 끌라우디우(Jose Claudio)와의 인터뷰는 1999년 실시했다.

5 가족의 역사는 2005년 기록되었으며, 가족들의 연령 또한 당시의 나이이다.

6 내가 인터뷰를 했던 여성 중 많은 이들이 출산한 아이의 수와 살아남은 아이의 수를 구분했다. 그러나 그녀는 스스로 이 숫자를 밝히지 않았기 때문에 더 많은 아이를 낳았을 가능성이 있다.

7 몇 가지 예를 들어 보면 다음과 같다. 꼬빠까바나 교회 잡역부의 아들은 현재 건설회사를

운영하고 있으며 꼬빠까바나에 아파트를 몇 채나 소유하고 있다. 또 다른 젊은이는 이빠네마 제네라우오소리우 광장(Praça General Osorio) 근처에서 잘나가는 액자 사업체를 운영하고 있다. 마을 지도자 중 한 명은 브라질리아의 은행 사무원이 되었으며 현재는 보따포구에서 아내 및 딸과 함께 살고 있다. 그의 딸은 회계 변호사이다.

6장

1 <나는 파벨라 사람이에요>는 1994년 노까 다 뽀르뗄라(Noca da Portela)와 세르지우 모스까 (Sergio Mosca)가 작사·작곡했다. 이 가사의 출전은 Souto de Oliveira and Marcier(1998, 102)이다.

2 사람들에게 추잡하다거나 "사회의 질병"이라는 표현을 최근에 사용한 예는 Trigo(2000)를 참고.

3 Fundacao Leao(1968).

4 이 주제에 대한 상세한 논의는 Perlman(1976b)의 7장과 8장을 참조.

5 Perlman(1976b, 195).

6 Perlman(1976b, 250-259).

7 인터뷰에 응했던 이들 중 많은 이가 헤알플랜이 실시된 시기에 원목으로 된 침실 가구 세트나 거실 가구와 같은 값비싼 가재도구를 샀다고 했으며 자동차를 구입한 경우도 있었다. 헤알플랜으로 인해 브라질 화폐가치가 상승했으며 만약 그때 그런 물건을 사지 않았다면 아마 그들은 평생 그런 물건을 가져 볼 기회가 없을지도 모른다.

8 United Nations Development Programme(2003); IPEA-Instituto de Pesquisa Economica Aplicada (1999).

9 이에 대한 좀 더 자세하고도 뛰어난 설명은 Ribeiro and Telles(2000, 80)를 참조.

10 Safa(2004, 6)는, 라틴아메리카의 "구조조정으로 인해 정부의 재정지출이 심각하게 제한되었다. 이는 다수의 도시빈민층이 의존하고 있던 공공부문 지출의 감소와 공공서비스의 민영화로 이어졌다. 구조조정은 또한 임금 및 고용에도 부정적인 영향을 미쳤다. 즉, 자영업 분야에서의 비공식부문의 확대 및 공식부문에서의 하청업자들의 증가와 같이 규제되지 않는 일자리의 확대가 나타났다"고 했다. Leeds(1996)는 이러한 현상들이 리우데자네이루의 실업 증대 및 마약거래의 창궐과 어떻게 관련되는지를 보여 주었다.

11 비공식 경제는 크게 탈법적인 행위와 불법적인 행위, 두 부분으로 구분할 수 있다. 탈법적인 행위들은 공공기관에 등록하지 않고, 세금을 내지 않으며, 고용인들에게 어떠한 혜택도 제공하지 않으면서 임금은 현찰로 지급한다. 또한/혹은 이러한 행위들은 거리나 건물의 공간을 차지하고 있지만 그 공간은 본래 그 용도를 위한 것이 아니다. 비공식 경제의 불법적인 부문에는 마약이나 무기 거래와 같은 보다 수익성이 높은 사업이나, 직장에서 주로 이루어지는 블루칼라 혹은 화이트칼라 범죄, 장기 밀매, 도제 형태의 노역 등이 속한다.

12 Ward(2004, 2)에 의하면 1970년 이후 라틴아메리카 국가들은 전반적으로 세습적이고 비민주적인 국가에서 좀 더 민주적인 국가로 변화하는 경향이 나타났다. 그러나 규모 면에서 축소된 중앙정부가 복지 서비스를 지방정부 및 NGO 단체들에게 전가하는 경향 또한 나타났다.

13 Schiffer(2002, 226)는, "실제로 이는 일부 기본적인 보장 서비스가 더 이상 제공되지 않음을 의미한다. 예를 들어 건강 보조금이나 …… 보너스(일명 열세 번째 달의 월급), 유급휴가, 퇴직수당 등과 1940년대 이후 공식부문에서 적은 임금에 대한 일종의 보상으로서 제공되었던 퇴직금 등이 중단되는 것을 의미한다"고 했다.

14 여기서 toxic(독성의)이라는 단어의 의미는 볼프강 작스(Wolfgang Sachs)가 1992년 그의 저서 『발전 사전』(*The Development Dictionary*)에서 사용한 것과 같은 맥락이다. 그 책의 원제목은 "독한 말 사전"(A Dictionary of Toxic Words)이었을 것이다.

15 Kabeer(1999)는, 사회적 배제란 "사회적 생활, 사회적 교류의 활발한 역동성의 결과 사회적 삶으로부터 '단절'되는 것이 아니라 빈곤의 과정에서 기인한 어떤 상태를 가리킨다"고 했다. 그녀는 사회적 배제를 "권력관계, 객체, 문화, 사회적 정체성 등이 한꺼번에 작용하는 다중적인 개념으로 보았는데, 개인이 공공의 자원에 접근할 수 없는 환경하에서 공공의 자원에 접근할 수 없음으로 인해 그들은 그에 공헌할 수 없으며 이에 대한 혜택을 받을 수도 없다"고 보았다. 브라질의 사회적 배제에 대한 초기 논의는 Singer(1997)를 참조.

16 예를 들어 Bessis and Symposium(1995)은, 빈곤은 경제학자들에 의해 연구되고 배제는 사회학자들에 의해 연구된다는 점이 다르다고 했다. Paugam(1995)은, 사회적 배제란 우리 사회가 그 자체의 역기능을 허용하는 패러다임이라고 했다. Townsend(1985)는, "근본적인 자원이 결여되고 사회에 대한 온전한 참여가 이루어지지 않음으로써 사회적 배제는 빈곤을 더욱 심화시킨다"고 했다. 그리고 Jackson(1999)은, "구조적 배제와 개인적 배제"를 구분했다.

17 Pochmann et.al.(2004).

18 Sen(1999); Desai and Wolfensohn Center for Development(2007); de la Rocha(2001); Narayan-Parker and Petesch(2002) 등의 연구를 비롯한 여러 연구들을 참조.

19 Melo(2002, 379).

20 Wacquant(1996).

21 조건부 현금 보조 프로그램에 관해서는 Pero and Szerman(2005); Bourguignon, Ferreira, and Leite(2002)를 참조.

22 이 연구의 수행 기간 동안에는 최저임금과 환율 모두 변했다. 2009년 2월 최저임금은 월 400헤알이었으며 환율은 1달러당 1.9헤알이었다. 즉, 리우데자네이루의 최저 임금은 월 약 200달러 정도였다(www.blogloco.com/r-465-novosalario-minimo-2009/).

23 Wacquant(1996).

24 Abramo(2001).

25 Nelson(1969)를 참조.

26 앨범 <Traficando Informacao>(1999)에 실렸다.

27 30대 중반의 MV Bill의 본명은 Alexandre Baretto이다. 그는 브라질의 대표적인 베스트셀러인 *Falcao: Meninos do Trafico*(2006)와 *Cabeca de Porco*(2005)를 공동 집필했다.

28 Souto de Oliveira and Marcier(1998)를 참조.

29 Dowdney(2003)를 참조.

7장

1 Barrionuevo(2008)의 A6과 Reel(2007)의 A1을 참조.

2 Pieterse(2007, 13).

3 현재는 저명한 교수이자 작가인 콘래드 코탁은 1960년대 초반 아렝베삐와 아브랑치스에서 지냈다. 우리는 학부생을 위한 컬럼비아-코넬-하버드-일리노이 대학의 인류학 공동 하계 필드 스터디 프로그램에 함께 참여했다. 그의 연구 주제는 브라질사람들에게 인물의 얼굴 사진들을 보여 주고는 각 인물을 어떤 인종으로 인식하는지를 알아보는 것이었다. 그는 사람들이 인종에 대해 40여 개의 서로 다른 용어를 사용하고 있으며 사용 방식은 거의 일치하지 않음을 발견했다.

4 Rohter(2004)의 보고서 A3를 참조.

5 Hugo(2007).

6 Nationmaster.com 사이트의 "Rio de Janeiro"를 2008년 11월 30일에 접속.

7 Leite(2008); Weber(2008). 라틴아메리카와 유럽의 범죄율을 비교해 보면 라틴아메리카의 청년은 유럽의 청년에 비해 살해당할 확률이 30배나 높다. 라틴아메리카 청년의 살해율은 인구 10만 명당 43.4명인 데 비해 유럽은 7.9명이다.

8 Cano(2004).

9 꽁쁠렉수두알레머웅의 인적개발지수는 0.587이며 가봉(Gabon)은 0.637, 까부베르지(Cape Verde)는 0.722이다. 노르웨이(0.927), 벨기에(0.923), 스웨덴(0.923) 등의 유럽 국가들의 인적개발지수는 리우-데자네이루 파벨라의 두 배 가까이 된다. 브라질 전체의 인적개발지수는 0.792로 이는 전 세계 177개 국가 중 69위에 해당하는 것이다.

10 더 자세한 내용은 Zaluar, Inem, and Acselrad(1993); Leeds(1996); Katz(2008) 등을 참조.

11 MV Bill과의 인터뷰, 2005년 6월호 『레로스』지(www.leros.co.uk).

12 더 자세한 사항은 Leeds(1996, 52-56); Dowdney(2003, 25); Naim(2005)을 참조.

13 De Souza(2005)를 참조.

14 Leeds(1996, 52-55); Katz(2008)를 참조.

15 Leeds(1996, 56); Katz(2008); Dowdney(2003, 27-39).

16 Dowdney(2003, 31; 39).

17 마약거래에서 역할의 상실에 대해서는 Kontos and Brotherton(2008, 15-20)을 참조했다.

18 2001년 이그나시우 까누(Ignacio Cano)와의 인터뷰.

19 "Rio de Janeiro", Nationmaster.com.

20 Holston(2008) 참조.

21 "유혈사태를 초래하는 범죄 정책"이라는 개념은 Wacquant(2008, 12); Batista(1998, 77)에서 참조했다. 이외에도 하류계층은 사회적 경계의 외부에서 작동한다는 가정은 Hess, da Matta, and Greenfield(1996, 7-8; 22-27)와 Auletta(1982)를 참조했다.

22 Wacquant(2008, 14).

23 Duffy(2008).

24 콜린 브라이튼(Colin Brayton)은 웹사이트 New World Lusophone Sousaphone에 "리우-데자네이루: GatoNet, Alt.Public.Transport의 가치가 연간 2억 8천만 달러에 이른다"라는 기사

를 올렸다(tupiwire.wordpress.com/2008/08/27/rio-de-janeiro-gatonet-altpublictransport-wort h-r280-million-a-year/, 2008년 8월 27일 접속). 수치는 추정치이고, 환율은 일별로 변동성 이 심하지만, 헤알 대 달러의 비율을 2 대 1로 계산했다.

25 이 장의 제목은 Caplovitz(1963)에서 따왔음.

26 이 표현은 Freyre(1956)의 고전에서 따왔음.

27 Brinks(2006, 213).

28 이 표현은 Abu-Lughod(1994)에서 인용했다.

29 예를 들어 2006년 뉴욕타임스, BBC, 로이터통신 등에서는 지난 몇 주간 리우데자네이루 에서 벌어지고 있는 새로운 시장 취임 반대 시위에 대해 다루었다. "갱단 폭력의 거대한 물결" 등의 제목하의 기사들에서는 "범죄와 폭력 사태를 근절하겠다"는 선거 공약으로 당선된 리우데자네이루의 새로운 시장이 취임하는 것에 대해 시민들이 적극 반대하고 있다고 밝히고 있다. 이러한 시위는 현재 감옥에 갇혀 있는 마약 조직의 거물에 의해 조종 되고 있으나 도시 전역에서 이루어지고 있어 도시 전반에 대한 마약 조직의 지배력을 보 여 주고 있다. 만약 연방 경찰이 투입된다 하더라도 작전 수행은 별로 효과가 없고 공권력 의 개입이 시민들에게 안전감을 주기보다는 군부독재 시절을 연상시켜서 오히려 역효과 를 낳게 된다.

30 더 자세한 사항은 Katz(2008); Dowdney(2003, 70-72); Arias(2006); Gay(2005)를 참조.

31 Brazil 2008 Crime & Safety Report: Rio de Janeiro(July 8, 2008), Overseas Security Advisory Council(OSAC).

32 1999년부터 2007년 사이 연구 지역 중에서 민병대에 의해 장악된 곳은 한 군데도 없었으 나 2008년에는 민병대가 까시아스의 빌라오뻬라리아(Vila Operaria)의 몇몇 기능을 장악 했으며 마약상들과 팽팽하게 맞서고 있었다.

33 Duffy(2008).

34 이는 2001년 12월 우리 연구팀이 까따꿍바와 끼뚱구-구아뽀레 꽁중뚜 마을의 역사를 공 동으로 재구성하기 위해 구성한 단기참여진단(DRP) 모임에서 나온 것이다.

35 Perlman(2010); Abramo(2003a; 2003b); Abramo and Taschner(2003) 등을 참조.

36 2001년 12월 단기참여진단(DRP) 회의에서 나온 노트. 2008년 12월 나는 주정부가 상따 마르따 파벨라에서 마약상들을 제거했다는 소식을 들었다. 이 지역은 마약상들과 오랜 기간 싸워온 지역이다. 2009년 6월 이 지역을 방문했을 때, 그곳에는 UPP가 있었다. 즉,

언덕 위에 경찰서가 자리 잡고 있었는데, 그곳에는 전문적인 훈련을 받은 치안 유지 경찰 관들이 배치되어 마을에 상근하면서 마약상들을 몰아내려 노력하고 있었다. 마을 주민들은 마을이 다시 안전을 되찾고 주민들이 자유로워진 점에 대해 매우 기뻐하고 있었지만 자신들의 마을을 둘러싸고 건설되고 있는 거대한 벽에 대해서는 분노하고 있었다. 마을을 둘러싸는 벽은 경찰서 배치와 같은 계획의 일환으로 시행되고 있는 것이었다.

37 1999년 구아뽀레에서 니우똥과의 인터뷰.

38 2002년 7월 29일 노바브라질리아에서 인터뷰.

39 Hugo(2007).

40 언론에서는 지난 40여 년간 인구의 상당 비율이 천주교에서 복음주의교회로 개종한 것처럼 이야기하지만 실질적인 변화는 그리 크지 않은 것 같다. 그보다 더 주목해야 할 변화는 자기 자신을 가톨릭신자라 생각하는 인구의 수가 크게 줄어든 것이며, 이전에 가톨릭 신자였던 이들 중 절반 정도만이 복음주의나 기타 종교로 개종했고 나머지는 "무교"라고 응답했다. 손자 세대에서는 대부분이 종교가 없다고 응답했다.

41 de la Rocha(2001)를 참조.

42 Putnam(2000); Putnam, Leonardi, and Nanetti(1993)를 참조.

43 Granovetter(1983)를 참조.

44 De Souza(2005).

45 Neate and Platt(2006).

46 MV Bill et.al.(2006).

8장

1 2004년 7월 빠드리미구에우의 자택에서 치우 소우자와의 인터뷰.

2 질문은 "독재가 종식되고 민주주의사회로 회귀한 것이 당신의 삶에 주요한 영향을 미쳤습니까?"라는 것이었다. 그에 대한 응답을 좀 더 상세히 살펴보면, 17퍼센트 정도가 모르겠다고 응답했으며, 66퍼센트 정도가 아무런 영향을 받지 않았다고 했고, 18퍼센트는 그들의 삶에 어떠한 변화도 일어나지 않았다고 응답했다. 이는 민주주의 정권의 도래가 사회의 하위 계층에게 매우 좋은 기회가 될 것이라는 학술적 연구 결과나 정책입안자 및 NGO 단체들의 주장과는 상반되는 결과이다.

3 Mainwaring(1995; 1999); Forero(2004).

4 Arias(2006a).

5 Caldeira(2000).

6 이러한 시스템에 대해서는 2008년 10월 3일 도나 히따와 그녀의 딸 시모니가 노바브라질리아에서 설명해 주었다.

7 Perlman(1983a)을 참조.

8 Alinsky(1969; 1971)를 참조.

9 Perlman(1983b)을 참조.

10 모든 세대들에 걸쳐 접근 가능하고 이용가능하며 전문적인 건강 보건에 대해 가장 높은 선호를 보였다. 내가 겪은 바에 의하면, 이는 아마도 매우 끔찍한 리우데자네이루의 공공 의료 시스템 때문일 것이다. 사람들이 종종 "병원은 죽으러 가는 곳이다"라고 이야기하는 것을 들은 적이 있다. 마약상들을 통해 건강 보건 서비스를 제공한다면 아마도 대적할 만한 세력이 없을 것이다.

11 Dagnino(2003, 5).

12 Holston(2008)을 참조.

13 Silva, Benjamin, and Mendonca(1997)를 참조.

14 2001년 시민의 정치적 참여가 매우 적게 나타난 것은 아마도 구성원들의 참여가 매우 낮게 나타났기 때문일 것이며 이는 1969년의 상황과는 정반대되는 것이다. 마을에서 형성된 모든 종류의 주민자치회의 참여율은 종교적인 모임을 제외하고는 10퍼센트 아래로 감소했다. 종교적인 모임의 참여율도 1969년에는 53퍼센트였던 것이 2001년에는 47퍼센트로 감소했다.

15 이는 네트워크의 결합은 더욱 큰 정치·경제적 통합과 관련되어 있다는 풋남의 유명한 이론에 이의를 제기하는 것으로, 이에 관해서는 Putnam, Leonardi, and Nanetti(1993)를 참조하길 바란다. 우리는 마을마다 뚜렷한 차이가 있음을 발견했다. 즉, 파벨라와 로찌아멩뚜스와 일반 시가지들이 실제적으로 연속되어 있는 까시아스의 주민들과 남부 지구의 한 가운데에 위치하고 있는 까따꿍바의 주민들은 외부 네트워크의 비율이 매우 높게 나타났다. 반면 노바브라질리아에서는 외부 네트워크의 비율은 매우 낮게 나타났고 내부 네트워크는 매우 높게 나타났다. 1970년대 까따꿍바의 파벨라를 철거하고 끼뚱구와 구아뽀레로 옮긴 사건은 매우 파괴적인 것이었으나 꽁중뚜의 주민들이 마을 외부의 사람 및

기관들과 더욱 많은 연계를 맺을 수 있게 했다는 점에서는 결과적으로 이익이 되는 것이었다. 파벨라의 결속력은 초기에는 새로운 이주민을 유입시키는 데 결정적인 역할을 했지만 결국에는 사람들이 이주해 나가거나 더 나은 곳으로 이주해 나가는 데에는 장애가되었다.

16 Goffman(1959).

17 만약 수많은 형태의 예외를 알고 있는 사람이 가장 적극적으로 조치를 취하려 하는 것이라면 이는 좋은 징조라 할 수 있다. 질문은 "당신은 이러 이러한 분야(예비 조사를 통해 선택된 선택지)에서 차별이 존재한다고 생각하십니까?"였다. 초기 인터뷰에서의 응답은 파벨라에 살고 있다는 점(84퍼센트), 피부색(80퍼센트), 외모(74퍼센트), 이촌향도민이라는 점(60퍼센트), 성별(53퍼센트) 등과 같이 나타났다. 자녀 세대와 손자 세대의 응답은거의 비슷했다. 인식되는 각각의 오명 별로 1점씩이 부여되었으며 각각의 오명들은 참여민주주의에 대한 장애물이 되는 것임을 의미한다.

18 "당신이나 당신 가족 중 누군가가 절도, 강도, 물리적 공격, 살인, 주거 침입, 경찰의 착취, 혹은 성폭행 등을 경험한 적이 있습니까"라는 질문을 통해 "폭력 지수"라는 것을 만들어냈다. 개인별로 측정되는 이 지수는 당 각 항목에 대해 "그렇다"라는 답을 할 때마다 1점을 더하게 되며, 이 지수와 다른 유형의 지수와의 연관성을 계산했다.

19 흥미롭게도, 젠더, 인종, 연령, 출신 지역, 지지하는 정당, 신념, 브라질 사람들은 유능한사람을 선출할 수 있다는 생각, 사회시스템이 굳어져 있다는 생각 등과 폭력 지수와는 아무런 연관성을 찾지 못했다.

20 Castaneda(2006).

9장

1 미국에서는 대부분의 패널 연구라는 것이 아이비리그 졸업자라든지 간호사나 수녀 등과같이 추적하기 좋은 집단을 주요 대상으로 한다. 이 연구와 비슷한 연구로는 Telles and Ortiz(2008)가 있는데, 이 책에서는 로스앤젤레스와 샌안토니오의 거대한 멕시코계 미국인 표본집단을 여러 세대에 걸쳐 추적했다. 1960년대 이루어진 초기 연구의 대상들은 멕시코에서 미국으로 이주해 온 이민자 집단이었는데, 저자는 이들에 대한 연구가 UCLA의 도서관 한 구석에 버려져 있는 것을 발견하고는 이에 대한 후속 연구를 시작했다. Telles는 같은 인터뷰를 했던 동일 인물들과 그 후손들을 찾아 인터뷰를 진행할 수 있었다. 비록 Telles가 초기 연구를 직접 수행하지는 않았지만 이 훌륭한 책은 통계 조사에서는 나타나지 않았

던 주민들과 그들의 마을의 변화를 잘 그려 내고 있다. 캐롤라인 모저(Caroline Moser)는 과테말라의 판자촌 마을에 대해 재연구를 실시했지만, 몇 십 년 전에 조사했던 작은 마을 하나를 재조사하는 데 그쳤다. 나의 재연구, 즉 후속 연구는 세계은행 및 영국 구호국의 재정 지원을 받아 이루어졌다.

2 Pero(2002b; 2004a)를 참조.

3 이에 관한 더 자세한 설명은 Gacitua-Marió and Woolcock(2005; 2008)을 참조.

4 "수입이 없음"이나 "일을 하지 않음"이라는 응답이 반드시 실업상태라든가 구직 중이라는 것을 의미하지는 않는다. 이러한 응답을 하는 이들 중에는 가정주부, 학생, 퇴직자, 누군가의 부양을 받는 사람 등이 포함된다. 사람들은 자신의 부모나 자녀, 배우자 등을 부양한다. 파벨라에서는 실업률이 39퍼센트로 매우 높게 나타나며, 바이후 지역에서는 30퍼센트, 꽁중뚜에서는 27퍼센트 정도이다. 육체노동직 및 비육체노동직으로 구분해 보면 바이후에서는 비육체노동직 종사자가 40퍼센트로 가장 높고 꽁중뚜가 34퍼센트로 그다음을, 파벨라가 21퍼센트로 가장 낮은 비중을 나타내고 있다. 이들 마을들 간에도 분명한 층위가 존재하고 있음을 알 수 있다.

5 Moore(2005)에 의하면, 사회적 배제와 불리한 통섭이 함께 작용함으로써 사람들은 차별 및 오명을 경험하게 되고, 이로 인해 경제활동 및 사회적 관계에서 불리함을 겪게 되며, 이는 그들을 계속해서 빈곤한 상태에 머무르게 한다는 것이다. Yaqub(1999)는 이러한 형태의 착취를 빈곤 노동계층의 역경이라고 했다.

6 Gacitua-Marió and Woolcock(2005; 2008).

7 이러한 상관관계에 대한 계수는 다음과 같다. 1969년 1차 조사의 인터뷰와 2001년 인터뷰 간의 상관계수 0.275, 1969년 1차 조사의 인터뷰 대상자들과 2001년 인터뷰 대상자들 간의 상관계수 0.358, 1차 조사의 인터뷰 대상자들과 2001년 그들의 자녀들 간의 상관계수 0.314, 2001년 인터뷰의 자녀 및 손자들 간의 상관계수 0.498, 1961년 인터뷰 대상자들과 1969년 그들의 자녀들, 그리고 2001년 그들의 손자들 간의 상관계수 0.239, 1차 조사의 인터뷰 대상자들과 2001년 손자들 간의 상관계수 0.09.

8 Yaqub(1999, 19).

9 Narayan-Parker(2005, 3)를 인용했다.

10장

1 Harvey(2003)를 참조..

2 2009년 10월 Wanda Engel Aduan과의 토론.

3 이에 관한 정의 논의는 Nissanke and Thorbecke(2005; 2007a; 2007b)를 참조했다.

4 사회적 소외의 개념과 관련한 더 자세한 사항은 Loic J. D. Wacquant (1996; 1999)을 참조하시오. "흐름의 공간"이라는 개념과 용어는 Manuel Castells (2000)의 주요 연구에서 주장한 "장소의 공간"과 반대되는 것이다.

5 일부 학자들은 세계화라는 것이 자본주의의 발전과 연관이 없으며 워싱턴 컨센서스의 결과에 따른 정치적 압력에 의한 것이 아니라고 주장한다. 오히려 세계화는 교역을 통해 이윤을 추구하고자 하는 욕구, 자신의 종교적 신념을 전파하고자 하는 욕구, 새로운 지역을 개척하고자 하는 욕구, 그리고 군사력으로 타인을 지배하고자 하는 야망 등 인간의 오랜 본성에 의한 것으로 이미 기원전 6000년 전부터 시작된 과정이라고 주장한다. 우리가 이러한 과정을 최근에야 새삼스레 세계화라 부르는 것뿐이라는 것이다(Chandra 2007).

6 Furtado(1964; 1982).

7 이에 관해서는 Scheve and Slaughter(2007)를 참조.

8 Arantes, Vainer, and Maricato(2000)를 참조.

9 라틴아메리카의 전반적인 상황과 비교하려면 Blofield(2007)를 참조.

10 브라질에서는 소득 하위 10분위 계층의 소득이 국가 전체 소득의 1퍼센트도 되지 않는 반면 상위 10분위 계층이 벌어들이는 소득은 국가 전체 소득의 50퍼센트 가까이 된다. 소득 최하위 10분위 계층에게 돌아가는 소득은 낮을 때(1993, 1996, 1997년)는 0.6퍼센트밖에 되지 않았고 높을 때(2002년)도 0.8퍼센트였다. 대개의 경우 소득 최하위 10분위 계층의 소득은 국가 전체 소득의 0.7퍼센트 정도 된다. 소득 최상위 10분위 계층이 국가 전체 소득에서 차지하는 비중도 큰 변화 없이 지속적인 경향을 나타내고 있는데 가장 높은 해(1993년)에는 48.6퍼센트에 달했고 가장 낮은 해(1992년)에는 45.8퍼센트 정도였다. 소득 최상위 10분위 계층의 비중은 지속적으로 46-47퍼센트 수준을 유지했다.

11 이 기간 중 빈곤선 이하의 소득수준을 나타낸 브라질 인구의 비중이 가장 높았던 것은 1993년으로, 당시 전체 인구의 41.7퍼센트가 빈곤선 이하에 속했으며, 빈곤선 이하 인구의 비중이 가장 낮았던 1998년에는 32.7퍼센트가 이에 속했다. 브라질에서는 지속적으로 33-34퍼센트의 인구가 빈곤선 이하의 소득수준에 속했으며 거시적으로 볼 때 이에 대한 세계화의 영향은 적은 것으로 나타났다. 리우데자네이루의 경우 빈곤선 이하의 비율이

1992년부터 2003년 사이 26.6퍼센트에서 23.4퍼센트로 약간 감소했으나 극빈층의 비율은 오히려 증가했다.

12 Ferranti, Perry, Ferreira, and Walton(2004)과 Gacitua-Marió and Woolcock(2005)을 참조.

13 부유층 주거지인 가뻬아 지역의 1인당 월평균 소득은 2,140헤알 정도이고 노바브라질리아가 속한 꽁쁠렉수두알레머웅 지역의 1인당 월평균 소득은 177헤알로 두 지역 간의 소득은 12배 정도 차이가 난다. 두 지역의 소득은 2000년의 자료로, 당시 환율을 1달러당 2.7 헤알 정도였다.

14 처음 연구를 시작한 마을의 지리적 경계를 다음과 같이 구분했다. 까따꿍바의 경우 끼뚱구와 구아뽀레의 행정 경계 안에 있는 모든 건물도 연구 대상으로 포함시켰는데, 이 두 지역은 파벨라 철거로 인해 대부분의 주민들이 이주해 나간 곳이기 때문이다. 노바브라질리아의 경우 1차 연구 시에 이 지역 주민들의 생활 경계 안에 속하는 곳에 대한 동네 지도를 작성했다. 지도 작성을 위해 동네에 대해 수차례 현장 답사를 실시해 도로, 골목, 샛길 등에 대한 상세한 조사를 했다. 이후 마을의 도로와 골목들을 지도에 표기해 1969년 우리가 제작한 지도를 업데이트 했다. 이 작업은 건축설계사인 힐다 블랭크(Gilda Blank)와 엥리우사 꼬엘류(Eloisa Coelho)의 도움을 받아 항공사진을 이용했다. 까시아스의 경우 1969년 우리가 작성했던 지도를 도시 지도를 비교해 각각의 파벨라와 로찌아멩뚜스의 구역을 설정했다. 현장조사원들은 이러한 지도를 가지고 모든 골목들을 걸어서 다시 조사해 마을 안쪽에 숨은 샛길들과 각각의 주택에서 세대별로 따로 사용하고 있는 입구들까지도 기록했다.

15 Green and Hulme(2005); Moore(2005, 16).

16 Wacquant(1996).

17 1969년에는 우리가 조사한 표본의 43.7퍼센트만이 리우데자네이루 주에서 출생했지만 2003년에는 71.5퍼센트였다. 리우데자네이루에서 출생한 이들은 1969년 조사에서나 2003년 조사에서 모두 이주민 집단에 비해 사회경제적지위 지수가 훨씬 더 높게 나타났다.

18 각 세대에서 "알지 못했다"라던가 응답을 거부한 비율이 3퍼센트에서 22퍼센트까지 증가했다. 이렇게 응답을 한 그룹을 제외한 '유효한 응답'들 간의 비율을 다시 정리해 사용했다.

19 스스로 밝힌 바에 의하면, 최초 1차 조사 응답자들의 90퍼센트, 그들 자녀의 98퍼센트, 손자의 98퍼센트가 날마다 텔레비전을 본다고 했다. 이는 1969년 날마다 텔레비전을 본다고 응답한 이가 37퍼센트밖에 되지 않은 것과는 대조적인 것이다. 이러한 경향은 다른 이들에게도 유사하게 나타나서, 2003년 새로 추가된 새로운 표본 응답자들의 97퍼센트가

"날마다 텔레비전을 보거나 하루 종일 텔레비전을 본다"고 대답했다.

20 젊은이들은 일자리를 선택할 때 교통비와 점심값을 제하고 남은 돈으로 유명 브랜드 의류나 신발을 구입하기 위해서 얼마나 오랜 시간 근무를 해야 하는지를 기준으로 삼는다고 설명했다.

21 연구에 의하면 사람들이 만족감을 느끼는 데에는 자신의 절대적인 수입, 사회적 지위, 위아래 계층으로의 이동 가능성 등보다는 자신의 준거집단과의 비교가 더 큰 영향을 미친다고 한다. 준거집단은 텔레비전에서 비쳐지는 여러 나라의 10대 청소년의 모습 등에 의해 형성되기도 한다.

22 UN 사무국 경제 사회국, 사회발전위원회에서 2008년 2월 14일 뉴욕에서 개최한 청년 고용에 관한 패널 토론.

23 UN 사무국 경제 사회국, 사회발전위원회에서 2008년 2월 14일 뉴욕에서 개최한 청년 고용에 관한 패널 토론에서 브라질 고용부의 국제관계부 고문 마리우 바르보사(Mario Barbosa)가 발언한 내용이다.

24 2009년 6월 자일손과의 인터뷰에서.

25 우리는 장소 지향적인 프로그램(예를 들어 파벨라, 불법점유지, 혹은 공공주택 등에 초점을 맞춘 장소 개선 프로그램), 빈곤층 지향적인 프로그램(거주하는 지역에 상관없이 빈곤도를 측정해 빈곤층에게 조건부로 현금을 지급하는 프로그램), 일반적인 프로그램(예를 들어 최저임금 인상이나 시민 모두에게 신용대출이 가능하게 하는 방법 등으로, 이는 우리가 연구한 연구대상자들에게도 영향을 미치는 프로그램) 등의 시작 시기와 실행의 지연 기간을 조사했다.

26 소득은 생애사 매트릭스의 변수에 포함되지 않았는데, 이는 앞선 연구에서 소득에 대한 정확성, 신뢰성, 유효성 등의 문제가 발생했기 때문이다.

27 연도별로 표본집단의 구성원이 바뀌었다. 1960년부터 2003년까지 새로운 사람들이 (그들이 16세가 되면) 표본집단에 추가되었고 (32세가 된 사람들은) 표본집단에서 빠졌다. (어느 해든 주제별 구성원이 50인 이하가 되면 우리는 연속 연구를 중단했다.) 우리는 16세 이후 첫 번째 직업을 갖기 시작한 이후부터 2003년까지 직업의 변화 상태를 추적하는 생애사 매트릭스를 이용했다.

28 Granovetter(1983).

11장

1 Perlman(1976); Burgos(1998); Valla(1985).

2 Turner(1972).

3 Ryan(1971).

4 Abrams(1964; 1965); Turner(1968; 1969; 1972); Turner and Fichter(1972); Leeds and Leeds (1970); Parisse(1969); Peattie(1968); Perlman(1975).

5 미국에서는 도심의 슬럼 지역을 철거하고 거주민을 대규모의 공공주택으로 이주시키는 사업이 실시되었으며, 이는 매우 많은 문제를 낳았다. 심지어 훌륭한 사례로 수상 경력까지 있는 프로젝트인 세인트루이스의 푸르잇이고(Pruit Igo), 시카고의 카브리니그린(Cabrini Green) 지역도 결국에는 철거되었다.

6 더 심도 있는 토론은 Pierce(2008)를 참조. 최근 이루어진 불량주택지구 철거는 다음을 참조. www.google.com/search?sourceid=navclient&aq=3h&oq=&ie=UTF-8&rlz=1T4SUNA_enUS253US255&q=squatter+eviction(검색일: 2009년 7월 23일).

7 변화가 이루어지게 된 데에는 세 가지 요인이 작용했다. 첫 번째는 차가스 프리타스(Chagas Freitas) 주지사가 이스라엘 끌라빙 시장을 지명한 것이다. 프리타스 주지사는 독립적인 성향의 주지사로, 파벨라 철거에 대해 반대 의견을 밝혀 왔다. 끌라빙 시장은 지역사회발전사무국을 설치했는데, 빈곤층을 돕는 목적을 지닌 부서로서는 리우데자네이루 시청에 처음으로 설치된 사례였다. 두 번째는 쁘로모라르(Promorar) 프로그램의 창설이었다. 이 프로그램은 브라질의 마지막 독재자인 주어웅 피게이루(João Figueiredo) 시절에 전국적으로 실시된 것으로, 구아나바라 만 지역에 위치한 마레(Mare) 파벨라의 불량주택들을 개선하는 프로그램인 "리우데자네이루 프로젝트"에 연방정부가 재정적 지원을 했다. 가장 덜 알려진 세 번째 요인은 리우데자네이루 파벨라에의 전기 지원 사업으로, 리우데자네이루 지역에 전기를 공급하고 있는 캐나다와 브라질 합작 전기회사(Servicos de Eletricidade)에 의해 이루어진 사업이다. 파벨라의 지도자들에게 이 사업은 파벨라를 지도상에 표기하고 전기회사의 새로운 고객들을 조직했다는 점에서 하나의 기준점이 되었다. 그 누구보다도 마을의 지리를 잘 알고 있는 그들은, 준비 과정에서 임원단으로 선출되었으며, 이후 마을을 이끄는 지도자들이 되었다(2008년 1월 7-8일 마리오 브룸과의 인터뷰에서. 파벨라의 정치적 리더십에 대한 상세한 사항은 Brum 2006을 참조).

8 이러한 부조화를 잘 나타낸 도표는 1987년 발간된 나의 논문 "Misconceptions of the Urban Poor and the Dynamics of Housing Policy Evolution"에서 볼 수 있다.

9 세 개의 CODESCO 파벨라는 마따마차두(Mata Machado), 모후우니앙(Morro Uniao), 브라스

지삐나였다. 이 프로그램에서 일했던 이들로는 Silvio Ferraz, Carlos Nelson, Silvia Wanderley, Gilda Blank, Olga Bronstein 등이 있다. CODESCO에 대한 자세한 내용은 Santos(1971; 1980; 1981; 1983); Santos and Bronstein(1978); Blank(1980); Perlman(1976b)도 참조.

10 공식 통계에 의하면 2005년 12월 24일 현재 리우데자네이루 주의 공공주택국에서는 200 개의 꽁중뚜, 131,615동의 공공주택, 22,306개의 부지를 관할하고 있다. 약 70만 명의 인 구가 이 프로그램의 혜택을 받고 있다. CEHAB-RJ의 프로그램 현황(Cadastro de Empreend imentos), 주택계획국 등을 참조. Favela tem Memoria의 웹사이트(www.favelatemmemoria. com.br/)를 참조.

11 Della Cava(1988); McCann(2008)을 참조.

12 첫 번째 위기는 최초의 선출직 시장이었던 사투르니누 브라가(Saturnino Braga, 1985) 시 기에 찾아왔다. 그는 자신의 임기 시에 주지사였던 모레이라 프랑꾸(Moreira Franco)와 사 이가 매우 좋지 않았고 시의회 의장이었던 리오넬 브리졸라 역시 주지사와 한통속이었 다. 주정부는 도시정부에게 재정지원을 거부했고 시의회 역시 시정부의 재정지출에 대 해 사사건건 반대를 했다. 따라서 도시 프로젝트들이 중지될 수밖에 없었다. 또한 1988년 일어난 거대한 홍수로 파벨라의 주택 수백 채가 파괴되고 많은 사람이 사망했다. 이후 도 시 재정 대부분이 홍수로 인한 재해 지역의 정리, 복구, 임시 거주지 마련 등으로 사용되 었다.

13 재녹화 프로그램에 관한 연구로는 마를린 페르낭지스(Marlene Fernandes)의 "Reforesta- tion in Rio's Favelas, Rio de Janeiro, Brazil"가 있으며 자세한 사항은 메가시티 프로젝트 웹 사이트(www.megacitiesproject.org/publications_environment.asp)에서 볼 수 있다.

14 파벨라-바이후 프로그램이 처음 시작되었을 당시 시장은 세사르 마이아(Cesar Maia)였으 며, 도시계획국장은 루이스 빠울루 꽁지(Luiz Paulo Conde)였고, 주택국장은 세르지우 마 가야네스(Sergio Magalhães)였다. 사회복지국장은 완다 엥겔 아주안(Wanda Engel Aduan) 이었으며 프로젝트 책임자는 루 삐떼르셍(Lu Petersen)이었다. 루는 CODESCO 이후 모 든 파벨라 개선 프로그램에 참여해 왔다.

15 관찰, 참고문헌, 인터뷰, 그리고 가장 최근에는 2009년 7월 22일에 이루어진 조제 브라카 르스와의 심층 인터뷰에서 얻은 자료 등은 파벨라-바이후에 관한 섹션과 그로 인해 이루 어진 프로그램들, 그리고 연구 3기의 플랜들에 영향을 주었다. 미주개발은행 도시개발부 의 선임연구원인 조제 브라까르스는 초기부터 파벨라-바이후 프로그램을 추진해 왔다. 더 자세한 사항은 Brakarz(2002); Vianna(2005)를 참조.

16 셀룰라 우르바나에 관한 자세한 내용은 Petersen(2003)을 참조. 바우하우스 그룹과의 협 정은 1991년과 2001년에 체결되었다. 2009년 프로그램이 주정부에 추진되었는데, 이는

다른 대규모 파벨라들의 환경을 개선하는 사업이었다. 그에 대한 자본은 연방정부가 제공했고, 정당 소속 문제 때문에 시장인 에두아르두 빠이스보다는 주지사인 세르지우 까브라우(Sergio Cabral)가 주로 일을 맡았다.

17 자료는 2009년 7월 19일자 "O Globo"이다. 논문 전문을 보려면 oglobo.globo.com/rio/mat/2009/07/18/cidade-do-rio-ja-tem-mais-de-mil-favelas-756879298.asp 참조.

18 다른 곳에서 '최선의 행위'에 대한 위험과 함정에 대해 좀 더 자세하게 기술하고 도시 혁신의 생애주기에 대해 이야기한 적이 있다(Perlman and Sheehan, 2008). 혁신의 생애주기에 대해서는 Yin(1981)을, 혁신의 생애주기의 거대 도시 적용은 Hopkins(1994)를 참조.

19 인터뷰는 2004년 6월 도시환경국장인 알프레도 시르키스(Alfredo Sirkis)와 실시했는데, 그는 당시 프로젝트 디렉터인 따니아 까스뜨루와 함께 몇몇 POUSOs를 현장 방문했다.

20 흐름의 공간과 장소의 공간에 관한 구분은 Castells(1993)를 참조했다.

21 좀 더 자세한 내용은 Lasker and Guidry(2009)를 참조.

22 보우사 파밀리아에 관한 자세한 내용은 Lavinas et al.(2008); www.ric.org/iniciativa/pdf/wp7.pdf를 참조.

23 2007년 리우데자네이루 시의 인구는 620만 명, 137만 가구로 그중 3분의 1가량이 빈곤 상태로 살아가고 있었다. 2009년 5월 페레리아빠쑤스재단(Instituto Perreira Passos)의 페르낭두 까발리에리(Fernando Cavaliere)와의 인터뷰.

24 Abers(1998)를 참조하고 그녀가 이후 이 주제에 대해 다룬 많은 저서들도 참조.

25 여러 국가로 구성된 네트워크를 통한 참여 예산의 확대에 대해서는 Cabbanes(2004)를 참조. 그는 이 네트워크를 구성하는 데 주요한 역할을 했고 2004년 밴쿠버에서 열린 세계도시포럼에 시장들을 초대했다.

26 PAC에 대한 자세한 내용은 www.brasil.gov.br/pac/와 www.vivafavela.org.br.를 참조.

27 노바브라질리아의 입구 근처에 위치한 이따오까 대로(Avenida Itaoca)에는 모후지알레머웅(Morro de Alemâo) 마약상들의 폭력으로부터 도망쳐 나온 수십, 수백의 가구들이 버려진 공장에서 수돗물이나 전기도 없이 살고 있다. 특히 언덕의 맨 꼭대기에 살던 극빈층 가구들이 이러한 공장 지구로 이주해 가는 경우들이 많은데, 이들은 등하교나 출퇴근 시에 매우 위험한 언덕을 오르내리기 때문이다. 이러한 공장 지구는 꽁중뚜에 살던 사람들에게도 매우 좋은 장소인데, 이러한 지역은 도시의 다른 지역에 섞여 살기에 매우 좋은 곳이기 때문이다.

28 2009년 6월 3일, 수요일자 "Business News Americas"(www.bnamericas.com/ . . . /Study: and www.bnamericas.com/ . . . /Govt)를 참조.

29 공공정책의 아젠다 수립과 관련된 존 킹던의 사례 연구에서는 이러한 기회의 창을 예측하는 것과 다음과 같은 상황에 대응할 수 있는 것이 매우 중요하다는 것을 보여 주고 있다. 즉, ① 일반적인 공공 부분에 대해 준비가 되고 관심을 갖고 있어야 하며, ② 이미 서류화된 문제 및 보류 중인 문제에 관한 믿을 수 있는 해결책, ③ 적절한 의사결정자를 알고 있으며 믿을 수 있는 해결책이 어디에 있는지를 알고 있는 중개인은 정치적 과정의 흐름에서 그토록 좁은 기회의 창의 기간 동안 해결책을 찾거나 핵심 인물에게 해결책을 구해다 줄 수 있는 사람이다(Kingdon, 1984).

30 www.mega-cities.net에서는 그러한 혁신의 이전과 관련된 40개의 사례연구와, 그러한 교환에서 중개인을 어떻게 사용했는지 방법론을 제시하고 있다. 그 사례연구들은 한 지역의 모델을 다른 지역에 적용하고자 하는 기구들이 아니라 마을 현실에 대한 해결책을 적용시키기를 원한 마을들에 관한 연구들이다.

31 보스톤에서 이루어진 도시재생의 사례에서 나타난 "잃어버린 고향을 그리워하기"는 Fried(1963)를 참조.

32 나는 남부 지구에 위치한 파벨라를 하나 선택해 '조건법적' 추측을 테스트해 보기로 했다. 그 파벨라는 1970년대 까따꿍바와 비슷한 곳으로, 한 가지 차이점이 있다면 그 파벨라는 까따꿍바와 달리 철거되지 않았다는 점이다. 선정한 후 예전 까따꿍바 주민들의 생애사 및 현재 생활 형편을 남부 지구 파벨라 주민과 비교하고자 했다. 나는 이 비교를 짝을 지어서 해보고자 했는데, 마을 전체의 프로필 뿐 아니라 거주민의 나이, 성별, 인종, 교육 수준 등을 짝을 지어서 비교해 보고자 했다. 그러나 이 작업을 시작하고 나서 신뢰할 만한 결과를 도출할 수 있는 유사 실험 설계를 할 방법이 없다는 점을 깨달았다. 비교 대상이 될 만한 마을도 선정하기가 쉽지 않았다. 마을의 역사, 위치, 정치적 관계, 그리고 다른 요인들은 뚜렷한 결론에 도달할 수 있지만 이 결론들은 철거 및 이전 문제와는 별 연관이 없는, 의심스러운 것들이었다.

33 Wheatley(2009)가 쓴 나의 집, 나의 삶(Minha Casa, Minha Vida)에 대한 글들을 참조.

34 2008년 9월과 2009년 10월 실시한 완다 엥겔 아주안과의 인터뷰. 아주안의 의견을 좀 어 자세히 알고 싶다면 Aduan(2006)을 참조.

35 방어 공간에 대해 자세히 알고 싶다면 Newman(1972)을 참조.

36 각 지점의 코어 주택 중에는 위치와 서비스를 체험할 수 있는 경우들이 있는데, 이들 주택들은 새로이 도착한 이주민들에게는 너무 비싸고 파벨라 주민들이 살기에는 너무 멀리

떨어져 있으며 너무 좁다. 이 프로젝트에서는 가격을 낮추기 위해서 각 주택의 한 가운데 에 전기와 수도관을 모아 놓는 형태로 설계를 했다.

37 2008년 9월 리우데자네이루 주 법무부의 연구실장인 아를린두 다이베르치(Arlindo Daibert)와의 인터뷰.

38 2009년 1월 26일 *Newsletter Favelao*에 실린 저자와의 대화, 마리우 부룸이 씀.

39 Soto(2000).

40 Kristof(2009). 다큐멘타리 영화 <Garbage Dreams>는 카이로의 Zataleen 지역에 대해 이러 한 점을 지적하고 있다.

41 브라질의 학교들은 2부제를 실시하고 있다. 즉, 학생들은 오전반이나 오후반에 수업을 듣 는다. 수업이 없는 오전이나 오후 동안은 할 일이 별로 없기 때문에 학생들은 자칫하면 학 교를 아예 그만두거나 나쁜 일에 휘말릴 가능성이 높아진다. 리우데자네이루 주지사로 재임할 당시 브리졸라는 2부제 대신 학생들을 하루 종일 학교에서 돌보면서 급식, 학교 시설, (어떤 학생들에게는 하루 중 유일하게 제대로 된 식사가 될 지도 모르는) 점심 식사, 샤워장을 갖춘 라커룸, 기본적인 의료서비스 등을 제공하는 프로그램인 CIEPS를 실시하 려 했다. 새 학교 건물은 현대적인 디자인으로 지어졌는데, 이는 저소득층 아이들도 도시 의 다른 지역 아이들이 받고 있는 교육 혜택을 받게 되었음을 상징했다.

42 2009년 1월 11일 브라이언 잉글리시(Brian English)와의 개인적인 연락. LabourNet은 CHF International에서 확대 프로그램을 하는 회사 중 하나이다.

43 피터 홀(Peter Hall)은 1979년 대처 정부 시절에 싱가포르와 홍콩의 자유무역지구를 보고 이 개념을 발전시켰으며 이 개념은 뉴욕 주의 하원의원인 잭 켐프(Jack Kemp)에 의해 같 은 해에 채택되었다.

44 작업의 일부는 비영리 기구인 노동사회연구소(Instituto de Estudos do Trabalho e Sociedade) 의 지원하에 지속되었다. 이 연구소는 우라니(Urani)가 공직에서 은퇴한 후 창립한 것이다.

45 이러한 혁신 이전의 사례 연구 및 그로 인한 교훈, 그리고 빈곤과 환경의 결합에 관한 상세 한 사항에 대해서는 "환경 정의: 대도시의 사례들"(www.mega-cities.net)을 참조.

46 Kolbert(2009).

47 Jones(2008).

48 나는 자원 보존 도시라는 개념을 캘리포니아대학교 의 도시 및 지역 개발학과의 교수이 자 나의 동료인 리처드 마이어 교수로부터 처음 들었다. Meier(1974)를 참조.

49 Jeff Zimbalist와 Matt Mochary가 2005년 감독한 작품.

50 Neate(2003, 199-200)에서 인용. Neate and Platt(2006; 2010)도 참조.

51 리우데자네이루 시의 공공 안전 코디네이터(1999-2000)와 브라질 공공 안전부 장관 (2003)을 역임한 루이스 에두아르두 수아레스는 인류학자이자 대학교수로, 노바이구아 수 지역의 공공 안전 싱크 탱크를 운영했으며 최근에는 노바이구아수 지역의 폭력예방 국장을 지냈다. 그가 만든 영화인 <특별한 전쟁에 대한 소식>(Noticias de uma guerra particular)과 그의 저서인 『군중의 우두머리』(Elite da Tropa)를 영화화한 한 <우두머리의 군 중>(Tropa de elite)은 이 분야에 대한 논쟁에서 주요한 논점을 제공해 준다. 그는 또한 MV Bill, Celso Athayde와 함께 『돼지 머리』(Cabeca de Porco, 2005)를 집필했다. 2005년 7월 6일 루이스 에두아르두 수아레스와의 인터뷰에서 이야기한 부분은 Dreams Can Be Foundation의 웹사이트(www.dreamscanbe.org/controlPanel/materia/view/433)에서 볼 수 있다.

52 이 주제에 대한 더 자세한 사항은 Caldeira and Holston(1999); Leeds(2007); Cano and Santos(2001); Marino(2008) 등을 참조.

53 Polis(2002); Fernandes(2007)를 참조.

54 Pieterse(2007); Kihato et al.(2006)을 참조.

55 2009년 3월 개인적인 접촉을 통해 이루어졌음.

56 Perlman in Susskind(1983).

57 "권력과 마을 만들기"에 관한 상세한 사항은 Perlman(1976a; 1978; 1979; 1983a; 1983b) 등을 참조.

58 Altshuler and Zegans(1990).

59 바운가족센터(Vaughn Family Center)에 관한 더 자세한 사항과 뉴욕 및 로스앤젤레스의 저소득계층 지구에서 이루어진 사회계층 상승 프로그램에 관한 상세한 사항은 Perlman and Hopkins(1997)를 참조.

60 Perlman(1990).

61 마누엘 까스뗄스(Manuel Castells)가 1977년에 출간한 동일한 제목의 역작을 참조.

62 조사 방법에 관한 상세한 사항은 Global Leaders' Survey(www.mega-cities.net)를 참조.

12장

1 니우똥은 내가 까따꿍바에 살 당시, 그 마을에서 가장 똑똑하고 학력이 높은 사람 중 하나였다. 내 연구에 대해 대부분 이해하고 있었고, 가장 도움이 되었다. 현재는 구아뽀레의 꽁중뚜 바로 옆에, 자신이 직접 지은 집에서 살고 있다.

2 앵글로-노르만계 프랑스어인 genterie에서 기원했지만 영어의 젠트리(gentry)와 브라질에서 사용하는 젠치(gente)는 다른 의미로 사용된다. 옥스퍼드 영어사전에 의하면 "gentry"라는 단어는 "상당한 사회적 지위를 지닌 사람"을 일컫는 말로, "상류지주계층"처럼 "지위, 신분, 계급 등이 높은 사람"을 의미한다. 브라질 포르투갈어에서는 부유함과는 상관없이 "사람", "가치 있는 이"를 의미한다. 더 많은 정의를 보려면 Collins English-Portuguese, Portugues-Ingles Dictionary (New York: HarperCollins, 2001), 165를 참조.

3 Bourgois(1995).

4 Zakaria(2009, 42)를 참조.

5 2005년 7월 6일 실시된 루이스 에두아르두 수아레스와의 인터뷰는 Dreams Can Be Foundation의 웹사이트(www.dreamscanbe.org/controlPanel/materia/view/433)에서 확인할 수 있다. 수아레스는 다큐멘터리인 <특별한 전쟁으로부터의 소식>(Noticias de uma guerra particular)에서 경찰과 마약상 간의 공모 관계를 밝혔으며, 마약상들과 마찬가지로 대부분 하류 계층 출신인 경찰관들도 살해되기 쉽다는 사실도 밝혔다.

6 브라질 인류학자인 호베르뚜 다 마따(Roberto da Matta)는 현재는 유명해진 작품인 『당신이 누구랑 얘기하고 있는지 아나요?』(Voce sabe com quem esta falando?)를 1979년도에 발표했다.

7 Goffman(1959)을 참조.

8 이 리스트는 "부유하고 가난한 건 마음먹기 나름"(Pobre e Rico na cabeca das pessoas)이라는 차트에서 가져온 것으로 이 차트는 유니레버 사를 위한 FGV 의견 조사(2003)의 일부이다 (Neves 2003, 79).

9 Neate(2003, 191-92)에서 인용했다.

10 Soares(2005).

11 Dagnino(1998).

12 Telles(1994).

13 Rohter(2007). Ralph Ellison은 1952년 그의 소설을 "보이지 않는 사람"이라고 했다.

14 2008년 6월 11일 CNN, London과의 인터뷰에서 라라 파라르(Lara Farrar)가 "슬럼이 미래의 도시 세계에 대한 놀랄 만한 희망을 제공한다"고 했다(CNN.com).

15 Kingstone(2003).

16 Ludemir(2004).

17 Caldeira(2000).

18 파벨라 의자(www.mossonline.com/product-exec/product_id/31681, 2008년 4월 16일 접속). 이미지는 디자이너의 허락하에 게재함.

19 포르투갈어 가사는 유튜브의 <Favelas do Brazil>에서 확인할 수 있음.

20 스튜어트 브랜드(Stewart Brand)와 로버트 뉴위스(Robert Neuwith)의 CNN 인터뷰를 참조. 브랜드는 1968~72년 발행된 비정기 간행물인 『지구 백과』(*Whole Earth Catalogue*)의 발행인이며 장기적인 문제에 관심을 기울이는 "긴 현재 재단"(Long Now Foundation)을 운영하고 있다. 2005년 현재, 뉴위스는 언론인이자 작가로 활동하고 있다.

21 Sanneh(2009, 28)에서 인용.

22 이는 내가 전 세계의 불법거주지에 대해 실시한 연구와 일치한다. 하위 20퍼센트 계층은 자조프로그램에 참여하기에는 너무 빈곤하고, 너무 늙었고, 몸이 아프다. 그들은 주택 융자나 소상공인 창업 지원보다는 사회적 지원이나 금전적 지원이 더욱 절실하다. 리우데자네이루의 사례 연구에서도 자신들의 삶이 "기대했던 것보다 훨씬 나쁘다"는 반응을 보인 계층으로 전체의 약 20퍼센트를 차지한다.

23 제10장의 미주 24번과 Cassidy(2006)를 참조.

24 낸시 버드셀과 캐롤 그레이엄은 라티노지표(LatinoBarometro)에서 실시한 정기적인 조사에서 10단계 사다리 기법을 사용했다. Birdsall and Graham(2000, 234-248) 참조.

25 Graham and Pettinato(2001)를 참조.

26 불평등과 (사회적) 이동성에 관한 논의는 Gacitua-Marió and Woolcock(2008)을 참조.

27 Turner(1972)는 리마와 산티아고의 이주민 주거 패턴을 묘사하면서 "교두보"라는 용어를 사용했다.

부록

1 생애사에 대한 자료의 수집, 분석, 활용에 관해서는 Balan, Browning, Jelin, and Lee(1969, 105-120)를 참조.

2 Birdsall and Graham(2000).

3 나는 조사 도중 죽을 뻔한 경험도 있다. 어느 일요일, 노바브라질리아의 마을공동체 역사의 참여적 복원 과정에 참여하기로 한 주민들을 기다리고 있었다. 주민회관에서 일요일에 모임을 갖기로 미리 승인을 받아 놓은 상태였는데, 모임이 시작되기를 기다리고 있던 중, 30년 전 찍었던 똑같은 장소를 카메라에 담아봐야겠다는 생각이 들었다. 그러나 이내 총기를 소지하고 화가 난 젊은 청년들이 나를 둘러싸고는 내 카메라를 빼앗으려 했다. 아마도 나도 모르는 사이 촬영해서는 안되는 지역을 카메라로 찍었던 모양이다. 마침 마을 주민 두 분이 모임에 오는 도중에 나를 발견했기에 함께 주민회관으로 가서 주민회의 대표에게 자초지종을 설명해 줄 것을 부탁했다. 무장한 젊은이들은 카메라 대신 촬영된 필름만을 가져갔다. 그러나 모임이 열리는 여섯 시간 동안 그 젊은이들이 밖에서 나를 감시했고, 모임이 끝난 후 나는 허겁지겁 택시를 잡아 그곳을 떠났다.

4 Moser(1996).

5 손자 세대에서만 피부색이 밝을수록 SES 지수 간의 상관관계가 나타났지만 피부색의 밝기와 여타 결과변수 간의 유의미한 관계는 나타나지 않았다. 리우데자네이루 시의 모든 지역을 대상으로 할 경우에는 상관관계가 매우 높게 나타났다.

6 "운명론"에는 다음의 질문들도 포함되었다. 종교를 믿지 않고도 선한 사람이 될 수 있는가? 부부들은 자녀의 수를 제한해야 하는가 아니면 임신한 아이는 모두 낳아야 하는가?

7 질문들은 다음과 같았다. 향후 5년간 (브라질에서의, 리우데자네이루에서의, 당신의 마을에서의, 당신 자신의) 삶이 많이 개선될 것이라고, 혹은 약간 나아질 것이라고, 혹은 약간 악화될 것이라고, 혹은 많이 나빠질 것이라고 생각하십니까? 긍정 지수는 각각의 긍정적인 응답(약간 나아지거나 많이 개선되거나)을 각각 1점씩으로 계산했다.

8 네트워크의 결합도는 다음과 같은 방식으로 측정되었다. 인터뷰 대상자의 가장 가까운 가족구성원 네 명의 지리적 접근도를 측정한다. 가족구성원 중 3-4명이 인터뷰 대상자와 같은 커뮤니티에 거주하고 있으면 내부 네트워크가 "높음"이고, 1-2명만이 같은 커뮤니티 내에 거주하면 네트워크의 정도가 낮은 것으로 측정하며, 인터뷰 대상자의 가까운 가족과 친구가 모두 커뮤니티 밖에 거주하면 내부 네트워크가 없다고 측정하는 것이다. 내부 네트워크와 외부 네트워크 간에는 부의 유의미한 상관관계가 나타난다. Granovetter(1973) 참조.

Abers, Rebecca. 1998. "Learning Democratic Practice: Distributing Government Resources through Popular Participation in Porto Alegre, Brazil." Mike Douglass and John Friedmann eds. *Cities for Citizens: Planning and the Rise of Civil Society in a Global Age.* Chichester, UK: Wiley.

Abramo, Pedro. 2001. *Mercado e Ordem Urbana: Do Caos à Teoria Da Localização Residencial.* Rio de Janeiro: Bertrand Brasil.

_____. 2003a. "Eu Já Tenho Onde Morar: A Cidade da Informalidade." Pedro Abramo and Suzana Pasternak Taschner eds. *A Cidade da Informalidade: O Desafio das Cidades Latino-Americanas.* Rio de Janeiro: Livraria Sette Letras: FAPERJ.

_____. 2003b. *Mobilidade Residencial no Rio de Janeiro: Considerações Sobre o Setor Formal e Informal do Mercado Imobiliário.* Rio de Janeiro: Federal University of Rio de Janeiro.

_____. 2003c. "Uma Teoria Economica Da Favela: Elementos Sobre o Mercado Imobiliario Informal Em Favelas a Mobilidade Residencial Dos Pobres." Pedro Abramo and Suzana Pasternak Taschner eds. *A Cidade da Informalidade: O Desafio das Cidades Latino-Americanas.* Rio de Janeiro: Livraria Sette Letras: FAPERJ.

Abramo, Pedro and Suzana Pasternak Taschner eds. 2003. *A Cidade da Informalidade: O Desafio das Cidades Latino-Americanas.* Rio de Janeiro: Livraria Sette Letras: FAPERJ.

Abrams, Charles. 1964. *Man's Struggle for Shelter in an Urbanizing World.* Cambridge, MA: MIT Press.

_____. 1965. *The City Is the Frontier.* New York: Harper and Row.

Abu-Lughod, Janet L. 1994. "The Battle for Tompkins Square Park." Janet L. AbuLughod ed. *From Urban Village to East Village: The Battle for New York's Lower East Side.* Oxford: Blackwell.

Aduan, Wanda Engel. 2006. "The Elusive Quest for Equality: Interview with Wanda Engel Aduan." *IDBAmérica: Magazine of the Inter-American Development Bank* [database online]. www.iadb.org/idbamerica/index.cfm?thisid=3865(검색일: 2009년 3월 5일).

Alinsky, Saul David. 1969. *Reveille for Radicals.* New York: Vintage Books.

_____. 1971. *Rules for Radicals: A Practical Primer for Realistic Radicals.* New York: Random House.

Altshuler, Alan and Marc Zegans. 1990. "Innovation and Creativity: Comparisons between Public Management and Private Enterprise." *Cities* 7 (1) (2).

Alvarez, Sonia E. 1993. ""Deepening" Democracy: Popular Movement Networks, Constitutional Reform, and Radical Urban Regimes in Contemporary Brazil." Robert Fisher and Joseph M. Kling eds. *Mobilizing the Community: Local Politics in the Era of the Global City.* London: Sage.

Arantes, Otilia Beatriz Fiori, Carlos B. Vainer, and Ermínia Maricato. 2000. *A Cidade do Pensamento Único: Desmanchando Consensos.* Petrópolis, Brazil: Editora Vozes.

Arias, Enrique Desmond. 2006a. "The Dynamics of Criminal Governance: Networks and Social Order in Rio de Janeiro." *Journal of Latin American Studies* 38 (2).

_____. 2006b. "Trouble en Route: Drug Trafficking and Clientelism in Rio de Janeiro Shantytowns." *Qualitative Sociology* 29 (4).

Auletta, Ken. 1982. *The Underclass.* New York: Random House.

Auyero, Javier. 1997. "Wacquant in the Argentine Slums: Comment on Loic Wacquant's "Three Pernicious Premises in the Study of the American Ghetto"." *International Journal of Urban and Regional Research* 21 (3).

Balan, Jorge, Harley L. Browning, Elizabeth Jelin, and Lee Litzler. 1969. "A Computerized Approach to the Processing and Analysis of Life Histories Obtained in Sample Surveys." *Behavioral Science* 14 (2).

Barrionuevo, Alexei. 2008. "Rio Slum, Armed Militia Replaces Drug Gang's Criminality with Its Own." *New York Times,* June 13.

Barros, Ricardo Paes de, Ricardo Henriques, and Rosane Mendonça. 2001. *A Estabilidade Inaceitável: Desigualdade e Pobreza no Brasil.* Rio de Janeiro: Instituto de Pesquisa Econômica Aplicada.

Batista, Nilo. 1998. "Politica Criminal Com Derramamento De Sangue." *Discursos Sediciosos: Crime, Direito e Sociedade* 3 (5-6).

Bearak, Barry. 2004. "Poor Man's Burden." *New York Times Magazine,* June 27.

Bessis, Sophie and Roskilde Symposium. 1995. *From Social Exclusion to Social Cohesion: A Policy Agenda: The Roskilde Symposium,* 2-4 March. Paris: UNESCO.

Birdsall, Nancy and Carol Graham. 2000. *New Markets, New Opportunities? Economic and Social Mobility in a Changing World.* Washington, DC: Carnegie Endowment for International Peace: Brookings Institution Press.

Blank, Gilda. 1980. "Brás De Pina: Experiência De Urbanização De Favela." Licia do Prado Valladares ed. *Habitação em questão.* Rio de Janeiro: Zahar Editores.

Blofield, Merike. 2007. *Proposal for the Observatory on Inequality in Latin America. Mimeograph.* Miami: Center for Latin American Studies, University of Miami.

Bourgois, Philippe I. 1995. *Search of Respect: Selling Crack in El Barrio.* Cambridge: Cambridge University Press.

Bourguignon, François, Francisco H. G. Ferreira, and Phillippe G. Leite. 2002. *Ex-ante Evaluation of Conditional Cash Transfer Programs: The Case of Bolsa Escola.* Washington, DC: World Bank.

Bourguignon, Francois, Francisco H. G. Ferreira, and Marta Menendez. 2003. *Inequality of Outcomes and Inequality of Opportunities in Brazil.* Washington, DC: World Bank Development Economics Office of the Senior Vice President and Chief Economist and Development Research Group Poverty Team.

Brinks, Daniel M. 2006. "The Rule of (Non)Law: Prosecuting Police Killings in Brazil and Argentina." Gretchen Helmke and Steven Levitsky eds. *Informal Institutions and Democracy: Lessons from Latin America.* Baltimore: Johns Hopkins University Press.

Brum, Mario Sergio Ignácio. 2006. "O Povo Acredita Na Gente: Rupturas e Continuidades no Movimento Comunitário Das Favelas Cariocas Nas Décadas de 1980 e 1990." Master's thesis, Universidade Federal Fluminense.

Burgos, Marcelo Baumann. 1998. "Dos Parques Proletários Ao Favela-Bairro: As Políticas Públicas Nas Favelas do Rio de Janeiro." Alba Zaluar and Marcos Alvito eds. *Um século de favela.* Rio de Janeiro: Fundação Getúlio Vargas Editora.

_____. 2002. *A Utopia da Comunidade: Rio das Pedras, uma Favela.* Rio de Janeiro: Editora PUC, Ediçónes Loyola.

Cabbanes, Yves. 2004. "Participatory Budgeting: A Significant Contribution to Participatory Democracy." *Environment and Urbanization* 16 (April).

Caldeira, Teresa P. R. 2000. *City of Walls: Crime, Segregation, and Citizenship in São Paulo.* Berkeley: University of California Press.

Caldeira, Teresa P. R. and James Holston. 1999. "Democracy and Violence in Brazil." *Comparative Studies in Society and History* 41 (4).

Cano, Ignacio. 2004. *O Impacto Da Violência Em Rio de Janeiro.* Rio de Janeiro: Universidade do Estado do Rio de Janeiro.

_____. n.d. *Police Oversight in Brazil.* Working paper. Rio de Janeiro: UERJ. www .altus.org/pdf/b_ic_en_pdf.

Cano, Ignacio and Nilton Santos. 2001. *Violência Letal, Renda e Desigualdade no Brasil.* Rio de Janeiro: 7 Letras.

Caplovitz, David. 1963. *The Poor Pay More: Consumer Practices of Low-income Families.* New York: Free Press of Glencoe.

Cassidy, John. 2006. "Relatively Deprived: How Poor Is Poor?" *New Yorker,* April 3.

Castañeda, Jorge G. 2006. "Latin America's Left Turn." *Foreign Affairs* 85 (3).

Castells, Manuel. 1977. *The Urban Question: A Marxist Approach.* Cambridge, MA: MIT Press.

_____. 1993. "Why the Megacities Focus? Megacities in the New World Disorder." Paper presented at the seventh annual Mega-Cities Coordinators meeting, Jakarta, August 1-9. www.mega-cities.net, *Environmental Justice* for full text.

_____. 1997. *The Power of Identity.* Malden, MA: Blackwell.

_____. 2000. *The Rise of the Network Society. Vol. 2.* Malden, MA: Blackwell.

Cavalcanti, Mariana. 2007. "Of Shacks, Houses, and Fortresses: An Ethnography of Favela Consolidation in Rio de Janeiro." Ph.D. diss., University of Chicago.

Cavallaro, James and Anne Manuel. 1997. *Police Brutality in Urban Brazil.* New York: Human Rights Watch.

Cavallieri, Paulo F. A. 2003. *The Situation of Children and Adolescents in the Complexo do Alemão.* UNICEF.

_____. 2005. "Favelas in Rio: Data and Changes." IPP [online database]. www.citiesalliance. org/doc/features/slum-electrification-workshop/favelasrio.pdf(검색일: 2009년 3월 1일).

Central Intelligence Agency. 2009. *The World Factbook 2009*.

Centro de Promoção da Saude(CEDAPS). 2003. *The Situation of Children and Adolescents in the Complexo da Alemão.* New York, UNICEF publication.

Cerrutti, Marcela and Rodolfo Bertoncello. 2003. Urbanization and Internal Migration Patterns in Latin America. Paper presented at conference "African Migration in Comparative Perspective," Johannesburg, South Africa, June 4-7.

Chandra, Nayan. 2007. *Bound Together: How Traders, Preachers, Adventurers, and Warriors Shaped Globalization.* New Haven: Yale University Press.

Dagnino, Evelina. 1998. "Culture, Citizenship and Democracy: Changing Discourses and Practices in the Latin American Left." Sonia E. Alvarez, Evelina Dagnino, and Arturo Escobar eds. *Cultures of Politics, Politics of Cultures: Re-visioning Latin American Social Movements.* Boulder, CO: Westview Press.

_____. 2003. "Citizenship in Latin America: An Introduction." *Latin American Perspectives* 30 (2).

da Matta, Roberto. 1979. *Você sabe com quem está falando?, in Carnavais, Malandros e heróis.* Rio de Janeiro, Zahar Editores.

de la Rocha, Mercedes Gonzalez. 2001. "From the Resources of Poverty to the Poverty of Resources? The Erosion of a Survival Model." *Mexico in the 1990s: Economic Crisis, Social Polarization, and Class Struggle.* Special issues, pt. 2. *Latin American Perspectives* 28 (4, July).

Della Cava, Ralph. 1988. "The Church and the *Abertura* in Brazil, 1974-1985, Working Paper #114." Queens College, the City University of New York, November.

De Souza, Marcelo Lopes. 2005. "Urban Planning in an Age of Fear: The Case of Rio de Janeiro." *International Development Planning Review* 27 (1).

Desai, Raj M. and Wolfensohn Center for Development. 2007. *The Political Economy of Poverty*

Reduction: Scaling Up Antipoverty Programs in the Developing World. Washington, DC: Wolfensohn Center for Development at the Brookings Institution.

Diamond, Larry Jay. 2005. "Empowering the Poor: What Does Democracy Have to Do with It?" Deepa Narayan-Parker ed. *Measuring Empowerment: Cross-disciplinary Perspectives.* Washington, DC: World Bank.

Dowdney, Luke. 2003. *Crianças do tráfico: Um Estudo De Caso De crianças Em violência Armada Organizada no Rio de Janeiro.* Rio de Janeiro: 7 Letras.

Duffy, Gary. 2008. "Vigilantes Take Over Rio Shanty Towns." BBC News. news.bbc.co.uk/2/hi/americas/7283640.stm(검색일: 2008년 6월 28일).

Dugger, Celia W. 2004. "To Help Poor Be Pupils, Not Wage Earners, Brazil Pays Parents." *New York Times,* January 3.

Escobar, Arturo. 1995. *Encountering Development: The Making and Unmaking of the Third World.* Princeton, NJ: Princeton University Press.

Estado da Guanabara. 1973. *Faveladas Removidas e Respectivos Conjuntos.* Rio de Janeiro: Secretaria de Planejamento e Coordenação Geral do Estado da Guanabara.

Fanon, Frantz. 1965. *The Wretched of the Earth.* New York: Grove Press.

Fernandes, Edésio. 2007. "Constructing the "Right to the City" in Brazil." *Social and Legal Studies* 16 (2).

Fernandes, Marlene. 1998. "Reforestation in Rio's Favelas." Janice Perlman. *Environmental Justice: The Poverty/Environment Nexus in Mega-Cities.* www. megacitiesproject.org/publications_environment.asp.

Ferranti, David de, Guillermo Perry, Francisco Ferreira, and Michael Walton. 2004. *Inequality in Latin America and the Caribbean: Breaking with History?* Washington, DC: World Bank.

Ferreira, Francisco, H. G., Phillippe Leite, and Julie Litchfield. 2008. "The Rise and Fall of Brazilian Inequality: 1981-2004." *Macroeconomic Dynamics* 12 (S2).

Forero, Juan. 2004. "Latin America Graft and Poverty Trying Patience with Democracy." *New York Times,* June 24.

Freire, Paulo. 1973. *Pedagogy of the Oppressed.* New York: Seabury Press.

Freyre, Gilberto. 1956. *The Masters and the Slaves (Casa-Grande e Senzala): A Study in the Development of Brazilian Civilization.* New York: Knopf.

Fried, Marc. 1963. "Grieving for a Lost Home." Leonard J. Duhl ed. *The Urban Condition: People and Policy in the Metropolis.* New York: Basic Books.

Fundação Leão. 1968. *Favelas of Guanabara. Mimeograph.* Rio de Janeiro: Fundação Leão.

Furtado, Celso. 1964. *Dialética do Desenvolvimento.* Vol. 2. Rio de Janeiro: Editôra Fundo de Cultura.

_____. 1982. *A Nova Dependência: Dívida Externa e Monetarismo.* Vol. 2a. Rio de Janeiro: Paz e Terra.

Gacitua-Marió, Estanislau and Michael J. V. Woolcock. 2005. *Exclusão Social e Mobilidade no Brasil.* Brasília: Instituto de Pesquisa Econômica Aplicada.

_____. 2008. *Social Exclusion and Mobility in Brazil.* Washington, DC: World Bank.

Gay, Robert. 2005. *Lucia: Testimonies of a Brazilian Drug Dealer's Woman.* Philadelphia: Temple University Press.

Gilbert, Alan. 2007. "The Return of the Slum: Does Language Matter?" International *Journal of Urban and Regional Research* 31 (4).

Goffman, Erving. 1959. *The Presentation of Self in Everyday Life.* Garden City, NY: Doubleday.

Goirand, Camille. 2003. "Citizenship and Poverty in Brazil." *Latin American Perspectives* 30 (2).

Graham, Carol and Stefano Pettinato. 2001. *Happiness and Hardship: Opportunity and Insecurity in New Market Economies.* Washington, DC: Brookings Institution Press.

Granovetter, Mark. 1983. "The Strength of Weak Ties: A Network Theory Revisited." *Sociological Theory* 1.

Green, Maia and David Hulme. 2005. "From Correlates and Characteristics to Causes: Thinking about Poverty from a Chronic Poverty Perspective." *World Development* 33 (6/6).

Harvey, David. 2003. *The New Imperialism.* Oxford: Oxford University Press.

Hess, David J., Roberto A. da Matta, and Sidney M. Greenfield. 1996. "The Brazilian Puzzle: Culture on the Borderlands of the Western World." *American Anthropologist* 98 (2).

Holston, James. 1999. *Cities and Citizenship.* Durham, NC: Duke University Press.

_____. 2008. *Insurgent Citizenship: Disjunctions of Democracy and Modernity in Brazil.* Princeton, NJ: Princeton University Press.

Holston, James and Arjun Appadurai. 1999. "Cities and Citizenship." James Holston ed. *Cities and Citizenship.* Durham, NC: Duke University Press.

Hoskins, W. G. 1970. *The Making of the English Landscape.* London: Penguin.

Howden, Daniel. 2007. "Planet of the Slums: UN Warns Urban Populations Set to Double." *Independent,* June 27.

Hugo, V. 2007. "The Assault on Rio's Favelas and the Growth of State Repression in Brazil." International Committee of the Fourth International (ICFI) [database online]. www.wsws.org/articles/2007/jul2007/fave-j05.shtml(검색일: 2008년 12월 14일).

Instituto Perreira Passos(IPP). 2008. Planning Department, Rio de Janeiro (미공개 문서).

Instituto de Pesquisa Econômica Aplicada. 1999. *Caracterização e Tendências Da Rede Urbana do Brasil.* Campinas, Brazil: Universidade Estadual de Campinas,

Instituto Pólis. 2002. *The Statute of the City: New Tools for Assuring the Right to the City in Brasil.* São Paulo: Instituto Pólis.

Jackson, Cecile. 1999. "Social Exclusion and Gender: Does One Size Fit All?" *European Journal of Development Research* 11 (1).

Jacobs, Jane. 1961. *The Death and Life of Great American Cities.* New York: Random House.

Kabeer, Naila. 1999. "The Concept of Social Exclusion: What Is Its Value-added for Thinking about Social Policy?" Paper presented at conference "Re-visioning Social Policy for the Twenty-first Century: What Are the Key Challenges?" University of Sussex, England. October 28-29.

Katz, Daniel. 2008. "Bala: The Institutionalization of Extrajudicial Violence by the Police of Rio de Janeiro." Undergraduate honors thesis, Political Science, University of California, Berkeley.

Kihato, C., B. Ruble, and P. Subrirós. Forthcoming. *The Challenges of Urban Diversity: Inclusive Cities versus Divided Cites: A Comparative Approach to Rethinking the Public Domain and Public Stage.* Washington, DC: Woodrow Wilson Center.

Kingdon, John W. 1984. *Agendas, Alternatives, and Public Policies.* Boston: Little, Brown.

Kingstone, Steve. 2003. "Rio Shanty Town Becomes Tour Spot." BBC News [database online]. news.bbc.co.uk/go/pr/fr/-/2/hi/americas/3247709.stm(검색일: 2008년 4월 16일).

Kolbert, Elizabeth. 2009. "Greening the Ghetto." *New Yorker,* January 12.

Kontos, Louis and David Brotherton. 2008. *Encyclopedia of Gangs.* Westport, CT: Greenwood Press.

Kottak, Conrad. 2006. *Assault on Paradise: The Globalization of a Little Community in Brazil.* Boston: McGraw Hill.

Kristof, Nicholas D. 2009. "Where Sweatshops Are a Dream." *New York Times,* January 15.

Lasker, Roz Diane and John A. Guidry. 2009. *Engaging the Community in Decision Making: Case Studies Tracking Participation, Voice and Influence.* Jefferson, NC: McFarland.

Lattes, Alfredo, Jorge Rodríguez, and Miguel Villa. 2002. "Population Dynamics and Urbanization in Latin America: Concepts and Data Limitations." Paper presented at Seminar on New Forms of Urbanization, Bellagio, Italy, March.

Lavinas, L. et al. 2008. "Combinando o Compensatório e o Redistributiuo." Rio de Janeiro IBASE.

Leeds, Anthony and Elizabeth Leeds. 1970. "Brazil and the Myth of Urban Reality: Urban Experience, Work, and Values in "Squatments" of Rio de Janeiro and Lima." Arthur J. Field ed. *City and Country in the Third World: Issues in the Modernization of Latin America.* Cambridge, MA: Schenkman.

Leeds, Elizabeth. 1996. "Cocaine and Parallel Polities in the Brazilian Urban Periphery: Constraints on Local-level Democratization." *Latin American Research Review* 31 (3).

_____. 1998. "Cocaina e Poderes Paralelos Na Periferia Urbana Brasileira Ameacas a Democratizacao Em Nivel Local." Alba Zaluar and Marcos Alvito eds. *Um século de favela.* Rio de Janeiro: Fundação Getúlio Vargas.

_____. 2007. "Serving States and Serving Citizens: Halting Steps toward Police Reform in Brazil and Implications for Donor Intervention." *Policing and Society* 17 1(3).

Leite, Liana. 2008. "Brasil é Quarto País em Mortes de Jovens." *Bulletin of the Observatório de Favelas,* December 3. www.observatoriode-favelas.org.br.

Lessa, Carlos. 2000. *O Rio de Todos os Brasis: Uma Reflexão em Busca de Auto-Estima.* Rio de Janeiro: Editora Record.

Lewis, Mark. 2007. "Twenty-first-century Cities: Megacities of the Future." Forbes.com [database online]. www.forbes.com/2007/06/11/megacities-population-urban-ization-biz-cx_21cities_ml_0611megacities.html(검색일: 2008년 6월 11일).

Lopez Moreno, Eduardo and Rasna Warah. 2006. "The State of the World's Cities Report 2006/7: Urban and Slum Trends in the Twenty-first Century." *UN Chronicle* 43 (2).

Ludemir, Julio. 2004. *Sorria, Voce Esta na Rocinha.* Rio de Janeiro: Editora Record.

Mainwaring, Scott. 1995. "Brazil: Weak Parties, Feckless Democracy." Scott Mainwaring and Timothy Scully eds. *Building Democratic Institutions and Party Systems in Latin America.* Stanford, CA: Stanford University Press.

_____. 1999. "Patronage, Clientelism and Patrimonialism." Scott Mainwaring ed. *Rethinking Party Systems in the Third Wave of Democratization: The Case of Brazil.* Stanford, CA: Stanford University Press.

Marino, Leonardo. 2008. "Para Entendermos as Origens da Violência Policial no Rio." *Observatório de Favelas,* March.

McCann, Bryan. 2006. "The Political Evolution of Rio de Janeiro's Favelas: Recent Works." *Latin American Research Review* 41 (3).

Meier, Richard L. 1974. *Planning for an Urban World: The Design of Resource-Conserving Cities.* Cambridge: MIT Press.

Melo, Marcus. 2002. "Gains and Losses in the Favelas." Deepa Narayan and Patti Petesch eds. *Voices of the Poor: From Many Lands.* Washington, DC: World Bank.

Ministério do Planejamento, Orçamento e Gestão, and Instituto Brasileiro de Geografia e Estatística. 2000. *Censo demográfico 2000: Características Gerais Da população.* Rio de Janeiro: IBGE.

Moore, Karen. 2005. *Thinking about Youth: Poverty through the Lenses of Chronic Poverty, Life-course Poverty and Intergenerational Poverty.* CPRC Working Paper 57. Manchester: Chronic Poverty Research Centre, University of Manchester.

Morais, Fernando. 1985. *Olga.* São Paulo: Editora Alfa-Omega.

Moser, Caroline. 1996. *Confronting Crisis: A Comparative Study of Household Responses to Poverty and Vulnerability in Four Poor Urban Communities.* Washington, DC: World Bank.

MV Bill, Celso Athayde, Frederico Neves, Central Unica das Favelas (Brazil), and Som Livre

(Firm). 2006. *Falcão Meninos do tráfico.* Rio de Janeiro, Brazil: Som Livre.

Naím, Moisés. 2006. *Illicit: How Smugglers, Traffickers, and Copycats Are Hijacking the Global Economy.* New York: Random House.

Narayan-Parker, Deepa. 2005. "Conceptual Framework and Methodological Challenges." Deepa Narayan-Parker ed. *Measuring Empowerment: Cross-disciplinary Perspectives.* Washington, DC: World Bank.

Narayan-Parker, Deepa and Patti L. Petesch. 2002. *Voices of the Poor: From Many Lands.* Washington, DC: World Bank.

Neate, Patrick. 2003. *Where You're At: Notes from the Frontline of a Hip Hop Planet.* London: Bloomsbury.

Neate, Patrick and Damian Platt. 2006. *Culture Is Our Weapon: AfroReggae in the Favelas of Rio.* London: Latin American Bureau. (Penguin Books, 2010).

Nelson, Joan M. 1969. *Migrants, Urban Poverty, and Instability in Developing Nations.* Cambridge, MA: Center for International Affairs, Harvard University.

Neuwirth, Robert. 1991. "I'd Rather Be Poor in Rio: Interview with Janice Perlman. New York, *Newsday.* October 31.Viewpoints section.

_____. 2005. *Shadow Cities: A Billion Squatters, a New Urban World.* New York, Routledge.

Newman, Oscar. *Defensible Space: Crime Prevention Through Urban Design.* New York, Macmillan.

Neves, Ricardo. 2003. *Copo Pela Metade.* São Paulo: Negócio.

Nissanke, Machiko and Erik Thorbecke. 2005. *Channels and Policy Debate in the Globalization-inequality-poverty Nexus.* WIDER discussion paper, vol. 2008/08. Helsinki: World Institute for Development Economics Research, United Nations University.

_____. 2007a. "A Quest for Pro-poor Globalization." George Mavrotas, Anthony F. Shorrocks, and World Institute for Development Economics Research eds. *Advancing Development: Core Themes in Global Economics.* New York: Palgrave Macmillan.

_____. 2007b. *Linking Globalization to Poverty.* Helsinki: World Institute for Development Economics Research, United Nations University.

Novaes, Regina, Marilena Cunha, and Christina Vital eds. 2004. *A Memoria das Favelas.* Comunicacões do 1 SER, no. 59, vol. 23.

Overseas Security Advisory Council, U.S. Department of State. 2008. Brazil 2008 Crime & Safety Report: Rio de Janeira July 8.

Pamuk, Ayse and Paulo Fernando A. Cavallieri. 1998. "Alleviating Urban Poverty in a Global City: New Trends in Upgrading Rio de Janeiro's Favelas." *Habitat International* 22 (4/12).

Pandolfe, Dulce and Mario Grynszpan eds. 2003. *A Favela Fala.* Rio de Janeiro: Editora FGV.

Parisse, Luciano. 1969. "Favelas do Rio de Janeiro: Evolução, Sentido." *Cadernos do CENPHA 5.*

Parks, Gordon. 1961. "Freedom's Fearful Foe: Poverty—Part 2 of *Life*'s Series on Latin America."

Life, June 16.

_____. 1978. *Flávio*. Vol. 1. New York: Norton.

Paugam, S. 1995. "The Spiral of Precariousness: A Multidimensional Approach to the Process of Social Disqualification in France." Graham Room ed. *Beyond the Threshold: The Measurement and Analysis of Social Exclusion*. Bristol, England: Policy Press.

Peattie, Lisa Redfield. 1968. *The View from the Barrio*. Ann Arbor: University of Michigan Press.

Peirce, Neal R., Curtis W. Johnson, and Farley Peters. 2008. *Century of the City: No Time to Lose*. New York: Rockefeller Foundation.

Penglase, Richard Benjamin. 2002. "To Live Here You Have to Know How to Live: Violence and Everyday Life in a Brazilian Favela." Ph.D. diss., Harvard University.

Perlman, Janice. 1974. *Methodological Notes on Complex Survey Research Involving Life History Data*. Berkeley: Institute of Urban and Regional Development, University of California.

_____. 1975. "Rio's Favelas and the Myth of Marginality." *Politics & Society* 5 (2).

_____. 1976a. "Grassrooting the System." *Social Policy* 7 (2).

_____. 1976b. *The Myth of Marginality: Urban Poverty and Politics in Rio de Janeiro*. Berkeley: University of California Press.

_____. 1977. *O Mito Da Marginalidade: Favelas e política no Rio de Janeiro*. Rio de Janeiro: Paz e Terra.

_____. 1978. "Grassroots Participation from Neighborhood to Nation." Stuart Langton ed. *Citizen Participation in America: Essays on the State of the Art*. Lexington, MA: Lexington Books.

_____. 1979. "Grassroots Empowerment and Government Response." *Social Policy* 10 (16).

_____. 1983a. "New York from the Bottom Up." *Urban Affairs*.

_____. 1983b. Voices from the Street. Development: *Journal of the Society for International Development* 2.

_____. 1987. "Misconceptions about the Urban Poor and the Dynamics of Housing Policy Evolution." *Journal of Planning Education and Research* 6 (3).

_____. 1990. "A Dual Strategy for Deliberate Social Change in Cities." *Cities* 7 (1/2).

_____. 1993. "Mega-Cities: Global Urbanization and Innovation." G. Shabbir Cheema, Sandra E. Ward, United Nations University, and Program on Population (East-West Center) eds. *Urban Management: Policies and Innovations in Developing Countries*. Westport, CT: Praeger.

_____. 2004. "The Metamorphosis of Marginality in Rio de Janeiro." *Latin American Research Review* 39 (1).

_____. 2010. "It All Depends: Buying and Selling Houses in Rio's Favelas." Report for IHC, Washington D.C., Feb. 3. www.mega-cities.net.

Perlman, Janice E. and Elwood M. Hopkins. 1997. "Urban Leadership for the Twentyfirst Century: Scaling Up and Reaching Out from the Neighborhood Level."

www.megacitiesproject.org/publications_pdf_mcp046.pdf.

Perlman, Janice E. and Bruce Schearer. 1986. *Migration and Population Distribution Trends and Policies and the Urban Future.* International Conference in Population and the Urban Future, UNFPA. Barcelona: May 14-18.

Perlman, Janice E. and Molly O'Meara Sheehan. 2007. "Fighting Poverty and Environmental Injustice in Cities." Worldwatch Institute ed. *State of the World 2007: Our Urban Future.* New York: Norton.

Pero, Valéria. 2002. *Tendências Da Mobilidade Social no Rio de Janeiro.* Ph. D. diss. Rio de Janeiro: Instituto de Economia da UFRJ.

_____. 2003a. "Urban Regeneration and Spatial Discrimination: The Case of Rio's Favelas." Adalberto Cardoso and Peter Elias, Proceedings of the 31st Brazilian Economics Meeting. www.anpec.org.br/encontro 2003/artigos/F41.pdf.

_____. 2003b. "Mobilidade Social no Rio de Janeiro."

_____. 2004a. "Renda, Pobreza e Desigualdade no Rio de Janeiro: Balanço da Década de 90." Relatório do Atlas de Desenvolvimento Humano do Rio de Janeiro [database online]. www.iets.inf.br.

_____. 2004b. *Rio de Janeiro in Socioeconomic Perspective.* n.p.

Pero, Valéria and Dmitri Szerman. 2005. *The New Generation of Social Programs in Brazil.* Rio de Janeiro: Insistuto de Economia da UFRJ.

Petesch, Patti. 2005. "Evaluating Empowerment: A Framework with Cases from Latin America." Deepa Narayan-Parker ed. *Measuring Empowerment: Cross-disciplinary Perspectives.* Washington, DC: World Bank.

Pieterse, Edgar. 2007. "Popular Youth Cultures and the Mediation of Racial Exclusion/ Inclusion in Rio de Janeiro and Cape Town." Woodrow Wilson Center [database online]. www.wilsoncenter.org/news/docs/Edgar1.pdf(검색일: 2008년 11월 14일).

Pochmann, Marcio, Andre Campos, Alexandre Barbosa, Ricardo Amorim, and Ronnie Aldrin. 2004. *Atlas Exclusão Social no Brasil: Exclusão no Mundo.* São Paulo: Terra.

Putnam, Robert D. 2000. *Bowling Alone: The Collapse and Revival of American Community.* New York: Simon and Schuster.

Putnam, Robert D., Robert Leonardi, and Raffaella Nanetti. 1993. *Making Democracy Work: Civic Traditions in Modern Italy.* Princeton, NJ: Princeton University Press.

Queiroz Ribeiro, L. C. and E. Telles. 2000. "Rio de Janeiro: Emerging Dualization in a Historically Unequal City." Peter Marcuse and Ronald van Kempen eds. *Globalizing Cities: A New Spatial Order?* Oxford: Blackwell.

Reel, Monte. 2007. "Rio's Slums, Militias Fuel Violence They Seek to Quell." *Washington Post,* March 28.

Rio de Janeiro Prefeitura. 2003. *From Removal to the Urban Cell: The Urban-social Development of Rio de Janeiro Slums*. Rio de Janeiro: Prefeitura.

Rivero, Patricia S. 2005. "The Value of the Illegal Firearms Market in the City of Rio de Janeiro: Prices and Symbolism of Guns in Crime." www.vivario.org.br/publique/ media/.

Roberts, Bryan R. 2004. "From Marginality to Social Exclusion: From Laissez Faire to Pervasive Engagement." *Latin American Research Review* 39 (1).

Rocha, Sonia. 1997. *Tendencia Evolutiva e Caracteristicas Da Pobreza no Rio de Janeiro*. Rio de Janeiro: IPEA.

_____. 2000. "Poverty and Inequality in Brazil: The Depletion of the Distributive Effects of the Real Plan." papers.ssrn.com/sol3/papers.cfm?abstract_id=232569.

_____. 2003. *Pobreza no Brasil: Afinal, De Que Se Trata?* Rio de Janeiro: FGV.

Rohter, Larry. 2004. "Brazil Adopts Strict Gun Controls to Try to Curb Murders." *New York Times,* January 21.

_____. 2007. "Drawing Lines across the Sand." *New York Times,* February 6.

Roy, Ananya and Nezar AlSayyad eds. 2004. *Urban Informality in an Era of Liberalization: A Transnational Perspective*. Lanham, MD: Lexington Books.

Ryan, William. 1971. *Blaming the Victim*. New York: Pantheon Books.

Sachs, Wolfgang. 1992. *The Development Dictionary: A Guide to Knowledge as Power*. Atlantic Highlands, NJ: Zed Books.

Safa, Helen Icken. 2004. "From Rural to Urban, from Men to Women, from Class Struggle to Struggles for Entitlements." *Latin American Research Review* 39 (1).

Sanneh, Kelefa. 2009. "The Wizard." *New Yorker* 84 (47).

Santos, Carlos Nelson dos. 1971. "Some Considerations about the Possibilities of Squatter Settlement Redevelopment Plans: The Case of Bras De Pina." Mimeograph.

_____. 1980. "Velhas Novidades Nos Modos De urbanização brasileiros." Licia do Prado Valladares ed. *Habitação em questão*. Rio de Janeiro: Zahar Editores.

_____. 1981. *Movimentos Urbanos no Rio de Janeiro*. Rio de Janeiro: Zahar Editores.

_____. 1983. "Habitação: O Que é Mesmo Que Pode Fazer Quem Sabe?" Licia do Prado Valladares ed. *Repensando a habitação no brasil*. Rio de Janeiro: Zahar Editores.

Santos, Carlos Nelson dos and Olga Bronstein. 1978. "Meta-Urbanização: o Caso do Rio de Janeiro." *Revista De Administração Municipal* 25.

Scheper-Hughes, Nancy. 1992. *Death without Weeping: The Violence of Everyday Life in Brazil*. Berkeley: University of California Press.

Scheve, Kenneth F. and Matthew J. Slaughter. 2007. "A New Deal for Globalization." *Foreign Affairs* 86 (4).

Schiffer, Sueli Ramos. 2002. "Economic Restructuring and Urban Segregation in Sao Paulo."

Peter Marcuse and Ronald van Kempen eds. *Of States and Cities: The Partitioning of Urban Space*. Oxford: Oxford University Press.

Sen, Amartya Kumar. 1999. *Development as Freedom*. New York: Anchor Books.

Silva, Benedita da, Medea Benjamin, and Maisa Mendonça. 1997. *Benedita Da Silva: An Afro-Brazilian Woman's Story of Politics and Love*. Oakland, CA: Institute for Food and Development Policy.

Singer, Paulo, International Institute for Labour Studies, Labour Institutions and Development Programme, and United Nations Development Programme. 1997. *Social Exclusion in Brazil*. Geneva: International Institute for Labour Studies.

Silva, Itamar. 2004. *Rio: A Democracia Vista de Baixo*. Rio de Janeiro: 1 BASE.

Soares, Fabio and Yuri Soares. 2005. *The Socio-economic Impact of Favela-Bairro: What Do the Data Say?* Washington, DC: Inter-American Development Bank.

Soares, Luiz Eduardo, MV Bill, and Celso Athayde. 2005. *Cabeça De Porco*. Rio de Janeiro: Objetiva.

Soto, Hernando de. 2000. *The Mystery of Capital: Why Capitalism Triumphs in the West and Fails Everywhere Else*. New York: Basic Books.

Soubbotina, Tatyana P. and Katherine Sheram. 2000. *Beyond Economic Growth: Meeting the Challenges of Global Development*. Washington, DC: World Bank.

Souto de Oliveira, Jane and Maria Hortense Marcier. 1998. "A Palavra é: Favela." Alba Zaluar and Marcos Alvito eds. *Um século de favela*. Rio de Janeiro: Fundação Getúlio Vargas.

Stokes, Charles J. 1962. "A Theory of Slums." *Land Economics* 38 (3).

Telles, Edward E. 1994. "Industrialization and Racial Inequality in Employment: The Brazilian Example." *American Sociological Review* 59 (1).

Telles, Edward E. and Vilma Ortiz. 2007. *Generations of Exclusion: Mexican Americans, Assimilation, and Race*. New York: Russell Sage Foundation.

Townsend, Peter. 1985. "A Sociological Approach to the Measurement of Poverty: A Rejoinder to Professor Amartya Sen." *Oxford Economic Papers* 37 (4).

Trigo, Benigno. 2000. *Subjects of Crisis: Race and Gender as Disease in Latin America*. Hanover, NH: University Press of New England.

Turner, John F. C. 1968. "Housing Priorities, Settlement Patterns, and Urban Development in Modernizing Countries." *Journal of the American Planning Association* 34 (6).

_____. 1969. "Uncontrolled Urban Settlement: Problems and Policies." Gerald William Breese ed. *The City in Newly Developing Countries: Readings on Urbanism and Urbanization*. Englewood Cliffs, N.J.: Prentice-Hall.

_____. 1972. "Housing as a Verb." John F. C. Turner and Robert Fichter eds. *Freedom to Build: Dweller Control of the Housing Process*. New York: Macmillan.

_____. 1977. *Housing by People: Towards Autonomy in Building Environments*. New York: Marion
　　Boyars.

Turner, John F. C. and Robert Fichter. 1972. *Housing as a Verb, Freedom to Build: Dweller Control of the
　　Housing Process*. New York: Macmillan, chapter 7.

UN-Habitat. 2008. "State of the World's Cities 2008/2009: Harmonious Cities." www
　　.unhabitat.org/publications(검색일: 2009년 3월 1일).

United Nations. 2008. "Millennium Development Goals." www.un.org/millenniumgoals
　　(검색일: 2009년 3월 1일).

United Nations Department of Economic and Social Affairs. 2008. *World Urbanization Prospects:
　　The 2007 Revision*. New York: United Nations.

United Nations Development Programme. 2003. *Human Development Report 2003: Millennium
　　Development Goals: A Compact among Nations to End Human Poverty*. New York: Oxford
　　University Press.

_____. 2004. *Democracy in Latin America towards a Citizens' Democracy*. New York: United Nations
　　Development Programme.

United Nations Human Settlements Programme. 2003. *The Challenge of Slums: Global Report on
　　Human Settlements, 2003*. Sterling, VA: Earthscan.

United Nations Human Settlements Programme and Global Urban Observatory. 2003. *Slums of
　　the World: The Face of Urban Poverty in the New Millennium?* Nairobi: UNHabitat.

U.S. Army Special Operations Command. 2009. www.soc.mil/(검색일: 2008년 11월 9일).

Valla, Victor Vincent. 1985. "Educação, Participação, Urbanização: Uma Contribuição à Análise
　　Histórica Das Propostas Institucionais Para as Favelas do Rio de Janeiro, 1941-1980."
　　Cadernos De Saúde Pública 1 (3).

Valladares, Licia do Prado. 2003. *Sistema Urbano, Mercado De Trabalho e Violência no Brasil e no Rio de
　　Janeiro*. Center for Migration and Development Working Paper Series. Princeton, NJ:
　　Center for Migration and Development, Princeton University.

Valladares, Licia do Prado, Lidia Medeiros, and Filippina Chinelli. 2003. *Pensando as Favelas do Rio
　　de Janeiro, 1906-2000: Uma Bibliografia Analítica*. Rio de Janeiro: URBANDATA.

Vargas, João H. Costa. 2006. "When a Favela Dared to Become a Gated Condominium: The
　　Politics of Race and Urban Space in Rio de Janeiro." *Latin American Perspectives* 33 (4).

Ventura, Zuenir. 1994. *Cidade Partida*. São Paulo: Companhia das Letras.

Vianna, Andrea. 2005. "As Poiticas de Habiação no Rio de Janeiro e Seus Resultados." Fabio
　　Soares, Yori Soares, and Loïc Wacquant. "The Militarization of Urban Marginality:
　　Lessons from the Brazilian Metropolis." *International Political Sociology* 2 (1).

Wacquant, Loïc. 1996. "The Rise of Advanced Marginality: Notes on Its Nature and
　　Implications." *Acta Sociologica* 39 (2).

_____. 1997. "Three Pernicious Premises in the Study of the American Ghetto." *International Journal of Urban and Regional Research* 21 (2).

_____. 1999. "Urban Marginality in the Coming Millennium." *Urban Studies* 36 (10).

_____. 2008. "The Militarization of Urban Marginality: Lessons from the Brazilian Metropolis." *International Political Sociology* 2 (1).

Wagner, F. E. and John O. Ward. 1980. "Urbanization and Migration in Brazil." *American Journal of Economics and Sociology* 39 (3).

Ward, Peter M. 2004. "From the Marginality of the 1960s to the "New Poverty" of Today: A LARR Research Forum." *Latin American Research Review* 39 (1).

Warren-Scherer, Ilse. 2004. "The Problem of Social Exclusion in the Construction of a Citizens' Movement in Brazil." Paper presented at the Sixth International Conference of ISTR (International Society for the Third Sector), Toronto, July 11-14.

Weber, Demétrio. 2008. "Mapa Da Violência Dos Municípios Brasileiros Mostra Queda Dos Assassinatos Desde 2004." *O Globo*, 28 January.

Wheatley, Jonathan. 2009. "Helping Hand Makes Homeowners of the Poor." *Financial Times*, New York, July 2.

Wilford, John Noble. 2008. "Plagues of New York: How Epidemics Helped Shape the Modern Metropolis." *New York Times*, April 15.

World Bank. 2007. *World Development Indicators 2007*. Washington, DC: World Bank.

Yaqub, Shahin. 1999. *Born Poor Stay Poor? A Literature Review. Technical Report*. Brighton, UK: Institute of Development Studies, University of Sussex.

Yin, Robert. 1981. "Life Histories of Innovations: How New Practices Become Routinized." *Public Administration Review* 41 (1).

Youman, Nancy. 1991. "I'd Rather Be Poor in Rio: The *New York Newsday* Interview with Janice Perlman." *New York Newsday*, October 31, Viewpoints section.

Zakaria, Fareed. 2009. "A "Slumdog" in Heat." *Newsweek*, February 9.

Zaluar, Alba. 2004. *Integração Perversa: Pobresa e Tráfico de Drogas*. Rio de Janeiro: Editora FGV.

Zaluar, Alba and Marcos Alvito. 1998. *Um Século de Favela*. Rio de Janeiro: Editora FGV.

Zaluar, Alba, Clara Lucia Inem, and Gilberta Acselrad. 1993. "Drogas, Contexto Cultural e Cidadania." *Drogas: Uma Visao Contemporanea*.

Zimbalist, Jeff and Matt Mochary. 2005. *Favela Rising*, produced by Sidetrack Films, VOY Pictures and Genius Entertainment, Santa Monica, California.